趙莊誌

鳳岐 題

赵庄志编纂委员会 编

方志出版社
Publishing House of Local Records

图书在版编目（CIP）数据

赵庄志 / 赵庄志编纂委员会编.—北京 : 方志出版社, 2023.12
ISBN 978-7-5144-5180-1

Ⅰ. ①赵… Ⅱ. ①赵… Ⅲ. ①村史-石家庄 Ⅳ. ①K292.25

中国国家版本馆 CIP 数据核字 (2023) 第 253275 号

责任编辑：程倩
责任校对：张玉霞
责任印制：梅中英
出 版 者：方志出版社
地　　址：北京市朝阳区潘家园东里 9 号（国家方志馆 4 层）
邮　　编：100021
网　　址：http://www.zgfzcb.cn
发　　行：方志出版社图书营销中心（010-67110500）
印　　刷：石家庄宝丽彩色印刷有限公司
开　　本：889 毫米×1194 毫米 1/16
印　　张：29.25
字　　数：925 千字
版　　次：2023 年 12 月第 1 版
印　　次：2023 年 12 月第 1 次印刷
定　　价：186.00 元

韩银福主编

郭凤岐审修《赵庄志》(2021)

主编简介

《赵庄志》主编韩银福，男，1944 年 7 月生于赵庄镇。1962 年 7 月藁城南孟初中毕业，考入藁城高级中学，因家庭困难辍学，自学大专课程。1965 年 7 月借调为“四清”工作队队员参加“四清”运动。1966 年 9 月加入中国共产党。1969 年 7 月在藁城县公安局参加工作，历任办公室主任、藁城县政法委办公室主任、公安局副局长兼党组副书记。1986 年 5 月调藁城县检察院，任检察院副检察长兼党组副书记。1987 年、1988 年藁城县贾市庄镇连续发生动乱，镇、村两级班子处于瘫痪半瘫痪状态。1988 年 5 月临危受命担任贾市庄镇党委书记，两年多完成稳定治理发展工作。1990 年 7 月调入藁城市农机局工作，担任局长兼党委副书记。1993 年和新疆小麦联合收割机厂联合，在藁城开办“新疆 2 号小麦联合收割机”组装厂，产品优质供不应求，促进了藁城市及周边各县市小麦收割机械化水平，至 2000 年创造总利税超千万元。1994 年亲率十数台小麦联合收割机到河南省跨区作业，开了小麦联合收割机跨区作业先河。2004 年退休。他工作一贯兢兢业业，廉洁奉公，开创性地工作，力求工作完美。工作期间，多次被评为县（市）和地区先进工作者、优秀共产党员。1988 年河北省委组织部编纂《燕赵之子》一书，他名列其中。他热爱家乡，尽其所能支持家乡经济建设。古稀之年请缨，主编《赵庄志》。经过六年多的努力，几易其稿，在张家庄镇党委、政府和赵庄村党总支、村委会领导支持下，在郭凤岐、米志科等专家指导帮助下，在编辑人员的共同努力下，完成了 80 余万字的《赵庄志》的编辑工作。

《赵庄志》编纂委员会

名誉主任：刘栋侠

名誉副主任：张书清　程广宇　杜为彬　张品

主　　任：黄建会

副 主 任：韩银福

　　　　　韩书贵

委　　员：甄院生　辛冬至　高连升　戴庚寅

　　　　　黄成言　李福田　张永强　李永强

《赵庄志》编纂人员

主　　编：韩银福

副 主 编：李福田　鲍建位

编　　辑：黄成言　高连升　戴庚寅

特邀编辑：郭凤岐

顾　　问：米志科（藁城区地方志编纂中心主任）

初 审 稿：黄成言　李福田　高连升　戴庚寅

再 审 稿：黄成言　李福田

特邀审稿：郭凤岐　米志科　陈　克

总 审 定：黄建会　韩书贵

彩插图、简图绘制：李永强

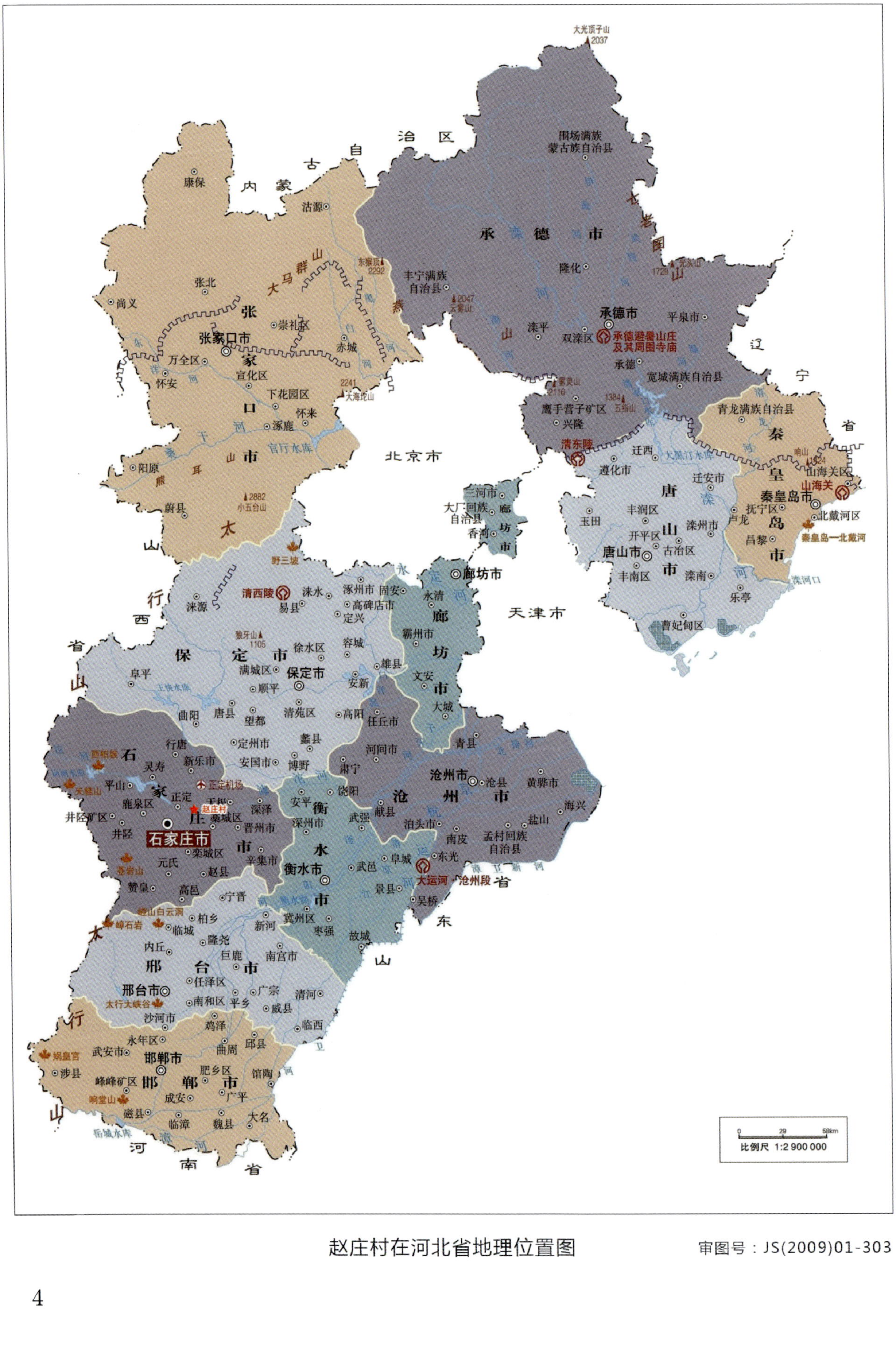

赵庄村在河北省地理位置图　　　　审图号：JS(2009)01-303

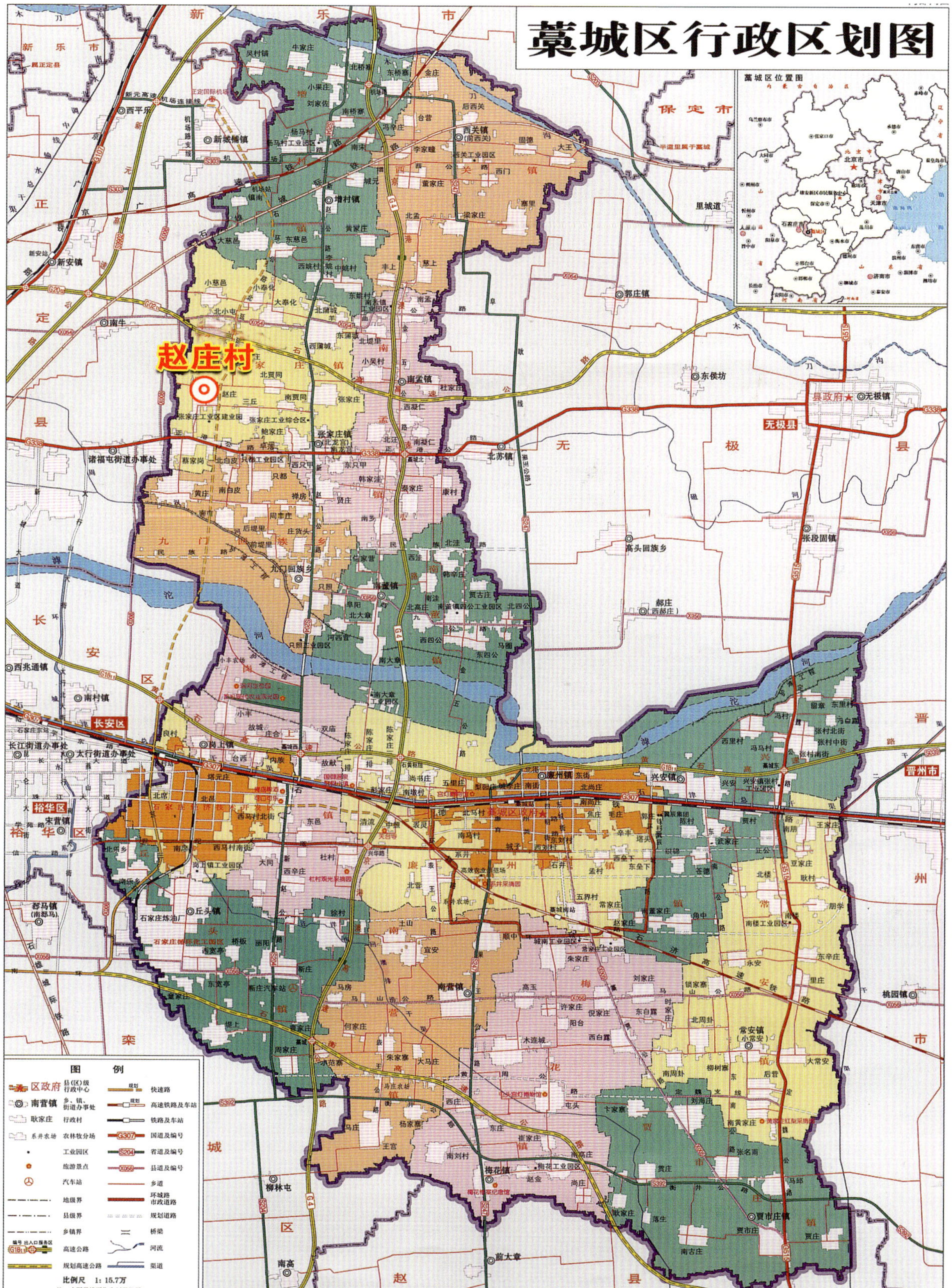

石家庄市藁城区区划地名办公室　监制

藁城地图　审图号 GS(2022)3124 号　河北省制图院　编制　二〇二〇年八月

赵庄村在藁城区地理位置图

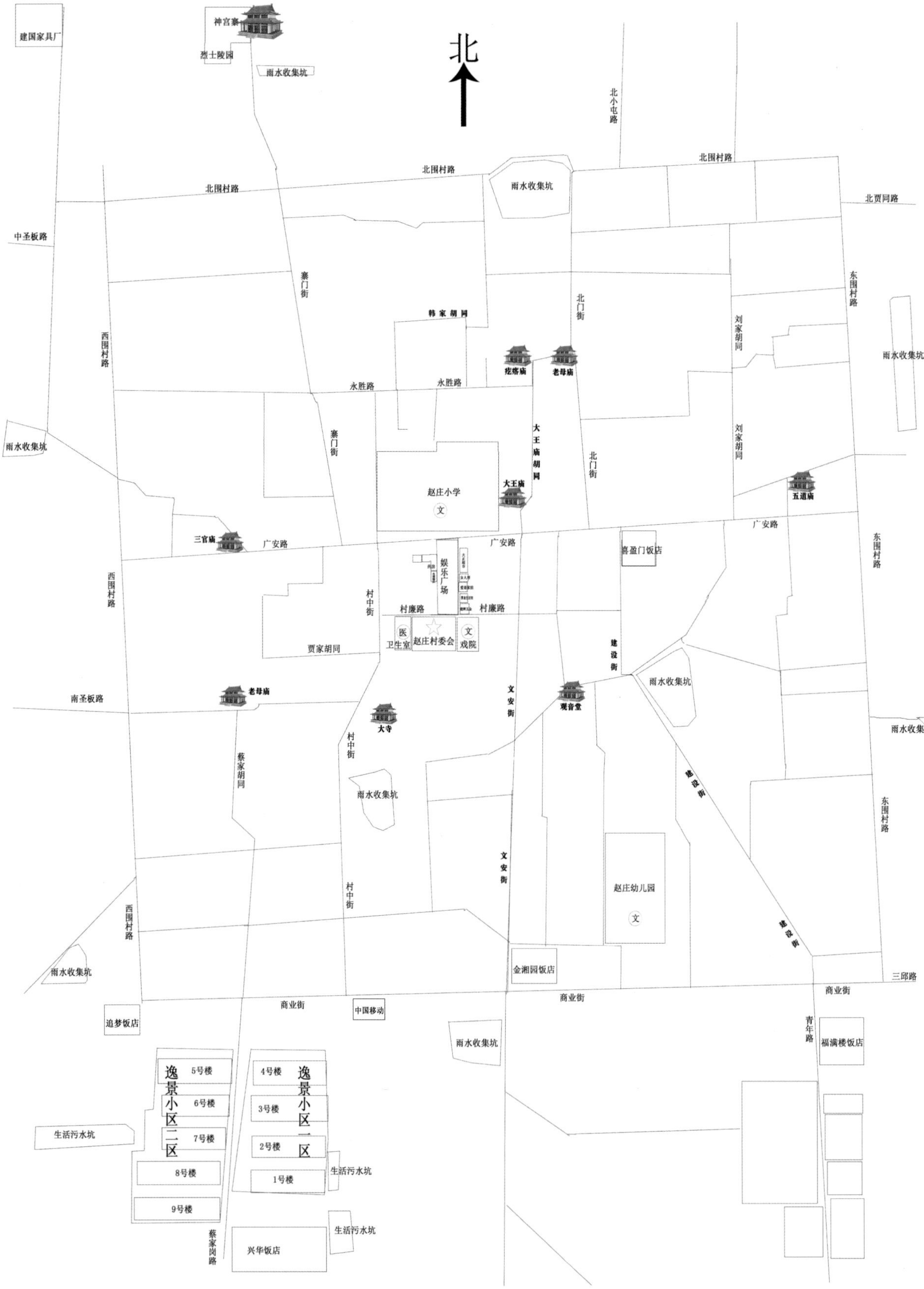

赵庄村主要街道、楼区示意图（2019 年）

2019 年赵庄村鸟瞰图

古老的东西长街现状鸟瞰图

赵庄村南口牌楼

赵庄村新建住宅楼区鸟瞰图（2020）

赵庄新建住宅楼区出入口之一

赵庄村民自建住宅楼

村民现代住宅家居

村民家庭小轿车

赵庄村广袤平坦的农田

小麦联合收割机收割作业

小型无人机农田农药喷洒作业

村卫生室、村医

新正大药房

街角袖珍小公园

垃圾日产日清

赵庄小学

学生升旗仪式

赵庄小学学生上微机课

幼儿园幼儿舞蹈表演

天诚纺织厂

恒祥纸制品公司生产车间一角

燕客隆超市

“一、六”大集

文化娱乐广场

广场舞

战鼓队表演

舞龙

健身球队舞蹈

传承数百年的农历除夕正月初一唢呐吹打班演奏比赛

传承数百年的农历十月十五三官庙会高台戏

神宫寨复原图（李永强根据神宫寨碑刻和老人描述绘制）

黄家大院（李永强根据老人描述）

明清建筑门楼院落

神宫寨古碑

明万历二十年（1592)重修神宫寨所立《藁城县赵庄村真武大帝碑记》残碑

清乾隆四十六年(1781)《神宫寨重修碑记》碑刻，立于神宫寨旧址

清道光二十五年(1845)《重修神宫寨碑记》碑刻，立于神宫寨旧址

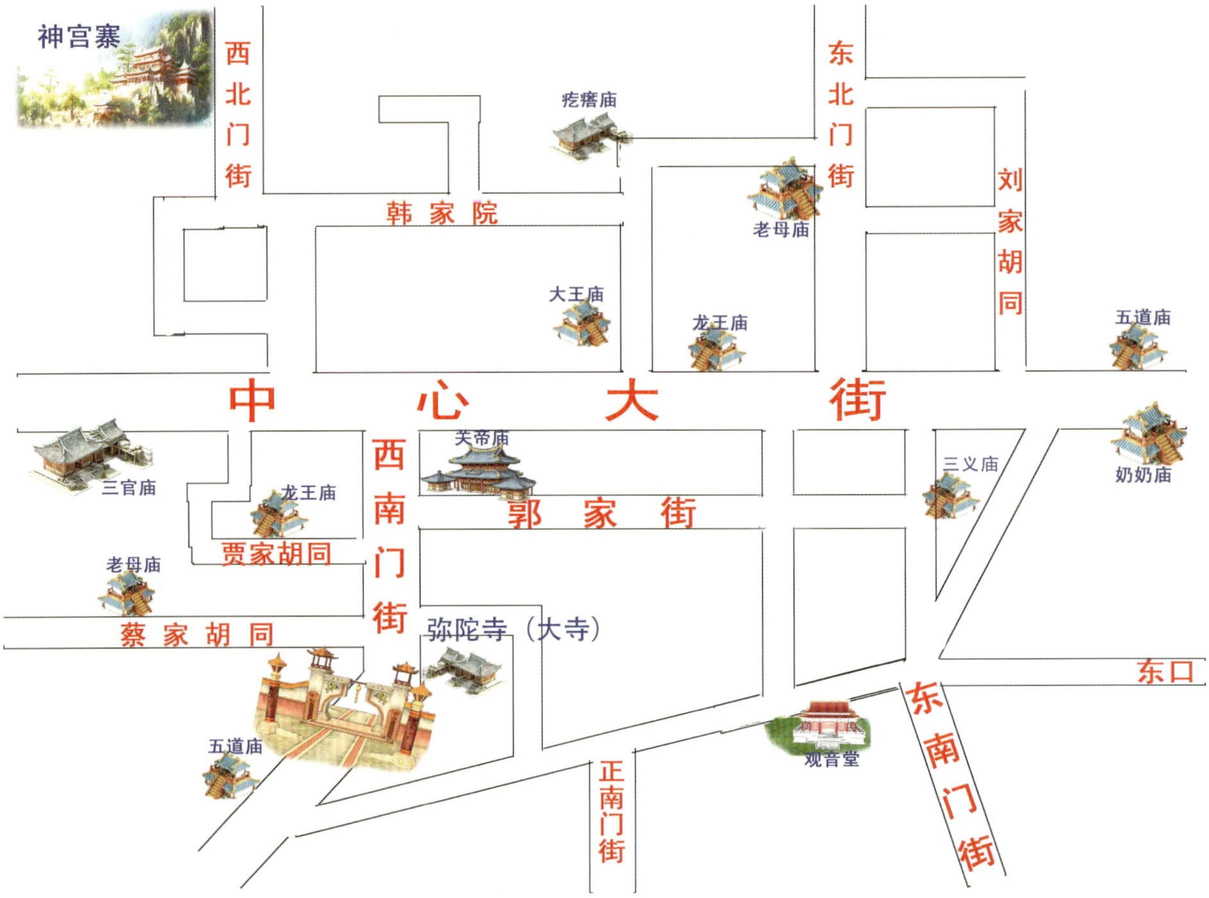

赵庄古镇主要街道及寺庙位置示意图

乾隆三十八年(1773)赵庄集贸市场特制三佰觔(斤)衡器标准

正定隆兴寺重修赵庄镇信众捐赠牌匾

清末民国初黄姓大地主商业堂号所用保险柜

赵庄村域内 2014 年出土的汉代家族墓砖瓦

赵庄村村委会办公楼

中国共产党成立 100 周年赵庄村党总支部分在党 50 年以上党员合影

前排左一甄秀芝、中间黄清奎、右一左兰，后排左一赵三顺、中间韩振刚、右一黄增改

赵庄村党总支、村委会历年荣获奖项

抢险锦旗

救火锦旗

赵庄村党总支、村委会成员合影

后排自左至右：甄宪华、刘冰倩（女）、张雪峰、高艳波、贾军海

前排自左至右：甄院生、黄建会、韩书贵、张永强

张家庄镇党委书记张书清（左四）、镇长程广宇（左三）指导《赵庄志》编写工作

编委会成员

左后起：鲍建位、李福田、李永强、黄成言

左前起：高连生、韩银福、戴庚寅

赵庄志研讨会

左后起：韩长水、李福庆、黄成言、戴庚寅、李福田、张永强

左前起：黄建会、胡文田、程广宇、郭凤岐、韩银福、高连生、路永亮、韩书贵、高志峰

►主编与特邀编辑郭凤岐研究村志编辑工作
2019 年 9 月 10 日摄

◄村志研讨会后合影
自左至右：藁城区志办主任米志科、村委主任韩书贵、郭凤岐夫人、村总支书记黄建会、主编韩银福
2019 年 9 月 10 日摄

►在天津郭凤岐工作室《村志》研讨会后合影
自左至右：黄建会、郭凤岐、韩银福、李福田
2019 年 10 月 10 日摄

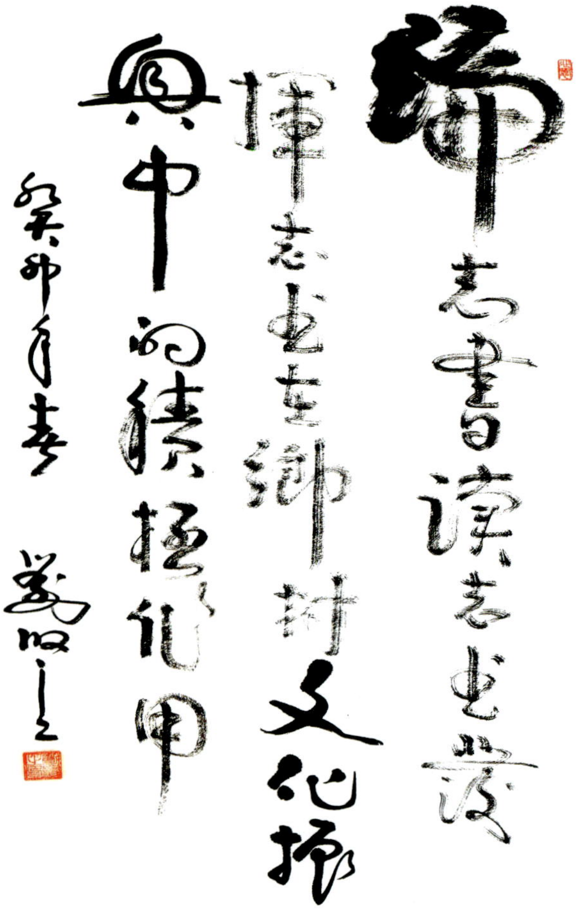

刘坚题词

主编韩银福和刘坚合影

国务院参事刘坚

国务院参事石勇

为纪念 1947 年 3 月解放赵庄战役牺牲的烈士建设的烈士纪念亭

为纪念 1947 年 3 月解放赵庄战役牺牲的革命烈士建设的烈士纪念碑

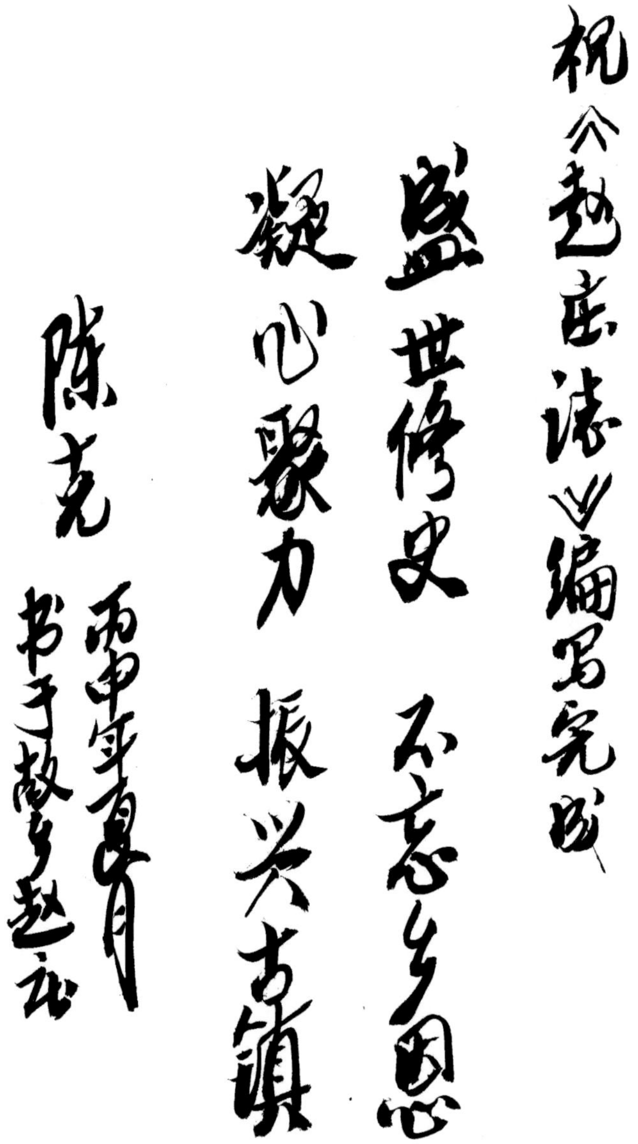

原赵庄大队党支部委员、秘书陈克题字

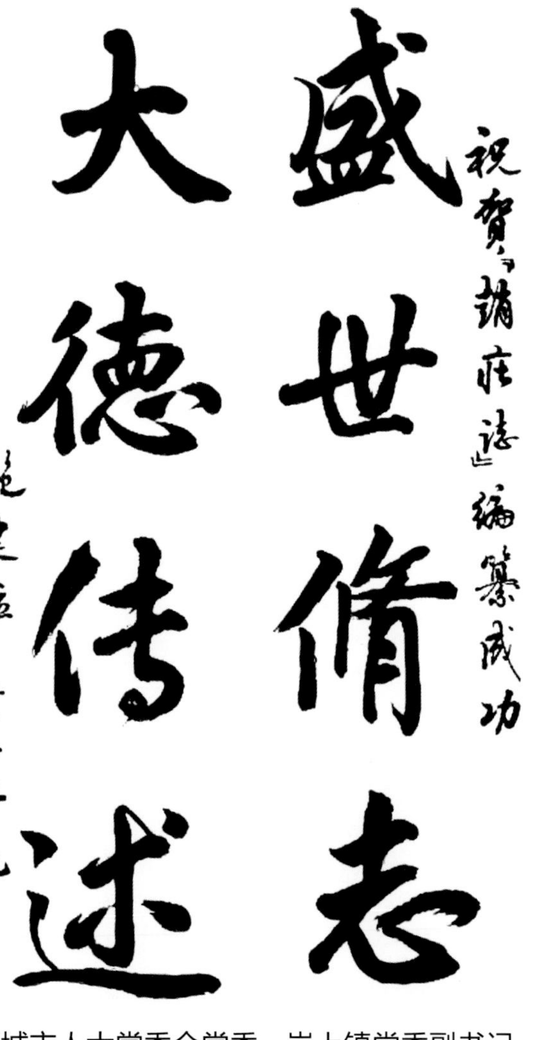

原藁城市人大常委会常委、岗上镇党委副书记
鲍建位题字

讀《崇禎十一年重修神宫寨》碑文有感

此堡神宫两千年，
趙莊村民斗志坚。
同仇敌忾修此堡，
众志成城保家园。
祈福得福香火地，
神功保障人心安。
今日修志忆前事，
更为后人留纪念。

李福田

原赵庄小学校长李福田题字

盛世修志传千古
继往开来惠后人

祝贺《趙庄志》成功出版
原支部书记 李福庆

老支部书记李福庆题字

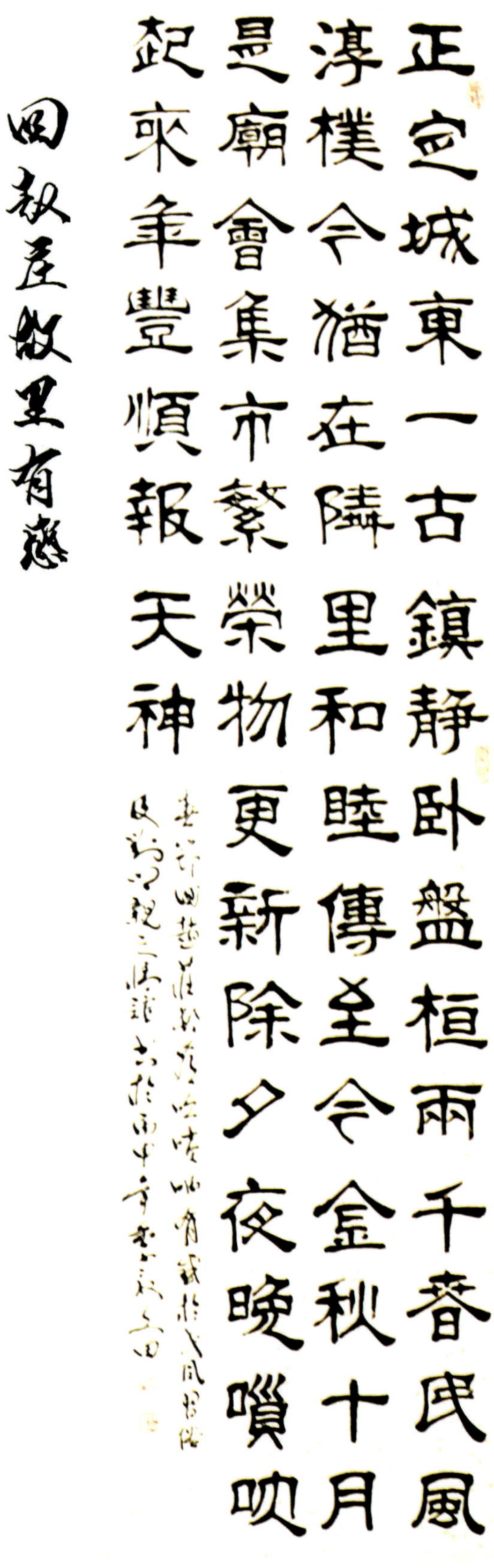

河北高速公路退休干部胡文田题字

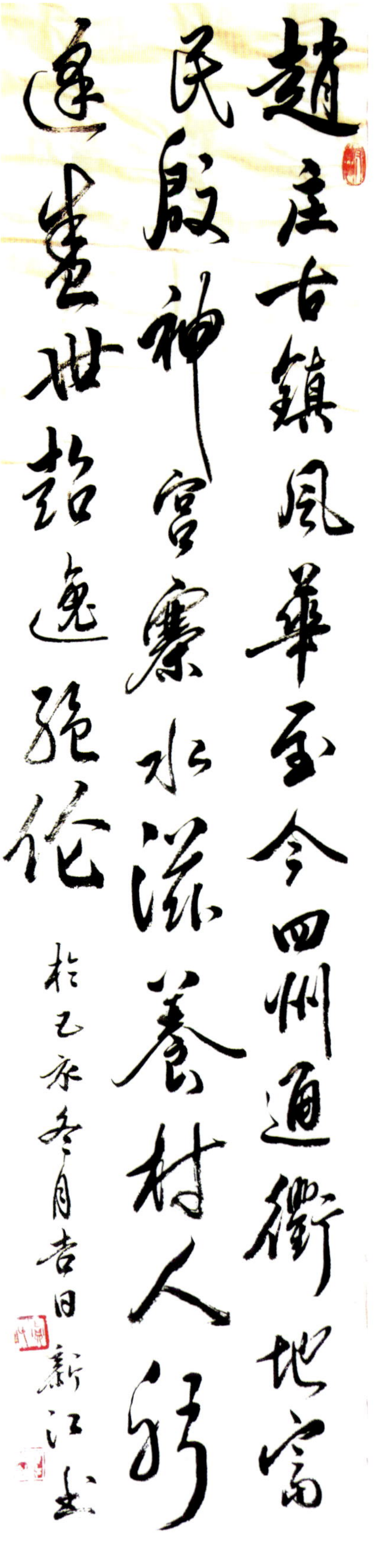

藁城区知名书法新秀贾新江题字

序　一

不朽盛事《赵庄志》

一部《赵庄志》诠释了赵庄两千年的沧桑巨变，远播了赵庄现今的漫天彩霞。

赵庄是我的故乡，是生我养我的地方。对故乡的爱，在我血液里流淌；对故乡的情，在我心底里荡漾；对故乡的人，在我脑海里亲和。而且对故乡的草木，我本能地心仪；对故乡的巨变，我异常地兴奋；故乡修志，我由衷高兴。为《赵庄志》贡献绵薄之力，是我回报父老乡亲的机缘。

志者，“一方之全史”也。但志又与史不同。史书，以史论为特点；志书，以资料而见长。中国修志已有两千多年的优良传统，在中国的历史典籍中，地方志占80%以上。

伴随着改革开放，兴起的新编地方志，已经进行了两轮。《赵庄志》是赵庄有史以来的第一部，它既是“经国之大业，不朽之盛事”；又具有开创之功，补缺之义。

《赵庄志》的编修，在村党总支部、村委会的领导下，在专家的倾心指导下，修志人员用心搜珍，精心编辑，呕心总纂，匠心修改，历经五个春秋的辛勤笔耕，终成精品佳志。

该志所记述的每一件事物，都是赵庄沧桑历史的一个环节，都要同过去、现在和未来接轨。这些事物，既是已经过去历史的“跋”，又是现在的“正文”，也是未来的“序”。历史活动是千百万人民群众的壮丽事业，《赵庄志》的编修过程，就是把握历史事件的发展轨迹，就是梳理历史人物的思想心路，就是拨响志人爱村的历史心曲，就是要唤起村民热爱家乡的澎湃心潮。如是，便将每个“有限”的历史事物，汇聚成“无限”的沧桑巨变；使记述的话语和朴素的文字，转换成连绵不断的生动故事、鲜活人物和流动的画面。

《赵庄志》内容精确、资料精准、体例精当、篇目精整、文笔精炼、装帧精雅，给人以心灵震撼。这诸多之精，展示了《赵庄志》特点鲜明、亮点纷呈的时代特点和地方特色。

宋代进士、官员舒邦佐(1137—1214)，在《送陈纠》长诗中，有句云：“文章特一技，九鼎重朝廷。”

《赵庄志》“特一技”，都有哪些呢？

(一)一技之特的特色篇目

志书设置篇目的原则，“事以类聚，类为一目”。实践证明，死守这个原则，不仅使地方特色事物在篇目上突现不出来，令志书有平淡呆板之嫌；而且往往造成各地志书“千志一面”的雷同之感；并且，把特色事物按“类聚”的办法分散记述在多个类目中，会形成“五马分尸”的结果，把本来独具特色的事物肢解得散乱零碎，使特色事物淹没在一般资料的汪洋大海之中，阉割了特色事物的特具风貌和特殊光彩。

因此，志人们采取了一个“升格”处理法，使某些特色类目，在篇目上“长辈儿”。然而，这种“升格”处理，仍然是在“类项”范围内进行；而对于整体性记述特色事物，仍有一定的局限性。

《赵庄志》在谋篇原则上创新。对个性大于共性的特色事物，从逆向思维出发，以“类以事聚，事为一目”的倒置方式谋篇，设置“特色篇”，将特色事物，在篇目中凸显出来。诸如：

赵庄古镇　在明朝中期形成；为藁城县“八大古镇”之一；至民国初期，赵庄仍为镇。“古镇”是赵庄的“特彩”。

赵庄大集　在明嘉靖《藁城县志》有记载，赵庄是藁城县12个集市之一；清康熙《藁城县志》载，县内集市减为8家，赵庄依然在列；1923年的《藁城乡土地理》云：赵庄镇“商民殷富，街市整齐……每月一、六日开集，商贾云集，杂货纷陈，贸易之盛，不亚梅花。而布商猪市尤大。为各镇所不及。”赵庄大集一直延续至今，是赵庄的“特华”。

过年吹打会　肇始于明正德年间，祖辈相传，至今已有400多年历史。全村(镇)吹打班最多时有24道。“吹打会”是赵庄的“特乐”。

除上述3个“特色章”之外，还有“古寨墙寨门”“功名旗杆”“千年古槐”“姓氏家庭”“东西长街”“良风美德”“《神公寨》碑刻的发现及意义”等“特色节”；“神公寨”等“特色目”；“高寿老人调查”“村民自治章程”“解放赵庄战役”等“特色附”；卷首之“建村成镇考”；等等。

如是，《赵庄志》特色章、节、目和附、考等，就形成了该志的大亮点、中亮点、小亮点。恰如日月同光，繁星点点，跃然纸上，五彩斑斓，亮光四射。

鲁迅先生说：“有色彩的，倒容易成为世界的，即为被别国所注意。”(鲁迅《致陈烟桥》的信)《赵庄志》的“特色篇”，既超凡脱俗地彰显了赵庄的地方特色、时代特色和专业特色，又是新编志书中凸出特色的典范之作，安能不被世人青睐？

(二)一技之特的独特内容

清代张履在《学箴六首示诸生》中云：“何穷何通？何得何丧？独有千秋，斯志必抗。”所谓“独有”，即独一无二。如《赵庄志》中“过年吹打会”的内容，是赵庄春节独特的娱乐活动。

每到过年，赵庄的大街小巷，就会张灯结彩。有财力的街道，还要从省市请来“吹打班”，每个班由十几人组成，以吹唢呐为主，唱折子戏为辅，并配以各种民乐。除夕整夜，吹打班除在本街所搭席棚内唱戏之外，还要在全村(镇)各主要街道，巡回吹奏唢呐。大年初一，各吹打班，集中于广场，站在方桌之上，进行吹奏比赛。各种动听吹曲，震耳欲聋；围观群众，热情高涨，叫好之声此起彼伏。荣获前几名的吹打班，会得到丰厚的彩礼。这种热烈欢度春节、祝福幸福平安、祈求五谷丰登的特殊娱乐形式，广受村民欢迎。

还有《赵庄志》所记述的“吊挂”，虽然不是赵庄独有，却是藁城县域所“独具”。该志载：“腊月三十傍晚，全镇大街小巷清洁整齐，吊挂飘荡，大红宫灯照亮了全镇(村)。”

“吊挂”，是用五色彩纸染成，长方形，下配两边斜开的脚穗，一套4张，用一根秫秸棍儿并排粘在一起，并且一套一套相隔不远地挂在大街上。每套吊挂的两侧，还吊上宫灯。除夕之夜，在宫灯里点上蜡烛，衬托着红红火火的年俗。“吊挂”与天津的“吊钱儿”、山西的“挂签”（又称“字楼”）、河南一些地方的“门钱”，都不相同，吊钱儿、挂签、门钱，皆是春节贴在门楣上的装饰。

中国古代，有一种称为“春胜”的剪纸。唐代笔记小说《酉阳杂俎》载：“立春日，士大夫之家，剪纸小幡，或悬于佳人之首，或缀于花下，又剪为春蝶、春钱、春胜以戏之。”这就是说，尺寸较大的“春胜”，贴于门首；而小的“幡胜”，戴在女人头上或系在花下为装饰。宋代岁时著作《梦粱录》云：元夕岁旦时，由“街市扑买锡打做的春幡胜，百事吉斛儿，以备元旦悬于门首，为新岁吉兆”。清光绪年间《燕京岁时记》云：“挂千者，用吉祥语镌于红纸之上，长尺有咫，粘之门前，与桃符相辉映……小挂千，乃市肆所用也。”

吊挂，应该是从古时的“春胜”衍化而来。既然“春胜”可以戴在女人头上或系在花下，而“挂千”能够被市肆所用，当然也可以创新发展，成为挂在大街上的“吊挂”。

春节“吹打班”“吊挂”，作为赵庄的独特事物，在全国地方志书中，不仅“独树一帜”，而且具有独特的专长或优点，独具流传久远的历史价值。

（三）一技之特的特新考论

“学问比来多可喜，文章非特巧争新。”这是北宋著名思想家、政治家、文学家、改革家王安石，在《夜读试卷呈君实待制景仁内翰》中的两句诗。诗中的“比来”，是“近来”之意；“多可喜”，是“都可喜”之意；“非特”，是“不但”之意；“争”者，斗也；“巧争新”，是比新奇，赛巧妙，即比赛争胜。两句诗的释文是：学问近来都可喜，文章不但要比新奇，而且要赛巧妙。这就是说，特色，往往与新、巧，连在一起，凡是特殊的东西，一般都是新巧的事物。

有史以来，赵庄至少有两大肇始没有明确，即建村、建镇时间。《赵庄志》在卷首，设有“建村、成镇考”，论证了赵庄在赵国统治的战国时期而建村；至迟在清乾隆四十六年（1781）前建镇。

战国时建村的理由是：

一是，明崇祯十一年（1638）重修神宫寨碑刻载，为避“刘齐之乱”，汉高后八年（前180）赵庄村修建北堡。可见，赵庄建村早于汉高后八年，当在战国时期建村。文献记载赵庄在明代之前建村。明嘉靖十三年（1534）藁城县《地域村落图》记载：明朝以前滹沱河北的村落有赵庄等15个村庄。这就是说，赵庄在战国时期建村，有文献可证。

二是，与商代、战国时建村的毗邻村镇比较印证。《藁城村名志》记载了藁城县滹沱河北的古镇、古村落的建村时间，如藁城八大古镇之一的南董，商代形成聚落；古村落九门，商代建村，战国时建九门城；古村落北龙宫，为商代遗址；古村落北堤里，战国时即有村。这些村镇，距离赵庄4至10公里之近。《藁城村名志》虽没有记载赵庄建村的年代，却载：“赵庄，藁城古村落，八大古镇之一，滹沱河北之首镇。”作为首镇，与上述村镇相比肩，赵庄在战国时建村是可能的。

三是，赵庄村发现东汉古墓葬群。2014年，在修建“南水北调”工程时，于赵庄村北三华里处的赵庄村域内，发现砖砌方形家族墓葬群。河北师范大学考古系教授崔英杰等，在研究分析了出土的青砖、陶片等后，认为至迟是东汉年间的家族墓无疑。这就说明，赵庄建村应在此前的战国时期。

现在，尚未查到赵庄建村时间的文献资料，《赵庄志》经考证，认定为战国时建村，是言之有理的。

赵庄建镇，有文献资料可查的是：清乾隆四十六年(1781)《神宫寨重修碑》记载：明代“神宫一寨遂为藁邑之名区赵镇之巨观”。此时，已明确赵庄为镇了。因目前尚未查到赵庄建镇的具体时间，故称：赵庄建镇，在清乾隆四十六年(1781)前已发展成为名古镇。此后，赵庄镇一直延续到民国初期。

赵庄建村、成镇的考论，解决了赵庄有史以来，没有建村、建镇时间的遗憾，这是《赵庄志》对家乡的两大重要贡献。

(四)一技之特的特鲜史料

北宋末年进士、官员、诗人和词人王庭，在《寰海清(上元)》词中，有句云：“为个甚？晚妆特地鲜妍。”岂止是女人梳妆要“鲜”？史志资料同样讲“鲜”，尤其是志书，要求史料准确，往往就缺乏生动；要求记述规范，往往就有失鲜活，而使史料流于呆板。鲜活、生动的史料，是志书可遇且难求的内容。

《赵庄志》在“姓氏·家庭”章，记述了黄、韩、胡、贾、甄、鲍、张、郭、高、蔡、辛、刘、李、王、赵等15个大姓，并明确了在何时、由何地迁来赵庄；在赵庄的繁衍情况，至今发展有多少代；2010年人口普查时的户数、人数、占当时赵庄人口的比例，等等。

在“小户”中，记述了周、郑、丁、戴、吕、徐、杨、田、康、冯、郎、左、何、齐、杜、魏、郝、陈、梁、穆、樊、崔、常、武、卢等25个较少人口姓氏及其来源，在赵庄的繁衍，目前的情况等。

这些丰富多彩的姓氏资料主要是在这次编修《赵庄志》中，由修志人员和村民，深入细致地调查访问，即“田野调查”，所获得的第一手资料。以这些口碑和口述史资料为主，与史志、家谱资料相结合，编修成为这一节特色鲜明的内容。

这些史料的特点是：民众故事的生动活泼，原生史态的活灵活现，朴素无华的活色生香，即时形态的鲜活浑成。正如明代于谦在《观书》中所云：“活水源流随处满，东风花柳逐时新。”

沐浴着新中国成立70周年庆典的强劲东风，君不见，一部规模宏大、气度恢弘的《赵庄志》大作，即将出现在冀中平原的大地上。

在《赵庄志》付梓之时，是为序。

郭凤岐

2019年10月25日　于天津

序 二

《赵庄志》序

“地方志”,是由我国传统的一种记述地方情况而逐步演变而来的一种特定体裁的著作。对于赵庄这样一个可以溯源2300年前的地方,应该被历史铭记。

赵庄,地处京畿腹地、太行山东麓海河流域冲积扇平原,可谓地势平坦,交通便利,土地肥沃,气候温和,水源充沛。从商代中期“朵氏”部落在此种粟栽木、饲畜驮耕、汲水浇灌,赵庄战国时期后期建村,到明代嘉靖年间发展成为藁城县有名集镇,名刹神宫寨已成为“藁邑之名区,赵镇之巨观”,盛名远播。至清代,赵庄成为藁城县域“八大古镇”之首镇。高大夯土寨墙寨门、明清式古建筑群黄家大院居于镇中央,神宫寨、弥陀寺等十几座寺庙遍布全镇,街市整齐,东西长街古式店铺鳞次栉比,商贸发达,近万亩肥沃耕地旱涝保收。一六大集,商贾云集,吸引周围近百里人群赶集交易,人流熙攘,尤以猪市棉市为最。这一切构成赵庄古镇风貌。进入二十世纪六七十年代,赵庄村不仅实现了农业连年增产增收,工商副业也呈现了一片繁荣兴旺的景象,集市商贸活动更加繁华。目前全村粮食种植亩产超双千斤,人均收入突破万元大关。

党的十八大以来,以习近平同志为核心的党中央高度重视乡村振兴和文化遗产保护利用。

文物和文化遗产承载着中华民族的基因和血脉,是不可再生、不可替代的中华优秀文明资源。要让更多的文物和文化遗产活起来,营造传承中华文明的浓厚社会氛围;要积极推进文物保护利用和文化遗产保护传承,挖掘文物和文化遗产的多重价值,传播更多承载中华文化、中国精神的价值符号和文化产品。

2023年,是全面落实党的二十大精神的开局之年,更是巩固拓展脱贫攻坚成果同乡村振兴有效衔接的关键之年。相信赵庄人民在赵庄党总支和村委会带领下,一定会以习近平新时代中国特色社会主义思想为指导,深入学习贯彻党的二十大精神,贯彻落实中央经济工作会议和中央农村工作会议精神,不断聚焦“守底线、抓发展、促振兴”,扎实推进乡村发展、乡村建设、乡村治理和精神文明建设,保留发展古镇风貌,建设宜居宜业和美乡村,推动巩固拓展脱贫攻坚成果上台阶、乡村全面振兴见实效,让重农善商的赵庄更加美丽富饶!

《赵庄志》是赵庄第一部志书,全书洋洋洒洒80余万字,浩浩长卷,可称鸿篇巨制。2300多年前建村以来这个古老的村庄演绎出了多少历史事件和人文趣事,沧海桑田多巨变,物是人非几轮回。《赵庄志》广收博采,本着博古详今，择其要者囊括其中。赵庄的前世今生、兴替荣辱和优秀的人文传统交代得清楚有序，连接得丝丝入扣，是赵庄人民的一部历史教科书。在编纂过程中，编委会全体成员付出了很大的艰辛，倾注了很大的精力，淡泊名利，笔耕不辍、呕心沥血，给这部志书的诞生注入了强大的精神动力、文化动力以及不竭的生命力。

在《赵庄志》即将出版之际，编委会让我写序，我诚惶诚恐，既深感荣幸，又终才浅。怕笔力不够，不足于描述出赵庄历史的悠久，不怕才学不深，不足以展示赵庄的美丽。故只从乡村振兴角度，粗浅表达，着实概而不全，为歉。

是为序。

2023 年 3 月 3 日

序 三

《赵庄志》序

《赵庄志》在村党总支和村委会的领导和大力支持下，经过编委会全体同志六年多的共同努力，即将付梓面世了。这是赵庄人民生活中的一件大事、盛事、喜事。我相信，当我们看到这份宝贵的精神财富时，无论是离开故土的游子，还是坚守在这片古老热土上的父老乡亲都会倍感欣慰，并为之心潮澎湃。悉心研读这部凝聚着全体编委智慧和心血的志书，感到不仅内容丰富、体例编排科学、类目设置合理、资料翔实可靠、行文规范流畅，同时做到了博古详今、图文并茂、雅俗共赏，体现了较高的编纂水准，堪称赵庄一部严谨、翔实、丰厚、权威的“百科全书”，她的面世，必将载入史册，彪炳千秋，成为一部传世佳作。

赵庄源起商周，成村于战国时期，距今已有2300多年历史，在藁城有着灿烂辉煌和重要的地位。据《藁城县志》记载，赵庄古镇历史上是藁北之首镇，20世纪40年代时，镇周围尚存清同治六年(1867)筑起的高大寨墙，镇中街市整齐，店铺栉比，远近闻名的“赵庄集”即设于此，每月农历一、六日开集，邻县四周商贾云集，杂货纷陈，尤以布商、猪市最盛，为当时县内其他镇所不及。

赵庄地处华北，京畿腹地，土地肥沃，物产丰富，农商发达，百姓勤劳，人民善良，村风淳朴。2000多年来，赵庄人民在这块热土上采植耕作，躬贯稼穑，繁衍生息，依靠勤劳和智慧建设幸福家庭、美好家园。20世纪六七十年代，赵庄村集体抓抢机遇，先后兴办起了棉纺厂、造纸厂、盆窑、砖窑、木器厂、养猪场，建筑工程队等30多家集体工商副业，村集体拥有了很强的经济实力，村集体大兴电力等基础设施建设，并购置了拖拉机、收割机等农业机械反哺农业，全村不仅实现了农业生产连年增产增收，工商副业也呈现了一片繁荣兴旺的景象，在整个藁城乃至周边邻县，声名远扬，赵庄村真正成为当时富庶的名村，在藁城历史上写下了浓墨重彩的一页。改革开放以来，赵庄人民在村党总支和村委会的带领下，充分发挥重农善商的传统优势和勇于开拓进取、不甘人后的拼搏精神，在搞好农业种植业和畜牧养殖业的同时，各显神通，积极投身工业生产、餐饮服务、交通运输、工程建筑、商贸流通等二、三产业中，用勤劳的双手创造了大量的物质财富，使全村面貌发生了翻天覆地的变化。目前全村粮食种植亩产超双千斤，全村人均收入突破万元大关。村内主要街道已全部实现路面硬化，村容村貌整洁，生产生活基本实现了机械化、电气化。村民生活富足，家庭和睦，全村呈现出一派幸福祥和、欣欣向荣的景象，一个全面实现小康社会的新农村即将展现在世人面前。

赵庄历来崇文重教,人文鼎盛。“关乎人文,以化成天下”,这是《周易》对文化的定义。一个地方的发展就如同一棵参天大树的成长,是需要有很深的根基的,根深才能叶茂,而历代薪火相传、积淀深厚的地域文化就是贯穿始终的血脉和根本,是我们最宝贵的精神财富。赵庄人民不仅勤劳善作,更是崇文重教,文化源远流长、人才辈出。特别是每年春节期间的唢呐吹奏和农历十月庙会的文化活动都形成了极其浓郁的地域色彩。千百年来,从这片古老热土上走出了一代又一代贤达俊杰。据2014年不完全统计,自恢复高考以来,赵庄子弟取得全日制大专以上学历的就已有500多人。

志记也,记述一个地方古往今来之事的书籍为志。《赵庄志》全面系统地记述了赵庄古镇的自然、政治、经济、文化和社会的历史与现状,极具权威性。她的权威源自于其特殊性和自治功能。以史为鉴,足可资治,向来被人誉为“利在当代,功在千秋”。志渊源深厚,特色明显,彰显浓郁的地域文化,盛世豪情。《赵庄志》作为赵庄第一部志书,必将充分发挥鉴古喻今、德传万古的作用,实现其“存史、资政、教化、育人”的目的。

在《赵庄志》编纂过程中,编委会全体成员付出了艰辛的劳动,倾注了大量的精力,他们查史料、访乡老、寻古迹,淡泊名利,笔耕不辍,呕心沥血,其心可鉴,其情可嘉,其精神必将与志书共存。

赵庄是我的家乡,是生我养我的地方。参加工作后,我又有幸在藁城工作了六年多时间。在藁城工作期间,我始终惦记着家乡的父老乡亲,牵挂着赵庄的每一寸土地,以我对家乡浓厚的深情和炽热的爱,尽我所能为赵庄父老乡亲和家乡建设尽了绵薄之力。但我知道,因我能力所限,我做的还很不够。我想今后无论我走到哪里,都会不忘初心,永远向往我的家乡,并竭尽全力为家乡父老乡亲和建设发展献出我的挚爱和全部力量。

在今后的岁月里,赵庄人民在赵庄党总支和村委会的带领下,一定会不断抓抢机遇,进一步发挥其区位、资源、交通等各方面的优势,坚定不移地地走绿色生态、可持续发展之路,在让赵庄的父老乡亲实现更加富裕的同时,把赵庄建设成百姓生活富足、家庭富裕和睦、村容村貌优美整洁的美丽家园。我们坚信,赵庄的明天一定会更加美好!

在《赵庄志》即将付印之际,编委会嘱我为此书写序,我既深感荣幸,又终觉惶恐。唯恐自己才疏学浅,笔力不逮,难承此重。无奈编委会几番催促,只得不揣深浅,受命动笔,勉力为之,是为序。

陈会强

2019年10月1日

序 四

鉴古励今 促进发展

盛世修志，乃中华民族之优良文化传统。藁城有志，始自明嘉靖年间，之后，或补或续，凡四次。1992年新编社会主义《藁城县志》问世，2015年《藁城市志》续志出版。近年来，九门、北席、贾村、贾市庄、梅花、南董、太丰化、织锦、三邱等村镇编纂出版了村志。村志，对于村民了解村史，比较社会制度，借鉴本村发展绵延过程中的经验教训，团结一心，在中国共产党的领导下，建设富裕美好的新家乡大有助益。镇党委、镇政府期望我镇各村修志，鉴古励今，促进各项事业大发展！

2014年8月，正当全国各族人民认真宣传贯彻中国共产党第十八届四中、五中全会精神，坚持全面建成小康社会，全面深化改革、全面依法治国，全面从严治党的形势下，赵庄村党总支部、村民委员会决定编修《赵庄志》。我作为张家庄镇党委书记，非常支持这项工作。以老干部韩银福为首的赵庄村几名老党员、老干部、老教师经过六年多的艰辛努力，广征博采，集思广益，完成了近八十万字的《赵庄志》的编纂工作，即将付梓出版。这是一件造福桑梓的大好事，也是赵庄村全体村民的一件大喜事。表示由衷的祝贺！

今阅读《赵庄志》，更觉得编者用心良苦。他们坚持爱党、爱国和尊重历史的指导思想，在旧有资料基础上，多方收集历史资料，坚持实事求是，坚持历史真实、坚持略古详今、坚持去伪存真，革故创新，贯通古今。以无可辩驳的史实说明"人民群众是历史的创造者""没有共产党就没有新中国""只有社会主义能够救中国"的伟大真理。其思想性、政治性、科学性、历史性，为村志之典范。特别是对党的十一届三中全会以来的社会变革记述详备，使赵庄之历史变迁、政制更替、人文变革、自然变化、经济发展等的历史和现状，以及社会主义革命和建设的经验和教训总揽其中，不失为时代的信息库、地方的百科全书。为政者以此可知赵庄政制之变迁、环境之变化、经济发展之成败、人文之精华、民俗之美恶、吏治之得失。从而使众乡亲及其子孙后代可从中了解家乡悠久灿烂的历史和文化，增强建设美好家乡的信心和决心。从中找到借鉴，廉洁奉公，忠于职守，为今后带领全村人民改革开放奔小康而尽心竭力。

赵庄商周有先人聚居，战国时期成村，距今有两千多年的历史。明代中叶发展为集镇，距今也有五百余年，历史悠久，文化积淀深厚。赵庄古镇是明清以来藁城"八大古镇"之藁城县滹沱河北首镇(原藁城八大古镇：贾市庄、梅花、丽阳、岗上、两河、南董、赵庄、南孟)，寨墙高阔，七座青砖寨门雄踞正东、东南、正南、西南、正西、西北、东北七个方向。东西大街笔直宽畅。镇中“回”字街和东西大街店铺栉比，绵延相连，一色明清建筑风格，当铺、钱庄、布店、棉绒棉线、粮店、日杂百货、茶肆酒楼、饭馆旅店，买卖兴隆，交易频繁。每逢农历每月“一、六”大集，五行八作，各色人等，摆摊设点，占满主要街道，布商、猪市尤大，为各镇所不及，闻名于京津保地区。原有古寺庙十几座，村民笃信佛教。原黄家大院为明清建筑风格，青砖灰瓦、斗拱重檐、高脊砖雕、雕梁画栋，古朴端重，堪称建筑群中的佼佼者。这些都是赵庄人民勤劳智慧的结晶。

赵庄地处京畿腹地、战略要冲，自秦代至民国两千多年的历史长河中，朝代更替，战乱不断。水、旱、风、雹、蝗等自然灾害频仍，流行传染病常常袭扰，官府豪富横征暴敛，真是兵连祸结，民不聊生。勤劳勇敢的赵庄人民，以爱国持家为己任，百折不挠，威武不屈，勇敢面对兵匪祸患、自然灾害。特别是民国时期，日军侵犯家园，国民党政权压榨百姓，赵庄人民在中国共产党的领导下，和日伪及国民党统治展开持久的殊死斗争，为了人民的彻底解放，有十数人为国捐躯。历史风云中造就了赵庄人民忠诚、坚毅、憨厚、勤劳、勇敢、包容、互助的品格。

新中国成立后，特别是改革开放以来，赵庄在社会变革、经济发展、文化教育、生产生活等各个方面，发生了翻天覆地的变化。政治上当家作主，自由平等；农业生产稳定发展，实现了机械化、电气化；工商业、服务业发展迅猛；全面实现九年义务教育，大专以上毕业生成百上千；电脑、电视、戏曲、舞蹈，文化生活丰富多彩；交通、通信现代化；养老保险全覆盖，养老难得到了解决；新型合作医疗，保证了农民有病能够及时治疗；住房为单元楼房或砖瓦房，餐桌肉蛋菜奶馒头米饭，丰富又营养。赵庄人民全心聚力改革开放奔小康。

“以铜为镜，正衣冠；以人为镜，知得失；以史为镜，知兴替。”目前全国各族人民深入学习贯彻中共中央十九届一中、二中全会精神，在习近平新时代中国特色社会主义思想指引下，统筹推进“五位一体”总体布局，协调推进“四个全面”战略布局，决胜全面建成小康社会，为夺取新时代中国特色社会主义伟大胜利，实现中华民族伟大复兴的中国梦而努力奋斗。2019 年是中国共产党成立 98 周年和中华人民共和国成立 70 周年大庆。在这伟大的新时代变革时期，希望赵庄人民在村党总支、村民委员会的领导下，和全国人民一道，认真学习贯彻党的十九大精神，借鉴历史经验，确立创新、协调、绿色、开放、共享的新发展理念，党员带头，干部担当，团结一心，集思广益，集体富带全民富，先富带后富，尽快把赵庄建设成为富强民主文明和谐美丽的社会主义新型农村。

刘栋侠

2019 年 10 月 1 日

凡　例

一、指导思想。本志以马克思列宁主义、毛泽东思想、邓小平理论、“三个代表”重要思想、科学发展观、习近平新时代中国特色社会主义思想为指导，坚持辩证唯物主义和历史唯物主义的立场、观点和方法，坚持实事求是的思想路线，做到思想性、科学性、资料性的统一。

二、记述范围。本志以赵庄2016年行政区划为记述范围，历史上曾经隶属而后划出之区域，凡涉及者，可作适当论及，但一般不再系统论述。

三、时间断限。本志的记述时限，上限始自赵庄有独立建置之时，即战国时期后期、秦王政十九年(前228)；下限至2019年10月。为了保证记述事物的完整性，适当上溯或下延，个别重要内容延至搁笔之日。

四、主要内容。本志除卷首的建村、成镇考，概述，大事记，照片，地图等和卷末的附录、参考书目、编后记之外，卷中主体部分依次为政区、环境、地理　自然、赵庄古镇、神宫寨、村镇建设、基础设施、人口、家庭　姓氏　宗族、民族宗教、经济综述、农业、工商企业、赵庄大集、财税金融、经济综合管理、中共赵庄(镇)村(总)支部委员会、(镇)村政组织、群团组织、军事、精神文明建设、文化、教育、医药 卫生 体育 、民俗方言、过年吹打会、人物等共27章。

五、体裁章法。本志记述采用述、记、志、传、图、表、录等体裁，以志为主。结构为章、节、目体，一般分为章、节、目、子目4个层次。

六、使用文体。本志除引用文和文献辑存外，均采用规范的语体文。使用标准简化字，以国家语言文字工作委员会正式公布的简化字为准。

七、数字与计量单位。数字用法以《出版物上数字用法》(GB/T 15835—2011)为准。计量单位采用国家技术监督局1993年12月发布的《量和单位》系列标准。考虑到社会使用习惯，亩不做换算。历史上使用的斤、斗、尺等均保留。

八、人称地名。本志采用第三人称撰写。人名，直书其名，必要时冠以职务；地名，以现行标准地名为准，使用历史地名，首次出现时括注现行标准地名；过繁的名称，首次出现时用全称，之后可使用简称；涉及外国人名、地名、机构名及术语译名，均以现行的通用译名为准，必要时括注外文名称。

九、纪年。中华民国成立之前，采用历史朝代纪年，括注公元纪年。中华民国时期，年份用阿拉伯数字、括注公元纪年。中华人民共和国成立后，一律采用公元纪年。

十、统计数字。本志所用数据，以政府统计部门的数据为准；无政府统计数据的，使用部门提供的数据。

十一、人物。本志人物设人物传和人物简介、烈士人物表录。坚持“生不立传”的原则，对立传的过世人物以生年为序。对有重要贡献的文化名人作人物简介，烈士名录以牺牲时间为序，县级以上劳动模范、先进个人和集体名单以授奖时间为序，副高职称以上专业技术人员名表以评定时间为序。

十二、资料来源。本志资料来自方志、年鉴、档案、党史、文献、图书、报刊、口述史等，部分由社会各界人士提供，均核实后载入。除重要引文和文献需要括注出处外，一般不注明出处。

目　　录

第一章　政　区

第二章　环　境

第三章　地理　自然

第四章　赵庄古镇

第五章　神宫寨

第六章 村镇建设

第七章 基础设施

第八章　人　口

第九章　家庭　姓氏　宗族

第十章　民族　宗教

第十一章　经济综述

第十二章　农　业

第十三章　工商企业

第十四章　赵庄大集

第十五章　财税金融

第十六章 经济综合管理

第十七章 中共赵庄(镇)村(总)支部委员会

第十八章 (镇)村政组织

第十九章 群团组织

第二十章　军　事

第二十一章　精神文明建设

第二十二章　文　化

第二十三章 教 育

第二十四章 医药 卫生 体育

第二十五章　民俗　方言

第二十六章　过年吹打会

第二十七章　人　物

附 录

建村、成镇考

藁城历史悠久，早在公元前1400年商代中期，“朵氏”部落即在境内俪水、滹沱河、磁河、木刀沟等沿河地带劳动生息。赵庄是藁城域内古村镇，赵庄境域在藁城城区西北27.8千米、古郡九门西北7千米、古郡正定东北10千米处，南临滹沱河，北接磁河，地势平坦，土地肥沃，水资源丰富。赵庄什么年代建村？村名起源？何时发展成为建制镇？考证如下：

一、赵庄建村年代考

赵庄建村为战国(前475—前221)后期。具体考证如下：

(一)现存神宫寨古碑刻记载，证明建村在战国时期后期，修建北堡是在西汉高后八年(前180)

现存明崇祯十一年(1638)赵庄村民所立《真定府藁城縣趙莊村重修北堡今改神宫寨小纪》两通石碑碑刻载：“本乡旧堡(即北堡)原系避刘齐之乱，神宫保障久矣。”

所谓“刘齐之乱”系指公元前180年汉高后吕雉死后，刘邦庶出之孙齐王刘襄与其弟朱虚侯刘章起兵造反，和开国大臣合谋，诛杀把持朝政的吕产吕禄等吕氏子孙，汉文帝即皇帝位。刘襄弟兄起兵欲夺取皇帝位，战乱又起，祸及全国。史称“刘齐之乱。”

《史记·吕太后本纪》《汉书·高后纪第三》记载，西汉高祖皇帝刘邦死后，刘邦与太后吕雉的儿子刘盈登基为汉惠帝。但惠帝生性懦弱，优柔寡断，大权逐步落到了吕后手中。吕后为了把刘氏天下变为吕氏天下，便将她娘家的侄子、侄孙封王、封侯，辅佐她把持朝政。吕后不仅排挤老臣，还先后杀掉刘邦的儿子赵隐王、赵幽王、赵恭王和燕王。汉惠帝刘盈对母后的残忍和骄横极为不满，但又无力反抗，最终忧郁成病，不久便死了。

刘氏宗族和大臣们对吕后都深深不满和愤慨，但都惧怕吕后的淫威残暴而敢怒不敢言。高后八年(前180)七月辛巳，皇太后吕雉驾崩于未央宫。吕后死后，吕氏宗族惶惶不安，唯恐遭到报应，于是，在吕后侄子、上将军吕禄家中秘密共谋作乱篡夺皇位之事，妄图彻底夺取刘氏的江山。这次密谋不慎走漏消息，被齐工胞弟朱虚候刘章知悉密报其兄刘氏宗室齐王刘襄，汉高后八年(前180年)九月，齐王刘襄和其弟、朱虚侯刘章起兵造反，杀奔长安，意欲诛杀吕氏子孙夺取皇帝位，兵至荥阳，与吕产、吕禄委派应敌的开国大将灌婴达成共识，伺机诛杀吕产、吕禄，还天下于刘家。朱虚侯刘章和开国大臣周勃、陈平，在灌婴将军配合下，开始了西汉平定诸吕之乱的作战。他们设计解除了吕禄的兵权。平日里敢怒而不敢言的文臣武将纷纷而起，讨伐之势，势如破竹。最后，刘章带兵闯入宫中，杀了把持朝政的丞相吕产和上将军吕禄，铲除其子孙，诸吕之乱被平定。

平定诸吕之乱之后，众大臣拥立刘邦的第四个儿子刘恒登基，称为汉文帝。随之分兵诛灭梁王泰、淮阳王武、燕王吕通、常山王王朝及少帝于邸。汉文帝三年(前177)，“济北王兴居(刘兴居，齐王刘襄之弟)闻帝之代。欲往击胡，乃反，发兵欲袭荥阳”(《史记.孝文本纪》)，汉文帝遣棘蒲侯陈武为大将军，带领10万大军往击之，战乱又起。汉景帝三年(前154)，吴王濞、楚王戊、赵王遂、胶西王卬、济南王辟光、菑川王贤、胶东王雄渠造反，史称“七国之乱”，很快被平定，楚国外其他六国被废除。自汉高后八年(前180)至汉景帝三年(前154)，战乱长达26年，兵祸全国。赵庄属常山郡，域内兵匪横行，难免遭受战火摧残。为免遭兵匪涂炭，先民在村西北高岗之上修建堡城，俗称“北堡”。

赵庄村“北堡”坐落于赵庄村西北，距村1000余米的高岗之上。高岗高出地面十数米，东、北、南面壁立，西边缓坡，是古代冲积自然形成的。岗上面平坦，面积有3万多平方米。”西汉高后八年(前180)，赵庄村民为避“刘齐之乱”在村西北高岗上修建的“北堡”说明，修建北堡时赵庄村早已建立。《藁城县志》载，商代中期藁城域内为“朵氏”部落聚居地。著名的藁城区台西商代遗址发掘，证明商代中期藁城域内滹沱河两岸有先人部落聚居，赵庄村在滹沱河北岸，和台西直线距离15千米左右，赵庄村域在商周时期有先民聚居,在战国时期(前475—前221)后期、秦王政十九年(前228年)前建成赵庄村是符合历史发展轨迹的。北堡上的真武大帝庙至迟在北宋时代建成,后重修并扩大规模,明嘉靖二十一年(1542)和隆庆年间(1567—1572)重修、扩建神宫寨后,庙貌完备,洵称古刹,遂为"藁邑之名区,赵镇之巨观"。村民修筑北堡时(前180),赵庄已经是有一定人口规模的村庄,否则,难以举全村之力修筑北堡。从战国(前475—前221)后期建村,至2019年,赵庄村已有2300多年的历史了。

(二)赵庄村域发现的汉代古墓葬群,证明赵庄建村早于西汉前、在战国时期后期

2014年在赵庄村北三华里处赵庄村域内修建"南水北调"工程时,发现砖砌家族墓葬群,虽未正式发掘,但出土了大量青砖和陶片。河北师范大学考古系教授崔英杰等研究分析出土的青砖、陶片,认为是汉代家族墓无疑,至迟是东汉年间的。古墓室是砖砌长方形的。

赵庄村西北门里现在还健在的70岁以上老人都记得,西北门外偏东,距村500米高坡上贾家古坟茔,1958年生产队、村民取土此高坡,曾发现上下两层的青砖砌长方形拱顶墓室。当时人们认为年代久远。

商周时期,在黄河流域和北方地区,一般是横穴地下土洞墓,规模较小,构造较简单。这种土洞墓,在汉代及其以后各个时期长期流行。汉代的新墓制,还表现在中原一带的"空心砖墓",其流行于西汉,到东汉即已绝迹。西汉中晚期,在中原和关中一带出现用青砖建筑的小型墓室,一般称为"砖室墓"。到了东汉时期,砖室墓迅速普及,成为全国各地最常见的一种墓。贵族、官僚们的砖室墓规模较大,布局复杂,模仿他们的府邸建造。汉代以后,墓室地面以上普遍筑有坟包。魏晋南北朝时代的墓葬制度,大体上承袭汉代。

赵庄汉代平民汉墓群的发现和史籍记载的墓葬发展史,足以证明,赵庄在西汉时期是一个村域面积大、人口多的村落,并且民间已掌握了砖、瓦烧制技术。

(三)赵庄是九门始置县时下辖的古村,发展轨迹明晰

《藁城县志》载:"战国时期(前475年—前221),九门为战略要地。"战国时期,九门原为中山国城邑,赵惠文王三年(前296)赵灭中山国,九门为赵国城邑。赵庄属之。公元前228年秦灭赵,置九门县。汉高祖五年(前202)仍置九门县。九门县管辖现藁城县域滹沱河北22个古村落,包括赵庄村。

《汉书·地理志第八》载:"常山郡,高帝置。莽曰井关。属冀州。户十四万一千七百四十一,口六十七万七千九百五十六。县十八"。常山郡18县包括元氏、井陉、高邑、灵寿、曲阳、九门、赞皇等县。赵庄村属九门县管辖。平均每县7784户、37664口人。当时九门县所辖22个古村落都存在,每村平均357户、1712口人。赵庄村发展较快,户、口会高于平均数。说明赵庄村域聚居先民历史较长,在商周时代就有先民聚居。赵庄建村当在战国时期后期。

《正定县志》载:汉武帝元鼎三年(前114),废常山国为常山郡,领真定县。元鼎四年(前113),析常山郡一部置真定国(治真定),辖真定、稾城、肥累(今藁城城子村一带)和绵曼(今井陉县境)4县。东汉光武帝建武三年(27)废真定国,并入常山国,领真定县。

《后汉书·郡国二》载:"常山国高帝置。建武十三年省真定国,以其县属。常山国领13县,户九万七千五百,口六十三万一千一百八十四。元氏、高邑、都乡、南行唐、平棘、栾城、九门、灵寿、蒲吾、井陉、真定、上艾"十三城。取平均值,县均户7500,口48553。九门县仍领22古村,村均户341,口2207。赵庄是村中的大村,户数、人口高于其他村。进一步说明赵庄建村早于西汉,当在战国时期建村。

赵庄是古村、大村。明嘉靖《藁城县志》之《寺庙》载:"弥陀寺,在县西北四十里赵庄村。"明嘉靖《藁城县志》之《都鄙》载:"赵庄,一、六大集"远近闻名。说明,赵庄比其他邻村发展快,自然建村也早。即使按平均数,赵庄在公元前113年就有400多户、近2000人,公元37年人口发展到3000余人,说明赵庄在战国时期(前475—221年)或秦代前期建村是完全可能的。

《藁城县志》载:隋大业十三年(617)复置柏肆县(注:隋开皇十六年(596)析藁城置柏肆县。在城北三十里,详无考),并置宜安县(治所宜安)、辛丰县(治所辛丰)、信义县(治所今藁城西北)。同年,置九门郡,辖九门、信义、新市(今正定县新城铺镇)3县。合理推测,信义县治所当为今"赵庄村"。

《旧唐书·志第十九·地理二》载:"九门,汉县,属

长山郡。至隋不改。国初置九门郡,领九门、新市、信义三县。武德元年(618),改为观州。武德五年(622),州废,省信义、新市二县入九门县。以九门隶恒州。"赵庄隶属九门县。

80多岁的村民、老党员、老干部田德焕一生记载视听资料,形成60多卷《视听随笔》,其第六十卷载:北魏太和六年(482)信义县(赵庄)城南建"弥陀大寺",前有埠地——漏泽园。

赵庄村20世纪初年出生的老人王振生生前曾对教师胡振武说,大王庙一通石碑是唐朝贞观年间所立,可惜日军侵占赵庄村时被拆毁,砖石碑刻修建了炮楼。可见大王庙建于唐朝以前。

《藁城县志》载:"唐天宝十四载(775),安禄山举兵叛,常山太守严杲卿起兵讨之。翌年(756)四月,郭子仪引兵出井州,至常山与李光弼合兵,大败史思明于九门城南。八月,史思明再攻九门,破之,所杀数千,复引兵东破稾城"。村民代代相传,李光弼率军攻打占据九门城的史思明时,驻军赵庄,神宫寨是其屯兵点将训练之地。这不会是空穴来风。

《藁城县志》载:宋开宝六年(973)省九门县入稾城县,赵庄村隶属稾城县。

赵庄村西南门里大水坑西北角有"郭槐墓",曾立有铸铁碑,铁碑高约60厘米、宽约40厘米、厚约3厘米,重约20千克。正面阳刻(文字凸起)"郭槐墓"三字。现年过八旬的老教师黄成言证实,1990年亲耳听那时健在的黄贵恒老师说:他15岁时(1915年)在弥陀寺内上学,课间同学们搬动这块铁碑,他能抱起这块铁碑在院子里转上一圈。那时曾在弥陀寺上过学的村民鲍老黑、刘自修等,都证实见过此碑。祖辈口口相传,神宫寨庙会,戏楼从不让唱《铡郭槐》的戏。

郭槐,北宋宦官,皇后刘氏亲信。年少时与刘氏是青梅竹马的恋人。因刘氏被选秀入宫,自愿净身进宫追随刘氏左右。曾是包拯的救命恩人,与包拯结为三同好友。在"狸猫换太子"事件中,宦官郭槐为虎作伥,协助刘太后迫害太子刘恒(968-1022年)生母李妃,最终被包拯铡死。传郭槐为今河北省藁城市赵庄村人,与赵庄村有郭槐墓相吻合。

以上历史侧面证明,北宋时期,赵庄村已经是人口较多的大村,文化氛围浓厚。能与皇帝联姻,郭槐才能进入皇宫。

藁城区民政局编纂的《藁城市地名志》显示:藁城县县明代前土著村落滹沱河北有南宋、固德、丰上、赵庄、贾同、只甲、韩家洼、贤庄、黄庄、南乡、南董、北高庄、南四公、贾孤庄、南凹15个村庄,移民土著村有奉化、北堤里、南孟、蒲城、小吴村、鲍家庄、九门7个村,合计22个村。这22个村,其中有明晰起源的11个村庄:九门,商代比干后裔第一村;南董,藁城八大古镇之一,商代形成聚落群,元代开国元勋、中书左丞董文炳故里,"南董"沿用至今;南乡,藁城古村落,北魏太和十三年(489),贾法生兄弟造二佛并坐像,金铜质。追荐父母;贾同,北齐建忠寺石造像上刻有"贾瞳";黄庄,藁城古村庄,明开国功臣徐达后裔封地;北高庄,藁城古村落,商代遗址;南孟,藁城八大古镇之一。元代人烟稀少。村南有元代名将冀国武靖公王善、平章忠武公王庆瑞之墓和丰功碑;北堤里,藁城古村落,据传,战国时即有此村,碑文记载:西有廉颇坟,即指此村;小吴村,藁城古村落,唐代碑文记载:原叫"五村",后改"吴村";奉化,藁城古村落,唐代碑文记载:原叫"凤凰"村;鲍家庄,藁城古村落,原名叫"赤壁乡"。

《藁城市地名志》记载赵庄:"赵庄,藁城明代前古村落,八大古镇之一,滹沱河北之首镇",没有建村年代、村名起源记载。赵庄后为藁城滹沱河北之首镇,赵庄在商代形成先人聚落群,战国时期、至晚秦朝初期建村是完全可能的。

南董古镇位于赵庄东南10千米,有记载早在商代形成人类聚落群,后建村叫"南董",沿用至今;南孟古镇位于赵庄东部偏北约10千米,有记载元代以前建村;正定县新城铺古镇位于赵庄北部偏西约10千米,《正定县志》载:"周平王元年(前770),白狄族人建鲜虞国,定都新市(今正定县新城铺村)";正定古镇位于赵庄正西约10千米,有记载春秋时形成村落,北齐时(550—577)成为郡、县治。赵庄古镇居于四古镇中心。赵庄建村及发展轨迹,赵庄村域商代形成先人聚落群,战国时期后期建村是符合历史史实的。

二、村名源于战国时期赵国之"赵"

藁城区区划地名办公室编纂的《藁城市地名志》载:"古今地名之命名,不外乎自然和人事两种,村名之命名亦如此。藁城241个自然村村名命名规律经新考大致可分如下几种类型:(一)以姓氏得名56

村,(二)先按姓氏后按其他得名村 14 村,(三)以水而得名 24 村,(四) 以所处地理位置而得名 28 村,(五),以吉祥等寓意而得名 20 村(六)以村民生产职业或产品而得名 6 村,(七) 以古郡县而得名 12 村,(八)以历史人物而得名 8 村,(九)以古迹而得名 44 村,(十)按神话传说而得名 8 村,(十一)其他 4 村。(十二)得名不详待考 17 村。"

得名不详待考 17 村其中之一为赵庄。《藁城地名志》试解"赵"之含义谈到:赵庄:嘉靖志载,名"赵庄"。"赵",一为姓;二为国名;三为锄地。

首先,赵庄不是以赵姓姓氏命名的村庄。赵庄是明朝前土著村落。明洪武、永乐年间没有山西移民直接迁徙赵庄的记载。赵庄现有赵姓村民占比很少,一赵姓后人说:"其先祖是明朝初期山西告老还乡县太爷级官员,奉诏携弟兄七人,由山西洪洞县大槐树下迁居赵庄、立赵庄村的,全族人仅有 20 余口。此说查无史籍记载。现有其他赵姓村民 70 余口人,是清末民初年间自正定县和藁城县岗上村迁居赵庄的。所以说,以"赵"姓命名赵庄无依据。

其次,赵庄不可能在杂草丛生之地除草建村。战国时期赵庄周围,九门为战略要地,南董已成村,龙宫、贾同、鲍家庄也是春秋战国时期古村。正定县的诸福屯战国时期已成村,正定古城前身东垣邑、新市(今正定县新城铺村)先后为中山国、魏国、赵国的重要城邑,赵庄域内当时不会是荒草丛生之地。

赵庄是赵国统治时期建立起赵庄村, 取赵国的"赵"为村名。赵庄村建立于战国时期是符合历史有关记载的。《史记》载:"赵武灵王十七年(前 309),王出九门,为野台,以望齐、中山之境",此时,赵庄已为赵国管辖。嘉靖《藁城县志》载:"战国时期(前 475-221),初为中山国,赵惠文王三年(前 296),赵灭中山,遂为赵地。秦王政十九年(前 228 年)秦军攻克邯郸,虏赵王迁,赵亡"。赵国统治我们这一带 68 年,此间,公元前 228 年前赵庄建村,以国为村名,叫"赵庄",沿用至今。

赵庄村的"大王庙"建于唐代以前,供奉的是战国时期赵国有作为的国君赵武灵王,侧面说明,赵庄先民尊崇赵国,所以以赵国的"赵"为村名。

三、赵庄村域土地平坦、土壤肥沃、水源丰富,适宜人类繁衍生息

古人类聚落繁衍生息是逐水而居。赵庄村域属太行山前冲积扇平原,地势平坦,土地肥沃。南距滹沱河不足 4 千米,北距磁河仅有 2.5 千米之遥,西距流经诸福屯的正定县旺泉河也不过 2.5 千米。地下水充沛而且距地面很浅,至 20 世纪 80 年代,地下水面距地面不过四、五米。台西商代遗址发现两眼水井,说明商代人们生活生产用水就利用了地下水。赵庄商代有人类聚落群,战国时期建村,除利用天降雨水外,筑井汲取地下水用于生产生活、灌溉庄稼,生存发展条件具备,所以赵庄一带,繁衍生息,发展很快。

四、古国槐说明赵庄村建村年代久远

赵庄现在 60 岁以上的老人都记得在东西大街上的两株古槐。一株古槐在东西大街西段路南,原张青杂货铺西墙山外处。树的胸径得三人合抱,高有十几米,树冠很大,树径中空能钻进个人,但枝繁叶茂,生机勃勃。可惜,在"文化大革命"初期被刨掉。另一株在张家大院后院石碾旁,和西段古槐树相仿,也在"文化大革命"期间被刨掉。

古语云:千年的柏,万年的松,抵不上国槐肚里空;千年的松,万年的柏,不如老槐一步甩。天津市杨柳青古镇西咀村一株古槐,据考古专家鉴定,这棵古槐植于唐朝的中晚期, 距今至少有 1200 余年的历史。树高 20 余米直径 1.5 米左右,树皮部分剥落,树干中空,被水泥保护起来。河北涉县固新村现存一棵古槐,专家鉴定树龄 2500 年左右,树高 29 米左右,树围 1.7 米,冠幅直径 19 米,树干中空。这是河北省已知树龄最长的国槐,有"天下第一槐"之美誉。

赵庄原有的东西长街西段的国槐栽植的位置恰在东西长街的西段南侧,应当是赵庄建村历经数代,街道基本定型后先人栽植, 推测树龄有 2000 余年,应在东汉时期栽植。进一步证实赵庄建村的时代是在战国时期后期。

五、赵庄域内寺庙古迹众多,说明建村历史久远,佛教文化影响深远

现代文献介绍赵庄是这样说的: 藁城赵庄位于石家庄市东北方向,毗邻正港线,距京港高速公路 10 千米,地理位置优越,民风淳朴,经济发达,交通方便,东西南北都有公路出入于各大交通要道。赵庄是藁城市一个比较大的村庄, 据说是在隋朝时候开始的。现在还有石碑铭上的记载,当时的人们为了躲避隋朝的战乱，避难的人都在村西北的一个大土岗上有一个庙，叫作神宫寨，这个神宫寨方圆数里，可容纳上万人。据石碑上记载，数万人避难于神宫寨而不见人，可见神宫寨的规模在当时是很大的。土岗的高度有十数米，这是太行山脉的尾，和正定的恒山、常山是紧紧相连的。正定的恒山、常山都没有了，赵庄的神宫寨也在“文化大革命”中被铲平，里面的文物和寺院以及土岗一起灰飞烟灭了，这个具有历史纪念意义的神宫寨就此消失了。许久以来，人们都在传说：先有神公寨，后有赵庄村。

赵庄村内外原有古寺庙神宫寨、弥陀寺、三圣母庙、观音堂、关爷庙、三官庙、大王庙、虫王庙、南海老母庙、奶奶庙等18座之多，香火旺盛。20世纪初至40年代末，战乱不止，寺庙古迹先后遭到不同破坏，特别是日军、国民党占据赵庄时期，大肆拆毁寺庙，砖瓦木料用于修建炮楼、地堡。新中国成立后，取土、建房，上世纪80年代，古寺庙损坏殆尽，踪迹全无，各寺庙众多碑刻、石刻佛像，损毁、丢弃、掩埋，现在仅存神宫寨、观音堂重修石碑碑刻。近年来，村民信众自发在原寺庙旧址或附近修建简陋寺庙，仍然香火不断。赵庄众多寺庙中，规模宏大的为神宫寨、弥陀寺。

神宫寨：赵庄村西北1千米处有一原始土丘，高出地平面10几米，占地面积3万余平方米。据神宫寨重修碑记记载，土丘上先建“北堡”，又建真武大帝庙，几次重修后有山门和四层大殿，红墙绿瓦，金碧辉煌，虬槐古松，被称为“藁邑之名区，赵镇之巨观”。至清末民国初，因长期失修，兵匪破坏，据老人回忆，至20世纪30年代后，墙垣殿宇坍塌，也陆续坍塌，仅留碑刻、石雕塑。20世纪50年代后村民开始在此取土，至80年代末土丘夷为平地。土壤为白沙壤土，没有砖石夹杂，属淤积状土层。

现存明万历二十年《藁城县赵庄村真武大帝碑记》载：“当居乾之隅高岗之上，有真武庙焉。原厥所由。未建庙之先，□□贶锡庇乡。昔嘉靖二十一年有本乡善人贾祯等，秉虔诚□合乡人处置工物，遂殿宇三楹、门舍二楹。□及建庙告成之后，旱则祷雨，潦则祈晴，灾则祝免，无有求而不应者。於是威灵之感四方香火之祀不可胜记。”明崇祯十一年(1638)《真定府藁城县重修北堡今改神宫小记》载：“本乡旧堡原系避刘齐之乱，神宫保障久矣。今虽倾祀，宁不可增补耳……今已告成。”

前者碑刻记载“当居乾之隅高岗之上，有真武庙焉，原厥所由”，说明神宫寨上真武庙修建年代久远。后者碑刻记载“本乡旧堡原系避刘齐之乱，神宫保障久矣”。历史上的“刘齐之乱”是指西汉高后八年(前180)西汉刘邦庶长孙、齐王刘襄等兴兵剿杀欲夺刘氏天下的高后宗亲诸吕的历史事件。赵庄村民为躲避“刘齐之乱”修建的北堡，兵匪侵扰时乡民躲避于堡内，免遭涂炭。建堡时间当在西汉高后八年（前180）。赵庄建村在西汉前的战国时期。后者碑刻记述有“本乡旧堡”之称，说明赵庄在明崇祯十一年(1638)前已成为乡镇建制。北堡内真武大帝庙，至迟修建在北宋时期。《藁城县赵庄村真武大帝碑记》于明万历二十年(1592)落成，半截残碑记载捐献款物的男姓达354人，总捐款人可能多达600~700人，绝大多数应当是户主，粗算下来，赵庄当时应有500~600户左右，人口3000余人，肯定是当时藁城县域的大村。

弥陀寺：明嘉靖《藁城县志》载：“弥陀寺，在县西北四十里，赵庄村”。赵庄村民俗称“大寺”。始建于北魏太和六年(482)，坐落于西南门里壕坑的东侧，占地4000平方米。本村老人田德焕的《视听随笔》记载：“北魏太和六年(482)，信义县(赵庄)城南建弥陀大寺，前有埠地—漏泽园”。大寺坐北朝南，中轴线依次坐落三大殿，有钟鼓二楼，中间大殿供奉观音菩萨、文殊菩萨和普贤菩萨，青石雕刻坐像。据老人回忆，新中国成立前曾为赵庄小学占用，石刻佛像尚在，大殿尚存。“文化大革命”时期，大殿最后被拆，石刻佛像、碑刻胡乱丢弃。现在石雕佛像及碑刻不知丢弃深埋在何处。老人说：中间青石刻佛坐像，疙瘩头，佛面丰颊方颐，圆润洗练，体态轮廓呈椭圆形，衣褶线条舒畅，更接近中国人的造型特点。”这正符合南北朝隋唐时期石刻造像的特点。弥陀寺建造于北魏太和六年(482)是可信的。

佛教大约在汉代传入中国，最早的佛教寺院是洛阳以东12千米的千年古刹——白马寺。汉传佛教的寺庙均是中式建筑风格，建筑格局是有一定规律的：平面方形，以山门殿—天王殿—大雄宝殿—主供菩萨殿—法堂—藏经楼这条南北纵轴线来组织空间。中国南北朝时兴建寺庙成风，据《洛阳伽蓝记》记载，北魏都城洛阳内外有1000多座寺庙。唐朝诗人杜牧作《江南春》：“南朝四百八十寺，多少楼台烟雨中。”可见南朝寺庙之多。

赵庄村有以神宫寨、弥陀寺为代表的寺庙十几座，从现存的《神宫寨重修碑刻》记载和村民记忆，神宫寨、弥陀寺建筑格局和隋唐以来寺庙建筑格局是基本一致的，推测建筑年代至少是在宋朝以前，也能够佐证赵庄建村更为久远。

六、赵庄村发展成为“镇”在明代嘉靖年间前后

中国乡镇行政建制的历史演变是这样的：西周出现乡制，春秋产生县制，秦朝形成郡治。乡制的规定，自西周至今已有3000多年的历史。从远古到春秋，不仅始终存在着自治传统，而且奠定了基层组织的雏形。氏族社会的自治“选罢”制度，既可对“贤能”首领实行“选贤与能”(《礼记》)，也可将首领罢免流放，“流共工于幽州”(《尚书》)就是证明。从春秋到隋朝，乡第一次成为基层政权，乡官由国家委派任命。乡村的建制规模，春秋时以30户为邑、10邑为卒、10卒为乡，每乡3000户(《国语》)；秦汉时以5户为伍、2伍为什、10什为里、10里为亭、10亭为乡（《史记》《汉书》）；隋代以5户为保、5保为里、4里为党、5党为乡，每乡500户(《隋书》)；唐代以4户为邻、5邻为保、5保为里、5里为乡，每乡500户(《旧唐书》)；从北宋朝到清朝，恢复乡村自治传统，实行“皇权不下县”，乡官不由县衙委派任命，改由族权和绅权支配下的地方贤达士绅担任。乡(镇)建制规模：宋代以10户为保、3保为甲、50户为大保、10大保为都保，每乡500户(《宋史》)；元代实行“率—社—都—乡”四级制，以10户为率，5率为社——每乡人口南北不同、多少不等(《元史》)；明代以10户为甲，11甲为里，每乡仅为110户(《明史》)；清代以10户为牌、10牌为里、10里为甲，每乡1000户(《清史稿》)。乡(镇)是同一级别基层建制。

中国设镇历史悠久，早在北魏孝文帝(471–499)时期始设“官将禁防者，谓之镇”(《魏书·韩均传》)。市镇、集镇直到宋代才真正开始，宋代商品经济发达，镇成为商业和手工业较集中、县以下的市镇地方行政建制。宋代文承所著《事物纪原》卷七《库务职局》载：“民聚不成县而有课税者，则为镇，或以官监之。”直到近代，镇才作为基层行政建制，拥有相应的行政区域和基层行政组织。

赵庄在明嘉靖年间发展成为镇，其考据如下。

(一)赵庄为藁城县“八大古镇”之一。战国时期、秦王政十九年(前228)前建村。嘉靖十三年(1534)李正儒编纂《藁城县志》载：“赵庄集一、六日”；“弥陀寺在县西北四十里赵庄村”。当时藁城县域内10个村镇有大集。其中，八大古镇中，美化、贾市庄、南董、南孟、两河、赵庄六大古镇在列，说明赵庄在明嘉靖十三年前已成为集镇。

藁城县明嘉靖十三年（1534）地域村落示意图

(二)明万历二十年(1592)《藁城县赵庄村真武大帝碑记》载“嘉靖二十一年，有本乡善人贾祯等，秉虔诚□合乡人处置工物，遂殿宇三楹、门舍二楹。”还记载着重修真武大帝庙捐赠村民600~700人之多，推算赵庄当时不下500~600户。从北宋到清朝，恢复乡村自治传统，实行“皇权不下县”，乡官不由县衙委派任命，改由族权和绅权支配下的地方贤达士绅担任。乡(镇)建制规模：明代以十户为甲，11甲为里，每乡仅110户。赵庄当时600~700户，又有“本乡善人”“合乡人处置工物”的明确记载，说明明嘉靖年间赵庄已是“乡”。乡、镇同级，赵庄也是镇。

（三）清乾隆四十六年（1781）《神宫寨重修碑记》。该碑记载："神宫寨深池以绕于外，高墉以园乎中，翠柏树于殿前，虬槐于殿后，庙貌巍然，洵称古刹。相传明季时有流寇骚扰村庄，远近居民相率而避于此者，容数千而不见为多。寔寨之地基有限而所容者无穷，神灵之默佑昭然也。迨寇退难平，凡蒙保障之人感复庇之功，思德威之著，爰为报答，乐为增修。深池之绕其外者益为之濬，高墉之园其中者益为之筑，殿宇为之丹青，法像为之金碧，而且增修钟鼓二楼，左右厢殿起药王于西，建三清阁于后，至玉皇殿又其后焉。于是神宫一寨遂为藁邑之名区，赵镇之巨观矣。但年深月久，风雨不无损坏，墙垣多有倾圮……幸有住持僧人姓荣者发愿重修，苦心募化……共襄厥事。倾者修，圮者整，向之金碧其法像者复为之金碧，前之丹青其殿宇者仍为之丹青……厥功告竣，焕然一新，因勒刻石以记其盛，而问序于余。余非能文者，一切游眺登临流连光景，均置不道，仅述昔之所闻与今之所见，寔而录之，以表乐施者之美，督功之勤，并主持僧人虔诚之志，使后之观者踵而继之，永为藁邑之名区，赵镇之巨观，相延于万万世云而。"

前半部分记述的是"昔之所闻"：明代时流寇骚扰，神宫寨庇护乡民免遭涂炭，因而集资大规模重修，不仅"丹青法像""金碧殿宇"，疏浚深挖绕于外"深池"，增建"钟鼓二楼、左右厢殿，起药王于西，建三清阁于后"，和明万历二十年（1592年）立的《藁城县赵庄村真武大地碑记》记载的"昔嘉靖二十一年，有本乡善人贾祯等，虔诚□合乡人处置工物，遂殿宇三楹、门舍二楹……至隆庆年间有善人贾福辛等感其灵于殿宇之内，加山塑之饰。有监生贾尚德等于殿宇之前修雨厦三楹，渐次建修，庙貌已完备"的修建相吻合。兹后，明崇祯十一年（1638），重修神宫寨只是对倾圮修缮，并无新建殿宇的记载。乾隆四十六年（1781）《神宫寨重修碑记》记载的"增修钟鼓二楼，左右厢殿，起药王于西，建三清阁于后"应该是指嘉靖二十一年（1542）及隆庆年间对神宫寨的重修、扩建，"渐次建修庙貌已完备"神宫寨"遂为藁邑之名区，赵镇之巨观"，说明，在明嘉靖时期赵庄已发展成赵庄镇了。清乾隆四十六年（1781）《神宫寨重修碑记》记载的当年重修是在因为"年深月久（1638年至1781年已历143年，其间有无重修，至今未发现记载），风雨不无损坏，墙垣多有倾圮。任其颓废而不为茸补，恐愈积愈甚，将成瓦砾，不诚可惜哉。幸有主持僧人姓荣者发愿重修，苦心募化"。而此次重修的内容是"倾者修，圮者整，金碧其法像，丹青其殿宇"，致《神宫寨》"焕然一新"，"使后之观者踵而继之，永为藁邑之名区，赵镇之巨观，相延于万万世云尔"。可惜的是，先辈的厚望在20世纪40年代被毁灭。神宫寨碑记记载足以证明，明嘉靖年间（1521—1566）赵庄已成为藁邑之名镇。

在神宫寨旧址保存的提系式方石刻，正面有如下记载：上排自右至左刻有"趙莊店"三字，下面竖刻五行字，自右至左刻有"乾隆三十八年三月二十五日以记秤较准叁佰觔（同斤）志石"22个字，足以证明，清乾隆年间赵庄古镇社会安定，商业发达，贸易繁盛，集市交易量大。为保证公平交易，立有核准秤的砝码。

（四）赵庄在明代中叶后发展成镇（乡）。此事多有记载：明崇祯五年（1632）为团练乡兵，推行"寓兵于民"之法，（藁城县）编营24。寻废，七年（1634）复置，又并为22营。赵庄营辖赵庄、北张家庄、贾同、三邱、小屯等5村，是镇（乡）建制。明崇祯十一年（1638）《真定府藁城县赵庄村重修北堡今改神宫寨小纪》载："本乡旧堡原系避刘齐之乱，神宫保障久矣。"本乡当时"驻有乡兵营，千总官张天祚和堡主韩尚贤"，也说明赵庄早已是乡镇建制。清乾隆五十四年（1789）《重修观音堂碑记》载："赵镇名区也，古刹仙祠不一而足，之前有观音堂一座。"说明，明朝建立后，国家日益安定，赵庄发展很快，不仅寺庙古刹很多，香火不断。东西长街，店铺林立，一、六大集商贸发达。人口众多，安居乐业，明代嘉靖年间（1521—1566）赵庄已成为藁邑之名镇。

《藁城县志》卷之三《营建志·附堡寨》载："坚壁清野，防乱善策也。军兴以来，县境屡被贼蹂，民间多筑堡自卫。承平之后，规制仍有存者，附著其目，俾后之人有所考焉。赵庄堡，在河北赵庄，距城四十里，周一千二十步。同治六、七年间民捐民修。"

民国十二年（1923），林翰儒编纂的《藁城乡土地理》载："赵庄镇，在县城西北，距城四十里，滹沱北之首镇也。有堡墙周约三里，因年久失修，今已破坏。商民殷富，街市整齐，有巡警住在所，国民小学在焉。

每月遇一、六日开集，商贾云集，杂货纷陈，贸易之盛，不亚梅花，而布商、猪市尤大，为各镇所不及，唯花市稍逊。因受正定影响，益形衰落，不如昔日之盛云。”

《藁城县志》1994年版载：“赵庄古镇，在县城西北20千米与正定县交界处，历史上为藁北之首镇。40年代镇周围尚存清同治六年(1868)筑起的高大寨墙。镇中街市整齐，店铺栉比。远近闻名的‘赵庄集’即设于此。农历一、六日开集，邻县四周，商贾云集，杂货纷陈，尤以布商、猪市最盛，为当时其他镇所不及。”

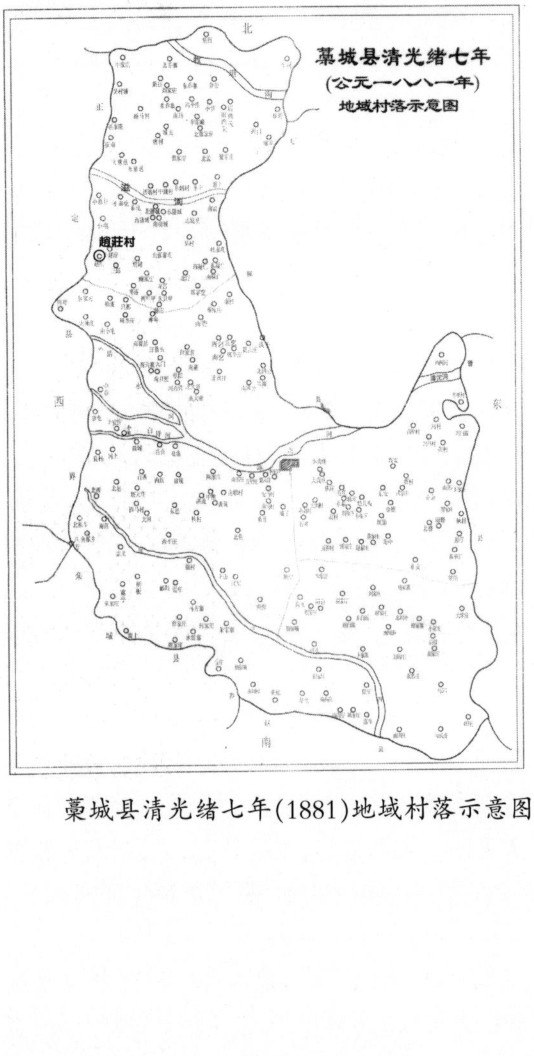

藁城县清光绪七年(1881)地域村落示意图

以上史籍碑记记载说明，宋代商品经济发达，集镇成为商业和手工业较为集中的地方，赵庄战国时期建村，在汉代已成为大村，虽无史籍记载，但根据赵庄村落建筑格局，赵庄在宋代已成为集镇。明嘉靖十三年(1534)李正儒编纂的《藁城县志》载明赵庄是藁城域内十大集镇之一，说明赵庄成为集镇在嘉靖十三年（1534）前有很长的历史。乾隆四十六年(1781)《神宫寨重修碑记》记载明嘉靖二十一年(1542)和隆庆年间(1567—1572)两次重修扩建后廟貌完备，“遂为藁邑之名区，赵镇之巨观”，赵庄从明代嘉靖年间发展成“镇”有充分的的历史根据，清代、民国时期一直是名闻遐迩的古镇，寨墙高筑，街市整齐，商贸发达，人口众多，是藁城滹沱河北之首镇，是名副其实的历史古镇。

本考证说明，赵庄村域早在商周时期就有先民聚居，战国时期后期成村，以赵国的“赵”为村之名，曰“赵庄”。赵庄的先辈们历经秦、两汉、三国、两晋、南北朝、隋、唐、五代宋、元、明、清、民国，至今已有2300多年的历史。在长达两千多年的封建社会、半殖民地半封建社会里，赵庄先民不惧战乱，和自然灾害、瘟疫相抗衡，和封建地主阶级、军阀官僚、外敌倭寇作斗争，披荆斩棘，用自己勤劳的双手不断建设发展自己的家乡。至明朝嘉靖年间，赵庄已发展建设成为远近闻名的(乡)镇。

综上所述，赵庄村发展成镇，是在明嘉靖年间(1521—1566)至1958年成为村的建制，赵庄镇存在时间为430余年，堪称“古镇”。

概 述

赵庄，地处京畿腹地、太行山东麓海河流域冲积扇平原上。村域位于北纬38°14′，东经114°58′。东南距藁城城区27.8千米，西南距省城石家庄市26.7千米，西距千年古城正定城区10千米。东接北贾同村、三邱村，南与蔡家岗村接壤，西与正定县南圣板、中圣板、戎家园为邻，北与藁城区北小屯、李家庄村及正定县东贾村相连。正（定）黄（骅）省级公路于村域南边横贯东西。村域面积6.68平方千米，1948年土改时全村832户，4740人，耕地9860亩，人均耕地2.08亩。2013年全村2410户，8710人，耕地7807亩，人均耕地0.9亩。

赵庄，历史悠久，商周时期就有人类居住，经考证，建村于战国时期（前475—前221）后期，秦王政十九年（前228）前后，迄今有2300多年的历史。明嘉靖年间（1522—1566）发展成为集镇，清朝时期发展成为藁城县域内“八大古镇”之一，有藁城滹沱河北首镇之美誉。从明嘉靖年间成为集镇，至1958年改制叫村，赵庄古镇历经明、清、民国，至20世纪50年代，存在400余年。

村域地势平坦，交通便利，土地肥沃，气候温和，水源充沛，物产丰富。村民性缓而韧、勤劳仗义、爱国爱家、耕读持家，一代代持续坚持斗争，坚持发展，建设家园。中华人民共和国成立后，在中国共产党的领导下，人民当家作主，坚持以毛泽东思想、邓小平理论、“三个代表”重要思想、科学发展观、习近平新时代中国特色社会主义思想为指导，“不忘初心、牢记使命”，自力更生，勤劳致富，发展经济，改善生产生活条件。经过70年的努力，赵庄经济发展，村民富裕，生活幸福美满。现在，赵庄人民信心满怀，树立创新、协调、绿色、开放、共享的新发展理念，坚持农业和工商服务业全面发展，向着尽早全面建成小康社会的奋斗目标奋勇前进。

一

赵庄古镇坐落于石家庄市藁城区滹沱河北侧。广袤的华北平原属于太行山东麓黄河、海河等河流冲积扇平原，地势平坦，土地肥沃，水源丰富，气候温暖，适于农牧业发展，适于人类繁衍生息。早在商代中期（前1400），就有“朵氏”部落在此居住生活，繁衍发展，在沿河高地筑房垒灶、凿井饮水、种粟栽木、饲畜驮耕、养蚕织锦、冶铜嵌铁、烧陶制漆、造曲酿酒、采药医病，成为商王朝养蚕织锦、种粟饲马的基地，受商王朝直接统治，谓之王畿。同时期，赵庄村域也有先民居住繁衍。春秋时，藁城为肥子国地。周景王十五年（前530），晋灭肥，遂为晋地。战国初，为中山国地。赵惠文王三年（前296），赵灭中山，遂为赵地，赵庄属之。根据现存明崇祯十一年（1638）《真定府藁城县赵庄村重修北堡小纪》碑刻记载，战国时期后期（前475—前221）建成赵庄村。西汉初，置肥累县。汉高祖五年（前202）置九门县，赵庄隶属九门县管辖。西汉元鼎四年（前113），始置稾城县。赵庄是藁城域内44个最古老的土著村落之一。2014年修建“南水北调”工程发现赵庄村域的家族汉墓群，进一步证实赵庄在西汉前已成村。宋开宝六年（973），九门县省入稾城县前，属九门县管辖，后属藁城县（市、区）管辖至今。

自战国后期起，至中华人民共和国成立，2000多年来赵庄人民饱受封建王朝的统治、地主阶级的盘剥压榨。官府和地主官僚阶级为了维护自身统治，政治上残酷统治，经济上横征暴敛；风、雨、旱、雹、地震、蝗虫等自然灾害频仍；加之“燕赵之墟，古今必争之地”，战乱不断，民众多受兵匪袭扰残害。西方列强“八国联军”侵犯中国、日本侵略者的铁蹄践踏，人物凋耗，土地荒芜，民不聊生。

比如明初“靖难”之役，为害甚烈。当时燕王朱棣坐镇北京，明建文帝朱允炆意图“削藩”，燕王朱棣以“清君侧”为名，1399年8月6日起兵和建文帝的政府军争战，直至1402年7月13日朱棣攻进南京，朱允炆失踪，朱棣坐上皇帝位，历时三年。石家庄、正定、藁城一带，滹沱河两岸是朱允炆的政府军和朱棣的燕军拉锯战的主战场之一。尤其是建文三年（1401）三月，展开了藁城战役。朱棣在进军真定中，于藁城遭遇朱允炆的政府军，两军摆阵交战。由于政府军的火枪和弓弩厉害，大量燕军被其所伤。但由于建文帝的禁杀之旨，使朱棣本人安然无恙。次日，在两军交战正酣之际，突然刮起了猛烈的北风，政府军不支，大败而去。燕军四面围攻，斩杀政府军6万余人。藁城民众因此也死伤惨重。赵庄在“靖难”之役战场范围内，当然不会幸免。

明嘉靖十三年（1534）李正儒编纂的嘉靖《藁城县志·户口》载：“藁城当燕赵之墟，古今必争之地也。兵燹之后，人物凋耗，土地荒旷，明初户口就有存者仅三分之一。”至明成化年间，经过60余年的休养生息，藁城仅有1942户，26694人。赵庄仅有57户，1014人。

但是，坚强的赵庄人民在漫长的封建社会里，顽强面对兵连祸结、横征暴敛。社会安定时期，致力于农业生产，注重家园建设。对兵匪祸患、异族侵占，浴血奋战。对于灾荒，团结共度。如西汉高后八年（前180）为避“刘齐之乱”，在村西北高岗之上修建“北堡”以自卫保护。北魏太和六年（482），修建弥陀寺。北宋时期在北堡上修建真武大帝庙（明崇祯年间改称神宫寨）。其间又修建大王庙、三官庙、观音堂、老母庙、虫王庙、关爷庙等。到明末清初，赵庄镇共18座寺庙，每逢庙会，祈福者络绎不绝，人流兴盛。现存神宫寨重修碑刻，记载了自明嘉靖二十一年（1542）至清道光二十五年（1845）303年间六次重修神宫寨，是为乡亲们游览观赏、进香祈福，更重要的是为庇护乡民免遭乱兵、匪盗涂炭。兵匪肆虐时乡民躲避于寨内以自保。

明嘉靖年间（1522—1566），有文献记载，赵庄村发展成为赵庄集镇。时赵庄镇有一、六大集，店铺林立，商业发达。驻有乡兵营，有千总官和堡主。明崇祯五年（1632），编24营。寻废。明崇祯七年（1634）复置，又并为22营，赵庄营辖赵庄、北张家庄、贾同、三邱、小屯。

清乾隆年间，赵庄镇已发展成为藁城北部之首镇。清同治六年（1867），民捐民修赵庄堡寨。堡寨周长1800余米。有高大夯土寨墙和深宽寨沟，在东南、正南、西南、正西、西北、东北、正东修建7座寨门，青砖拱券，厚重木门，昼夜看守，防止乱兵袭扰。

赵庄村民在艰难中建设发展家乡。民国时期，赵庄依然为镇。民国12年（1923年），林翰儒编纂《藁城县乡土地理》载：“赵庄镇，在县城西北，距城四十里，滹沱北之首镇也。有堡墙周约三里，因年久失修，今已破坏。商民殷富，街市整齐，有巡警驻在所，国民小学校在焉。每月遇一、六日开集，商贾云集，杂货纷呈，贸易之盛，不亚梅花，而布商、猪市尤大，为各镇所不及。”东西大街，当铺街，郭家街，南北街两侧，银号布店、当铺粮店、茶馆酒馆、饭铺旅店、木器家具、铁质农具、针线日杂、干鲜果品，店铺鳞次栉比，往来商贾不断，一、六大集，四面八方客商云集，民众蜂拥集市交易。

1937年“七七事变”后，日军侵占赵庄，建立日伪政权。在日本侵略者的铁蹄下，赵庄村民陷于苦难的深渊。日军横征暴敛，强迫村民出工出料修建炮楼、地堡，筑寨墙，修公路。实行“联保制”“保甲制”，收走村民的铜铁器，强化对村民的统治。村民完全失去自由，稍有不满非打即杀。疯狂搜刮民脂民膏，甚至抢夺。日伪盘踞期间，5位平民被杀害，数十间民房被烧毁。

日军投降后，国民党政府继续危害民众。

“燕赵多慷慨悲歌之士。”赵庄人民诚实善良，也有高度的民族气节，日伪盘踞期间，一天也没有停止过同日伪的斗争。1938年初，村民贾老凤、贾春福、甄老巩在白色恐怖下加入中国共产党，1938年6月6日，中共赵庄镇党支部在蔡家岗村成立，贾春福为第一任党支部书记。从此，村民在共产党的领导下，积极开展对敌斗争。成立农会，建立抗日政权，组建游击战小组，经常组织民众到正定、新安敌占区扒铁道、割电线，破坏正(定)无(极)公路，使侵略者的交通运输和通信常常陷入瘫痪。多次协助县大队、区小队袭击日伪军车队，消灭日伪军。在抗日战争和解放战争中，赵庄为国捐躯的烈士有甄造保、张臭货等14人。1947年2月在解放赵庄的战斗中，解放军有68人牺牲，其中排长1人；解放军官兵有105人受伤。

1947年3月，赵庄解放。

1948年4月，在县委、县政府领导下，在驻村工作组指导下，赵庄认真贯彻执行《土地法大纲》，划分阶级成分，没收地富土地5000余亩、房屋1500余间及水旱车等浮财，分配给贫下中农，人均耕地2亩，顺利地完成了土地改革运动，实现了耕者有其田。

二

中华人民共和国成立后，在党和政府领导下，赵庄致力于恢复发展生产，积极参加社会主义经济建设，支持抗美援朝战争。响应国家号召，组织起来，发挥集体的力量，发展农业生产，多打粮食，支援国家建设。1953年全村组织农业互助组70余个，1954年成立13个初级农业合作社，1956年成立赵庄村高级农业合作社。1958年成立人民公社，实行政社合一的管理体制，赵庄村改为赵庄大队，分设29个生产队。开始为公社、大队两级核算体制，后改为公社、大队、生产队三级核算，生产队为基础。依靠集体的力量，办电、购置农业机械，不断改善生产条件、兴修水利、深翻土地改良土壤、推广良种、防治病虫、普及农业科学技术，生产力水平不断提高。到1966年，粮食平均亩产达到了800斤，棉花亩产80斤，比中华人民共和国成立前粮食亩产平均200斤、棉花亩产平均30斤分别提高4倍和2.6倍。村民生活水平有了很大的提高。

1956年完成了农业、手工业、资本主义工商业的社会主义改造，农村土地及大型生产资料归村集体所有。村集体抓抢机遇，先后兴办棉纺厂、造纸厂、盆窑、砖窑、木器厂、榨油坊、香油坊、挂面坊、建筑工程队、养猪场、照相馆等30余家集体工商副业，村集体拥有很大的经济实力，用公共积累办电和购买拖拉机等农业机械，反哺农业，为周围各村所不及。

赵庄教育事业发展很快，先后建立了小学、完全小学、初级中学、高级中学、幼儿园，完全普及了免费九年义务教育。据2014年不完全统计，赵庄全村全日制大专以上毕业生500多人，而且不乏研究生、博士生。而1968年前全村村民中大专以上文化程度的人凤毛麟角。

赵庄村民积极无偿参加国家大型水利工程建设。1958年开始修建岗南水库，1962年竣工。赵庄每年出民工上百人，拉土筑大坝，涌现出获“大车王”称号的甄计兰、甄计芬、张计雪。积极响应毛主席“一定要根治海河”的号召，自1964年开始，至1973年11月，连续10年，每年冬、春两次，赵庄每次派出民工近百人，参加海河水系干、支流的治理，连年被评为先进。

在三年经济困难时期，虽然村民的口粮很少，有时每天每人只有4两，不够吃，实行“瓜菜代”，但是村民团结互助，共克时艰。“四清”“文化大革命”运动中，村政管理和村干部受到冲击，在党员干部和群众共同努力下，生产依然有所发展。

1976年10月，“文化大革命”结束，拨乱反正，坚持以经济建设为中心，实行改革开放。

改革开放以来，赵庄得到快速发展。村党总支、村委会认真贯彻执行党中央的方针政策，带领村民大力发展经济。农村实行生产责任制，农田承包到户，农业生产耕种、灌溉、管理、收运逐步实现了机械化、电气化，实行科学种植管理，粮食稳产高产，实现亩产超双千斤，农业生产比较效益大幅提高。出现种粮大户，实现农业生产部分集约化经营，节省了大批劳动力。剩余劳动力经商办企业、经营餐饮装修修配等服务业，或务工增加收入，人均纯收入逐年提高，2014年村民年均纯收入突破万元大关。进入21世纪，随着国民经济不断发展壮大，国家取消了绵延两千多年的农业税，每年还给予种粮和购置大型农业机械补贴；农民养老保险全覆盖，对已届退休年龄的农民，国家发放养老金；新型合作医疗全覆盖，每年国家负担大头、地方政府补贴，农民拿小头，看病报销70%左右，大病报销总额不超过20万元。村民吃穿富裕、有存款，有50%左右的农户居住楼房，其他户住宅也是砖房，装修得宽敞明亮。村内主要街道硬化，村容村貌整洁亮丽，生产生活交通实现了机械化、电气化，出门可以坐汽车，电视、手机实现了普及，村民奔小康有劲头。

赵庄要紧跟党和国家的战略部署，在张家庄镇党委、镇政府直接领导下，两委班子齐心协力，党员干部带头，立足实际，抓住机遇，统筹“五个”建设，精准谋划发展规划，用足用好法律政策，广揽人才，广辟财源，动员村民，全面发力，重点突破，蹄疾步稳，纵深推进，尽快把赵庄建设成为集体经济实力雄厚，农、工、商、贸、服务五业兴旺发达，新农村建设使家园亮丽美好，村民富足美满，社会安定和谐，生态文明建设良好，基础环境建设绿色优美的全面小康村落，重展赵庄古镇风貌。

三

赵庄建村至今，已历2300多年，回顾历史，赵庄人民始终秉持忠心爱国、勤俭持家的理念，同反动统治阶级和敌对势力作殊死斗争，坚持保卫家乡、建设家乡、发展文化教育，形成厚重的文化积淀。中华人民共和国成立后，实现了真正的人民当家做主。70多年来，在中国共产党的领导下，大力发展经济建设，用勤劳的双手建设家乡，支援国家建设，赵庄人民劳动收入、生活水平已进入小康社会。我们要牢记历史，不忘初心，再接再厉，同全国各族人民一道，把我们国家建设成为高度发达美丽富饶的国家，把我们家乡建设成美丽富饶的家乡。

大事记

（ —2019）

战国

商周时期赵庄村域有先人聚落群，战国时期（前475—前221）建立赵庄村，取赵国的“赵”为村名。赵惠文王三年（前296），赵灭中山国，遂为赵地，隶属赵国。

秦王政十九年（前228） 秦军攻克邯郸，虏赵王迁，赵亡。赵庄村属秦国。

秦

秦始皇帝二十六年（前221） 秦统一中国，分国为三十六郡，改东垣邑为东垣县（治所今石家庄市东古城），属恒山郡。置九门县，九门县属东垣县，赵庄村属九门县。

秦始皇帝二十七年（前220） 治驰道。这一带的干道有：常山至燕地蓟城，蓟城达碣石，常山经井陉至酒泉。驰道宽50步，每隔三丈植树一株。赵庄村至常山驰道建成。

秦二世元年（前209） 八月，赵王武臣遣李良攻常山，波及赵庄。秦二世二年（前208），李良占常山后又奉命攻太原，行至石邑，得知秦兵塞井陉，遂转袭邯郸。

汉

西汉高祖五年（前202） 置九门县，治所九门。赵庄隶属九门县。

西汉高后八年（前180） 赵庄先民在村西北高岗上开始修建北堡，以避“刘齐之乱”。明崇祯十一年（1638）改称“神宫寨”。

汉元鼎四年（前113） 置真定国，九门县属真定国。赵庄属九门县。

王莽始建国二年（10） 改真定为思治，改新市为市乐。

是年，连日暴雨成灾，房塌无数，人口死亡惨重，波及赵庄。

中平二年（185） 真定人张燕（原名褚飞燕），于黄巾起义后，聚众万人，发动起义，后成为黑山军领袖。初平四年（193）六月，袁绍与吕布合军击张燕军于常山。张燕率精兵数万人、骑兵数千人，与袁、吕军连战十余日，双方力竭，俱退。波及赵庄。

三国 魏

真定县、新市县属魏国。九门县仍属真定县，赵庄隶属九门县。

晋

西晋泰始元年（265） 真定、新市属西晋。九门县属常山郡。赵庄隶属九门县。

西晋永嘉二年（308） 二月，汉将石勒攻常山，被晋安北将军王浚击败，波及赵庄。

永嘉四年（310） 四月石勒攻占常山，杀郡守将。后分兵攻中山、博陵高阳。九月，石勒复攻常山，被王浚战败于飞龙山，退屯黎阳。战场涉及赵庄。

东晋大兴四年（321） 滹沱河溢，大水成灾，波及赵庄。

十六国 前燕

元玺元年（352） 四月，魏冉闵游食常山，前燕慕容恪率军攻击。交战十余次，冉军皆胜。慕容恪设计诱冉军至平地而围歼，俘冉闵，送龙城斩首。慕容恪屯军滹沱，进据常山。波及赵庄。真定、新市属前燕。

北朝 北魏

皇始二年（397） 二月，燕慕容宝夜军柏肆（今县城北15千米，详无考），袭魏，败奔中山。八月，魏进军九门，波及赵庄。

太和六年(482) 赵庄建弥陀寺,占地4000余平方米。

北朝 北齐

北齐初,改稾城县为高城县,并置巨鹿郡于此。省九门县入真定县。赵庄属真定县。

北朝 北周

建德六年(557) 真定、新市属北周,赵庄隶属真定县。

隋

开皇六年(586) 建真定藏龙寺。赵庄信众有捐款。

开皇十八年(598) 高城县仍改为稾城县。后复置九门县。赵庄隶属九门县。

大业元年(605) 柏肆、新市二县并入九门县。

大业三年(607) 五月戊午,隋炀帝调河北十余郡民夫开凿太行山驰道,以达并州。赵庄先民参加修驰道。

大业四年(608) 正月,隋炀帝征调河北诸郡百余万名民夫开挖永济渠,赵庄先民有参加。

大业十三年(617) 复置柏肆县,并置信义县(在今县城西北,赵庄是否为信义县治,待考)、宜安县、新丰县。于九门县置九门郡。赵庄隶属信义县。

唐

武德五年(622) 省信义、新市二县入九门县,赵庄属九门县。

永徽五年(654) 六月二日至七日,恒州连日大雨,滹沱河水泛滥,漂溺5300余家。赵庄遭受雨灾。

是年 四月,郭子仪引兵至常山与李光弼合兵,共10余万人。破史思明于九门城南。六月,潼关失守,郭子仪与李光弼引兵入井陉西走。留常山太守王俌领景城、河间团练兵守常山。八月,史思明再次攻九门,破城,所杀数千人。又引兵破稾城。九月,史思明再破常山,杀数千人。传说,李光弼驻军赵庄北堡、真武大帝庙。

大历十二年(777) 恒、定二州地大震,三日乃止,赵庄有强烈震感。

建中元年(780) 恒州大雨,滹沱河水自山而下,遍地横流冲石折树,水深丈余,庄稼荡尽。赵庄受灾。

开成元年(836) 夏,蝗灾。七月,滹沱河水泛滥成灾,庄稼减收,赵庄受灾。

五代 后唐

同光元年(923) 四月,后唐改镇州为真定府,建北都。十一月,迁北都。真定府复为镇州。赵庄属镇州。

同光四年(926) 正月,镇州冻死7260人,饿死2050人。

长兴四年(933) 后唐令镇州输绢5万匹于总管府,籴军粮,派人车1500乘运于代州。当时,天旱民饥,皇帝遣使督运严急,民不堪其苦。

五代 后晋

天福七年(942) 改镇州为恒州(治真定)。赵庄隶属之。

天福八年(943) 恒州春、夏大旱,秋,蝗虫大起,庄稼及草木叶全被吃光,民众饥馑,谷价暴涨,饿殍遍野。赵庄受灾。

十二月,杜重威以军食不足,于恒州搜刮谷子百万斛(石),只上报30万斛,其余皆为私产。又命判官称贷于民,复满百万斛。来春卖出,得缗钱200万贯,民不堪其苦。

开运元年(944) 十二月,契丹以赵延寿为先锋攻后晋,包围恒州。次年二月契丹兵自恒州北返。后晋命诸州府县点集乡兵,税户7家共出1兵,兵杖器械7家负担。

宋 金

开宝六年(973) 省九门县入稾城县。赵庄始归稾城县管辖。

太平兴国二年(977) 三月,宋廷在镇州置榷务,准许同辽人贸易。

天圣七年(1029) 滹沱河水决漕马口堤,水冲真定城,城墙西南角倒塌,大水涌入城内,淹毁房舍,溺死很多居民,大水波及赵庄。

大定八年(1168) 滹沱河溢,浸真定。金廷调河北西路及河间、冀州民夫2万余人修筑堤防。

大定十七年(1177) 滹沱河决白马岗。诏发真定

500里内民夫于翌年二月一日动工兴修，特命真定尹鹘沙虎、河北西路转运使徐伟监理。赵庄在500里内。

元太祖初年(1206) 稾城县改为藁城县，赵庄隶属藁城县。

兴定四年(1220) 藁城县升为永安州。不久复为县。

元定宗二年(1247) 十月，蒙古扩户口，以增赋税。藁城县令董文炳督民聚口而居，以消户数，因此赋税大减，民得以宽。

元

至元八年(1271) 二月，诏发真定等5路2.8万人修宫城，赵庄先民参与。

至元二十四年(1287) 二月，真定路发生饥荒，诏沿河仓粟减价粜出，并将真定牧养的4万余匹官马分牧他郡。

至大元年(1308) 七月己巳，真定路淫雨，滹沱河水泛滥，大水入南门，下注藁城县，溺死177人。

泰定二年(1325) 真定路民众饥馑。

至顺二年(1331) 四月初五，真定、涉县一带发生地震，一日3震或5震，持续月余，赵庄在地震范围内。

明

1994年版《藁城县志》载：明初，藁城全县编民13里，寻增为16里，后改里为社。赵庄隶属北汪社。

建文元年(1399) 七月，燕王朱棣举兵反。惠帝于真定置平燕布政使司。

八月，大将军耿炳文率师13万驻真定。燕王朱棣率兵突袭，夹击耿军，大战于滹沱河北。耿军战败，损兵3万余人，副将李坚、宁忠及都督顾诚被燕军俘获。燕军进围真定，2日不下，遂退去。赵庄村被战火摧残。

建文三年(1401) 闰三月己亥，燕王破吴杰、平安于藁城，安、杰退守真定。燕兵追至真定，大肆抢掠。

建文四年(1402) 正月，都指挥葛进与燕将李远战于藁城，葛军大败。

永乐元年(1403) 藁城(含赵庄村)始种棉花。

正德二年(1507) 正月，真定等地降大雪，人畜冻死无数，赵庄在范围内。

嘉靖十二年(1533) 赵庄57户，1014人。

嘉靖十三年(1534) 知县尹耕命李正儒编纂《藁城县志》。九月十六日始，逾两月志成。嘉靖《藁城县志》载有弥陀寺，赵庄镇一、六大集等内容。

嘉靖二十一年(1542) 赵庄重修、扩建真武大帝庙(神宫寨前身)，“遂为藁邑之名区，赵镇之巨观”。

嘉靖二十六年(1547) 六月，藁城大雨雹，雹大如拳。

隆庆年间(1567—1572) 赵庄重修真武大帝庙。

万历二十年(1592) 赵庄落成真武大帝重修碑2座，记述嘉靖二十一年(1542)、隆庆年间(1567—1572)及万历十七年(1589)三次重修真武大帝庙的盛况，并雕刻捐资善人姓名于碑上，碑冠上雕刻有盘龙。

万历年间(1573–1620) 贾尚德乡贡岁进士。

天启六年(1626) 六月，滹沱河大水冲决漕马口堤，民众昼夜增筑月堤。

崇祯五年(1632) 藁城知县刘敏学推行明王朝“寓兵于农”之法，将全县划编24营，团练乡兵。赵庄营管辖赵庄、北张家庄、贾同、小屯、三邱。

崇祯十一年(1638) 六月吉旦刻碑立石《真定府藁城县赵庄村重修北堡今改神宫寨小纪》，邑人庠生贾鸿猷谨据实迹以记：“有乡兵营千总官张天祚、堡主韩尚贤、公直贾清策萃父老而会”，“本乡旧堡原系避刘齐之乱，神宫保障久矣。今虽倾圮”，要组织重修，以庇乡民，“县君奖其说，随以千总官董治之，以堡主等协理之”，“现已完程之期”，赵庄北堡重修，改名神宫寨。

崇祯十三年(1640) 藁城连年灾荒，疫病流行，人饥相食，病饿而死者不计其数。

崇祯十三年(1640) 二月丁丑，闯王李自成起义军由固关进至真定。四月，吴三桂自北京追至真定，与李自成起义军展开激战，李自成中箭，率起义军向西退去。赵庄受波及。

清

康熙七年(1668) 七月,藁城境内大雨七昼夜,滹沱河、磁河泛滥成灾。赵庄受灾。

康熙二十六年(1687) 蝗虫成灾。

康熙三十五年(1696) 大水淹没灯笼屯(今南屯),赵庄也遭水灾。

康熙三十七年(1698) 知县赖于宣修、教谕张丙宿等编撰《藁城县志》,翌年成书,共12卷。其中有赵庄在北汪社,24营之赵庄营,赵庄寺庙弥陀寺,赵庄一、六大集及义学一座的记载。

康熙五十九年(1720) 知县闫尧熙(山西夏县人)主持于县城建培英书院。在藁城增修义学19座,其中赵庄义学1座。

是年,增修《藁城县志》,记有赵庄内容。

康熙六十年(1721) 大旱。

乾隆元年(1736) 旱,减收三四成。

乾隆三年(1738) 滹沱河泛滥,河道北迁,藁城含赵庄大水成灾。

乾隆三十三年(1768) 七月,滹沱河水泛滥,决口成灾。

乾隆四十六年(1781) 藁城被水淹,歉收四成。

是年 岁次辛丑阳月榖旦,重修神宫寨,刻石立碑《神宫寨重修碑记》,郡人王作梅、肃诚撰文,本县蔡嗣行沐手丹书。

乾隆四十八年(1783) 滹沱河水泛滥,庄稼受灾严重。

乾隆五十一年(1786) 村民黄文会字聚魁,武考中丙午科武举。

乾隆五十四年(1790) 重修《观音堂》。三月季春榖旦立《流芳百世·重修观音堂碑记》。正定县邑庠生王作梅顿首拜撰,本乡儒生黄庆云沐手敬书。碑文第一句"赵镇名区也"。

乾隆五十九年(1794) 六月,滹沱河、磁河水泛,大水冲入县城,全县含赵庄在内232村悉数被淹,房屋倒塌无数,庄稼几乎绝收。

嘉庆十八年(1813) 赵庄村民黄世承中癸酉武举。

嘉庆二十二年(1817) 干旱成灾。次年大风拔树,房屋倒塌。

嘉庆二十四年(1819) 冬,大雪5尺多厚,道路不通,水井湮没。

道光元年(1821) 赵庄村民黄殿元中辛巳武举。

是年,疫病流行,中者多死。

道光二年(1822) 五月下旬至六月上旬,大雨连绵,滹沱河水泛滥成灾,减收八成。

道光六年(1826) 蝗虫成灾,赵庄受灾。

道光十六年(1836) 蝗灾。

道光十九年(1839) 前旱,后涝,歉收三四成。

道光二十五年(1845) 重修神宫寨,岁次乙巳榖旦立《重修神宫寨碑记》,庠生李清玉沐手撰文。碑文第一句为"赵镇"。

咸丰八年至咸丰十年(1858—1860) 连续三年蝗灾。

咸丰十一年(1861) 七月,疫病流行,中者多死。

同治六年(1867) 赵庄古镇民捐民修筑起高大寨墙,设东北、西北、正西、西南、正南、东南、正东7座青砖寨门。据《藁城县志》载:赵庄古镇在县城西北20千米与正定交界处,历史上为藁北之首镇。镇中街市整齐,店铺栉比,远近闻名的赵庄一、六大集即设于此。每逢大集,邻县四周,商贾云集,杂货纷陈,尤以布商、猪市最盛,为当时县内其他镇所不及。

同治八年(1869) 赵庄村民甄金鑫考取岁贡。

同治十年(1871) 七月二十六日至八月七日,雨,沥涝成灾。

光绪二年(1876) 续修《藁城县志》成书,11卷。内有赵庄营、赵庄堡的记载。

是年,大旱,翌年又大旱。灾荒严重,粮价飞涨。

光绪五年(1879) 五月末,连降大雨,各河迭次漫涨,藁城洪涝成灾。

光绪七年(1881) 秋,连日狂风阵发,大树拔起。

光绪九年(1883) 六月,县境连续大雨,河水暴涨,沥涝成灾。

光绪二十一年(1895) 四月,大风雨两昼夜,屋塌无数。

光绪二十四年(1898) 赵庄镇人黄烈,字佑人,光绪优贡,任工部营缮司主事。

光绪二十七年(1901) 赵庄财主黄平长子黄合明(字子恒)、次子黄镇从日本留学归来,去掉辫子改留分头,群众曰之“秃子”,取绰号“大秃子”“二秃子”。二人带回两辆日产僧帽自行车,每天骑自行车走街串巷,群众第一次见到自行车,常常围观,啧啧称奇:三个轱辘车子尚且不稳,两个轱辘跑得很快。

光绪二十七年(1901) 本籍童生黄凯私塾,学童12人,教“五经四书”。

光绪二十八年(1902) 夏秋大疫,死人甚多,赵庄波及。

光绪三十四年(1908) 县建立农会、自治会、天足会,妇女开始放脚,赵庄响应。

中华民国

民国元年(1912) 县府和村公所兴办赵庄村公学,地点在“老母堂”。

民国初,全县分为5个区,辖237村。赵庄镇属三区,区驻地南董镇。国民党在赵庄设有“镇公所”。

民国3年(1914) 6月8日,滹沱河决口,大雨成灾,淹没田舍。赵庄70%房屋倒塌,粮食歉收。

民国12年(1923) 于县城建男女高等小学各1所。本年全县国民小学发展到114处。赵庄有国民小学1座。

是年,马庄林翰儒编著《藁城乡土地理》一书出版。内有赵庄古镇规模商事,一、六大集的记载。

民国15年(1926) 5月27日,藁城二等邮局及南孟、兴安、赵庄、岗上等村镇邮政代办所由直隶邮区划归北京邮区管理。

民国16年(1927) 12月,在中央“八七”会议精神影响下,共产党员魏凤仪、芦金堂组织起农民协会,提出“实行土地革命,打倒一切新旧军阀、地主豪绅和资产阶级,组织自卫军”的主要任务,在赵庄村关帝庙的一个自行车铺里进行选举,芦金堂当选为区农会主席,并在赵庄村挂起了“农民协会”的大牌子。是时,芦金堂、王保德曾向国民党当局提出民主选举区长的正义要求,遭到拒绝,不久,赵庄区农会被国民党政府查封。

民国17年(1928) 夏,藁城县国民党政府,为加强反动统治,防止和监视共产党和进步人士的活动,将警察所改为公安局,下设城厢、梅花、南孟3个分局和兴安、贾市庄、丽阳、岗上、南董、赵庄、前西关7个分驻所,并建立了反动地主武装——县保卫总团,下设郭庄、兴安、刘海庄、南营、丽阳、西马村、南董、赵庄、南孟、前西关10个区团和城厢分区团。是时,党的活动由公开转入隐蔽。由于国民党反动派的残酷统治和破坏,党的组织发展和革命活动暂时处于低潮。在白色恐怖下,中共藁城县地方党组织采取了垂直领导、个别串连的方法,秘密进行革命斗争。

民国17年(1928) 秋,国民党藁城县府在赵庄“奶奶庙”兴办“赵庄女子学校”。1937年“七七事变”后解散。

民国18年(1929) 赵庄国学移址“弥陀寺”,学生110人,教师5人,定名“赵庄小学”。

民国20年(1931) 9月,清朝末年定州地主王家在藁城城区东门里开设“德安当铺”转卖给藁城城里地主赵家、马家,赵庄地主黄家,龙宫地主马家等,股东50个,改名“集腋公当”,当年,在赵庄开设当铺分号。

民国21年(1932) 7月,青虫遍野,豆叶被食尽。

民国22年(1933年) 续修《藁城县志》,载有黄烈,字佑仁,赵庄镇人,清光绪二十四年任工部营缮司主事等内容。

民国25年(1936) 国民党警察所、守望队进驻赵庄镇,赵庄镇设“镇公所”,由6人组成:镇长黄自田,副镇长黄凤山。

民国26年(1937) 7月中旬至10月7日,日军入侵华北,国民党军队接连南撤,国民党藁城县政府要员随之逃走,驻赵庄的国民党警察所、守望队撤出赵庄。

10月5日(农历九月初三),侵华日军一队,路过赵庄向正定县进发,郑某等5人打开东门、举太阳旗迎日军进庄,日军未停留。随后日本的别动队(安民队)开到赵庄,住了一夜,随即开到正定蟠桃村。10月8日凌晨多路日军攻克正定,兵分三路,进入城内及近郊的岸下、永安、北关、朱河、小临济、三里屯、西上宅、北门里、东门里等村庄,屠杀百姓1506人、重伤103人,烧毁房屋106间,抢走牲畜80多头。

10月下旬(农历九月二十日前后),郑某为首组建赵庄"维持会",取代国民党的镇公所。

11月(农历十月)初,高庆祥的二路军在赵庄镇东口伏击了日军由正定往无极运送军需物资的80辆大车。藁城中共领导的32区队侦察员张臭货乘二路军和日军激烈搏斗之际,将走在前面的8辆大车带给32区队,赶车人均是当地老百姓。

民国27年(1938)　4月,中共藁城县政府在最初成立的两个月,一直在藁南活动。后考虑到县政府有责任推动全县范围的抗日运动走向高潮。于是,由芦金堂建议,县政府于是年7月从兴安北渡滹沱河(藁南只设县政府留守处,由行政科长刘洁品负责)。渡河后先后在南董、南孟、大奉化、赵庄、三邱等地,教育和动员群众抗日,推动了藁北抗日运动的开展。

7月3日(农历六月六日)晚上,在蔡家岗村由区委书记李英主持,中国共产党赵庄党支部正式成立,党支部书记贾春福、组织委员贾老凤、宣传委员甄老巩。

是年秋,大地主黄俊明、黄山子等为维护自身权益,组织了"大刀会"　"红枪会"。

是年,一个在赵庄镇乔装卖老碱的日本便衣特务告发,共产党领导的抗日部队十七团2名侦察员被日军抓捕,日军还烧毁了大王庙和陈小庆家的房子。

民国28年(1939)　2月28日(农历正月初十),赵庄地主组织的大刀会和南孟等村的大刀会抓捕了赵庄维持会长郑某,正月十五日将其杀死在南孟村。

春,在中共赵庄党支部领导下,赵庄人民政权成立,由黄老凯、张老银分别担任抗日正副村长。组织武委会、雇工会。秋天,抗日村长由雇工黄五群担任,又相继成立青会、新农会、妇救会。建立游击小组,组长由共产党员甄老巩担任,队员30多人。

9月,包括赵庄在内,农村抗日小学相继成立。翌年末全县有完小27所,初小357所。

10月(农历九月),在赵庄党支部领导下,成立农会,贾凤仪(计连)担任农会主任。次年二月,改由党员张老勇、张义合担任正、副主任。

11月24日,抗日武装17团在赵庄村东伏击日军卡车7辆,打死打伤日伪多人。

11月25日,日伪报复,闯进赵庄,烧毁村民房子300余间,打死打伤无辜群众4人,还杀死了很多牲口。

12月初,王大洒带领日伪突袭赵庄,抓走了刚散会的游击队小组长董造兰,将其杀害在正定小北门。

民国29年(1940)　3月,正藁办事处与新乐县佐辖区合并,组成藁正新联合县。赵庄隶属之。

8月,藁正新联合县撤销。正定平汉路以东地区、藁城滹北3个区与无极县140余村合并建立藁无县。赵庄隶属藁无县。

9月23日(农历八月二十二日),伪治安军第四团进占赵庄,杀害雇工会主席李老向。躲在正定的地主黄俊明、黄自田随日伪治安军进驻赵庄而回到赵庄家中,在日伪支持下,以黄自田为首成立日伪村公所,村长黄自田,副村长黄俊明、黄振江、黄老养。实行保甲制,全村设九保,一保管十甲。还组织了40余人的地方武装"常备团",张玉珍任教练。

10月,藁无县普遍推行"减租减息"政策,开展民主建政运动,县、区、村普遍建立"三三制"政权。赵庄在运动范围内。

民国30年(1941)　2月,地主黄俊明、黄自田依仗日伪治安军的势力,将地租收齐后溜回正定,赵庄的日伪村公所解散。

3月,日军一个小队占据赵庄,还有情报队、警备队一个中队同时进驻赵庄。日伪军强迫村民拆毁寺庙,甚至强拆民房,用砖瓦木料在东门里修建2座炮楼,还在原当铺街、原黄家大院修建地堡,整修寨墙、寨门,强迫村民夜间在寨墙上站岗。日伪警备队、皇协军把守寨门,盘查行人、搜刮民财,强化治安,以防军民反抗。

黄老养组建伪联保处,胡振中出任主任。1943年、

1944年鲍老兆任联保处主任。

3月30日至4月3日，日军在藁城县内实施第一次“强化治安”，实行军事、政治、经济总体战，到翌年10月连续进行5次“强化治安”暴行，在侵占区建立伪政权，实行“保甲制”。赵庄已推行“保甲制”。

7月，日伪藁北办事处在赵庄成立“合作社”。

8月15日，日军纠集19个县的敌伪武装2500余人，对藁无县实行“蚕食”扫荡，烧杀抢掠，残害群众。赵庄抗日军民在中共藁无县委领导下，针锋相对，开展“反蚕食、反扫荡、反分割”斗争。

12月21日，中共藁无县委发动35000多名群众，展开破击战，一举破坏正无公路10多千米，填封锁钩40多公里，捣毁敌碉堡8座，扒回电线60余捆，缴获战马20余匹。赵庄村民在党支部领带下踊跃参加对敌破击战。

12月23—31日，藁无县军民配合中共领导的藁城军分区主力部队，对敌发起首次战役进攻。毙伤日伪军440余名，俘虏60名，炸毁坦克1辆、火车一列，缴获一批军用物资。赵庄村民配合对敌作战。

民国31年(1942) 春天，日军小队长贡琳带领驻赵庄的大部分日军和部分警备队人员到张家庄建立部队，剩下的日军和一小队警备队人员仍盘踞赵庄。

5月1日，日军集中兵力对藁无县进行空前规模的大扫荡，为期2个月，包括赵庄在内，整个藁无县变成了敌占区。

8月，以黄风山为首在赵庄组建“联乡办事处”，由赵庄、蔡家岗、固营、早落、三邱、南贾同、北贾同、南白皮、北白皮、鲍家庄10个村组成，“联乡办事处”每村一人，黄凤山任主任，固营村郑金轩任副主任，其余村人任委员。

是年，全县全年基本无雨，大旱，减产三四成，赵庄亦然。

民国32年(1943) 3月7日(农历2月2日)，驻赵庄警备队解散日伪“联乡办事处”，把赵庄和三邱组成日伪大乡，贾玉珍任乡长、黄赞五、黄振东任副乡长，三邱村卢士廉任财政。

4—5月，春旱，粮食减收。

9月，小奉化村民兵配合32区队，拔掉赵庄日伪据点，毙、伤日伪军60余名，缴获一批枪支弹药。

是年，伪联保处改组，由7人改组为9人，鲍老兆任主任。

是年，日伪警察所、税务所由蟠桃村迁来赵庄。

是年，赵庄村一伪保长带领警备队抓捕抗日村干部黄玉来。

民国33年(1944) 春天，伪联保主任榨取赵庄人民2000斤“白套子”款潜逃到石家庄新四局过起了奢侈腐化生活。联保处其他人照常办公。

5月7日(农历四月十五日)，夜，共产党藁城32区队突袭赵庄，打死警备队队长闵祥录，消灭了日伪一个中队，缴获枪支100多支，烧毁了炮楼。

5月19日，日伪警察所6~7人、特务队4人、警备队100余人分别从藁城、四公调至赵庄；日军30余人从张家庄调回赵庄，日伪继续盘踞赵庄。

5月，日伪联保处主任由齐香连担任，替代了鲍老兆。

7月，常备团长张玉珍带领常备团人员抓捕了赵庄村抗日村干部郭不打牌，将其杀害在正定小北门里。

是年，日伪军把原日伪大乡改组为“调办所”，由赵庄、黄庄、北白皮、南白皮、北贾同、南贾同、北小屯、蔡家岗、固营、三邱、鲍家庄、早落12个村组成。主任贾养针，后调换成李计功。

是年，赵庄镇众家弟子赠正定隆兴寺匾额一块，上书“明镜普照”四个金色大字，悬挂在摩尼殿正上方。

民国34年(1945) 年初，原日伪联保处主任齐香连跑到正定当了治安军，甄树国任日伪联保处主任。

2月5日，活动在藁无地区的主力部队和藁无县大队分别火烧东阳、北苏两据点伪合作社后，乘胜袭击赵庄据点。除夕之夜，藁无县大队利用敌人思想麻痹，出其不意，从寨墙东南角攀绳而过，将伪警察所20余人全部歼灭，并缴获长枪10余支。伪治安军闻讯支援，县大队已撤出战斗。

5月3日，中共藁无县委发出反扫荡指示，提出以生产为中心，扩大解放区及开展地道战、堡垒战和加强民兵工作等8项措施。

8月15日，日本宣布无条件投降，赵庄村民庆祝抗日战争胜利。

日本宣布投降后，驻赵庄日伪组织逃散，赵庄人民获得解放。群众张黑丑接任村长，由于不接受中共赵庄党支部领导被撤换，11月12日由甄树国续任。甄树国接任5天后，国民党第九路军杨德凡部进驻赵庄，甄树国改任国民党村长，伙同张黑丑将40余名党员干部名单，连同30多坑、10余万斤粮食送给国民党军队。

民国35年(1946) 1月4日(农历十二月初二)国民党杨德凡部撤走，初三日，国民党第三军一营三连开来赵庄驻防，连长刘拱。

1月10日(农历十二月初八)，国民党杨威指挥部进驻赵庄，支持重建联保处，下设8保，甄树国任联保处主任。不久，杨威指挥部撤回石家庄。

3月底，国民党第三军第七师师部谍报队进驻赵庄；同时，国民党第三军军部谍报队进驻赵庄。

3月，国民党无极党部10余人进占赵庄，队长杨德庆。同时，国民党的侯子固的谍报队十一纵队也进占赵庄，组长刘振华。4月底，刘振华被杨荫龙绑送石家庄，谍报队解散。

4月14日，藁城县国民党还乡队第三大队60余人进驻赵庄，队长杨荫龙、副队长李树林。

是日，国民党藁城党政工作队进驻赵庄，书记郑培芝，队长刘德庆。工作队8月离开赵庄到藁城县岗上村。

4月15日，村民刘老营贪图地主黄文科的9亩地、45元钱，向敌人密报共产党干部黄五群、龚五群、甄造保等，造成革命干部6人被敌人杀害的惨案。

4月20日，国民党中央军第三军一连赵庄换防，连长张士于，刘拱连调走。

5月，国民党藁城还乡队第二大队进驻赵庄，队长蒋老恢。该部9月初调往固营。

6月4日，驻赵庄和驻正定南圣板据点的国民党军队及还乡团100余人进犯三邱村，共产党驻村军民运用地道战将敌击退。

6月，藁城还乡大队三大队班长赵英等6人杀害赵庄村民兵黄二横。

6月，国民党藁北办事处李玺珍把赵庄联保处改组为大乡，乡长陈贯荫、副乡长黄老丙。

7月，陈贯荫回家不归，黄老丙独掌乡务。11月底，李计功补任乡长。李计功组织商民协会、农民协会2个国民党外围组织。

是月，驻石门国民党第三军纠集赵庄、良村等据点的反动军队，进犯藁城县解放区，被县区人民武装击退。

8月，还乡队第三大队被调到本县岗上村。和还乡队第三大队同来的还有国民党第三军党部，在赵庄建立国民党组织，发展国民党员。

9月初，国民党张士于连被调走，国民党侯子固的先遣军一个营400余人驻防赵庄，营长仁宝红。

9月，复置正藁县，赵庄隶属之。

民国36年(1947) 1月25日(正月初四)，国民党侯子固的先遣军一个连到赵庄驻防。

1月28日(正月初七)晚，解放军攻打赵庄，因先遣军增援赵庄一个团的兵力，未成功。

2月 三邱村的地主富农组织还乡队20余人借住赵庄，正副队长分别为魏文田、魏老点。

3月10日(农历二月十八日)，中国人民解放军解放赵庄，歼敌473人，其中俘虏196人，打死打伤277人，缴获迫击炮1门、六零炮7门，轻重机枪16支，冲锋枪和步枪367支。解放军牺牲干部战士67人，伤105人。

7月，藁城县开始组织干部南下。到1949年，先后组织5批共115名干部随军到大别山、湖北、河南、安徽、广东、广西等新区工作。赵庄村张春季，解放军战士，1922年生，1947年随长横大队南下，后因腿摔伤返回。

11月，正藁县、藁正获县撤销，藁城县恢复原建制。划分8个区。赵庄隶属藁城县七区(张家庄)。1948年6月，将原来的8个区划分为13个区，赵庄隶属十区(张家庄)。

12月20日至次年末，中共藁城县委贯彻中共中央《中国土地法大纲》,划定阶级成分,平分地主、富农的土地,全县全面进行土地改革。

11月至1948年4月,赵庄镇进行土地改革。在上级党委领导下,在闫东升等三人工作组指导下进行土改。首先发动群众,公审、枪毙通敌杀害共产党员甄造保、雇工村长黄五群的反动地主黄文科,宣传贯彻《中国土地法大纲》,进一步发动群众,民选27名贫民代表,成立贫民团,贫民团主席高吉柱、副主席齐麦生。改选党支部,支部书记甄小生。经过对照政策、群众民主评定、上级审查批准,确定地主富农成分的73户,没收地富土地5000余亩、房屋1500余间,以及水车、大车、牲畜、大型农具和箱柜衣物等大量浮财,分配给贫雇农。贫雇农彻底翻身。

是年,赵庄小学移址"石德堂"(原地主黄山子家买卖堂号,即现村委会所在地),校长丁实安。

是年,赵庄人口832户,4740人。

民国37年(1948) 4月,赵庄土改运动结束。土改运动后期,挖出地主地下藏银两大车,经银行换取人民币,购买水车41架、牲口61头,连同没收地主家的土地、房屋、牲口、大车、水车分给贫下中农,人均耕地2亩。改选后的中共赵庄党支部,书记甄小生,组委贾老凤,宣委黄振芳,委员蔡志合、黄玉来、黄金生、韩书瑞。党员30余名。政权组织:村长贾老凤,副村长高油瓶,治保主任黄玉来,武委会主任蔡志合。群众组织:贫民团主任高吉柱、副主任韩书瑞。

4月,全县掀起青年自愿报名参军的热潮。赵庄郭成俊参军。

12月,全县出动2000余名青壮年支援平津战役,赵庄派民兵参加。

民国38年(1949) 1月,开展"查田定产,改造负担"运动,赵庄参与其内。

3月,全县组织500辆运粮大车,支援解放太原战役。赵庄派大车参加。

8月,包括赵庄在内的部分村庄发生黏虫、蝗虫灾害,部分秋苗被吃光。

中华人民共和国

1949年

10月1日,中华人民共和国成立,赵庄人民欢欣鼓舞、热烈庆祝。

1950年

3月,县政府颁发土地、房产所有证。赵庄镇各户领到了土地、房屋证。

3月,赵庄党支部进行整党整风后调整,调整后村党支部书记甄小生,组织委员贾瑞祥,宣传委员黄银星,委员甄小盆、韩书瑞、黄振芳、黄玉来。原支部成员贾老凤、黄金生、韩东明、蔡志合、高油瓶离职。

4月,赵庄共青团支部成立,第一任团支部书记张东来。

是年,全县宣传贯彻《中华人民共和国婚姻法》,赵庄开始实行婚姻法。

是年,开始筹建新的赵庄完全小学,校址在原黄俊明、黄厚裔已破败大院,利用留有的2间瓦房,在南边临街新盖5间教室、2个校门。当年从"石德堂"迁入,次年,县教育局决定赵庄成立完全小学,增加五、六年级。

1951年

1月25日,藁城县委发出"取缔会道门"的指示,赵庄存在的一贯道、坐功道、青门道、好好道、如意道及巫婆、神汉被取缔和打击。

4月,藁城县文化部门在赵庄设文化馆,地址东西中心大街路北临街,原大王庙前。

6月25日,全县人民捐献119462万元(旧币)购买"藁城增产号"飞机1架,支援抗美援朝前线。赵庄村民捐款。

9月,赵庄取消统一累进税制,改按耕地亩计征农业税。

1952年

1月12—17日,县委召开第三次党员代表会议,号召农民群众组织起来,搞好互助合作。

1月,"反贪污、反浪费、反官僚主义"运动在全县展开,至6月底结束。

冬天,农村扫盲活动进入高潮。赵庄开办扫盲夜校。

1953 年

7 月,1950 年 6 月至 1956 年 6 月, 藁城全县划 7 个区,赵庄隶属第五(南董)区,区委书记先后有韩廷锡、王德明、李焕林。7 月,全县划乡工作结束,全县划为 96 个小乡。赵庄一镇为一乡,乡总支书记陈忠孝、指导员李志、乡长蔡清瑞。

11 月,县召开粮食统购统销工作会议,开始实行粮食由国家统一收购,计划销售。

是年,国家发行粮票,分全国粮票和各省地方粮票。饭店食堂吃饭、购买粮食及其制品必须使用粮票。全国粮票全国使用,地方粮票本省市区有效。

是年底,土改后六年时间,赵庄出现严重两极分化:全村有 83 户村民因缺牲口、农具、劳力收获甚少,或因天灾人祸,变卖土地 168 亩、房屋 162 间、宅基地 34 块以维持生活,少数户又买房、买地雇起长工来。

是年,村民听从党的号召,党员干部带头,组织农业生产互助组,全村共组织起互助组 70 余个。

是年,赵庄供销合作社成立,村民入股。

是年,进行第一次人口普查。全县共有 37290 人,其中男 187551 人,女 185356 人。赵庄 1083 户、5000 余人。

1954 年

1 月 9 日,县委决定在兴安、倪家庄、梅花、岗上、赵庄、南孟、城关等 21 个集市专设国家监督掌握的粮食买卖的交易所,代国家收购粮食,其余小型集贸市场取消粮食交易。

8 月,县内流行乙型脑炎,患者死亡率达 31.4%。波及赵庄。

9 月 1 日,开始实行棉花由国家统一收购的政策,涉及每家每户。

9 月 15 日,国家发行布票,正常年份每人每年一丈七尺三寸布票,买布凭布票。

是年秋, 赵庄第一个初级农业生产合作社——“先进社”诞生了,社长李文采、副社长鲍成年。当年全村又成立了 12 个初级农业生产合作社,共 13 个初级农业生产合作社,全村 1083 户,有 918 户入了社。其他社的名称、社长是:东北片大众社,社长鲍老坤;人民社,社长杜庚辰、副社长韩满圈;五一社,社长鲍换生、副社长张洛万;西北片红星社,社长黄振芳;胜利社,社长韩书瑞、副社长高吉柱;顺利社,社长韩顺心;西南片红光社,社长张小乱、副社长甄学勇(小盆);东南片民主社,社长张玉堂;统一社,社长张小六;九一社,社长黄金生;正东片益民社,社长甄老歪;同益社,社长甄玉明。

1955 年

3 月 1 日,开始发行新人民币。币种分:一分、二分、五分、一角、二角、五角、一元、二元、五元、十元、二十元、五十元、一百元。赵庄开始旧币兑换新币。旧币 100 元兑新币 1 分,1000 元兑新币 1 角,10000 元兑新币 1 元。

1956 年

1 月,赵庄同全县一样,初级农业生产合作社合并成赵庄高级农业生产合作社,首任社长李文采。土地、牲畜、大型农机具等生产资料由私人所有转为村集体所有,完成对生产资料私有制的社会主义改造。

2 月 16 日,县人委根据上级指示,部署全县除“四害”(老鼠、麻雀、苍蝇、蚊子),讲卫生运动。赵庄村民、学生积极开展除“四害”活动。

6 月 29 日,藁城县撤区并乡工作结束。将 96 个小乡合并为 29 个乡(镇)。只设城关镇,其他 28 个乡。赵庄乡辖赵庄、北贾同、南贾同、蔡家岗、三邱、李家庄6 个村。乡党委书记、乡长由县委、县政府委派。赵庄乡党委书记陈忠孝 (1956 年 6 月至 1957 年 4 月任职)、白凤 (195 年 4 月至 1958 年 8 月任职), 乡长蔡清瑞 (1956 年 6 月至 1956 年 12 月任职)、齐善海(1956 年 12 月至 1958 年 8 月任职)。

7 月 29 日至 8 月 6 日,大雨连绵,滹沱河、周汉河、木刀沟堤埝普遍决口,水灾严重。赵庄水灾严重,低洼地庄稼被淹,房屋有倒塌。

10 月,藁城县广播站正式建成播音,赵庄分七个片设置有线播音小喇叭,村民劳动之余在小喇叭下听新闻、戏曲和天气预报。

是年,村内成立“兽医站”,负责人兼兽医黄牌,成员有贾申妞、鲍金锁、甄金位等,为村内牛、马、驴、骡、猪、鸡、鸭防疫治病,深受群众好评。改革开放后,贾国强父子、女婿从事兽医事业,为养鸡事业发展做出了贡献。

是年,于1953年开始的“一化三改”运动基本结束。赵庄商户全部公私合营,业主成为供销社职工。赵庄一家一户的土地、大型农具、手工业大型设备归赵庄镇集体所有。镇集体组织手工业者成立集体的织布、榨油、木工等副业摊点和作坊。陆续组成30多个工副业单位,由村副业股统一组织领导。

1957年

8月,赵庄高级农业生产合作社购买2台30马力以上大型拖拉机,一台捷克造、一台苏联造,赵庄村民历史上第一次用上拖拉机耕地、抽水浇地。

是年,农田灌溉开始使用锅驼机、柴油机提水。赵庄开始购买、使用锅驼机抽水浇地。

是年,在村委东侧建起简易戏院,舞台、化妆间用砖瓦木料建造,观众大厅则用苇席、油毡搭制而成。观众座位使用木板钉在木桩上。每年都在戏院内唱几场戏。村民和周围村庄人们踊跃买票看戏。

是年,赵庄高级农业社被藁城县委授予“模范社”称号,被河北省委、省政府命名为“丰产社”。

1958年

4月27日,在全国“大跃进”形势下,县委印发《关于鼓足干劲鏖战一年实现农业生产大跃进的计划》。计划确定1958年粮食耕地亩产634.5千克,棉花亩产皮棉60千克,花生亩产150千克的高产指标。赵庄虚报能够完成粮、棉、油生产指标,实际粮、棉、油生产仅能够完成指标的50%左右。

5月,赵庄村副业股购买第一辆畜拉五眼胶轮大车,韩元明为驭手,驾驭两头骡马胶轮大车,往来赵庄—藁城、赵庄—石家庄为副业拉原料、送成品。此后各生产队畜拉大车逐步由铁轮更新为胶轮大车。

7月,全县建起公共食堂2156个,粮食加工厂1592个,托儿所977个,幼儿园500个,缝纫厂527个,幸福院168所。公社化后,赵庄生产大队29个生产队建起29个公共食堂,学校建起学生食堂。实行社员吃饭去本生产队食堂,开始吃饭不定量,1959年秋开始按人定量发饭票,用饭票领饭。

8月23日,实行“政社合一”体制。全县将28个乡镇合并成立8个人民公社,赵庄镇改为赵庄生产大队,划分成29个生产队。赵庄大队隶属红星人民公社(社址张家庄村)。

9月,县委、县人委联合发出《紧急动员,立即行动,开展一个声势浩大的收购钢、铁、铜运动》,9月16日又发出“全党全民大办钢铁的动员令”,掀起“全民大炼钢铁”的运动。赵庄响应号召,动员村民把家中的废弃钢铁,甚至门吊、铁锅、箱柜锁匙等铜铁收集起来,在学校操场建起十数座小高炉,风箱鼓风,煤炭做燃料,将钢铁投入炉中,进行冶炼。

11月1日,县委发出《关于农村人民公社实行半供给和半工资制的意见》,规定吃饭不要钱和按劳力等级发给工资。赵庄公共食堂吃饭不要钱坚持了一年多。

11月5日,藁城、无极、栾城三县合并为藁城县,治所藁城县城,赵庄隶属藁城县管辖。

是年,赵庄开始准备低压电杆、低压电线。

1958年至1981年,全县先后动员民工5.49万人次,参加岗南、横山岭、建坪、黄壁庄水库建设。赵庄每年出民工100人左右参与修水库,涌现出了“大车王”张计雪、甄计兰、甄计芬,享誉石家庄地区。

是年,响应毛主席关于“全民皆兵,大办民兵师”的号召,赵庄组建民兵营。

是年,大队管委会安装了赵庄村有史以来第一部手摇磁石电话座机。

是年,赵庄成立大队集体照相馆,地点原文化馆,技师陈玉杰。

1959年

4月,将以公社为基本核算单位改为以生产大队为基本核算单位。赵庄生产大队为一个基本核算单位。

8月,在“农、林、牧、副、渔”全面发展思想指导下,红星人民公社决定在赵庄大队东北大片农田上挖“万亩养鱼场”,经过冬、春数百名民工开挖,近千亩良田被破坏,沟壑遍地,半途而废,经数年努力,才又恢复成耕地。

11月,全县开展"反右倾机会主义"的斗争。随即掀起大办工业、大办水利、大办养猪场等"大办"热潮。在"大办"热潮下,赵庄大队在韩书瑞住宅后办起"菌肥厂"。

1960年

5月17日,县委、县人委发出《关于立即防止和限期扑灭浮肿病的紧急通知》,赵庄用"糠造丸"给浮肿病人治疗。

10月25—28日,藁城县委召开扩大会议,贯彻中共中央提出的"低指标""瓜菜代""办好食堂""管好粮食""劳逸结合"5条方针。会议通过了县委关于《农村公共食堂标准(草案)》《关于办好农村公共食堂的几项规定(草案)》。

11月27日,县委召开由公社书记、大队党支部书记、食堂管理员等参加的"吃饭大会",历时7天,赵庄大队党支部书记韩书瑞参加会议。会议就进一步贯彻中央指示和搞好代食品制作,渡过难关,安排好群众生活等问题进行了研究部署。

是年,赵庄村民口粮更趋紧张,实行"低指标、瓜菜代",每人每天口粮只有四到六两,更没有油、肉、蛋。吃不饱,靠吃树叶、树皮、草根等代食品充饥,社员体质普遍下降。

1961年

4月23日至5月2日,县委召开县、公社、大队、生产队四级干部会议,学习贯彻中央制定的《人民公社工作条例(草案)》(以下简称"农业六十条"),着重解决当时生产队之间、社员之间的平均主义。

5月,将原来规模过大的8个人民公社调整为28个人民公社。调整后赵庄隶属张家庄人民公社。

6月12日,天气炎热,最高气温43.2℃,为有记载以来最高极端天气。

6月,取消分配上的供给制,停办农村集体食堂,并将基本核算单位下放到生产队。

7月,赵庄大队在村西北办起大队集体养猪场。

1962年

1月1日,原无极县析出,藁城县恢复原建制。赵庄隶属藁城县不变。

1月,藁城县开始精简下放,到7月全县共精简下放全民所有制职工3056名,集体所有制职工638名,减少吃商品粮的学生1084名,居民家属278名,小学教师587名。涉及赵庄十数人。

是年,赵庄大队集体统一购买了6台50千瓦变压器,5台安装在村东北、西北、西南、东南、正东,一台安装在村内,每个生产队一条低压线到一眼机井,用电机抽水灌溉。当年春节开始,农户陆续用电照明。驻赵庄的工商所、税务所、供销社和村副业、村委会全部用电照明。

1963年

1月27日,天气寒冷,冻土深度达49厘米,为1949年以来县内最大冻土深度。

8月4—9日,赵庄同全县一样,连降大雨,降雨量达591.7毫米,受灾极为严重。全村各户院墙几乎全部倒塌,房屋倒塌数百间,井水水位几乎同地面平,粮田被雨水长期浸泡,玉米、山药、花生霉变,棉花掉桃。村民连夜加高寨墙,以防西边骤至的洪水冲进村内。村集体的猪场被冲毁,种猪、肥猪损失殆尽。村外流水持续一个多月。损失巨大。

灾后,国家发放救济粮,村民基本能够吃饱饭。

12月3日,县委、县人委决定,在县城和贾市庄、梅花、丽阳、南董、赵庄、南孟等集镇增设人民来访接待站,逢集日分派领导干部到站接待群众来访。

12月26日,藁城县计划生育领导小组成立。翌年1月1日成立县计划生育办公室,在全县广泛开展计划生育宣传工作。赵庄开始计划生育工作。

是年,开始在全县发展水泥管机井。赵庄大队开始制作小口井的水泥井管,新打机井改用水泥井管。

是年,全年降水量1007毫米,为1949年以来县内最大年降水量。

1964年

1月,在全县29个公社239个大队2669个生产队进行社会主义教育运动,即粗线条"四清"(清账目、清仓库、清财务、清工分),赵庄大队按要求进行粗线条"四清"。

2月8日，赵庄降大雪。降雪厚度达20厘米，是1949年以后县内最大降雪。

4月，大队党支部、管委会决定购买安装电子管扩音器等广播器材，每天高音喇叭向村民播放新闻、戏曲等文艺节目，播天气预报，大队干部也利用高音喇叭部署工作、传达文件。

5月28日至7月23日，全县进行第二次全国人口普查，至1964年6月30日24时，全县人口440717人，赵庄人口5055人。

9月，“赵庄农业中学”成立，招生36人，由黄成言、刘贵荣、鲍瑞申、穆桂刚、鲍文增任教。

10月，赵庄大队管委会抽调各生产队耕地，在村东北与北贾同、李家庄村交界处建立154亩地的集体农场。

10月，县贫下中农协会筹备委员会成立。赵庄大队遵照县的统一安排，成立贫下中农协会，首任贫下中农协会主席张振义。

是年，大队成立打井队，购置打井架子和铁锥，人工在传统的大口砖井内加深20~30米，用棕片和木板箍成圆筒下到井底，保证用机电水泵抽水浇地。技术人员有韩三季、黄绽、甄小七、张恒申等。

是年，生产队为基层核算单位后，每年生产的粮食除缴公粮、征购粮和留足种子、饲料外，社员每人每年分口粮400~500斤，食用油每人每年2~3斤，絮棉每人每年2斤。

20世纪60—80年代是赵庄大队集体工商副业鼎盛时期，有集体工商企业30余家。20世纪90年代末，有的解散，有的破产，有的有偿转让，赵庄村没有了集体工商企业。

1965年

2月初，中共石家庄地委“四清”工作总团，从赵县抽调一批工作队队员到藁城开展“四清”运动(清政治、清经济、清组织、清思想)，贯彻中共中央关于《农村社会主义教育运动中目前提出的一些问题》(简称“二十三条”)的文件精神。

4月，藁城境内发生流行性脑炎和麻疹传染病，赵庄有病例。

8月，大队管委会推荐韩银福、鲍多余、张秀岭为藁城县借干，参加“四清”工作队。

是年，秋至1980年春，全县出动民工9.68万人次，参加13期根治海河工程。赵庄每期都派出数十名至百名精壮民工参与根治海河工程。

9月，张家庄公社“四清”运动开始，张家庄“四清”工作分团团长是藁城县委副书记甄敏义，进驻赵庄的“四清”工作队队员近百人，工作队长黄印合，资料员李书茂。于1966年7月基本结束。

是年，干旱。全年降水量仅235毫米，为1949年以后县内降雨量最少年份。

1966年

3月8日，邢台隆尧发生6.8级地震，赵庄有强烈震感。

3月22日16时19分46秒，宁晋县东汪庄发生7.2级地震，赵庄震感强烈，少数房屋受损。

5月16日，中共中央发出“五一六”通知，即中共中央《关于无产阶级文化大革命的决定(简称“十六条”)》，“文化大革命”运动开始。

8月，北京中、高等院校的“红卫兵”运动波及藁城，首先在学校，继而在农村出现“红卫兵”组织。

12月25日，藁城县农村文化大革命办公室成立。赵庄大队“文化大革命”运动展开。

是年底，赵庄大队小学和全县所有中小学一样，中断正常教学工作。中小学生停课“闹革命”。翌年，各学校虽陆续复课，但教学秩序仍混乱。

是年，村集体购买朝鲜产千里马牌28马力拖拉机1台。

1967年

3月7日，空军第四航校、石家庄空军医院等四单位受命，派遣160余名干部战士到藁城实行“三支两军”(支左、支农、支工、军管、军训)。派驻张家庄公社“支左”的部队干部战士开始履行“支左”任务。

是年秋，赵秋润、韩良国、韩银福、黄老根、贾安民、鲍双路、韩会申等，在大队秘书陈克指导下，组织起来在大队部北屋写作《村史》《大地主黄俊明发家史》，并绘成漫画，宣传毛泽东思想。被县革委会认可，并组织到藁城南部各公社巡回展出。

1968 年

春天，赵庄大队管委会组织人力物力，在东西大街西段十字路口、郭家街西顶头各建造一座大影壁，十字路口的影壁高约7米、宽约5米，请齐福琴、王英民绘画《毛泽东视察黄河》的像，宣传毛泽东思想。1969年1月28日竣工，时任秘书陈克、副大队长高树心、大队副业股主任张计全和会计赵秋润及张小辈、鲍双路、韩银福、贾安民，在学校大瓦房前与齐、王二位画家合影送别。

9月，撤销赵庄农中，赵庄小学附设初中班，农中学生转入初中班。至1980年，历时12年。

11月28日至12月3日，侯振民、王庆余二人在《人民日报》发表关于《公办小学下放到大队办的建议》影响下，将国办小学一律下放到大队，教师一律回原籍吃农业粮，实行工分加补贴。赵庄小学下放到大队，委派韩圆作为贫下中农代表，驻学校参与学校管理。1977年6月恢复国办教师工资和商品粮。

是年，赵庄大队党支部、管委会决定，对村庄规划，今后给符合条件的农户无偿发放宅基地。至1975年，共发放宅基地258户。每户宅基地面积是12米×15米，合0.27亩。

1969 年

3月2日，赵庄大队革命委员会成立，主任贾兰贵，副主任韩书瑞、黄书德，委员张东来、张大雪、郭留申、刘小六、王长林、陈克、张荣秀(女)、鲍文瑞、蔡贵新(女)、高连升、张计全、张小辈。贾兰贵兼任张家庄公社革委会副主任、藁城县革委会常委。

4月，河北省冀医二院把赵庄作为联系点，院长张国政、教授张希贤带队蹲点，给社员无偿看病，直至1970年。村民受益匪浅。

6月8日，大队革委会决定：凡从大队集体抽调到外地做临时工、合同工的社员，每月工资除留15元生活费外一律交生产队，按同等劳力每月记28天工分。

6月20日，大队革委会决定，初中班增加甄平、杨淑贞、杨秀菊、郭素梅为教师。

6月，全大队各生产队合计分红13650元，队均470.69元。

6月，大队副业失火，抢救及时，损失不大。

7月，赵庄大队购买熊猫牌21寸黑白电视机1台，为赵庄首台电视机。

9月，赵庄成立高中，第一任校长张士欣。接任者为陈英华(后提拔为藁城县宣传部副部长)，1971年迁入村南新建校址，属张家庄公社办，1980年撤销。历时12年，培养学生1000余人。

11月24日，大队革委会决定将赵庄东北大队农场果树趟设为村民公墓。

年内，全县有225个大队全部实行合作医疗。赵庄和全县多数村同步，实行合作医疗。在郭家街路南成立保健站，大队集体和生产队、社员分别负担60%和40%的医药费。

1970 年

5月，赵庄小学内兴办“学前班”，后改为幼儿园。

10月，赵庄大队“农业学大寨”运动掀起高潮。

11月，河北12所大学招收首批工农兵大学生，赵庄大队蔡贵新被保送到河北电力学院(保定)读大学。

是年，大队筹建集体“建筑工程队”，在井陉矿区施工，村民称之为“井建队”，历经数年打拼，具有一定规模，效益不错。20世纪90年代村党支部、村委会决定有偿交给个人经营至今。

是年，赵庄神宫寨高出平地的寨基被夷为平地。神宫寨坐落在村西北高岗之上，高出地面10余米，占地面积3万多平方米。神宫寨年久失修，四进大殿的全部建筑毁于清末民初战乱。新中国成立后，赵庄村西北门各生产队、村民把神宫寨基作为取土之地，日积月累，不过20余年，神宫寨高出平地的堆土被完全取走，夷为平地，碑刻、文物被胡乱丢弃。神宫寨只存在于高龄老人记忆中。

是年，赵庄大队建起由85人组成的农机具修造站。有车床台钳等修造机具，为全大队修造农机具。

是年底统计，赵庄大队1316户、6089人、7885亩耕地。当年平均工分值10分值0.55元。粮食种植面积

5176 亩，棉花 2303 亩，油料 128 亩，蔬菜 210 亩。

1971 年

1 月 6—12日，召开中共藁城县第三次代表大会。会议提出“在三年内把藁城县建成大寨县”的号召。

3 月 27 日，大队革委会主任贾兰贵被县革委会提拔为脱产干部，调离赵庄大队，被安排到兴安公社任党委副书记，张东来被任命为赵庄大队党支部书记。

5 月　赵庄大队党支部、管委会决定划拨第二十一生产队 7 亩土地建设高级中学。

10 月　中央传达关于林彪出逃叛国的文件，掀起批判林彪反党集团罪行的高潮。

1972 年

1 月 3 日，县委县革委召开“工业学大庆、农业学大寨，加速实现农业机械化”会议，要求到 1975 年全县基本上实现农业机械化。赵庄认真贯彻落实。

2 月，根据县委规定，做好赵庄大队革委会决定贯彻执行村民口粮分配人八劳二，口粮标准人均 200 千克原粮。当年，小麦亩产 200 千克。

3 月 22 日，大队革委根据省革委指示，决定：将本大队范围内空院、闲散地、水坑及大宅基地户多余部分收归大队集体；同意第七、第九生产队把牲口圈搬迁到神宫寨地基处。

6 月，旱情严重，水位急剧下降，全县包括赵庄在内有 1095 眼机井抽不上水，3380 眼砖井干枯，致使小麦叶子枯黄，1335 亩棉花、650 亩山药枯死。

8 月 7 日，20—21 时 30 分，藁城境内包括赵庄遭受特大风灾，风力最大九级，风雨交加，刮倒房屋、树木、电线杆无数，果树、庄稼受灾严重。

是年，县投资 30 万元，在井陉县小作南部桃园煤田建小煤窑一座，年产煤 30000 吨。赵庄十数人到小煤窑做工。

1973 年

8 月，赵庄大队购买 1 台 24 寸彩色电视机，为赵庄大队首台彩色电视机。

1974 年

5 月，推行计划生育政策。

6 月，全大队种植小麦 4927.9 亩，总产 2519259 斤，亩产 511.5 斤。

8 月，进行殡葬改革，遗体由土葬改为火葬。藁城县在五界村东建起火葬场，1977 年 1 月，又在北龙宫村东、北汪村西建起第二座火葬场。赵庄自 1978 年起逐步推行起火葬。火葬后，村民仍把骨灰盒装入水泥小棺材里，依照传统仪式，埋葬在自家坟茔里。

1975 年

3 月 5 日，赵庄大队党支部、革委会决定，农户再建住宅，按照统一规划的排房发放建造。经过十几年努力，村四周新发放宅基地按照规划排房建设。终因规划落后不适用而放弃。

5 月，河北省冀医三院由院领导王晓谦带队，有内、外科主任参加，到赵庄下乡，指导社员防病、治病。

是年统计，赵庄大队直接管理工副业 24 家，职工 431 人，占全部整劳力 2894 人的 15%。

1976 年

2 月，统计，赵庄基本情况：全村 1413 户、6337 人，其中贫下中农 1071 户、上中农 237 户、地富 105 户，整劳力 2894 人。耕地 7885 亩，其中自留地 404 亩，农场 154 亩。党员 125 名、团员 182 名、复退军人 86 名、烈军属 76 户。专政对象 53 人。全村生产资料：牲口 372 头，其中骡马 121 头。胶轮大车 137 辆、电机 64 台、柴油机 75 台、脱粒机 43 台、粉碎机 33 台、机井 92 眼、自行车 620 辆。耕地中，粮田 5222 亩、棉田 2230 亩、油料田 125.5 亩、蔬菜田 135 亩。

7 月 28 日，唐山、丰南发生 7.8 级大地震，死伤 30 多万人，赵庄震感强烈。

8 月 26 日，县抽调 584 名干部和水利技术工人，组成打井队，赴唐山地区昌黎县帮助抗震救灾，两个月打井 1468 眼。

9 月 15 日，全县组织干部、民工 7000 余人赴唐山支援抗震救灾，抢修陡河水库。赵庄出干部民工数十人。

10 月，大队党支部、村委会决定：在村西南门建设村办造纸厂、村西南旧砖窑改建转盘砖窑、拖拉机站。投资数十万元的造纸厂，由于产品品质低劣、管理不善，1992 年破产倒闭。在村西南门外建设的转盘砖窑，历经20多年运营,因土源不继而消亡。

是年,村集体购买天津产铁牛牌55马力拖拉机1台。

是年,因连年地下水位下降,大口砖井虽经土法加深,仍赶不上水位下降,一个个干枯。大队集体购置大锅锥,用人工推动齿轮转盘,转动大锅锥向下深钻,可深50余米,用水泥管做井筒。同时又购置机电带动的打井机,俗称磕头机,可打130余米的深井,保证了农田灌溉。

是年,赵庄弥陀寺仅存的后殿被拆毁,碑刻、石人不知所踪。

是年,赵庄村开始用电表计量收费。

1977年

3月2日,统计赵庄村民在赵庄小学、中学任教的民办教师46人、国办教师4人。1队韩小五、李志欣,2队鲍瑞申、鲍多余、鲍荣艳,3队鲍俊彦,4队鲍书友,5队韩银全、刘瑞敏(国办教师)、张书稳,7队王荣芹,8队孟凤申、李贵银、高兰琴,9队黄成言,10队贾新年,11队贾占定、刘贵荣,12队鲍建位、杨书贞(国办教师),13队韩贵更、黄计华、张军英鲍双路、贾新江,14队甄老江、戴焕朝,15队贾老海,16队蔡新水、张桂琴,17队郭0套、鲍长岭,18队张小女、方金书,20队张生林,21队张兰石,22队张殿林(国办教师)、张东申、郭素珍,23队徐春梅,24队杜老白、郭臭小、郭玉梅、黄文路、张书稳,25队甄平(国办教师),26队甄福成、刘小乱,27队穆新兰、韩花珍,28队胡振武,29队张书晨。

5月20日下午,包括赵庄在内部分社队遭受严重风雹灾害。

是年,赵庄大队新购大小拖拉机5台。

1978年

1月,藁城县贫下中农协会撤销。赵庄大队也取消贫下中农协会。

5月24日,赵庄遭受风雨灾害,倒伏小麦1800亩。

12月18—22日,具有历史意义的党的第十一届三中全会召开,结束"文化大革命"运动,全党和全国人民工作重心转移到经济建设上来。赵庄人民为此欢欣鼓舞。

是年,赵庄实行殡葬改革、推行遗体火化,村民黄大栓母亲去世遗体火化,是赵庄遗体火化第一人。

是年　为了实行殡葬改革、推行遗体火化,大队在神宫寨旧址南侧盖起三间房子,存放骨灰,村民称其"骨灰堂"。

是年,大队集体购买12马力手扶拖拉机1台。

是年,全县232个大队建立起合作医疗站,占大队总数的97.4%。赵庄大队的合作医疗站办得较好。

1979年

2月25日,贯彻藁城县整建社、队领导班子的指示,赵庄大队革命委员会改为赵庄大队管理委员会,县政府统一换发印章。

3月5日,大队安排发放宅基地16户。

3月12日,为藁城县首次义务植树节。县政府决定:全县每年出动3万人左右,义务植树4万株。赵庄大队管委会组织义务植树。

3月16日,大队购置电影放映全套设备,放映员为高勤英、张书德,大队电影放映队成立。

5月4日下午,　遭受风雨灾害,全县小麦倒伏26万亩。赵庄倒伏200余亩小麦。

5月,县内部分地区发生历史上罕见的小麦腥黑穗病,全县23个公社的70076亩麦田发病,损失小麦175万多千克。赵庄发现小麦腥黑穗病,不严重。

8月,开始实行"一对夫妇只生育一个孩子"的政策。县委、县政府制定了具体奖励政策。1981年以后,对确有困难的适当照顾生育二胎。赵庄认真执行"一胎"政策。

是年,开放集市贸易,恢复传统集日。赵庄农历每月一、六大集恢复,又见繁荣。

1980年

5月13—16日,县召开教育工作会议,重点研究普及小学5年教育,搞好中等教育结构改革,合理解决民办教师待遇,开展勤工俭学,办好农民业余教育等问题。赵庄大队贯彻执行。

是年,农户建新房不再用土坯,多数为砖木结构,少数户开始全部用砖垒墙、房顶用水泥预制板、玻璃门窗。

是年,大队集体购买解放牌大卡车1辆。1980年后先后购买北京牌小麦联合收割机1台、新疆2号小麦联合收割机1台、背负式小麦收割机3台、55马力大拖拉机5台,在村农机站统一管理下为全村农副业生产服务。

1981年

1月26日,张家庄公社决定,大队党支部书记、大队长每人每月补贴5.5元,委员4.5元。

2月,赵庄中学正式成立,第一任校长李福田。属乡镇办初中,位于原赵庄高中校址。

3月,全县开展“五讲”“四美”和“学雷锋,树新风”活动。赵庄大队社员积极响应。

4月,大队派员到北京大兴购置无塔高压供水系统设备,在大队副业大院打深水井,铺设管道到各户,当年10月庙会前,全村实现人畜饮水自来水化,早、中、晚定时免费供水,至2013年。

6月13日,赵庄大队决定,继续实行“人六劳四”的政策分配口粮。

7—8月,赵庄大队组织党员干部和群众学习讨论中共十一届六中全会作出的《关于建国以来党的若干历史问题的决议》。

12月26日,贯彻执行中共中央《关于农村政策若干问题座谈会纪要》,赵庄大队推行以家庭经营为主的联产承包责任制。大队管委会决定人口截至1982年底,自留地不变,其他耕地按人口平均承包到户。

1982年

1月29日,赵庄大队评出“五好家庭”25户。

是年底,赵庄共1669户,6571人,其中男性3324人,女性3247人。

1983年

7月15日,大队管委会研究决定,贯彻中央精神,耕地全部承包到户,实现以家庭经营为主的农业联产承包责任制。承包期15年。

11月,县委、县政府召开商品生产会议,号召全县人民大力发展商品生产,表彰劳动致富、发展商品经济致富家庭。

11月13日,根据上级政府规定精神,大队管委会决定违反计划生育规定的处罚办法。

12月13日,大队成立敬老院,全大队“五保户”统一进敬老院养老。

1984年

1月,改变“政社合一”体制,在全县取消人民公社、生产大队,设立乡(镇)人民政府、行政村委员会。赵庄称赵庄村管理委员会,生产队当年全部解体。

5月14日,赵庄选举产生两委班子。党总支:书记李福庆,副书记张东来、韩长水,委员张大雪、刘计山、韩金祥、贾青海、孟荣珍、李文明。村委主任张东来,副主任韩长水、韩金祥,委员贾占山、孟荣珍、张大雪、刘计山、李文明、赵秋润、刘明起、高连升。

5月27日,藁城发生风雹灾害,阵风8级,小麦倒伏近40万亩,棉花被砸约10万亩。赵庄村小麦有倒伏、棉花被砸。

5月30日,村党支部会通过,在村西北“神宫寨”原址上,村委会与个人合资建转盘砖窑,预计投资4.5万元。建成后,历十余年,因经营不善倒闭。

5月25日,村委会决定敬老院老人伙食标准:每月每人粮食40斤,其中粗粮10斤,细粮30斤;管烧煤;每人每天肉、菜、调料钱2角;药费全部报销。

11月15日,乡党委委员郑清峰在赵庄村全体党员大会上宣布:成立赵庄党总支,各片成立党分支部。

是年,国务院宣布取消布票。

1985年

7月,农村党员整党开始,翌年6月结束。赵庄村党支部参与整党。

8月7日,“赵庄村管理委员会”公章作废,启用“赵庄村民委员会”公章。

12月8日,天气寒冷,气温零下23.4℃,为1959年以来县内最低气温。

1986年

2月21日,藁城县人民政府《关于对烈属、军属、革命伤残军人实行乡统筹优待的暂行办法》出台。

3月15日,执行新《婚姻登记管理条例》,规定男满22周岁、女满20周岁可以登记结婚。

是年　赵庄村粮棉油征购任务：小麦51.5万千克、玉米26.35万千克、棉花9.15万千克、棉油6870千克、花生20963千克、芝麻392.5千克。

1987年

7月17日，赵庄党总支、村委会决定在村小学建教学楼，承包给赵瑞琪，总造价13.8万元。

8月19日，县政府发出《关于搞好农村宅基地清理发证工作的意见》，对农村宅基地进行全面清理，并颁发"农村居民宅基地使用证"。

是年，赵庄村成立"红白喜事理事会"，按照县政府颁发的《藁城县民事理事会章程》工作。

是年，赵庄村委会多方筹资，在县城工作的贾兰贵、韩银福大力支持下修建了村西南通正无公路的出村沥青硬面公路。路面宽4米。

1988年

6月1日，《中华人民共和国村民委员会组织法》(试行)正式在全国试行，村民直选村委主任、村委委员。当年赵庄村民直接选举村主任、委员，首任直选村主任贾清海。每届任期3年。

7月10日，村两委决定扩建纺纱厂，新上织布机40台、纱锭3000支。村委会购面包车1辆，花费3.6万元。

8月8—9日，全县两次暴风雨灾，风力7~8级，降雨量19.8~46.5毫米，受灾面积18万亩。　赵庄连遭两次暴风雨灾害。

1989年

1月19日，根据镇党委、镇政府指示精神，村两委会决定，1988年党总支成员、村委成员年工资1100元+奖金300元、治保会成员年工资817元、村委会计年工资630元、规划组成员年工资490元、老干部韩书瑞年工资392元;小学、幼儿教师年工资500元、副业工作人员年工资680元、自来水管理人员年工资640元。

3月28日，村两委决定，投资9万元左右，在村委会原址拆掉旧房，建两层办公楼，建筑面积500余平方米。4月8日招投标，包工包料，赵秋润以每平方米152元价格承包。

5月4日，县委、县政府作出《关于在全县农村实行"八公开一参与一监督"的决定》，提出农村必须对计划生育照顾、宅基地发放、集体财务管理、生产资料发放、新上集体企业项目、村办企业招工、签订经济承包合同、干部目标责任制实行八公开和群众参政、实行有效监督的措施。

6月，麦收时节连续十数天连阴雨，赵庄小麦和全县一样，全部长芽、霉变，产量大减，村民好几年吃芽麦面。

7月10日，藁城县政府提出《关于在全县农村推广"两田制"的意见》。决定将农村集体耕地按人口情况划分为"口粮田"和"租赁田"，进一步完善土地承包责任制。8月13日村全委会决定，凡有本村户口的村民，每人4分地口粮田，其余地按政策缴纳国家征购粮、棉、油。

7月27日，经国务院批准，撤销藁城县，建立藁城市(县级)。河北省人民政府9月16日发出通知，公布藁城撤县建市，原辖区不变。赵庄隶属藁城市。

1990年

3月17日，村委扩大会决定，村南、村北两个砖厂承包给贤庄村人王俊生。工本费每块砖1分3厘，全年生产砖1.1亿万块。

6月4日，市委、市政府作出《关于动员全市人民大力开展小麦秸秆直接还田的决定》。赵庄开始推行小麦秸秆还田。

8月7日，《藁城市村民义务教育实施办法》《藁城市农村干部正规化办公暂行办法》《藁城市农村干部报酬联绩浮动实施办法》《藁城市农村党支部、村委会议事规则》等办法、规则、规定相继出台。赵庄村党总支、村委会遵照执行。

11月，藁城市第二届村委会换届选举，赵庄村贾青海连任村委主任。

1991年

5月12日，根据市、乡两级文件精神，决定赵庄村宅基地使用费收费标准，占地200平方米以内的，每平方米收费0.2元,标准以外的,每平方米收费0.3元。

7月28日,赵庄村两委会决定村集体建水泥预制楼板厂。

1992年

1月20日,藁城市成立红白理事会总会。赵庄村成立红白喜事理事会,解决红白喜事大操大办问题。

4月20日,村委会决定,贾新月任计生主任,韩脏人任治保主任,韩兰亭任民调主任。

4月21日,赵庄第一届村民代表会议,主席张东来,副主席黄贵生、李保堂,代表58人:东北片9人,西北片11人,西南片7人,东南片9人,正东片10人,副业、学校、村委会共12人。

10月,村民黄计霞、贾白仁在村内首先安装家庭电话座机。村民辛国义首用"大哥大"移动电话。

12月4日,村委会决定,出席藁城市人民代表大会的代表郭素珍;出席张家庄乡人民代表大会代表张东来、贾清海、贾占山、赵秋润、韩书成、韩俊奇、郭素珍、甄老北、甄小四、黄亏子、孟庆姐、郭九英。

是年开始,国家免费改造村用电线路,免费安装变压器。至2014年,为赵庄免费安装变压器12台,高低压线路全部改造。

是年,开始由赵庄始发,经黄庄、禅房,顺藁果路直达藁城市区的客运班车,由两班发展成四班,每班车上、下午各往返一趟。

1993年

3月5日,村两委会决定建轧钢厂,资金来源:村干部每人最少投资1万元,其他部门干部每人最少投资5000元,月息一分五厘。至1994年底,还清本息。

7月31日,藁城市28个乡(镇),240个村全部用上数字程控电话,并具备国内、国际电话直拨功能。成为河北省第一个实现村村通程控电话的县(市)。赵庄村从此用上程控电话。

9月19日,村党支部、村委会决定,划拨耕地,在村南建设一条"商品街",街宽18米,其中路面宽8米、两侧便道各5米,由村集体筹资建设。农户出资购地、按统一标准在商品街两侧自建商铺。

10月,藁城市有线电视正式开通。赵庄部分农户开通了有线电视。

12月9日,村两委会决定,1994年村办企业、摊点全部承包经营,预计承包费年收入10余万元。

是年,国家宣布取消粮票。

1994年

1月6日,村两委班子与村民代表座谈,讨论村办企业改革经营办法。2月16日,村两委决定发包轧钢厂,标的额一年4万元。

4月15日,经河北省人民政府同意,撤销南营乡、大同乡、兴安乡、张家庄乡、增村乡,分别改为南营镇、大同镇、兴安镇、张家庄镇、增村镇。赵庄隶属张家庄镇。

4月30日,1994年上级政府下达给赵庄村征购、税收、提留任务:小麦519150千克,分配给户522500千克;玉米159500千克,分配给户170000千克;大豆2316千克,分配给户2500千克。农业税每亩在国家分配基础上每亩加收0.2元。提留每人20元。饮用水费每人每年3元。

5月22日,零时,包括农村电话在内的全市电话号码由6位升为7位,原区号"03217"废止,启用石家庄区号"0311"。

10月,藁城市第三届村委会换届选举,贾清海连任赵庄村委主任。

1995年

7月,村农机站解散,十几部拖拉机、收割机等大型农业机械作价卖给村民。

11月22日,经村委会研究,拓宽硬化东西长街。补偿被拆迁户办法:一律不补偿钱,房子不分等级,占1分地补偿2.3分宅基地,应补偿1处宅基地的要求2处宅基地的,多要的1处宅基地按既定价格交款。决定1996年完成东西长街的拓宽、取直、硬化工作。

1996年

1月2日,市委、市政府印发《藁城市乡镇机构改革和并乡(建)扩镇实施方案的通知》,经并乡(建)扩镇后,藁城市将原来的28个乡镇合并为14个乡镇。大丰化乡并入张家庄镇。赵庄村隶属张家庄镇。

8月3—5日，藁城市遭遇了自1963年以来最大的一次暴雨和洪水袭击。一昼夜降雨量295毫米，加之上游水库大量急剧泄洪，滹沱河、木刀沟洪水泛滥。21万名群众被洪水围困，农作物大面积被冲淹。直接经济损失达12.32亿元。赵庄受灾严重。

是年，统计全村1968—1975年发放宅基地258户，占地6507平方米，合97.52亩；1975年后发放宅基地847户，占地228690平方米，合343.03亩；旧宅基地1074户，占地214800平方米，合321.2亩。村民住宅合计占地761.75亩。

是年，人口年报：全村1925户、7284人；年内出生80人，男34人、女46人；年内死亡43人，男25人、女18人；年内迁入8人，男3人、女5人；年内迁出 74人，男26人、女48人。

1997年

3月，藁城市第四届村委会换届选举。赵庄村民主选举李福庆为村委主任。

5月25日，23时30分至0时30分，藁城市遭受严重风暴袭击。阵风最大风力7级以上，冰雹持续时间30分钟以上，直径最大3厘米。农作物受灾面积80567亩，直接经济损失2523万元。赵庄仅受风灾。

5月底，赵庄村完成东西长街拓宽、取直、硬化工作。全长908.16米，路面硬化面积7100平方米，投资30余万元，并安装上路灯。

是年，藁城市对全市农村耕地进行了调整。全市包括赵庄101个村完成了第二轮耕地承包工作。根据国家规定，这一轮耕地承包期为30年。。

1998年

2月4日，根据市委、市政府的指示，在镇党委、政府领导下，赵庄村开始第二轮土地承包工作，经过土地个别调整，解决了人地不符问题，完成第二轮土地承包，30年不变。

5月，赵庄村实行农业、照明用电0.5元/度，工副业用电0.75元/度。

11月，开始学习贯彻执行第九届全国人大常委会第五次会议通过的《中华人民共和国村民委员会自治法》。

1999年

6月20日，上级下达赵庄农业税16.2375万元，乡统筹37.3384元，村提留27万元，合计80.5759万元。当年全村耕地7366.7亩、人口7700人、劳动力3790人。人均负担104.6元。

12月，全市第五届村委会换届选举。甄院生当选赵庄村委会主任。

12月26日，村两委班子决定，玛钢厂、砖厂、轧钢厂、饲料厂、井建队等企业对私人承包，年承包费收入90900元。

是年，全市民办教师全部转为公立教师。赵庄村7名民办教师转为公立教师。

是年，藁城农村掀起装电话机热。赵庄村100余户安装了固定电话。

2000年

1月25日 村总支、村委会第五届换届选举。经过党员、62名村民代表分别民主选举，镇党委、政府批准，总支书记李福庆，副书记甄院生、韩脏人，委员黄建会、郭素珍。村委主任李福庆(兼)，委员贾和顺、蔡五申、黄建强、包风杰、戴小人、甄新顺。

3月3日，村全委会决定出卖东、西两水坑，造纸厂，木货市场，面粉厂土地使用权和相应设备。

6月15日，上级下达赵庄当年小麦征购任务217257千克、农业税141273元、乡统筹373384元。村提留170000元，比上年少提留100000元。当年全村耕地7360.5亩，人口7638人。

2001年

1月8日，张家庄镇政府批准，村两委正职年工资7700元、副职年工资7500元、委员年工资7000元、治保会人员及会计月工资300元、离职书记张东来年补贴3500元。

1月，针对红白喜事大操大办，村红白理事会规定：1.红白喜事、做满月，不管上礼多少，一律不准宴请乡亲；2.婚宴席标准：9凉8热；3.白事一律大锅菜，不准上酒；4.结婚用轿车不准超过6辆。

2月15日，村两委会决定，本年硬化村内6条街道;东北围村路250米、韩家院至东北门街300米、西北门街560米、西南蔡家胡同300米、东南门街500米、正南门街500米,合计2410米。

8月4日,九门乡、张家庄镇(含赵庄)、增村镇遭受暴风雨灾害,阵风9级,1小时最大降水量18.4毫米,受灾面积7.4万亩。

9月1日,藁城市民政局婚姻登记处成立。从此结束了居民在乡镇、街道办理婚姻登记手续的历史。婚姻登记处成为藁城市婚姻登记的唯一合法场所。

12月3日,藁城市召开狠刹婚丧大操大办歪风工作会议。公布《藁城市关于狠刹婚丧嫁娶大操大办的暂行规定》和《藁城市婚丧习俗改革实施办法》。会后赵庄认真贯彻实施。

2002年

1月20日,张家庄镇政府决定,赵庄村两委正职年工资较上年上浮10%、副职上浮5%。

8月4日,张家庄(含赵庄)、增村、西关、南孟等乡镇77个村遭受暴风雨灾害,受灾面积16.2万亩,成灾面积15万亩,直接经济损失4579.5万元。

2003年

5月20日,村党总支、村委会第六届换届选举。经民主选举、张家庄镇党委、政府批准后:村党总支书记李福庆,副书记甄院生、韩脏人,委员黄建会、郭素珍。村委主任李福庆,副主任黄建会、韩脏人,委员左兰、甄继晨、韩申武、戴庚寅、黄兰亭、张小仁。

11月18日,藁城市举行创建文明生态村动员大会,藁城市市委、市政府印发《关于在全市农村广泛开展政治环境、关爱健康、提高素质、创建文明生态村活动的实施方案》。要求2015年全市90%的村达到文明生态村的标准。赵庄积极贯彻执行。

2004年

1月1日,藁城有线电视台电影频道开始试播。赵庄村民的有线电视可收看高清电影频道。

5月上旬,《藁城市对种粮农民直接补贴实施方案》出台。5月,全市粮食直补工作全面完成。这次直补涉及全市15个乡镇(区)、239个行政村、173499户农户,核实补贴面积673086亩,补贴资金935.6万元,亩均13.5元。

6月23日,藁城市召开创建文明生态村工作会议。为贯彻落实河北省创建文明生态村工作会议精神,藁城市以“经济发展,民主健全,精神充实,环境良好”为主要内容,以改厕、净化为突破口,以实现“三化”和“五个好”为目标,结合实际,分步骤,按计划开展创建文明生态村活动。赵庄积极参与,家家改厕、村内外净化。

2005年

5月21日零时,石家庄市区和包括藁城市在内的所属县市的固定电话和小灵通号码由7位升至8位(号码前+8)。号码升位后区号不变,资费不变,114、110、119、120、112以及9和1开头的客服号码不变。

12月29日,藁城市召开居民最低生活保障会议。按规定,凡是具有藁城市常住农业户口,其共同生活的家庭成员年人均收入低于市内农村最低生活保障标准(800元)的,均可申请享受农村低保。赵庄申报了低保户。

12月,赵庄村义务兵优待标准统一,每人每年1600元,统一发放时间。

2006年

1月1日,《中华人民共和国农业税条例》废止,农民不再缴纳“皇粮国税”。

2月,全市第七届村委会换届选举,赵庄村甄院生任村委主任。黄建会任村党总支书记。

3月,黄建会当选藁城市第五届党代会代表。

12月,赵庄党总支被市委授予“突出进步基层党组织”称号。

是年,赵庄村重修村西南通正无公路的出村公路,水泥路面,宽5米。

是年秋,新修一条村南门通正无公路的出村公路,沙石沥青路面,宽5米,命名为“青年路”。

2007年

4月,黄建会当选为藁城市第五届人大代表。

10月,赵庄开始推行新型农村合作医疗(简称“新农合”),在村委会西院建起了“村新农合卫生室”,村民95%以上参加新农合。2006年10月,国务院办公厅转发卫生部等部门《关于农村建立新型合作医疗的意见》的通知,同年开始试点2007年全面推开。新农合采用“个人负担、地方政府资助、中央补贴”办法筹资。2006年筹资人均55元,个人负担20元,地方政府15元,中央20元。2012年人均年筹资290元,个人负担50元,地方政府84元,中央156元。目前,筹资额更大,中央补贴更多,报销比例70%以上,这一德政有效解决了农民看病难的问题,避免了因病致贫。

2008年

12月,全市第八届村民委员会和党总支换届选举,赵庄村韩书贵被选举为村委会主任。黄建会被选举为村党总支书记。

2009年

2月,藁城市委授予赵庄党总支“红旗党支部”称号。赵庄村被市政府命名为“生态文明村创建先进村”。

是年,村党支部、村委会决定筹资水泥硬化村内主要街道、村东西围村路,至2014年全部完成。

是年,国家给予农民种粮补贴,赵庄当年种粮补贴每亩101元。

2010年

8月,市发展改革局补贴赵庄200万元修作物浇水防渗管道,当年完成修防渗输水管道1.8万米。

8月,筹建村新农合卫生室。

10月,村党总支、村委会联席会议研究安排如下计划:1.在村内打两口深300米以上的饮用水井;2.翻修赵庄通北贾同村赵庄域内的公路;3.修补青年路、通蔡家岗路;4.完善街道路灯;5.翻修商品街中段。后陆续完成。

12月,村党总支被市委授予“突出进步基层党组织”称号。

同年统计,全村人口7508人,其中男3728人、女3794人。总人口中,0~15周岁1054人,16~59周岁5407人,60周岁以上1042人。其中80周岁以上102人。16~59岁中,重度残疾23人。

2011年

2月,全市第九届村委会和第五届党总支换届选举,赵庄村韩书贵连任村委主任,副主任甄院生,委员辛冬至、包凤杰。村党总支书记黄建会,副书记韩书贵,委员辛冬至、郭素珍、甄院生。

7月,村党总支部被市委命名为“先进基层党组织”。

2012年

3月,赵庄党总支部被市委授予“红旗农村党支部”称号。

3月,黄建会当选为藁城市第六届人大代表。

2013年

1月19日,村党总支、村委会同意村民韩金贵弟兄在村南开发建设、出售村民住宅楼,村委会负责跑办有关部门批准手续;占地、拆迁补偿费由韩金贵负责;每栋楼韩金贵向村委会缴纳10万元。建两栋住宅楼,高六层。

3月,村党总支被市委授予“红旗党支部”称号。

4月,赵庄村被市政府命名为“党风廉政建设先进单位”。

是年,村党支部、村委会组织,村民集资。每户集资500元,村委每户补贴100元,投资100多万元,分别在村中心小学、村南学校打了2眼300米深水井,更换管道及附属设备,实现24小时供水,水质很好。

是年,村党支部、村委会筹资对东西中心大街清理整修,路面两侧便道全部水泥硬化。

是年,村住宅楼建设开发人韩金贵在村南打了1眼1500米深的热水井,水温40余℃,供住宅楼冬季取暖。

2014年

4月,藁城市公交公司安排510车次往返赵庄至九门公交枢纽站,每小时发车1辆,票价1元。2016年,因客流量低停运。

4月,村党总支被市委授予“红旗农村党支部”称号。

6月23日,经村党总支、村委会主要领导再次研究，同意韩金贵弟兄继续在村南开发建设住宅楼，村委会出手续，每栋楼给村委会管理费20万元，与农户签订赔偿协议合同与村委会无关。同年，建成两栋住宅楼，高六层。

8月，赵庄村西北1.5千米处赵庄村域内、南水北调支渠旁，发现东汉时期的家族墓葬群，出土了部分东汉时期的青砖及瓦片，尚待发掘。

9月，经国务院批准，撤销藁城市，更名为石家庄市藁城区。赵庄隶属藁城区管辖。

12月，藁城区第十届村委会换届选举，赵庄村韩书贵连任村委主任。

是年，全村拥有变压器34台、4500千瓦，另外个体工商企业拥有变压器15台、3625千瓦。照明、办公、工商企业生产、电器全部用电。全村146眼机井全部用深井泵电力抽水浇地。

是年，住宅楼开发人韩金贵兄弟在村南再打一眼热水井，井深1500多米，水温40余℃，主要用于住宅楼取暖用。

是年，藁城区民政局拨款在赵庄烈士墓前重建烈士纪念亭。

是年统计，全村拥有大型小麦联合收割机13台，玉米联合收割机1台，大型拖拉机21台，各种播种机26台，均属村民个人所有。

2015年

1月，藁城区村党支部第六届、村委会第十一届换届选举。赵庄村选举结果：村党总支书记黄建会，副书记韩书贵，委员甄院生、辛冬至、郭素珍。村委主任韩书贵，委员辛冬至、甄院生、张永强，贾文庆。

5月1日，实行村财镇管，上缴现金221552.67元。从此，村集体收入、支出上报镇财管所。

是年，村民韩金贵兄弟在村南又开发建设5栋住宅楼，高六层。三次累计共建9栋住宅楼，共43门、516套住宅。

2016年

3月，村党总支、村委会决定加宽围村路，硬化几条4米路。完成北围村路东段加长700米，路宽10米。

是年，排除雨水主要靠村内外的大水坑。年内，西北门外新增一个水坑，总蓄水量达到1040立方米。

2017年

黄成言老师根据自己的记录，提供2008年至2017年每年每亩种粮补贴数额：2008年101元、2009年108元、2010年128元、2011年149.5元、2012年147.19元、2013年178.37元、2014年153.1元、2015年128.79元、2016年118元、2017年92.49元。

是年，村委会组织把正西门、西南门、东南门共4个水坑加深，增强了排水能力。

是年，国家补贴，进行煤改气、煤改电工程，铺设天然气管道。全村1650户取暖、做饭用天然气，其他户用电取暖、做饭。工商企业也用天然气。

是年，韩金贵兄弟在村南又开发建设2栋住宅楼，每栋楼4门、高6层，共96套住宅。

是年，加宽、硬化东围村路1000米。

2018年

7月6日，村党总支、村委会换届选举。通过民主选举、上级党委、政府批准，村党总支部书记黄建会，副书记韩书贵，纪检书记甄院生，委员张永强、高艳波、刘冰倩（女）、贾军海。村民委员会主任韩书贵，委员张雪峰、甄宪华。张永强、高艳波、贾军海、刘冰倩、甄院生分别兼任一、二、三、四、五分支部书记。

是年，藁城区农业农村局出资，为赵庄村硬化8条田间路，宽4米。

是年，为环境美化、净化，将全村所有街道影响美观的建筑物和杂草清除干净。安排专人每天清扫街道。各户生活垃圾每天送村内公共垃圾箱，垃圾车每天彻底清运。

是年，据统计全村耕地7300亩，粮食单产1600斤，农业人均纯收入7500元；全村2100户、8675人，其中男4285人、女4390人。按年龄段划分，0~18岁1848人，19~60岁5331人，61岁以上1496人。其中，80岁以上老人100人，90岁以上15人；低保户67户，五保户17户。

2019年

3月，全村开始农户改厕工程，至8月底，完成500户的改厕任务。

春季,完成硬化村内9条小街道;在村东、北、西围村路上两侧植树,每19米间距植一棵树,已成活;将全村大街小巷路灯全部更新,在每个灯杆上挂小红灯笼;村内主要街道两侧墙壁统一粉刷,上白下蓝,整洁美观;村内大街小巷进行美化,电杆、树木、建筑物上装上装饰性彩灯,夜晚灯火斑斓。

5月，韩金贵兄弟再次在村南开发建设5栋住宅楼:从南向北,1栋7层5门,2栋7层6门,3栋7层8门,4栋7层7门,5栋18层4门，全部电梯洋房,共508套住宅。预计2020年全部竣工。

8月,开始50条排房街道、小街硬化工程,10月底完成。届时,村内95%的街道被硬化。

第一章 政 区

第一节 建置 沿革

一、地理位置

赵庄隶属河北省石家庄市藁城区，位于藁城区西北部，地理坐标为北纬 38°14′，东经 114°58″。东南距藁城 27.8 千米，西南距石家庄市 26.7 千米，西距正定古郡 10 千米，西北距北京市 273 千米。西邻正定县中圣板、北圣板、戎家园村，北与正定县的东贾村、藁城区的北小屯、李家庄村接壤，东与藁城区的北贾同、南贾同、三邱村相连，南与藁城区的蔡家岗村搭界。赵庄村南北较长，东西较窄，2016 年村域面积 668.24 公顷(10023.6 亩)，其中耕地 7848 亩。

二、建置隶属

赵庄历史悠久，早在商周时代（前 1600—前 1046 年)就有先人聚居。

商周时期 赵庄村域有先人聚落，战国时期后期(前 475—前 221)建立赵庄村。赵惠文王三年(前 296)，赵灭中山，遂为赵地。赵庄村属赵国管辖。以赵国的“赵”为村名，称为赵庄村。属九门邑管辖。

秦始皇帝二十六年(前 221) 改东垣邑为东垣县(治所今石家庄市东古城)，属恒山郡，九门隶属。赵庄村属九门管辖。

西汉高祖五年(前 202) 置九门县(治九门)，赵庄村属九门县管辖。

西汉元鼎四年(前 113) 始置稾城县(治所丘头)，属九门国管辖。赵庄村属九门县管辖。

三国魏时 稾城县属巨鹿郡管辖，九门县属常山郡管辖。赵庄村属九门县管辖。

北齐 省九门县入真定县。赵庄村属真定县管辖。

隋开皇初 郡废。

开皇六年(586) 析真定县复置九门县，赵庄村隶属九门县。

大业十三年(617) 复置柏肆县(今藁城区北30里)，并置宜安县(治今藁城区宜安村)、新丰县(治今藁城区辛丰村)、信义县(今藁城区西北)。于九门县置九门郡，领九门、新市、信义三县。赵庄属信义县管辖，当是信义县治所。

唐武德元年(618) 改九门郡为观州，领九门、新市、信义三县。赵庄村属信义县管辖。

唐武德五年(622) 省信义、新市(治今正定县新城铺)二县入九门。同年废观州，九门县改隶恒州。赵庄村隶属九门县。

宋开宝六年(973) 九门县省入稾城县，属真定府。赵庄村隶属稾城县管辖。

元太祖时 将“稾”字改为“藁”，遂称藁城县。

元太祖十五年(1220) 升为永安州，寻复为县，属真定路。赵庄村隶属藁城县。

明代 藁城县属真定府辖。赵庄镇隶属藁城县管辖。称正定城东 20 里赵庄镇。

清雍正元年(1723) 藁城县属正定府。

雍正六年(1728) 六月改隶晋州。

雍正十二年(1734) 三月，复属正定府。赵庄镇隶属藁城县。

1913 年 置范阳观察使，辖藁城县，赵庄镇属藁城县管辖。

1914 年 观察使改称道，藁城县隶属保定道，赵庄镇仍属藁城县管辖。

1928 年 废道，藁城县属河北省，赵庄镇隶属藁城县。

1937 年 藁城县属河北省第十二督察区。期间，赵庄镇隶属藁城县。

1937 年 10 月 13 日，日军侵占藁城，国民党县政府要员逃散。为了抗击日军侵略，收复失地，中国共产党藁城县委员会在上级党组织的指导下，于1938年4月组建起藁城县抗日政府（驻西白露村）。时藁城在冀中抗日根据地范围内，但开辟工作由中共冀南一特委领导。8月，抗日根据地冀南行政主任公署成立，藁城正式划归冀南四专署。10月四专署下设滹北办事处，藁城县又改隶滹北办事处。赵庄镇仍隶属藁城县。

1939年 10月，藁城县滹沱河以北地区与正定县平汉铁路以东地区组成正藁办事处（县级），归抗日根据地冀中二专署管辖。赵庄镇隶属正藁办事处管辖。

1940年 3月，正藁办事处与新乐县佐辖区合并，组成藁正新联合县，属冀中二专署（后二专署改变序号为八专署）。赵庄镇属藁正新联合县管辖。8月藁正新联合县撤销，原联合县正藁地区同无极县城以西地区合并，建立藁无县，属冀中八专署管辖。赵庄镇隶属藁无县。

1945年 10月，撤销藁无县，恢复无极县。原藁无县的藁城部分组成正藁县，属冀中七专署。赵庄镇隶属正藁县。

1947年 11月，撤销正藁县及藁正获县，恢复藁城县。赵庄镇隶属藁城县。

1949年 8月，华北地区全面调整行政区划，时藁城县属石门区（9月石门区改称石家庄专区）。赵庄镇属之。

1958年 8月成立人民公社，取消乡（镇）、村建制，改为公社、生产大队建制。11月，藁城、无极、栾城三县合并为藁城县（县政府驻藁城县城），属石家庄专区。赵庄大队隶属藁城县。

1960年 5月，撤销石家庄专区，藁城县属石家庄市。1961年5月，复置石家庄专区，藁城县属之。赵庄大队属藁城县。

1962年 1月，藁城县恢复三县合并前建制，仍属石家庄专区。

1967年 11月石家庄专区改称石家庄地区。藁城县属之。赵庄大队属藁城县。

1989年 7月，藁城撤县建市，称藁城市，为省辖县级市，由石家庄地区代管。赵庄村属藁城市管辖。

1993年 6月，石家庄地区和石家庄市合并，藁城市隶属石家庄市。赵庄村隶属藁城市。

2014年 9月，经国务院批准，藁城市变更为石家庄市藁城区。赵庄村属藁城区管辖。至2019年未变。

三、村名变动

战国时期（前475—前221） 赵庄村建立，至明嘉靖年间（1521—1566），村名为“赵庄村”。

明嘉靖年间（1521—1566） 赵庄村发展成赵庄镇，至1958年8月，称为赵庄镇。

1953年5月至1956年6月 藁城县区划设96个小乡，赵庄镇为赵庄乡政府所在地。

1956年 6月，藁城县将96个小乡合并成28个乡（镇），赵庄镇为赵庄乡治所，赵庄乡辖赵庄、北贾同、南贾同、蔡家岗、三邱、李家庄6个村。

1958年 8月人民公社化，取消乡镇建制，实行“政社合一”体制，全县建为8个人民公社，行政村改为生产大队。赵庄镇改称“赵庄生产大队”。

1984年 1月改公社为乡（镇）建制，生产大队恢复为行政村。赵庄生产大队改称赵庄村，延续至2019年未变。

第二节　行政区划

《藁城县志》（1994年版）载：“藁城县最早有记载的政区建置，始于西汉。到宋代，藁城之经划，联属既定。”但元以前的行政区划无考。明嘉靖《藁城县志》载：“县境东西广七十五里，南北袤一百五里。县治东至耿村二十五里，西至固营店五十里，南至美化三十五里，北至金庄七十里，东北至两河三十里，西北至吴村铺七十里，东南至贾市庄四十里，西南至堤上村三十里。”历经明、清、民国，境域无多大变化。

一、明、清时期里、社、营

明代以前，赵庄所在里社情况不清。

明初，藁城全县编民13里，寻增16里，后改里为社。清康熙《藁城县志》载，明时除县城及关厢外，所有村落划为13社，辖116个村。13社：在城社、郑公社、宜安社、丘头社、堤里社、北汪社、奉化社、南孟社、马村社、刘村社、陈村社、刘海社、贾市社。北汪社辖北凹、南凹、缠房、南乡、康村、只都、故营、白璧、宁仁、赵庄、北汪、杜家庄。

明崇祯五年(1632)，为团练乡兵，推行"寓兵于农"之法，编24营。寻废，七年(1634)复置，又并为22营：陈村郭庄营、郑公营、里广营、倪家庄营、高玉系井营、贾氏张家庄营、徐村美化营、陈家庄营、刘马营、北西大同营、岗上营、丘头营、四公营、南董营、庄上营、只都营、赵庄营、南孟营、康村营、奉化营、坚固营、冯村营。

清光绪《藁城县志》载："今分二十二营，每营各有所属，(滹沱河)河南十二营，一百二十八村；(滹沱河)河北十营，一百零二村。共辖二百三十村。"22营为：在城营、郭东营、正公营、里安营、贾南营、倪家庄营、刘马营、高系营、徐美营、北大营、崇岗营、陈家庄营、南孟营、赵庄营、只庄营、奉化营、坚固营、增村营、南董营、四公营、康村营、冯村营。

赵庄营辖赵庄、北张家庄、贾同、三邱、小屯。

《藁城县志·城镇乡村》(1994年版)载有赵庄古镇的内容。赵庄古镇在县城西北20千米与正定县交界处，历史上为藁北之首镇。20世纪40年代镇周围尚存清同治六年(1867)筑起的高大寨墙。镇中街市整齐，店铺栉比，远近闻名的"赵庄集"即设于此。农历一、六日开集，邻县四周，商贾云集，杂货纷陈，尤以布商、猪市最盛，为当时县内其他镇所不及。

二、民国时期县、区、乡(镇)、村

民国初，藁城全县分为5个区，辖237个村。

赵庄镇属藁城县三区(东区)管辖。三区所辖村庄：南董镇、谈下、北四公、马圈、南四公、韩辛庄、贾古庄、北洼、康村、南凝仁、东凝仁、西凝仁、韩家洼、秦家庄、西洼、南洼、北高庄、南大章、北大章、河西营、阜阳、信家庄、早落、只都、禅房、灯笼屯、周辛庄、庄货头、南堤里、后堤里、九门、只照、故营、黄庄、小赵庄、蔡家岗、南栢皮、北栢皮、三邱、赵庄镇、北小屯。

1938年，冀中抗日根据地建立民主政权，全县划分8个区，滹沱河以南为一、二、三、四、五区，滹沱河以北为六、七、八区。1939年后，县境西部地区的辛安庄、中奉、总屯、祁家营、固营、八方划归正定县；东部地区的东两河、西两河、谈下村划归无极；晋县的留章划归藁城县。以后根据抗日战争和解放战争的需要，冀中区行署将藁城县部分地区与周围邻县部分地区分合并析，设置政区，赵庄镇归属随之变化。

藁城县：1939年10月至1940年3月：辖原滹沱河以南5个区。1940年7月正获县并入藁城县，建为第六区。

正藁办事处：1939年10月至1940年3月，藁城县滹沱河北部分并入正藁办事处。正藁办事处下辖5个区：藁城部分(滹沱河以北)3个区，正定部分2个区。赵庄镇属正藁办事处管辖。

藁正新联合县：1940年3月至8月，下设6个区，藁城部分3个区(滹沱河以北)，正定部分2个区，新乐部分1个区。赵庄镇属之。

藁无县：1940年8月至1945年10月，辖原正藁地区和无极县城以西地区，分为10个区，无极部分一、二、三区，藁城部分四、五、六、七区，正定部分为九、十区。1943年9月，改为七个区，无极部分为一、二、三区，藁城部分为四、五、六区，正定部分为七区。赵庄镇属之。

正藁县：1945年10月至1946年2月，下设6个区，藁城部分(滹沱河以北)为一、二、三、四区，正定部分为五、六区。赵庄镇属之。

藁城县：1946年2月至12月，1946年2月，撤销正藁县。时藁城县辖境与1938年同，分设7个区。赵庄镇属之。9月滹沱河以北地区再划给正藁县，赵庄镇属之。藁城县辖区缩小为一、二、三、四、城厢区。

正藁县：1946年9月至1947年11月：辖藁城滹沱河以北地区及正定县部分村庄。分设为5个区。赵庄镇属之。

藁城县：1947年11月，藁城县恢复原行政建制，划分8个区：一区(兴安)、二区(刘海庄)、三区(故献)、四区(丽阳)、五区(城厢)、六区(南董)、七区(张家庄)、八区(南孟)。民国37年(1948)6月,又将原来的8个区划为13个区:一区(兴安)、二区(角中)、三区(刘海庄)、四区(木连城)、五区(系井)、六区(丽阳)、七区(故献)、八区(南洼)、九区(只庄)、十区(张家庄)、十一区(丰上)、十二区(台营)、十三区(城厢)。赵庄镇属张家庄区管辖。

三、新中国成立后县(市、区)、乡(公社、镇)、村(镇、大队)

中华人民共和国成立后,藁城县于1950年2月撤销角中、系井、丰上3个区,全县剩10个区:兴安、刘海庄、木连城、丽阳、故献、南洼、只庄、张家庄、台营、城厢区。不久,又将10个区并为7个区。赵庄隶属张家庄区。

1953年7月,藁城县将全县238个村划为96个小乡,其中包括9个乡级镇、1个回族自治乡、1个民族民主联合乡。1955年将各区按序号排名改为以驻地名称命名。1956年先后将北部地区的坚固、小牛村划归新乐县,新乐县的大王村划归藁城。

1953—1955年藁城县的7区、96个乡:兴安区(一区)辖11个小乡:兴安、张村、西里村、东里村、南朋、北楼、东辛庄、永安、织金、角中、武家庄;刘海庄区(二区)辖12个小乡:小常安、后营、北周卦、刘海庄、张名甫、贾市庄、南固庄、贯庄、南高庄、屯头、西白露、倪家庄;南营区(三区)辖12个小乡:朱家庄、许家庄、木连城、朱家寨、曹家庄、马庄、美化、宜安、徐村、南营、南刘村、顺中;丽阳区(四区)辖14个小乡:丽阳、南乐乡、东宽亭、堤上、北席、西马村、东邑、杜村、丘头、故城、岗上、庄合、故献、塔元庄;南董区(五区)辖17个小乡:赵庄、蔡家岗、三邱、只都、南屯、南龙宫、贤庄、庄货头、九门回族自治乡、北汪、南乡、南洼、南董、南大章、西四公、只照、北四公;南孟区(六区)辖21个小乡:张家庄、杜家庄、南孟、西蒲城民族民主联合乡、大奉化、小慈邑、丰上、中姚村、大慈邑、增村、寨里、董家庄、西门、南桥寨、前西关、台营、东乔寨、小果庄、牛家庄、坚固、小牛村;城关区(七区)辖9个小乡:陈家庄、五界村、毛庄、城关、南马村、表灵、尚书庄、东刘村、系井。

赵庄乡隶属南董区(五区),赵庄乡辖赵庄,为一镇一乡。

1956年6月,藁城县撤销区级机构,将96个小乡合并为29个乡(镇)。1958年1月5日,撤销木连城乡。时全县28个乡(镇),辖237个行政村。

28个乡(镇)分别为:城关镇、毛庄乡、表灵乡、兴安乡、角中乡、北楼乡、张村乡、刘海庄乡、倪家庄乡、贾市庄乡、美化乡、南营乡、丽阳乡、岗上乡、丘头乡、故献乡、小果庄乡、台营乡、前西关乡、增村乡、南孟乡、大奉化乡、赵庄乡、只都乡、九门回族乡、韩家洼乡、南董乡、南洼乡。

赵庄乡辖赵庄、蔡家岗、李家庄、三邱、北贾同、南贾同。

1958年8月人民公社化,取消乡镇建制,实行“政社合一”体制,全县建为8个人民公社。行政村改为生产大队,时辖222个生产大队。8个人民公社分别是:红旗人民公社(社址始设北马村,后移至城内)、东风人民公社(社址兴安)、先锋人民公社(社址刘海庄)、幸福人民公社(社址南营)、卫星人民公社(社址大同)、光明人民公社(社址南董)、红星人民公社(社址张家庄)、跃进人民公社(社址增村)。赵庄镇改为赵庄生产大队,归红星人民公社管辖。

1958年11月,无极、栾城、藁城3县合并为藁城县,划为15个人民公社,各公社均以驻地命名,即城关公社、兴安公社、刘海庄公社、南营公社、大同公社、南董公社、张家庄公社、增村公社、栾城公社、王村公社、冶河公社、无级公社、郭庄公社、大陈公社、高头公社。赵庄生产大队属藁城县张家庄公社管辖。

1961年调整公社规模,除城关公社外,其余各公社由大划小,全县划为48个公社。其中,原藁城部分28个公社:城关、兴安、张村、北楼、大同、丘头、丽阳、岗上、南营、马庄、木连城、美化、刘海庄、倪家庄、小常安、贾市庄、南董、九门、只都、韩家洼、南洼、张家庄、南孟、大奉化、增村、梁家庄、前西关、小果庄,辖237个大队。赵庄大队隶属张家庄公社管辖。

1984年1月藁城县改公社为乡(镇)建制,恢复行政村庄称谓。建城关镇,其他均为乡建制。同年6

月，将贾市庄、丽阳、美化、南董、南孟5个乡改为镇建制。1985年丘头乡改为镇建制。至1985年底全县辖7镇、21乡，240个行政村，241个自然村。赵庄村隶属张家庄乡管辖。

1987年10月，岗上乡改为岗上镇；城关镇更名为藁城镇。

1989年7月，藁城撤县改市，为省辖县级市，归石家庄市管辖；12月，藁城镇更名廉州镇。赵庄村隶属藁城市张家庄乡管辖。

1992年7月，经河北省人民政府批准，藁城市设立良村经济技术开发区，将大同乡的北席、北邑，岗上镇的良村划归开发区管辖。

1994年4月，将南营乡、大同乡、兴安乡、张家庄乡、增村乡分别改为南营镇、大同镇、兴安镇、张家庄镇、增村镇。赵庄村隶属张家庄镇管辖。

1995年7月，良村经济技术开发区更名为石家庄经济技术开发区。

1996年1月，并乡扩(建)镇，将全市13个镇、14个乡、1个回族乡、1个经济技术开发区，改设13个镇、1个回族乡、1个经济技术开发区：廉州镇、兴安镇、贾市庄镇、梅花镇、常安镇、南营镇、岗上镇、丘头镇、南董镇、张家庄镇、南孟镇、增村镇、西关镇、九门回族自治乡、良村经济技术开发区。

1996年1月起，藁城市辖13个镇、1个回族乡、1个经济技术开发区，239个行政村。赵庄村隶属藁城市张家庄镇管辖。

2013年石家庄市设立正定新区，规划面积135平方公里、人口115万人。分三期完成。新区规划包括正定县东部乡镇和藁城市张家庄、九门两个乡镇12个村庄，赵庄村包括在内。至2019年，新区起步区初具规模，二期工程开始，已开始征收开发蔡家岗、黄庄村的土地。

经国务院批准，2014年9月23日撤销藁城市，改为石家庄市藁城区。栾城县、鹿泉市同时改为栾城区、鹿泉区。藁城区所辖乡镇区无变化。赵庄隶属藁城区张家庄镇管辖。

第三节 赵庄生产大队的行政片、生产队

1958年8月人民公社化，撤销乡(镇)、村建制，改为公社、生产大队建制，生产大队设置若干生产队。生产队规模在30~50户，耕地在250~400亩。赵庄生产大队土地面积大、人口多，为便于管理，划分5个行政片、29个生产队。

一、行政片

赵庄生产大队划分5个行政片：东北片管辖1~6生产队；西北片管辖7~13生产队；西南片管辖14~17生产队；东南片管辖18~23生产队；正东片管辖24~29生产队。生产大队(村)干部包片。行政片建制延续至今，各片设分党支部。

二、生产队

1958年8月13—23日，藁城全县撤销29个乡镇，合并成立8个人民公社，将223个高级农业合作社(基本是一村一社)改为223个生产大队，实行“政社合一”，生产大队下设生产队，全县223个生产大队，1151个生产队。赵庄镇改为赵庄生产大队，下辖29个生产队。每个生产队的规模为40户左右、200人左右、300多亩土地。人民公社成立时，实行大队、公社两级核算。1962年改为公社、大队、生产队三级核算。生产队按照公社、大队统一安排的种植计划，种植粮食作物和经济作物，统一上缴国家征购粮、棉、油。村民称作“社员”。社员参加生产队劳动，服从生产队长指派，报酬实行工分制，壮劳力(指男性18周岁至60周岁的社员)出勤一天挣10分(早晨2分，上午、下午各4分)，妇女、年老男性、小孩出勤一天挣5至8分不等。生产队有的可以量化的农活也实行包工，比如，人力拉水旱车，按浇地亩数或拉运土粪车数给工分；拔麦子，按垄给工分；锄地，按亩给工分；人力播种，按亩给工分。量化工分值，生产队长说了算。包工活，干得多，挣的工分多。年终结算。生产队时期，农业机械尚不发达，除浇地少量用电和柴油机抽水外，大多数农活靠人力和畜力。社员主要农

活有人力拉大车拉土送粪、拉水车浇地，收、种小麦、玉米、棉花等农作物，锄地定苗、打场收粮、起粪铡草、打坯盘炕等，大多是重体力劳动。口粮按“人七劳三”分配，每个成年人年口粮在180千克至230千克。食用油每年每人1千克至2千克不等，絮棉每人每年1千克。年终生产队核算，把卖粮、卖棉花、卖油料的钱和分给社员的粮、棉、油按统一价格折算成钱，减去生产队集体开支后，除以全年所使用的工分，得出每个标工(10分)价值。好的生产队每个工值在6角至8角，一般生产队每个工值在4至5角。每个生产队年终分红总额在两三千元左右。60%左右的农户挣的工分值抵不上所分的粮、棉、油值，缺额部分叫作“超支”，超支户必须拿超支钱。能够分到红的户也不过30%左右，劳力多的户最多一年分红三五百元。

生产大队、生产队领导管理体制：

生产大队行政管理机构叫做生产大队管理委员会，设大队长、副大队长、妇女大队长、委员等职务，下设治安保卫委员会、民兵连、民事调解委员会，在大队党支部领导下工作；生产队设政治队长(政治指导员)、生产队长、妇女队长、会计、出纳、管库员、民兵排长，负责生产队的组织领导管理核算分配。

经过座谈回忆，整理出赵庄大队各生产队曾任过政治队长、生产队长、妇女队长的名单。(难免有遗漏)

1队政治队长：王仁堂、甄小寿、鲍凤岗；生产队长：鲍指头、王造堂、李腊八；妇女队长：甄勤、鲍凤菊。

2队政治队长：鲍瑞喜、鲍伦、李文采；生产队长：李傻、鲍文增、鲍瑞学；妇女队长：左兰。

3队政治队长：韩脏人，张文秀、郭老刚；生产队长：张大仁、郑老胖、李保堂；妇女队长：贾小服。

4队政治队长：韩玉珍、扬大楞；生产队长：张黑丑、胡老黑；妇女队长：韩玉珍。

5队政治队长：韩俊岐、杨换成、刘明林、韩小三；生产队长：韩玉海、韩小三；妇女队长：韩小扣、李风臣、黄小芝。

6队政治队长：韩长岭、韩志国、韩金相；生产队长：韩小欢、韩六指、韩玉江；妇女队长：刘秀珍。

7队政治队长：鲍狗道、张计雪、鲍文京；生产队长：黄四元、甄造记、黄换成、鲍贵申；妇女队长：高吉兰。

8队政治队长：高树心、贾双振、蔡建国；生产队长：鲍雷夫、韩增水；妇女队长：王大兰。

9队政治队长：张老婆、张老三(俊生)、韩计合；生产队长：韩顺心、黄小乱、鲍文全、黄小山；妇女队长：韩荣芹。

10队政治队长：贾黑孩、贾老偏、贾双月；生产队长：甄破茬、张小六；妇女队长：黄小爱。

11队政治队长：高建德、高小夫、芦计周；生产队长：贾小刚、贾怀山、魏小进；妇女队长：卢兰姐、贾书香。

12队政治队长：李河水、贾老巴、甄建锁；生产队长：辛国勋、甄小四、辛老江；妇女队长：胡大荣。

13队政治队长：贾老偏、贾建国、王俊峰；生产队长：贾吉栓、李安敏、黄金柱、鲍荣臣、贾新年；妇女队长：孟瑞菊。

14队政治队长：贾兰亭、戴庚寅、蔡小林；生产队长：贾老五、郭连造、张淘气；妇女队长：庞老红、王兰平。

15队政治队长：辛庆水、贾文夫，生产队长：李小莫、郭傻来、蔡狗蛋、蔡老臭；妇女队长：新女、卢淑女。

16队政治队长：蔡清瑞、蔡中秋、贾清海；生产队长：张小乱、甄铁蛋、李兵合；妇女队长：张布瑞、甄霞。

17队政治队长：王文田、张新喜；生产队长：张德山、胡五毛；妇女队长：李金兰、蔡秀琴。

18队政治队长：张黑子、黄全友、常文生、郭瑜；生产队长：赵破绽、黄盔子；妇女队长：赵银菊。

19队政治队长：黄元奎、黄荣林；生产队长：王米贵、黄立稳、郭黑丑；妇女队长：黄秀兰、赵荣芬。

20队政治队长：高连升、郭小贵、高米贵；生产队长：郭四庆、张没人要、郭增明；妇女队长：张金。

21队政治队长：辛书位、张小元；生产队长：张老臭、徐各；妇女队长：赵喜芝。

22队政治队长：黄脏人、甄福生；生产队长：黄平均、张文礼、黄京；妇女队长：戴小段、甄秀芝。

23队政治队长：黄成子、黄兰亭、黄计申；生产队长：甄金生、黄文庆；妇女队长：甄瑞琴。

24队政治队长：杜老黑、韩书成；生产队长：黄栓成、黄贵生；妇女队长：甄香珍。

25队政治队长：甄小学、甄栓堂、甄进福；生产队长：王老胖、甄小红；妇女队长：韩桂荣。

26队政治队长：刘明起、刘计山、刘造堂；生产队长：王计堂、甄大林；妇女队长：张秀花。

27队政治队长：张焕金、张忠林、甄廷秀、甄进福；生产队长：甄黑全、甄小盆、胡喜贵；妇女队长：芦荣。

28队政治队长：张破碗、齐老胖、黄文芹；生产队长：胡老瓢、胡振宗、黄便成；妇女队长：张金领、卢荣爱。

29队政治队长：李老歪、吕兰贵、甄品重、甄计分；生产队长：张国庆(大亏)、张三；妇女队长：孟庆姐、高俊英。

到1984年撤销人民公社、生产大队建制，恢复乡镇、村建制，生产队解体，历时26年。

第二章 环 境

第一节 环境变化

一、村容村貌变化

20世纪50年代，寨墙以里村庄占地面积约60公顷，较为方正，村庄地势较低。寨墙、寨沟尚存，但坍塌、取土毁坏较多；寨门仅存西南门第二道门的砖拱券；古老街道没有变化，均是土路。镇中东西长街、关爷庙街、郭家街、当铺街两旁店铺仍然是一家接一家，但没有了当铺、银号和布店，有的是杂货店、粮店、饭店、茶馆、药铺、酒店、肉铺，干果杂品店、染坊、点心铺等。每月农历一、六大集，仍然兴盛，东门里猪市、西门里牲口市、三官庙附近土布棉绒市、郭家街的粮食市、西南门里糠市、煤市，东西长街中段、西街、当铺街各种摊点摆满，卖吃食的、铁木家什、杂品百货、席篓粪筐、点心果品、文化用品等应有尽有，商贾云集，四面八方村民都去赶集交易，熙熙攘攘、摩肩接踵，日出而聚，日落散尽；黄后裔、黄俊明、黄山子三家地主大院，遭战火毁坏，仅剩黄俊明家大院一座坐北向南瓦房、瓦房后东西两座一坡式偏瓦房。此外，黄后裔家大院临北后街尚留有两座瓦房。新中国成立初期，在三家地主大院旧址临东西大街，西半部建起小学教室，东半部新建、改造成工商所、税务所和供销合作社。大王庙旧址临街建起文化馆；大街西段路北张家功名旗杆尚在，张大生家院内古槐，鲍老锅家门前、张青食品铺西侧路南古槐，虽历经千年以上，仍然生长茂盛；古老寺庙仅存弥陀寺、关爷庙、三官庙，也已残破；土地改革后，家家有房住、有地种。普通村民住的房屋除少数是青砖房或青砖贴墙面房外，大多是土木结构的土坯房。除大街外，其他街道两侧，堆满土、粪和柴草，家家户户院内也堆满柴草和农具。作物秸秆、树枝树叶等柴草是农户做饭、取暖主要能源。50%左右的农户拥有役用牛、驴、骡、马和水旱车、木制犁耧耙等大型农具，白天多有拉土送粪的牛驴马车进出村庄。村内外西北、东北、正东、西南、正西共有7个大水坑，常年有流进去的雨水，水质较好，能养鱼，夏天青少年常常到水坑玩水。家家房前屋后、水坑边种有枣树、榆树、杨树、国槐、洋槐、柳树等树木，枝繁叶茂。家家户户养猪、养鸡，靠近水坑的户养鸭子，也有规模养羊户。麻雀、乌鸦满天飞。白天是蓝天白云，晚上是繁星点点，晚霞中能看到西山。新中国成立后，再没有日伪、国民党及匪类侵扰，人人安心，家家乐业，一派发展景象。

中华人民共和国成立至2019年，赵庄村经过70年的发展建设，村容村貌变化较大。赵庄村域土地归赵庄村民集体所有，随着人口增长，家庭分户，村集体给需要的家庭发放宅基地，村庄占地面积不断向四面扩大，原寨墙、寨沟平整后发放了宅基地，寨墙消失得无踪无影。村庄占地100余公顷，比新中国成立时增加65%左右；寨墙内的街道，东西长街扩宽、取直、路面硬化，中间道路宽10米，两侧便道宽各5米，其他街道形状没有大的改变。东西长街和大小街道陆续修建成水泥路。新建围村公路。1987年，在村南修建一条东西商贸街，长660米，宽18米，街道两旁商户栉比。围村路、新建商贸街和扩建村庄建成的新街道均水泥沙石硬化。历次发放宅基地的标准每户东西宽12米、南北长15米，占地面积180平方米，新开拓的街道宽约6米。村东通新(乐)赵(县)公路两条出村公路、村南通正(定)港(黄骅)省道两条出村公路，均是水泥沙石或柏油路面。到2019年，村内95%的大街小巷完成水泥沙石硬化路面，东、北、西围村公路拓宽至10米，全部翻新硬化路面，并栽植行道树。村内主要道路建筑物粉刷一新，大街小巷全部安装路灯，悬挂了宫灯、彩灯。修建了8条水泥沙石硬化田间路8条。街道有专人清扫，长期保持环境卫生；村民住宅大部分由土木结构发展成砖混结构，少部分是砖木结构。水泥或白灰煤渣筑顶。多数是瓷砖贴外墙，屋内地面瓷砖或人造大理石，塑钢玻璃门窗，钢制防盗门，宽敞明亮。村内有372户盖起了二层、三层住宅楼。韩金贵兄弟在村南开发建设住宅楼区，已建成1120套单元住宅楼，1栋小高层高11层，其他的住宅楼高六层或七层。用地热资源取暖，已全部入住；供销合作社于20世纪90年代解体，土地转让给村办幼儿园。东西长街临街私人商户栉比，大改造成两层或三层小楼，经营家电、超市、美容美发、酒楼、洗涤美容用品、医药医疗器械、手机通信等新的行当。原村副业大院改造成了集商贸、娱乐、健身为一体的中心广场；学校全部建成了教学楼，冬有暖气、夏有空调或电风扇；村东、村东南距村1000余米建有两座养老院；家家干净整洁，村委会组织村道、公共场所的清扫保洁及全村生活垃圾的清运处理。种植花草树木，美化、绿化街道。

二、生活环境变化

生活环境现在与新中国成立初期相比，发生了翻天覆地的变化。农业生产，过去的耕、种、浇、管、收，运用耠、犁、耧、耙、大车、水车、镰刀等笨重农具，靠畜力和人工结合，农民是整天"脸朝黄土背朝天"，出大力，效率低，亩产粮食不过100千克至150千克，大多户只够温饱。现在是耕、种、浇、管、收、运完全实现了机械化、电气化，再加化肥、农药，粮食亩产超吨。解放大批劳动力搞养殖、农副产品加工，或经商办企业，外出打工，增加收入，人均纯收入超万元，家家富裕，吃穿住行达小康水平；交通、通信、影视现代化，交通有轿车、摩托车、电动车、公交车，快捷方便。成年人几乎人手一部手机，通信、购物、读新闻、下载歌曲戏曲，信息灵通，亲朋好友联系紧密。家家彩色电视机，看新闻、看电影、看戏曲，愉悦身心。2017年起，国家补助铺设天然气管道，全村使用天然气取暖、做饭，少部分家庭用电取暖做饭。家庭厕所使用冲水马桶，洁净卫生。洗漱做饭用的是洁净自来水，吃的是肉、蛋、奶、大米、白面，新鲜蔬菜不断。生活垃圾放进街道上的垃圾桶，垃圾车天天清运。住的是坚固敞亮的砖混结构的楼房、平房，睡的是席梦思床，铺盖的是棉丝绸缎，夏有空调、冬有新型环保采暖炉；全部村民加入了养老保险、新型合作医疗，解除了看病、养老的后顾之忧；社会安定、治安良好，法制健全，人们安居乐业；民主制度完善，村民参政议政，监督村党总支、村委会依法管理。现在群众的生活环境是最好的历史时期。

三、植树绿化

赵庄是平原村庄，除去村庄占地，都是肥沃农田，成片植树绿化的地块基本没有。村庄植树主要是农户自行在房前屋后植树，倒也处处绿荫。村外各条田间路，由于路窄，农户又怕影响庄稼生长植树不多。通其他村、通主要公路的大道，两旁植树尚可。总之，植树绿化尚不尽如人意。

第二节 环境污染

藁城是农业大县。至20世纪70年代前，境内大气、水和生态环境尚未造成污染，环境质量基本是好的。进入80年代，随着经济的快速发展，特别是板材、化工、建材、食品加工、造纸等工业企业的兴起，农村养殖业、废旧物品加工业增加，大量地施用化肥、农药，生产生活普遍使用塑料制品，大气、生态环境污染日趋严重。

一、水环境质量及污染状况

藁城市2005年监测，地下水质量严重下降，地下水污染情况日益严重，无论农村还是城市，浅层水还是深层水，均遭到了不同程度的污染。局部地区(主要是城市周围、排污河两侧及污水管区)和部分城市的地下水污染严重。地下水污染表现为碳酸盐、硝酸盐氮、硫酸盐、溶解性固体、总大肠菌群、细菌总数等指数超标。其主要污染源是工业废水、生活废水即使用农药、化肥通过排放、雨水、灌溉而渗入地下水造成。畜禽粪便不加科学处理，随地倾倒，等待自然风干，臭气熏天，蚊蝇滋生。遇有雨水天气，雨水粪便混流，渗入地下水后，大量消耗氧气，使水中的其他微生物无法存活，严重污染地下水。

赵庄地处城市边缘，周围小化工、小木材加工、小纺织厂、铸造机械加工、小面粉厂加工不少，都可能有污水排放。生活污水也是随意排放，再加上农业大量施用化肥、农药，地下水也会受到严重污染。化学肥料施于土壤中，被农作物吸收的只是其中极小部分，大部分在灌溉水、雨水的作用下渗透到地下，污染地下水，导致水中的硝酸盐、亚硝酸盐过多，容易引起食道癌、胃癌等消化系统癌症。农药的大量使用，导致土壤中的有害物质残留非常严重，对地下水、其他生物和人类产生不良影响。有生活污水渗透地下，污染地下水。赵庄灌溉庄稼、生活用水主要来源是地下水，虽然使用的是150米左右的深层水，因为遭受长期污染，水质仅为二三级。

二、大气环境质量及污染状况

20世纪80年代后，党和国家推行改革开放，全力推进经济建设，随着工业企业的迅速发展，城市建设加快，工业烟尘、建筑粉尘大量排放。各种汽车、农业机械逐步大量增加，尾气排放量也日益增加。加上农户燃煤烧柴做饭取暖，城市采暖锅炉，秸秆焚烧，同样大量排放烟尘，造成大气环境污染日趋严重。就石家庄地区来讲，根据对主要大气污染的分类统计，其主要来源可概括为三大方面：(1)燃料燃烧；(2)工业生产过程；(3)交通运输。根据统计资料显示，以上三个方面产生的大气污染所占比例分别为70%、20%、10%。其中燃煤排放的烟尘、二氧化硫(SO_2)、二氧化氮(NO_2)和一氧化碳(CO)的数量占燃料燃烧排放比例分别为99%、93%、81%和97%。汽车尾气中含有大量的一氧化碳，对人体的危害极大，特别是一些柴油大货车和冒烟汽车，排放的尾气中夹杂着大量的可吸入颗粒物$PM_{2.5}$、PM_{10}，是导致疾病的重要因素。

$PM_{2.5}$、PM_{10}是指大气中直径小于或等于2.5微米、10微米的颗粒物，也称可入肺颗粒物，富含大量的有毒有害物质，且在大气中停留时间长、输送距离远，它对空气质量和能见度有重要影响，对人体有重大危害。

近几年，石家庄市及其周边成了大气环境污染的重灾区，赵庄在其内。尤其秋冬季节，雾霾天气接连不断，严重影响了人们的生产生活和身心健康。

《2015年河北省环境状况公报》称：2015年，全省设区市，除承德、张家口、秦皇岛外，达到或优于2级的优良天数平均为190天，占全年总天数的52.1%，重度污染天数平均为36天，占全年总天数的9.9%，其余为轻度污染天数。大气污染物中，$PM_{2.5}$、PM_{10}为首要污染物，平均超标率分别为39.6%和34.3%。石家庄市优良天数少于平均数，重污染天数大于平均数，$PM_{2.5}$、PM_{10}可吸入颗粒物超标率大于平均数。

《2016年河北省环境状况公报》载：2016年，全省空气质量总体改善，全省11个设区市环境空气质量优于2级的优良天数平均为207天，占全年总天数的56.6%，与上年相比增加了17天。重度污染以上天数平均为33天，占全年总天数的9.0%，与上年相比减少3天。全省11个设区市中，承德、张家口、秦皇岛三市的优良天数在70天以上，其余各设区市全年优良天数在130天至208天。石家庄市优良天数140天左右。污染天数中，以$PM_{2.5}$和PM_{10}为首要污染物的天数居多。2016年，全省$PM_{2.5}$平均浓度为每立方米70微克，PM_{10}平均浓度为每立方米123微克。

石家庄市委市政府按照党中央、国务院的部署，贯彻落实《河北省热气污染治理十条措施》，大力开展“利剑斩污”行动，但大气环境污染状况依然严峻复杂。2016年，$PM_{2.5}$浓度比2015年上升了11.2%。在全国74个重点城市空气质量排名倒数第二。2017年1月，石家庄市$PM_{2.5}$的浓度更是达到了200微克/立方米，较上年同期上升51.5%。为此，环保部部长陈吉宁于2017年2月亲自赴石家庄市督促大气环境治理。

三、声环境质量及污染状况

噪声源于交通噪声、企业机械生产噪声和建筑施工噪声。赵庄离主干公路较远，村内外有一些小型生产企业，均是铸钢、家具制作、产品加工等噪声分贝较低的企业，没有大型建筑施工，所以声环境较好，在《国家区域环境噪声标准》以内。但是，村民中汽车、运输车、柴油三轮车、拖拉机频繁使用，也有一定声环境污染，应特别注意小学、幼儿园周围声环境污染。

第三节　生态建设

党的十八大报告提出，大力推进生态文明建设。建设生态文明，是关系人民福祉、关乎民族未来的长远大计。面对资源约束的趋紧、环境污染严重、生态系统退化的严峻形势，必须树立尊重自然、顺应自然、保护自然的生态文明理念，把生态文明建设放在突出地位，融入经济建设、政治建设、文化建设、社会建设各方面和全过程，努力建设美丽中国，实现中华民族永续发展。

建设生态文明，实质上就是要建设以资源环境承载力为基础、以自然规律为准则、以可持续发展为目标的资源节约型、环境友好型社会，实现人与自然和谐相处、协调发展。

为此，赵庄坚持节约资源和保护环境的基本国策，坚持节约优先、保护优先、自然恢复为主的方针，着力推进绿色发展、循环发展、低碳发展，形成节约资源和保护环境的空间格局、产业结构、生产方式和生活方式，从源头上扭转生态环境恶化的趋势，为百姓创造良好的生产生活环境，为全球生态环境安全作出贡献。

一、土地管理

土地是人类赖以生存、不可再生的宝贵资源，珍惜土地资源、节约土地资源、高效利用土地资源刻不容缓。

赵庄土地资源有限。1947 年土地改革时，全村人口 4800 人，耕地 9860 亩，人均耕地 2.08 亩。到 2016 年，全村人口 8754 人，耕地 7360 亩，人均耕地 0.84 亩。耕地减少的原因除 1958 年弃送邻村耕地外，主要是村庄扩大占地、工商企业占地、修路占地等原因造成。其中，非法占地、不按规划占地、土地有效利用率低是土地浪费的重要原因。

赵庄村党总支、村民委员会把珍惜土地、节约用地、有效用地提上工作日程，贯彻土地法规，广泛宣传珍惜土地、节约用地的重要意义，采取措施，挖掘土地利用潜力，节约宝贵的土地资源。转变不合理的土地利用方式，充分发挥土地资源的资产效益。促进土地集约化经营，走低投入、低消耗、高产出、高效益之路。

2012 年赵庄制定《赵庄村庄建设规划(2012—2030)》，规划期末，村庄规划建设成社区，村庄建设用地减少 50%以上，达 800 余亩，而且公用设施齐全、环境优美、方便生产生活。赵庄村域已纳入正定新区规划，规划期内，划分良田保护区、适宜建设区和限制建设区，为土地有效利用打下了基础。

促进集约化经营土地。通过整合、流转、租赁，使耕地尽快地集约在种田大户手里，实行耕种机械化、浇灌喷灌滴灌、科学施肥和推广生物除治病虫害、推广良种良法，做到科学种田，减少投入，提高产出，增加收入。

加强集体土地管理，严禁非法占地。工商企业占地必须符合总体规划，还要必须符合国家产业政策、无污染、高科技，促使投入产出比高、村民能够得到实惠的企业入驻。

村集体要有效利用土地资源，按照规划要求，以集体的力量，未雨绸缪，建设商业设施，提高经济效益，壮大集体经济。

二、节能减排

节能减排是党中央、国务院作出的重大战略部署，农业和农村节能减排是国家节能减排的重要组成部分。治理农业面源污染，加强农村环境整治，推进农业和农村节能减排，促进农业农村经济又好又快发展。

进入 21 世纪，在藁城市委、市政府和张家庄镇党委、政府领导下，在赵庄村党总支、村委会带领下开展了以下节能减排工作：

1.深入开展生活生产节能减排工作

2005 年以来，大力提倡烧水做饭、照明用电、沼气、液化气等清洁能源,减少了烟尘排放。据2016年统计全村2100余户中,用电做饭的占70%,用液化气做饭烧水的占20%。只有10%的农户用煤或柴草烧水做饭,同时也在逐步减少。为减少开支,用电、用液化气注重节约,大大节约能源。冬天取暖,加快了省柴灶、节能炕的升级换代,国家政府补贴,大力推广高效低排省煤的新型炉具,烧的煤也是有补贴的脱硫优质煤。到2016年,冬季取暖、做饭用新型炉具、烧优质煤、用土暖气的农户80%以上,提高了煤炭利用率、取暖质量,减少了污染物的排放。2017年国家补助,推广煤改气,2018年全村各户做饭、取暖绝大部分农户用上天然气,少数用电取暖做饭。使用清洁能源后,大大减少污染物的排放;用以代步、少量运输的燃油摩托车、三轮车,逐步为电动自行车、电动三轮车所代替,减少烟尘排放,节约了能源。大型拖拉机、收割机加快更新换代,高排放、高耗能的农业机械逐步被淘汰。推广应用复式联合作业农业机械,比如小麦、玉米联合收割机悬挂秸秆粉碎机,一次完成收割脱粒秸秆粉碎,减少作业环节和次数,推进农机标准化、规模化作业,降低农业机械单位耗能。

2.推进种植制度高产节能

加强农作物高产种植措施的集成配套,减少高能耗、低效率的种植环节,建立节能型高产种植制度。加强种植模式标准化,建立并推广区域性农作物种植模式,促进农艺与农机的配套及节能。优化农作物布局,调整种植制度,推进农作物生产区域优势化布局和标准化种植,促进农作物的增产和节能。

3.推广节肥、节药、节水技术

调整优化农业产业结构,大力发展生态农业、循环农业和精准农业,适度发展有机农业。赵庄大力推广配方施肥、科学施肥,减少肥料流失和渗漏。农作物秸秆全部粉碎还田,增加土壤有机质,减慢了土壤板结程度,提高了土壤肥力。科学合理使用高效、低毒、低残留农药和先进的施药机械,推行统防统治,大力推广物理防治、生物防治技术,提高了综合防治水平,节约了能源,减少了开支,大大降低了农产品的污染。

4.大力推进沼气池的建设。

一直提倡有能力的家庭建设家庭沼气池,充分发挥沼气池处理利用人畜粪便和柴草秸秆、生产清洁能源和优质肥料的作用。至2012年,全村建设和利用的沼气池200余座。随着村庄规划建设的推进,适时建设大中型沼气集中供气工程,实现畜禽养殖废弃物资源化利用和环境整治的双重目标,达到节能减排的双重目的。

5.大力开展秸秆综合利用

进入21世纪,赵庄大力推广秸秆粉碎还田、快速腐熟还田,玉米、大豆、小麦等主要农作物秸秆还田率80%以上,15%左右作为牲畜饲草或造纸原料,增加土壤的有机质,减少土壤板结,节约化学肥料,大量减少烟尘排放。

三、保护自然

人类的生存和发展,需要有良好的自然环境和丰富的自然资源。自然环境是指客观存在的物质世界中同人类、人类社会发生相互影响的各种自然因素的总和,主要是大气、水、土壤、生物、矿物和阳光等。自然资源是自然环境中人类可用于生产和生活的物质,可分为三类:一是取之不尽的,如太阳能、风能和空气;二是可以更新的,如生物、水和土壤;三是不可更新的,如各种矿物。随着人类生产力的发展和提高,自然资源可为人类利用的部分不断扩大。这些资源,特别是可更新资源,如果开发利用不合理,不仅会使大气、水体、土壤等受到污染,生态平衡和自然环境遭到破坏,而且自然资源本身也将日渐枯竭,严重地影响人类的生存和社会发展。因此,人类在开发利用自然资源的同时,必须对自然进行保护和管理。

赵庄地处河北平原腹地和城市边缘,由于工业的发展、燃油的农业机械及各类燃油车辆的迅猛发展,大气环境受到严重污染,石家庄市是京津冀地区乃至全国大气污染最严重的地区之一。尤其冬春季节,雾霾天气很多,$PM_{2.5}$严重超标。土壤和水也受到一定污染。面对自然环境日渐恶化的严峻形势,国家大力实行自然保护和污染治理,赵庄村民认真贯彻执行。

在防治大气污染方面,村民做饭烧水等日常生活用天然气、电力等清洁能源,冬季取暖用天然气、电力,不再用煤炭、作物秸秆做饭取暖。作物秸秆粉碎还田或作为饲草。生产企业也用电能,减少了污染物的排放。

在保护耕地土壤方面,通过秸秆还田、拖拉机深耕,改善土壤结构。通过配方施肥、科学施肥,减少化肥的流失,提高肥效,科学用药,减少农药对土壤的污染。

在地下水保护方面,在赵庄域内,严禁开办污染地下水的企业进驻,生活垃圾日清日运科学处置。地下水源受到了严格的保护。

赵庄提倡种树植绿,保护野生动植物。

四、循环经济

循环经济,即生态经济,是一种把清洁生产和废弃物的综合利用融为一体的生态经济。

赵庄村民过去就有循环经济的传统。赵庄以农为主,传统上家家户户圈养一头或数头猪,猪食用的主要是粮食的麸皮和作物的壳叶制成的糠, 还踩圈增加粪肥。育肥后杀猪食肉。谷子、大豆、玉米尖等都是骡马牛驴等役用人牲畜很好的饲草。用柴草做饭烧水及冬天烧炕取暖后的草木灰及土炕坯也都上地肥田循环利用。这是原始的农村循环经济。

现在农村循环经济,即生态经济,要求从改变传统的"资源—产品—污染排放"式的单向流动,实现"资源—产品—再生资源—再生产品"的良性循环生产模式, 使上一个产品的废弃物成为下一个产品的原料,整个生产过程没有废弃物的排出,从源头上减少了污染物的产生和原材料的损失。农村循环经济以资源循环利用为途径,以保护环境、节约资源、节约能源为重点,以减量化、再利用、再循环为原则实现经济循环发展。

减量化原则的运用, 可概括为 "九节一减":节地、节水、节种、节肥、节药、节电、节油、节柴(煤)、节粮和减人。再利用原则的运用表现为做强加工业,主要体现在对各类农产品及其初加工后的副产品及有机废弃物,进行系列开发、反复加工、深度加工,不断增值。农产品加工后的副产品、废弃物多属于原来农户该产品的组成部分,仍然含有大量的有机质,相对开发价值高,开发成本低,且开发技术容易掌握,做好了,其效益可能超过主产业。

赵庄的农业循环经济尚在初始阶段。所有农作物的秸秆, 从过去部分作为饲草外, 大部分作为做饭、取暖的能源烧掉,改变为做饭、取暖用沼气、电力和煤炭,秸秆全部粉碎还田,增加土壤的有机质,改善土壤结构,增加肥力;推广家庭建造沼气池,将人与畜禽粪便和农业废弃物通过微生物发酵产生沼气,供做饭、照明使用,节约能源,发酵的人畜粪便和柴草成为很好的有机质肥料,至 2019 年有 200 余户建造沼气池,用沼气做饭、照明;测土配方施肥、推广种植节水农作物品种、节约农药施用,都体现了循环经济,提高了农业经济效益。

赵庄大力推广循环经济,做到有组织、有规划、有措施,进一步探索农业节本增效的新途径,逐步实现粗放农业向精准农业转变。进一步调整优化农业产业结构,加快优势产业建设,发挥集约种植优势,提高规模效益;推广立体种植和间作套种技术,不断提高复种指数,提高耕地的综合产出效益;做好测土配方平衡施肥技术的推广应用,减少化肥施用量,减少流失,提高肥效;推广节水新品种和喷灌、滴灌技术,节约农业用水等。

第四节 环境保护

一、管理机构

1983 年设藁城县城乡建设环境保护局, 局内设环保股。1984 年成立藁城县环境监测站,隶属城乡建设环境保护局,负责全县的环境监测工作。1990 年 1 月,撤销城乡建设环境保护局,成立建设委员会,环保股成为环保科。1993 年 12 月,环保科设为环境保护局,隶属建设委员会领导。1995 年 5 月,撤销建设委员会,组建建设环保局。1996 年 1 月,撤销建设环保局,环境保护局从建设环保局分设,成为一级行政执法局, 纳入政府管理序列, 有工作人员 33 人。1999 年 4 月,成立环境保护研究所。

2002年7月，成立5个乡镇环保所，分别是：廉州所、梅花所、岗上所、张家庄所、南董所。

2005年，局内设7个科室，下设7个乡镇环保所，即廉州所、梅花所、岗上所、张家庄所、南董所、市直所、开发区所。

至2016年，环境管理机构基本未变，任务更繁重艰巨。

二、环境监管

1.建设项目管理

20世纪90年代中后期，为从源头上防止污染，对新建、扩建、改建的工业项目，坚持污染物排放必须符合国家和地方总量控制要求，对不符合国家产业政策、能耗物耗大、污染物产生量大、国家明令淘汰的落后生产设备、工艺不予审批，遏制了新污染源的产生。

随着“环保第一审批权”落实力度的加大和2003年9月1日《环境影响评价法》的实施，以及建设项目管理制度的落实，建设项目环境影响评价执行率达到100%。建设项目“三同时”(建设项目主体工程与污染防治设施同时设计、同时施工、同时投产使用)验收率达90%。同时加大建设项目竣工环境保护验收力度，对完工项目及时验收。

赵庄村域内现有工业企业均经过环评和检查验收，是环境保护达标企业。

2.清洁生产审核

为推进《清洁生产促进法》的落实，促进排污单位采取该机设计、使用清洁能源和原料、采用先进的工艺技术与设备、改善管理、综合利用等措施，从源头消减污染，提高资源利用效率，减少或者避免生产、服务、产品和使用过程中污染物的产生和排放，2005年开始，赵庄在企业中开展清洁生产审核工作。不达标，令其限期整改或者停产整改。使工业企业清洁生产成为常态，减少污染物的产生和排放。

3.排污许可证及排污申报制度

排污许可证制度是以改善环境质量为目标、以污染物总量控制为基础的一项行政管理制度。藁城市自2004年开始为排污单位（包括企事业单位)办理、核发排污许可证。赵庄域内企业及时申报排污情况，按规定取得排污许可证。

排污单位依法向环保部门申报登记所拥有的污染物排放设备、污染物处理设施和正常作业条件下排放污染物的种类、数量和浓度，以便环保部门收集和掌握排污单位污染和治理情况，为环保管理打下基础。目前排污申报制度和发放排污许可证制度日臻完善，检查管理日趋严谨。

三、环保宣传

进入20世纪80年代中后期，环境保护宣传、环境保护和环境治理提上各级政府的议事日程。县环保部门为了强化公民环境保护意识，采取多种形式进行宣传教育。如召开专题会议，举办培训班，印发环保宣传材料，利用报刊、广播、电视进行环保宣传。深入广大农村、工厂企业进行环境保护宣传，教育企业经营者自觉进行环境保护，采取措施，减少污水、废气、烟尘排放及进行必要的无害化处理。教育工业企业经营者和员工，加强清扫，保持厂区和车间干净整洁。赵庄村领导把环境保护宣传作为一项最重要工作来抓，教育农民提高环境保护意识，自觉地搞好家庭屋内院落卫生和街道、公共场所的环境卫生，要求农民改变主要用农作物秸秆做饭取暖的传统，逐步推广秸秆粉碎直接还田，用煤炭做饭取暖，减少烟尘排放，保护大气环境。

为加大社会宣传力度，使广大青少年了解环境保护的重大意义，学习掌握环境保护的基本知识，把环境保护教育成为素质教育的一部分，按照《全国环境宣传教育行动纲要(1996—2010)》和环保部门的要求，建立环境宣传教育基地，将环境保护宣传教育延伸到中、小学和幼儿园。

2014年4月《中华人民共和国环境保护法》颁布，2015年1月1日正式施行。赵庄加强了《环境保护法》的宣传贯彻，提高了村民对环境保护、环境治理重大意义的认识。掀起了前所未有的保护环境和环境治理高潮。

四、环境治理

赵庄村在党总支、村委会领导下，贯彻执行环境保护和环境治理的方针政策、安排部署和法律法规，20世纪90年代后，持之以恒地做好环境保护和污染治理工作。

20世纪90年代开始推广作物秸秆粉碎直接还田，逐步减少农户用作物秸秆做饭烧水和冬季取暖，用煤替代秸秆能源，大量地减少烟尘排放。至2016年，全村2100多户农户，有200余户建有沼气池，用沼气照明、做饭。其余70%农户用电做饭烧水，30%农户用煤气液化气做饭。冬季取暖，绝大多数农户，用上了新型节煤铁制炉灶，烧的是脱硫洁净煤球，炉灶链接土暖气，做饭取暖两不误，烟尘排放完全达标。2016年开始，石家庄市首先开始在市区及组团县(区)进行煤改气工程，很快赵庄家家户户全部用清洁能源天然气做饭烧水、取暖。新能源汽车、农机也会逐步普及农村。

20世纪90年代后，逐步改变了家家户户养猪用猪圈积攒农家肥的传统。至21世纪初，95%的农户拆除猪圈，不再养猪，集约化养猪事业发展起来。有机肥的来源主要靠作物秸秆直接还田或养牛、养驴过腹还田。由于大量秸秆粉碎还田，大量增加土壤中有机质的含量，改善土壤结构，肥力增加，降低了烟尘和污水对环境的污染。逐步推广科学、配方施用化肥，施用复合肥，化肥施用量逐年减少。推广抗虫作物品种和生物农药，减少高毒性、高残留的农药施用量，减少了化肥、农药污染土壤的程度，一定意义上保护了土壤。

种树植绿，大搞家庭、街道环境卫生，生活垃圾及时清运和处理，减少了环境污染。20世纪90年代后，赵庄开始设立垃圾存放点，村委大力组织及时清运掩埋。提倡搞好家庭卫生和街道卫生，要求农户不仅要搞好个人、家庭卫生，生活垃圾及时投放垃圾收集点，还要主动打扫街道，保持环境卫生。到2016年，村委会安排了街道清洁员和垃圾清运车，投放了垃圾收集桶，农户直接把生活垃圾投放在街道上的垃圾收集桶，清运车当天把垃圾清运处理，使环境污染得到了有效治理。

赵庄农作物灌溉和村民生活用水主要依靠的是地下水，赵庄村域地下水丰富，而且水质很好。20世纪70年代前，无论是耕地上的浇灌用的大口井，还是村里遍布街道、大户院内的吃水井，都是浅层地下水，水深4~5米，用水车、辘辘提水很方便，自然环境较好，没有污染源。随着社会的发展进步，农业和工商副业用水量的增加，气候的变化，降水的减少，河流干枯断流，水位不断下沉，人力、畜力提水已不能够实现，完全靠机械、电力和深井泵提水浇灌和生活用水。农药和化肥的使用，对地下水有所污染。

1978年起，先后在原大队副业大院打了两眼30多米的深井，购置无塔供水设施，铺设管道到户，村民吃上了自来水，早、中、晚三次供水，每次1小时左右，家家备有储水瓮。2003年，副业大院两眼生活用水井供水不足，又在东北、西北、东南、西南、正东五片打了五眼深水吃水井。2013年，在街中心小学、村南小学各打了一眼80米以上的深水井，重新敷设了管道到户，24小时供水，确保了生活用水的水质。

为确保饮用水不受污染，村委会规定，严禁村庄内开办有污染企业；严禁在村庄内从事规模化养殖；严禁在水源地附近堆放肥料、垃圾和工业废料；严禁在水源地附近使用剧毒高残留农药；严禁在水源地附近存留生活污水和工业废水。

第三章 地理 自然

藁城地处太行山东麓滹沱河洪积冲积平原，为华北地台太行山前断裂带东侧、山西陆台太行山前断裂带的石家庄凹陷和冀中拗陷赵县—晋县断裂之间的中生代元氏—藁城—高阳鼻状突起带。在构造体系上属于新华夏构造体系的第二沉降带。地质时代，同华北平原其他地区一样，经过多次沧桑变化，接受了海河水系冲积物堆积成广阔的平原。全境地势在海拔65米以下，地面平缓土质肥沃，地下水比较丰富，气候温和，适宜发展农业。

第一节 地质 地貌

一、地质

赵庄地处藁城域内北部，滹沱河、磁河中间地带。

县境地质构造属冀中拗陷。其地史发展和冀中拗陷其他地区一样，先后经历了古河槽回返隆起，结晶基底形成；地台稳定升降；短线盆地发育；新构造运动发展四个阶段。出露地层以新生界第四系为主。第三系至太古界地层被广泛的第四系沉积所埋藏，在境内没有表露。

太古界，以阜平群为代表，生成于23.7亿年以前，组成岩层以斜长片麻岩、角闪斜长片麻岩、斜长角闪岩、磁铁石英岩为主。此阶段地壳运动，以复杂的褶皱发育为主，断裂次之。阜平运动使阜平群褶皱隆起，遭受变质作用和混合岩化作用，伴随一些顺层浸入的酸性、中性、基性岩脉和小型超基性岩体。

元古界，下元古界在县内以滹沱群为代表，组成岩层，上部为灰绿色变质安山岩、长石石英砂岩；中部为灰色变质长石石英砂岩；下部为浅肉红色变质长石石英砂岩、黑色板岩；底部为变质砂砾岩层。吕梁运动使滹沱群褶皱遭受浅变质作用，伴随中基性火山喷发及中基性岩脉浸入。该时期生成的石家庄至衡水东西向断裂，在县城北沿滹沱河河道东西分布。太古界、元古界地层在县内广泛分布，形成结晶基底。元古代后期，地壳发生吕梁运动，使古地槽回返隆起，刚性基底形成，自此进入地台发育阶段。

元古界上部以震旦亚界为代表，震旦海沿太行山麓向南海浸，藁城县沉积属滨海及浅海相堆积。震旦亚界上统、中统，以白云岩、白云质灰岩、页岩、砂岩组成；下筒为粉红、紫红色含硅质结核白云质灰岩、灰白紫红色石英长砂岩夹页岩；底部有少量页岩及砾岩。震旦亚界末期，海水逐渐变浅并后退，蓟县运动使这里发生整体上升。

古生界，这里以垂直升降为主，古隆起控制了地层厚度和岩性岩相。寒武纪广泛分布，为浅海沉积。寒武纪上统以灰白色薄、中厚层泥质条带状灰岩、状灰岩、页岩为主；中统以灰、深灰色巨厚层状、状灰岩夹密质灰岩组成；下统以紫红、鲜红色页岩夹绿色页岩和泥灰岩组成。

奥陶纪，中统在县境西部靠近石家庄凹陷边缘，以灰色、粉色中厚层、巨厚层微密灰岩、硅质条带灰岩和少量燧石结核灰岩组成；下统以灰白色后层含燧石结核白云质灰岩夹结晶灰岩、粉灰白色巨厚层白云岩组成；底部为黄绿色页岩。

加里东运动使藁城一带在中奥陶纪末期大范围上升隆起，由于长期遭受剥蚀，造成上奥陶至中生界沉积缺失。石炭纪至二叠纪，下沉而受海浸，形成大面积海陆交互堆积。这时境内岩层构造，石炭纪上、中统以灰黄、灰绿色页岩、黏土质页岩、石英砂岩为主；二叠纪以陆相红色堆积为主。

新生界及新构造运动地层发育为：早第三纪，喜马拉雅运动表现为大型断裂下陷，山区和平原进一步分裂，奠定了冀中平原的基本形态，通过县境东南部晋县—赵县凹陷,形成第三纪湖相堆积,沉积厚度在2000米以上。晚第三纪、第四纪时,这里表现为大幅度下降,降速达20毫米/年,河床河漫滩相当宽阔,河曲亦十分发育。新生代以来,新构造运动明显,县境东南部(靠近晋县—赵县堆积层)属海相块状火山岩及火山灰物质构造、以西大部分地区接近太行山麓,形成山前洪冲积构造。

新生界第三纪,下第三系为始新统,在县境广泛分布,以红色泥岩夹灰色、浅棕色砂岩、灰色泥岩夹薄层灰质页岩、红色泥岩、砂岩、砾岩组成。渐新统以灰绿色、灰色、棕红色泥岩与砂砾互层夹含砂砾岩。底部为砂岩、泥岩互层、厚层黑色泥岩、油质页岩与黑色泥岩互层。上第三系以黄色、棕黄色粉砂岩、砂岩及棕黄色泥岩为主。在境内以县城为中心呈北东向,中心沉积较薄厚度为420米,两侧较厚,在1000米以上。

第四纪为冲洪积层,在境内广泛分布,以灰黄色、棕黄色粉砂质黏土、亚黏土、砾石层组成。梅花(第四纪)专门水文地质勘探钻孔揭露的地层(第三系)顶板埋深为375米,分四层:0~18.2米Q4,为冲洪积物,以棕黄色粉砂质黏土夹灰黄色粉砂为特征;18.2~73.4米Q3,砂砾为棕黄色中砂夹亚砂土、黏土;73.4~245米Q2,砂砾为黄色及棕红色中砂、粗砂夹黏土、亚砂土;245~375米为棕红色中砂、粗砂夹少量黏土层,其中含有砾石;375米以下为第三纪棕红色半胶结泥岩。

二、地貌

藁城县地处太行山东麓河北平原中南部,属太行山洪积冲积山前倾斜平原。地势西北高东南低,以1/1500~1/2000的坡降逐渐倾斜,形成典型的山前倾斜平原地貌。除具有冀中平原共有特征外,还有本地区特点。具体地貌分区是:藁城境域中部为滹沱河第二冲积扇之脊,地势较南北两面略为低洼;北部为磁河冲积扇磁河、滹沱河之间的河间地带,海拔65~55米,向东南缓降;南部边缘为滹沱河、槐河之间的河间地带,海拔60~39米,向东南缓倾。由于历史上滹沱河、磁河、槐河等河流的改道和变迁,洪水泛滥、风沙等外力作用,形成只都、九门、南董一带,杨马村至南孟、梁家庄一带,张村、北楼、小常安、贾市庄一带的古河道、洼地、沙岗、沙丘、缓岗、河沟、坑塘等微地貌。20世纪60年代后,通过治沙治水、平地造田等,使沙岗、河沟、古河道得以治理,逐渐塑造成藁城大地平旷开阔的现状。局部微地貌也发挥了其特有的优势,发展起林业、牧业、渔业等多种经营生产。

赵庄古镇地处藁城西北部、磁河冲积扇平原,磁河、滹沱河之间河间地带,微地貌与县域地貌基本相同。村域西北高东南低,坡降逐渐倾斜。除有村西北神宫寨高岗、村东北小疙瘩等微地貌外,村西北、东北大面积耕地高出村庄地面2~3米,村东北到北贾同、村东南到鲍家庄、龙宫两条排水沟,村内、村边有7个大水坑。整个村域村庄略显低洼,耕地平坦肥沃。20世纪末,神宫寨高岗被取土铲平,旧址南半部建有烈士纪念亭、信众盖起的简陋庙宇,仍称“寨子庙”。北半部尚闲置。小疙瘩铲平,成为耕地。排水沟填平成耕地或道路。七个大水坑中的西北门外、西门里、东门里水坑填平成为住宅。

第二节 气候 物候

一、四季特征

赵庄所处地域属暖温带半湿润半干旱地区。由于地处平原,地势地貌对气候影响不大,气候因素分布比较均匀,表现为冬冷夏热的气候特点。只是在强冷空气入侵时,偏西气流沿太行山下降,绝热增温形成焚风,使本地明显增温。夏有来自海洋的暖湿气团,湿热多雨。冬受来自极地的大陆气团影响,寒冷、干燥、晴朗、雨雪稀少。因此,季风对气候影响特别明显。其特点可概括为:四季分明,春季干燥多风,夏季炎热多雨,秋季天气凉爽,冬季严寒少雪。季风影响显著,夏季盛行东南风,冬季盛行西北风。年平均降雨量494毫米,全年无霜期189天。

四季分明:3—5月为春季,6—8月为夏季,9—11月为秋季,12月—次年2月为冬季;气候以候温(5天平均值)为依据划分四季,即10℃以下为冬季,

22℃以上为夏季,介于两者之间为春季、秋季。赵庄在气候上划分四季：春季起始于3月下旬止于5月中旬,平均56天;夏季起始于5月中旬止于9月上旬,平均115天;秋季起始于9月中旬止于11月上旬，平均50天；冬季起始于11月上旬止于次年3月下旬,平均145天。冬季最长,夏季次之,春秋两季较短。

二、气温 地温

气温　包括赵庄村域在内藁城气温多年来平均为12.5℃,热量比较丰富。

1959—1985年藁城县域各类气温记录表

表3-1　　单位:℃

项目＼月份	1	2	3	4	5	6	7	8	9	10	11	12	全年
平均气温	-3.5	-0.9	6.3	13.9	20.1	25.3	26.4	24.9	19.8	13.6	5.2	-1.6	12.5
平均最高气温	3.1	5.7	13.7	20.5	27.0	32.2	31.8	29.9	26.3	20.4	11.4	4.5	18.9
平均最低气温	-8.8	-5.9	0.5	7.3	12.9	18.6	21.8	20.8	14.4	7.9	0.4	-6.1	7.0
极端最高气温	16.4	23.0	27.1	32.7	38.3	43.2	40.2	37.3	34.8	31.7	24.6	16.7	43.2
极端最低气温	-20	-19.9	-19.2	-4.3	3.6	9.0	15.8	11.8	4.2	-2.5	-14.9	-23.4	-23.4

以上表明：

1.气温年内变化显著,冬季3个月 的平均气温皆在0℃以下,夏季平均气温都在25℃以上。其中最冷的1月份和最热的7月份气温相差29.9℃，变化幅度较大。春、秋平均气温,春温高于秋温,但只差0.5℃。

2.极端最高气温43.2℃(出现在1961年6月12日)，极端最低气温-23.4℃(出现在1985年12月8日),温差达66.6℃,但为时很短,影响不大。

3.年温差(29℃)和日温差(10℃以上)均较大,有明显的大陆性气候特点,大陆度超过60%。作物生长季节(3—11月)的日温差多在11℃以上。这种昼暖夜凉的气候环境,有利于作物生长发育和物质积存,可提高产量和产品质量。

4.热量充足。就≥10℃积温来看,为4351.1℃,超出了中国热量带指标的暖温带(≥10℃积温为3400~3500℃)。根据≥0℃~≥20℃的各种农业界线温度分析,适宜各种粮食作物和经济作物。根据热量条件分析,耕作制度一年可播种收获两季。

1986—2005年,境内年平均气温为13.2℃。最热月(7月)平均气温为27.0℃,最冷月(1月)平均气温-2.6℃。根据平均气温可知,受全球气候变暖及大气温室效应影响,境内20年内年平均气温与1986年前25年平均气温12.5℃相比,年平均气温上升0.7℃。

地中温度 是指地面以下不同深度的地温。冬季地温随深度的增加而升高;夏季则相反,地温随深度的增加而降低;春、秋两季变化不大。显然,地中温度年较差随深度的增加而迅速减少。

1955—1980年石家庄站不同深度平均温度与年较差统计表

表3-2　　单位:℃

项目＼月份	1	2	3	4	5	6	7	8	9	10	11	12	年	年较差
5cm平均温度	1.9	0.6	8.2	16.6	23.5	28.3	29.3	27.5	22.4	15.2	6.4	0.0	14.6	31.2
10cm平均温度	1.4	0.6	7.9	16.1	22.8	27.5	28.8	27.3	22.4	15.6	7.1	0.7	14.6	30.2

续表 3-2

项目 \ 月份	1	2	3	4	5	6	7	8	9	10	11	12	年	年较差
15cm 平均温度	-1.0	0.6	7.6	15.6	22.2	26.9	28.4	27.1	22.7	16.0	7.8	1.4	14.6	29.4
20cm 平均温度	-0.7	0.6	7.2	15.2	22.0	26.8	28.4	27.1	22.8	16.3	8.3	1.8	14.7	19.4
40cm 平均温度	1.0	1.5	6.9	14.1	20.6	25.7	27.6	26.7	23.1	17.4	10.2	4.0	14.9	22.6
80cm 平均温度	3.6	3.1	6.5	12.3	18.0	22.8	25.4	25.4	23.0	18.6	12.7	7.0	14.9	22.3
160cm 平均温度	8.5	6.9	7.9	11.3	15.2	19.1	22.2	23.6	22.9	20.5	16.6	12.1	15.6	16.7
320cm 平均温度	14.0	12.3	11.4	11.6	12.7	14.4	16.3	18.1	19.0	18.9	17.9	16.2	15.3	8.6

最冷、最热月出现时间随深度后延。5~10 厘米处最冷和最热月出现的时间与气温相同，1 月最冷，7 月最热；80~160 厘米深处最冷和最热月后延至 2 月和 8 月；320 厘米深处则进一步分别后延至 3—4 月和 9—10 月。

尽管冬季和夏季地中温度随深度的变化都较大，但年平均地中温度随深度的变化是很小的。这是因为地表冬冷夏热，而深处冬暖夏凉的缘故。

注：摘自《石家庄市志》。

三、日照

藁城域内（含赵庄村域）属北方长日照地区，年平均日照 2711.4 小时，日照率为 61.2%（见表 3-3），年平均太阳辐射总量为 546.511 千焦每平方厘米，地表温度≥0℃期间日照为 2916 小时，占全年日照时数的 81%；≥10℃期间日照为 1686 小时，占全年日照时数的 62%。5 月份日照最多为 287.1 小时，11 月份日照最少为 185.5 小时。7/8 月份阴雨天气较多，日照时数相对减少。大田作物主要生长季节（5—9 月）实际日照为 1258.9 小时，每天平均日照为 8.2 小时，对春播作物棉花、玉米、谷子等生长发育均适宜。小麦主要生长期（3—5 月）日照为 758.8 小时。每天平均日照为 8.3 小时以上，5 月份平均每天日照 9.3 小时，能满足各种作物对光照的需要。

1986—2005 年，境内年日照时数变动范围为 1947.4~2839.4 小时，平均年日照时数为 2490.5 小时，日均 6.8 小时，日照百分率 56%。全年日照变化为冬季最少，秋季次之，春季大于秋季，夏季变化复杂，初夏时因降雨少，日照时数较多，盛夏时降雨日增多，日照时数减少。年内各月日照时数为 5 月最多，12 月最少。

藁城县域各月日照时数及百分率表

表 3-3

项目 \ 月份	1	2	3	4	5	6	7	8	9	10	11	12	全年
日照时数（小时）	193.6	189.9	229.0	239.8	295.0	285.9	239.3	223.9	231.0	215.2	184.3	184.5	2711.4
百分率（%）	64	62	62	61	67	65	53	53	62	62	61	62	61.2

大田作物主要生长季节（5—9 月），实际日照时数为 1159.0 小时，每天平均日照为 7.6 小时；小麦主要生长期（3—5 月）日照为 719.3 小时，每天平均日照 7.8 小时。5 月份平均每天日照 8.6 小时。能满足各种作物对光照的要求。

全市年日照时数及日照百分率近 20 年较前 20 年呈递减趋势。1986—2005 年比 1959—1985 年年日照时数、日均日照时数和日照百分率分别减少

220.9 小时、0.6 小时和 5.2%。

四、降水

四季降水量分配不均，主要集中在夏季，冬季最少，春季少于秋季，全年平均降水量 494 毫米(见表 3-4)。最大降水量为 1007.1 毫米，出现在 1963 年；最小降水量 235 毫米，出现在 1965 年。多数年份降水量在 300~700 毫米，年降水量相对变率为 30%。雨季来临平均在 7 月上旬，最早 6 月上旬，最晚 9 月中旬。雨季降水量最多为 737.4 毫米，最少仅 51.1 毫米，有明显的高低峰期。流传的农谚说"五月旱，不算旱，六月连雨吃饱饭"，说的是农历。夏季多雨，热量丰富有利于农作物的生长发育，增产增收。这是本地域气候一大优势，但冬春雨雪少，春温上升快，蒸发量较大，常形成春旱。

1959~1981 年藁城境域平均降雨量表

表 3-4　　　　单位：毫米

月 份	1	2	3	4	5	6	7	8	9	10	11	12	全年
降雨量	2.4	7.1	8.7	20.6	30.8	48.6	143.5	134.1	50.6	30.0	13.9	3.7	494.0

1986-2005 年藁城境内平均降雨量，1 月至 12 月分别为 3.5、5.8、10.9、25.1、33.7、62.1、125.3、104.2、39.0、22.5、13.6 和 3.5 毫米，年平均降雨 449.2 毫米。比 1959—1981 年年平均降雨减少 44.8 毫米。

境内降水变率是全国变率高值区之一，为 27.6%。各季降水比年变率大，季变率以冬季为最大，夏季最小。降水变率大是导致旱涝频繁的主要原因。

五、大风

大风为藁城境内主要气象天气的一种，分为寒潮大风和高压后部偏南大风、雷雨大风。寒潮大风多出现在春、秋两季，高压后部偏南大风出现在 4—6 月，雷雨大风多发生在雨季。特点是：出现次数多、风力大，且伴有沙尘流。据 1959—1981 年资料统计，大风共出现 582 次，平均每年 25.3 次，四季均有出现，其中 3—6 月最多，占 60%；8—9 月最少，占 6%。最多年份出现 66 次，最少年份出现 4 次(见表 1-5)。平均最大风速为 20 米/秒，风向以西北最多。

1959—1981 年全县各月大风次数表

表 3-5　　　　单位：米

项 目 ＼ 月 份	1	2	3	4	5	6	7	8	9	10	11	12	全年
总次数	35	34	66	95	95	92	36	22	13	28	33	33	582
平均次数	1.5	1.5	2.9	4.1	4.1	4.0	1.6	1.0	0.6	1.2	1.4	1.4	25.3
历年最多次数	6	5	8	11	11	14	6	5	3	7	7	7	66
历年最少次数	—	—	—	—	—	—	—	—	—	—	—	—	4

六、相对湿度、蒸发量、霜、雪、冻土

1.相对湿度

多年相对湿度平均为 67%。最大为 80%,出现在 1964 年；最小为 61%，出现在 1981 年。历年 12 个月平均相对湿度以 7—9 月为最大，大于 75%(见表 3-6)。

1959—1981 年全县各月平均相对湿度表

表 3–6

月 份	1	2	3	4	5	6	7	8	9	10	11	12	全年
相对湿度(%)	57	59	59	59	62	60	78	83	76	72	70	64	67

1986—2005 年平均相对湿度 1—12 月分别为 59%、54%、54%、59%、64%、61%、75%、79%、71%、65%、66%、65%。年平均相对湿度 64%，与前 20 年相比，年平均相对湿度降低 3%。

2.蒸发量

全年蒸发量 1580.6 毫米，平均月为 131.7 毫米，6 月份最大为 257.3 毫米，12 月份最小为 40.4 毫米（见表 3–7）。极端最大月份为 340 毫米，出现在 1974 年 6 月，极端最小月份 24.1 毫米，出现在 1979 年 12 月。

1959—1981 年全县各月平均蒸发量表

表 3–7　　单位：毫米

月 份	1	2	3	4	5	6	7	8	9	10	11	12	全年
平均蒸发量	41.8	57.0	127	187.4	229.1	257.3	185.2	148.1	132.3	111.6	62.9	40.4	1580.6

1986—2005 年，年平均蒸发量 1589.4 毫米，月平均蒸发量 132.5 毫米。最多年份出现在 1989 年，为 1838.3 毫米，最少年份出现在 2003 年，为 1262.1 毫米。

3.霜

1959—1985 年，初霜，最早 10 月 9 日，出现在 1974 年，最晚 11 月 9 日，出现在 1977 年，历年平均日期为 10 月 22 日。终霜，最早 4 月 1 日，出现在 1976 年，最晚 4 月 29 日，出现在 1963 年，平均日期为 4 月 24 日。霜期 175 天，无霜期 190 天。

1986—2005 年，初霜最早 10 月 13 日，出现在 1988 年；最晚 11 月 22 日，出现在 1993 年。终霜最早 3 月 2 日，出现在 2000 年；最晚 4 月 22 日，出现在 1988 年。无霜冻期平均为 210 天，80%保证率无霜期为 191 天，最短的是 1988 年 174 天，最长的是 1994 年 238 天。

4.雪

1959—1985 年，初雪，最早 10 月 25 日，出现在 1960 年；最晚 1 月 20 日，出现在 1974 年。历年平均日期为 11 月 30 日；终雪，最早 1 月 26 日，出现在 1968 年，最晚 4 月 6 日，出现在 1964 年，平均日期为 3 月 7 日。最大积雪厚度，为清嘉庆二十四年(1819)冬，“大雪五尺余”。1949 年后，最大降雪厚度 20 厘米，出现在 1964 年 2 月 8 日。日最大降雪量 145 毫米，出现在 1979 年 2 月 22 日。

1986—2005 年。降雪 10 月开始，4 月结束。初雪最早 10 月 30 日，出现在 1987 年，终雪最晚 4 月 1 日，出现在 1998 年。年平均降雪日 12.1 天。2001 年最多 28 天，1992 年和 1995 年最少，仅 3 天。最大积雪深度 12 厘米，出现在 2001 年 1 月 9 日。

5.冻土

1986—2005 年，境内土壤结冻时间最早 11 月 5 日，出现在 1987 年；最晚 12 月 11 日，出现在 1990 年，平均为 11 月 21 日。土壤解冻时间最早 2 月 12 日，出现在 1998 年；最晚 3 月 26 日，出现在 1987 年，平均为 3 月 5 日。最大冻土深度 53 厘米，出现在 2000 年 2 月 5—9 日。

七、物候

按自然区划，藁城（含赵庄）属暖温带半湿润半干旱地区，气候特点是：一年四季分明，春季干燥多风，夏季炎热多雨，秋季天气凉爽，冬季寒冷雨雪稀少。年平均降雨量不足 500 毫升且集中在夏季，最长连续降雨日 8 天，最长连续无降雨日 90 天。最热月份为7月,最冷月份为1月。年平均无霜期189天,最长年份为208天,最短年份为165天。

赵庄动物物候历表

表3–8

代表动物	出现日期			预告农时	代表动物	出现日期			预告农时
	最早	最晚	平均			最早	最晚	平均	
雁北飞	2月13日	3月17日	3月3日		蚱蝉始鸣	5月31日	6月28日	6月10日	麦收准备
蛙鸣	3月26日	4月21日	4月4日		杜鹃叫	6月1日	6月22日	6月16日	麦收始
春燕来	4月1日	4月26日	4月10日		雁南飞	9月3日	6月22日	10月6日	
布谷鸟初鸣	5月13日	5月25日	5月18日	麦垄点播					

赵庄植物物候历表

表3–9

平均出现日期		代表植物	发育期	预告农时	平均出现日期		代表植物	发育期	预告农时
月	日				月	日			
3	21	羊胡子草	始发绿	冬小麦开始返青	4	21	柳树	柳絮飞	小麦追肥浇拔节水
3	3	榆树	花芽膨大	播春麦小麦浇返青水	4	30	刺槐	始花	采槐米
3	14	毛白杨	始花	植树造林	5	5	刺槐	盛花	麦垄点播始
3	30	杏树	始花	蔬菜大棚防风防冻	9	23	核桃	果实成熟	冬小麦始种
4	9	桃树	始花	种谷子大豆准备	10	19	刺槐	始落叶	收获花生甘薯
4	15	枣树	始发芽	播种棉花					

对于动物物候、植物物候,家乡历代乡民以农谚的形式传承,非常贴切。例如,动物物候:“三月(农历)的老鸹(乌鸦)四月的雀(麻雀),五月的小兔满地跑”“猫三狗四,小兔一个月一窝(说的是动物孕期)”。植物候:“顶凌播春麦,九里栽蒜”“谷雨前后,种瓜点豆”“头伏的萝卜二伏的菜,三伏头上种荞麦”种冬小麦“秋分早、霜降迟,寒露的麦子正当时”等。

1986—2005年植物物候与农事:

1月:根据藁城气候特点,经历大小寒两个节气,1986—2005年,月平均气温在–0.69~–0.6℃,冻土层厚度变化在35厘米。加强小麦越冬管理。加强蔬菜大棚内的芹菜、西红柿、韭菜、菠菜等管理,注意保温。

2月:经历立春、雨水两个节气,1993—2005年,月平均气温变化在–0.7~4.7℃,气温开始缓慢上升,大气降雪逐步过渡到降雨。小麦开始返青,蔬菜大棚的蔬菜上市。

3月:1996—2005年,三月平均气温变化在5.7~10.3℃,经历惊蛰、春分两个节气,柳、榆树发芽,适宜植树造林，可以种春大麦、豌豆。

4月：1996—2005年，月平均气温变化在13.3~16.2℃，气温继续回升。经历清明、谷雨两个节气，大风较多。春玉米、谷子、棉花陆续播种，小麦追肥浇水。

5五月：经历立夏、小满两个节气。1996—2005年，月平均气温变化在19.3~21.2℃，大风天气仍较多，月底有干热风。小麦要“一喷三防”，刺槐盛花期，蔬菜大棚注意揭棚膜通风降温。

6月：经历芒种、夏至两个节气。1996—2005年，月平均气温变化在24.5~26.6℃，年极端最高气温多出现在本月中旬，暴雨、干热风、冰雹等灾害性天气开始增多，注意防范。农事活动是抢收小麦、播种玉米。

7月：经历大小暑两个节气。1994—2005年，月平均气温变化在26.1~29.3℃，是全年气温最高的月份，降水急剧上升，大田作物防范暴雨、大风和冰雹灾害。加强大田作物玉米、大豆、棉花管理，追肥喷药等。

8月：经历立秋、处暑两个节气，月平均气温仍很高，是暴雨、降水最多的月份，玉米进入抽穗、扬花期，棉花进入蕾铃期，上旬播种白菜、萝卜，红薯扦插种植。

9月：经历白露、秋分两个节气。1996—2005年，月平均气温变化在19.1~21.9℃。雨季已过，蒸散量再次超过降水量，下旬玉米逐渐成熟收割，冬小麦播种准备工作开始。

10月：经历寒露、霜降两个节气。1996—2005年，月平均气温变化在12.8~16.2℃。上旬大田作物玉米、大豆抢收，冬小麦抢种。棉花开始采摘。

11月：历经立冬、小雪两个节气。1996—2005年，月平均气温变化在3.5~7.5℃，由降雨逐步过渡到降雪，麦田夜冻日消、浇压冻水，苹果、梨、葡萄采摘已完，清园浇封冻水。乔木开始落叶。

12月：历经大雪、冬至两个节气。1996—2005年，月平均气温变化在1.1~2.96℃，气候寒冷，注意防冻。蔬菜大棚注意保温。

第三节 水文 土壤

一、水文

1.地上水

据史籍记载，古有太白渠、斯洨水流经藁境。明嘉靖《藁城县志》载，县境内有滹沱河、磁河、牧道沟、郦阳水、白洋河、只照河等。但有些河流历经时代变迁而潜流地下，或湮灭无迹。今全境属海河流域子牙河及大清河水系，过境河流只有滹沱河、牧道沟和石津(石家庄—天津)总干渠。

滹沱河发源于山西省繁峙县泰戏山下，经正定入藁城。境内南堤长27.7千米，北堤长15.6千米，河宽平均为4000米，境内流域面积119平方千米，设计行洪能力3300立方米/秒，最大行洪量11300立方米/秒。

历史上，滹沱河道变迁无常，且自明代以来，多始自藁城。据史料记载，唐《元和志》称：“九门县水在县西九十里，藁城水去县二十九里。”北宋《太平寰宇记》称：“九门县河在县北四十九里，藁城县河在县东二十九里。”元代徙至县城北一里。明成化年间“始迫城下”。弘治十四年(1501)，河道北迁8里，流向东南经晋县南关而下。嘉靖年间，又自四公村向南逼近县城西北隅，流至县城东北隅1里处，折而东南。清顺治十一年(1654)，复自正公村东冲突而南，经朋学、东辛庄入晋县境。康熙七年(1668)，又从正公、陈村之间冲突。自此滹沱河自县城东北流向东南，经兴安、陈村、东辛庄、里庄、小常安、后营、南黄家庄过晋县周头入白牧河，后又北移。咸丰元年(1851)，滹同治七年沱河晋县段大溢，由朋学至晋县相古庄分道东下，宽数十里，低处为急流，毫无正路。同年又自南楼村决口，经晋县、束鹿东下。同治七年(1868)，自县城东北隅决口，遂改道东北直接合于天津白河，是为现河道。境内自小丰村入境，经岗上、九门、城关、南董、兴安5个乡镇，至东里村出境。

1949年前，滹沱河水患频仍，长期未能根治。中华人民共和国成立后，在党和政府的领导下，上修水库，下筑堤坝，每至汛期，则组织人民防汛抗洪，战胜了 1954 年 、1956 年、1963 年、1989 年、1996 年的特大洪水，从根本上解除了滹沱河水患。进入 21 世纪后，滹沱河长年断流。

磁河发源于曲阳恒山，经灵寿、行唐张茂村伏流，至正定、藁城，迤逦入无极达滹沱河。每逢丰水年到无极县境转为明流。故当地农民有“磁河暗流 40 里”之说。明嘉靖《藁城县志》载，磁河为季节性河流，“其夏秋泛涨之势，与滹沱河相似，冬春则水常涸”。近代磁河已成为裸露地面的古河道，由于上游修建水库，磁河滩地已全部垦为良田，几乎看不出河道。

木刀沟又称牧道沟，北宋《太平寰宇记》称“长淋沟”。唐《元和郡县志》载：“新乐县东南二十四里，沟旁人姓木名刀，因名。”木刀沟发源于新乐县闵镇闵泉，并有行唐县诸山村之水汇入，东至新乐县马头铺村南入县境北部边缘，流经牛家庄、北桥寨、东桥寨、金庄、后西关、固德村北至大王村出境入无极县界。境内流程 13.4 千米，流域面积 212 平方千米，设计行洪能力 800 立方米/秒，现已多年断流。

木刀沟原是磁河一支流，清嘉庆六年(1801)，正定境内磁河下游淤塞，上游洪水泛滥，磁河遂自正定县西北隅折向东北流入新乐县界，合于木刀沟。因而新乐县闵镇以上称磁河，以下称木刀沟。清嘉庆六年(1801)以前，木刀沟流域多泉水涌出，常年流水不断，县内北部地区农民常种水稻。每到秋季，遍地苍绿可掬，俨若江南景色。但到盛雨期，常因水势过大，宣泄不及，每每破堤为害，水患频仍。1957 年 7 月，横山岭水库拦洪后，木刀沟水患解除。

石津总干渠 由黄壁庄水库至天津过境引水灌溉河渠，流经县内 26 千米。设计流量 100 立方米/秒，最大流量为 120 立方米/秒。此渠只是过境水，藁城不能引用。

赵庄地处滹沱河、磁河之间的河间地带，不能直接用河水，因为距离不远，过去河水长年不断，下渗水也能增加本村的地下水。大雨形成洪水，流向东南，最后流入滹沱河。

2.地下水

按水文地质条件划分，藁城境(含村境)属太行山前滹沱河冲洪积平原，地下古河道重叠，有宗子河、白洋河、郦阳河，浔河等，地下水源丰富。按河北平原第四系地层分层原则，分四个含水组：第一含水组，底板为 20 ~30 米；第二含水组，底板为 100~150 米。以上两个含水组具有相同水力特征，为潜水—承压水，上部以潜水类型为主。两个含水组总厚度约 30~50 米，自西向东，含水层层数逐渐增多，厚度变大，水量由大变小。单位涌水量一般都≥20~30 立方米/时，水质全淡，总矿化度为 708.8 毫克/升，pH 值为 7.6，属于弱碱性水。按化学成分分类，沿滹沱河一带为重盐酸盐硫酸盐钙镁型水。水温变化在 12~15℃，适宜人畜饮用和灌溉，对农作物生长较为有利。地下水位动态为渗入—开采型，补给径流条件良好，是工农业普遍开采利用的含水层。1970 年埋深在 4~8 米，1985 年平均埋深 13.87 米，2016 年平均埋深 20 多米。

第三、第四含水组，统称深层地下水，垂直交替弱，水头虽高，但补给有限。所以深层地下水的开采远不及浅层地下水。

地下水补给量以大气降水垂直补给为主，多年平均补给量为 7838.8 万立方米，占总补给量的 30.7%。河渠侧向补给占第二位，多年平均为 7838.8 万立方米，占 27.2%。此外，还有田间灌溉回归补给和人工回灌补给。全县多年平均总补给量为 28787.4 万立方米。

二、土壤

1.土壤

新中国成立后，藁城先后进行了两次大规模的土壤普查。1958 年进行第一次普查。1981 年 10 月至 1983 年 10 月进行第二次土壤普查。根据《全国第二次土壤普查暂行技术规程》和《河北省土壤普查技术规程若干补充规定》拟定之标准，藁城域内土壤分为 2 个土类、5 个亚类、7 个土属、39 个土种。2 个土类：褐土类、潮土类。5 个亚类：石灰性褐土、潮褐土、褐土性土、潮土和褐潮土。

褐土类褐土是全市(县)面积最大的土壤类型，为本市主要土壤，面积为 82.9 万亩，占全市土地资源总面积的 75.6%。。褐土类在本市有三个亚类：石灰性褐土、潮褐土、褐土性土。与其对应的三个土属为:(1)壤质洪积冲积物石灰性褐土,其中有4个土种。(2)壤质洪积冲积物潮褐土,其中有16个土种。(3)壤质洪积冲积物褐土性土,其中有1个土种。

潮土类,是全市第二个土类,面积为26.71万亩,占全市土地资源总面积的24.36%。潮土在本市有两个亚类,一是褐潮土亚类,有两个土属:(1)壤质洪积冲积物褐潮土,其中有9个土种。(2)壤质河流冲积物褐潮土,其中有7个土种。二是潮土亚类,有两个土属:(1)壤质河流冲积物潮土,其中有1个土种。(2)砂质河流冲积物潮土,其中有1个土种。

赵庄村域在滹沱河、磁河之间河间地带,土壤属褐土类、石灰性褐土亚类。

土壤肥力 1981年第二次土壤普查结果表明,域内各类土壤耕层养分含量属国家分级标准的中下等水平。有机质平均含量为1.03%,全氮0.067%,碱解氮55.2ppm,速效磷10ppm,速效钾107.7ppm。通过20世纪80年代后20余年的监测和耕地地力调查,藁城境域土壤耕层养分总体上呈上升趋势,具体表现是土壤有机质、全氮、速效磷等含量均有不同程度的提高,而速效钾呈下降趋势。

2.植被

赵庄和藁城境内其他村庄基本一样,植被以温带植物区系成分为主,植被类型为人工植被,自然植被很少。因为农耕历史久远,原始植被早已被土地开垦、培育农田而破坏。现被覆地表的全为人工栽植的农作物(如小麦、玉米、棉花、谷子、高粱、豆类、薯类和瓜菜类等)。地带性植被为落叶阔叶林。藁城境内林地主要分布在“三河一故道”区域,林地主要种植梨、苹果、桃、杏、枣树、核桃等树种。农田林网、村庄村民房前屋后主要种植杨树、槐树、柳树、榆树、椿树、枣树、法桐等树种。

第四节 自然资源

一、水资源

藁城区(市)自然水系属大清河流域、滹沱河流域和滹滏区间。水资源包括地表水及地下水两部分。在地表水资源中,主要来源于降水,其次包括滹沱河、木刀沟过境水与石津总干渠过境入渗等项补给构成。水总量,根据《藁城市第二次水资源评价报告》的数据,藁城多年平均水资源总量11824万立方米,人均水资源量为159立方米,为河北省人均水资源量311立方米的51%,是水资源极度匮乏地区之一。经统计,藁城多年平均地表水可供水量总计100万立方米,地下淡水资源量为11724万立方米,多年平均地下水可供水量总计为16809万立方米。藁城市现状总用水量为32612.35万立方米,其中浅层地下水30412.35万立方米,深层地下水2200万立方米;工业、农业、生活、环境用水量分别为4344万立方米、24511万立方米、3742万立方米和15万立方米,用水结构为13.32:75.16:11.48:0.05。

工农业和生活用水以地下浅层水为主,随着地下水连年超采,加之连年干旱,使地下水位大幅度持续下降,20世纪70年代,地下水位不过4~5米,到2000年,地下水位降到25.4米。

赵庄可利用的水资源主要为地下水,地表降水为补充。赵庄属太行山前磁河洪冲积扇平原,地下水资源原本较为丰富。但因上游修建水库滹沱河干涸、磁河断流,连年干旱,地表水利用减少,农业灌溉、工副业和生活用水增加,连年超采浅层地下水,地下水位不断下降。地下水分四个含水组,第1、第2个含水组为潜水—承压水,上部以潜水为主。底板埋深分别在20~30米、100~150米,补给径流条件良好,位于潜水蒸发带以下,是工农业普遍利用的含水层。第3、第4含水组间为承压水,统称深层地下水,垂直交替弱,补给有限。

二、土地资源

1986—1988年,全县土地资源普查结果显示,土地总面积为1215577.2亩,折合810.38平方千米。其中耕地面积808351.2亩,园地150598.4亩,林地8208.1亩,居民点和工矿用地149696.7亩,交通用地33608.2亩,水域用地57272.8亩,未利用土地7841.8亩。

2005年,藁城市土地总面积为81038公顷。其中，耕地面积为56613公顷，占全市总面积的69.9%；建设用地总面积12561公顷，占15.5%；园地7085公顷，占8.7%；交通用地941公顷，占1.2%；水利设施用地73公顷，占0.09%；未利用土地面积2883公顷，占3.6%；其他882亩，占1.01%。

赵庄村域内总面积6.68平方千米，合668.24公顷。1947年土改时人口832户、4740人，耕地9860亩，人均耕地2.08亩。1958年，四周边缘舍弃给邻村不少耕地。

2012年编制的村镇规划统计，村域面积6.68平方公里、668.24公顷（10023.6亩），其中现状村庄建设用地（包括住宅、道路、商业、坑塘等）106.32公顷（1594.8亩），工业企业占地10公顷（150亩），耕地409公顷（6136亩），全村2100户、8600人，人均耕地0.713亩。与1949年832户、4740人，耕地9860亩，人均耕地2.08亩相比，户数、人口分别增加152%和81.4%，耕地和人均耕地分别减少37.8%和65.7%。

三、矿藏资源

赵庄村域有丰富的地热资源。储藏量多少、开采价值几何，尚不确知。但已打了2眼地热井，供楼区冬季取暖，水温在28℃以上。还有黏土资源。

四、生物资源

1.农作物资源

粮食经济作物有小麦、大麦、玉米、高粱、谷子、豌豆、青豆、黄豆、黑豆、红小豆、绿豆、豇豆、蚕豆、荞麦、黍子、棉花、红薯、土豆、花生、芝麻。

瓜果蔬菜有白菜、油菜、芥蓝、白萝卜、胡萝卜、菠菜、韭菜、芹菜、莴笋、辣椒、葱、茴香、黄瓜、西红柿、大蒜、苦瓜、丝瓜、葱头、芥菜、桃、杏、苹果、梨、西瓜、冬瓜、北瓜、西葫芦、南瓜、甜瓜、面瓜、瓠子、芫荽、茄子、眉豆、葡萄等。

2.乔木资源

树木有桑树、榆树、槐树、国槐、大叶杨树、小叶杨树、椿树、柳树、桃树、杏树、梨树、苹果树、枣树、柏树、核桃树、柿子树等。

3.家养动物资源

家养动物有马、牛、驴、骡、猪、羊、狗、猫、兔、鸡、鸭、鹅、鸽子等。

4.野生动物资源

（1）哺乳纲约6科20余种，主要品种如下。

狐狸　俗称“狐子”。主要活动在坟茔地周围。现已绝迹。

草兔　俗称“野兔”。活动在田野庄稼地里，农历五月开始产崽，一窝三五只，年产数窝。秋天，很多人抓野兔。20世纪80年代后，逐年减少。

黄鼬　俗称“黄鼠狼”。是经济价值较高的皮毛资源。20世纪80年代后很少见。

刺猬　栖息于草丛田野，食昆虫，对农、林、牧有好处。

蝙蝠　俗称“夜马虎”。栖于树洞或屋檐下，捕食昆虫。蝙蝠屎中药称“夜明砂”。

褐家鼠　俗称“老鼠”“耗子”。喜在住宅墙壁、地窖和阴沟掘洞栖息，偷食粮食、食物，是鼠疫、兔热病和丹毒等病原体的携带者，对人类有害。

大仓鼠　俗称“搬仓鼠”。活动于田间，危害农业。

（2）鸟纲20余种，主要品种如下。

家燕　候鸟。常见的有红脖燕、麻燕。20世纪80年代以来随着农村新式房屋的增多，家燕有所减少。

麻雀　俗称“家雀”。80年代后随着国家对林业越来越重视，数量在逐年增多。

喜鹊　俗称“麻野雀”。是“吉祥鸟”。于树顶筑巢，以昆虫及其他小动物为食。对清除垃圾、净化环境有益。80年代由于使用农药，数量大减，90年代末，数量又有所增加。

鸿雁　俗称“大雁”。候鸟。境内已少见。

啄木鸟　俗称“锛凿木”。栖于树林，啄食树木害虫，对发展林业有益。常见的为绿啄木鸟。

乌鸦　俗称“老鸹”。以秃鼻乌鸦最为常见。捕食虫类，亦危害庄稼芽苗。

原鸽　俗称“野鸽”。肉可食。

鹌鹑　栖于田间、沙滩。80年代有人引进优种发展为人工饲养。鹌鹑肉、蛋有较高的营养价值。

杜鹃　又称“布谷鸟”。夏季候鸟，有大杜鹃、小杜鹃、四声杜鹃等多种。其中,大杜鹃在麦收时节鸣叫,声音清亮,可听出谐音为“麦收种谷”。

鹰 有苍鹰和雀鹰,农村有人在冬季驯养以捕猎野兔。

鸮 又称猫头鹰。冬季候鸟。夜行性,俗称“夜猫子”。常见的有长耳鸮与短耳鸮,嗜食鼠类,是著名益鸟。迷信者视为不祥之物。

其他还有灰喜鹊、黄鹂、黄雀、斑鸠、鸺鹠等。

(3)爬行纲约3科7种,主要品种如下。

蝮蛇 又称土公蛇。栖于草丛、灌木丛中。属毒蛇,但很少见,是鼠类、蛙类的天敌。

黑眉锦蛇 又称黄颌蛇。喜栖于宅院缝隙,是家鼠天敌。蛇肉可炮制药酒,有舒筋活络之效。20世纪80年代后有减少趋势。另外有赤链蛇等。

壁虎 俗称“蝎虎子”,是居宅益虫。

蜥蜴 俗称“地出力儿”。常见的有麻蜥,多生活在旱地晒壤地带。

(4)两栖纲2科6属,主要品种如下。

金线蛙 多生活在水中,农田卫士。

黑斑蛙 又称青蛙、田鸡。农田卫士。

蟾蜍 俗称“癞蛤蟆”。是采集中药“蟾酥”的生物资源。

(5)鱼纲主要有:鲤鱼、鲇鱼、泥鳅等。

(6)昆虫纲,主要品种如下。

蚱蝉 俗称“知了”。脱落之外壳,中药称“蝉蜕”。为林木害虫。

蝗虫 俗称“蚂蚱”。有飞蝗、稻蝗等多种,主要危害禾本科作物。

蟋蟀 俗称“促织”。啮食植物,为农业害虫。干燥虫体可入药。

中华螳螂 俗称“大刀螂”。捕食害虫。

地鳖 俗称“土鳖”,又叫“簸箕虫”。干制品可入药。80年代后有人工饲养。

蜜蜂 蜂蜜营养价值很高。蜂房可入药。

赤眼蜂 玉米螟天敌。80年代有农业科技人员进行人工繁殖,用于生物除虫。

七星瓢虫 是蚜虫天敌。80年代搞人工放养,用于生物除虫。

斑蝥 栖于豆类作物。干制品可入药。

蜣螂 俗称“屎壳郎”,有清除粪便的功能。

蝈蝈 俗称“叫木咋”“蛐子”。

另外有蝎,干制品中药称“全蝎”,有人工饲养;蚯蚓,常见的为环毛蚓,俗称“曲蟮”,干制品名“地龙”,可做家畜、家禽饲料,供药用或食用。还有蜗牛、蚰蜒、蜈蚣、鼠妇(俗称潮虫子)、蛐蟮等。

5.野生植物资源

当地野生植物资源,以一年生和多年生草本植物为主,种类繁多。

(1)香蒲科

芦苇 多生长在河塘坑边,为苇席生产原料,但数量不多,现已少见。

香蒲 俗称“蒲草”。生长在滹沱河漫滩地。近已少见。

(2)禾本科

菵草 俗称“水稗子”。生长于湿地。

白茅 俗称“菅草”。根可入药。

白羊草 多生长在果园、路边。

虎尾草 俗称“棒槌草”。多生长在果园、苗圃、田边、路旁。

狗尾草 俗称“谷莠子”。多生长在谷地。

稗 俗称“野稗子”。生长在水湿地、稻田。籽实磨面可食。

马塘 俗称“线草”“蔓子草”。生长在田间、路旁。

蟋蟀草 俗称“牛筋草”。生长在田边、苗圃、果园等。

画眉草 俗称“蚊子草”。多生长在荒芜地块。

另有问荆(俗称“节节草”)、水莎草(俗称“三棱草”)、碱草等。

(3)豆科

草木犀 生长在潮湿地。

巢菜 亦称“草藤”。

直立黄芪 亦名“沙打旺”。生长在河滩沙地。

(4)蓼科

萹蓄 生长在麦田。

酸模叶蓼 生长在湿润地。

两栖蓼 生长在水边湿地。

(5)菊科

小蓟 俗名“刺儿菜”“扎扎菜”。可食用,也可入药。生长在田间、路边。

苍耳 俗称“苍子”。籽实可入药。多生长在田间,棉田较多。

苣荬菜 俗称“苣苣菜”。可食。多生长在河滩沙地和田间、路边。

抱茎苦荬菜 生长于荒野、路边,麦田亦有。

蒲公英 俗称“婆婆丁”。可入药。生于田间、路边。

旋复花 俗称“金佛草”。生长在河边、林地和田间、沟旁。

黄花蒿 俗称“臭蒿”。生长在田间、路边和沟旁。

鳢肠 俗称“旱莲草”。多生长在田间潮湿地。

(6)车前科

车前 俗称“车轱辘菜”“猪耳朵棵”。籽实可入药。生长于湿草地和田埂、路旁。有车前、平车前之分。

(7)马齿苋科

马齿苋 俗称“马神菜”。叶紧靠排列如马齿,性滑似苋菜,故名马齿苋。苗可食,有治疗和预防肠炎腹泻作用。

(8)藜科

地肤 俗称“扫帚苗”。嫩苗可食。多生长在田间、路旁。

猪毛菜 俗称“针针菜”。苗可食。多生长于砂质土壤的荒地、路旁。

藜 亦名“灰菜”。嫩叶可食。多生长在麦田、菜园,是棉铃虫、地老虎的寄生植物。

小藜 生长于麦田、菜园。

刺藜 俗称“刺穗藜”。生长于田间、路旁。

(9)苋科

反枝苋 俗称“西风谷”。生长于田间、路旁。

凹头苋 俗称“紫苋”。生长于田间、路旁。

(10)旋花科

打碗花 俗称“小旋花”。生长在田间菜园。开黄花。

田旋花 亦称“箭叶旋花”。生长于田间、荒地。

圆叶牵牛 俗称“毛牵牛”。生长于果园及农田。

菟丝子 俗称“金丝藤”。可入药。多寄生于大豆、苋、藜等植物上。

(11)茄科

龙葵 俗称“黑水茄”。可入药。

小酸浆 生长于田间、路边和荒地。

曼陀罗 俗称 “浪当”“刺茄”。生长于路边、荒地。

另外还有野薄荷、益母草、地黄、地母草、米瓦罐、独行菜(俗称“辣椒根”)、风花菜、苘麻(俗称“青麻”)、萝摩(俗称“地稍瓜”)、地锦、蒺藜等。

6.野生药材

野生药材植物繁多。据有关部门普查,所产中药材 100 多种,属 55 科,常见的有:小蓟、马齿苋、白茅根、苍耳子、刺蒺藜、枸杞、红花、金银花、菊花、薄荷、车前、荆芥、板蓝根、蒲公英、瓜蒌、香附、甘菊、益母、蒲黄、防风、芦根、香菇、菟丝、紫苏、艾叶、凤眼草、地骨皮、桑白皮、地肤子、莎草根、二丑、白蒺藜、曼陀罗、党参、生地、地丁、荆三楞、桑叶、葶苏、藁香附等 40 多种。

第五节 自然灾害

根据《藁城民政志》记载,1985 年前赵庄及其周围波及赵庄的自然灾害如下。

一、旱灾

清康熙六十年(1721)大旱。

清乾隆元年(1736)自七月后雨泽短少,收成大减,仅六七成。

清乾隆八年(1743)旱。

清乾隆十年(1745)二麦受旱歉收,收成在五成以下。

清嘉庆二十二年(1817)受旱成灾。

清道光二十七年(1847)大旱不雨,减收。

清光绪二年(1876)大旱,翌年又旱,成灾减收。

1920年(民国9年)、1935年(民国24年)、1942年(民国31年)大旱,粮食减产三四成。

1935年(民国24年)一春无雨,近夏连日大风,苦旱,不能下种。

1936年(民国25年)夏虽不时降雨,均未透润,旱情严重,禾苗枯萎。

1942年(民国31年)全年基本无雨,粮食减产三四成。

1943年(民国32年)春旱少雨,种植延期,麦禾发育不良。

1965年为特旱年,全年降水量234.6毫米。由于发展了机井灌溉,受灾面积仅20400亩。

1972年春夏无雨,由于全民抗旱,机井灌溉,收成未减。

二、涝灾

元至大元年(1308)秋七月,藁城大水灾,赵庄受淹。

明弘治十四年(1501),滹沱河泛滥成灾,冲坏民舍不可胜计,灾民移徙无所。

清顺治五年(1648),六月滹沱河泛滥,护城堤被冲坏。

清顺治十一年(1654),滹沱河自正公村东冲决,成灾。

清康熙七年(1668),滹沱河、磁河泛滥,县城恒镇门塌陷,滹沱河自正公村西至陈村中间冲决为灾。

清康熙三十五年(1696),滹沱河大水淹没灯笼屯(南屯村)。

清雍正三年(1725),滹沱河东徙,藁城大水为患。

清乾隆三年(1738),滹沱河北徙,藁城大水,冲坏民舍。

清乾隆二十四年(1759),七月,大水,农田被淹。

清乾隆三十三年(1768),滹沱河水泛滥,低洼地被淹。

清乾隆三十六年(1771),七月,滹沱河水涨发,广阳及天王庙西草坝塌损为灾。

清乾隆四十六年(1781),藁城被水淹,歉收四成。

清乾隆四十八年(1783),滹沱河水复涨,田禾伤损严重。

清乾隆五十年(1785),七月间滹沱河上游水发,藁城水淹。

清乾隆五十九年(1794),春旱,夏,滹沱水泛涨,冲坏民居。

清嘉庆六年(1801),滹沱河泛涨,邑南沃田尽被沙压。

道光二年(1822),自五月下旬至六月上旬,大雨连绵,滹沱河水陡涨洪发,受灾八成。

道光三年(1823),滹沱河水泛涨。

清道光十九年(1839),遭水灾,歉收三四成。

清咸丰元年(1851),滹沱河水大涨,由北楼村决口为灾。

清咸丰三年(1853)夏,大雨,滹沱河水泛涨。

清同治七年(1868),滹沱河于城东北隅决口为灾。

清同治十年(1871),七月二十六日雨至八月七日止,禾稼多伤。

清同治十二年(1873,)滹沱河水溢,歉收三成。

清光绪五年(1879),五月中旬以后,连降大雨,西北边外山水奔腾汇注,各河迭次涨漫,藁城被水淹。

清光绪九年(1883)六月,连日大雨,势若倾盆,加上上游山水暴发,奔腾灌注,河水暴涨,藁城受灾,田亩被淹,坍塌房屋甚多.

清光绪十六年(1890),秋禾被淹,歉收三四成。

清光绪二十一年(1895),四月,大风雨两昼夜,屋塌无计。

1917年(民国6年)六月初八,大水淹没田舍,灾民徙居无所。听老人讲,赵庄80%房屋倒塌。

1923年(民国12年),风雨灾害,大树拔起损折房屋倒塌。1924年(民国13年)水灾,滹沱河水屡溢。

1939 年(民国 28 年),滹沱河水溢。

1954 年 7 月,连降倾盆大雨,滹沱河水猛涨,全县 182 个村遭水灾,淹地 26611 亩,倒塌房屋 13535 间,死伤 80 余人。

1956 年 7 月 29 日至 8 月 6 日大雨,九昼夜降水 412.2 毫米,滹沱河洪峰流量 11300 立方米/秒,滹沱河决口 12 处,木刀沟决口 1 处,周汉河决口 10 处,淹地 596997 亩,倒塌房屋 44631 间,死伤 61 人。

1963 年 8 月 4 日至 9 日大雨 6 昼夜,降水 591.7 毫米,滹沱河洪峰流量 7000 立方米/秒,平地水深 0.6 米,全县 239 个大队全部受灾,淹地 683104 亩,倒塌房屋 20 余万间,冲毁渠道 359 条、公路 107 公里、桥梁 11 座、机井 4000 余眼。赵庄土地被淹,房屋多数倒塌、院墙倒塌殆尽,村外流水近两个月。

三、冰雹灾害

清光绪二十七年 (1901)7 月 22 日午后雨雹,小者如杯,大者如碗,从获鹿(今鹿泉)起,过县境至河间止。

1927 年 5 月 6 日,雷雨交加,岗上以西雹伤青禾。

1932 年 4 月间,陈家庄以西雨雹。

1952 年至 1985 年共降雹 43 次,成灾 18 次,占 41.8%。例如:1977 年 5 月 20 日午后到傍晚,县内连续两次遭受暴风雨和冰雹袭击,降雹时间分别为 12 分钟和 7 分钟。第二次雹大如拳,密度很大,重灾区雹厚 16~20 厘米,是藁城历史上罕见的雹灾。受灾 20 个公社 179 个大队,砸毁庄稼 278332 亩、果树 8569 亩,砸死大牲畜 5 头、猪 100 余头。

县内历年冰雹灾害从西北向东南移动,大致有四个多发带:一是从北桥寨经前西关到无极马桥;二是从大奉化乡经赵庄、只都、西四公、兴安到北楼、张村乡;三是从良村经南营到刘海庄、贾市庄镇;四是从丘头镇经丽阳镇到梅花镇。

四、风灾

历年大风灾害有三种情况:即寒潮大风、高压后部偏南大风、雷雨大风。寒潮大风多出现在春、秋两季,使土壤风蚀,墒情锐减,加剧干旱程度;高压后部偏南大风,多出现在 4—6 月,以 5 月为最多,加剧春旱影响春播,危害小麦灌浆;雷雨大风多出现在雨季降水高峰期,虽持续时间较短,但风力大(最大 9~12 级),风雨交加或伴有冰雹,使农作物严重倒伏、断株、果实脱落。据民国《续修藁城县志》载,清嘉庆二十三年(1818),清光绪七年(1881)、十三年、二十一年,民国十二年(1923)都有大风拔木,房屋倒塌无数的灾情,给人民生命财产带来巨大损失。

1959—1982 年大风天气出现 582 次,平均每年 24.3 次。例如:1957 年 4 月 8 日一场西北大风,最大风速 20 米/秒,是几十年中所少见的,刮倒房屋树木无数。

1980 年 8 月 30 日午后 3 点,包括赵庄在内全县发生雷雨大风,并伴有冰雹,风力 10 级,瞬间 12 级。有 23 个公社、181 个大队的 284588 亩农作物遭灾,刮倒树木 4101 棵,刮倒电线杆 80 余根。

1984 年 5 月 27 日,雷雨大风,风力 8 级,大风、冰雹、骤雨持续 10 多分钟,10 万亩棉苗砸掉顶尖,40 万亩小麦严重倒伏。

1985 年 7 月 2 日和 4 日,连续两次风雨和冰雹袭击,8 个乡镇 36 个村庄的 10 万亩大秋作物被砸毁。

另外,在小麦灌浆期,常出现高温、热风天气,即“干热风”,使小麦在灌浆期和乳熟期、蜡熟期植株水分失调,茎叶凋萎,青枯干熟,形成秕粒而产量大减。

五、低温连阴雨

低温连阴雨多出现在春、夏、秋三季。分棉播期、麦收期、秋季低温连阴雨。

棉播期低温连阴雨,出现在 4 月 10 日至 30 日,有阴雨型和低温型。1958 年至 1982 年 24 年中,阴雨型连阴雨出现六次,低温型出现 8 次。成灾 2 次。例如:1964 年 4 月 14 日至 24 日,阴雨连续 11 天,降水量达 103.9 毫米,低洼地出现沥涝,棉花烂种毁种。1965 年 4 月 17—22 日、27—30 日,两次连阴雨过程持续 10 天之久,造成包括赵庄大队在内全县棉花烂种毁种,小麦病害大面积蔓延。

麦收烂场雨,24 年中出现 8 次,连阴雨最长持续 5 天,最短的持续 3 天,造成上场小麦霉烂发芽。

秋季低温连阴雨,24年中出现12次，最长的持续13天，最短的持续5天，降水量最多的134.1毫米,造成玉米、高粱、谷子灌浆不足,降低品质。棉花虫害繁衍、蕾铃脱落、烂桃,造成减产。

六、虫灾

历史上有记载的虫灾年份有：宋元祐六年(1091)野蚕成茧;清康熙二十六年(1687)蝗灾;嘉庆七年(1802)蝗;道光六年(1826)虫伤禾,有虫无数,食之殆尽;道光十六年(1836)蝗;咸丰八年、九年、十年连续三年大蝗伤禾;光绪十六年(1890)秋,黑虫伤禾;1932年7月青虫将豆叶食尽;1941年秋初,飞蝗蔽日,秋粮基本绝收。

1949年后,经常有虫害发生,害虫种类呈增多趋势,主要有棉蚜、麦蚜、棉铃虫、地老虎、黏虫、玉米钻心虫、红蜘蛛、棉花小造桥虫、蛴螬等四五十种。1962年至1985年的24年中，全县发生虫害面积47.5万亩,成灾面积5800亩,未造成严重损失。

七、地震

明弘治十年正月(1497年2月)真定(含赵庄域)4级地震;

明弘治十年六月(1497年6月)真定地震,赵庄有强烈震感;

明正德七年,北纬37°54'、东经114°42',发生五级地震,倾民庐舍,含赵庄地域;

明嘉靖七年夏,栾城等县地震有声,倾民庐舍;

明嘉靖十五年冬十月(1536),井陉、隆平、武强县地震有声，三县同震，越三日井陉复震,8日复大震,赵庄有震感;

明隆庆元年(1567)正月初二,北纬38°24'、东经114°48',午时4级地震;

明万历十一年十月（1583）北纬38°18'、东经114°30'正定府4级地震;

明万历四十一年秋（1613）北纬38°12'、东经114°24',天鼓鸣,4级地震;

明万历四十二年秋(1614)九月二十一日,正定大地震,逾数刻;

明万历四十三年夏秋,正定州县大旱,秋九月地震;

明天启四年(1624)春二月,正定地震;

明天启六年(1626)六月,正定地震如雷;

明天启七年(1627)真定地震;

清康熙十五年(1676)十月初五巳时,井陉地震,居民伤损;

清康熙二十三年(1684)十一月,晋州4级地震,藁城有感;

清雍正八年(1730)获鹿、藁城地震;

清道光八年(1828)井陉地震,瓦屋摇动;

清道光十年(1830)三月闰四月十一日酉时,正定4级地震;

清咸丰元年(1851)五月十三日,4级地震;

清宣统元年(1909)九月二十九日,直隶获鹿县地震,声若迅雷周方计百数十里,历时约30分钟,倒塌房屋甚多;

1931年10月15日下午5时,4级地震;

1966年3月8日,北纬37°21'、东经114°03',隆尧6.8级地震,赵庄震感强烈;

1966年3月22日,北纬37°32'、东经115°55',宁晋7.2级地震，赵庄震感强烈，藁城有7个公社195个生产大队受灾严重,房屋倒塌763间,震坏房屋5583间,伤9人死1人,烈度六度,赵庄少数房屋受损;

1972年3月5日,石家庄地区地震1.6级,赵庄有震感;

1976年7月28日,唐山7.8级大地震,赵庄有强烈震感;

1979年6月8日，藁城小果庄一带发生2.5级地震,赵庄有震感。

1986年至2008年赵庄及其附近波及赵庄的自然灾害

一、风雨灾

1988年7月15日9时30分至10时30分,遭受一次风力8级,阵风10级,降雨67.7毫米的袭击,倒伏农作物12万亩,棉花落铃40%;1988年8月连遭三次暴风雨袭击,损失惨重。

1990年8月1日晚8至9时，藁城全市遭受了一场特大暴风雨袭击，风力10级以上，局部12级，降雨70余毫米，北部7个乡镇伴有冰雹，致使全市48万亩玉米遭受损害，刮倒树木3.9万棵、房屋114间，直接经济损失2000万元。

1996年8月3日晚至5日晨，遭受了自1963年以来最大一次暴雨和洪水灾害，一昼夜降雨量达295毫米，木刀沟、滹沱河洪水泛滥，21万人被洪水围困，农作物大面积被冲毁，农田基本设施和交通、通信、电力等基础设施被严重破坏，直接经济损失123246万元。

1996年8月12日晚10时30分，遭受大风和暴雨袭击，持续近1个小时，降雨量41.4毫米，风力9级以上，除岗上镇以外，14个乡镇(区)均遭受到了不同程度的损害，玉米受灾面积183768亩，果树受灾面积33635亩，刮倒大树200棵，刮倒电杆30根，倒塌房屋10间，这次灾害直接经济损失8221.44万元。

2002年8月4日晚11时至12时，藁城北部乡镇遭受风雨灾害，涉及九门、张家庄、增村3个乡镇38个村，瞬时风力9级以上，降雨18.4毫米，成灾面积5.9万亩，直接经济损失1800万元。

2006年5月24日18时30分至25日7时30分，藁城市中南部乡镇遭受暴风雨，6个乡镇37村受灾，小麦倒伏，直接经济损失976万元。

2006年9月8日9时30分至10时，藁城北部增村、张家庄、西关、九门、廉州等11个乡镇遭受风雨灾，最大风力8级，降雨23毫米，受灾面积14.8万亩，损失2350万元。

2007年5月22日0时5分，藁城中南部乡镇遭受暴风雨袭击，最大风力8级，最大降雨45.1毫米，受灾面积4.98万亩，损失1406万元；7月8日18时20分，包括张家庄镇在内的12个乡镇遭受暴风雨袭击，最大风力8级，最大降水量31.1毫米，受灾人口21万人，受灾面积23.1万亩，民房、厂房有倒塌，损失3084万元;8月2日零时30分至4时30分，全市遭受不同程度的暴风雨袭击，受灾面积2.24万亩，包括张家庄镇倒塌房屋11间，损失244万元。

2008年6月25日20时15分至20时52分，藁城北部地区遭受暴风雨袭击，最大风力7级，最大降雨量28.1毫米，损失280万元;8月15日8时23分至9时44分，藁城境域遭受不同程度的暴风雨袭击，受灾人口9830人，倒塌房屋5间，直接经济损失116万元;8月24日8时30分至25日凌晨1时，市中北部和西南乡镇遭到严重暴风雨袭击，包括张家庄镇在内12个乡镇和开发区，受灾人口15万人，受灾面积14.09万亩，直接经济损失4923.3万元。

二、风雹灾

1986年5月28日下午6时56分至7时14分，全县19个乡镇、145个村遭受暴风雨、冰雹袭击，受灾面积12.2万亩，受灾人口122124人，损失惨重；

1990年6月22日凌晨2至3时，北部增村、前西关、大丰化等6个乡镇遭受特大风雹袭击，风力10级以上，40分钟降雨20~25毫米，冰雹持续15分钟，10万亩农作物受灾，刮倒树木11653棵、电杆230根，一条高压线路和10条低压线路中断，直接经济损失达千万元。

1990年7月17日傍晚6时半至7时半，张家庄镇等6个乡镇遭受雷雨大风和冰雹袭击，风力8级以上，降雨30余毫米，冰雹持续10余分钟，受灾面积7.2万亩，直接经济损失500余万元。赵庄遭受灾害。

1993年8月7日下午5时至6时30分，藁城遭受了40年来罕见的狂风、雷雨和冰雹的袭击，受灾面积23.7万亩，刮倒大树8638棵、电线杆137根，刮断电力线6850米，毁坏房屋378间，损失惨重。赵庄在内。

2002年9月2日下午2时50分至3时30分，一场罕见的特大冰雹灾害突然袭击藁城北部地区，冰雹最大直径3厘米，密度每平方米3000至5000粒，瞬时风力8级以上，最大降水量18毫米，受灾面积71523亩，直接经济损失2950万元。

三、旱灾

1987年，6月、7月严重干旱无雨，使大部分花生、大豆旱死。

1993 年,春夏以来持续干旱少雨,包括赵庄在内全市 61 万亩小麦减产 10%。

1998 年入夏以来,遭受了持续两个多月的高温干旱袭击,全市受灾面积 38.5 万亩,减收 3~7 成,直接经济损失 17520 万元。

2000 年春遭受严重干旱灾害,至 5 月 9 日降雨量累计只有 20.21 毫米,2.1 万亩小麦受灾,直接经济损失 120 万元。

2007 年 11 月至 2008 年 2 月,全市累计降水 3.6 毫米,此次旱灾包括张家庄镇在内 10 个乡镇,受灾面积 22.25 万亩,直接经济损失 2073 万元。

四、低温冻害

1993 年 4 月 8~10 日, 遭受了强风和低温霜冻的袭击,最低气温降到-4℃,土壤结冻 2 厘米,受灾面积 3.5 万亩,大风刮倒塑料大棚 2324 个,8 万亩果树受害,损失惨重。

五、连阴雨

1989 年麦收时节连阴雨 10 余天,藁城 60 多万亩小麦受灾,无论是割到还是长着的小麦、全部霉变发芽,磨成面黑、苦、涩,难以下咽,损失惨重。

1995 年,雨季阴雨连绵,正值玉米扬花授粉期,使 43 万亩玉米减产,造成 24 户 90 间住房倒塌。

第四章　赵庄古镇

赵庄在战国时期后期、秦王政十九年(前 228)前建村。明朝中叶发展成集镇,明崇祯年间为赵庄营。明清为藁城县“八大古镇”之一。赵庄古镇曾有高大寨墙寨门,神宫寨、弥陀寺等 18 座古刹庙宇,明清式古建筑地主大院,千年古槐,明朝功名旗杆。街市整齐,商铺栉比,一、六大集,商贸发达。

1923 年翰儒编纂的《藁城乡土地理》载:“赵庄镇,在县城西北,距城四十里。滹沱北之首镇也。有堡墙周约三里。商民殷富。街市整齐。有巡警驻在所。国民小学在焉。每月一、六日开集,商贾云集,杂货纷陈,贸易之盛,不亚梅花,而布商猪市尤大。为各镇所不及。”

《藁城县志》(1994 年版)载:“赵庄古镇,在县城西北 20 千米与正定交界处,历史上为藁北之首镇。40 年代镇周围尚存清同治六年(1867)筑起的高大寨墙。镇中街市整齐,店铺栉比,远近闻名的赵庄集即设于此。农历初一、六日开集,邻县四周,商贾云集,杂货纷陈,尤以布商、猪市最盛,为当时其他镇所不及。”

第一节　寨墙　寨门

赵庄古镇曾有高大寨墙、宽深寨沟和七座寨门。根据记载,寨墙、寨沟和寨门是村民共同捐资、出力于清同治六年(1867)仿照古城修建的。测算寨墙周长 1700 余米,完全是夯土建成,墙基宽约 3 米,墙内看寨墙高 4 米余,紧贴外墙基外展挖有宽 5 米左右、深 2 米多的围绕寨墙的壕沟,从壕沟底部到寨墙顶部约 6 米,壕沟内有水。寨墙底部宽约 5 米,顶部宽约 2 米,可持枪械巡逻对抗外部侵犯。在寨墙的东北、正东、东南、正南、西南、正西、西北修建有七座寨门。寨门洞是青砖垒墙,木头梁、柱和檩条,泥草铺砖房顶,高约 5 米,长约 6 米,宽约 4 米,每个寨门装有木质大门两扇,门板厚约 10 厘米,除铁门栓外,还有能够插在两面墙上的方木门栓。寨门内侧有上寨墙顶的砖梯。七座寨门唯有东门出门过寨沟有吊桥,其他六座寨门出门过寨沟有修建的固定桥。仅西南门有瓮城,修建有二层寨门,二层寨门洞是青砖拱券,也有木门扇。寨门平时有人值守,日出开寨门,村民出村种庄稼,日落以后关闭寨门,严防盗匪骚扰。遇有战乱,组织庄丁日夜防守,防止小股散兵游勇、盗匪侵害村民。远观赵庄堡寨,寨墙高大,寨门雄伟,俨然一座城池。

20 世纪 30 年代,寨墙、寨沟、寨门因为年久失修,已破败不堪。1940 年日军侵占赵庄后,为了加强统治,防止共产党领导的县大队、区小队、村民兵的袭扰打击,不仅强迫村民交砖瓦木料、抓夫修炮楼,还强迫村民重修寨墙、寨门和寨沟,还在寨墙里面修建观察人员的藏身洞。每隔十来丈就修建一个观察人员藏身洞。日伪军日夜把守寨门,白日进出寨门,无论是村民,还是赶集上庙、走亲戚看朋友的外村人,都要出示良民证接受搜身检查,稍有瑕疵,非抓即打。一次西北门里村民贾四保干农活回家过寨门,皇协军站岗盘查,因回答不及时,被痛打致伤。晚上,还要村民轮班到寨墙上巡逻、站岗放哨。

中华人民共和国成立后,人民当家作主,社会安定,安居乐业。寨墙、寨门、寨沟失去了存在的意义。20 世纪 60 年代起,仅存的西南寨门被拆毁,紧邻寨墙的住户扩展宅基挖寨墙取土,寨墙不断坍塌,寨沟被淤积填埋,很快破败不堪。随着人口的增加,大队把寨墙基作为宅基地发放给村民。到 20 世纪 90 年代,寨墙、寨门、寨沟彻底湮灭。

第二节 古寺庙

赵庄古镇有神宫寨、弥陀寺、观音堂、三官庙、大王庙等18座寺庙。据现存少数寺庙重修碑刻记载，多数为隋、唐、五代、宋代修建。赵庄古镇的古老寺庙，显示着赵庄古镇的历史渊源和厚重的文化积淀。然而，由于清末民国初战火及20世纪40年代日军侵占、内战破坏，寺庙损毁严重，加之后人不重视遗产保护，为了眼前利益，或建公用设施，或民用建房，或取土积肥，加速了古寺庙的毁灭，地基被占用，大量碑刻、青石雕塑被损毁，或被埋压在农户猪圈、房基和水坑水闸的地下。到20世纪60年代，古寺庙被完全损毁湮灭。现仅搜寻到几方残破寺庙碑刻。现根据重修碑刻、老人回忆，记述古寺庙如下。

一、神宫寨

神宫寨，坐落在村西北1000米处高岗之上。为避“刘齐之乱”，西汉高后八年(前180)，赵庄村民在高岗之上修建堡寨，名叫北堡。唐宋时期在北堡之上修建真武大帝庙。由明崇祯十一年(1638)《重修北堡今改神宫寨小纪》，明代改称为神宫寨。

明崇祯十一年(1638)重修后，成为盛名远播的“古刹”。清乾隆四十六年(1781)再次重修并增建殿宇后，神宫寨成为“藁邑之名区、赵镇之巨观”。这时的神宫寨，中轴线上四进大殿，东西两侧厢殿。青砖黄瓦红墙，殿宇巍峨，古柏虬槐参天，规模宏大。自南向北登三十二级石阶，过石桥，踏进山门，门廊四大天王分站两侧，赭面金身，环眼圆睁，手持兵器，威风凛凛，守卫着神宫寨。中塑弥勒佛坐像，憨态可掬，“大肚能容容天下难容之事，开口常笑笑世间可笑之人”。门廊之后，东西两侧钟鼓二楼，晨钟暮鼓按时敲鼓撞钟。东西厢殿，供奉药王孙思邈于西，三清阁于东。中轴线上，首进大殿供奉真武大帝；二进大殿供奉瘟神，面目狰狞；三进大殿供奉着观音大士；四进大殿供奉着玉皇大帝。殿宇高大宽敞，东西长有20余米，南北宽5米有余，高约4~5米，青砖黄瓦，斗拱飞檐翘角，高脊陡坡，房脊和四角嵌有石雕或砖雕禽兽，殿内、廊檐下滚圆木明柱。殿内墙壁、明柱彩绘，雕梁画栋，肃穆庄重。很多碑刻矗立在院内各处。苍松翠柏遍栽殿前，虬槐植于殿后。四周红墙青砖绿瓦，墙外深池环绕，流水不断。山门外有一高大影壁。大殿内塑神像背面，彩绘《惊涛图》于上，据说是画家吴道子所绘：只见风起云涌，海水层层漫卷，惊涛骇浪，浪花飞溅，樯倒楫摧，倾泻而来。一位远道而来的香客，在山门前猛看到惊涛骇浪扑面而来，以为顷刻将葬身鱼腹，惊怵倒地。故有寨子上的“水”，曲阳的“鬼”之说。

明崇祯十一年(1638)神宫寨重修碑

山门南平地上建有一座戏楼，木制，戏台高约2米，木雕栏杆。两侧楹联为“古今无异台前角色去还来，唱白有情戏目缘由虚有实”。

神宫寨西北不远处有一高出地面2米左右的土疙瘩，上面建有三间房，内有乌龙神塑像，人们称作“乌龙台”，是神宫寨的一部分，也有香火。但到清末民初，常有流氓混混儿、乞丐、盗贼啸聚。

明、清、民国初期，神宫寨日日磬槃诵经之声不断，敬香献贡的善男信女络绎不绝。每逢农历五月初一，是神宫寨庙会，戏楼唱戏，山门外广场和神宫寨内，人山人海，进香上供拜佛求平安富贵的、看戏的、做买卖的，熙熙攘攘，烟雾缭绕，热闹非凡。但有一戒令：唱戏不准唱《五鬼拿六士》和《铡郭槐》。

清道光二十五年(1845)神宫寨重修碑

清乾隆四十六年(1781)神宫寨重修碑

至新中国成立前,神宫寨建筑已毁坏殆尽。从公元前180年建北堡,至1949年湮灭,存在2129年。

神宫寨现状照片

神宫寨的始建、重修增修、规模、辉煌、毁坏,碑刻等,见《神宫寨》一章。

二、弥陀寺

《藁城县志集注》载:庙寺,先王之制祀典也,生能福国庇民,死能御灾捍患者,祀之。藁之祠庙,虽有祀典所未载者,要皆为利斯土斯民设也。藁城境内设有城隍庙、大禹庙、东岳庙等20座庙宇,王滹南祠、安先生祠两个祠堂和净土寺、兴国寺、朝阳寺等寺、庵、观、堂17座。弥陀寺,在县西北40里赵庄村。

赵庄弥陀寺坐落于赵庄古镇西南门里大壕坑东北面,田德焕《视听随笔》记载:“赵庄弥陀大寺始建于北魏太和六年(482),前有埠地——漏泽园。”距今有1500多年的历史,占地4000余平方米。弥陀寺坐北朝南,正院三大殿和钟鼓二楼,东西宽50余米、南北长70余米,占地3500余平方米。大殿均是五开间,七级或九级青石台阶,起脊瓦房,青砖灰瓦,砖雕脊兽,虎头檐瓦。殿前前檐下架,明柱立于石鼓之上。殿内墙壁和殿顶彩绘各种图案,青砖铺地。前殿正中供奉弥勒佛,东西两侧四大天王;中殿供奉观音菩萨、文殊菩萨和普贤菩萨,均是石雕立像,中间站立的观音菩萨慈眉善目,手持宝瓶滴水、柳枝掸沉;后殿供奉如来佛、阿弥陀佛和药尊佛。前殿和后殿都是泥塑金身,肃穆庄严。前院东西两侧建有钟鼓二楼,各占地16平方米。砖墙瓦顶,东钟西鼓,晨钟暮鼓,和尚道士诵经念佛。围墙是红墙青瓦,院内虬槐古松,常年香火不断。农历十一月十五日为庙祀日,善男信女持香烛供品到弥陀寺进香拜祭,络绎不绝,香烟缭绕,诵经声声,祈求世道平安,风调雨顺,人人健康长寿。

弥陀寺还有西跨院,是和尚、道士起居处。东西宽30余米,南北长70余米,占地2000余平方米。院内建有南北屋各5间、东西屋各4间。

弥陀寺何年重修,尚无实考。中华人民共和国成立前已经破败,曾在此设立学堂。中华人民共和国成立后,在“破除封建迷信”的口号下,到20世纪80年代末毁坏殆尽。原来弥陀寺内的石雕神像、碑刻和钟鼓及敬香的铜鼎均未查找到下落。

三、三圣母庙

三圣母庙,俗称“奶奶庙”,原坐落于赵庄古镇东门里路南,坐东向西,庙宇面积南北宽约 5 丈,东西长约 15 丈,合 12 亩多地。该庙宇始建于哪个年代,没发现记载,推测在隋唐时期,清乾隆五十七年(1792)重修。

三圣母庙门前建有一南北长 10 米左右、高 4 米左右、厚约 50 厘米的砖砌影壁,坐落在石砌平台上,绿琉璃瓦封顶,东面彩绘,西面“三圣母庙”几个大字。影壁距庙门约 5 米,拾阶而上,庙门高阔各约 3 米,两扇红漆木质庙门厚有 3 寸,门槛高约 50 厘米,庙门楼道士帽式,庙门前东西各置一面石鼓,直径约 1 米,庙宇围墙红墙绿瓦。

围墙内前殿二级石阶,起脊一坡式瓦房,木质梁柱,殿高约 6 米、阔 5 米,全敞式,前殿前后木质门,门槛高大,木格式窗户,殿前四根直径约 35 厘米圆木明柱撑起前檐,青砖青瓦。殿内供奉诸神。

后殿距前殿 20 余米,二级台阶,殿高 7 米左右,殿阔 6 米左右,仍是起脊一坡式瓦房,不同的是殿脊南北两头各嵌一砖雕龙头,中间嵌有砖雕骑马武士。后殿仍是木门、木格窗、高门槛。殿内供奉泥塑彩绘三个圣母:大圣母着黄衣端坐中央,二圣母穿绿衣居右,三圣母红衣服居左。二圣母右侧立一侍女,怀抱一钵盂;三圣母左侧站一侍女怀抱一婴孩、手牵一婴孩。南北两殿侧是栩栩如生的四大天王,殿前门外右侧站立赵灵官、左侧站立王灵官,威武肃穆。殿后有三间厢房,为和尚道士起居之用。前后殿之间院内有一石磬,敲起来声音浑厚悠扬,半个镇的人们都能听到。

农历正月十八至二十一日,为奶奶庙会,香客络绎不绝,拜香上供、求子许愿,钟磬声、诵经声连绵不断,香烟缭绕、香气四溢。正月十八,大户人家、许愿如愿人家在庙门外为乞丐施舍粥饭,施主们熬好米粥放入大缸,乞丐头分给乞丐吃。小孩子们也争抢吃,说是吃了有助成人。庙会期间晚上,年长的妇女到三圣母前求子,用布象征性地包裹娃娃,带回放在新婚房内,意为“套”来娃娃,早生贵子。

赵庄镇人们还口口相传发生在庙会期间的一件趣事:某年奶奶庙会,一天,庙前走来一游方道士,只见他华发童颜、道簪高挽,身穿道服,背部斜背一高大亚腰葫芦,小头开口朝上,道士念念有词“包治百病的仙丹”,手搓“丸药”,不时抛向空中,“丸药”不偏不倚落入葫芦口内,围观众人皆曰“神仙”,愿出钱买“仙药”。本镇一木匠甄老崇不屑地说:“千熟万惯尔。”道士不悦地说:“你来!”木匠没有说别的,回身便走。道士继续叫卖“仙丹”。不一会儿,只见甄老崇肩扛木匠锛子,手拿一把杏核,来到道士前,二话没说,脱下鞋袜,用脚拇指摁住杏核,双手持锛,手起锛落,杏核分为两半,杏仁完好。连续几次,道士和众人皆惊。木匠把锛子推给道士说:“你来!”道士无言以对,灰溜溜地走了,避免了众人受骗上当。此后,人们给甄老崇取绰号“甄老准”。故事流传至今。

四、观音堂

观音堂现状

清乾隆五十四年(1789)三月季春榖旦《重修观音堂碑记》记载:“赵镇名区也,古刹名祠不一,而□之前有观音堂一座,堂虽一楹,其中之山塑之傍列之闫君十祠,极其精巧,非凡工也。后有大殿三楹,宽敞伟□,精名□神焉。创建不知何代,重修不知□次,俱未有碑碣可考。相传其盛时,□乡之俊秀暨成之士多诵读于共闻若此,是固人文之薮,振教之渊也。”从碑记可以看出,观音堂之古老、之雄伟精美,堪称上乘。

据年届 80 岁的高连生回忆:观音堂坐落于赵庄古镇东南门里东西街路南,坐南朝北,南北长 37 米左右、东西宽 15 米左右,占地 8 亩左右。庙门高阔、围墙高厚。门厅一间,塑有十殿阎君,栩栩如生。大殿三楹,长 24 米、宽 15 米,宽敞高大,一坡式青砖瓦房,厚重木门、高大门槛,木棱窗户。殿内供奉观音菩萨、文殊菩萨、普贤菩萨。后院北房四间、东厢房三间。常年香火不断,许愿上供的善男信女虔诚祭拜。常有儒生雅士进驻观音堂,诵诗作文,交流学问。是一座历史久远,积淀厚重之所。

清乾隆五十四年(1789)

《重修观音堂碑记》拓印图片

五、三官庙

三官庙坐落在赵庄古镇西门里原东西长街路南,现因大街拓宽取直被大街占用。庙宇坐西朝东,占地面积东西长约 18 米,南北宽约 12 米,面积 200 余平方米。坐西朝东正殿为一面坡瓦房,供奉着天官、地官和水官三尊神仙,传说分别是尧、舜、禹。天官居中,左为水官、右为地官。修建年代久远,无考。还有北房三间,为道士居住。清末民国时期,香火旺盛。据说,农历正月十五、七月十五、十月十五分别是天官、水官、地官的生日,为此,村民每年举办三次庙会以示虔诚。庙会六天,在三官庙前搭戏台,唱大戏,家家待亲戚,四面八方人们赶庙会,上香磕头,祈求风调雨顺、五谷丰登。此俗流传至今,农历十月十五庙会期间仍然有杂耍唱戏等庙会活动。

抗日战争时期,三官庙正殿被毁,围墙坍塌,道士离开。后北房三间被一乞丐头占据,直到中华人民共和国成立以后。现在信众捐资在原址附近修起小庙,塑像刻碑。每逢农历正月十五、七月十五、十月十五庙会,进香上供磕头的人仍然不少。

三官庙旧址照

六、大王庙

大王庙坐落在东西长街中段偏东路北,现刘振山、张留等户的宅基地处。庙宇占地南北长 40 余米、东西宽约 15 米,面积约 600 平方米。主殿坐北朝南,一坡式瓦房,供奉赵武灵王。西配房 3 间,道士居住。修建年代久远,具体时代无考。大王庙后有一条往北的街,俗称“大王庙街”。此庙在抗日战争时期被毁弃。

赵武灵王(前 340—前 295),嬴姓赵氏,名雍,战国中后期赵国国君,都邯郸。赵武灵王在位时推行“胡服骑射”政策,赵国因而得以强盛,灭中山国,败林胡、娄烦二族,辟云中、雁门、代三郡,并修筑了“赵长城”。赵武灵王本人在公元前 295 年的“沙丘之乱”中被幽禁饿死,死后谥号为武灵王(“武”为褒义,“灵”为贬义)。东汉蔡邕在《独断》中解释:“克定祸乱曰武,乱而不损为灵”。赵君称王,自武灵王谥号始。

赵庄先民修庙敬奉赵武灵王,是村民感念赵武灵王在位时国家逐渐强盛,先民能够安居乐业,感念其惠,建庙供奉祭祀。这也说明,战国时期,特别是赵国统治时期,赵庄已建村。

七、关帝庙

关帝庙坐落在赵庄古镇郭家街西头路北、韩长水住宅南侧,南北长约 15 米,东西宽 4 米左右,占地面积 60 余平方米。庙宇坐北朝南,供奉三国名将关羽关云长。彩塑关公红脸黑髯,正襟危坐,右有周仓持青龙偃月刀肃立，左有关平站立。庙内有三通石碑矗立。庙前有广场，与关帝庙相对有一古戏楼。关帝庙何时建立，现无从查考。中华人民共和国成立前，戏楼损毁。关帝庙在“文化大革命”时期被拆毁，其土地被村民宅基地占用。

八、三义庙

三义庙坐落在赵庄古镇东南门里大水坑北岸，庙后贾大全家，左右空地。庙宇坐北朝南，东西长5米、南北宽4米，供奉刘备、关羽、张飞三结义兄弟。建成时间无从查考。民国初年被拆毁。

九、老母庙

老母庙坐落在赵庄古镇西南门里蔡家胡同西头路北，庙后是王破盆家宅院，北邻王义江家，南临道。庙房坐西朝东，长4米、宽5米，供奉观世音菩萨、小龙女菩萨、善财菩萨。何时建成难以查考，民国时期毁坏。现在信众在原址建一简易小庙，仍然供奉上述神仙，有香火延续。

十、南海老母庙

南海老母庙坐落在赵庄古镇东北门里道西、丁字路路南，庙后李文彩家，庙西鲍文生家。庙房坐南朝北，长4米、宽3米，供奉观世音菩萨、送子菩萨、眼光菩萨。何时建成无从查考，民国时期毁坏。现今，信众捐资在原址建一间简易小庙，仍然供奉上述菩萨，香火不断。

十一、龙王庙(一)

该龙王庙坐落在赵庄古镇西南门里贾家胡同中段路北一个高台上，庙房坐西朝东2米见方。庙后是贾红生家，北边胡四夫家。供奉东海龙王。建成时间无从查考。民国时期被毁坏。

十二、龙王庙(二)

该龙王庙坐落在赵庄古镇东西长街中段路北、李老歪家门外。庙房坐北朝南靠墙在1米高的土台上，长2米、宽1米。供奉东海龙王。民国时期，龙王庙被损毁，成为宅基地。

十三、土地庙

土地庙坐落在赵庄古镇东西长街中段路北黄建清家胡同内，庙房坐北朝南，在一米高土台上靠墙，长2米、宽1米，供奉土地公句龙。土地庙已湮灭。

十四、虫王庙

对虫王的祭祀，历史悠久。远在周代，每年农事结束后，就在农历腊月举行祭祀，是为“八蜡”。“八蜡”所祭祀的八种自然神灵，大多与农业有关，如“啬”(神农)、司啬(后稷)等，第八位，便是昆虫。古代基本没有农药，虫害是农作物的极大敌人，而蝗虫危害最烈，所以驱逐害虫，就演变成“八蜡”祭祀的主要内容，“八蜡”神也就演变成一位专司其职的神灵。最晚到宋代，虫王祭祀完成了从自然神到人格神的过渡，全国各地遍布八蜡庙和虫王庙，最多的是供奉“刘猛将军”。

此神姓刘并非名猛，而是一位姓刘的勇猛将军。历史上被附会为此神的，大多是具有民族气节，抵抗外敌的功臣名将。如宋钦宗时出使金国，不屈而死的资政殿学士刘韐，南宋抗金名将刘锜和他的弟弟刘锐等，都被附会上为民驱逐蝗害的事迹。其中，以刘锜最为著名，在他死后不久的景定年间(1260—1264)，就被敕封为执掌除蝗的扬威侯、天曹猛将之神而加以祭祀。之所以把驱蝗神附会为武将，大概与蝗虫来时，犹如外敌入侵，铺天盖地，所到之处，寸草不存，亟须孔武有力之神灵来掌控捍御有关。

旧俗以农历正月十三为刘猛将军诞辰，到时均有地方官府主持祭祀，民间也举行盛大的迎神赛会。

赵庄虫王庙建在东北门外西北方向1000米处的一片土疙瘩(土丘)上，最高处距地面2米左右，面积2000余平方米。在疙瘩上盖有小庙一间，供奉虫王刘猛。庙小威风大。自赵庄兴起腊月三十晚上、正月初一神会请吹打班以来，腊月三十晚上吹打班要先到小疙瘩虫王庙接虫王。中华人民共和国成立后，小疙瘩被铲平成为耕地，虫王庙已湮灭，但此俗延续至今。

十五、疙瘩庙

疙瘩庙坐落在赵庄古镇东北门里老母庙前东西街西头路北，现刘生献家前边靠墙坐北朝南小庙一间，供奉名医扁鹊。庙已湮灭。

十六、五道庙

"五道庙"就是供奉"五道将军"的庙宇。"五道将军",在佛家、道家典籍和民间的称谓中还有"五道神""五道真君""五道圣君""五道大神""五道轮回王""五道老爷"等名号。

传说中的"五道",是指灵魂换世转生的"五道轮回"。《太上老君虚无自然本起经》云:"一道者,神上天,为天神;二道者,神入骨肉,形为人神;三道者,神入禽兽,为禽兽神;四道者,神入辟荔,辟荔者饿鬼也;五道者,神入泥黎,泥黎者,地狱也。"《道门经法相承此序》云:"五道:一天道,二人道,三地狱道,四饿鬼道,五禽兽道。"

五道将军是东岳大帝的臣属,而且是最重要的助手,是冥间的大神,掌管世人生死与荣禄的神祇。它还具有监督阎罗王判案或纠正不公行为的莫大权力,甚至可以代替阎罗王决定世人的寿限。但与阎罗王不同的是,他颇富有正义感和同情心,留下颇多的救助弱者、成全有情人、开释无辜的传说。五道将军并不始终身处冥间,而是经常暗中巡游人间,多以入梦的方式与人交流或履行职能,所以口碑比阎王好。随着佛教的传入,五道将军的地位也在不断提升。在《十王经》中五道将军已升为"五道轮回王",与阎罗王、泰山府君成了"平级干部",并且是冥间十王中,最后"把关"决定灵魂轮回去向的冥王。佛家传说,人死以后,灵魂到冥间要过"十道关卡",即人死后的"一七""二七"到"七七"四十九天的七关,再加"百日""一年""三年",共十关;五道将军管"三年",这是最后一关。正因为五道将军的"权限大"且具有同情心,富于正义感,所以老百姓喜欢他、信仰他,建庙奉祀他,庙宇遍及全国各地。五道将军与专司捉鬼禳灾的"钟馗"是最受老百姓喜爱的具有人情味的廉洁神祇。民间的这种朴素的信仰寄托着人间的善良愿望。所谓"五道轮回"纯属虚构,知道这是传说就行了。

赵庄原有五道庙两座,一座坐落在赵庄古镇西南门里50米处,在高1米的土台上,建有占地面积4平方米的五道庙房,供奉五道将军;另一座坐落在赵庄古镇东门里路北,一间五道庙坐北面南,路南是水坑。同样供奉五道将军。不知哪个年代建起,民国时期损毁。但自古至今,村民去世,亲人立即到五道庙烧纸,"告知五道将军",此俗至今未改。此迷信风俗应改变。

另外,在神宫寨西北角路南土台上,还曾建有一座坐西向东、占地面积4平方米的小庙,叫"乌龙庙",供奉"乌龙";在东门外西北方向,小疙瘩(土丘)下方,离虫王庙不远处有一座很小的狐仙庙,也早已湮灭。

第三节 明清古建筑黄家大院

赵庄古镇三家资财最为雄厚的地主黄厚裔、黄俊明、黄山子三家,各有一座明清式的古建大院。黄厚裔、黄俊明、黄山子三家大院坐落于东西中心大街中段北侧,西与张家相接、东至大王庙,南起中心大街、北至北后街。自西至东,依次是黄山子大院、黄俊明大院、黄厚裔大院,总占地40余亩,全部是明清建筑格局,经调查考证,最迟建成于清朝末年(19世纪六七十年代)。

黄俊明家大院坐北朝南,东西宽50余米,南北长160余米,占地面积9000余平方米。从南到北七进院落,大街开正门,大门内是影壁、前院。中轴线上主建筑依次有六座坐北朝南双坡起脊大瓦房,瓦房之间东西两厢房是单坡起脊瓦房,形成五个四合院,后院临北后街,开后门,主建筑东西两侧是东西跨院。主建筑为主人全家饮食起居、宾客接待、休闲娱乐、账房财务所用,东西跨院是养骡马、车辆农具、仓储及长工和护院家丁、佣人吃住之用。

正房瓦房东西长约20米,南北宽约10米,地面至房脊顶部约7米,全部是砖、石、木结构。地基高出地面0.8~1.2米,青石台阶三级、五级,四周青砖白灰垒成,顶部青石条封边,青砖砌墙。房架用上等松木卯榫而成,屋顶圆檩方椽青砖封顶,上部用弧形青灰色瓦仰合相扣成屋顶上面,虎头瓦封头,外形呈飞檐翘角,双坡起脊。脊部镶嵌有砖雕画屏如"四时(狮)吐云""喜鹊闹梅""三阳(羊)开泰""和合二仙""燕山教子""秋莲抱子""翠鸟啄令""龟背输锦""麻姑献寿""渔樵耕读"等;屋脊两端镶嵌砖雕兽头,四个翘角各挂风铃。飞檐有明柱支撑，每根明柱下有一石鼓，获鹿名石匠用西山青石雕成。明柱滚圆，用麻丝纱布黏胶缠裹，用大漆漆好。雕梁画栋，粉墙黛瓦，造型门窗，方砖铺地。厢房虽是单坡起脊瓦房，前檐也有明柱，装饰镶嵌略逊于正房。从前院到后院，走过厅、穿回廊，可以直到后院，天井也是砖铺地，并种植有花草树木。跨院房舍也都是青砖平房。黄俊明家大院有房屋140多间。黄厚裔、黄山子家大院与黄俊明家相比，大同小异，稍有不同。

黄家大院建筑毁于20世纪40年代。中华人民共和国成立后，黄俊明家大院仅存一座坐北朝南的双坡高脊大瓦房和一座单坡高脊东厢房，成了学校教室、办公室。70年代拆除。

第四节　古色古香商业街

赵庄古镇中心东西长街长1000余米，南北宽约15米。东西长街西自贾家胡同口、东至大王庙街口，约600米长，南北两侧基本都是商铺，一家接一家。北自东西长街口、南至郭家街口的关爷庙街和东西向的郭家街及当铺街两侧也是商铺栉比。镇中心东西、南北四条街道宽畅笔直，两侧商铺在清末民国初时的建筑风格是明清式的，一坡式单脊青砖青瓦瓦房，门面是板打，柜台、货架各异，按照所经营货品、行当，靠墙搭货架，临门实木柜台。开门营业，卸下板打一块一块叠放在门侧，打烊按顺序装上板打。清末民国初，商铺的种类有布店、针织杂货店、糕点店、干果店、粮食店、油盐酱醋茶店、酒店、饭铺、肉铺、茶馆、金银首饰店、缸炉烧饼油条铺，梢桶铺等，还有一家当铺、一家银号。布店有24家，除少数几家布店由地主黄俊明、黄厚裔家经营，多数布店店主是山西人。布店日常生意红火，交易人群不断。饭店、茶馆常常顾客满座。

第五节　功名旗杆

明清科举时代，科举考试可以入国子监深造的贡生或副贡都可以立旗杆，但没有“旗斗”。乡试中考中举人，可以立旗杆，旗杆上有一个“旗斗”。殿试中考中进士，可以立两个“旗斗”的旗杆。如果考中状元，家乡就可以立起三斗旗杆。四斗旗杆是受封赐为朝廷一品大员了。

古旗杆选用大于33厘米大口径的杉木，高度达十几米，旗杆的下部开凿有两个孔，与旗杆夹石的孔相一致，用硬质杂木做成的销将旗杆与旗杆夹石连接起来。旗杆底部都有磐石垫底。旗杆两块夹石规格为：高190厘米，宽38厘米，厚12厘米，埋入地下部分为50厘米。露出地面部分的夹石各开两个孔，上孔为边长为9厘米的菱形孔，下孔直径10厘米的圆形孔，两孔中心相距65厘米。

赵庄东西长街西段路北张家大院门前曾立一旗杆，村民称为“张茂家旗杆”。旗杆为杉木，高约十几米，杆顶为一铜制圆球形，并有一“旗斗”。旗杆夹石规格与上述规格一致。几经座谈，张家健在的老人只知道是张家前人的功名旗杆，但不知道是哪位先人的何种功名旗杆。学校老师在20世纪90年代曾在学校发现张家功名刻石，是前清武举，详细回忆不清。可以断定，张家在清朝时期曾有一人中举，所以才在家门前立有“功名旗杆”。

“文化大革命”时期，旗杆被砍倒，旗杆夹石不知所踪。

第六节　古植国槐

赵庄曾有4棵古植国槐。一棵国槐在东西大街西段路南，原张青杂货铺西墙山外；1949年前后树的胸径得三人合抱，高有十几米，树冠很大，树径中空能钻进个人，但枝繁叶茂，生机勃勃；可惜，在“文化大革命”初期被刨掉。另一棵在张大生家后院西南角碾子旁，西边是李秀婷家；这棵国槐高十几米，树干直径约1.5米，树帽直径十几米，枝繁叶茂，树干已中空；在“文化大革命”时期被刨掉。在鲍老锅家门前和东西大街东段路南各有一棵古植国槐，比起前两棵略小，也在“文化大革命”期间被刨掉。

古语云：千年的柏，万年的松，抵不上国槐肚里空；千年的松，万年的柏，不如老槐一步甩。河北涉县固新村现存一棵古槐，专家鉴定树龄2500年左右，树高29米左右，树围1.7米，冠幅直径19米，树干中空。这是河北省已知树龄最长的国槐，有“天下第一槐”之美誉。

赵庄原有的东西长街西段的国槐栽植的位置恰在东西长街的西段南侧，应当是赵庄建村历经数代，街道基本定型后先人栽植，树龄应有2000余年的历史，应在东汉时期栽植。张大生家后院的那棵国槐树干粗细、树高及树冠大小基本相似，树龄也在2000年以上。

第七节　清末民国初古镇风貌

赵庄古镇坐落在太行山东麓滹沱河洪水冲积平原之上，是藁城北部之重镇。镇域方正，周约三里。镇周筑有高大寨墙，夯土筑成。内看两层，高4米有余，每隔30余米有观察人员藏身洞。底宽3米余，顶宽近2米。寨墙外有宽约5米、深约2米的壕沟，沟底到寨墙顶部在6米以上。设有东北、西北、正东、正西、东南、西南、正南七座寨门，砖拱寨门高大雄伟。镇内街道整齐宽大，镇中东西大街连接东西寨门，接近寨门街道略向北翘起，中心大街和北后韩家街、大街通往东南门、西南门大街形成一个大大的元宝的“元”字。首富黄俊明、黄山子、黄厚裔几家大院占据镇中心东西大街北侧，青砖青瓦、飞檐斗拱、脊兽风铃、雕梁画栋、条石为基、方砖铺地的大瓦房连成一片，有房屋500余间。当时，黄家的怀德堂、荣德堂、怡如堂、元善堂、厚德堂、明德堂、余庆堂和张家的百仁堂等堂号，经济实力雄厚。东西中心大街西自九道弯北口、千年古槐处起，东到通东南门大街北口，此处也有一棵千年古槐。中心大街南边东西郭家街和当铺街、通西南门大街北段，店铺林立，鳞次栉比。门店大多为出檐下架，明柱支撑。每店或二三间，或四五间，板搭门脸。商号有20余家布店、2家钱庄、1家当铺、2家棉花店、2家粮店、三四家饭店，还有盐店、瓜果店、药铺、茶馆、杂货铺、铁匠铺、酱醋食品铺、烟酒铺、木匠铺等等，布满上述几条街。东门里猪市、木货市；西南门里煤市，柳条、高粱秆编制的筐、篓、席市；郭家街粮食市；西门里骡马驴牛牲口市、皮棉、棉线市。每逢农历“一、六”大集，商贾云集，五行八作，杂货纷陈，村民、商贩从四面八方涌至赵庄赶集交易，几条大街到处是摩肩接踵、熙熙攘攘的人群。还有唱曲的、杂耍的，乞丐上街唱喜歌要钱的也混杂其中。商人来自太原、保定、北京、天津，主要是经营棉线、土布和收购肥猪。最好的集日，土布交易在万匹以上，收购肥猪上千头。交易量之大，周围其他各镇不能企及。

赵庄古镇手工制造业、食品加工业也相当发达。纺车制作、织布机配件制作、金银器制作、锡器制作、梢桶制作、衣柜桌椅制作、木质车犁制作、黑白铁制作、染布坊、酱醋坊、瓦盆制作、贾家糖稀(俗称饧)制作、香油坊、榨油坊、粉条坊、糕点坊等有上百家之多。以纺线、织布为主要生活来源的农户也有近百家，都散居在全镇范围内。

镇里、镇外有18座寺庙。镇里15座，主要有西南门里五道庙、弥陀寺，蔡家胡同老母庙，西门里三官庙，韩家院东边大王庙，东北门里南海老母庙、五道庙，东门里奶奶庙，正南门里观音堂，郭家街西头路北关爷庙。镇外3座，主要有镇西北2里神宫寨、乌龙庙，镇外东北2里虫王庙。各寺庙均香火鼎盛。还有两座木制戏楼，一座在神宫寨南山门前，一座在关爷庙前广场。镇内外有七个大壕坑，西门里、西北门里、正东门里、东南门里、西南门里和东北门外、西北门外各有一个大壕坑，主要功能是储存雨水。那时，一年四季壕坑都有水，水深在一丈左右。

更为壮观的是每逢农历十月十五三官庙会，戏楼唱戏，店铺装饰一新，商贩云集，亲戚朋友聚会，有到集市交易的、有看戏游玩的，有到寺庙上香礼佛的，到处人山人海，喧嚣鼎沸，热闹非凡。

清末民国初，赵庄镇有600余户3000余人。镇内先民自发组织了24道会，延续至今。此会非帮会，一般是一道街或一个姓聚集在一条街上为一道会。

会的主要功能是:同姓一道会清明聚餐排家谱;会头和三老为会众排忧解难、维护会众利益;应对政府衙门村正敛粮派款、治安维护;集体请吹唱班敬神礼佛。经老人回忆,各会如下:关帝庙街会、蔡家胡同会、贾家胡同会、九道弯会、正西门会、甄家场会、楼后饧坊会、西北门里会、鲍家胡同会、黄家上坡会、韩家院前街会、韩家院后街会、东北门里会、东北门鲍家胡同会、大王庙街会、正东门里会、刘家胡同会、大街中段会、正南门里会、南苑会、黄家仡佬会、东南门里会等24道会。一般会由会头和管账、管事的组成管事班子,会有会地、孝衣和过红白事用的桌凳炊具,用于租赁,收入再加上从会内各户均敛的钱粮,主要用于春节购买彩纸香烛、修整宫灯、请吹唱班,拜神和娱乐,有结余的在清明节会内男丁聚餐。

每逢春节,腊月三十,每道会都开始搭神棚、贴神像,挂彩纸挂宫灯,夜晚每盏宫灯都要点上蜡烛,整夜不灭。最盛时,每道会都请了吹唱班,每班十几个人,会吹唢呐会唱戏。除夕傍晚,接来吹唱班到神棚坐定,先吹唱一番定场;晚饭后,吹唱班在会头带领下,吹着唢呐到东北门外虫王庙接“虫王”回村接受敬奉,祈求来年不闹虫灾。头遍蜡,即亥时前,吹唱班在各自神棚内清唱戏,会内男丁陆续到神棚敬香、上供、磕头,祈求神灵保佑来年风调雨顺、五谷丰登、全家平安,还有的向神灵捐献钱财。然后守岁听戏。二遍蜡约在子时,吹唱班出棚吹着唢呐转街,基本每条街、每个神棚都要转到。凌晨2时左右,吹唱班回棚吃夜饭。三遍蜡凌晨3点左右,吹唱班再次下街,上一班对另一班在大街比赛吹唱。凌晨5点后,吹唱班休息睡觉。次日,也就是大年初一,早餐后10点左右村民拜完年,各吹唱班在领会的带领下,吹着唢呐到各神棚敛蜡卜,然后到镇中心空场(中华人民共和国成立后均在学校操场)集中吹唱比赛,胜者得奖品——钞票、烟卷。直到下午4点左右,吹唱班在领会的带领下到第二年摆会人家吹唱送会。然后吹唱班吃饭、领报酬、回家,算全部结束。在这一夜一天里,除老、弱、病及婴幼儿外,家家户户都基本不睡觉,守岁看吹唱表演,周围各村民众也到赵庄看吹唱,除夕夜赵庄镇处处灯火通明、香烟缭绕、人头攒动,唱戏声、唢呐声、高喊的叫好声响成一片,不管穷富,都在欢声笑语,度过除夕、大年初一。直到20世纪80年代后,收音机、电视机的出现,除夕、大年初一吹唱会陆续萎缩。至今,每年虽然还有各街请三五个吹唱班,也挂彩纸挂灯笼,但人们的兴趣、规模远不及极盛时期。

摆会,各道会每年确定一户摆会,就是负责吹唱班的四餐(晚餐、夜餐、早餐、中餐),各餐有明确标准。晚餐肉菜馒头,夜餐打卤面,早餐水饺,中餐八冷八热蒸碗酒水。费用会里给一部分,农户自己搭一部分。这也是敬神行好的一种形式,下年摆会头年申请。殷实农户都抢着摆会。

第五章 神宫寨

赵庄位于藁城城区西北 20 千米，古郡九门西北 7 千米，正定古城东偏北 10 千米。南距滹沱河 4 千米，北距磁河 2.5 千米。赵庄村域属太行山前冲积扇平原。经过考证，赵庄建村于战国时期(前 475—前 221)，神宫寨前身北堡，西汉高后八年(前 180)修筑。发展成“镇”在明嘉靖年间(1522—1566)。赵庄建村从战国时期中期算起至 2019 年，已有 2300 多年的历史；发展成“镇”，至 1958 年改为村，也有 400 多年的历史，称得起古镇赵庄。本志《赵庄建村、成镇考》已有详述。

赵庄古镇建有神宫寨、弥陀寺等 18 座寺庙。众多寺庙中，神宫寨建起年代最为久远，经历次重修规模最为宏大，盛名最为远播。

第一节 神宫寨始建和重修

一、神宫寨始建、维护重修

神宫寨，原为《北堡》，明崇祯十一年(1638)再次重修后改名《神宫寨》。神宫寨坐落在赵庄古镇北偏西，距镇 1 千米处一个自然形成的白沙土高岗上。这个高岗高出地面 10 多米，东北南三面壁立，西面缓坡，占地面积 3 万多平方米，岗顶平坦。赵庄村民于西汉高后八年(前 180)在高岗上修筑的堡寨，即北堡。北堡修建后，约在北宋时期在堡寨上面修建真武庙，1638 年重修后改为神宫寨。现存碑刻记载明、清两个朝代七次重修。占地近 3 万平方米的神宫寨，宏大的山门坐北面南，从地面到山门有四五十级台阶，山门洞内，四大金刚分立两侧，中间端坐弥勒佛。门殿后东西两侧钟鼓二楼，中轴线上依次坐落玉皇大帝、真武大帝等四层大殿，大殿、佛像金碧辉煌。碑刻林立，红墙绿瓦，虬槐古松，红墙外深池环绕。山门前有高大影壁，有古戏楼。明代，成为“藁邑之名区，赵镇之巨观”。

高岗全部黄沙土，没有砂石，显露土层，应当是淤积而成。高岗什么年代怎么形成的，现没有发现文字记载。应当是远古时代黄河、海河流域冲积自然形成的。有传说是古代将相王侯墓地。取土过程中没有发现墓葬迹象，显然不可能。有传说是唐代(756)李光弼率军攻打占据九门城的史思明时驻军赵庄，是李光弼让士兵用簸箕端土堆积成的点将台。李光弼率军攻打占据九门城的史思明，驻军赵庄神宫寨有可能，但士兵用簸箕端土堆积成高岗不可信。

赵庄村民历代口口相传：神宫寨建起的年代久远，说“先有神宫寨，后有赵庄村”，此说不准确。应当是赵庄建村后，先民在村西北高岗上建成神宫寨。

明崇祯十一年(1638)所立《真定府藁城县赵庄村重修北堡今改神宫寨小纪》碑文记载：“本乡旧堡原系避刘齐之乱，神宫保障久矣”，说明旧(北)是为避“刘齐之乱”而修建的。所谓“刘齐之乱”实为西汉高后八年(前 180)高后驾崩后，其侄宰相吕产、大将军吕禄密谋政变夺取刘氏江山。刘邦庶长孙齐王刘襄弟兄起兵，意欲诛杀诸吕夺取皇帝位。刘襄之弟朱虚候刘章和开国大臣周勃、陈平、灌婴用计诛杀吕产、吕禄，用兵铲除吕氏子孙爪牙，扶持刘邦第四子刘恒即皇帝位，史称“刘齐之乱”。刘齐之乱祸及全国，赵庄所属常山郡也遭战乱，赵庄先民为免遭兵匪骚扰，利用村西北高岗的地理优势，在高岗之上修建了堡寨，以庇护乡民。清道光二十五年(1845)《重修神公寨碑记》载：“赵镇……自有吾乡以来，地莫高于西北，乡人因其高而修为堡城，备观游也。未几而流寇作乱，他乡有扰攘之祸，而吾乡独获堡城庇护。”

修建堡寨以躲避兵匪袭扰，古已有之。“堡寨”，可以有百姓生活；“堡砦”，侧重于军事用途。“堡寨”，围以土墙或木栅，抵御兵匪流寇侵扰。赵庄先民选择距村不远的高岗高出地面10多米优势，在高岗之上四面建筑高墙，在南面留唯一出入口，围墙内建有房屋，备有生活用具。一旦兵匪袭扰，全村人躲避于内，青壮把守出入口，在冷兵器时代，村民完全能够躲避兵匪伤害。

明万历二十年(1592)落成的《藁城县赵庄村真武大帝碑记》记载了明嘉靖二十一年(1542)、明隆庆年间(1567—1572)及明万历二十年)(1592)三次重修《真武大帝庙》的情况，但没有北堡上的真武大帝庙何年建造的记载。碑文载："当居乾之隅高岗之上，有真武庙焉。原厥所由，未建庙之先，□□贶锡庇乡"。说明北堡上的真武大帝庙始建时间久远，到底哪个年代建成暂无史籍考证。隋、唐、五代、宋时期是历史上寺庙建设的鼎盛时期，真武大帝庙至迟建于北宋时期(960—1127)。

明崇祯十一年(1638)所立《真定府藁城县赵庄村重修北堡今改神宫寨小纪》，说明北堡从1638年改称神宫寨。

清乾隆四十六年(1781)《神宫寨重修碑记》载："夫神宫寨，藁邑之西北赵庄堡也，故名为寨。内供武当真君，□□土之镇。故曰神宫寨，深池以绕于外，高墉以围乎中，翠柏树於殿前，虬槐植于殿后。庙貌巍然，洵称古刹。相传明季时有流寇侵扰村庄，远近居民相率而避于此者，容数千众而不见多，寔寨之地基有限而所容者无穷，神灵之默佑昭然也。迨寇退难平，凡蒙保障之人，感复庇之功，思德威之著，乐为增修。"这次重修，不仅修旧、疏浚深池，还增修钟鼓二楼、左右厢殿和大殿药王殿、三清阁，规模宏大。这次重修后，"洵称古刹"，"遂为藁邑之名区，赵镇之巨观"。按现存碑刻记载，这次重修扩建是指明代嘉靖二十一年(1542)和隆庆年间(1567—1572)两次重修后，庙貌完备，"遂为藁邑之名区，赵镇之巨观"。从西汉高后八年(前180)修建北堡起，后来历代重修，明崇祯十一年(1638)改名为神宫寨，至清朝末年，近两千年来，神宫寨保障赵庄及附近乡民免遭兵匪流寇涂炭起到了巨大作用。

从西汉高后八年(前180)建成北堡、北宋时期在北堡内建起真武大帝庙，到有重修真武大帝庙碑刻记载的明嘉靖二十一年(1542)，北堡历经1700余年、真武大帝庙历经500多年，期间会有多次重修，一定会有碑刻或史籍记载，只是因为文字湮灭，无从查考。现存《神宫寨》部分碑刻，记录了明嘉靖二十一年(1542)、明隆庆年间(1567-1572)、明万历二十年(1592)、明崇祯十一年(1638)、清乾隆四十六年(1781)、清道光二十五年(1845)的明、清两朝七次重修神宫寨的情况，每次重修，都修旧殿增新殿，彩妆殿宇，扩大规模，僧侣增多，香火日盛。碑刻记载、村民传说，明、清至民国初年，为神宫寨的繁盛时期。

二、神宫寨繁盛时期风貌

明朝嘉靖年间，神宫寨就成为有名古刹，规模宏大。神宫寨最繁盛时期应当是清乾隆四十六年(1781)再次重修后至民国初年的100余年间。此时神宫寨，红墙绿瓦，深池环绕墙外，常年流水不断。高大山门、钟鼓二楼、四进大殿、偏殿寮房金碧辉煌，殿内供奉真武大帝、药王、玉皇、三清、玄帝等各路神仙，翠柏虬槐遮天蔽日。神宫寨南侧山门前一坐古戏楼，神宫寨庙会期间，古装戏日夜演出。神宫寨常年香火旺盛，四方香客云集，烟雾缭绕，钟磬诵经之声不绝于耳。

农历每月初一、十五进行佛事活动，方圆几十里的香客集中到神宫寨进香上供祈福，祈求多子多福，祈求风调雨顺、五谷丰登，祈求神灵满足自己的愿望。甚至离此50多公里的井陉、100多公里的南宫，都有很多香客到神宫寨焚香祈福。每年农历五月初一为神宫寨庙会，庙会期间，赵庄村民家家亲朋满座，一连六天，神公寨山门前古戏楼一天两场戏。神宫寨上、寨下还有跑马卖艺的、变戏法的、拉洋片的等其他演出活动，茶馆、饭店，地摊卖吃食的、香烛纸张的，卖各类用品的，齐聚神宫寨，本村的、周围的香客、信徒，看戏看热闹老人孩子，男女老少，涌向神宫寨，熙熙攘攘，摩肩接踵，人山人海。上供进香、祈福许愿，看戏看演艺，喝酒喝茶，热闹纷繁。

赵庄古镇人口众多，至迟在明朝时期，按街道姓氏自发组成24道"神会"，每道会五六十户、300人左右，每道会都拥有几亩会地，收入归“神会”公有，有三老管事，每道会每年办清明会，续家谱，过年组织挂宫灯、彩纸吊挂、办吹打会。过年请吹打班在腊月三十晚上整夜、大年初一一天吹唢呐比赛，这一习俗延续至今。据2018年健在的95岁老人鲍老黑讲，从小就在腊月三十晚上在村里、大年初一在神宫寨上看吹打，他爷爷也不知道过年请吹打班始于何年，从小开始，大年初一也在神宫寨上看吹打。可见年代久远。村民们口口相传，清末民初赵庄24道神会，多数神会过年花钱请吹打班，最多一年，24道会请了23个吹打班。吹打班大多是从饶阳、保定、曲阳、平山等地请来的，每个吹打班十几人，每个吹打班都有2~3个唢呐高手、2~3个唱戏高手。板鼓、大鼓、钵、锣、板、笙、琴、唢呐等乐器一应俱全，吹唢呐吹《大登殿》《百鸟朝凤》等很多曲目，唱戏主要是评剧、河北梆子、丝弦、乱弹等曲调。腊月三十下午四点以后，聘请的吹打班陆续到达各道会神棚，晚饭后八点左右，每个吹打班都要在领会的引领下，一路吹唢呐到神宫寨接神，这时，神宫寨各大殿内外灯火通明，香烟缭绕，各吹打班到达神宫寨，各殿敬香散油，顶礼膜拜，吹奏一曲，祈望神灵赐福于本道会的老百姓。

大年初一上午十点左右，各道会的吹打班陆续集聚在神宫寨大院里，各占一块地方，摆上方桌条凳，打板的、敲锣鼓的、捧笙的、拉胡琴的、唱戏的、吹唢呐的，各占方位，各展才艺，绝活频出。本村村民、周围村村民蜂拥至神宫寨，高潮时有数万人之多。只见锣鼓喧天，唢呐声、唱戏声、喝彩声、叫卖声、鞭炮声此起彼伏，声震寰宇，人们尽情的欢乐。直至下午四、五点钟，比出高低，前一、二、三名获得奖品才散场。散场后，人们陆续从山门离开，站在高处，看到四方人流，前头人流已进入赵庄和周围北圣板、中圣板、东贾村、北小屯、贾同、三邱村，还有人流没有走出神宫寨。

村民对于过年(春节)看吹唢呐情有独钟，除夕晚上、大年初一，家家倾巢出动，男女老少都出来跟着吹打班看。外出不管离家多么远，过年也要千方百计赶回家。村民甄老毛，年轻时当兵，每年过年都当逃兵回家过年。年后无其他营生，仍去当兵。原因就是舍不得三十晚上、大年初一的唢呐比赛。

至中华人民共和国成立初期，农村文化娱乐很少，一年一度的过年吹打会是村民乃至周围村庄人们心目中的重要娱乐活动。田间地头，街头巷尾，冬闲闲聊，人们聚在一起，过年吹打会是重要话题。谈起过年吹打会神宫寨比赛，个个眉飞色舞，谈论着神宫寨的奇闻轶事，品评着唢呐高手，描绘着神宫寨唢呐比赛的欢快热闹场景。

20世纪四五十年代，赵庄脱颖而出一名唢呐圣手李顺来，在石家庄周围地区、保定地区名声很响，送他绰号“吹破天”“黑头王”。对本村过年唢呐吹奏表演有很大影响和贡献。1958年他参加在天津举办的民间艺人比赛，获第二名。

过年请吹打班吹唱娱乐这一习俗一直绵延至今，每年全村都请五、六班或七、八班吹打班。不过，大年初一吹唢呐唱戏比赛从日军盘踞赵庄后，神宫寨被毁坏，改在村内空旷地或小学操场比赛。

三、毁坏、信众再建

自清道光二十五年(1845)神宫寨重修后，再无发现重修的记载。自此次重修到中华人民共和国成立(1949)，历经104年，没有再重修过。

在这100多年里，中国发生了巨大变化：清朝末年，朝廷腐败无能，列强侵犯殖民中国，使中国变成半殖民地半封建国家。20世纪初，推翻帝制，建立共和，又沦落于军阀混战，内战不休。1931年“九一八”事变，日军侵占东北，1937年“七七”事变后，日军大举侵犯华北、华中、华南。1940年9月起，赵庄古镇被日军统治。中国人民经艰苦卓绝的抗战，打败了日本帝国主义。接着是三年解放战争。经过一百多年的风雨侵蚀及连年战争，百姓无暇维护与重修，使神宫寨遭到了严重破坏，特别是1937年10月日军占领冀中地区，很快赵庄成了日军及皇协军、警备队盘踞的据点，为了镇压抗日军民的反抗，1940年修建两座炮楼和地堡，所用砖瓦木料，大量来源于赵庄古镇的寺庙，毁坏了包括神宫寨在内的不少寺庙。乡民长期处在水深火热之中，无有资财捐修神宫寨，至中华人民共和国成立时，神宫寨这座千年古刹已经破败不堪，殿宇、围墙拆毁坍塌的只剩下最后大殿的墙壁，碑刻、石造像横卧在沟壑中，泥塑造像、壁画荡然无存，千百年虬槐、松柏树盗毁殆尽，铜铸香炉等珍贵文物不知所终。沟壑遍地，杂草丛生，已成一片废墟。

中华人民共和国成立后，由于对历史文化传承、文物古迹保护传承的重大意义认识不够，没有去做管理保护的工作，附近生产队的社员垫圈积肥用土、修房盖屋用土都取自神宫寨高岗。坍塌下来的石庙基、石碑（含碑基碑首）、石造像，被社员及生产队用作垒房基、修水闸，当柴油机基座，认为无用的丢弃掩埋。至20世纪70年代初，高岗的土取之殆尽，成为平地，碑刻、石造像、石庙基不知所终。"文化大革命"中，寺庙的石造像、极有文物价值的各种碑刻及家族碑刻，进一步遭到人为的破坏，有被砸毁。其他有价值的文物，如明清家具、古老佛龛及古墓中出土的陶制品，也被毁坏殆尽。到20世纪末，赵庄古镇历史文化古迹几乎无迹可寻。进入21世纪，出生在20世纪40年代以前的人们绝大多数作古，赵庄古镇历史文化传承面临断档。

20世纪90年代，赵庄信众在神宫寨旧址南部修建真武小庙，为一间砖屋，农历每月初一、十五，五月初一"寨子庙会"及除夕晚上、大年初一，仍有众多信众到这间小庙烧纸进香上供，捐钱许愿，祈求家人平安健康，财源广进，子孙学习有成飞黄腾达。改革开放以后，神宫寨旧址上的神庙规模日益扩大。如今，神宫寨旧址上的神庙占地3000余平方米，建起数十间平房，围墙圈起院落，供奉有真武大帝、玉皇大帝、观音等，香火兴盛。还把搜集到的神宫寨的碑刻保存在庙宇内，为赵庄的文物保存作出了贡献。

第二节　神宫寨遗留古碑刻、古文物抢救管理

1984年秋分前的一天，赵庄籍的老教师黄成言在本村第8生产队机井水池洗手，发现机井房内放着一块石碑，上面油泥很多，擦擦碑面，经仔细辨认，看到有"神宫寨"字样，碑文还算完整。黄成言老师制止了机手将之钻眼当做柴油机座的打算，并立即告诉在神宫寨旧址新建真武庙的管事人员。很快，真武庙负责人从戎家园村找来吊车，用大车把这通石碑拉到真武庙保存。这通碑是清乾隆四十六年（1781）村民所立的《神宫寨重修碑记》碑，楷书文字，15行、596字。石碑青石材质，碑高210厘米、宽85厘米、厚28.5厘米，碑首高94厘米、宽92厘米、厚33厘米。碑首正面"二龙戏珠"浮雕。碑身正面，题为"神宫寨重修碑记"。背面篆刻捐款善人姓名。

1992年农历3月，村民在田间路上的过水桥上发现铺在上面的一块石碑，原来是神宫寨上的石碑，拉到真武庙，经辨认，这是道光二十五年（1845）所立《重修神宫寨碑记》石碑。碑身高230厘米、宽90厘米、厚29.5厘米。碑首高94厘米、宽92厘米、厚33厘米。碑首正面"二龙戏珠"浮雕，中间雕刻"大帝碑记"四个篆体大字。碑身正面雕刻碑题"重修神宫寨碑记"，楷书碑文16行673字。碑身背面雕刻捐款善人姓名。

2001年，拆除20世纪80年代在神宫寨旧址上所建的砖窑，在砖窑地基上挖出赑屃头一个、碑首两个，这两个碑首正好是上述两通石碑的碑首。

2002年，从村北水坑中发现两个赑屃，已无赑屃头，其中一个与原先在砖窑上挖出的赑屃头正好是一个完整的赑屃。这两个赑屃是上述两通石碑的碑座。

2002年，村民还献出两通石碑，这两通石碑大小一致，碑高104厘米、宽50厘米、厚12厘米，石质泛白，俗称"白碑"，这是明崇祯十一年（1638）所立，碑题为"真定府藁城县赵庄村重修北堡今改神宫寨小记"，碑文429字，其余为捐资善人名字。据80岁以上老人讲，这两通石碑原是横着镶嵌在神宫寨山门洞两侧墙上的，为的是让村民们记住修建北堡时的艰难处境和北堡改为神宫寨的时间、原因，记住先民们的功德。

上述两通石碑碑文雕刻较浅，2014年11月24日黄成言、李福田抄录碑文时，好多字已无法辨认，

后用红砖反复磨擦，显出字形，再仔细辨认才抄录下来。乾隆、道光年间的碑文，也是采用此法才比较完整地抄录下来。

2014年秋，赵庄村民在修路过程中，先后发现3通石碑，其中1通石碑是家族石碑。另两通，一通破碎成5块，另一通为二分之一残碑，险被人卖掉，幸亏被村干部发觉，及时制止，村党总支书记黄建会非常重视，派人将石碑拉运至村委会东邻戏院西墙边保管。经村志编辑人员拼凑、清洗、辨识，一碑是明万历二十年(1592)所立，当时已有427年的历史。主碑青石材质，碑高225厘米、宽90厘米、厚28厘米。四边宽7厘米，花卉浅雕花饰。碑首高96厘米、宽95厘米、厚33厘米。碑首“二龙戏珠”浮雕，中刻“万古流芳”四个大字。碑身正面篆刻碑文，题《藁城縣趙莊村真武大帝碑记》，碑文楷书20行、689字。背面无字。碑文是赵庄村民贾鸿猷请他认识的在井陉任职的赐进士顾显仁撰写，乡岁贡进士邑人静庵贾尚德书丹。

另一通二分之一残碑是此碑的辅碑，只剩下半截，长边129厘米、短边107厘米、宽90厘米、厚28厘米，四边有宽7厘米的花卉浅雕装饰。正反面镌刻捐资善人姓名，已辨识的有捐资善人354人。估计捐资总人数700人左右。

20世纪末、21世纪初先后重新发现并保留下来神宫寨6通石碑。据90岁以上老人讲，这只不过是神宫寨碑刻的一小部分，石造像、钟、铜铸香鼎之类的文物至今未发现。

现存的神宫寨遗留碑刻及赑屃，四通碑刻和赑屃保存在新建的简陋的真武大帝庙内，明万历二十年(1592)《藁城县赵庄村真武大帝碑记》两通碑刻及碑座、碑头暂保存在村委会大院内，应尽快移至新建真武大帝庙内，永远妥善保管。

第三节　神宫寨碑刻的历史文化内涵

现存六通神宫寨碑刻，四篇碑文，记述了明嘉靖二十一年(1542)至清道光二十五年(1845)六次重修神宫寨(真武庙)的社会背景、缘由、修缮内容和经历，历经303年。六次重修，不仅记述了赵庄古镇久远的历史，反映了历史上赵庄村民传承有绪的民俗文化传统，同时蕴含了丰富的社会历史文化信息。

一、藁城县赵庄村真武大帝碑记

明万历二十年(1592)所立《藁城县赵庄村真武大帝碑记》，碑文不仅记载了明嘉靖二十一年(1542)、明隆庆年间(1567—1572)和万历二十年(1592)三次重修的背景、缘由和修缮的过程、内容，还反映了当时赵庄人口众多，兴旺发达。

碑文标题：藁城县赵庄村真武大帝碑记

碑文内容：赐进士山西布政司右政井陉道□马政武进体庵顾显仁撰文

乡贡岁进士邑人静庵贾尚德

藁城县赵庄村真武大帝碑记

万历十七年余乘命莅政井陉，经三载矣。有藁邑人贾鸿猷，当童年进府庠，余重其颖□□加聘进道與余□□业相资。至万历二十年壬辰孟春月，鸿猷进余……序曰：当居乾之隅，高岗之上，有真武庙焉。原厥所由。未建庙之先□□贶锡庇乡。嘉靖二十一年有本乡善人贾祯等秉虔诚心，合乡人处置工物，遂殿宇三楹，门舍二楹。及建庙告成之后，旱则祷雨潦，则祈晴灾则祝免，无有求而不应者。于是威灵之感，四方香火之祀不可胜纪。至隆庆年间有善人贾福辛等感其灵于殿宇之内，加山塑之饰。有监生贾尚德等于殿宇之前修雨厦三楹，渐次建修，庙貌已完备。□□□□□刻铭，纪前承后之事未备焉。又有善人贾国保等发虔立碑，未告成而逝。时有善人郭应魁等建立石碑二座，告乞余言□□石以记岁月，以永其传焉。余曰：明则畏官府之法令，幽则畏有鬼神之威灵。□□以迁□□□常人之情率如此乎……

此碑于明万历二十年(1592)正月十九日落成，于本年二月初八日立。

另一通石碑只有半截残碑，记载着修缮、立碑捐资善人354人，涉及贾、张、甄、鲍、黄、韩、郭、李、蔡九大姓氏家族，捐资善人中还有本县禅房村、栢壁

(白皮)村、只都村、岗上村、贾同村、北汪村、姚村等村善人及南宫县、井陉县人。本村全部捐资善人在600~700人。每个人代表一个小家庭,还有当时没有捐款的家庭,估计全村当时至少有600余户3000人以上。碑文的真实记载,证明以下历史事实:

其一,碑文载:"当居乾之隅,高岗之上有真武庙焉,原厥所由",说明赵庄村北原就有高岗,高岗之上早就建有"真武庙"。根据白沙土、无砂石的土质分析,高岗是几万年前河水冲积自然形成的。高岗之上先建堡城,经考证,北堡修建于西汉高后八年(前180)。碑文记载,真武大帝庙"原厥所由",说明不是明朝所建,元朝战乱不止,外夷统治,不可能建寺庙。唐、五代、宋是寺庙建筑盛期,真武大帝庙早则唐、五代时期、晚则北宋时期(960—1127年)肆造

其二,50年间(1542—1592)三次大规模重修北堡上的《真武大帝庙》,说明在明朝中叶,社会安定,村民经过长时期的休养生息,生活稳定富裕,人口增长较快,计算达到五六百户、3000余口人的大村。碑文中有"有本乡善人贾祯"、"合乡人处置工物"等记载,说明赵庄是当时藁城域内人口较多的村镇,长街上店铺林立,商贸发达,一、六大集,远近闻名,交易量大。行政上成为乡镇建制。

其三,同立的另一座碑残留不足二分之一,正面镌刻"植树善人"姓名,残碑上20余人,背面镌刻捐资善人,残碑上354人,还有藁城所属其他村庄及南宫县、井陉县的捐资人。一般重修寺庙,刻碑记述,正面镌刻碑文,背面镌刻捐资善人姓名。而此次重修真武大帝庙碑记,为植树善人和捐资善人专门立一碑刻,以记功德,这在重修寺庙史上是罕见的,足见真武大帝庙在人们心目中的位置及其重修的盛况。也说明当时北堡内的真武大帝庙规模宏大,香火旺盛,盛名远播。也说明,在当时社会安定情况下,村民安居乐业,经济较为发达,生活有保证,村民团结,人心向善,文化氛围浓厚,从而促进了道教文化的兴盛发达。

其四,碑文中有"藁邑人、加聘进道与贾鸿猷"恭请"赐进士山西布政司右政顾显仁撰文","邑人乡贡岁进士、监生贾尚德"的记载,说明赵庄镇有功名人物,那时的赵庄文化氛围浓厚,崇尚教育,出类拔萃的人物涌现。赵庄崇尚耕读文化教育传承,团结向善的文化氛围可见一斑。

二、真定府藁城县赵庄村重修北堡今改神宫寨小记

明崇祯十一年(1638)所立《真定府藁城县赵庄村重修北堡今改神公寨小记》两通石碑,具有很高的文物价值,蕴含着更多的历史文化讯息。

碑文如下:

真定府藁城縣趙莊村重修北堡今改神宫寨小记

时天下乱者屡年。人厌兵矣。是岁二麦不登,祲□□尤甚。处盗时时交鸣,震骇愈加。俄而当路传檄,令百姓避难者转运入城。然百姓栖迟乡井,既恐罹难;及转运令下,又苦离家,进退维谷,情实难矣。有乡兵营千总官张天祚、堡主韩尚贤、公直贾清策,萃父老而会议曰:上台之令如此,无非以安民尔。若民果得安,上复何求。本乡旧堡原系避刘齐之乱神宫,保障久矣今虽倾圮宁不可增补耳而扩张之。绥则练干戈以备,急则携妇子以守。亦绥宁固园之一策乎?切见前迁徙之扰可免也致以其议达至于县君而县君甚喜,奖其说,随以千总。官董治之,以堡主等协理之县。以赏罚之令,限以完程之期,鸠工集材,出木□举,而大众赴工者无不欢欣鼓舞,及及恐后即子来之咏奚□焉。益谅其佚道之使,而信劳之民,不称厉也。今已告成,吴县君之羊酒赐劳己光宠吴,后来之百姓要堵应如故矣。此所谓理得而力能为之者。不使人手昔而叹赏哉。是役也虽主之者有本官,替之者有协理,而所赖力役之夫,胼胝之劳,大非浅也。好义终事之名不可泯没特,将其姓氏勒之石,以志不修云。

大明崇祯拾壹年陆月吉旦

邑人庠生贾鸿猷谨据实迹以记。

碑文蕴含着大量的历史文化讯息:

其一,碑文载:"本乡旧堡原系避刘齐之乱神宫保障久矣"。所谓"刘齐之乱",实为"西汉高后八年(前180)高后死后,其侄子吕产、吕禄政变谋夺刘氏天下,齐王刘襄兴兵,与诸开国大臣合谋平定诸吕反

叛朝廷之乱”。刘邦死后,刘邦儿子刘盈继位,为汉惠帝。汉惠帝生性懦弱,优柔寡断,大权逐步被吕雉吕后把持,吕后为了把刘氏天下变为吕氏天下,将娘家侄子、侄孙封王封侯,罗织罪名杀死刘邦四个儿子。汉高后八年(前 180),吕后驾崩,吕后侄子、丞相吕产、上将军吕禄密谋作乱,想夺取刘氏江山。被刘帮庶长孙齐王刘襄获悉,决定起兵讨伐诸吕,得到了刘氏宗亲及开国大臣周勃、陈平和灌婴将军的支持配合,一举诛杀了丞相吕产、上将军吕禄等吕氏宗亲,并诛杀常山王等爪牙,动乱全国。诸吕之乱终于被平定。刘邦第四子刘恒继皇帝位,谓汉文帝。汉文帝四年(前 176)齐王刘襄三弟、济北王刘兴居起兵反叛朝廷,欲夺汉文帝皇位。“济北王兴居闻帝之代,欲往击胡,乃反,发兵欲袭荥阳”,“八月,破济北军,虏其王”(《史记.孝文本纪》)。汉景帝三年(前 154),“武王濞、楚王戊、赵王遂、胶西王印、济南王辟光,菑川王贤、胶东王雄反,发兵西乡”,“上乃遣大将军窦婴、太尉周亚夫将兵诛之”(《史记.孝景本纪》)。这场七国之乱很快平息,七王皆死,除楚国外,六国被废除。内乱长达 26 年,祸及全国。

碑文准确无误的记载,赵庄先民为躲避“刘齐之乱”,于公元前 180 年开始在村西北高岗之上修建“堡寨”,称作“北堡”,战乱时兵匪袭扰,村民躲避于北堡内,免遭生灵涂炭。也说明,赵庄早已成村,人口众多。说明神宫寨的前身北堡始建于汉高后八年(前 180 年),赵庄建村早于建北堡。

其二,碑文载,“本鄉旧堡”、有“鄉兵营千总官张天祚”,有“堡主韩尚贤、公直贾清策”,说明明崇祯年间赵庄已是“乡镇建制”,赵庄那时还是藁城县的“军事重镇”。

其三,碑文载:“时天下亂者屡年人厌兵矣。是岁二麦不登禄□□尤甚。处盗时时交鸣。震骇愈加。俄而当路传檄令百姓避难者转运入城”。说明明朝末年崇祯年间(1627—1644),国政腐败,国运衰微,大厦将倾,清兵侵扰,盗匪横行,乱兵蜂起,乱者屡年,百姓生活在动乱之中,艰难困苦,民不聊生,官府无力保障一方平安,兵匪侵扰,藁城县令只得要求老百姓到县城避难。同样,赵庄村民深受其害。1638 年,兵匪骚扰,藁城县令又一次“当路传檄令百姓避难者转运人城”。赵庄百姓“栖迟乡井既恐罹难,及转运令下,又苦离家,进退维谷,情实难矣”。这段记载表明了国乱时百姓深重的苦难,他们滴落着多少血和泪,隐含着多少悲和伤。这种情况下,乡总兵张天祚、堡主韩尚贤、公直贾清策和乡老商议重修北堡保护村民而不到城里避难,商榷一致后上报县令,得到了县令批准和支持, 村民闻悉后,“无不欢欣鼓舞”,“集材出木,大众赴工,及及恐后”。重修很快告成,“吴县君之羊酒赐劳”。兵匪侵扰,村民在北堡避难,免受颠沛流离之苦、生灵涂炭之危。

其四,在那样艰难情况下,也要以碑刻的形式,把历史记录下来。两通碑没有碑座、碑首,四周毛边、背面糙面,正面碑文文字形小,善人姓名文字更小,文字都镌刻到边沿,一块碑镌刻碑文和善人姓名,另一块碑全部镌刻捐资善人姓名。石碑面积 0.502 平方米。这两通古碑和历次神宫寨重修碑相比,规制小的可怜。反映出当时处在明朝末年,朝廷腐败,烽烟四起,盗匪猖獗,战火连绵,民不聊生的历史环境,一为记载《重修北堡今改神宫寨》的历史事实,二怕县令怪罪,村民勒紧腰带,请本村庠生贾鸿猷撰文,凑钱刻制两通简陋石碑。这两通石碑虽然简陋,极有文物价值, 不仅仅是记录了重修北堡并改名神公寨的缘由、过程、参与的主要人物,更重要的是真实地记录了当时动荡混乱的社会背景、赵庄当时的行政建制和具有重大政治军事意义的重修真武大帝庙并更名神宫寨的活动。

三、神宫寨重修碑记

清乾隆四十六年 (1781) 再次大规模重修神宫寨,并立石碑《神宫寨重修碑记》。通过碑文记载,反映神宫寨重修四个方面的历史史实:

其一,《神宫寨重修碑记》碑文载:“夫神宫寨者,藁邑之西北赵庄堡也,故名为寨。内供武当真君,次□□土之镇。神宫寨深池以绕于外,高墉以围乎中,翠柏树于殿前,虬槐植于殿后,庙貌巍然,洵称古刹。相传明季时有流寇骚扰村庄, 远近居民相率而避于此者,容数千众而不见为多。实寨之地基有限,而所容者无穷,神灵之默佑昭然也。迨寇退难平,凡蒙保障之人,感覆庇之功,思德威之著,爰为报答,乐为增修深池之绕其外者,益为之濬,高墉之园其中者益为之筑,殿宇为之丹青,法像为之金碧,而且增修钟鼓二楼,左右厢殿,起药王于西,建三清阁于后。至玉皇殿则又其后焉。于是神宫一寨遂为藁邑之名区,赵镇之巨观矣。”碑文记载的明季(明代)这次重修、扩建,工程浩大。这次重修、扩建后,神宫寨“庙貌巍然,洵称古刹”,也就是从那时起,“神宫一寨遂为藁邑之名区,赵镇之巨观”,说明赵庄那时已经发展成“镇”了。

其二,此次重修,只是修旧,没有新建。清乾隆四十六年(1781)重修距明崇祯十一年(1638)重修,已历143年了,这143年间很可能还有重修,但至今未发现期间重修的记载。

其三,碑文记载了本次重修神宫寨内容、过程及重大意义。清乾隆四十六年(1781)这次重修碑文是这样记载的:上次重修后,“神宫一寨遂为藁邑之名区,赵镇之巨观矣。但年深月久,风雨不无损坏,墙垣多有倾圮,任其颓废而不为葺补,恐愈积愈甚,将成瓦砾,不诚可惜哉。幸有住持僧人姓荣者,发愿重修。苦心募化,又请本镇文士”等,“共襄厥事。倾者修,圮者整,向之金碧其法像者复为之金碧,前之丹青其殿宇者仍为之丹青”,“厥功告竣,焕然一新,因勒刻石,以记其盛,而问序于余,余非能文者,一切游眺登临流连光景之词,均置不道,仅述昔之所闻,与今之所见,实而录之,以表乐施者之美,督功之勤,并住持僧人虔诚之志,使后之观者踵而继之,永为藁邑之名区,赵镇之巨观,相延于万万世云尔”。这段碑文说明,上次重修后,当指明崇祯十一年(1638)重修后,已距这次重修143年,当然“年深月久”,再不重修,神宫寨“将成瓦砾”。重修的目的是让神宫寨重放异彩这次重修神公寨经过是“住持僧人姓荣者发愿重修,苦心募化。又请本镇文士”协助,乡民集材,“共襄厥事”。

其四,1781年重修神宫寨,正逢“康乾盛世”,社会安定。神宫寨早已是乡民心目中游览的盛景、祈福的圣地,历史上多次庇佑乡民免遭兵匪涂炭,对神宫寨崇拜爱惜有加,一直是香火兴旺,信众众多,参拜祈福者络绎不绝。因距上次重修年深月久风雨剥蚀,神宫寨深池於塞,墙垣倾圮,殿宇破损,法像急需金碧,殿宇急需丹青。在社会安定情况下,村民们有余财,也愿意捐资重修。碑文撰稿人郡人王作梅在碑文最后写出世世代代村民的宏愿:“使后之观者踵而继之,永为藁邑之名区,赵镇之巨观,相延于万万世云尔”。这振聋发聩的语句是对后代村民殷切期望,期望后代子孙维护好古刹神宫寨,使之永远矗立在赵庄古镇。

四、重修神宫寨碑记

清道光二十五年(1845)再次重修神宫寨,立碑《重修神宫寨碑记》。这次重修距乾隆四十六年(1781)重修,又历64年。《重修神宫寨碑记》反映出了如下历史信息。

其一,碑记载:“赵镇□□□业□□□□山□□□□而分□,水其得钟灵池固矣。而至延一乡之福泽者,则又不在山川之诞降而神之呵护焉。盖自有吾乡以来,地莫高于西北,乡人因其高而修为堡城,备观游也。未几而流寇作乱,他乡有扰攘之祸,而吾乡独获□□□□□□至□其所以获此奠要者,则曰避乱此堡。也至询其避乱之时所以为存身之处者,则曰□□玄帝庙也。异哉,以数间荒址而即容一乡之户口,以半壁之险要而即全一乡之性命,岂非神哉”这段碑文说的是,赵庄建村以后,因村的西北有高岗,村民因其高而修筑堡城,堡城内建起“玄帝庙”,起意是供村民游览。把堡城庇佑全乡人之性命,说成是神灵保佑,当时先民有这样的迷信思想可以理解。当时先民在高十几米的高岗上修建堡寨,青壮把守進出口,冷兵器时代,乡民避乱于堡寨内,确可保万无一失。反映出我们的祖先聪明智慧、团结抗乱的精神。再次述申了赵庄村先民修建北堡、建真武大帝庙、改称神宫寨、历次重修、历史久远的史实。

其二,碑文记载:“此乡人于既平之后所为增修,以志其盛。”说的是,村民在乱平之后,更加注重保护堡寨和玄帝庙,并不断重修,保持其长盛不衰。这也是北堡——神宫寨历经近两千年的根本所在。

其三，碑文记载："而后人于登临之余所得瞻仰以祈其福者，有由来矣。虽然事不□历久而无也，制不能一出而即备也。常间考神宫之旧而得缺略之处焉，即如药王一殿，何尝有火帝之神，玄帝四师何尝有瘟疫之主。而况乡又礼佛未有佛之像，□□奉佛未有佛之正龛。"这段碑文说明，神宫寨上次重修距今已有60余载，不仅破旧，也有缺略之处。所以，此次重修，不仅全面修旧，还要扩建新的佛像，需要大量钱财和工料。

其四，碑文记载："于是道光二十三年(1843)仲春之吉，遂邀大众以议修补焉。既而量其功程，初非等之小可，议其募化，必得大其施舍。此又吾众所惮，为不易成之功者矣。幸也乡人之心也，一邀会而即定其议，一募化而即凑其金。而且首事之中不乏鸩工庀材之选，住持之内而有朝谋夕画之人，所以不觉费力而即告竣。其功也。当此之时，孰不以为奇哉，然吾不谓成功之速之为奇，而为遇合之巧之为奇；亦不谓遇合之巧之为奇，而谓遇合之中如遇神助之为奇。籍非然者，何以异乡善人而愿装玄帝之金身耶，何以远方信士而乐为后殿之彩画也，何以三清阁下恰有新神之座，地禅堂正楹而俨是新佛之方丈耶。乡人因感应而想其遇合，因其遇合而想其功德，遂有作文传世勒碑垂久之意焉"。这段碑文记述了道光二十三年(1843年)开始准备重修神宫寨，因为此次重修工程浩大，需要大量的材料和钱财，必得村民信众大的施舍。担心村民信众不愿大量捐钱捐物出义工，重修不易成功。然而没有想到人心之齐，一召集研议，重修之事就议定了，村民踊跃捐钱，很快就凑足了重修所需钱财，管事人当中不乏能工巧匠，住持之内就有谋划之人。万事具备，重修顺利，历时不长，重修工程告竣。碑文作者痒生李清玉认为，成功之速不为奇，迅速凑齐资金、有现成的能工巧匠、谋划指挥人才遇合也不为奇。

韩银福　李福田

第六章　村镇建设

第一节　公共设施

赵庄虽为古镇,历史上公共设施很少。明清时期,有寨墙、寨门,18座寺庙,神宫寨前、关爷庙前各有一座戏楼,有镇公所。新中国成立后,在郭家街路南没收地主家四合院作为村委会办公场所,在东西大街北侧黄家大院旧址自西向东,依次建起村小学、工商税务所、供销合作社、文化馆。在村委会东侧建有戏院。

2019年公共设施有:

村委会原平房拆掉,盖起二层办公楼,和村警务室在同一办公楼办公,办公设施简陋。

村庄中心与村南建有2所小学、一所附有幼儿园,教学楼3座,47个教室,面积3900余平方米,教学设备齐全。

村委会西侧设有村卫生室,平房数间,设备简陋。东侧戏院仅剩舞台。

村中心、村委会北侧建有村民活动广场一处,面积偏小。

村内有两口深水井,分别深300米和350米,铺设供水管道至每家每户、每家工商企业,24小时供应生产、生活用水。

四条出村硬面公路,村内街道95%水泥沙石硬化,东、北、西围村公路建成硬化。8条硬化的田间路。

全村拥有49台电力变压器、功率8125千瓦。高压线路13.55千米,低压线路35.686千米。

两口1500米深热水井,用于住宅楼冬季供暖。146眼100余米深的农业灌溉水井。

第二节　村镇规划

一、规划背景

进入21世纪,中国总体上已到了以工促农、以城带乡的发展阶段,初步具备了加大对农业和农村支持保护的条件和能力。建设社会主义新农村,是党在深刻分析当前国际国内政治经济形势、全面把握中国经济社会发展阶段特征基础上,从党和国家事业发展全局出发确定的一项重大历史任务。规划建设21世纪中国特色的社会主义新农村有三方面的内涵:建设一个21世纪的新农村;建设一个有中国特色的新农村;建设一个可持续发展的新农村。为此,国家、河北省制定《村镇规划建设管理条例》,下发一系列指导性、政策性文件,规范村镇规划建设始终走在一条绿色健康的发展大道上。

《河北省村镇规划建设管理条例》(2002年河北省第九届人大常委会公告第69号),把村镇规划建设总的目标原则确定为"统一规划,科学布局,因地制宜,节约用地,有利生产,方便生活,量力而行,分步实施,实现经济效益、社会效益和环境效益的统一"。中央文件用"生产发展、生活宽裕、乡风文明、村容整洁、管理民主"20个字从五个方面来概括新农村建设的目标。其内涵既包括物质文明精神文明,也包括农村政治发展;既包括房、路、电、水、气等生活设施和教育、文化、卫生等社会事业建设,也包括农田、水利、绿化、科技等农业产业能力建设;既包括村容村貌环境整治,也包括以村民自治为主要内容的制度建设。新农村规划建设是一个系统工程,任务十分艰巨。要建设好新农村,首要的是要搞好规划,规划要具有科学性、前瞻性、全面系统性。还要有科学具体的建设规划,一步一个脚印坚持按科学规划建设实施,才能够达到新农村规划建设目标。

赵庄的现状和客观环境要求尽早做好村庄建设规划:一是赵庄建村于战国时期,明清时期为远近闻名的集镇,为藁城八大古镇之一,清同治年间还建起高大寨墙、寨门，村庄中心街市整齐、店铺栉比，商贸发达，农历每月一、六开集，商贾云集，杂货纷陈。但是除东西长街外，其他街道狭窄(宽2.5~8米)，有的街道不仅崎岖，还参差不齐。20世纪70年代后，因为人口增加分户急需宅基地，陆续向村四周扩展发放宅基地，虽然街道、宅基地面积按统一规划执行，但规划前瞻性差，不适应新农村建设规划，最主要的是街道仍然狭窄。二是卫生室、学校、文化娱乐、商业服务业、休闲养老、给排水等公用设施散乱、陈旧，跟社会主义新农村要求相差甚远。三是在村庄内外开设的生产加工企业散居在村四周或村内，安全隐患、噪声干扰、废水排放及运输管理都成问题；四是赵庄已纳入石家庄市正定新区规划范围内，并已规划了主次干道、支路小街。赵庄村域在正定新区规划范围内。赵庄应及早在正定新区规划基础上做好村镇建设具体规划，并付诸实施。

在国家大力促进新农村建设和赵庄本身也需要及早规划的大背景下，在张家庄镇人民政府领导和赵庄村党总支、村委会支持参与下，2013年1月由石家庄新世纪城乡规划设计有限公司（城市规划编制资质证书编号〔冀〕城规编第022025号)，根据河北省建设厅2006年编制的《河北省新农村建设村庄规划编制导则》，河北省委、省政府办公厅《关于大力推进新民居建设示范工程加快社会主义新农村建设的实施意见》，河北省委、省政府《关于农村新民居示范工程建设用地的指导意见》的要求，完成《藁城市张家庄镇赵庄村村庄规划(2012—2030)》。

二、现状概况

1.地理位置与区位评价

赵庄村隶属藁城区张家庄镇，位于藁城域西北部、张家庄镇域西部。距藁城城区27.8千米，距张家庄镇政府驻地3.6千米；西南距石家庄市主城区26.7千米，西距正定新区首开区4千米，被列入正定新区总规划范围内；北邻北小屯、李家庄村，东连三邱、北贾同村，南与蔡家岗村毗邻，西与正定县的南圣板、中圣板、北圣板接壤。村庄位于藁城、正定县交界处。南距正港路(省道)1.4千米，东距新赵路(省道)3.6千米，交通相对便利。

2.自然条件及地形地质

气候条件：赵庄处于暖温带大陆性季风气候区，属半湿润半干旱气候。其主要特征是：四季分明，春季干燥多风，夏季炎热多雨，秋季气温凉爽，冬季严寒少雪。季风气候影响显著。夏季盛行东南风，冬季盛行西北风。年平均气温12.5℃，极端最高气温43.2℃，极端最低气温-23.4℃。多年平均降水量494毫米，年无霜期平均189天，平均最大风速20米/秒。全年平均日照总数2710小时。

地形地貌：赵庄地处太行山东麓河北平原中南部，属太行山前磁河洪积冲积扇倾斜平原。地势西北高东南低，以1/1500~1/2000的坡度逐渐倾斜，形成典型的山前倾斜平原地貌。该区域为磁河、滹沱河之间的分水岭地带，海拔65~55米，向东南缓降。地面平缓，土质肥沃，地下水较丰富，气候温和，适宜农业发展和人类居住。

3.自然资源

水资源：赵庄可利用的水资源主要为地下水，自然降水为辅。地下水分四个含水组，第一、第二个含水组为潜水—承压水，上部以潜水为主。底板埋深分别在20~30米、100~150米，补给径流条件良好，位于潜水蒸发带以下，是工农业生产和人们生活普遍利用的含水层。第三、第四含水组间为承压水，垂直交替弱，补给有限。

土地资源：2012年赵庄村域面积6.68平方公里，合668.24公顷，现状村庄建设(住宅、道路、公用设施、商业门店、塘坑占地)106.32公顷，人均建设用地123.63平方米；耕地400公顷，人均耕地0.7亩，都是水浇地。工业企业占地10公顷，养殖用地2公顷。

地热资源：村南新开发的住宅楼使用的是地下热水冬季取暖。地热资源数量、开采价值尚不清楚。

4.经济社会发展概况

现状人口和职业分工：2012年全村2100户、8600口人，其中19~60岁5350人。从事种植业的1500余人、养殖业200余人、工业300余人、商业250余人、运输业49人、外出打工3040人。

经济状况：耕地6000亩，主要种植冬小麦、夏玉米和黄豆，年粮食总产450万千克，收入900万元左右；种植业年总收入120万元左右；餐饮、商贸、服务等第三产业年总收入900万元左右；工业企业、建筑业年总收入2000万元左右；外出打工年总收入4500余万元。全村年总收入8400余万元，人均年收入9500元左右。

社会发展：村小学2所：北小学为幼儿园和小学1~3年级，共有学生520人，老师32人；南小学为4~6年级，有学生226人，老师16人。义务教育普及率为100%。村卫生所位于郭家街村委会西侧，有医务人员8人，床位12个，新型农村合作医疗参保率96%。村内"五保户"13户，低保户48户。村内有私办养老院2处，一处收住180位老人，一处收住100位老人。

赵庄农历每月一、六大集仍然开集，摆摊设点和赶集交易人数大不如前，主要是蔬菜、瓜果、服饰、日用品、食品、日用电器等，没有了猪市、牲口市和布匹、棉花、粮食市，家庭农用器具摊点变少。

5.2012年村庄现状与人居环境状况

人居情况：

全村2100户，家家有独立宅院，少数户甚至有2套、3套宅院。住房70%左右是砖混结构，混凝土筑顶，新式门窗，其他的是砖木结构、白灰炭渣锤顶。全村现有372户在自家宅基地上盖上了2层或3层住宅楼。至2015年在村南土地上，盖起9栋六层住宅楼，共有43个单元、516套住宅，绝大多数由村民购买居住。缺乏总体规划，住宅散乱，浪费土地资源。

公共设施建筑状况：

村委会和村警务室在一个院内，有一座两层办公楼，建筑面积500余平方米；村委会东侧有一处戏院，仅剩舞台及其顶棚；村卫生室在村委会西侧，有几间平房，医疗设施简陋；小学（附有幼儿园）有2所，3栋教学楼，教学设备简陋，有待进一步改善；村内有30多处商店、10多家饭店。多数饭店卫生条件较差；在村东、村东南2处养老院，个体经营；村委会北、东西大街南有村民活动广场1处，面积小、设施差；村庄缺少公共绿地和公共活动空间，缺少文化娱乐设施。

基础设施状况：

村庄主要对外交通道路仅有村东通向新赵公路（省道）和村南通向正港公路（省道）共三条低等级硬面公路，宽不过6米，疏于维护管理。

村庄内道路普遍较窄，宽度在2.5~8米，水泥混凝土路面，硬化率80%，质量中等。村庄内道路不成系统，存在断头路、丁字路、蛇形路等。

供排水：2012年村民生活供水为无塔集中供水，供水井9眼，地下水位深度为80米。供水管线埋深为1米，供水管最大管径10厘米PVC管。每天分两个时段定时供水，中午供水2个小时，晚上供水1个半小时。夏天全村用水量为2100吨/天，冬天为1680吨/天。地下自然水，没有经过消毒净化。村民免费用水，浪费严重。

村庄生产生活污水为街道地面或坑塘随意排放，没有处理措施。

雨水排放流向坑塘或村外，汇聚之水流向东南方向。

电力：

2012年村庄电源主要来自常山变电站。村内有变压器27个。村民生活用电230770千瓦时/年，农业用电438000千瓦时/年。

村庄固定电话500部，移动电话6000余部，有线电视普及率80%，宽带普及率30%。

村民生活燃料：

2012年全村建有沼气池200户。冬天村民用煤取暖做饭的占90%。其他时段村民做饭燃料，电占70%，液化气占20%，煤占9%，柴草占1%。

环卫系统：

村内共有12个垃圾收集点，环卫车辆2辆、人员3人，垃圾主要倾倒在村内坑塘内或村边低洼地。

村庄内无公共厕所；

村民家庭多为简易蹲坑旱式厕所，夏季多有蚊蝇滋生，卫生条件差。

三、规划总则

1.规划编制依据

(1)《中华人民共和国城乡规划法》(2008);

(2)《河北省新农村建设村庄规划编制导则》冀建村〔2006〕425号;

(3)《河北省镇、乡、村规划编制导则》冀建村〔2010〕130号;

(4)《镇规划标准》(2007);

(5)《村镇规划编制办法》(试行)建设部〔2000〕36号;

(6)《村庄整治技术规划》(GB 50445—2008);

(7)《河北省农村新民居规划建设指导意见(试行)》的要求;

(8)《城市居住区规划设计规范》(GB 50180—93);

(9)河北省《关于大力推进新民居建设示范工程加快社会主义新农村建设的实施意见》的要求;

(10)河北省《关于农村新民居示范工程建设用地的指导意见(试行)》要求;

(11)《藁城市张家庄镇总体规划(2011—2020年)》;

(12)《藁城市镇村体系规划(2010—2030)》;

(13)张家庄镇赵庄建设现状地形图1/1000(2012年测);

(14)张家庄镇赵庄村庄建设基础资料;

(15)其他相关的法律法规、技术规范和政策文件。

2.规划指导思想

依据国民经济和社会发展计划,石家庄市正定新区总体规划和空间布局,结合赵庄经济发展水平及规划建设期内赵庄村“撤村改居”、迁并到正定新区的客观实际,坚持上位规划,统筹兼顾,综合部署各项建设。

从实际出发,合理组织分期建设,力求做到合理用地、节约用地。贯彻有利开发、方便生活的原则。

坚持统一规划、合理布局、因地制宜、体现特色、优化环境、综合开发、配套建设的方针。

精选户型。本着经济、美观、舒适、实用的原则,选择住宅形式。

美化绿化村庄环境。以造型丰富、色彩亮丽明快的建筑与丰富的绿化相结合,创造宜人、美观、舒适的生活环境。

3.规划基本原则

(1)规划要符合上位规划要求。

(2)必须从空间角度来组织配置好村庄各组成要素。

(3)创造环境优美、突出绿色生态和阳光的高品位现代主题生活的新农村。

(4)注重满足安全、舒适、方便、私密的几个方面的要求,特别是提高品质的人们交往空间。

(5)在规划及建筑设计中,体现高起点、高标准、高水平、现代化的要求,做到社会效益、环境效益和经济效益的有机结合。

4.规划发展目标

规划充分体现生态、环保、以人为本的设计理念,注意环境设计符合居住行为特征,强调居住行为与环境的融合与对话,努力营造自然环境优美与人文环境愉悦的人居环境。

规划力争实现以下目标:

(1)坚持以人为本,为民服务的人文主义思想,创造高质量的空间环境、高质量的生态环境、高质量的文化环境;

(2)布局合理、结构清晰,注重结构整体性的同时,突出个体的个性化表现;

(3)合理组织交通体系,确保居民出行的便利与居住空间的相对私密性;

(4)不同层面的居住群体相对独立设置,营造和谐、温馨的聚居环境;

(5)古典人文和现代高科技相结合,适应新世纪网络与智能化的生活新理念;

(6)绿化覆盖率不小于35%,人均公共绿地不低于3.0平方米/人;

(7)注重环境保护,村庄设置垃圾箱,每天清运处理,主要街道设置公厕和果皮箱,道路清扫率100%。

四、规划概述

上位规划、规划期限及范围:

(1)根据《藁城市镇村体系规划(2010—2030)》中村庄空间布局规划可知,张家庄镇赵庄村为“撤村改居”村，即规划期内迁并到正定新区。

(2)《藁城市张家庄镇总体规划(2011—2020)》确定城镇性质为：以种植业和养殖业为基础，逐步向集工、商、贸为一体的工贸型城镇的新型生态小城镇发展。张家庄镇2020年人口规划62229人，人均建设用地120平方米/人。

(3)由于张家庄镇赵庄村位于正定新区规划范围内，因此本次村庄规划布局结构充分与正定新区路网结构相结合。但考虑到不影响保留现状多层住宅及保持地块的完整性，本次村庄规划对正定新区道路做了完善和调整，具体调整意见见《村庄规划范围界定图》和《建设规划图》。

规划李家庄村、三邱村迁并到赵庄，到2020年三村合并后的人口规模为13314人，建设用地规模为79.92公顷，人均建设用地60.03平方米。

(4)本次规划期限为2012—2030年。为使规划更好地实施，将其划分为近期、中期和远期。

(5)规划范围：本次规划参考邻村蔡家岗村新民居建设经验，确定规划期末赵庄社区(包括赵庄、李家庄、三邱)和本次规划赵庄村的户数，由此确定赵庄村建设用地规模和规划范围。

2011年，赵庄村现状户数2100户，8600人；三邱现状户848户，3216人；李家庄现状户147户，562人。三村现状户数3095户、12378人。参考蔡家岗新民居建设情况与村民代表商议，本次规划确定规划户数与现状户数之比为1:1.5，可以计算出赵庄社区期末总户数为4643户，按每户住宅面积120平方米计算，社区的住宅建筑面积为557160平方米，社区规划住宅区容积率按1.2来计算，则社区需住宅用地46.43公顷。未来考虑社区配套的公共设施用地、基础设施用地及规划范围内正定新区道路用地情况，在住宅用地基础上增加50%用地，则可计算出赵庄社区需要建设用地规模为69.65公顷，小于镇总规确定的建设用地规模74.48公顷。

赵庄村2012年现状为2100户、8600人，根据期末规划户与现状户之比为1:1.5，可计算出期末规划户为3152户。每户住宅建筑面积按120平方米计算，期末全村的住宅建筑面积378240平方米，村庄规划住宅区容积率按1.2来计算，则村庄需住宅用地31.52公顷。考虑到村庄配套的公共设施用地、基础设施用地以及规划范围内正定新区道路用地情况，结合村庄处于正定新区路网的形态，本次规划确定村庄建设用地为48.49公顷。

本次赵庄村村庄规划的范围为：现状保留四栋多层住宅以北264米、以东593米、以南136米、以西178米。具体界线见《村庄规划范围界定图》。

五、村域规划

1.社会经济发展规划

(1)指导思想

以经济建设为中心，以增加农民收入为重点，以改善农民生活水平为出发点，实施村经济发展的规模化、集约化、产业化战略，增强村庄的可持续发展能力，提高大农业生产效益，保持第二产业传统发展优势，打造赵庄优势品牌，扩大第三产业发展空间。充分利用当前党的支农惠农政策，积极搞好村庄各项建设，确保村庄经济持续、快速、健康的发展。

(2)发展战略

赵庄地处藁城城区西北与正定交界处，历史上为藁北之首镇。20世纪初至80年代，镇中街市整齐，店铺林立，商贸发达。赵庄“一、六”大集远近闻名。每开集，邻县四周，商贾云集，杂货纷陈，占满镇内几条主要街道，尤以布商、猪市最盛，为当时县内其他镇所不及，推进了赵庄镇的经济发展。新中国成立后，赵庄人民重视和发展商贸业的传统，振兴商业，发展工业，兴办纺织、木器加工、油料食品加工、制砖制盆等制造业、建筑造纸等村办企业，促进集市贸易日渐兴盛。进入90年代中后期，由于经营管理滞后，村办企业逐步衰败，最后全部解体。

当前，中国城镇化正处在加速发展阶段，赵庄村域又被规划在“正定新区”范围内，正定新区又是河北省、石家庄市重点培育发展建设的区域，石家庄市委、市政府、市人大、市政协四大班子办公地要落户正定新区，大力承接京津疏解的商贸企业，引进国内著名企业在正定新区落地发展。赵庄的发展战略应发扬赵庄重视农业和商贸企业的传统，紧紧抓住正定新区商贸文化大发展的巨大市场机遇，率先做好规划建设，利用好土地资源，加快推进农业规模化、专业化和产业化经营，提高农业经济效益，同时大力发展村办、私营二、三产业，组织专业队伍，为城镇化发展提供优质服务，培育各方面赵庄品牌，持之以恒，坚持不懈，迅速发展赵庄集体经济实力和村民收益，赶超槐底村。

(3)社会发展规划

加快基础设施和公共服务设施的建设、完善和提高，尤其是公益性的小学、幼儿园、养老院、卫生室及休闲锻炼娱乐购物等公共服务设施建设。规划期末，全村人均纯收入30000元以上，低收入人口比重≤10%，义务教育入学率和幼儿入园率达到100%，新型农村合作医疗参保率达到100%，五保老人集中供养率达到100%，农民养老保险参保率达到100%。

2.人口规模预测及用地规模控制

(1)人口规模预测

2011年，全村人口8600人。附近各村近五年人口增长情况调查显示，人口综合增长率为3‰。综合考虑村庄处在正定新区规划范围内和村庄自身快速发展及计划生育政策的调整情况，预测规划期内人口增长率会提高。本次规划确定近期人口增长率取6‰，远期取10‰。据此，2020年全村总人口预测为9170人；2030年全村总人口预测为10130人。

(2)用地规模控制

现状村庄建设用地106.32公顷，人均建设用地123.63平方米。到2030年规划村庄建设用地为48.49公顷，人均建设用地面积47.87平方米。

3.村域空间管制规划

依据《河北省新农村建设村庄规划编制导则》，在村域范围内划定禁止建设区、限制建设区和适宜建设区，指导村域各类建设。

(1)禁止建设区

规划期内，村庄禁止建设区主要是村庄北部基本农田。

按照《基本农田保护条例》进行管制，严格保护划定的基本农田保护区。基本农田保护区内严禁进行各类非农基本建设、挖沙取土等一切破坏基本农田的活动。

具体位置见《村域规划图》。

(2)限制建设区

限制建设区是禁止建设区和适宜建设区以外的区域，限制建设区内如有建设活动，必需取得建设规划许可，且按规划执行。

规划期内，村庄限制建设区主要为村庄北部东西向的道路防护绿地。

具体位置见《村域规划图》。

(3)适宜建设区

由于村庄处于正定新区规划范围内，因此规划期内，村庄适宜建设区除了村庄建设用地，还包括正定新区规划范围村域内所包括的其他建设用地。

认真执行村域规划，严格禁止在适宜建设区以外兴建居民点；规划期限内，严格控制村庄建房乱占耕地与乱搭乱建；严格杜绝农村建房的违章现象。积极开展并不断推进农村居民点的土地整理和建设，保证搬迁后的旧宅基地及时合理利用。

具体位置见《村域规划图》。

六、村庄建设规划

1.总体布局

通过规划，将村庄规划范围内住宅用地、道路用地、绿化用地和公建用地等要素有机地组合成一个和谐的整体。根据规划用地范围内的用地布局和城市支路路网结构可以看出，本次规划村庄用地形态为矩形和方形。

2.规划结构及功能分区

规划本着方便生活、突出特色、优化环境的基本思路进行布局。本次规划村庄布局结构为"两心、三带、五片区"。其中"两心"指规划敬老院的西部的公园绿地景观中心和已建好四栋住宅楼的北侧绿地景观中心；"三带"指规划范围内由正定新区道路两侧商业建筑形成的三条商业景观带；"五片区"指规划范围内被正定新区道路分割而成的五片村庄建设发展区。未来村庄四周均为正定新区道路,其中东侧为石家庄北三环延伸线,等级为省道。

3.住宅用地规划

规划整个村庄内的住宅均为多层楼房，其中保留多层住宅为六层,下面为一层地下室。新规划多层住宅未设地下室,一层为车库储藏间,以上五层为住宅。本次规划住宅户数为 3152 户，预计可容纳 10130 人。

充分考虑村庄内建筑布局的特点，通过建筑的走向和空间组合,形成丰富的住宅空间,从而强调了居住空间的识别性和归属感。

住宅建筑之间的错落布局及高度变化，有利于夏季自然通风,同时阻挡了冬季寒风,创造了亲近自然且人性化的居住环境。

(1)住宅建筑设计方案

经过与村民代表沟通,本着尊重村民生活习惯,倡导健康、自然的生活空间原则,用现代化的设计理念指导户型设计。

在住宅楼设计中,建筑造型力图创造既现代、又有乡土气息的住宅形式。通过白色涂漆、深灰涂料、灰砖、土黄色面砖的穿插对比,形成典雅大方、细部丰富的建筑形式；各房间设计以房型方正实用、舒适、私密为前提,平面布局注重分区细化,动静分区,过渡自然,互不干扰。人性化的设计更加体现在细节的设计上。

(2)立面设计

继承和发展理性主义追求简洁、注重功能的原则,形式与结构相统一。立面设计从传统住宅造型中加以抽象、提炼、简化并进行演绎,创造出“简约、时尚、独具个性”的新现代主义建筑风格。住宅的色彩以砖红色面砖为主基调，在底层部分用蓝灰色的机理明晰的基座,使建筑显得更加沉稳。暖色系为主的组合给人以温馨的家的感觉。

(3)建筑节能

建筑屋面加设保温隔热层，建筑东西北墙面采用保温砂浆。平面上注意保证房间有良好朝向以及通风条件。设备选型中选用高效率低噪声的节能产品。

4.公共设施规划

规划公共设施用地 11.15 公顷,占村庄建设用地的 22.99%。

村庄主要公共设施统计表

表 6–1

代码	设施名称	用地面积平方米	建筑面积平方米	备注
1	村委会	1598	1669	位于西居住片区中心
2	物业管理	2765	2200	各居住片区中心
3	小学	19246	5798	位于东北片区
4	幼儿园	7367	2293	位于中南居住片区
5	文化活动中心	2274	2600	位于西居住片区中心
6	红事礼堂	2435	1328	位于东南居住片区
7	村卫生室	2462	2600	各居住片区出入口沿街建筑
8	敬老院	18172	13746	位于东南居住片区
9	沿街商业门市	41964	49052	规划范围内正定新区道路两侧
10	集贸市场	13189		位于东北片区

5.道路交通规划

根据相关规范及村庄的布局结构,规划村庄居住组团的主要路口都开向村庄商业街,次路口开向东西向的城市支路。每个居住组团内交通设计均使干道成环状或者末端设置回车场,既通畅又可以限定机动车车速,减轻机动车对居民的影响,并收到移步景异、曲径通幽的效果。各栋建筑间小路与主干路相接,各组团住宅建筑分布于居住组团干道两侧。

鉴于村庄的居住规模,规划将村庄居住片区内的道路分为三级:居住区道路 10 米、小区路 7 米,宅间小路 4~6 米。宅间小路均形成前后相通或设置回车场地,以方便临时行车。居住组团内有步行小路连接内部各块绿地,有助于扩大居民的室外活动空间,同时增强了环境与建筑的相互融合,使居民都能够享受到花园般的美景。

6.静态交通规划

由于生活水平的提高,生活节奏的加快,汽车已经进入家庭,其来势之快是始料不及的。由于私家汽车的增多给城市带来很大压力,仅就静态交通停车位占地就十分可观,一辆较小的汽车停在广场上需要20平方米左右,在独立车库里需要35平方米左右,如果白天、晚上合并考虑大致要提供每辆汽车40平方米占地或70平方米的车库面积。居住区内停车用地的增加,会挤占其他用地,造成居住环境的恶化。一般来说,居住区的10%~15%的车停在地面上对环境影响不大,如果超过这个比例,停车就应另辟蹊径。

根据以上情况分析,近期规划住宅楼一层为车库或储藏间,车库与住户比为50%。另外在居住区的宅前路一侧适当布置停车场地。

七、专项规划

1.给排水工程规划

(1)供水规划

村庄现状供水为集中供水,水源取自地下水,水源未经处理直接饮用,水质不能保证。规划期内近、中期过渡供水设施设在西片区中心绿地处,汲取地下水统一供水,要保护好水源地,并尽快地添置设备,供水前进行加氯处理,以确保水质。规划期末供水管接正定新区市政供水管网。

居民生活用水标准:采用120升/人·日。公共绿化用水标准:区居民生活用水量的50%,为60升/人·日。管网漏失量及未预见水量按居民生活用水量的15%计算。

用水量预测:远期规划人口10130人,供水普及率100%。村庄全天用水量为2006立方米。

管网布置:规划给水管网形式为环状和树枝状相结合,主管管径为200~400毫米,支管为50~150毫米。

(2)排水规划

规划期末,规划村庄排水体制采用雨、污分流制。

村庄污水量按给水量的80%计算,则到规划期末村庄全天污水排放量为1605立方米。

规划期内,在正定新区市政管网还未建设到赵庄时,村庄雨水充分利用地形排入周围坑塘内;村民生活污水经污水管收集后,有过渡人工湿地进行处理。村庄建设期间的过渡人工湿地位于村庄西南废弃坑处。

为提高雨水利用率,规划可结合公共绿地设置水面,将雨水集中收集,作为消防备用水源或景观用水。

规划期末,规划村庄污水管和雨水管均接正定新区污水管和雨水管。

2.电力、通信工程规划

(1)电力规划

电力规划坚持保护环境、节约能源、技术先进、经济合理的原则,做到安全适用,维护管理方便。

用电负荷预测:住宅4.0千瓦/户;公共建筑35千瓦/平方米;道路广场照明8千瓦/公顷;绿化用电5千瓦/公顷。根据以上指标,采用同时系数0.5,功率因数取0.9,规划期末全村用电负荷约7003.53千瓦。

电力来源:规划期内,正定新区电力线路还未建设到赵庄村时,村庄电力线路接常山变电站。规划期末,村庄电力线路接正定新区电力线路。

供电设计:近期加强村庄低压电网改造,保证规划期内供电质量。规划期末,规划10千伏电力线路从正定新区供电系统引入。

电力线沿主要道路西侧、北侧架设,宅前道路上低压电力线要沿建筑后墙走线,进入住户,沿后墙的线路要统一高度,整洁美观。村庄主要道路建议埋设路灯电缆,路灯位于道路的侧石外0.7米,宅前路上侧石外0.5米处,路灯间距30米左右。

(2)通信规划

电信容量预测:随着信息时代的到来,电信工程也会尽快深入农村。规划期末,规划村庄共有人口10130人,固定电话普及率按30部/百人,则全村固定电话计3039部。

电信线路规划：规划期内，在正定新区电信线路还未建设到赵庄时，村庄电信线路接张家庄镇电信支局。规划期末村庄电信线路接正定新区电信线路系统。

规划期末，在村庄绿地公园内设电话交接箱，程控交换机容量为3600门。

电信线路敷设方式建议以地埋式为主，尤其是主要景观轴两侧应实现通信线路地下敷设。

广播电视：采取多种手段，建设广播与电视并举、有线与无线结合的优质广播电视传输覆盖网，规划期末确保有线电视通播率达100%。大力开展有线电视网络多功能开发，拓展网络的发展空间，通过双向改造的有线电视网，提供“高速互联网接入、家庭办公自动化、远程教育、远程医疗、家庭银行”等系列服务。

3.供热燃气工程规划

(1)供热规划

规划期内，已建住宅楼利用地源热泵进行集中供暖。多数村民用环保燃煤炉自制土暖气取暖。逐渐转向采用电、天然气等清洁能源取暖。规划期末，村庄供热管网接正定新区供热管网系统。

(2)供气规划

规划期末，村庄燃气管网接正定新区燃气管网系统。规划近期，村民做饭烧水等生活用燃料主要是电、液化气、煤，少数户用沼气。中期视发展情况按统一规划引进天然气管道，天然气作为生活能源。

4.管线综合规划

(1)各种管线宜采用地下敷设的方式

地下管线的走向，宜沿着道路或主体建筑平行布置，并力求线型顺直、短捷和适当集中，尽量减少转弯，并应使管线之间及管线与道路之间尽量减少交叉。

(2)各种管线的埋设顺序应符合下列规定

建筑物的水平排序，由近及远宜为：电力管线或电信管线、燃气管、热力管、给水管、雨水管、污水管。

各类管线垂直排序，由浅入深宜为：电信管线、热力管、小于10千伏电力电缆、大于10千伏电力电缆、燃气管、给上水管、雨水管、污水管。

5.防洪规划

由于赵庄村处于正定新区规划范围内，因此考虑与正定新区的防洪标准相衔接，本次规划确定村庄防洪标准为100年一遇。依据防洪标准，严格制定村域防洪措施，严禁侵占防洪设施用地。

6.消防规划

(1)消防供水规划

规划末期，按照正定新区消防规划进行供水管网、消防栓、消防水带等消防设施建设。规划范围内最不利点市政消火栓供水压力应不小于0.15兆帕，其流量不小于15米/秒。

规划范围内消火栓设置应满足下列要求：

消火栓应沿道路设置，道路宽度超过60米时，宜在道路两边设置，并宜靠近十字路口。

消火栓距道路边缘不超过2米，距房屋外墙不宜小于5米。油罐区、液化石油气储罐区内的消火栓应设置在防堤外。

市政或室外消火栓间距不大于120米。

室外地上式消火栓应有一个150毫米或100毫米和两个直径为65毫米的栓口。室外地下式消火栓应有直径150毫米和65毫米的栓口各一个，并有明显的标志。

(2)消防通信规划

规划末期，赵庄作为正定新区消防规划的一部分，应依照正定新区消防规划，建设相应的消防通信设施。

(3)消防通道规划

在建设村庄社区道路时必须同时考虑设置消防车道。消防车道中心线间距不宜大于160米。当建筑物的沿街部分长度超过150米时或总长度超过220米时，均应设置穿过建筑物的消防车道，以给消防创造有利条件。尽头式消防车道应设回车道或者面积不小于12米×12米的回车场，供大型消防车使用的回车场面积不应小于15米×15米。

沿街建筑应有连通街道和内院的人行通道，其间距不宜超过80米。

消防道路的宽度不应小于3.5米,道路上空遇有架管、栈桥等障碍物时,其净高不应小于4米;消防道路下的管道和暗沟应能承受大型消防车的压力。

消防车穿越建筑物的门洞时，其净高和净宽不应小于4米;门垛之间的净宽度不应小于3.5米。

(4)消防供电规划

规划村庄社区内消防用电负荷均采取二路供电末端自投方式,采用耐火导线或电缆配电。

(5)社会消防规划

村庄要建立消防安全组织、制度,建立《村民防火公约》,加强村庄消防安全宣传教育,认真贯彻"以防为主、消防并举"的方针,使村民树立消防意识,达到"自我管理、自我教育、自我防范、自我保障"的目的。

(6)过渡期内村庄消防规划

规划期内，村庄规划范围建设尚未完成之前的过渡期内的消防措施，可通过建设一些过渡消防设施来确保村庄消防安全。

7.抗震规划

坚持"预防为主、平震结合、常备不懈"及"预防为主、防救结合"的方针。

规划确定村庄建筑物抗震烈度设防标准为七度,主要设施如:供水、供电、通信、医疗、消防、燃气等系统提高一级设防。规划村庄公共绿地为震时主要避震场所,任何单位和个人都不得随意占用。道路的宽度要保证地震时救灾的需要。建筑物结构设计必须满足要求,主要电力、通信、供水、交通等基础设施在基本烈度地震发生时,应保持正常运行。

8.环保规划

(1)环境保护目标

积极实施可持续发展战略,保护环境,采取有力措施,控制和减少水源污染、土壤污染、大气环境污染,植树绿化,努力开创生产发展、生活富裕、环境整洁,蓝天白云、树绿水清的生活环境。

(2)环境保护措施

推广科学施肥用药，控制和减少对土壤和水源的污染。

通过落实村庄建设规划,逐步实现雨、污分流,污水管道收集处理。

设置垃圾收集点,推广垃圾分类,组织专业清洁队伍,垃圾日清日运,统一处理。

改善能源结构,秸秆柴草全部粉碎还田,推广清洁能源,控制烟尘污染空气。

普及水冲式厕所,粪便积存化粪池处理后还田;

加强绿化,村庄建设公共绿地,道路两旁种植花草树木,改善居民居住环境。

加强对有污染企业的管理,要求其废水、废气达标排放。

加强水源地的保护。

八、规划实施措施

1.本规划一经批准,任何单位和个人均不得擅自修改内容。如确需修改,必须按照《中华人民共和国城乡规划法》规定的修改程序进行修改。规划范围内的土地利用和各项建设必须符合建设规划，服从规划管理,保证科学、合理地利用土地,促进经济、社会和环境的协调发展。

2.规划实施中,在不影响总体布局及规划结构的情况下,如个别用地确需调整,也必须在征得规划管理部门统一的情况下再作变更。

3.根据房屋使用年限、一代人的更新规律、村庄财力以及相关政策等，合理确定完成村庄建设用地和基本农田占补平衡的时间和方式。在规划期限内将村庄复耕区按限制建设区控制。控制村民翻新建设,鼓励复耕区内的村民搬迁到南部新建住宅楼内,实现占补平衡,体现节约用地。

4.采取不同的经济和行政手段,全方位推进村庄规划建设。对于有利于村庄建设的行为,政府应采取一定的优惠政策,促其实施;对于阻碍村庄建设的行为,则采取必要的限制政策及适当的经济手段。

5.完善土地管理政策,坚持节约、集约用地。

6.调动各方面积极性,建设公共绿地,以加快村庄生态环境的改善。

7.加强村庄规划建设的宣传,增强村民的规划建设的意识,自觉地执行规划建设要求和相关政策。

2012年制定村镇建设规划。2013年至2015年在村南建设了9栋6层516套住宅楼。2017年在村南又建2栋住宅楼。2018年再次在村南开始建设5栋住宅楼,其中一栋18层,为小高层,共计508套住宅预计2020年全部竣工。

第三节 村庄街道

1923年(民国十二年)林翰儒编纂的《藁城乡土地理》载:"赵庄镇,在县城西北、距城四十里。滹沱北之首镇也。有堡墙周约三里。商民殷富。街市整齐。有巡警驻在所。国民小学在焉。每月一、六日开集,商贾云集,杂货纷陈,贸易之盛,不亚梅花,而布商猪市尤大。为各镇所不及。"

赵庄建村2000多年,是400多年的古镇,镇内"街市整齐",虽然比不上城市,比周围普通村庄,街道确实整齐宽敞。中华人民共和国成立前,寨墙外基本没有农户居住。寨墙内有33条街巷,基本都是正南正北和正东正西走向,南北走向街巷19条,东西走向的街巷14条。街巷最宽的约10米,最窄的约2.5米。过去,街巷没有规范名称,多数街巷是相沿成俗的名称。

赵庄镇寨墙内各街巷俗称、走向:

南北中轴线上的东西长街俗称大街,东至东门、西至西门,长880余米,原宽8米左右。沿街南北两侧历代是商铺栉比。

东西长街南部自西至东,依次有如下街巷:

三官庙西往南顶头南北街;东西长街往南、转西又转南顶头,俗称贾家胡同,又名九道湾;东西长街往南经关爷庙偏西直至西南门街,北段俗称关爷庙街;关爷庙街至西南门街往西、东西向贾家胡同、蔡家胡同,系顶头胡同;西南门老母庙往南、往东再往南至西南门街;大寺(弥陀寺)胡同,自关爷庙街往东、往南至大寺前;郭家街(现村委会门前东西街),关爷庙往东至黄家旮旯;黄家胡同,自郭家街往南至正南门,南北胡同;东西长街韩金吾家起往南至观音堂,南北街;东西长街徐志钦家起往南经黄家旮旯偏东至东南门大街;东南村内大水坑东村东豁口起、沿水坑北岸向西,经观音堂、弥陀寺至西南门东西街;东南门街自张计全家起往南、东拐后往南至南园顶头成东西街;南园街自东南门街至西南门东西街;东南门街南段往北两条胡同,为黄三顺家胡同、黄增春家胡同;观音堂东侧往南两条胡同;东西长街东门里水坑西侧往南偏西至豁口至东南门水坑沿;东西长街东门里水坑东侧向南至豁口街。

东西长街北部自西至东街巷依次有:东西长街贾建锁家起往北胡同至顶头;东西长街自张茂家旗杆西侧起往北至西北门南北向街;西北门街李河水家房后起往西、拐向北至贾小眼家门前止,东西、南北街;西北门里往东至顶头鲍家胡同;东西长街黄家、张家之间(现小学西墙外)往北至黄家上坡南北胡同;西北门街自黄大雨家门口起往东至黄家上坡东西短街;自黄家上坡往东至顶头为韩家前街;韩家前街东头往北、往东至南海老母庙街;黄家上坡及小水坑东侧往北顶头东西小街为韩家后街;韩家前街东头往南至大王庙前东西长街;大王庙街往西往南胡同;东西长街自老二层楼起往北至东北门街。

赵庄古镇寨墙里各街道,除东西长街在1997年拓宽至18米(中心主路宽8米,两侧便道各5米)、混凝土硬化外,其他街道走向宽窄无多大变化。有的街道、胡同由于农户翻盖房屋地基竞相外移,造成街道进一步狭窄、参差不齐。原来过大的宅院、菜园,发放为宅基地,填埋部分水坑也发放为宅基地。

寨墙内东西长街正西门至正东门880米;正南门至东北门840米。

新中国成立后至2016年发展的街道:

新中国成立后,人们安居乐业,人口增长很快。到20世纪70年代初,长大的男丁结婚生子分家另立门户,急需宅基地。党支部、村委会根据政策,按实际需要发放宅基地。那时,统一规划,新发放宅基地每户东西宽12米、南北长15米,占地180平方米,统一要求盖成坐北朝南的排房,房屋等高。宅前东西道路宽4米,10户一排,排间南北道路宽6米。逐步将村域寨墙内空地、寨墙和寨墙外展发放宅基地按上述规划改造。

新中国成立后至2016年，发展建设的街道：东北角，东北门至围村路，建设住宅16排，住户107户，建东西小街15条；西北角，西北门至围村路建设住宅16排，住户147户，建东西小街15条；西南角，西南门至新建商贸街(视为南围村路)，建设27排住宅，住户217户，建东西小街26条；东南角，正南门至商贸街(视为南围村路)建设25排住宅，住户90户，建东西小街24条。

1987年在村南建设一条东西商贸街，始建全长660米，宽18米(主道宽8米，两侧便道各宽5米)，后续建，现在全长900米，街南侧商户47家。

1981年建成东、西围村路，路宽8米，硬化，后建成北围村路并硬化。北围村路东西长900米；西围村路南北长900米；东围村路南北长900米。围村路外新建住宅351户。

1998年曾对本村街道进行命名，为6路7街2巷3胡同。按惯例，东西为路，南北为街。具体如下表：

1998年赵庄村街道名称一览表

表6-2

新命名街路	原街俗称	新命名街路	原街俗称
广安路	东西长街	商贸路	新建商业街
北围村路	北围村路	永胜路	
永胜路	韩家前街	村廉路	郭家街(村委前)
村西街	西围村路	村东街	东围村路
村中街	韩长水门前街	寨门街	通西北门街
建设街	通正南门街	北门街	通东北门街
文安街	通东南门街	蔡家巷	蔡家胡同
新开巷	高金贵家以南	贾家胡同	大街南贾家胡同
大王庙胡同	大王庙街	刘家胡同	刘家胡同

第四节 东西长街

赵庄战国时期建村，村名沿用至今。在明代嘉靖年间，发展成远近闻名的集镇。赵庄古镇南北中间部位，于明代初期建成一条东西大街，东至东门，西至西门全长880余米，宽约8米，东、西门里街南各有一大壕坑，使大街东西两头略向北翘，号称三里长街。东西长街西起贾家胡同，东通向东北门街口，南北两侧店铺林立，一家接着一家。据老人回忆，在清朝末年、20世纪初，有24家布店、一家当铺和多家钱庄，此外还有(棉)花店、百货店、饭铺、酒店、肉铺、茶馆、药铺等，东西长街南北两侧设店经营。这些店铺有的是本镇地主富农开办，但多数是外地人到赵庄古镇开店贸易，并在赵庄落户定居。大的店铺都有堂号，如怀德堂、荣德堂、厚德堂、明德堂、余庆堂、怡茹堂、元善堂、百仁堂。当铺、布店、钱庄等大多由山西“老西”当掌柜和伙计，村民管山西“老西”伙计叫“老君”。山西“老西”会算计、善经营，店面打理得整洁干净，接待顾客殷勤周到，买卖兴隆。

东西长街两侧门店建造格局，每家店铺或两间、三间、五间，多是青砖单坡式瓦房或平房，临街出檐下架，门面用门板连砌(俗称“板达”)，白天卸下门板营业，晚上装上门板打烊。门店进深5米左右，设置有柜台、货架。东西长街西段大街南侧有一株千年古槐，枝繁叶茂。街的北侧有张家功名旗杆。

每逢农历一、六开集，东西长街自西门内起，向东依次是骡马市、皮棉市、棉线布匹市、百杂土产市。村东门里是猪市，有肥猪、崽猪和公母猪交易。卖饸饹面的、卖豆腐脑的、卖烧饼卷子的杂处其间，买卖人群来自四周各县邻村，远的来自正定府、石家庄、保定府。熙熙攘攘，摩肩接踵，叫卖声、洽谈交易声、相互寒暄声交织在一起，喧哗热闹。每到红日西沉，赶集上店人群散去，经纪牙行，捉秤的、提斗的，或店主顾客，到饭店聚餐喝酒，猜拳行令，谈笑风生。到灯火点燃，鸟雀鸡禽归巢，行人回家，大街寂静之时，大街角落往往有三五个醉卧街头之人。

经过民国时期几十年的战乱，东西长街面貌发生了很大变化。新中国成立前，东西长街中心街北部黄山子、黄俊明、黄后裔三家地主大院成为一片废墟，仅留两座瓦房矗立在废墟中。当铺、布店、钱庄在民国时期陆续关门歇业。

新中国成立后，20世纪50年代中期，经过恢复性建设，商铺经过重新洗牌，东西长街发生了新的变化。除三家地主的宅院建成完全小学外，南北两侧仍然商铺林立：南侧自西向东依次有计保大车店、鲜果店、张青杂货铺、李生明果品店、张斌茶馆、韩狗成饭铺、贾吉肉铺、蔡兰柱饭铺、理发馆、张芳武药铺、关玉珠杂货铺、梢桶铺、韩小明醋坊、李小庆烧鸡铺、刘小锁麻糖铺、刘家饸饹锅、张兰亭饭铺。北侧自西向东依次是鲍老明扒糕店、汪翔杂货铺、天增号杂货铺、张茂商店、贾振兰修(自行)车铺、鲍士厚李老坤酒店、韩小盆梢桶店，黄家大院依次建起了小学校、乡公所、供销合作社、文化馆(后改为照相馆)、李四福茶馆、张宝琦药铺、李老义酒店、韩金吾金银首饰店。每逢农历一、六大集，三里长街自西向东依次是：西门里骡马市、三官庙皮面土棉线市、生产生活用杂货市、棉布市、东门里猪市，集日贸易仍然十分兴旺发达，三里长街商业气息仍然浓厚。

1997年，赵庄对东西长街进行了拓宽、硬化改造，历经两年，街道拓宽为18米，中心主路宽8米、两侧便道各5米，东、西门里拓宽取直，全部水泥混凝土硬化，更显得气派。至2019年，东西长街南北两侧各商铺80%建起了二层、三层营商小楼，商店经营类型更具现代化气息。南侧自西向东依次有：辛三军烧鸡店、贾国强兽医诊所、贾建学农贸服务站、贾新锋亲亲发贝美发店、鲍瑞杰小吃店、韩立建好味来蛋糕店、姖艳英鑫鑫日化店、甄秀香自然堂、甄晓曼迪步、张德德水产肉食店、张建峰琼瑞大药房、李永强婚庆公司、张建辉五金土产商店、蔡玉婷婴童生活馆、张立峰爱语家纺、刘文利便利店、李江河杂货店、精品童装店、张庚辰诊所、甄国强饭店、刘幸心意蛋糕店、蔡增强西饼屋、周洋洋译毅图文社、张俊海金土地农资经销处、韩小群种子化肥农药分销店、贾三肉食店、张雪峰喜盈门酒楼、黄荣贵水暖五金电料店、胡华微大众鞋行、鲍鹏举诊所、孟红梅大汉国际美容养生中心、王新房烟酒副食店、付凤英烧饼铺、张振刚赵庄浴池。大街北侧自东至西依次有：胡瑞刚服装加工、刘全福商店、甄玉涛中西医诊所、刘祯祥粮油店、甄梦娜美容理疗养生馆、齐占新牙科诊所、鲍银禄大盘鸡、刘小人小吃店、甄成敏诊所、黄建清馒头房、贾同华羽绒服翻新店、张老四曹状元烧饼、贾小华冠军烟酒门市部、蔡丽蕊葆婴店、黄老四钟表维修、张新国平价超市、梁小坡万红粮油分店、张老七馒头房、韩志海梦圆窗帘布艺店、黄永乐中国电信、张飞璟瑞大药房、何新位家电维修、杜新蕊花圈寿衣店、鲍风江自行车修配、张永强移动通信、李向化妆品店、鲍小芬创典时尚发艺坊、韩刚奇家电维修、甄红娜换颜吧、张婷纤婷美容养生所、王杰精品二手淘宝店、王振兴食满多商店。有66家商铺。

经过几十年的发展，农副业生产已经实现了机械化、电气化、交通通信现代化，村民生活达到小康水平，大量的农业生产用手工农具、老式生活用具弃之不用，五行八作大量减少，集市交易已不见踪影。粮棉及其副产品不在集市零散交易。农业役用骡马驴牛由机械代替，农户不再散养骡马驴牛，骡马市寿终正寝。农户不再养猪，代之而来是规模化养猪，猪市不复存在。现在每月农历一、六仍然开集，但只在东西长街中段摆摊设点，主要是鞋袜服装、卫生化妆品、小型家电用品、蔬菜果品等，赶集交易的大多数是该村老年人，稀稀疏疏，不及新中国成立初期的十分之一，中午一过，商家收摊，赶集人归家，东西长街趋于平静。

东西长街的变迁，从一个侧面反映了赵庄村民生产生活翻天覆地的变化，是全国发展变化的一个缩影。

第五节 寨墙 寨门

《藁城县志集注》卷之三《营建志》载："附堡寨：坚壁清野，防乱善策也。军兴以来县境屡被贼蹂，民间多筑堡自卫。承平之后规制仍有存者,附著其目,俾后人有所考焉。”

“赵庄堡,在河北赵庄,距城40里,周一千二十步。清同治六年(1867)民捐民修。”

历史上平原村庄为抵御兵匪骚扰修筑堡寨不多。清朝后期,在藁城域内有赵庄、两河(今属无极县)、美化(今梅花)、贾氏庄(今贾市庄)、崇义(今丘头)、南固庄(今南古庄)6个村镇修筑堡寨,有其历史意义。

赵庄堡寨由高大寨墙、宽深寨沟和七座寨门构成。

寨墙、寨门的始建、规制、规模,参见本志第四章“赵庄古镇”第一节“寨墙寨门”。

赵庄村古老寨墙、寨门复原图

第七章　基础设施

第一节　电力

一、电网建设

藁城电力事业始于1953年。是年,为保证军事用电,从石家庄东郊电厂至表灵架设1条35千伏输电线路,继而建起表灵变电站。1958年1月城关镇北马村通电,是藁城县农村用电的开端,开始发展农村用电。1958年国家经委和水电部召开全民办电现场会,《人民日报》发表《全民办电社论》后,藁城先后扩建表灵变电站、新建良村(今大同站)、刘海庄、西庄、张家庄变电站,至1963年,全县29个公社、239个大队,基本形成纵横交错的配电网络,实现了村村通电。1963年后,国家投资,利用三年时间,对农村电网统一规划、大修和改造,逐步把原来的杂木电杆、黑铁线、黑铁皮变压器换成水泥电杆、铁横担、钢芯铝绞线、国家标定变压器。1978年以后,贯彻"调整、改革、整顿、提高"的方针,进一步规划电力布局、配套改革、提高更新设备,国家投资,两次改造农村电网,直接与华北南部电网接通,供电能力提高,供用电安全高效。进入21世纪,广大农村农业生产、农副产品加工、工商企业、家庭照明取暖做饭,电力是主要能源。

自1956年架设表灵变电站至县城第一条6千伏变电线路以来,电网建设发展迅速。1985年底共有35千伏输电线路7条,总长度57.01千米。10千伏配电线路995.4千米,低压线路2614.8千米,配电变压器1539台,总容量为100598千伏安。另外有一条110千伏输电线路,长度为13千米。

1986年开始,根据省电力局和石家庄供电局要求,全县开展了电力设施标准化建设。20世纪90年代,藁城市加强电力基础设施建设。兴建了2座110千伏变电站,新(迁)建3座35千伏变电站,对全市变电站进行了增容改造,主变容量实现了翻番,全市居民生活用电保证率达97%。1994年被电力工业部命名为"农村电气化县"。

1992—1998年,藁城市自筹资金对农村低压电网进行整改。自筹资金累计1400余万元,包括赵庄在内全市共有80个村完成了低压电网整改,大幅度地降低了农村电费电价,效果显著,深得民心。

1998年国家开始统一安排农网改造。1998年12月,藁城市一期农网建设与改造工程启动,2001年5月全部竣工,同年10月通过省政府验收。工程总投资11309万元。主要工程项目包括110千伏、35千伏变电站新建、改造增容和35千伏线路新建、239个村低压电网改造工程和调度自动化工程。一期农网改造,解决了藁城市供电容量不足、设备陈旧、线路老化等一系列问题,改善了农村用电不良状况,全市电网布局结构更加合理,电网基础趋于巩固。农村电力供应充足,供电可靠率达到99.9%。

2002年7月,藁城市二期农网改造工程启动,2003年3月完成,总投资3929.49万元。此次农网建设与改造,重点是对一期农网改造的拾遗补缺、对乡镇所在地的电网进行改造以及农村居民生活用电增容、农业排灌试点改造、农电光纤通信工程等。

二、赵庄电力

赵庄于1958年着手集资办电,购买电机、水泵、低压电线和电杆,栽电杆架设低压线。至1963年张家庄变电站运行,赵庄大队安装5台变压器,共150千伏。29个生产队,队队有一眼机井架设好低压线,使用电力抽水灌溉。不少生产队还购买了粮食粉碎机,安在机井房里,为社员加工玉米、高粱、红薯干等粗粮,大队集体开设面粉加工点。后随着国家电力事业的发展,不断增加变压器,输电线路更新换代增加密度,逐步发展米面加工、农副产品加工。1982年,赵庄95%农户使用电灯照明，结束了用棉油、煤油、蜡烛照明的历史。1992年国家免费改造村低压线路，免费安装变压器。至2014年，先后免费给赵庄安装变压器14台。1998年国家安排统一的农村电网改造，赵庄村主要是增容和35千伏线路新建，老旧线杆、低压线等老旧设备更换、增加变压器和调度自动化，至2001年5月完成。2002年7月，藁城市启动二期农网改造，主要是对一期农网改造的拾遗补缺，农村居民生活用电的增容。2014年全村农业及居民用电变压器34台、4500千伏；工商企业用变压器15台、3625千伏。高压线路13.55千米，低压线路35.686千米，全村农业和村民生活年用电量30余万千瓦时，工商业年用电量也很大。现在全村村民，无论农业生产、农户产品加工、工商企业、电视通信、照明做饭，都离不开电力，能够满足供应。

三、电价

2016年后农业排灌用电0.67元/千瓦时；农民生活用电0.52元/千瓦时。

1986—2005年农村电价一览表

表7-1 **单位：元/千瓦时**

类别 / 年份	居民生活用电	工副业高用电	农业生产用电	备注
1986—1990	0.05	0.08	0.06	收费到变压器电价
1991	0.0145	0.217	0.195	
1992	0.155	0.248	0.203	
1993	0.21	0.297	0.237	
1995	0.21	0.31	0.248	
1996	0.25	0.378	0.304	
1997	0.3	0.415	0.333	
1998	0.55	0.6	0.55	收费到户电价
1999	0.52	0.64	0.54	
2000	0.52	0.64	0.54	
2001	0.555	0.70	0.57	
2002	0.555	0.70	0.57	
2003	0.555	0.70	0.57	
2004	0.49	0.75	0.57	
2005	0.49	0.8048	0.57	

供电电网变压器

第二节　水利

一、水井

藁城地处子牙河水系的滹沱河和滏阳河中间地带，全部是水浇地，土壤肥沃，开阔平坦，地势自西北向东南缓倾，地下古河道重叠，水文地质条件良好，地下水资源丰富。赵庄村域处在藁城北部井罐区深水位亚区，只都、杜家庄一带出现了地下水开采漏斗，水位逐年下降。赵庄全村8000余亩耕地浇灌、人畜饮水，基本上靠地下水，自然降水仅为补充。主要水利设施即为水井。

水井历史悠久。据《海河史简编》记载和台西商代遗址发掘的两眼水井证明，3400多年前赵庄一带就已对地下水进行开采利用。商代水井井深多在3.7~6米，主要为饮用水。

早期水井井口为椭圆形，直径1.4米左右，井深4米左右，井底为圆角长方形，长1.46米，宽1.06米。井壁凹凸不平，略呈筒状涂一层草拌泥。晚期水井呈圆形，上粗下细，上口直径2.95米，井深2.95米。西汉出现砖井。据《正定府志》记载：清乾隆五十九年(1794)，藁城实有水井6300多眼，说明藁城农田灌溉用地下水之发达。

建造水井流程是：选址、挖直径3米左右井筒深接近水面、底部放置柳木制做的双层圆形井盘(木板厚约2厘米，宽约15厘米、木盘上垒砖呈圆形至地面以上2米左右，然后在垒好的砖井筒上架上厚木板，安上井架，用绳索固定好，井下4个壮小伙挖泥，上面用辘轳把泥提出倒在地面，留4根土柱支撑井盘。挖深2尺左右，在统一指挥下，井下同时挖掉土柱，井盘下坠至底，随后继续深挖，直至井底出现泉眼冒水2尺左右，水井告成。

1.灌溉砖井

灌溉砖井是在古代土井基础上发展起来的。1947年，赵庄水井有400余眼，灌溉面积8000余亩。土改后新建不少水井，平均20余亩耕地1眼井。井深4~5米。进入60年代，由于上游修建水库、降水减少及灌溉用水增多，水位下降很快。1982年后，赵庄境内原有灌溉砖井全部因干枯被淘汰。

2.机井

1958年开始用机械抽水灌溉，原水井不适用，机井应运而生。赵庄成立打井队，用木制风轮、大锅锥，在原砖井内加深，下直径0.3米木管，用柴油机或电动机抽水，水源不断。1982年后，随着水位不断下降，原有砖水井逐渐淘汰，用机械打深水井，井壁用水泥管，抽水用电力潜水泵。赵庄现保有300米左右深井146眼，用潜水电泵抽水供7000余亩农作物灌溉用。

3.提水机具

提水器具最早为商代中期的陶罐和木桶。以后发展为用辘轳、柳斗提水。民国初年，赵庄始有水车提水灌田。1930年(民国十九年)以前，水车皆为木制，后逐步演变为铁制水车，铁制水车主要有大轮、小轮、井架、水斗和接水盘组成，除井架是木制的外，其余部件全部铁制。提水方法主要靠人推、畜拉，一天一架水车浇地2亩左右。1955年水车最多，全村有水车150余架。至1977年，水车全部淘汰。

随着生产力的提高和科学技术的进步，1958年，赵庄开始使用动力机械和水泵提水。首先使用的是5.88千瓦卧式锅驼机和5吋水泵，水管全部是铸铁。1963年赵庄各生产队架设低压线到机井后，各生产队购买10千瓦电动机和5吋水泵，提水灌溉，一天能浇地25亩左右。70年代国产1105型柴油机、X195型柴油机迅速发展，逐步取代了其他机型。各生产队购买1~2台柴油机，机电双配套提水灌溉，水管成为胶质水龙带，效率大大提高。水泵3吋泵为主。由于地下水位下降，1980年起提水机具开始更新换代，深井泵逐步代替了离心泵，后由深井潜水泵提水灌溉。

二、生活供水

自古村民生活用水全部来自地下水。原为土井，后发展为小口砖井，井口圆形，直径1.2米左右，用辘轳、水桶提水。1947年土改时，村内吃水小口砖井300余眼，平均20~30户有一眼吃水井。70年代，随着地下水位逐年下井，多数水井年年深挖，有些水井干枯，村民不得不到村外机井拉水保证生活用水。

1980年，村集体在副业大院内打一眼深井，并铺设好塑料水管通到各户，一天早、中、晚三次供水，从此，村民生活用水自来水化，结束了农户打吃水井，自行提水担水的历史，吃水井全部淘汰。

2000年后，因为村域扩大，人户增加，供水不足，村集体又筹资在村西北片、东北片、正东片、东南片、西南片打了5眼吃水井，解决村民生活用水、工商业用水问题。仍然是早、中、晚三次供水。

村党总支、村委会为彻底解决村民生活用水及工商业用水，实现全天24小时供水，并确保水质，2013年决定重建供水设施。村民集资，每户500元，全村2300余户，集资110余万元。在村内小学、中学分别新打350米、300米两眼深井，井管上段136米为直径350厘米、下段为250厘米的钢筋水泥管，30吨压力容罐。重新敷设管道。入井管为合金管。输水管道为PPR塑钢管。主管道直径90毫米。当年施工，当年竣工，总投资160余万元，除村民集资外，村集体补齐。实现一天24小时供水，供村民饮用和养殖、工商业用水，水质很好。

开发商2014年打成两眼1500米以上热水井，用于楼区供暖。

三、排水设施

赵庄村域地貌特点是西北高、东南低，村庄坐落低于四周。在村庄西北门内外、东北门外、正东门里、东南门里、西门门里、正西门里历史上形成了7个大水坑，总面积8000~10000平方米，深度在3米以上。

降雨村内径流流入水坑，村外降雨或外来水，顺寨沟向东流经贾同、三邱、龙宫村向东而去。1963年洪水，径流1个多月。70年代前，7个大水坑常年有水，每年夏季，个个水坑水面近岸，青少年常常在水坑里玩水。

80年代后，水坑大多填平、排水沟也已损坏。2016年，赵庄仅留下东北门里、东南门里、西南门里三个水坑，面积大为缩小，遇有大的降雨，水坑储水量有限，排水通道不畅，有造成灾害之忧。排水设施问题提上村党总支、村委会议事日程。2016年，西北门增加一个水坑。2017年，加深正西门、西南门、东南门4个水坑，蓄水能力提高到1500余立方米，基本上解决了雨水排水问题。

第三节　交通

藁城道路交通开发较早。西汉时，滹沱河、磁河帆船、木舟运客载货，已成繁忙景况。元代，在陆路交通方面开始建有官道驿站。直至民国时期，先后筑成石沧公路和石德铁路，横贯县境中部。新中国成立后，相继修筑石沧、正深两大干线公路，与藁范、藁赵、新藁、藁果4条县级公路相交，纵贯南北，县域内乡乡镇镇通柏油路。进入21世纪，高速公路、国道、省道、县道、乡道遍布城乡，村村通柏油路，交通便利通畅。

一、古道路

早在3400多年前境内就已是商代“朵氏”部落聚居地。战国时期，中山国(含藁城)与周围邻国间贸易频繁，中山地贸易发达，道路交通随之被开拓。金元时期，交往日盛，战争频仍，驿传驿运兴盛起来，境内道路规模逐渐由人行小径、驮路发展成为车马大道。明代，藁城驿道四通八达，车马畅行，商旅称便。明人周在曾有《藁城故道中》的诗句:“周道驰驱日，芳里眺望时。”反映了藁城道路交通盛况。到清代，县内除乡间道路外，与外界沟通的主要道路有8条。这些道路一般宽约8尺，路面平坦，全为车马土路。赵庄村出村到各地的古道路主要有西北、西南、正南、东南、正东、东北方向的7条车马大道。

二、公路、铁路

1.公路

1928年，石门至沧州的砟土公路正式通行汽车，横穿县境，是县内公路之始。1956年水灾后，重点重修正(定)深(泽)公路。这条公路原来通过赵庄村北、神宫寨南。这次重修改在距赵庄村南2千米的蔡家岗村边。建成横穿县境北部的又一条东西渣土公路。1968年石沧公路首先铺成渣油沥青路面。70年代初将正深公路改建成渣油沥青路面，这条公路是当时赵庄大队社员到正定、石家庄市乃至全国各地一条最为便捷的公路。1985年，修建藁(城)果(庄)渣油沥青县级公路。进入20世纪90年代，藁果公路北通新乐，南通赵县，公路总长208.84千米，改称省道新(乐)赵(县)线，是赵庄村民到藁城市区的唯一公路。2015年，国家改扩建(北)京深(圳)高速公路，线路东移至藁城区域东部，纵贯藁城南北，距赵庄5千米，是赵庄村民高速出行最便捷一条高速公路。

2. 铁路

石德铁路在藁城南部境内横贯东西。20世纪20年代修建的纵贯南北的京广铁路，过境正定县，东距赵庄10千米，是赵庄村民铁路出行最近的铁路。2000年前，村民乘火车出行主要到新安、正定火车站乘车。高铁开行后，村民出行主要到正定、石家庄车站乘车。

三、农村运输

新中国成立前，赵庄和各地一样，运输主要靠畜力木轮、铁轮大车和人力木轮推车，再就是人担牲口驮。进入60年代，开始发展胶轮大车、双胶轮小拉车、胶轮推车。1984年前，交通运输工具主要是畜力胶轮大车、双轮小拉车和拖拉机，人们也用自行车托运货物。1985年后，机动三轮车、大小拖拉机、汽车成为主要运输工具。90年代后，人力、畜力车已渐渐落伍，逐步淘汰。进入21世纪，运输工具主要是机动三轮车、电动三轮车、农用汽车，柴油、汽油运输卡车、半挂车。村民外出短途骑自行车、摩托车、电动自行车、乘公共汽车，远途乘长途客车、火车和飞机。

四、赵庄交通

清末至民国时期，赵庄作为藁北重镇，交通发达。赵庄西北通东贾村、拐角铺到新安火车站，村西南通南圣板、诸福屯达正定府，村西南通蔡家岗、黄庄，村东南通只都、禅房达南董、藁城县城，村东通三邱、贾同、张家庄，村东北通西蒲城达南孟镇，村北通北小屯、奉化7条车马大道，商贸繁荣。运输工具主要是畜力木轮大车、木轮人推车和马驮、人挑担。

1958年张家庄成为公社所在地后，赵庄古镇沦落为村庄，地处偏远，交通道路落后，影响经济发展，集市日渐萎缩。1987年，赵庄通过自筹、化缘修了一条村西南通正深公路的4米宽的柏油路，结束了出村皆土路的历史。1988年赵庄修通经北贾同村至藁(城)果(庄)公路的硬面路，路面宽4米。还修通了东南门向东、经三邱、南贾同村到藁(城)果(庄)公路的水泥混凝土公路，路面宽4米。

2006年赵庄通过自筹资金、政府补贴，修了一条村东南通正深公路的水泥路，路宽5米；同年，重修了村西南通正(定)深(泽)公路的水泥路，路宽5米。

1994年，在村南新修一条东西大街为商贸街，街宽18米，路宽10米，便道各4米，水泥路面。1996年拓宽取直原东西中心大街，街宽20米，路宽10米，便道各5米，路面是水泥混凝土。2000年后，连年施工，村内主要街道均用水泥混凝土硬化。2013年清理门市占领中心大街便道，使中心大街更加宽敞干净。至2019年，村内街道水泥混凝土硬化95%以上，东、北、西围村公路宽10米，均水泥混凝土硬化。

1992年开通由赵庄始发，经蔡家岗、黄庄、禅房、九门至藁城的客运班车2辆，上午、下午各往返一趟。先由北小屯私人经营，1993年改由南董村私人经营，1994年村民甄海申、甄计辰接手。1998年、2000年又增加村民甄军利、贾小刚两辆班车，4辆班车上午、下午各往返一趟。直至2014年春，藁城客运公司取消个体客运班车，改由客运公司公交车运营，名为510路，赵庄设楼区门口、原中学门口两个站点，每小时一趟客运班车，终点站是九门客运中转站，可换乘至石家庄、藁城的公交车，票价1元。2017年，510路客运班车停运，村民出行乘坐公交车，需自行到距离2千米的正深公路上乘车。

第四节 邮政

一、邮政发展、机构

宋元时期，县境内已有邮传。到明嘉靖年间设有驿铺4处，专送官署公文，可谓“朝令夕至，声闻毕达”。清光绪年间，县内始有邮政设置但仍“专送官署公文”。民国初县城设二等邮政局，1931年(民国二十年)，长途电话所成立。1945年县城解放，人民政府接管日伪邮政，1947年县邮政局成立，开展邮政业务。1953年3月，县邮政局和电话站合并，称县邮电局。1969年12月1日，析邮电局为邮政局、电信局。1974年3月重新合并为邮电局，隶属石家庄地区邮电局领导。1990年1月，藁城县邮电局改为藁城市邮电局。1998年10月，邮电分营，成立藁城市邮政局，隶属于石家庄市邮政局。管理机构设置三部一室。2005年管理机构未变，生产机构设置为邮政营业班、储蓄营业班、电信营业班、分拣封发班、报刊发投班、邮政班(包括储蓄事后监督、汇兑检查和储汇会计)、押运班、邮运班等8个班组和刘海庄、南营、大同、南董、韩家洼、龙宫、增村、良村开发区、通安街支局和丘头10个支局(所)。

二、邮政业务

1.函件、包裹

函件：新中国成立之初，函件很少，后逐年增多，同时业务项目也逐年增多。在办理普通信函邮件的同时，陆续开办特种挂号信、保价信、机要通信和“邮资总付”等业务，罕见数量猛增。1985年达141.5万件，是1949年的39.3倍。1986年经办的函件业务包括信函、明信片、印刷品、盲人读物、邮简五种。1988年9月至1993年，陆续开办邮政快件、商业信函、特快专递等业务。后随着社会各类媒体广告的出现，商函业务处于下滑趋势。200年开始办理中邮专递广告业务。

1990年前平常信函每重20克本附资费人民币

0.04 元、外埠 0.08 元,挂号信 0.12 元。1990 年 7 月 31 日,邮政资费进行全面调整,其中,平常信函调整为每重 20 克本埠资费人民币 0.1 元、外埠 0.2 元,挂号信 0.3 元。1996 年 12 月 1 日,邮政资费进行再次调整,其中平常信函调整为每重 20 克 0.5 元,取消本外埠,挂号信 1.00 元。2004 年邮政资费平常信函每重 20 克本埠资费人民币 0.6 元,外埠 0.8 元,挂号信 3 元。

包裹:分为包裹和快递小包两类。其中又分普通包和保价包两种。1951 年开始收寄国内航空包件。为适应商品经济的发展,1980 年增办商品包裹手机业务。随着经济的发展,包裹寄递业务亦逐年增加。1985 年全县出口包件达 21678 件,是 1949 年的 66.3 倍。1987 年 12 月,开办大件商品包裹业务。1990 年 7 月 31 日,撤销快递小包业务后,包件称为包裹。1996 年 12 月,取消商品包裹和纸质品包裹之分,统一按包裹收寄。2001 年开办快递包裹业务,又将包裹恢复为包件。

包裹资费按寄递里程分区核定。1986 年 7 月民用包裹资费按普通包裹自费计收,起重计费 100 克。1990 年 7 月 31 日,国内邮寄包裹资费提高 150%。起重计费调整为 500 克,另每件计收包裹处理费 0.5 元。1996 年 12 月 31 日,包裹资费在现有费率基础上上调 50%,包裹处理费改称挂号费,按件计收 1.00 元。2014 年 1 月 1 日包裹挂号费调整为 3 元。

2.汇兑

20 世纪 40 年代主要办理小额汇兑,且手续繁琐,汇费不一。1949 年后汇兑制度逐步健全和正规。1958 年国家重新厘定汇制,汇率统一为 1%。汇款限额几经变化,1953 年最高限额每笔为 300 元,1980 年增至 500 元,后又改为无限额。业务量,1949 年开发汇票 217 张,1985 年 17989 张,是 1949 年的 82.9 倍。

1986 年办理的汇兑业务种类包括普通汇款和电报汇款。1988 年 5 月开办快件汇款业务,至此,汇兑业务种类包括普通汇款、快件汇款和电报汇款三种。1987 年 7 月停办快件汇款业务,10 月取消电报汇款业务。2000 年 4 月开办特快汇款业务。2001 年 7 月开通中国邮政电子汇兑系统,2002 年 1 月开办电子汇款业务。2004 年为进一步加强邮政金融业务集约化经营,提高整体竞争能力,实施了邮政储蓄应用系统与邮政电子汇兑应用系统互通工程,实现了电子汇兑系统和邮政储蓄个人活期账户的账户汇款,扩宽了邮政汇兑服务渠道和服务质量。

3.报刊发行

20 世纪 40 年代县邮政局仅办理报纸发行业务,发行量甚小。1951 年增办杂志发行业务,当年报纸期发份数为 198 份,年发 53897 份;杂志期发份数为 82 份,年发 948 份。1978 年以后,随着商品经济的发展,报刊发行量激增。1985 年报刊发行种类 3800 余种,报纸年发行份数 1376 万份,杂志年发行份数 63.7 万份,分别比 1951 年增长 254.3 倍和 670.9 倍。

80 年代中后期,县委对发行党报党刊十分重视,全县发行 9 万余份。1989 年后,随着《石家庄日报》和《广播电视报》的自办发行和河北科技报征订数量的下降,报刊发行份数出现大幅下滑,徘徊在 2~3 万份。邮电分营后,拓宽了私费报刊订阅渠道,报刊订阅数量逐年上升。至 2005 年,报刊期发份数 4 万余份。

4.邮政储蓄

1986 年 8 月,县邮电局开办邮政储蓄业务,储蓄种类包括活期储蓄、整存整取和零存整取定期储蓄。大同、刘海庄、南董、韩家洼、南孟、南营、通安街龙宫支局分别于 1987 年 9 月、1988 年 11 月、1989 年 7 月、1993 年 4 月、1993 年 5 月、1994 年 4 月、1995 年 8 月、1996 年 8 月开办储蓄业务。为加快储蓄发展,先后开办了定期有奖有息储蓄、活期储蓄异地存取业务和定活两便储蓄及代发工资业务。1988 年 9 月办理三年及以上整存整取业务,存本取息储户实行保值储蓄。1998 年 7 月开办绿卡业务。2002 年 12 月邮政储蓄系统全省统一版本,2004 年 12 月邮政储蓄系统全国统一版本。

1986—1989 年,邮政储蓄属代办储蓄业务,人民银行按邮政储蓄存款月累计日平均余额 2.2%付给手续费。1990年1月1日邮政储蓄业务由代办改为自办,邮政部门按储蓄利息差核算收入,储户利息由邮政部门付给。

5.特快专递

1993年11月22日,市邮政局开办了特快专递业务,良村、龙宫支局分别于1997年4月21日、22日开办,其他支局均于1988年5月15日开办。

为加快专递业务发展,2000年4月开办身份证快递业务,8月开办邮政礼仪业务,2002—2005年7月,陆续开办行车证快递业务、省内地级市间次晨递业务、法院文书快递业务。

1993年,特快专递业务年收入0.07万元,到邮电分营时的1998年达到21.39万元。2005年特快专递业务收入达149.5万元,成为邮政的支柱业务。

三、邮政网路

1.驿站

明嘉靖《藁城县志》载,县境内设有驿递铺站4个,分别为总铺、四公铺、堤里铺、吴村铺,共有接递皂隶24名。清康熙十三年(1674),正定伏城驿(今新城铺),曾一度划归藁城县代管,原设走递马14匹。

2.邮政网络

据《藁城乡土地理》载,民国十二年(1923)境内黄庄、南董、南孟、赵庄、兴安、梅花、岗上、表灵、故献、北席、贾市庄和陈家庄等村镇,均设有邮政代办所。1949年后,邮政代办机构逐步增加。后随着邮政工具的改进优化,又逐步减少。1985年底,全县有邮政代办所15个,即贾市庄、丘头、丽阳、刘家佐、增村、张村、梅花、岗上、兴安、木连城、西四公、张家庄、前西关、九门和只都。另外各行政村均设信报站,计240个。1986—1998年,藁城市(县)邮电局下辖刘海庄、南营、大同、南董、南孟、韩家洼6个邮电支局及市(县)局综合营业厅。1995年,良村开发区邮电支局、通安街邮电支局、增村邮电支局建成营业。次年10月,龙宫邮电支局建成营业。1998年10月邮电分营,成立藁城市邮政局,下辖刘海庄、南营、大同、南董、南孟、韩家洼、龙宫、增村、良村开发区、通安街10个邮政支局及市局邮政和储蓄两个营业厅。2005年5月丘头邮政所营业。

3.农村邮路

20世纪40年代,全县有农村邮路6条。50年代后陆续建设和开辟了6条新的邮递线路,发展到12条,总长度为570千米。并在行政村设立义务信报站194个,收发点20处。赵庄村民张留家是赵庄镇当时的信报站。另外还有群众自办邮路20条。1956年实现乡乡、村村通邮,投送工具均为自行车。在1969年开始摩托车投送,摩托车邮路不断增加,自行车邮路逐年减少。1970年开辟石家庄至韩家洼支局汽车邮路一条。此后韩家洼支局担负藁北13个公社94个村庄的投递任务。1985年底全县共有邮路16条,其中汽车邮路2条,总长度106千米;摩托车邮路4条,总长度402千米;自行车邮路10条,总长度413千米。投运工具有汽车4辆,摩托车13辆,自行车20辆。

1986年,县局在农村设置了5条摩托车线路和一条微型汽车线路,主要负责张村、兴安、北楼、梅花、木连城、倪家庄、南营、小常安、岗上、大同、城关部分乡村的报刊函件收投任务。南孟支局设置3条自行车线和1条市投线,韩家洼支局设置3条自行车线和1条市投线,南董支局设置一条市投线,负责藁北的报刊、邮件的收投任务。1995年南孟支局驻地迁至增村,投递线及投递范围未变。1999—2000年,韩家洼支局驻地迁往龙宫。1条投递线路调整到南董支局。2001—2003年,南董支局收投线路调整为2条。

赵庄村委会设置信报站。村民邮寄包裹、邮政储蓄到就近邮政支局办理。

第五节 电信

一、发展概况

20世纪50年代以前,县内没有无线电报。1964年配备X-D615W无线收发讯电台1部,开通藁城至石家庄无线电路一条,专为紧急情况和有线电路发生故障时,能够及时取得联络而备用。有线电报始于

40年代。仅办理话传电报业务,即收发电报利用长途电话电路明码话传,无电报专线和设备。1957年邮电局配备日本产莫尔斯人工发报机1台,同时利用幻线开通藁城至石家庄电报电路1条。1974年10月10日,将原电报设备更新为55型电传打字机1部,开始利用电传收发电报。1980年电传机增为2部。1983年增为3部。电报交换方式改为"双工式",即同时进行首发报工作。同年又增电报双机头电子自动发报机2部,CH101电报电源1部,实现电报收发自动化。1985年进入省64路自动转报网,能够与全国入网的各地进行直接电报联系。

农村电报,均由支局利用电话转传方式传递到县邮电局,再由县局发报。赵庄镇距离县城较远,那时,村民有急事到正定县邮局拍发电报。

1945年,藁城县城解放后,成立电话站,配备30门磁石交换机台,长话、市话合用,县城电话单机仅有县委、公安局、粮食局、银行等6部。电话线路均为明线,很简陋。50年代中后期,农村电话发展进入高峰。1956年春开始架设通往各乡镇的电话线路(与有线广播同线),9月实现乡乡通电话,电话机增至37部,并增设南董、南孟、倪家庄、南营4个电话交换站。1958年为14个公社配备交换机(分机),农村电话发展到191部。翌年建成全县通信网络,实现村村通电话,电话达359部。1972年与县广播站合作搞技术革新,实现藁北13个公社通信广播载波化。1976年广播线路独立成网,更新改造农村电话线路。1982年藁北地区自县城—南董—西四公公社农话线敷设了电缆。

1978年后,县城内电话改为自动电话,载波线路、自动拨号线路不断增加。1985年增开环三路载波机一套,主机设于西安邮电局内,电路为县城至南孟一路、南董二路。同年底,全县28个乡镇各配有交换机1台,总容量1380门,实用789门。1984年开始安装农村私人电话,1985年农村私人电话有3部,电话机均为手摇式。

进入90年代藁城电信实现了程控化。1991年9月15日零时,藁城市邮电局引进了加拿大北方电讯公司DMS-10型程控电话正式割接开通投入使用。1993年2月市局市话3400门扩容工程完成,市话总容量达6400门。同年7月随着增村电话分局400门程控交换机的割接开通,藁城市28个乡镇、240个村全部用上数字程控电话,并具备了国内、国际电话直播功能,成为河北省第一个实现村村通程控电话的县(市)。后经逐年投资增容,1994年5月,市话交换机容量达到13500门。

农话建设上,藁城市从1992年开始大规模地向农村进军,对农村电话进行改造,到1993年7月,建成了5个农村程控电话分局和装机容量200门的农村数字通信网,实现了农村电话交换程控化、传输数字化。

1992年,电话开始进入普通百姓家庭,住宅电话迅速发展。到1997年,全市电话普及率每百人3.4部。赵庄家庭电话普及快于其他村。部分百姓的"电灯电话、楼上楼下"梦想开始实现。

1994年5月22日零时,藁城市电话号码由6位升至7位,原区号"03217"废止,启用石家庄区号"0311",并进入了省会石家庄本地电话网。2005年5月21日零时,石家庄本地网固定电话和小灵通用户号码升至8位。

进入21世纪,藁城通信事业进入新的快速发展时期,管理体制几经调整。2002年根据国务院批准的《电信体制改革方案》,北方十省电信公司和中国网络通信有限公司、吉通通信有限责任公司重组为中国网络通信集团公司。藁城市电信局于2002年9月更名为河北通信公司藁城市分公司。2004年1月,开始企业重组,改制上市工作。随着2004年11月企业在境外成功上市,公司正式改名为"中国网通(集团)有限公司藁城分公司"。2005年,全市形成技术先进、功能齐全、覆盖城乡、方便快捷的固话通信网络、小灵通通信网络和宽带网络。

二、电信业务

1.固定电话

20世纪90年代,随着农村程控电话的发展,农村电话数量迅速增加。2001年7月电话初装费取消。

2002年推出“装来显赠话机”和“先尝后买”等营销措施，农村掀起装机高潮。2004年，联通、铁通、中国电信先后进驻藁城，市场竞争更趋激烈。2012年赵庄拥有固定电话300余部，宽带用户100余户。随着智能手机的普及，2019年除规模较大的工商企业、村委会安装使用电话座机外，均用手机通信。

2.手机

20世纪90年代，随着手机逐步普及，电信也开展手机购销和收费、维修业务。至2016年，赵庄同其他村庄一样，手机基本普及，成年人几乎人手一部手机。2019年智能手机在青壮年中普及，大多手持3G、4G手机，用途广泛，几乎解决了通信一切需求。

3.无线寻呼

1991年8月，藁城市邮电局设立无线寻呼台，首开无线寻呼业务。1994年实现数汉兼容。1995年与石家庄市联网，市局无线寻呼台同时撤销。1997年电信行业改革，无线寻呼业务从中剥离，划归河北国信寻呼有限责任公司管理。1998年电信创办988、989省内寻呼网，主要用于内部系统联系。2003年988、989无线寻呼全部淘汰。

4.宽带业务

2003年藁城开通宽带业务，发展很快。至2005年，已遍布城乡。2016年，赵庄2135户，拥有电脑、宽带的户1700余户，达到80%。

三、通信网络建设

1988年，藁城县局采用线路服用新技术，首装30路1+1环路载波机，以机动解决用户装电话问题。80年代末期，全塑电缆已用于市话网线路。1990—1995年，逐步更新技术，架设电缆。1996~1997年，城区新建楼房一律线路入户。1995年，新建龙宫、增村、兴安数字移动基站，新建模块局6个，交换机总容量38536线，全市电话网网管监控系统正式投入运营。1998年新建张家庄、丽阳、丘头、梁家庄、马庄、倪家庄、张村交换点7个，扩容5个。1999年新建交换点11个，使全市交换机容量达80256门，建成藁城—南董—龙宫—增村—九门—藁城等3个155MSDH网。2000年完成交换机增容32586门，开通了SMI,局间传输全部采用七号信令，在六个分局开通DDN设备，藁北10个模块局原155MSDH设备更新为622MSDH设备，传输可靠性进一步提升。2001年，引进西门子公司生产的EWSD程控交换机33288门，全局交换机容量新增5.2万门，新建模块点30处，扩容15处，全局交换机总容量达16.5万门，户线到位率90%以上。2002年完成交换机新增容量14920门，其中新建模块点6处，增容5处，使全局交换机总容量达到17.1万门。新建通信管道9.54千米，新架光缆21.96千米，新架农市话电缆线路皮长379.6千米。2003年，投资进行交换、传输及配套设备的改造，兴建小灵通基站178个，在全市范围内兴建宽带节点54个。为实行“集中监控，集中维护，集中管理”投资开通全市范围内85处机房电源设备集中监控系统，为公司今后的经营服务工作提供了基础保障。2004年，投资新建良村、南席、北邑、故献4个模块点，启动小灵通二期工程，新建小灵通基站383个，总数达到600个。在藁北地区，建设2.5GMSTP环8个节点。4月ADSL七期扩容，共新建35个点，容量达14884门，至12月20日，交换机总容量达18万门，宽带节点89个，小灵通基站600个，为宽带业务、小灵通业务的发展奠定了基础。

2016年，赵庄域内建有三座信号塔，通信网络信号好。

第六节　电教室

1950年，在赵庄原黄家大院旧址建设小学，除利用原有的2座瓦房外，在南临街新建5间教室、2个校门，学校占地面积6852平方米。还占用平分地主黄秋贵家南北两座瓦房、三间西厢房作为分校教室。1956年，陆续在学校北侧、东侧建设教室8间及办公室。1987年，为了改善教学条件，村委会投资30余万元，拆掉12个教室，建成两层双面教学楼，设有18间教室和7间办公室。1994年村委投资建4个平房教室和水塔一座。赵庄供销合作社撤销后，1994年，村委会投资12万元购买原供销社房子34间、土地

5000余平方米，划归学校使用，学校面积扩至12000平方米。1997年村委投资30余万元，拆掉原供销社旧房子，新建一座双面双层教学楼，设有8个教室5个办公室，还新建了校门、装修了原来的教学楼、美化绿化了校园。进入21世纪，赵庄小学占地面积12443平方米，建筑面积2960平方米，拥有35个教室，14个办公室，满足了幼儿园、小学教学需求。50年代，学生上课，自带板凳或马扎，土台子架水泥板做课桌，基本没有教学仪器。现在，课桌、座凳木质统一标准化，教学仪器、体育器材应有尽有，还建设了学校图书室、电教室，配备了电脑，教学直观高效。

赵庄中学新校址始于1971年，大队筹资在村南划拨土地5200平方米，新建5个教室4个办公室及校门围墙。1984年，学校面积又增加3000平方米。1985年，新建4个教室、3个办公室。1991年，学校增加500平方米。至此，赵庄中学占地面积8700平方米，有教室9个、办公室7个。1996年，张家庄镇政府发动群众集资，新建一座两层教学楼，建筑面积1300平方米，设12个教室3个办公室。赵庄中学建筑面积达到1892平方米。教学仪器、设备也逐步现代化，教学电脑配备了32台。2008年，赵庄中学撤销，学校交由赵庄高小(五年级、六年级)使用，名为赵庄中心学校。

便民公厕

第八章 人 口

第一节 人口数量

藁城台西商代遗址,证明了早在商朝(距今 2500 余年),藁城这块土地上就有先民生息繁衍。由于劳动生存能力落后,再加上水、旱、蝗虫、地震等自然灾害频仍,战事不断,掳掠残杀,人口增加缓慢。特别是元朝末年,国库空虚,统治者横征暴敛,民众怨声载道,农民起义此起彼伏,战乱四起,中原一带“道皆榛塞、人烟断绝”,(《明太祖实录》卷二十九)元末创伤未得医治,明初的“靖难”之乱又起,在中原河北中部一带打了四年仗,内战致使人民流离失所,或由于战火,或由于水、旱、蝗、瘟疫、饥饿,中原出现了大量的无人区。据《明史》记载,河北一带的人口密度每平方千米 3.09 人,“生民百遗一、千里无鸡鸣”,是当时人口锐减的真实写照。

嘉靖《藁城县志》载:藁城当燕赵之墟,古今必争之地也。兵燹之后,人物凋耗,土地荒旷,明初户口就有存者仅三分之一。明洪武二十一年(1388)、明永乐二年(1404)、明永乐十四年(1416),三次徙山西诸户以实藁城。历宣德、正统,生息渐繁,至明成化间(1464),藁城有 1942 户,26694 人。嘉靖十二年(1533),得户 2313 户,50482 人。其外有定国公徐达庄田,坐落在北汪等社者,佃户 88 户,固不在此数云。康熙《藁城县志》载:至康熙三十五年(1696),人丁 60280 人。光绪《藁城县志》载:光绪元年(1875),29865 户,男 89437 人,女 73452 人,共 162899 人。另有外省商贾 779 户,1307 人,雇工 350 人。《藁城县民国志》载:民国十九年(1930)度调查之数,全县共 43206 户,男 127598 人,女 114122 人,共 241720 人。1949 年全县总人口 339650 人,其中农业人口 331159 人,非农人口 8491 人。2010 年第六次全国人口普查,藁城市常住人口 775110 人,同第五次全国人口普查相比,十年增加 16841 人,平均年增长率 0.22%。其中家庭户 197063 户,人口 764535 人,户均人口 3.88 人。全市男性人口 366589 人,占 49.87%,女性人口 388521 人,占 50.13%。

赵庄人口:据藁城市地方志编纂的《藁城地名文化》载,明洪武、永乐年间三次山西移民藁城,没有山西移民迁入赵庄,赵庄系藁城六十九个原住民村庄之一。以前没有确切记载,明嘉靖十二年(1533),赵庄村有 57 户,1014 人,户均 17.8 人,占全县人口的 2%;清光绪二年(1876),赵庄村人口 511 户,2560 人;1930 年(民国十九年)694 户、3500 人。1947 年赵庄解放。根据村委保存的资料,自 1948 年土地改革,至 2018 年,人口变化情况如表 8-1 所示:

1948—2018 年赵庄村人口情况一览表

表 8-1 **单位:户、人**

年份	总户数	总人口	男性	女性	出生	死亡	迁入	迁出
1948	832	4740	—	—	—	—	—	—
1964	912	5055	2623	2432	—	—	—	—
1969		5726	—	—	—	—	—	—
1970	1294	5858	—	—	—	—	—	—

续表 8-1

年份	总户数	总人口	男性	女性	出生	死亡	迁入	迁出
1971	1321	6133	—	—	—	—	—	—
1973	1371	6339	—	—	—	—	—	—
1974	1389	6366	—	—	—	—	—	—
1975	1389	6355	—	—	—	—	—	—
1976	1413	6377	—	—	—	—	—	—
1977	1479	6391	—	—	—	—	—	—
1979	1484	6476	—	—	—	—	—	—
1982	1669	6571	3324	3247	—	—	—	—
1990	1876	7417	3704	3713	—	—	—	—
1991	1987	7497	3722	3775	—	—	—	—
1992	1987	7469	3721	3748	90	40	4	82
1993	1987	7460	3743	3717	69	48	45	75
1994	1987	7411	3733	3678	62	55	5	74
1995	1925	7284	3626	3658	40	50	25	139
1996	1925	7284	3644	3640	80	43	8	45
2000	1956	7638	3815	3823	—	—	—	—
2010	2109	7836	3870	3966	—	—	—	—
2014	2050	8675	4285	4390	—	—	—	—
2016	2135	8754	4364	4390	—	—	—	—
2018	2100	8902	4412	4490	—	—	—	—

赵庄土地改革时统计，全村 832 户，4740 人，户均 5.7 人；1964 年第二次全国人口普查，全村 912 户、5055 人，其中男 2623 人，占 51.89%；女 2432 人，占 48.11%；户均人口 5.54 人。1982 年第四次全国人口普查，全村 1669 户，6571 人，其中男性 3324 人，占 50.58%；女性 3247 人，占 49.42%。和 1964 年相比，18 年间增加 1156 人，户均人口 3.94 人。2010 年第六次全国人口普查，赵庄全村 2109 户，7836 人，户均 3.72 人，其中男性 3870 人，占 49.38%；女性 3966 人，占 50.62%；男女比 97.58:100。和 1982 年相比，28 年间增加人口 1265 人。2010 年赵庄村人口占全县人口的 1.03%。

2014 年 5 月，赵庄有 2050 户、8675 人，户均人口 4.23 人。其中男性 4285 人，占比 49.4%，女性

4390人,占比50.6%。

2018年,赵庄村有2100户、8902人,户均人口4.23人。其中,男性4412人,占比49.56%;女性4490人,占比50.44%。

第二节 人口构成

一、年龄构成

1964年全国第二次人口普查,赵庄总人口5055人。其中0~14岁1948人,占总人口的38.5%;15~64岁2920人,占总人口的57.8%;65岁以上187人,占总人口的3.7%。其中,80岁以上9人。

1982年第四次全国人口普查,赵庄总人口6571人。

2010年第六次全国人口普查,赵庄总人口7836人。0~14岁988人,占总人口的12.6%;15~64岁6095人,占总人口的77.8%;65岁以上743人,占总人口的9.5%。其中,81岁以上高龄老人109人。

2014年,全村有2050户、8675人。其中,1~17周岁1848人,18~59周岁5331人,60周岁以上1496人。

2016年5月27日,赵庄总人口8675人,其中1~18岁1848人,占总人口的21.3%;19~60岁5331人,占总人口的61.5%;61岁以上1496人,占总人口的17.2%。

2018年统计,全村人口8902人,其中0~18岁1876人,占总人口的21.1%;19~60岁5488人,占总人口的61.65%;61岁以上1538人,占总人口的17.28%,其中,80岁以上100人,占总人口的1.12%,90岁以上15人。

二、文化构成

1982年第四次全国人口普查,赵庄总人口6571人,其中高中以上文化495人,占总人口的7.5%;初中文化1394人,占总人口的21.2%;小学文化2466人,占总人口的37.5%。

2010年第六次全国人口普查,赵庄总人口7836人,其中大学(含大专)以上文化程度人口297人,占总人口的3.8%;高中(含中专)以上文化程度人口1038人,占总人口的16.7%;初中文化程度人口3808人,占总人口的48.6%;小学文化程度(含在校生)人口1966人,占总人口的25.1%。

三、职业构成

2012年赵庄人口中职业构成:

总人口(含外来人口)8500人,其中种植业1500人,占比17.6%;养殖业200人,占比2.4%;工业300人,占比3.5%;商业250人,占比2.9%;运输业49人,占比0.5%;外出打工3040人,占比35.8%;其他人员3161人,占比37%。

第三节 计划生育

一、人口控制

20世纪50年代,人口生育处于无计划自然生育状态,人口增长很快。

1955年,中国人口增长太快,中共中央发出《关于控制人口问题的指示》。1963年贯彻中共中央、国务院关于"认真提倡计划生育的指示",次年1月成立县计划生育办公室,广泛开展计划生育宣传。1965年,人口出生率35.7%,自然增长率29.1%,是新中国成立以来最高年份。

20世纪60年代后期,生育无控制,人口猛增,人口出生率、自然增长率均在20%以上。赵庄1964年总人口5055人,1969年增加到5763人,比1948年土改时4740人,增加了1023人,增长率21.6%。

20世纪70年代初,县委、县革委把计划生育列入重要议事日程,要求各级党委把计划生育工作当作头等大事来抓,强调党员干部带头实行计划生育。1975年,赵庄人口出生率降到11.3%,自然增长率降到4.8%。

1980年,开始把计划生育列为基本国策,提倡"一对夫妇只生育一个孩子"。1985年,人口出生率为15.7‰,自然增长率10.0‰,一胎率达77.8%。

2002年实施《中华人民共和国人口与计划生育法》,规定鼓励晚婚晚育,提倡一对夫妇生育一个孩子,符合条件的可要求生育第二胎。计划生育稳定实行。

2005 年,藁城人口出生率、自然增长率分别由 1986 年的 17.2‰、11.2‰下降到 11.2‰、3.2‰。自实行计划生育政策后,有效地控制了人口过快增长,实现了人口再生产由高出生、低死亡、高增长向低出生、低死亡、低增长的历史性转变。

2013 年又一次调整计划生育政策,启动独女家庭二孩政策。2015 年 10 月 29 日中央提出"全面实施一对夫妇生育两个孩子"政策,人口出生率、自然增长率稳步提高。

二、政策措施

(一)计生政策

1.奖励晚婚晚育

自 1968 年 6 月起,对男女双方按法定婚龄(男 22 周岁、女 20 周岁)推迟三年以上结婚的,发给晚婚光荣证。国家干部、职工(包括合同工、副业工)男女双方各增加半个月婚假,工资照发,不影响全年评奖。农村社员奖励一个半月的劳动工分。

2.奖励独生子女

从 1982 年 7 月 1 日起,对终身只要一个孩子并领取"独生子女光荣证"的夫妇,增休产假两个月。属于干部、职工的工资和全勤奖照发。农村社员奖励两个月的工分(或等价粮款)。独生子女入托、上学、就医、招工、分配住房均优先照顾。属农村的自留地多发,宅基地优先分给。此外,根据具体情况,由干部、职工所在单位和农村社员所在社、队给予下列之一的物质奖励:

(1)从领证之月起至孩子年满 14 周岁止,由夫妇双方所在单位分别发给儿童保健费(工分、粮食),干部、职工每人每月 2.5 元;农村每人每年记 20 个劳动日或相当的现金或等价的粮食。

(2)发给一次性的儿童保健费。干部、职工夫妇双方每人 200 元;农村社员夫妇双方每人 200 个劳动日或相当的现金或等价的粮食。

(3)女干部、职工,经申请和批准,可享受育儿假一年,工资和全勤将照发,不影响调资、晋级,但男女双方不再享受儿童保健费。

(4)实行包产的农村,每年减少其夫妇包产定额的 20%,小孩满 14 周岁即行停止。

1986—1988 年,对领取"独生子女光荣证"的夫妇,给予每人每月 5 元的奖励,为独生子女免费进行体检。1989—2002 年,赵庄执行《河北省计划生育条例》,对领取"独生子女光荣证"的夫妇给予每人每月 5 元的奖励,对独生子女家庭在上学、就医、就业、审批宅基地等方面制定了优先优惠政策。其间,协调保险公司办了农村独生子女父母养老保险、农村双女结扎户养老保险、城镇独生子女父母养老保险、城镇独生子女平安保险、基层计划生育聘用人员养老保险、计划生育手术平安保险等六个险种,初步解决了独生子女家庭的养老问题。

2003 年《河北省人口与计划生育条例》施行后,对领取独生子女父母光荣证者,到子女 18 周岁止,对独生子女父母由双方单位每月分别发给不低于 10 元的奖金;对符合规定可以生育第二胎而自愿不再生育的夫妻分别给予不低于 1000 元的一次性奖励;对独生子女父母,是国家工作人员、企事业单位职工的,退休时分别给予不低于 3000 元的一次性奖励。同时制定《藁城市农村计划生育优待和特困家庭救助实施办法》,这一机制在全省属首创。

2005 年,为全市 9387 名独生子女父母落实了每人每月 10 元的奖励;为 123 名主动放弃再生育指标的夫妻和 164 名退休独生子女父母兑现了一次性奖励;258 名农村独生子女在中、高考中给予了加分照顾;对确定的农村 944 户奖励扶助计划生育家庭,均按要求给予了每人每年 600 元的奖励。赵庄按照上述政策落实到位。

2015 年国家推行一对夫妇准许生育两个孩子政策后,赵庄有 60%以上生育年龄内的夫妇生育两个孩子。

独生子女家庭

(二)晚婚晚育

1964年1月,县委、县人委向未婚青年提出“自觉实行晚婚,推迟结婚年龄”号召,是年有2281对青年男女推迟结婚。1973年又提出晚婚年龄的具体要求,年龄不足的不予登记,晚婚率迅速提高。1975—1980年,晚婚率平均在90%以上。1980年9月,贯彻实施修订版《婚姻法》,达到法定婚龄即可办理结婚登记手续。为鼓励晚婚,1981年6月,县政府制定了有关奖励晚婚晚育的政策。

20世纪80年代中后期,藁城县执行河北省委、省政府《关于计划生育工作若干问题的试行规定》,男女双方都按法定婚龄推迟三年以上结婚的,视为晚婚,由县政府发给晚婚光荣证。干部职工实行晚婚的,奖励婚假半个月。已婚24周岁以上生育的初产妇,视为晚育,奖励产假1个半月。对实行晚婚、晚育的干部职工,在同等条件下优先分配住房,符合劳动就业和招工条件的优先录用。对实行晚婚晚育的农民,通过优先照顾优种、农药、化肥、浇地、使用农机具或发给奖金等办法给予奖励。1989—2002年,执行《河北省计划生育条例》,实行晚婚的奖励婚假15天,实行晚育的奖励产假45天。奖励婚、产假期间享受正常婚、产假待遇。2003年《河北省人口与计划生育条例》实施,规定实行晚婚的奖励婚假15天,实行晚育的,奖励产假45天,并给予男方护理假10天。奖励婚、产假期间,享受正常婚、产假待遇。2015年实行一对夫妇生育两个孩子政策后,国家规定孕妇孕产假和地方补助孕产假,假期6个月以上。同时还给产妇丈夫助产假15天。

三、计生服务

(一)服务机构

1986—1995年,藁城市(县)共设28个乡级计划生育服务站。服务站设有手术室、透视化验室和药具室,备有计生仪器和手术器械。负责本乡镇孕检、计生药具发放等。1994年6月,市计生服务站投入使用,其集手术、治疗、孕期监测于一体,功能齐全。1996年撤乡并镇后,全市改扩建、新建技术服务站15个,并通过达标验收。2000年,市级技术服务站开辟了优生检测、不孕不育治疗、妇科疾病治疗、乳腺疾病治疗等多项服务。65%的村建立了技术服务室,为育龄妇女开展咨询等服务。

2003年,市站配备了计划生育技术服务专用车,增加了一批设备器械,全市形成了以村室为基础,乡(镇)站为纽带,市站为龙头的计划生育技术服务网络,实现了由“孕后型”管理模式向“孕前型”管理的转变。同时提供避孕优质服务、出生缺陷干预、生殖道感染干预等服务。购进14台新型B超机装备到乡站,在市站新建生殖健康保健服务智能管理工作站。

(二)避孕药具的发放和销售

1986年后,在避孕药具管理、使用方面,县、乡、村均做到专人管理、专库储存、免费发放。三级药具免费发放点270个,发药员274人,定期发放。乡、村根据育龄群众的实际需求,及时送药上门。免费发放18个避孕药具品种。2005年,免费发放药具品种40多种,零售药具品种70多种。

(三)生殖保健服务

主要有怀孕检测服务、不孕症治疗、节育手术并发症鉴定及治疗和其他服务。其他服务主要由专科医生治疗各种生殖感染和常见妇科疾病。

四、赵庄计划生育工作

自70年代初实行计划生育至2015年提出“全面实施一对夫妇生育两个孩子”的政策落地,40多年来,村党总支、村委会一直把计划生育工作当作头等大事来抓,认真贯彻执行党中央、国务院关于计划生育的方针政策和市(县)、镇政府的安排部署，在市（县）、镇卫生、计生部门领导指挥下，加强领导。1983年先后建立以村委主要领导贾双月、韩脏人为主任的计划生育委员会，妇委会积极参与，成员有各生产队政治队长、妇女队长（生产队解体后，各片选拔计生委员），这支30余人的计生专业队伍，广泛宣传计划生育政策意义。还成立计生技术服务室，对育龄妇女提供孕检、避孕药具发放服务。赵庄村在计划生育工作中，认真落实计生政策，每一阶段各项工作都在前列，取得了很大成绩。计划生育政策深入人心，村民的生育观念发生深刻变化，生男生女一个样，传宗接代观念在淡化。2016年，“全民实施一对夫妇生育两个孩子”的政策落地一年多，二孩生育率60%以上。

第四节 养老送终

一、古代养老制度

中华民族自古就有尊老、敬老的传统美德。“养老”是中国古代礼制中的重要内容。据史料记载，历史上许多朝代都建立了自己的养老制度，形成了古代中国独特的养老制度。中国养老制度的建立有着深刻的历史渊源和时代背景。早在母系氏族社会，老人已开始受到氏族成员的尊敬。在先秦时期，以孔子为代表的思想家就提出了“仁、义、礼、智、信、忠、孝”等伦理思想，这些尊老传统和敬老思想对中国古代养老制度的建立产生了重要影响。

（一）尊老尚齿的传统

尊老尚齿，意指敬老，是中国的传统美德，它形成于尧舜，发展于夏商，到了周代，已经形成行为规范和社会准则。先秦三代虽然各有侧重，但是在尊敬老人上是一致的，并且还都拥有养老礼制。《礼记·祭义》载：“凡养老，有虞氏以燕礼，夏后氏以服礼，殷人以食礼，周人修而兼用之。”在先秦三代，“燕礼”“服礼”和“食礼”是用来款待宾客的不同礼仪，用款待宾客的礼仪来对待老人，足以表明先秦三代尊老尚齿的程度。尊老尚齿不仅有利于吸引民心，更为重要的还利于安邦定国，故成为古代养老制度建立的渊源之一。

（二）以孝治天下的思想

推行孝道是先秦三代治国的首要措施。孟子认为子孝则家齐，家齐则国治。天子养老，等于养天下之父亲，以父统子，则天下归心，忠君则天下太平，这就是“以孝治天下”的基本思路。汉代推行“以孝治天下”的政策，“孝悌为用”。可以看出，尊老敬贤作为古代中国的行为准则，已在很大程度上成为控制力极强的精神武器。

（三）重视发挥老人的作用

对老人的尊敬不应仅仅体现在温饱问题上，还应体现在通过让其从事相应的活动和给予其应有的社会地位来发挥他们的作用上。因此，养老在古代被赋予更多的教育功能。在先秦时期，关于养老，对于70岁以上老人，根据其出身分别供养在不同学校。据《礼记》记载：“有虞氏养国老于上庠，养庶老于下庠，夏侯氏养国老于东序，养庶老于西序。殷人养国老于右学，养庶老于左学。周人养国老于东胶，养庶老于虞庠。”这里所说“国老”即有爵位的老人，而“庶老”就是指普通百姓中的老人。

（四）中国历史上养老制度的主要内容

老人是社会成员的重要组成部分，对老人的尊敬和赡养是家庭、社会和国家都应承担的责任。中国各个朝代都有自己的养老礼仪和制度。现将内容见诸典籍地归纳为如下几点：

1.设专职官员负责养老事务，使得养老有了组织保障。负责养老事务的官员有的朝代叫“太宰”，有的朝代叫“大司徒”。

2.对鳏寡孤独者进行特殊照顾，主要包括以下几点(1)定期救济；(2)人身权利保护和照顾；(3)问病。

3.设立居养机构，以养鳏寡孤独者。

4.赐予爵位，以使其地位显赫。

5.赏赐物资，改善老人生活条件。

6.推行“给侍”制度，优待照料老人。

7.行乡饮酒礼，以明长幼之序。

8.实施刑律优免，给老人宽宥待遇。

历史上中国绝大多数百姓养老以居家养老为主，讲究的是三代同堂、四代同堂或者五代同堂，讲究百善孝为先，家庭最年长男人当家，讲究父母在不远游、父母在弟兄不分家。老人在家庭中占支配地位，享受儿孙们的孝敬，居家养老能够安度晚年。

二、养老业的发展

赵庄同全国农村一样，居家养老是主要的养老方式。传统观念认为多子多福，小农经济时代，家家子女众多，一代代集居在一起，男人日出而作，日落而归，女人在家缝补浆洗、碾米磨面、摘菜做饭。在“老人在，弟兄不能分家”观念束缚下，老人当家，在家庭中占主导地位。年老失去劳动能力的老人绝大多数能够享受到儿孙绕膝、衣食无忧的生活。即使病卧床榻，床前不会缺少侍奉食物、汤药和衣被换洗，直到终老天年。鳏寡孤独老人养老，新中国成立后一直由国家、村集体承担，实行“五保”，即保“吃、住、穿、医、葬”。1958 年后，五保标准逐年提高，1958 年村办敬老院，五保老人入住敬老院，衣、食、医无忧。

改革开放以后经过 30 多年的发展，政治、经济、社会各方面发生了巨大变化：国力强大、国泰民安；科学进步，各业发展；社会进步，赵庄出现家庭小型化现象，儿女结婚即分家，老人在经济上不再居支配地位；农业种养加基本实现了机械化、电气化，节省了大批农业劳动力，绝大多数有文化的青壮年出外做工或经商办企业。经过多年的计划生育，村内两孩家庭居多，一孩或多孩的居少，出生率大大降低。村内也出现了不少“空巢”家庭，只有老人留守。老人膝下众多儿女给予扶持的局面改变，传统的家庭养老功能逐步弱化，老年人养老也面临困境。21 世纪 20 年代初，村内个人兴办了 2 所养老院，好多家庭在老人失去劳动能力、生活能力，自身又无能力侍奉老人的情况下，把老人送养老院养老。对五保老人入养老院以及百年后丧葬费用，由村集体和县民政负担。国家对农村养老问题高度重视，从 2009 年起，对农村 60 岁以上老年人按月发放养老金，逐年提高。推行农村村民按年缴纳养老保险金，国家给予补贴，年满 60 岁(女年满 55 岁)可以领退休金。号召各级政府、个体兴办养老院、养老公寓、社区组织养老服务，力求突破传统的居家养老单一模式，实现养老多元化。2018 年，赵庄村有五保户 17 户，全部居住养老院，花费全部由政府负担；67 户低保户，按照国家政策每月给予资金补助，金额逐年提高，保证他们的生活达到温饱以上水平。

三、养老院

2019 年，赵庄有 2 座养老院，均是个体兴办的。一座由黄全贵独资筹办，2008 年建成，同年 8 月 1 日开始收住老人，2010 年办好全部手续。地址在村东北，距村 1000 余米，占地面积 3335 平方米，建筑面积 1200 余平方米，平房，床位 135 个，现在全部住满，管理服务人员 12 名。收费标准，根据入住老人身体状况，每月每人 400~850 元。

另一座为恒爱养老院，坐落在南门外、青年路旁，距村 1500 余米，法人代表戴永华。一期 2009 年 6 月开始筹建，二期 2013 年 6 月开始扩建，占地面积 20 亩，建筑面积 4273 平方米，500 余个床位，多数为平房单间。绿化面积 3846 平方米，健身器材较为齐全，管理服务人员 12 人，管护措施制度完善，环境优美。2010 年 7 月开始收住老人，现入住 158 人。收费标准，根据老人年龄、身体状况分 4 个等级，分别是每人每月 500 元、550 元、600 元、1000 元。

今后，将有更多的失去自我生活能力的老人入住不同档次的养老院，既减轻子女负担，老人也能安度晚年。

养老院老人照

四、养老送终

自古以来,赵庄村的父母长辈的养老送终都是由家庭中的子女后辈负担的。人们步入老年后,失去劳动能力,甚至也失去了生活自理能力,子女就有赡养的义务。日常给予物质帮助和精神抚慰。一旦生病或失去生活自理能力,子女侍奉老人饭菜汤药、衣被换洗、清理大小便。老人殡天长逝,子女按照习俗操办老人的丧事,使老人入土为安。鳏寡孤独老人的养老送终历来都是由政府和社会共同办理养老送终。随着社会的发展特别是改革开放以后,独生子女、两孩家庭占了绝大多数,家庭规模缩小,成年子女出外工作、经商的居多,老人身边少子女或无子女的情况越来越多,家庭养老遇到了困难。现在国办、私人办养老院不断增加,不少家庭把老人送进养老院养老,单一的家庭养老模式被打破。老人去世后的送终,有子女的仍由子女操办老人的丧事,按习俗子女后辈打幡戴孝发送老人,遗体火化后送进坟茔深埋。

五、高寿老人

2017年对全村90周岁以上老人情况调查:

李白姐,女,生于1927年农历九月,属兔。一生操持家务,勤俭贤惠、相夫教子,性格乐观,2017年90周岁。

鲍老明小名老黑,男,生于1923年农历四月三十日,属猪,2017年94周岁。原属第二生产队,一生务农,曾任生产队长。性格豁达,勤劳节俭。

王淑女,女,生于1925年农历十一月十四日、属牛。一生务农、操持家务,勤劳节俭,乐于助人,原属第三生产队,早年经常无偿为附近乡邻接生。2017年2月16日病逝,享年92周岁。

甄新凡,女,生于1927年农历四月,属兔,2017年90周岁。原属第五生产队。一生为农、操持家务,勤劳节俭,相夫教子,性格开朗,与家人邻居和睦相处。

蔡贵珍,女,生于1920年农历十一月二日,属猴,不识字。原属第17生产队,2017年97周岁。嫁夫辛庆山,育有一子六女。蔡贵珍老人一生勤劳,操持家务,相夫教子,生活规律,饮食清淡。喜爱喝点酒,平时爱喝茶,身体健康,基本能够自理。家庭和睦,儿女孝顺。

张宝荣,女,生于1922年农历五月二十二日,属狗,2017年95周岁。丈夫黄房,育有二子二女,长子黄平安、次子黄俊成,子女对老人孝顺。老人一生爱劳动,生活有规律。饮食方面,喜欢吃肉、喝酒,但能适量。现在生活能够自理。

甄小石,女,生于1925年农历九月十二日,属牛,2017年92周岁。招婿甄喜德,育有二子四女,儿子甄碗利持家老人一生勤劳,生活节俭,胸襟豁达,从不与人计较,除操劳无其他爱好。现住养老院,生活能自理。

赵荣芝,女,生于1927年农历五月二十八日,属兔。2017年90周岁。17岁与张小印结婚,育有二男二女。老人一生务农、操持家务,脾气温顺,吃家常饭,一年四季不停止劳作,从未得过大病,现仍做力所能及的家务,儿子媳妇孝顺。

赵五女,女,生于1923年农历十一月,属猪。2016年8月8日去世,享年94岁。和七队鲍士力结成夫妇,育有三子三女。老人肚大量宽,不计较自己得失,妯娌间和睦相处,一日三餐粗茶淡饭,勤俭操劳。年纪大后,儿女孝顺,冬季随长子住石家庄市单元楼,夏天随二子、三子在老家住,儿女孝顺,舒心开心。娘家兄弟姊妹都长寿。

甄秋莲,女,生于1926年农历八月十二日,属虎,2017年91周岁。老人3岁丧母,15岁父病,自幼操持家务,17岁和八队高秋贵结为夫妻,,没有亲生子女,有一养女。一生勤俭,与人为善,从不挑拣饭菜,身体健康,晚辈孝顺,心情舒畅,生活能够自理。

张书秀,女,生于1927年,属兔,与十队贾洛贵结婚,育有子女。于2017年3月病逝,享年90岁。

2019 年全村 90 周岁以上老人一览表

表 8–2

姓名	性别	出生年月	姓名	性别	出生年月	姓名	性别	出生年月
李闺女	女	1928.3	崔 香	女	1924.3	甄小石	女	1925.9
李白姐	女	1926.9	甄新风	女	1927.3	姚淑英	女	1927.6
甄贵兰	女	1928.2	张元贵	女	1928.6	赵荣芝	女	1928.9
崔瑞兰	女	1928.10	崔 印	女	1928.12	谭存芝	女	1929.3
候先梅	女	1929.2	辛桂珍	女	1929.1	赵喜芝	女	1929,7

第九章　家庭　姓氏　宗族

第一节　家庭

一、家庭构成

旧式家庭多由血亲祖孙三代组成。书香门第、大户人家，尤以多代共炊、家大业大、子孙满堂为荣。有些人家子孙兴旺，有“四代同堂”“五代同堂”。大户人家“四代同堂”“五代同堂”会在大门上挂上“四世同堂”“五世同堂”的匾额。二三十口人的家庭较多，百人左右的家庭也不罕见。据说，民国初年，赵庄大户人家张青云祖上就有百口之多。家庭以男系为中心，女以男为家，男以女为室。家长为家庭成员中最高之男长辈，家长健在，其他家庭成员从不敢言分家。如提分家，则被视为“不规”和“不孝”。

“五四”运动以后，随着新文化、新思想的传入，以及所有制的更迭，大型家庭逐步解体，经济独立，分居自理的小型家庭日渐增多。20世纪50年代后，家庭结构有明显变化，青年男子结婚后多与父母分家，另组小家庭，多为核心型家庭。从家庭规模看，明嘉靖十二年(1533)户均21.8人，清光绪元年(1875)户均5.5人，1930年户均5.6人，1949年户均4.7人，1985年户均4.1人。2007年户均3.7人。2012年，赵庄2100户、8600人，户均4.1口人。

分家习俗，旧时一般由舅父主持，并请族长或本村有威望的老人当面立约。现在村内尚有遗俗，城镇非农业人口则多系自然分炊。

一对夫妇无后嗣者，可“过继”或“领养”子(女)，以直系血亲的侄男(女)或甥男(女)为多，远亲挚友的子女次之，年龄一般在10岁以下。继子(女)和养子(女)有权继承家产，亦有赡养继父母和养父母的责任。旧时因重男轻女，一些有女无儿户也过继或领养儿子，现在男女平等，这一风气基本改变。旧时，继子继女、养子养女被人歧视，常受宗族的排挤，现在已为社会承认，受法律保护。

二、倒插门

倒插门是一古老的习俗。有女无儿户为传宗接代，往往不是过继男孩，就是让女儿招女婿上门。上门女婿须改姓女家姓，生下儿女，叫女方父母为爷爷奶奶。一般男青年大多不愿意当倒插门女婿，家长也同样不愿意让儿子当上门女婿，只因为改名换姓。那时流传一首歌谣：“小子无能，改名换姓，打幡摔瓦，送到坟茔”。只有家庭困难、男孩子多，不倒插门可能一辈子娶不上媳妇，或者孤儿无能力娶亲，才不得不当上门女婿。现在，不少男子结婚后到女方家同岳父母一块生活，但是，男子和子女一般仍随男姓，不属过去意义上的倒插门。

三、直系血亲、姻亲成员间称谓

父亲：爹、爸爸；母亲：娘、妈妈；丈夫：老公、女婿、当家的；妻子：老婆、媳妇；兄：哥哥；兄妻：嫂子；弟：兄弟、弟弟；弟妻：弟妹、弟媳妇；姐：姐姐；姐丈：姐夫；妹：妹妹；妹丈：妹夫；祖父：爷爷；祖母：奶奶；曾祖父：老爷爷；曾祖母：老奶奶；伯父：大伯、二大伯……伯母：大娘、二大娘……叔父：叔叔；婶母：婶子；公爹：公公、面称爹或爸；婆母：婆婆、面称娘或妈；夫兄：大伯子，面称哥；夫弟：小叔子，面称弟弟；夫姐：大姑子，面称姐；夫妹：小姑子，面称妹；舅父：舅舅；舅母：妗子；岳父：老丈人，面称爹或爸；岳母：丈母娘，面称娘或妈；女婿：女婿，面称名；内兄：大舅子，面称哥；内兄妻：大舅嫂，面称嫂；内弟：小舅子，面称名；内弟妻：弟妹；夫叔：面称叔；夫伯：面称大伯；姑母：姑姑；姑夫：姑父；姨母：姨姨；姨夫：姨父；女儿：闺女；儿子：小子。

四、家庭婚姻

封建社会的家庭婚姻是一夫多妻、包办婚姻、男尊女卑、漠视女子利益的封建婚姻制度。在封建社会,有钱人家或官绅一夫多妻,男女婚嫁皆尊父母之命、媒妁之言,且讲究门当户对。

辛亥革命,特别是"五四"运动后,青年知识分子将婚姻民主之风引进县境,一夫多妻制度逐渐终结。但是,农村包办婚姻没有根本改变。

1943年,县域内开始执行晋察冀边区行政委员会颁布的《晋察冀边区婚姻条例》,实行婚姻自主。中华人民共和国成立后,1950年颁布第一部《中华人民共和国婚姻法》,规定婚姻年龄男不得小于20周岁,女不得小于18周岁,实行婚姻自由,一夫一妻,男女平等,保护妇女和子女合法权益的社会主义婚姻制度建立起来了。

五、结婚

经宣传贯彻第一部《中华人民共和国婚姻法》,自主婚姻逐渐推行,婚姻不再仅仅是父母之命,媒妁之言,首要的是婚姻男女的同意认可,并经政府部门登记领取结婚证明方可结婚。

1980年9月公布第二部《中华人民共和国婚姻法,规定男不得早于22周岁,女不得早于20周岁。随着宣传《婚姻法》和整治早婚私婚的力度加大,非法婚姻逐年减少,晚婚晚育逐年增加。据藁城市政府部门抽样调查,2005年农村:男22岁结婚的占55.4%,23岁结婚的占22.6%,24岁结婚的占9.4%,合计为87.4%;女20岁结婚的占18%,21岁结婚的占17.8%,22岁结婚的占20.6%,23岁结婚的占23.8%,合计为80.2%。

六、离婚

在我国有文字记载的五千多年历史上,自西周至清末,男人休妻有"七出"(七弃)之规,即妻子犯有"七出"规定之一的,即可休妻。七出如下:1."不顺父母":即不孝顺丈夫的父母,理由是"逆德";2."无子":即妻子生不出儿子,理由是"绝世";3."淫":亦即妻子与丈夫以外的男人发生性关系,理由是"乱族";4."妒":妻子好妒忌,理由是"乱家";5."有恶疾":指妻子患有严重疾病,理由是"不可共盛",是指不能一起参加祭祀;6."多言":指妻子太多话或说别人闲话,理由是"离亲";7."窃盗":指妻子拥有自己的私房钱,理由是"反义",不合乎应有的规矩。

"七出"之规始于西周。到汉代,礼制中有了"七去"的说法,也成为一般人休妻的重要准则。到唐代的《唐律》才把"七出"列入法律规定之中。宋元以后,实行"七出"规定休妻逐渐变得更严格,要求"休书"上附列休妻原因。而到元代更要求休书必须交官府审验。这种制度延续到明、清时代。

封建社会,男方一纸休书即可把女方赶出家门,而女方则很少提出离婚,即使离婚也很艰难。有"嫁出的闺女,泼出去的水""娶来的妻,买来的驴,任我打,任我骑""嫁鸡随鸡,嫁狗随狗,嫁给棒槌抱着走"之说。此种恶习在富有、官绅家庭尤为典型。而贫苦人家夫妻都能够相濡以沫、相依为命、白头偕老。

中华人民共和国成立后,颁布《婚姻法》,婚姻自由。结婚自由,离婚也自由。改革开放后,离婚率上升。2002年修订的《婚姻登记条例》颁布,离婚手续简化,协议离婚率上升。经对2001—2005年全市500对(1000人)离婚档案调查,协议离婚以婚龄5年以下者为最多,占69.2%。其中,再婚、离婚婚龄5年以下者占20%。

七、再婚

封建社会,男子丧妻可再娶,妇女丧夫一般不许再嫁,谓之"守节"。讲究的是"好女不嫁二男",更有甚者,"定亲"后未过门,男方死亡,女方也不能再嫁,叫作守"望门寡"。有钱有势的人家,给守寡的死后立"贞节牌坊"。县内自明代有志至民国志,专志"节妇"近百名。北小屯、北贾同、三邱、黄庄等邻村都有"节妇"载志,赵庄古镇没有。寡妇再嫁,受社会歧视,夫家刁难。且不得支配财产。再嫁时,前夫家付卖身契一张,新夫持此为凭。入夜后,有亲族携灯迎娶,男不亲迎,女不送客。改嫁所带前夫子女称"带犊",受人歧视。

中华人民共和国成立后,《婚姻法》保障了再婚自由,并对离婚的当事人自愿恢复婚姻关系做出了明确规定。藁城市2005年再婚602人,占当年结婚人数的5.6%。赵庄离婚男女或丧妻、丧夫男女再婚,已成为新风俗。

第二节 姓氏来源构成

一、赵庄姓氏构成

2010年全国人口普查时，赵庄村有家族姓氏46个，分别是黄、韩、胡、贾、甄、鲍、张、郭、高、蔡、辛、刘、李、王、赵、周、郑、丁、戴、吕、徐、杨、田、康、冯、郎、左、何、齐、杜、魏、郝、陈、梁、穆、樊、崔、常、武、卢、汪、孙、曹、吴、马、孟。

二、赵庄姓氏来源、繁衍

1.黄姓

2010年，全国人口普查时赵庄黄姓家族248户、894人，占全村人口的11.55%，按当时人口多少位居第二位。

赵庄黄姓家族当是赵庄原住民之一。由于历史久远，近代赵庄黄氏族谱、祖茔碑刻湮灭，黄姓家族在赵庄的繁衍发展脉络没有十分可靠的依据。经过反复走访调查，赵庄黄姓繁衍发展情况如下：

现在年届八旬的黄计栓说，老辈流传，赵庄黄姓始于唐朝，从洛阳来，是一个老祖宗，祖坟在村东南，后分为两支。一支子孙居住在村东部和东南部，坟茔仍在村东南。一支子孙居住在村中心东西大街两侧及大街北半部，坟茔在村北与北小屯村交界处。

黄姓居住在村东部、东南部一支清道光年间发展成五门。一门(长门)：曾祖、祖父辈名字不记，子辈有振声、振文、振山、老歪。孙辈有振生子俊德，振文子黑旦、俊贤，振山子俊仲，老歪子盔子、小产。曾孙辈有俊德儿瑞明、瑞申、瑞坤，黑旦儿瑞祥，俊贤儿瑞山。二门：曾祖名字不忆。祖父辈弟兄三人：老大生子振河、振武、振海(落户小慈邑)、振林(落户张家口)，孙辈振河子小驴、粽子、保瑞，振武子连计、拴记；老二生子振湘(号子九)、振清，孙辈振湘子荣林、荣全，振清子如意；老三黄三群生子振锁、米贵，孙辈振锁子俊宽、小九，米贵子小仁、景华、景岗、景山、景晨。三门：曾祖黄戒，祖父辈姓名不忆，子辈黄振江，生子俊志、俊湘、俊永。四门：曾祖姓名不忆，祖父辈弟兄二人：黑货、小印，黑货生子振家、振增，孙辈振家子俊岐、俊国、宝山，振增子元奎、奎生；小印生子黄房、黄泽，孙辈黄房子平安、俊成，黄泽子小平、平身、深根。五门：曾祖(养子)名字不忆，祖父辈弟兄四人：银星、老二(名字不记)、四喜、老晚。银星生子立稳，老二生子黄全、全有，四喜生子白仁、小旦，老晚生子彦明、彦生。孙辈立稳子新位、新国、新江，黄全子新中。

这一支黄姓家族曾祖辈前多少代无从查考，自曾祖至今又历七代，孙辈后的两代人，没有详细记载名字。

居住在赵庄村东西中心大街中段南北两侧及大街北半部的另一支黄家，发达于清乾隆嘉庆年间(1735—1820)，其先辈黄文会，字聚魁，乾隆五十一年(1786)丙午科武举。黄计栓说，村北黄家祖坟碑刻上的祖宗叫黄殿元。“黄殿元，清道光六年(1826)辛巳武举。黄烈，字佑仁清光绪优贡，清光绪二十四年(1898)任工部营缮司主事。”(藁城《民国志》)载。黄烈当是黄殿元的孙辈。民间传说，赵庄韩家是原住民中的大族，开始富裕显赫，在东西中心大街有韩家楼，后逐渐衰败，被黄姓家族所取代，到民国初年，黄家有第四门发展到顶峰，黄平、黄厚裔、黄俊明几家财富巨大，全村9000余亩土地，6100余间房屋，几家大地主就占有5000余亩土地、近千间房屋，黄俊明、黄山子家在本村拥有2500余亩土地、500余间房屋，信家营村北、九门村东有2700余亩土地，黄俊明家每年仅收地租就达50万斤。他们还在赵庄古镇上开设布店、当铺、粮店、钱庄、药铺等买卖，在正定府、藁城县城、北京、天津还有商业。

这支后裔族人说(黄书山、黄计栓、黄换成、黄榕、黄育新、黄清岐等)这支黄家家族分五门，黄殿元是这支脉祖宗。推算应为黄平、黄厚裔辈的曾祖父。从黄殿元算起，黄厚裔、黄平、黄毛是赵庄这支黄姓的第四代传人。

首门：

二门：后裔小黑为第四代，小黑生子吉造、大雪、三多，是为第五代。吉造、大雪无后，三多生子新禧，为第六代，新禧无子嗣。

三门：后裔满圈为第五代，生子破绽、文德、文刚、文柱，是为第六代，现又有两代子孙，繁衍至第八代。

四门：据年已80余岁的老教师黄清琪说，其祖父辈弟兄七个，父辈弟兄六个。其祖父辈为第四代。现把了解到的情况记录如下：

黄平，为第四代，育有五子：合明，字子恒（绰号“大秃子”）、黄镇（绰号“二秃子”）、品三、四猴、彩武（号黄钿，北平陆军军医学校毕业），为第五代。长子合明生子青莲、云禄。青莲生子育新（小名小辈）、黄琳、黄森。云禄生子志国，以下还有两代；次子黄镇生子静坡、粽子、青兰。静坡生子黄栋、黄槐、黄榕（小名顺东），以下还有两代。粽子无子嗣。青兰生子永刚，以下有两代；三子品三，生子碧湖、小傻、小寿。碧湖生子书华。小傻生子书国、书常、小群、书申。小寿生子不知叫啥。以下还有两代；四子四猴生子清洁、佩如（早夭）、清汉、黄克、清州。清洁生子建国、建中。清汉生子建永（小名渣渣）、建良。建永生子金斗。黄克、黄清州子嗣名字不详；五子彩武生子清普、清伦、清宾，其子嗣名字不详。

黄彩武，号黄钿，生于1904年，北平陆军军医学校毕业，曾在正定面粉厂工作。1953年起在平山县医院工作至退休，曾任副院长，1973年病故。其长子黄清普，1948年参加解放军，曾任兰州军区参谋长。2006年病逝。次子黄清伦、三子清宾。其女黄清素、黄清宵均为医生。

黄平一支，自其曾祖父起至今，繁衍至第八代。祖坟迁址正定县树路村东路南，墓穴深七尺，埋葬着黄平及以下本家逝者。

黄卯（俗叫黄毛），为第四代，育有二子：俊明（小名瑞须）、山子。俊明生子锡曜（小名贝五、路全）、锡祜（无后）。锡曜生四子，名字不详。自黄卯曾祖父起，已繁衍至第八代。山子子孙名字不详

黄厚裔，字裕堃，（卒于1967年）为第四代。其父黄烈，字佑仁，生子裕堃（字后裔，北京高等实业学校毕业）、裕塘（字鉴亭，北京中国大学文科毕业）、裕培（字鲁沂，天津北洋清政法专科毕业）。裕塘民国初期在赵庄镇开设“谦德永”商号，经营粮食棉花，其子孙不详。厚裔生振伯、立川等弟兄6个，其他人情况不详。振伯大学毕业，生子清淇、清仓，以下有两代，繁衍至第八代。

四门后裔还有黄小元（无后）、黄元宝、黄小三（疯子、无后）弟兄三人一家，为第五代，元宝生子兰朱、朱群，还有孙辈。土改时属贫农。

四门后裔还有黄丑子、黄腊八、黄宪叔伯弟兄一家，为第五代。丑子生子喜房，喜房生子老臭，老臭无后；黄腊八生子小夫（无子嗣）、八春。八春生子新占、占奎、奎申。以下有两代。

五门：后裔黄恳，为第五代。黄恳生子黄景（小名面拓）、小红、大雨、四元。黄景生子世英、傻子、树山、黄银、小乱。世英参军定居新疆，有三个儿子。傻子生子会成、会军。树山生子建华、建礼、建会。黄银过继给正定孔家。小乱生子建敏；小红过继给其伯父黄印，生子香树，香树已有子孙；大雨过继给其叔父，生子破盆，破盆已有子孙；四元生子双季、双福，双季、双福各有子孙。黄恳一支，已繁衍至第九代。

黄胖来、黄喜来弟兄二人，后代小仁；黄小明后裔傻成及傻成儿孙；黄老白、其子计拴及计山儿孙；黄香梅、黄老乙、黄老扁等及其后裔。

六门：黄老黑，为第四代。老黑生子玉金、玉山、玉水（又名三玉）。玉金生子福元、步周、小三、小贵（一家迁居小丰村）。福元生子银锁。步周生子换值、换成。小三生子造计、记僧、计林、计秋；玉山一家迁居黄庄村，生子小春、小仁；玉水生子振芳、小仁（迁居沈阳）、米贵、老根。米贵生子新建、新位。老根生子云峰。黄玉水一支已繁衍至第八代。

村东北门里另一支黄姓家族，黄镐，其父黄建章。黄镐生五子：黑堂、宝林、东盖、文炳（四老红）、老五。黑堂生子大刚、二刚、三刚，三刚子黄宾；宝林生三子；东盖生四子仁堂、贵堂、均堂、晨堂；四老红生子印堂（绰号老阴）；老五生子胖旦、小培（无后，过继成拴）。胖旦生子成拴、成岗、成义。自黄镐起，至今已至第六代。

住北后街的黄秋贵，其父黄大群。秋贵生四子：

成安、成显、成庆、成文。成安子泰来。从黄大群起至今,已至第六代。

正东门里黄老养一家,土改前有地 53 亩、房子 37 间,小地主,抗日战争时期曾任伪乡长。其子黄小胡、黄银增。黄小胡生子荣信、荣礼、小三。黄银增生女黄荣珍。

2.韩姓

2010 年全国人口普查时赵庄韩姓家族 176 户、607 人,占全村人口的 7.84%,按当时人口多少位居第五位。

赵庄韩姓是赵庄原住民姓氏宗族之一,当是西汉韩王信后裔,东汉时期常山太守韩耆徙居藁城九门,其后裔播迁于赵庄,距今有两千多年的历史。明崇祯十一年 (1638)《真定府藁城县赵庄村重修北堡今改神宫小纪》碑刻记载,当时赵庄堡长为韩尚贤,当是赵庄韩氏家族先人。据现健在的 81 岁老人韩老偏回忆:老辈人口口相传说,清光绪以前,赵庄韩姓名门大户,曾在街中心建有韩家楼,族势颇大。后不断走向落魄,为黄姓家族所替代。韩老偏儿时曾穿过家藏的清朝朝靴,说明先人中有在清朝宫中任过事。据韩氏族人 87 岁的韩小三、韩老偏回忆,本族这一支原有家谱,每年清明男丁吃清明会、祭祖续家谱。不幸在民国初年被保管者族人韩九成(单身汉)酒后着火烧毁。祖坟在村西北门外东西道沟北面高坡上,占地 20 余亩,苍松翠柏,高耸挺拔,碑刻处处,阴暗肃穆。现已安排成农户住宅。家族共分四门:

首门:后人小东、小寿、八秋、春东、傻春、老帮、韩元、郎叫、秋成、记曾(父韩老自)、小黑、成群、傻黑、金祥、傻忠、学增、五明、六黑、小海、老巴。下一辈有二模、志国、大堂、银堂、韩银、银福、拴弟、书学、小盆、小铲、老厚、大盔、小乱、保银等。以下又有三代;其中长门一支韩三保,不知是赵庄韩氏宗族几代子孙。三保生四子:大黑、二黑、三黑(号老存)、黑群(小名福来,号老星)。老存曾任乡长,曾给地主黄家管过基建,生四子:老帮、纪德、傻春、韩圆。傻春生子二模、来牌(志国)。二模生子小柱;老星生子五个:小东、东来、八秋、小寿、春东。小东生子大堂、银堂;八秋生子拴弟;小寿生子韩银、银福。韩银生子晓峰、晓滨、晓强,孙鹏飞、鹏举、鹏越、鹏超。银福生子华锋、云峰,孙博文;春东生子书学,书学生子立峰,孙龙川、腾飞。

二门:后人老景、新妮、顺成、小傻、全成、小欢、科池、不止等,下一辈书瑞、长岭、全贵、六指、兵文、志生、志国、玉海、玉江、玉水、玉山、银海、韩恒、老臭、臭蛋、风维、小五、小六,海玉、玉箱、臭货、计锁、记合等,以下又有四代。

三门:后人吉造、二皂(绰号晒皮瓜)、中秋、计明、九路、双魁、计魁、三季、老晚、黑丑等,下一辈贵晨、老偏、元明、元立、小三、增贵、清晨、玉辰、小德、老换、有晨、湘晨、兵辰、小柱、兰亭、计曾、小乱等,以下又有四代;

四门:后人秋季、满圈、三季、老偏、黑造、大头、老苗、小房等,下一辈小中、小庆、小仁、小盆(清岐)、庆祥、庆水、老倔、小山、八万、小四、小山、老臭等,以下还有三代。这支韩姓族人各户大多居住在黄家大院北韩家前后街上。

住在韩家后街还有另两支韩姓族人。一支是韩青,子韩老府、韩殿文、韩选。韩老府之子韩秋贵、韩全子、韩全宝。韩秋贵之子老旦、生海、老乱,全子之子老臭、老水、老君,全保之子银生(老软)、小三、老黄等,以下还有两代。韩殿文之孙样子,样子生金山等二子,以下还有两代。

另一支韩姓族人后人三元、小东、小兰、狗成、秋合、同保。三元子良国、连水、长水、增水,以下还有三代;小东之子小贵、贵庚、小申,以下还有三代;同保之子小丢、小妮。小丢生子臭旦、麦熟,小妮生子小仁、小生、小三、小雨、小五、小六、小七,以下还有两代;小兰之子大虎、二虎、大林以下还有两代;狗成之子振海、振刚、振文、老英,以下有三代。

西南门韩小墩及其子会头、会申一家由正定县东杨庄迁居赵庄。东头韩乱及其子位云、其侄位琴一家是韩氏后裔,但与赵庄其他韩家渊源尚无人能说得清。

赵庄韩氏家族当是一个老祖宗。

韩金吾一家是民国初年由天津迁居赵庄的,以制作银器和开办银器、百货小店为生。生子书成、书群等。已繁衍至第五代。

韩明玉、韩明喜弟兄二人先人于清朝后期道光年间自固营村(原属藁城县,现属正定县)迁居赵庄,至其父韩吉祥辈,在赵庄已繁衍单传五代。韩吉祥生子明玉、明喜二子,以开理发馆为业。明玉生子老寿,务农兼理发。明喜生子小盆、小碗等3子。小盆生四子:全贵、二贵、书贵、金立(小四),书贵为现任村民委员会主任、藁城区政协委员。现有孙子4人、孙女6人、重孙2人;小碗生2女1儿,有孙女2人。已繁衍至第九代。

3.胡姓

赵庄胡姓宗族主要居住范围在村东部、东南部。

2010年全国人口普查时赵庄胡姓家族有38户、131人,占全村人口的1.69%,按人口多少位居第十五位。

据赵庄胡氏家族2008岁次戊子年清明重新整理家谱记载,胡氏祖先于明朝永乐(朱棣)年间自山西省洪洞县老槐树下迁至正定县城东北树路村,祖先胡应职。应职长子允隆子孙世居树路村。次子元隆之子永发,即第三代迁居赵庄。永发长子明德生四子:印堂、老绵、三子及四子小喜。永发次子明经生三子:青雨、永福、老猷。老猷过继给齐家。清乾隆三十四年(1769),将胡应职祖茔迁至赵庄村西北至今。自应职至今,迁居赵庄一支已繁衍传宗至第十二代。第一代:胡应职。第二代:元隆、允隆。第三代:永发。第四代:永发之子明德、明经。第五代:明德之子印堂、老绵、三子(名字不知)、小喜。明经之子清雨、永福、老猷。第六代:印堂之子小豹。清雨之子领群。永福之子秋孝、玉来、四成。老猷之子白元、满场、小多。第七代:小豹之子宝生、银生、金生。领群之子麦熟、殿英、次辉。玉来之子殿臣。四成之子殿昭、殿弼、殿俊、殿瑞、殿魁。满场之子大雪。小多之子黑货。第八代:宝生之子立平、立成、立琴、立众、立华。银生之子兵祥、兵学。麦熟之子凤来、凤鸣。殿英之子立仁。次辉之子立仁(又名秋贵,过继他人)、立忠。殿臣之子振海、振河。殿昭之子振中、振生、振铎、振邦、振国。殿弼之子振新、振纲。殿俊之子振文、振宗。殿瑞之子振民、振东、振勇、振义。殿魁(号冠英)之子振礼、振乐、振武、振耕。大雪子文祥。第九代:立平之子京奎、京雪。立琴之子京海、京红。立众之子警卫、卫卫。立华之子通顺。兵祥之子志刚。凤来之子文献、文朝。凤鸣之子文海、文江、文龙。立仁之子银仲、银录。立忠之子银臣、金堂、三夫、四夫。振海之子戌年、丙年、新卯、文学。振远之子申年、壬辰、丙申。振中之子狗旦、文海。振生之子老偏、文会。振铎之子文龙。振国之子文泽、文华、文田。振纲之子海伟、海峰。振文之子文江、文林、文革、文德。振宗之子文庆、文兴、文雨。振民之子文学、文山、文河。振东之子文须、文奎。振义之子文志、文力。振武之子华伟、文奇。振耕之子文春、文昌。文祥之子进军。第十代:京奎之子鸣华。京雪之子茗健。京海之子明哲、明轩。警卫之子宁泽。卫卫之子明泽。通顺之子启航。文献之子听说。文朝之子华宾。文海之子彦杰、延辉。文江之子彦斌。文龙之子彦卓。银仲之子彦军、彦敏。银录之子彦辉、彦虎。银臣之子国清。三夫之子国明。戌年之子瑞田。丙年之子瑞刚、洪顺、瑞清。申年之子琪超。壬辰之子瑞军、聪聪。丙申之子建建。文海之子书堂、书杰、书永。文会之子彦辉。文龙之子月泉。文华之子彦宾。海伟之子金涛。文江之子洪水、洪建、洪峰。文革之子洪坤。文庆之子大龙。文兴之子志国、志友。文雨之子明明。文学之子红刚。文山之子雄伟、雄壮。文河之子雄涛。文志之子洪亮、洪岩。文力之子洪勋、洪旭。华伟之子志昊。进军之子佳栋。第:十一代:听说之子江涛。华宾之子亚迪。彦杰之子亚茜。彦辉之子馨月。彦军之子江淮。彦敏之子毅聪。瑞田之子靖靖。瑞刚之子冲冲。洪顺之子欣磊。瑞清之子士欣。瑞军之子凯旋。书堂之子童童。书杰之子子玉,书永之子玉康。彦辉之子轩宁。彦宾之子锦坤。洪建之子佳骏。洪刚之子一航。雄伟之子佳豪雄涛之子士豪、士骏。洪亮之子浩正。第十二代:江涛之子皓宇。

议定,今后胡氏子孙应遵循的《五言题名诗》录下:

殿振文洪泽，荣增冠华宇。

诚信敬宗贤，吉庆同建奇。

昌浩福轩国，朝俊祥瑞毅。

赓旭玉晓萌，慧博学祖熙。

树新志向崇，锦秀嘉景继。

注：(1) 此题名诗自第七代开始，依次排列至第五十六代；

(2)以后凡吾族成员，入赘、招赘者均可入谱。

4.贾姓

2010年全国人口普查时赵庄贾姓家族人口215户、804人，占当时全村人口的10.38%，位居当时人口第三位。

赵庄贾氏宗族来源尚无实据可考。据贾氏宗族成员连池、双保、四亭、占定、占会、占信、安玉、吉造、自显、蓝玉、满长、计秋、清晨、东明、小五、黑子、二傻、小五、兰亭、满圈、鸣宵、老多、华子、二皂、书生、贵生、锁柱、小仁、新年、镉堂、建国、小鼠、新月、玉昆、常保、明志、破罐、老中、丢坡、荣福、文福、双进、志申、秋忙、换值等45人组成的贾氏宗族领导成员，鉴于原族谱湮灭，于1992年3月重新清理贾氏人口、辈分，追思贾氏先人来赵庄定居情况。据家族口口相传，祖先是明永乐二年(1404)弟兄二人奉召由山西省洪洞县迁至，这与史籍记载不符，明洪武年间、明永乐二年(1404)、明永乐十四年(1416)三次“徙山西之民以实藁城”，《藁城县志》记载：赵庄镇是原住民村镇，明朝三次移民没有山西移民直接迁居赵庄。明万历二十年《藁城县赵庄村真武大帝碑记》、明崇祯十一年（1638)《真定府藁城县赵庄村重修北堡今改神宫小纪》碑刻记载，嘉靖年间、隆庆年间及以后多次重修神宫寨等寺庙，均由许多贾姓村民参与，或捐献、或主事。说明，赵庄贾姓宗族迁居赵庄在明前，属赵庄一个原住民贾氏宗族。迁居赵庄的祖宗是弟兄二人，老大葬在赵庄村西南，老二葬在村西北神宫寨东边，各有坟地10亩。1992年贾氏宗族人口538人，按当时贾氏家族健在的辈分共七代。第一代占“换”字，8人：连池、四亭、换坤、吉造、桂林、立秋、自显、自安。第二代占“占”字，45人：占铎、占山、占钢、老正、占春、占定占卫、占军、占瑞、老文、占会、白孩、瑞生、占文、占思、占志、占礼、占义、占信、书海、建江、建国、秀山、岩杰、玉成、成夫、文采、东玉、兰玉、计栓、记兵、满场、双成、东常、小盆、小碗、小柱、新年、小六、计秋、春明、东至、东明、七石、东海。第三代占“安”字，110人：双宝、双珠、双玉、安华、安飞、安国、宝成、安邦、新房、新国、新中、安安、青彦、彦学、小虎、安峰、安立、安中、红峰、华锋、华宾、安玉、安民、安中、安红、安辉、华青、晓晶、晓旋、少骞、进喜、新房、老祥、小夫、福海、老贵、老牌、老见、建水、建强、洪勋、换平、兼锁、印锁、红力、红军、黑旦、二黑、卫坡、老钢、二刚、清江、松林、清河、清海、青山、清申、清晨、青杰、保柱、宝海、保国、保中、保栓、保群、瑞林、小五、瑞军、小三、计明、黑子、东明、老辰、小声、三群、小眼、小多、贵生、明霄、明玺、碗子、盆子、二皂、兰生、国强、小仁、锅堂、灶火、至今、志生、换中、大振、建国、小暑、怀义、怀德、新月、怀江、怀良、玉崑、玉岗、冠杰、破罐、老中、老秋、臭小、丢破、三群、四柱、计明、白仁。第四代占“元”字，166人：龙龙、朋朋、元超、元杨、元力、元恒、元吉、利敏、元浩、元朋、同华、小华、华景、超超、松保、臭货、建新、默然、辉、建、坤、骞、刚、金锁、建刚、建军、永、宾超、辰旭、辰冲、新位、喜红、卫滨、卫龙、卫华、卫昌、卫星、彦永、永斌、彦栅、彦超、彦召、彦虎、彦腾、保铜、老臭、敏、智、喜中、国力、国强、新未、新学、小敏、小四、小五、新河、新秋、河申、秋申、新路、新江、新海、二傻、老巴、兰亭、兰贵、建国、建中、换来、蓝顺、兰水、大栓、满圈、振武、小平、建中、臭小、建军、建民、小五、进中、进喜、进福、书位、风旗、建华、建水、建河、建立、建桥、老偏、老歪、双月、小国、小月、破学、锁柱、龙、书江、书海、书庆、书生、秋生、红记、贵生、听说、贵书、生贵、二伏、夫祥、四夫、保中、老婆、小生、新年、俊生、明合、双喜、双月、双合、双海、小河、小海、新河、新兵、新力、新江、维力、利朋、金山、建国、建军、建中、建立、彦林、彦卫、中文、中学、文辉、涛涛、惊雷、惊涛、荣岭、老祥、老三、强芬、志永、志峰、明志、常保、兰锁、锁柱、金柱、继平、志强、远航、荣福、银锁、金锁、文利、文中、文庆、文书、小房、文福。第五代占“俊”字,128人:俊杰、松松、伟伟、长乐、利华、华强、伟、峰、雄、臭蛋、建房、建青、建恒、建斋、建峰、建辉、小三、建民、建彬、昆琨、建国、国军、小刚、军山、军海、军辉、军佳、景春、景丽、景伟、军峰、瑞军、彦荣、书江、书海、书林、书山、立刚、江、宇星、雷雷、鹏飞、保虎、保久、永、银虎、银川、辰松、松鹤、建军、建刚、建维、立杰、建学、建彬、建华、四刚、保军、保琦、志超、志坤、志军、志义、建辉、建震、建坡、建周、志辉、志杰、志刚、小贝、进中、秀江、秀海、连江、江水、会强、国强、江海、江峰、志华、荣江、栋强、栋梁、栋栋、栋洋、栋岩、伟奇、蕾蕾、栋东、松松、多多、乐乐、哲哲、小坡、宾宾、夫顺、和顺、城顺、双来、顺成、默默、夫辰、庚辰、丽明、颜青、彦召、成群、成华、春来、蕴鹏、蕴龙、双德、庆军、双庆、双印、双锁、双军、双进、双银、双路、志申、双喜、秋忙、哑巴、中秋、产子、换值。第六代占“岭”字,65人:小朋、哲哲、华飞、京坡、臭蛋、静坡、菲菲、欣欣、凯、凯宁、凯旋、浩浩、亚楠、亚冬、士昌、士伟、龙飞、盟盟、旭旭、会强、会江、培培、彦辉、彦軍、彦敏、晓青、卫星、晓坡、磊磊、晓超、飞飞、伟伟、、鹏飞、鹏龙、红斌、门楼、红亮、雪华、雪峰、华威、全友、利华、利敏、建岭、建彬、建峰、建会、建勋、占钢、臭仁、香人、清海、国庆、新海、新瑞、新江、新水、顺江、连顺、二顺、三顺、四喜、香辰、香军、香国。第七代占“德”字,16人:江龙、江涛、江帆、江超、昆琨、超超、枝枝、小虎、森森、南南、志超、小占、坤龙、昆山、昆鹏、志强。各辈名字中间占字为:焕、占、安、元、俊、岭、德、义、礼、志、信。

贾振兰一家原籍河南省仁县郑家庄村,其妻董玉梅,河南省内黄县人,是贾振兰父亲贾运申于清光绪年间迁居赵庄。贾振兰以修理自行车为生,生子延路、延中、延江、老尿4人。在赵庄繁衍至第五代,有10多口人。

5.甄姓

2010年全国人口普查时赵庄甄姓家族有174户、630人,占全村人口的8.14%,按当时人口数量位居第四位。

经与赵庄现健在的高龄甄氏后裔座谈考证,无家谱依据,尽管甄氏各家族迁居赵庄时间不一、迁出地不一,但赵庄距无极甄村近在咫尺,甄村又是甄氏族人的故乡,所以赵庄甄姓家族或直接迁居赵庄,或辗转迁居赵庄,迁徙时期当是唐宋及其以后,是无极甄村甄氏支脉,最早直接迁居赵庄的甄氏家族当在唐宋期间,为赵庄原住民姓氏之一。民国《藁城县志》记载,赵庄村甄金鑫,清同治八年(1869)岁贡,距今已有146年,当为赵庄甄氏先辈,为甄平曾祖父辈。

居住村东部的甄平,现年84岁,一生教学,据他回忆:据老辈传说,本家族是从无极甄村迁徙赵庄的,哪个朝代迁徙的,没有记载,推测唐宋时期。他的曾祖父的父亲不记得叫什么名字,曾祖父有弟兄四人,长子生子五个,分别叫大丫头、二丫头、三丫头、四丫头、五丫头。大丫头生子小勤,小勤生子来信,来信生子彦杰;二丫头生子瑞申,瑞申生子玉华,玉华生子甄飞;四丫头迁居外地,三丫头、五丫头无后;曾祖父辈老二生子老相、小个(无后),老相生子小奎(无后)、双全,双全生子甄平、戊申、老黑、小五。甄平生子书贵、书亭,戊申生子书军、小三、书华,老黑生子书彦,小五定居其姑姑家;曾祖父辈老三生子老雷、迎春、老歪(无后)。老雷生子拴柱、拴来、拴堂。拴柱生子童锁、童须,童锁生子甄辉,童须生一子。拴来生子换生、换伏。换生生子彦华,换伏生子华亮。拴堂生子军立,军立生子小松;迎春生子换秋,换秋生子兰生、兰城,兰生生子甄鹏;曾祖父辈老四生子某福、荣福、老乱(无后)、贵福。某福生子老田,老田生子小雨、小雨生子华超。荣福生子破碗、老榜。破碗生子晓峰。老榜生子晓伟,晓伟生两个儿子。贵福生子小留,小留生子会勇、会凯。这一家族自曾祖父的父亲算起,至现在已繁衍至第八代,有人口105人。

居住村东部甄戊申一家,家传从无极甄村迁居赵庄,哪个时期迁居?与甄平家是否有渊源?已无据可考。甄戊申曾祖父生子甄老瑞、甄老满。甄老瑞生四子:长子生廷贵、老明。次子盔子生小黑、黑旦、小求。三子老利生荣庆、小多、小扁。四子存智生子六指、戊申。甄老满生四子:长子老本,生子风锁、黑泉。

次子元子生子瑞申、各营。三子无后。四子四喜生子廷秀;自戌申曾祖父至今已繁衍至第七代,现全家族有 169 人。

村东甄宝柱、大林两家与甄戌申一家是近当家,其三人的祖父是堂兄弟,还是叔伯兄弟闹不准。宝柱一家,祖父生子黑小,黑小生子宝柱,宝柱生子立社、连社、连集。自宝柱曾祖父至今,繁衍至第七代,有11人。

甄大林一家,曾祖父、祖父名字记不起,祖父生子小堂、老根。小堂生子老踹、大林。老根生子老碗、小盆。已历七代,在村人口 18 人。

村东部居住的还有甄进福一家。进福曾祖父名人甄老准,甄老准儿子名字记不起,孙子甄老瑞、破壶祖父。老瑞生子福来、进福、全福。全福生子破盆(过继给福来)、破盔(过继给进福)、破绽、小四;破壶祖父生破壶父亲,破壶父亲生破壶、破碗。破壶生兼青,破碗生建军、建国。自进福曾祖父起至今已历七代,在村人口 34 人。

住在村东部的甄老臭、甄计堂两家与甄进福家是近当家。甄老臭、甄老楞、甄计堂与甄进福是同辈。甄计堂曾祖父、祖父甄黑球、父亲甄造保,甄计堂生子新春、新强。历六代,在村 8 人;甄老楞、甄老臭是亲叔伯弟兄,伯父甄老巩。他们的曾祖父、祖父、父亲名字记不起。甄老楞生子荣振。老臭生子保江。已历七代。

村东南甄院生家族和村东部甄姓是一个支系。甄院生曾祖父育有四子,长子生有二子,长子名字记不起、次子来子。长子生子小生(无后)。次子来子生子小盆,迁居在外;祖父辈老二、老三无子嗣;老四甄小奇,生子子谦、小莫。子谦生子福生、计堂、小三。福生生子立军、书立。计堂生子玉强。小三生子军涛;小莫生子院生,院生生子洋洋。自院生曾祖父至今已历七代,家族人口 23 人。

村东南片甄小黑家与甄院生家族是同一家族,甄小黑祖父与甄院生曾祖父是亲弟兄。甄小黑祖父生子甄小东,甄小东生子文奎、清振、小黑。文奎生子小国。清振生子小薇(迁居藁城县城)。小黑生子小勇。自小黑曾祖父起,至今已历七代,在村人口 13 人。

村东北片甄晨堂一家与村正东片甄家有渊源,晨堂曾祖父、祖父名字记不起,父亲甄贵欣,生三子:文山(迁居外地)、晨堂、堂申。晨堂、堂申已有子孙,从其曾祖父起,已历六代,在村人口 12 人。

东北片甄成保和甄小寿原是一家,现甄小寿午后人。甄成保曾祖父、祖父、父亲名字记不起,甄成保和其胞兄甄明成,甄明成无后,甄成保生子继红、继水、亚红,还有孙辈。自成保曾祖父起,已历六代,在村人口 9 人。

东北片甄焕秋和甄文义(小名麦熟)、甄文德一家是同一支脉。甄文义、甄文德一家无后人。甄换秋曾祖父名字记不起,其祖父甄学生子变群(无后)、小三、小四(无后)。小三生子换秋、换值、秋来、秋生。自换秋曾祖父至今,已历六代,在村人口 22 人。

东北片甄进元一家与本村其他甄姓渊源不清。甄进元曾祖父、祖父名字记不起。父亲生子甄进元、甄元喜(抗日烈士)、甄三多,均无后。甄进元过继其外甥贵银,贵银生子小刚,延续香火。

西北片居住的甄计兰家族,家传是父辈在清末民国初从藁城北黄家庄迁居赵庄的,以经营制作麻绳为生。计兰弟兄四人:大哥钻造、二哥造计、小弟民学(小仁)。钻造生子秀华;造计生子秀晨、秀山;计兰生子素强、志强;民学生子华峰。至今在赵庄已繁衍至第五代。

西北片另一支甄姓分为四家,何时何地迁居赵庄尚无考据。甄小来一家,甄小来生子甄大皂、甄二皂。大皂迁居石家庄,育有三个女儿。二皂生子联成、联江、联合,以下还有两代;甄小多一家,甄小多生有二子:老笨、破橛。老笨解放战争时期牺牲,遗有一女。破橛生子立杰、春杰,以下还有两代;甄狗喜一家。狗喜生子拴柱、老榜。拴住生子计辰、双栋、计全。老榜生子英杰。以下还有两代;甄小顺一家,甄小顺生子兰贵、兰雪、兰奎,以下还有两代。

另外居住在村西门里、西南门里的甄姓人家。

(1)甄小盆、甄小碗弟兄二人。甄小碗生子甄树国，甄树国无后；甄小盆生子小月、小多、小三、小四。甄小月生子大眼，大眼生子红玉。小多生子保成，保成生子玉堂、玉山，玉山生子小林。小三生子米贵、成贵、贵福、福来，贵福生二子，福来生子泽强。甄小四生子成夫、秋成、秋贵、贵全，成夫生子幸幸，秋成生子盼盼，秋贵生子拴计，贵全生子旺旺。(2)甄洛钦生子甄文秀、甄黑旦。文秀生子中堂、中山、中合。中堂生子书刚、书华(无子)。书刚生子亮亮、乐乐。亮亮生一子，乐乐生一女；中山无子；中合生子建华、建强，建华生二女，建强生子大博、二博。甄黑旦无后。(3)甄大三，生子肇麟、肇龙。肇龙官至国民党少将参谋长，首批特赦战犯，后任藁城政协委员，妻儿逃台；肇龙生八子，只有萝壁、小六、小七、小生在村。萝壁生子甄宁，甄宁生子天义；小六生子甄顺、甄福；小七生子小安，小安生子甄毅、甄鑫；小生生子甄诚。(4)甄洛秋、甄洛黑弟兄二人：甄洛秋生子喜堂、喜庚、庚寅。喜堂生子四盼、四维。四盼无后，四维生子立杰，立杰生子辰辰；甄喜庚生子明中、中义、金义、中田、金位。明中全家定居外地。中义生子爱国、爱民，爱国生子冬冬、甄帅，爱民生子鹏飞。金义生子国杰。甄中田无子。金位生子小辉，小辉生一子。甄庚寅生子丑子、老江、江海、海鱼。丑子无后。老江生子立宅，立宅生一子。江海生子志杰，志杰生子天乐。海鱼生子松伊。甄洛黑，生子俊红、小孩、洛胖。俊红定居山东；小孩生子臭恒、老偏、小三、玉岗。臭恒生子彬彬，彬彬生一子。老偏生子军立，军立生子月照。小三生子立国，李国生子天睛。玉岗生子立薇；洛胖生子老臭，老臭生子彦永，彦永生子甄帅。(5)甄洛守、甄洛显弟兄二人：甄洛守生子苟吉、苟石、黑小、五银。苟吉生子臭仁、臭盔、臭旦。臭仁生子立明，立明生子荣颖。臭盔生一子。臭旦招赘。苟石生子脏人。黑小生子保山、保林。保山生子哑巴，无后，招婿夫振。保林生一子；五银生子成山、成海、海深。成山生子红亮，洪亮生一子。成海生子鹏飞、鹏鹏，鹏飞生二子，鹏鹏生一子。海深生子士超、士强，士超生子贝宇。甄洛显，生三子：小菊、小春、多余。小菊生子银双、银贵、银喜、四银、银秀。银双定居在外；银贵生子英海，英海生子彦拴、彦杰，彦拴生子大薄，彦杰生二女；银喜、四银无后；银秀生子永利。小春早年外居，无后代。多余生子苟道、文雨。生子破胡、破生。破胡生子嘉贺，破生无子；文雨生子立强，李强生一子。(6)甄洛府生子小绽、小雲、小喜。小绽生子洛锁、洛宁、冬至。洛锁生子臭货、玉华。臭货生子甄龙、龙坤，甄龙生子博敖。洛宁生子贵保、贵晨、贵重。贵保生子伟业、伟强，伟业生子兵文，伟强生一女。贵晨生子暂暂，贵重生子哲晧。冬至生子胜利，胜利生子甄亮。甄小雲生子凤鸣、凤山。凤鸣生子文江、文平，文江生子小磊，文平生子小宇。凤山生子利朋。甄小喜生子大旦、二旦、风辰，均无后。(7)甄洛绳，生子甄铁蛋，甄铁蛋生子集中、集庆、定恩 。集中生子振龙。集庆生二女。定恩生子振雷，振雷生子世博。(8)甄洛用，生子庆合，庆合生子大婆、二婆，均无后；甄洛修，生子甄学勇(小盆)；甄学勇生三女。(9)甄洛冲，生子洛毛、二小、老牛。洛毛生子楞小、贵元、小贵。楞小无后；贵元生子凤明，凤明生子立强、立强生子佳豪。小贵生子兰锁、兰生、生明。兰锁生子玉龙。兰生生子甄兴，甄兴生二子。生明生二女；甄二小生子甄明祥，甄明祥生子甄清振。(10)甄洛乐、甄洛香弟兄二人，洛香无后。甄洛乐生子五明、文明、小须。五明无后；文明生子福有、福庆、福贵。福有生子鹏龙，鹏龙生一子。福庆生子新宅，新宅生子子涵。福贵生子士影。小须生子换刚，换刚生子建生，建生生一子。小须次子早亡。

6.鲍姓

2010年全国人口普查赵庄鲍姓家族有164户、578人，占赵庄当时总人口的7.47%，按在赵庄人口数量，居第六位。

经调查，赵庄鲍姓主要分为七支：其中一支主要分布在西门里、西北门里居住的鲍家。据现健在的辈分最高的68岁的族人鲍银路回忆，他们鲍家这一支是高祖父于清道光、咸丰年间(1840年左右)自本县禅房村迁居赵庄的，高祖父还有秀才功名。坟茔设在赵庄村西。至鲍银录已历五代。第三代弟兄六个分六门；银录这一辈为“士”字辈。“士”字辈一门有老胖、老虎、晚成弟兄三人；二门有鲍老傻，字士英；三门有双路，字士国，银录、字士民，建路、字士中、老喜、安子、苟道、傻成、老马、骡驹、小路；四门有大暑、小暑、士厚弟兄三人；五门有老晚、老贯、老锅、四玉、傻存；六门有小寿哥哥、小寿、小乱、四喜、雷福哥哥、雷夫、福来、臭货、庆云、兵申、贵申。第五代同辈有弟兄32人。现健在的有银录、建路、贵申、四喜。现已繁衍至第九代，300余人。

另六支居住在东北门里。其中第一支鲍进福家族，居住在东北门里。鲍进福现年已86岁高龄，是赵庄鲍姓家族这一支的第五代传人。听父、祖辈说，是其祖父的祖父约在清咸丰年间从本县禅房村迁居赵庄镇做嫁妆生意，成为赵庄鲍姓这一支的始祖。生四子：长子无儿；次子生二子：鲍旦、鲍同，长子鲍旦过继给伯父；三子生二子：老撇、老根；老四无子，老根过继给其叔父，后定居于本县小吴村岳父家。鲍旦一门，鲍旦生子(第四代)老臭、金亭、老圈、全贵、老庆。孙辈(第五代)有腻歪、老妮、四连、四妮、老婆、兰社、多余、三妮、兰庆、文庆、兰国；鲍同一门，鲍同生子(第四代)金生、换生、计成，孙辈(第五代)进福(大头)、文会、文增(老蒯)；老撇一门，老撇生子(第四代)老堂、吉造。孙辈(第五代)老辰、辰志、志卿、六月、老倔；老根一门已迁居小吴村，不计。这一支现在已繁衍至第八代，有70人左右。

第二支鲍书友家族听老人传说不知哪个时代从禅房村迁居赵庄，曾祖父鲍兰，生子不止、秋砖；不止生子老黑、老软、小路。老黑生子小毛、书堂、书国、书会。老软生子臭仁、臭旦、书月。书月过继给小路，定居太原；秋砖生子老白、小文。老白生子书信、书友、书发、书志。小文生子书军、书建、书学。书学到邢台姨家定居。鲍兰至书友已历四代，现已繁衍至第六代，全族60余人。

第三支鲍瑞须家族也是从禅房村迁徙而至，但是何年代迁居赵庄，已无可考。瑞须曾祖父名字不忆，其曾祖父育有四个儿子：老先、堂儿(三子名字记不起来)、黑堂。老先生子成年、成高、成山。成年生子卜吊、鲍模、瑞明、瑞学。成高无子。成山生子瑞喜、眼子；堂儿生子苟等、老沾。苟等生子兵林。老沾过继给其叔，生子小贝；黑堂生子成海、成祥。成海生子瑞须、和尚。成祥无子。瑞须这一代至其曾祖父，已历四代。现已繁衍至第七代，全族60余人。

第四支东北门里居住的鲍老黑家族，鲍老黑说，是其曾祖父辈在清咸丰年间从禅房村迁居赵庄，其祖父鲍老涵，小名小冬，生子大元、二元、三元、四元；大元生子小叼、小傻、小坡、明季。二元生子兰锁。三元生子老黑、老丢。四元生子听说。现已繁衍至第六代，全家族67人。

第五支鲍金重家族。鲍金重现年77岁，他说：本家族是曾祖父辈从禅房村迁居赵庄的，推算年代应在清咸丰、道光年间。其曾祖父有四子：长子鲍风、、三子三喜，二子、四子记不清叫什么名字。鲍风生子贵珠。次子生子新河、新征。三喜生子振声，小名黑妮。四子生子小傻。新征生子黑旦、大雨、小雨、雨申、雨林。新河生子大银、小黑。振声生子金锁、金重、金海。贵珠、小傻无后。现已繁衍至第六代，全族28人。

第六支，据年过70的鲍指头、鲍风刚说：本家族是曾祖父辈从禅房村到赵庄镇开粮店后定居赵庄的，推算当在清道光年间。曾祖父有两子，小马、老栋。小马生子计全、老巴(瞎子)，再无后；老栋生五个儿子：小罐、小多、老明、鲍毛、鲍乱。小罐生子门楼、指拉、贵成；小多生子秀申、指头、全贵、各营、米贵、咕哝。秀申定居兰州，各营定居藁城县城。老明无后。鲍毛生子风华、风林。鲍乱生子风岗、风岳、风霞、风旗。风霞到本县张家庄村外祖父家定居。家族已繁衍至第六代，全族在村人口40人。

赵庄鲍姓七支都是在清朝末年先后从该县禅房村迁居赵庄，是否属于鲍姓同一支系后裔，已无从查考。

7.张姓

2010年全国人口普查时赵庄张姓家族有224户、922人，占当时人口的11.91%，按当时人口数量，张姓人口位居第一位。

赵庄现今张姓族人说："张姓先人是在明朝永乐年间奉命由山西省洪洞县老鸹窝迁徙至藁城县赵庄镇。"此说没有史籍根据。赵庄张姓家族当为建村时期的原住民。

张姓祖坟在村西北神宫寨西南。三兄弟成家分别居住,老大居住村东头、老二居住村东南门里、老三居住西北门里。老三家人口增长较快,后裔中有人中了进士,门第高贵。东南门里张姓老二后裔张希孔父亲把本家祖坟迁移至东南门外,张希孔弟兄五人,记得老四叫张希爵。张希孔后裔2002年就本门繁衍制作家谱图表,张希孔一支自张希孔算起,已繁衍至第九代。

张希孔一支,张希孔育有六子,为"兆"字辈,自张希孔算起,为第二代,名字后辈无记。长子(长门)育有三子:长子张荣□,次子张荣□,三子张荣绍。长子张荣□生张长顺,张长顺生张小壶;次子张荣□育有五子:双计、小眼、小多、玉堂、五群;张荣绍育有二子:老席、玉箫。老席育有书成、书禄、书山、书芬。书城生子恒秀、志红。恒秀生子张彤义,志红生子张彤,张彤义、张彤为第七代;张书禄生子张四;张书山生子志刚、志永、志辉;淑芬生子志景。二代次子(二门)育有三子:长子张荣□、次子张荣□、三子张荣选。长子有子张玉珠。玉珠生子凤岐、凤翔、凤洲、凤楼。凤岐生子老厥、树深、树义、老傻。老厥生子大贵、三厢。大贵生子张小五,三厢生子华栋,小五、华栋为第八代。树义生子振生、文生。振生生子忠英(过继三邱)、忠杰、忠义。忠杰生子军峰、军营。忠义生子军威、军乾。军峰、军营、军威、军乾为第九代。文生生子丽斌;二门三代次子张荣□生子三人:老脏(过继三门)、玉润、玉明。玉润生子凤印、凤林、小三。凤印生子树森。树森生子三全、全忠、全福。三全生子建立,全忠生子建军、建芬,全福生子建强。建立、建军、建芬、建强为第八代。玉明生子小壶,小壶生子树忠;二门三代老选生子玉麟,玉麟生子凤起、凤山、三珠、凤良。凤起生子贵明,贵明生子小五,小五生子红斌。凤山生子福海。凤良生子臭小,臭小生子立强。二代三子(三门)过继老脏,老脏生三子:洛子、凤阁、小牛。洛子凤阁之子兰亭,兰亭生子志敏、志国。志敏生子张浩。志国生子文旭、文辉。文旭生子张典。文辉生子正宵、正旺;凤格生子兰亭(过继给洛子)、兰贵。兰贵生子志恒,志恒生子张龙;小牛生子兰生、兰石。兰生生子志军、志水、志新、立志、会民。志军生子龙灿。志水生子江波。二代四子(四门):三代长子育有三子玉岗、玉山、玉庆。玉岗生子北瓜。玉山生子瑞银、瑞清、洛恒。瑞银生子喜碗、老臭。喜碗生子小社、小江,小社生张坤,小江生丙辉。瑞清生子喜子,喜子生小球 。洛恒生子老臭,老臭生小田、小旦,小旦生张峰。玉庆生二子:小黑、凤山。小黑生子树翔、树吉、树忠。树吉生子双力、双振、振江、振海。振海生子龙飞。树忠生子双锁、双春。双锁生子士杰、士乐。双春生子士鹏;凤山生子树合,树合生子俊德、俊德生子小康、卫安。三代次子生子玉岐。三代三子生三子:玉辉、玉书、玉贯。玉辉生子老偏、丢坡,老偏过继树仁,树仁生子战永。玉书生子瑞亭,瑞亭生子壬申、小须 。壬申生子戊寅、银双、小五、小六。戊寅生子立军、立超。银双生子立业。小五生子佳琪。小六生子龙飞。小须生子午冬、冬春、黑人。午冬生子红利,东春生子大雷,黑人生子张兵;玉贯生子留柱,留柱生子树仁、树辉、树理。树辉生子永斌、永锋。三代四子生子玉琴、玉华。与亲生子凤森、张牌,凤森生子小锅、安州生子张亮;张牌生子建华,建华生子张贝贝;玉华生子张傻。二代五子(五门):三代吉庆生子卯文、秉辰、金生。金生生子文田,文田生子张刚,张刚生子张建、张琦。二代六门无子嗣。

西北门里张姓家族:现年86岁的张纪云、张书位(小印)根据老人口传,张姓族人繁衍情况是:张纪云祖父为一支系,祖父名张凤,清朝后期创立"百仁堂",其祖父五子分五门:张智、张忍、张勇、张信、张贵(即张芳武,纪云父)。纪云即为三代。一门张智过继二门老白,四代大生、二刚弟兄二人;二门三代黑小、新房、老白(过继一门)弟兄三人;三门三代小冬,四代奎申、庆申弟兄二人;四门三代小罗、小造、文祥、文录弟兄四人,四代庚申、戊申、小三、小四、友辰、友林、小须、大喜叔伯弟兄八人;五门三代秋云、纪云弟兄二人,四代增寿、老臭、老姜、臭小子、振声、振兴叔伯弟兄六人。张凤家族至今又繁衍至第七代。张书位(小印)家族为张姓另一支系,张小印祖父张茂、父亲张桂申。小印弟兄五人:大哥书京(大奎)、三弟书吉(小三)、四弟书云(小四)、五弟书志(小五)。小印家与张继明家(有张脏人、张小四等七个儿子)、张唐光家、张庆林家是本家,排序已不清。张小印家族上先人在明清时期曾有一人为武状元,在大街其家族宅前大门口树有"旗杆",还有御赐牌匾。"文化大革命"期间旗杆被损毁,牌匾也不知所终,更没有文字或家谱记载,已无从考证。按本族辈分,张小印称纪云为叔叔,是一个老祖坟,在村西中圣板道上,当为同一支脉。和东南门里张姓也为同一支脉。

西北门里居住的张米贵一家(其长子俊德,小名闺女,次俊礼,小名老婆,三子俊生,小名三)、张春喜一家(儿子张凤山、张傻小)、张九月一家(儿子铁锤,孙子长岭)、张春季一家(儿子俊国、俊军)均是一个家族,是张春喜祖父辈在清朝末年从正定县中圣板村迁居赵庄,张春喜与张九月是堂叔伯兄弟。

东北门里张荣堂一家,是赵庄张姓的另一支。这一支族人回忆,是在清光绪年间自河北省永年县张家庄迁居赵庄,第一代先人名字不记。第二代张彩、张兰。第三代先人名字不记,是单传。第四代张锡、张栋。第五代张栋生三子:张春和、张凤仪、张换朝。张栋生子张凤林、张连东。第六代:春和子建华。凤仪子粽子、臭货、臭仁。换朝子黑丑。凤林子荣田。连东子荣堂。第七代:建华子燕红、燕岭。臭货子新峰、新霞。黑丑子钢圈、铁圈。荣田子二祥、脏祥。荣堂子铁山、铁岭、铁跃。第八代:铁圈子虎子。脏祥子红星。铁跃子水芳。铁山子永强、永立。第九代:红星子佳豪。永强子路凡、路阳。永立子新京、学亮。

张保琦一家。张保琦祖父张老修、父亲张金义,清末民国初从北龙宫村迁居赵庄。张保琦一生行医,生子哑巴、庚辰。哑巴无后,庚辰生三子,已有孙辈,至今已历六代。

8.郭姓

2010年全国人口普查时赵庄郭姓家族有104户、374人,占当时赵庄人口的4.83%,位居全村人口数量的第八位。

历史上,赵庄郭氏家族没有留下完整的族谱。2012年岁次壬辰7月14日,郭姓族人郭臭小、郭文立、郭录魁及郭小夫、郭雪山、郭荣刚、郭小仁、郭凤喜、郭老玉、郭玉清、郭留申、郭小仁(西南门)、郭平贵、郭俊生、郭世勇等,在走访诸福屯、北贾同及赵庄郭氏族人、收集历史资料和证据,重新整理赵庄郭氏族谱如下。赵庄郭氏先人居住于山西省洪洞县,弟兄四人:从正、从道、从有、从义。明永乐年间,从正奉召迁居河北正定诸福屯村,从道迁居河南省洛阳县平乐村,从有、从义留居洪洞县。从正后裔子孙郭梦斗之孙、郭呈祥之长子郭维平自诸福屯村迁居藁城县赵庄,推算迁居时间当在清朝嘉庆年间,其弟郭维潘留居诸福屯。郭维平后裔又有二支分别迁居藁城县南孟村、北贾同村。郭维平生有四子,即现在的赵庄郭氏四门。迁居赵庄后,郭氏坟茔立在村东,占地30亩。郭氏家族在赵庄繁衍生息、兴旺发达,民国时期郭氏族人建成郭家街(今戏院所在的东西街)。赵庄郭氏四门中的长门以今健在的郭氏子孙最高辈分为基点,上推三代起,至今又繁衍至第九代。各代郭氏子孙如下。第一代:郭老万。第二代:郭老黑、郭老枝、郭二群、郭三。第三代:郭小赃、郭老富、郭小臭、郭计奎、郭满囤、郭黑丑、郭满圈。第四代:郭群、郭志杰、郭老正、郭花子、郭丫头、郭小六、郭老起、郭凤喜、郭凤春、郭凤海、郭凤山、郭祥、郭中秋、郭中堂、郭中夫、郭保堂、郭老虎、郭小仁。第五代:郭小明、郭小顺、郭维祯、郭维旗、郭维新、郭增明、郭小喜、郭淘气、郭九成、郭小伏。第六代:郭老庆、郭小贵、郭庆德、郭必胜、郭必成、郭必兴、郭必隆、郭文立、郭建国、郭建学、郭瑞山、郭瑞汪、郭瑞河、郭瑞聚、郭瑞生、郭瑞杰、郭瑞华、郭黑旦、郭俊山、郭俊生、郭俊仁、郭俊云、郭俊强。第七代:郭书月、郭书敏、郭书江、郭红卫、郭增瑞、郭增雅、郭增远、郭永强、郭世勇、郭永刚、郭永辉、郭永红、郭永涛、郭玉涛、郭大雷、郭卫卫、郭振雷、郭建立、郭伟龙、郭亚洲、郭红力、郭振红、郭振鹏、郭振华、郭世明、郭世亮、郭克良。第八代:郭新华、郭朝松、郭浩、郭明、郭帅、郭天豪、郭岳轩、郭家函、郭家铭、郭鑫、郭佳浩、郭诺。第九代:郭天赐。

郭氏族人议定，这次编写族谱，除始祖几代外，其余辈分以现在在世最高辈分为基点，上推三代，依次下延。经族人认可，辈分字从在世最高辈分排起以后郭氏族人起名辈分字为：振、文、荣、庆、焕，如、玉、清、华、显，锦、泽、沫、奇、世，耀、武、德、延、远。

9.高姓

2010年人口普查时，赵庄高姓家族有54户、206人，占当时赵庄人口的2.66%，位居全村人口的第十一位。

赵庄高姓最大家族是西北门里及正西门里的高依贵家族。现了解的高依贵祖父高洛曼，父亲小润，生子高依贵、高全贵、高秋贵、高四元、高东元，下一代有高兰锁、高兰池、高新年等七人；高清一家，高清生子高计柱、高计全、高计福、高四夫，下一代有高小豹、高小虎、高小三、高四喜、高辛卯（养子）、高新利；高计水一家，下一代有高小盆、高碗子等；高五子下一代有高建德、高老明、高老棵高文田等；高油瓶生有二女，招一上门女婿生一子；高树新曾任村副大队长，其父高静，高树心生二子：黑旦、白旦。以上各户是一个大家族，辈分结构不甚清晰。全家族现有100人左右，家族人传说从山西洪洞县大槐树下迁徙而定居赵庄，但没有史籍根据。到底是哪个时期，从何地迁居赵庄？需进一步考查。

高夫志、高连生、高米贵弟兄三人家族，是其祖父辈在清末民国初时期从河北省冀州（县）迁徙至赵庄定居，现已繁衍至第六代，有29人之多。

高换南一家：高换南父亲高老俊，于清光绪二十六年（1900）带领全家自原籍河北省冀州高田村逃荒至藁城县，先后在三邱村、大丰化村生活多年，磨面卖卷子谋生，1925年到赵庄镇经商，仍以磨面蒸卷子（馒头）出售为主业，租赁地主黄俊明家房子定居于赵庄。1948年土改分得地主黄俊明家房子、土地。1960年高换南病逝，曾停灵弥陀寺，后归葬原籍。其长子、四子回原籍，次子建云、三子建水、六子建成、七子建群均定居于赵庄，他们的子辈有高银相、高银奎、高银明等，其家族现居住赵庄的有十余人。

高三，子辈高树申、高金贵、高银贵，还有后裔高中生、高中义、高中杰、高中亭等，家族是在清末民国初自正定县北门里迁徙至赵庄定居，现有23人。

10.蔡姓

2010年全国人口普查时赵庄蔡姓家族有61户、243人，占当时赵庄人口的3.14%，位居全村人口的第九位。

赵庄蔡姓家族主要居住在村西南蔡家胡同，赵庄蔡姓一支现知分三门。老辈人传说，赵庄蔡姓家族是从河南省上蔡县迁移而来，但无族谱可考，但属蔡姓一个支系。明朝前迁居赵庄，具体哪个朝代迁徙无考。当为赵庄村原住民。分三门。一门现今分七个家族：（1）蔡洛贞，生子蔡四保，四保生子小喜、丢坡。小喜生子老虎、成群、成海、成岗、成山。老虎生二女。成群生子立新，立新生二女。成海生子远航。成岗生子龙龙。成山生子新财、新辉。新财生子旭桐，新辉生子尚已；丢坡生子小豹、香皂、香亭。小豹生子志红，志红生子沐臣。香皂生子志强、志佳。香亭生子志通。（2）蔡洛庆，生子明银、明中、明辰（清瑞）。明银生子栓成、锁成。栓成生子英红，英红生子浩浩。锁成生子蔡立，蔡立生子宜均；明中生子金榜、增岗、增良、增强。金榜生子红立、华东。红立生一女。华东生子慧军。增岗生二女。增良生一女。增强生子博鑫、博文。明辰生子荣海，荣海生子飞飞。（3）蔡洛赞，生子小明、合明、小生、小路、五子。小明生子保刚，保刚生二女；合明、五子定居外地；小生生子产子、臭仁。产子生子蔡超，蔡超生二女。臭仁生子超阳。小路无后。（4）蔡洛秀，生子洛西（白丑）、永华、洛多。洛西生子福贵、福印、小林、贵申、戊申。福贵生子新位，新位生子鹏飞，鹏飞生一子。福印生子新磊，新磊生子鹏程、新玉。新玉生子超凡。小林生子蔡凯。贵申招婿吴静，生子世骞、宇骞。戊申生子新文，新文生一子。蔡永华生子蔡建国，蔡建国生三女。蔡洛多无后。（5）蔡小雨，生子洛莫。洛莫生子腊生、狗旦。腊生生子换值，换值生子领山、林果；狗旦生子新位、小仁、小三。新位生子永亮、永辉。永辉生子铭宇；小三生子洪波；小仁无后。（6）蔡小玖，生子蔡七石，蔡七石招婿洛江生子顺利，顺利生子天祥。（7）蔡洛景，生子留柱、兰柱、增贵。留柱生子新清,新清生子楠楠;兰柱生子新水、新学、新平。新水生子小微,小微生子贤贤。新学生子立强。新平生子森森;增贵生子老江、老江生子立彬,立彬生一女。

蔡洛秀、蔡小雨、蔡小玖是亲弟兄。

二门:现五家族。(1)蔡洛倍,生子蔡洛节,洛节生振海、小年、小三。振海生新宅、新发、献发,三人各生一子;小年生子蔡峰,蔡峰生二个儿子;小三生子蔡沛。(2)蔡二楞,生子蔡小碗,蔡小碗生子小新、洛义。(3)蔡洛祥,生子蔡洛多,洛多生子臭仁、小娃、增福。臭仁生子蔡彬,蔡彬生一子;小娃生子蔡坤;增福生子蔡广。(4)蔡洛五,生子小莫、老忍。小莫生子老臭、清文、清岐(臭旦)。老臭生子小果、英明,小果生一子,英明生二子;清文生二女;臭旦生一子。(5)蔡不止,生子喜子,无后。

三门:(1)长兄蔡洛岐生子洛纯,洛纯生子洛爱,洛爱生子洛气,洛气生子玉芹、俊德、俊杰、俊录、俊学。玉芹生子荣辰、振江、振红。荣辰生子蔡永,蔡永生子一航、天意。振江无后。振红生子蔡猛,蔡猛生子明喆(zhe)。俊德生子立泽,立泽生二女。俊杰生二女。俊录生立伟、立川、立广,立伟生子雨贺,立川生二女,立广生子佳钦。二弟蔡本成,生子蔡洛合,洛合生子蔡听说,听说生子玉岗、志鹏、双月、志强。玉岗生子利峰、利辉。利峰生二女。利辉生二子子靳、子豪。志鹏生子利坤,利坤生一子。双月生二子利超、利昌。志强生子利萌,利萌生艺明。(2)蔡洛石,生子蔡新房,新房生子中秋、中长、中文。中秋生子保军,保军生二子;中长无后;中文生子江龙、义龙。江龙生子皓杰。义龙生子志飞、志凡。蔡洛风,生子小平、书云、小堂。小平、书云在北京定居;小堂生子北山、北山生子玉峰,玉峰生子家豪。蔡双苟,生子进山、清江、青山。进山生子星星,星星生子亦轩;清江、青山无后。蔡洛石、蔡洛风、蔡双苟为亲弟兄。(3)蔡玉珠,生子蔡拴柱、蔡志合。蔡拴柱生子大恒、二恒。大恒生子阿永、永辉,阿永生一女,永辉生亚林、亚瑟;二恒生子志勇,志勇生子坤成.蔡志合无后。(4)蔡小合,生子蔡进山,蔡进山生子保记、宝强。

11.辛姓

2010 年全国人口普查时,赵庄辛姓家族有 54 户 167 人,占当时全村人口的 2.15%,位居全村人口的第十三位。

据年过六旬的辛冬至回顾:赵庄辛姓家族清咸丰年间,有叔侄二人自祖籍地山西省文水县杏花村附近到赵庄古镇做买卖,叔叔和当地女人结婚,生有二子,定居于赵庄。二子和其侄在赵庄分别婚配生子,繁衍至今已至第八代,赵庄辛姓子孙尊始来赵庄的“叔”为先祖。正西门里居住的辛国勋(臭旦)、辛书位、辛肮脏等为“侄”之后裔。“叔”之后裔第四代有辛宝忠、辛保平、辛文采、辛老多、辛宝信、辛文汉等,第五代有辛小胡、辛大眼、辛增明、辛和尚、辛脏人、辛孟书、辛孟生、辛孟四、辛孟五、辛瑞增、辛云福、辛庆水、辛庆山、辛瑞生、辛计有、辛老虎等,第六代有辛冬至、辛玉强、辛会全、辛惠明、辛正勇、辛集良、辛全世、辛玉柱等。

12.刘姓

2010 年全国人口普查时,赵庄刘姓家族有 50 户、197 人,占当时赵庄人口的 2.54%,位居全村人口的第十二位。

据赵庄刘氏族人刘明林(年届 70 岁)说:赵庄刘氏家族哪代从哪里迁居赵庄的,没有族谱记载,世代居住东门里刘家胡同。族人分三支:一支分五门,一门刘老隋生子刘老良,刘老良生子刘小六、刘腻歪、刘冰辰;二门刘从,生子刘自增,孙刘焕生;三门刘老春,生子刘老迎,孙刘记福,重孙刘平安;四门刘造计;五门刘傻计,生子刘建国。二支刘老积生子进明、老忙、三喜、进生、庚午。进明子全福;进生子文革、文利;庚午子均平、均田;老忙、三喜无后。三支分四门:一门刘老重,生子自治、自修,孙明起、明林;二门刘满仓,生子五辈、立江、立年;三门刘计山,三个儿子均在外工作并定居在外地;四门刘双进,生子根社、根会、小敏。全族现有 150 余人。

刘生献一家于 1900 年前后其祖父自本县三邱村迁居赵庄,现有人口 17 人;刘正祥一家是其父(四川人)于 1941 年前后和其母(赵庄刘姓人)结婚定居赵庄。

刘中信一家父、祖辈是正定县罗家庄村人，其母张氏赵庄村人，1945年刘母带中福、中信2个儿子和女儿承继父母家产在赵庄落户定居。刘中福1958年参军、提干，落户昆明；中信夫妇生有二子，长子刘达，河北农大毕业后留校，现为河北农大后勤处长。次子刘艳华经商，全家落户石家庄市。家中仅刘中信夫妇。

13.李姓

2010年全国人口普查时，赵庄李姓家族有109户、459人，占赵庄当时人口的5.93%，位居赵庄人口的第七位。李姓多是明清时期附近迁居赵庄的，非一支派。

李福庆一支是曾祖父李洛在于清咸丰十年(1860年)前后，自本县大丰化村迁居赵庄，生子3人：洛新、洛印，三子早逝。李福庆祖父李烙印，生其父兰水及叔父兰青。兰水生有四子：福元、福庆、福田、福海；兰青生有三子：成群、成宾、成江。福庆之伯祖父洛新生有二子：兰雪、兰柱。兰柱生有三子：洛软、东元、堂元；兰雪生有二子：忙元、洛六。福庆已有孙辈，其家族在赵庄已传至第六代，有80余人。

李瑞山、李新春、李石头三家原是一家族，1905年前后从本县大奉化村迁居赵庄，现有20余人。

李栓柱一家现有6人，与李新春原是同一家族。

李小圈一家是清光绪二十六年(1900)前后其曾祖父从本县李姚村迁居赵庄，在赵庄已繁衍五代，现有人口10余人。

东北门里李宝堂一家是其祖父辈自本县大奉化村迁居赵庄，已传至第五代，人口40余人。

据其族人传说，大丰化村李姓是从李姚村搬迁去的。李福庆、李瑞山、李新春、李石头、李小圈、李栓柱、李宝堂七家祖先可能是李姚村李家。李姚村李姓家族当是明永乐年间从山西省洪洞县老槐树下迁徙而来。

西门里李富贵家族现有人口35人，父亲李计功，家传老祖宗在山西。富贵祖父辈从附近迁居赵庄，不知具体迁出地。知道有一支迁居正定县杨家庄村定居。

原第二生产队的李傻子一家现有人口15人左右，但不知何时何地迁居赵庄。

李江河、李江海、李江水弟兄3人现有人口9人，其祖父辈李小庆，号老峰，从宁晋县迁居赵庄，其父李老歪，又名忠信。其叔李全堂，育有二子。

东北门里李兰申说，本人现年56岁，其父李全告诉他，其家是在清顺治年间从平山县李家庄迁居赵庄，至今已历20余代400余年，现知祖父李秋美、胞弟李兰林，现全家8口人。

东北门里李胖小一家不知何时何地迁居赵庄，传说老祖宗是山西洪洞县。

原第三生产队李栓，其父狗旦、伯父李劲。李劲儿子李傻，李傻儿子李兰亭。家现有人口10人左右。本家族是其祖父辈在民国初年从本县北贾同村迁居赵庄，已繁衍五代。

原第一生产队李章留一家，是其祖父李成俊于1924年（民国十三年）前后从河南省内黄县迁居赵庄。其父李凤群、其叔李凤喜。李凤喜参军，一家定居武汉。李章留一家现有人口7人。

西南门里李姓家族现有人口60余人，其祖辈于清道光年间从正定县南村迁居赵庄，卖杂面为生，至现在已有9代。现族人知道的是老旦、秋福一门，其曾祖名字不记，祖父辈弟兄三人，长子老华，生子老乡、小六、小单。老乡生子秋来(中文)、秋福。秋来生子增恒、增山、增祥。秋福生子增林。这一代后又有两代人。老华次子小六，过继给本村舅父何家。老华三子小单，生子小吊、冰河、河水。老华大弟无后，三弟生子小莫，小莫生子老旦，老旦生子燕顺。另一门是长江、金堂一家。现能忆及的是，长江祖父李老坤，解放前后在镇内开设酒店、粮食铺。长江父老皮、字会宾。金堂父小喜，其兄保堂无后。会宾与增祥同辈。

原西北片第八生产队李臭货一家，是其父亲李老三于1925年(民国十四年)举家自原籍河北省冀县迁居赵庄，以卖卷子谋生。李臭货四个儿子：贵银(老黑)、贵金(老白)、金贵、贵堂。在赵庄至今已历五代，20人。

正西片居住的李河水一家，其父辈约在1945年前后从李家庄迁居赵庄，以经销布匹为生。其父李保山，生子河水、江水、清江、老黑、渣渣，以下还有两代，在赵庄已历四代，15人。

原第五生产队李小锁一家，其父李占坤于1935年（民国二十四年）从宁晋县迁居赵庄，以做棺材为业。现有8人。

原第六生产队李文明一家，其父李自立于1930年（民国十九年）左右从正定搬迁至赵庄定居，现已历四代，15人。

14.王姓

2010年人口普查时赵庄王姓家族有48户、207人，占赵庄当时人口的2.67%，排第十位。赵庄王姓主要在清末民国初从赵庄附近迁居赵庄的，非一支派。

王皂堂、王仁堂、王兰子等户是一家族，从本县北贾同村迁居赵庄的，迁徙年代当在清末民初。

王新房、王银栓、王二臭、王保国、王老胖、王小三等，这一家族是从本县贤庄村迁居赵庄，现有人口58人；王长江、王瑞山、王红卫、王建卫家族也是从贤庄村迁居赵庄的，是否同一支系，不得知。迁居年代当在清末民初。

王文田、王文山、王文江家族，是在清朝末期从正定县王家上坡迁居赵庄，已历六代，60余人。

王庚银、王庚琴家族，民国初期从正定县北贾村迁居赵庄，现全家族有13人。

王德明家族是从正定县固营村（原属藁城县管辖）迁居赵庄的，是在清末民初迁徙的，现全家族有9人。

王长林祖父王杰，父亲王绽子。王傻中、王长林弟兄二人，其父母在新中国成立前后以纺线织布为生，与王皂堂家族是同一支系。王傻中无后，王长林生子王荣海，全家7人。清末民初从该县北贾同村迁居赵庄。

东门里王荣林、王梅林、王梅玉、王兵学、王玉祥家族，现有33人。然家族成员不知哪个年代从何处迁居赵庄的，应在清末民初时期迁徙而来，不会太远；王爱昌一家7人，其父辈是在民国时期从山西某地迁居赵庄的，已历五代。

15.赵姓

2010年全国人口普查时赵庄赵姓家族有33户、134人，占当时赵庄人口的1.73%，人口数量位居第十四位。

赵庄赵姓族人后裔赵建军说：其先祖是明初时期山西一告老还乡的“县太爷”一级官员，“奉诏”携弟兄七人，由山西省洪洞县大槐树下迁居现赵庄这块地，修寨墙寨门，立村叫“赵庄村”，后改为赵庄镇。此说与史籍不符，明洪武、永乐年间没有山西移民直接迁居赵庄的。《藁城县志》记载为明朝前已有赵庄村。现考证商周时期有先民聚居，战国时期后期、秦王政十九年（前228）建立赵庄村。赵庄赵姓赵建军一支，现有人口20余人，哪个朝代、由何地迁居赵庄，已历多少代，尚待进一步考证。赵建军家族很可能是明前迁居赵庄的，当是原住民。

村西南门里赵小坡家族是民国时期从正定城里迁居赵庄的，坟地尚在三里屯村。赵小坡生子赵学琴、赵学奎，现已繁衍至第四代，全族现有40余人。

赵庄村西门里赵姓一支，是赵秋润（小名赵乐）的父辈从本县岗上村迁居赵庄的，赵秋润弟兄二人。秋润生子二人，有孙辈。其家族还有赵门楼、赵兵海两户。全族现有30余人。

赵庄人口较少的姓氏来源及繁衍发展：

（1）周姓家族：2010年全国人口普查时12户、50人。

西北门里周杏林家族，其祖父辈于清朝末年，从正定县西权城村迁居赵庄。周杏林弟兄四人：戊申、杏林、墨林、五香。周杏林解放前在张家旗杆下开中药铺，戊申、墨林做织布机配件——线梭、承网。杏林下一代环、恒海、恒全、老虎、恒相。已繁衍六代，现有20余人。

东北门里周淘气、周老秋、周淘来、周老丑是一族，现有20余人，何时、何地迁居赵庄不详。

（2）郑姓家族：2010年全国人口普查时有7户、27人。

郑三角祖父郑洛常于清光绪年间自原籍正定县慈亭村来赵庄学徒,和赵庄一女婚配后定居赵庄,生子洛黑、三成(号荫昌)。洛黑生子文林、文瑞;荫昌生子包子、老胖、三角。文林无后。文瑞生子凤喜、喜林;文青生子志国。至今已传至第六代,有18人。

(3)丁姓家族:2010年全国人口普查时有7户、36人。

赵庄丁姓是从正定县丁家庄村迁居赵庄的。民国时期,赵庄张氏姑娘(张小仁姑奶奶)嫁给丁家庄村丁姓,育有二子:丁祥、丁马。夫婿不幸早逝,孤儿寡母度日艰难。1934年左右,携幼子回赵庄娘家落户定居。长子丁祥病逝较早,其子丁新来参军,后定居上海。次子丁马,村内负责电工工作,2010年病逝,育有三子:长子丁大拴、次子丁老榜在家务农,三子丁进军博士后学历,现在省发改委任职。赵庄丁氏家族现有20余人。

(4)戴姓家族:2010年全国人口普查时有12户、36人。

赵庄戴姓，戴玉振之祖父于民国初年自正定县大孙村迁居赵庄,其祖父为老中医,绰号“戴不管”,意为看病多用偏方、验方,以行医卖中草药为生。戴玉振父亲戴洛止,生有戴玉振弟兄三人,玉振两个弟弟在原籍。戴玉振,号四新,以开中药铺为业,戴玉振育有四子:戴庚午、戴庚申、戴庚寅、戴庚辰(老四)。庚午生子换朝、换位、小仁、双亭。换朝生子永辉、永杰,永辉、永杰各生一子。换位生子永华,永华生一子。小仁生子永利、利永,永利、利永各生一子。双亭生子利薇,利薇生一女;庚申生六女;庚寅生子志强。志强生子戴京、戴磊。戴京生子辰皓,戴磊生一女。至今已历七代,家族有50余人。

(5)吕姓家族:2010年全国人口普查时3户、5人。

吕兰柱、吕兰贵、吕兰锁、吕庆法弟兄4人,其父辈从晋县王家宜子村迁居赵庄,现有兰柱、兰贵两家人居住赵庄,已历五代,有5人,迁徙时期当在民国初期。

(6)徐姓家族:2010年全国人口普查时有11户、42人。

东南片居住的徐夫辰家族，夫辰祖父的祖父徐帮鼎于清道光年间(1825年前后),从原正定县北白伏村迁居赵庄，现已繁衍至第七代，全族人口有50余人。第四代分两门:老聘、老贵。老聘子辈(五代)小柱、小贯、双来、福来。孙辈(六代)臭旦、罕子、各营;老贵子辈(五代)小气、小产、小莫、夫辰、小盆。孙辈(六代)书堂、书祥、老伏。

东门里徐小贵家族,其伯父徐凤山、父亲徐凤祥弟兄二人于1940年前后自正定县新城铺(又名伏城驿)迁居赵庄开店、卖卷子(小麦馒头)而定居赵庄。徐凤山、徐凤祥祖父自原籍正定城小北门迁居新城铺做买卖而居住。徐小贵年届78岁,其伯父徐凤山无子嗣。小贵弟弟徐正月无子嗣。小贵儿子徐树,外地定居,赵庄仅有小贵一人。

(7)杨姓家族:2010年全国人口普查时有7户、36人。

东北门里杨老军家族，杨老军祖父的曾祖父于清咸丰十年（1860）前后从正定县岸下村迁居赵庄镇。其原籍是高家营村,后有一支迁居岸下村,居留两代,才迁居赵庄。杨老军祖父的祖父生子文广、文明。文广无子嗣,文明生子杨生。杨生无子,过继其妹妹家儿子,名换成。杨换成育有三个儿子:小合、小海、老军。已繁衍至第七代,现有人口15人。

东北门里杨军成家族在清光绪年间，其曾祖父从本县只都村迁居赵庄的。军成曾祖父生有二子:玉堂、金堂。玉堂生子全贵、贵生、大楞。全贵无子嗣,贵生生子锁柱、连柱。大楞生子军成。已繁衍至五代,现有人口18人。

(8)田姓家族:2010年全国人口普查时有6户、33人。

东北门里田文彬一家原籍宁晋县,1955年田文彬携其妻高翠果(高换南之女)到赵庄做买卖而后定居。育有四子:小臭、小庆、小华、清江。已繁衍至第四代,人口18人。

田建章一家原籍河北省曲阳县，田建章自幼学当店员,18岁(1925)到赵庄帮助地主家做粮食生意,当管账先生,1942年前后定居赵庄,做磨面生意。生有三子:德换、德汝、德光。至今已历五代,十数人。

(9)康姓家族:2010 年全国人口普查时有 1 户、5 人。

康傻中一家原籍正定县诸福屯村,1946 年前后,其父被土匪绑票杀害,同庆、傻中弟兄二人随其母迁居赵庄在外祖父家定居。同庆 1964 年不慎触电身亡。傻中有两个儿子、一个孙子。

(10)冯姓家族:2010 年全国人口普查时有 7 户、38 人。

冯根会家族,其曾祖父自本县北小屯村于清朝末年迁居赵庄镇。根会祖父冯老起生有三子:老修、黑旦、老诚。老修、黑旦无后,老诚育有二子三女,二子:小会、根会。小会生子金水、金海、河水、连水;根会生子清江、江平。现已繁衍至第七代,现有 40 余人。

(11)郎姓家族:2010 年全国人口普查时 3 户、8 人。

郎顺成一家,其祖父辈于民国初年从正定县大孙村迁居赵庄镇。其祖父是中医,绰号"郎大胆",意为用药剂量大。祖父育有两个儿子:郎有瑞、郎文进,郎有瑞参军提干定居外地。郎文进生子郎顺成、郎成贵。郎顺成生子朗新禄,孙郎影坤,重孙郎涵麟;郎成贵育有三个女儿。已历六代,现人口 11 人。

(12)左姓家族:2010 年全国人口普查时有 1 户、10 人。

左夫聚,号老聘,一家于民国时期从河北省深泽县迁居赵庄镇,其父左小夫。左夫聚两个儿子:明中、秋分。明中有子拴强;秋分有子永杰。已历五代,现有人口 13 人。

(13)何姓家族:2010 年全国人口普查时有 1 户、5 人。

据何庚戌(又名永禄)说,祖坟在村东南三邱道南,十余代单传,祖父无子,过继本村外甥李小六,更名何老润,生二子,长子夭折,次子何庚戌。庚戌生子新位,新位生有两个女儿,全家有 5 口人。推算,清乾隆、嘉庆年间迁居赵庄,迁出地不详。

(14)齐姓家族:2010 年全国人口普查时有 7 户、31 人。

赵庄齐姓分两支:一支族人年过六旬的齐文庆回忆:是其曾祖父在清同治年间自本县韩家洼乡南乡村到赵庄给地主黄家当管家,后定居赵庄,祖父齐珍宝务农兼做手工挂面,淡季卖菜籽谋生,挂面房号"荣顺和",因挂面手艺精湛,远近闻名。其父齐东志,忠厚老实,子承父业,一生主要做手工挂面。现齐文庆有子会宾、会刚,孙浩扬、浩南,全家有 10 人。

另一支为齐大雪、齐老胖、齐小贵、齐黑小家族。据村南齐家坟碑文记载,齐家于清康熙年间迁居赵庄。齐大雪生子齐创街,创街生子进军;齐老胖生子齐梦涛;齐小贵生子瑞清、清会;齐黑小生子齐银德,银德生子景卫、景波。现全族有 33 人。

(15)杜姓家族:2010 年全国人口普查时有 5 户、21 人。

赵庄杜姓是杜老勋 1929 年带领家人从河北省冀县(现冀州)南梁镇北良村迁居赵庄,以"裁缝"为业。杜老勋有子杜庚辰(小名臭妮)、秋长。庚辰生子明须、占位。秋长生子杜老黑、杜老白、杜贵明、杜玉明、杜月明。现已历五代。在赵庄居住的有 15 人。

(16)魏姓家族:2010 年全国人口普查时有 14 户、72 人。

魏小乱祖父魏老明,原籍邢台南宫县魏家辛庄村,清同治年间因遭遇天灾而远走他乡谋求生路,最终定居赵庄,靠理发维持生计。其养子魏申,即小乱生父,原籍新乐县人,4 岁时随其母讨饭来到赵庄,成为魏老明养子,由李姓改为魏姓。魏申 1951 年去北京谋生,进砖瓦厂成为工人,年届 60 岁退休。魏申生二子:红记、小乱。红记无后,小乱生子荣斌、荣华。荣斌生子玮佳;荣华生子浩龙。在赵庄已历五代,现有人口 7 人。

(17)郝姓家族:2010 年全国人口普查时有 4 户、19 人。

郝黑丑、郝书申、郝书军等家族,民国初年从本县南洼村迁居赵庄,至今已历五代,现有人口 22 人。

郝庆荣,其父郝歪脖。郝庆荣生于 1920 年,无后。原籍本县南洼村。

(18)陈姓家族:2010年全国人口普查时有1户、17人。

陈玉杰(大黑)是1940年从邢台迁居赵庄,其父陈元贵被国民党打死,其母邓桂玲给地主黄老娥家当使女谋生。陈玉杰稍大做小买卖,解放后学照相,后以照相为业。生子陈香锁,藁城县城工人。至今已历4代。

陈克一家原籍河北省冀县。其父清光绪十六年(1890)出生,1916年到天津谋生,1938年病故。1946年陈克随其母从天津到赵庄投靠其舅父韩金吾,后定居赵庄。陈克娶妻张爱莲,生子会强、会壮、会振,全家人已迁居石家庄市。至今已历五代。

蔡家岗村人陈修仁,1964年和赵庄村张维女儿张书新结婚,长子陈须申随外祖父定居赵庄,现有6人。陈修仁夫妇次子、三子随父母定居宁夏石嘴山市。

(19)梁姓家族:2010年全国人口普查时有5户、37人。

梁凤臣一家于民国时期从本县蔡家岗村迁居赵庄的。后裔有梁贵成、梁文发、梁文路、梁文玉等,至今已历五代,16口人。

(20)穆姓家族:2010年全国人口普查时有3户、19人。

穆桂刚一家于民国初年从新乐县邯村迁居赵庄。至今已历六代,后裔有小京、桂刚、新兰、新社、新堂、新海、新华、新江等,现有人口32人。

(21)樊姓家族:2010年全国人口普查时有3户、8人。

范德龙一家于民国初年从河南省巩县迁居赵庄的,至今已历六代。范德龙父樊老瑞、子樊黑旦,现居住赵庄的人有11人。

(22)崔姓家族:2010年全国人口普查时有6户、52人。

崔新焕及崔六元一家,现有人口14人。

(23)常姓家族:2010年全国人口普查时有2户、10人。

常文生及常务生一家在赵庄已历六代,有人口14人。

(24)武姓家族:2010年全国人口普查时有1户、1人。

武兰锁一家于新中国成立后从获鹿县(今鹿泉市)武家庄迁居赵庄,至今已历三代,有人口6人。

(25)卢姓家族:2010年全国人口普查时有1户、7人。

卢喜子一家于民国初年其祖父卢老华带全家从本县小慈邑迁居赵庄。卢喜子生子卢小全。

说明:各姓氏家族发展繁衍情况是按照《赵庄志》编辑人员同各家族相关人员座谈了解或家族提供书面家谱、辈分排序整理写作而成,难免有错漏之处,敬请海涵。

第三节 宗族

家族系宗族之始。家族以父系血缘为基础,有“五服”内外之说,以别亲疏。祖辈、父辈、子辈为一、二、三服,孙辈、曾孙辈为四服、五服。如遇丧事,五服之内均戴孝服丧,丧事由辈分最高的族长主持,五服之外一般不戴孝服丧。婚嫁喜庆活动,“五服”之内常共同操办,新人夫妇给五服内大辈、同辈磕头,大辈、同辈给新人夫妇喜钱。“五服”之外虽为同宗,则没有磕头、给钱之礼。在民间,不出“五服”的同姓男女不准婚配。偶有婚配者受族长限制,遭舆论谴责。

“五服”再延伸,则构成家族全体,皆为同宗同族。较小的村庄,特别是以姓氏命名的小村,多以一个大家族为主,形成一个宗族。赵庄古镇历史悠久,人口众多,而且外来人口颇多,黄、张、贾、韩、蔡、甄、郭、胡、鲍、辛等十大宗族,人口多。由于往来迁徙,赵庄多有同姓不同宗。

旧时,较大宗族多有本姓祠堂,续写家谱,世代因袭,并设有灵牌。各个宗族还拥有公地,典租种植,其收入归祠堂和同族清明聚餐开销。宗族设有族长,一般由富有家庭中辈分较高的人,或德高望重的长者担任。同族的婚丧嫁娶、家庭纠纷、大事小情皆由族长决断办理。土地改革时,祠堂多有拆除,家谱焚烧，一般家族不再续写家谱，宗族观念也日趋淡薄。进入21世纪，国强民富，法制健全，优良传统得以发展，写村史，续家谱有所发展。

旧时，赵庄古镇有二十四道会，大多数是有一个宗族为主成立的。以韩家会为例，虽无祠堂，但有会地，租种的收益归会众公有，还有过红白喜事用的桌椅板凳、锅碗瓢盆及孝衣，租赁收益也归会众公有，主要用于每年清明会男丁祭祖、排辈、续家谱、聚餐（吃清明会）和春节敬神开销，不足部分，会众公摊。只有少数会是居住在一条街上的多姓家族组成。

大家族合影照片

第十章　民族　宗教

第一节　民族

赵庄绝大多数村民系汉族，有纳西族、苗族、满族等少数民族5人，均是嫁进赵庄村的妇女。汉族尊重少数民族的风俗习惯，团结少数民族。

第二节　宗教

藁城县的宗教活动，历代盛行不衰。至民国年间，县民中信仰佛教、道教、天主教、基督教和伊斯兰教者均有，各村都建有大小不同的寺观、庙堂，宗教活动兴盛。许多人信佛但未入佛教，亦不十分虔诚，和封建迷信交织在一起。新中国成立后，共产党和人民政府一贯坚持宗教信仰自由政策。“文化大革命”期间，宗教工作机构被撤销，正常的宗教活动被取缔，教堂、寺院等宗教活动场所亦被强行侵占或拆毁。中共十一届三中全会后，宗教信仰自由政策得到贯彻落实。20世纪80年代后，藁城县进一步落实宗教政策，保护正当的宗教活动。被占用或拆毁的教堂、寺院逐一清退或复建。信教群众有了固定的宗教活动场所。宗教界人士和全县人民一道，共同为社会主义四个现代化建设尽责出力。

县内宗教主要有佛教、伊斯兰教、天主教、基督教。赵庄村宗教有佛教、天主教、基督教。

一、基督教

基督教传入藁城时间无考。据1930年人口调查，信奉此教者2人。1985年信教者1133人，其中赵庄6人(1994年《藁城县志》)。

二、天主教

天主教，明代传入县内。据《藁城乡土地理》载：“明季传道士来华者，皆具高尚学识，信徒渐众，遂传入内地。今我邑受洗礼者，约数千人。如北桥寨、南董、兴安、广洋(今小常安)、顺中等村皆有教民之聚居。”

1930年调查户口之数，县内信奉天主教者，男2026人，女1151人。有天主教堂12座：兴安、北桥寨、小常安、北营、角中、顺中、北马村、表灵、南董、东宽亭、小丰、毛庄教堂。1957年，全县信奉天主教8757人，神甫4人、会长57人、修女23人、贞女182人。1966年“文化大革命”开始后，教堂被拆毁。1978年后，随着党的宗教政策的贯彻落实，凡信教群众聚居的村庄先后复建了天主教堂或指定了宗教活动场所。1994年《藁城县志》载：“1985年调查统计，全县天主教徒人数13866人，其中有神甫3人、会长61人、修女3人、贞女6人。赵庄有天主教徒7人。”

三、佛教

佛教传入县内时间无考。民国时期，包括赵庄村民在内，县民多数信奉佛教，但无严格的宗教仪式和行为约束，很多地方建有佛教寺庙，定期举行香火庙会，百姓赶庙会烧香磕头许愿、顶礼膜拜者众多，赵庄古镇就有寺庙18座。抗日战争时期，日伪统治赵庄，为修筑炮楼、地堡，拆毁不少寺庙。全县解放后，剩余寺庙先后被拆毁。信众自发建造简陋寺庙7座，遇庙会、春节，奉香上供磕头许愿的群众仍然不少。

第十一章　经济综述

第一节　生产关系变革

一、封建社会土地制度

在漫长的封建社会，土地私有。藁城土地有官地、民地两种类型。官地，又分佃地、庙田和校田。民国《续修藁城县志》载：“藁城前朝勋戚佃地九役十四厂，共地155602亩，由佃农5098人，世代租种，每岁完租。”余为庙产、校田和民地。随着朝代的更替，田屋圈拨制度逐渐被废除。然而，土地兼并愈来愈烈。土改前，全县876994亩耕地，地主、富农占有320979亩，占有率36.6%。赵庄土改时832户、4740人，有耕地9860亩，其中82户、656人的地主富农占有耕地7000余亩，占有率70%，大多数村民为佃农或长工。土地私有制下的农业生产主要以家庭为单位，由农户自主经营。

地主、富农经营土地的形式有雇工耕种和出租两种，以雇工耕种为主。

雇工耕种：根据土地多少和农活需要，雇用长工和短工，管饭给工钱，收获全归地主或富农。

土地出租，其主要形式有：

1.定租制：口头或书面约定地亩租额。不论丰年还是歉年，秋后均按固定租额向地主交租，并由佃户负担缴纳钱粮（国税）。

2.分租制：地主出租土地，佃户承租。不论丰年歉年，秋后地主、佃户各得收获的二分之一。佃户耕种土地所需牲口、农具、种子肥料等均由自己置办，并负责缴纳钱粮。

3.停三堆：由地主提供肥料、种子、农具、牲口，佃户只出卖劳动力，秋后收获的三分之二归地主，佃户仅得三分之一，还要负责缴纳钱粮。

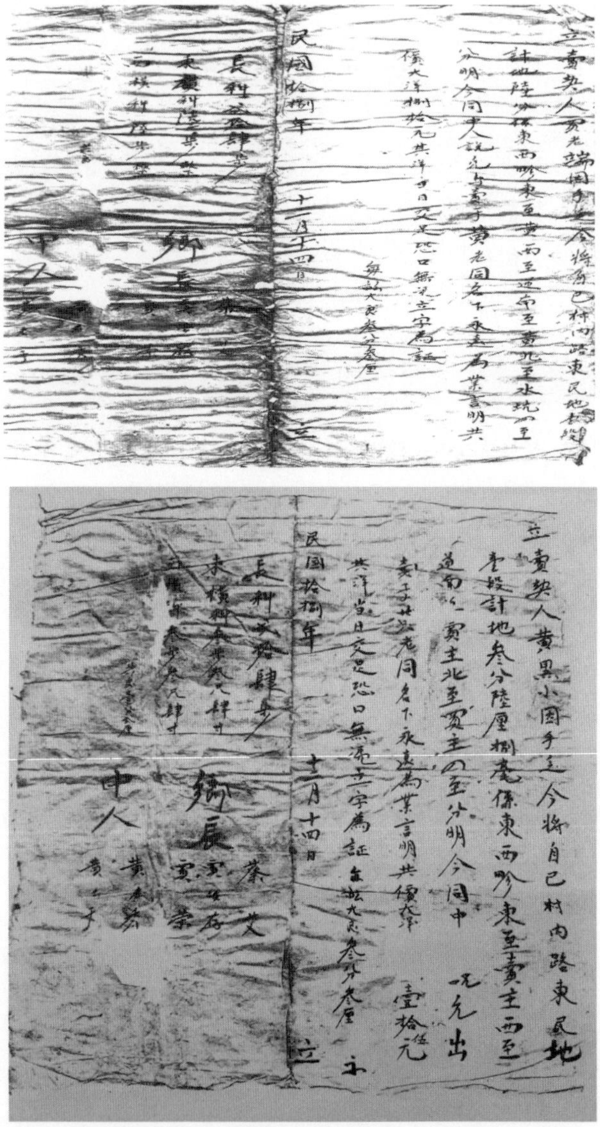

1929年地契

二、土地改革

抗日战争胜利后，农民迫切需要土地。1946年5月4日，中国共产党中央发出《关于清算减租及土地问题的指示》，中共藁城县委和正藁县委随即在解放区（老区95个村，新区26个村）开展土改运动。向地主、恶霸夺得一部分土地和浮财，对无地、缺地、无房、少房的贫苦农民，初步作了一些分配。但当时土改运动搞得不彻底。

1947 年 10 月 10 日，中国共产党中央委员会颁布《中国土地法大纲》，藁城县委领导连续召开县委会、区委书记会和县区干部大会，研究制定土地改革方案和安排部署在全县进行土地改革。会议指出“土地改革就是要废除地主阶级封建剥削，实行农民土地所有制，解放农村劳动力，发展农业生产”。组成县区土改工作队，于 12 月 20 日深入农村，开展土改运动。在上级党委和村党支部领导下，宣传《土地法大纲》，动员发动群众，成立贫民团和建立新农会，清算地主、富农土地、农具、房屋、水井及浮财，平均分给贫下中农。然后评定阶级成分，三榜定案，经过批准，公布生效。藁城县政府于 1948 年 12 月 6 日颁发土地证书，至此，土地改革胜利结束，实现了耕者有其田。

赵庄的土地改革与全县同步进行。土地改革前，赵庄古镇（包括李家庄）共有 832 户、4740 人，9860 亩土地，6100 余间房子。以大地主黄俊明、黄山子为首的地主富农 82 户、656 人，占有土地 7000 余亩、房屋 2900 余间。贫下中农 580 户、3100 余人，仅占有土地 800 余亩，房屋 1400 余间，人均 0.25 亩土地、2.5 人一间房。还有 120 余户雇农，房无一间，地无一垄。解放前，由于农业生产能力落后、抗御自然灾害的能力有限，人均拥有 3 亩以上自有耕地，并且有与其相适应的牲口及水车、大车等大型农具，才能保证一家人温饱。而实际情况是 70%以上农户人均耕地 0.25 亩，主要靠佣工或租种地主家土地维持生计，其生活困苦程度可想而知，遇到灾荒，只能是妻离子散、家破人亡。

黄家几家地主兼资本家，在本村和外村占有土地 7000 余亩，出租 4000 余亩土地，雇用长工和短工种植 3000 余亩土地。设怀德堂、荣德堂、怡如堂、元善堂、厚德堂、明德堂、余庆堂 7 个堂号，在本镇经营 5 家杂货铺、两家药房、14 家布店、两家（棉）花店、两家银号、两家烧（酒）锅、一家当铺、一家盐店。还在正定、石门、保定、天津、北京、藁城拥有商号，占有大量流动资金。

首富黄俊明、黄山子弟兄二人，全家 14 口人，在赵庄镇就占有 2500 余亩土地，280 余间房屋。在三邱、南北贾同、南北圣板、南北龙宫、鲍家庄等周围邻村占有土地。还在信家营村北、九门村东、阜阳村南、南董村西占有土地 3000 余亩，称作“黄家棚子”。此外，黄俊明弟兄二人在本镇经营当铺、杂货铺、布店、（棉）花店、粮店、盐店、药房。同时还在正定、藁城、石门、保定、天津、北京设有商号。

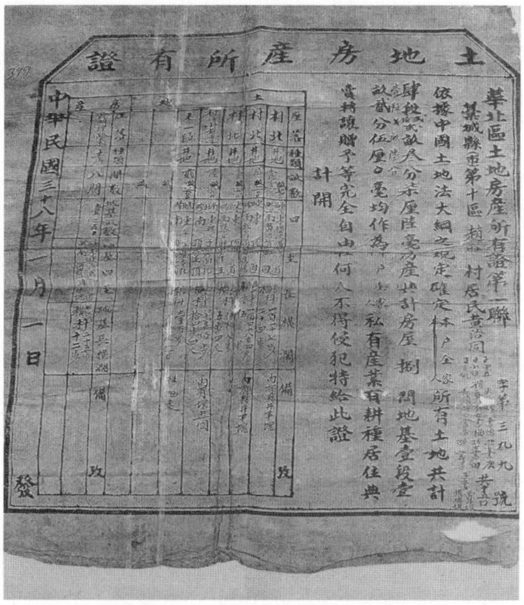
土地房產所有證
中華民國三十八年一月一日

1949 年土地改革后中国共产党领导的人民政府颁发给农民的土地房产所有证

赵庄地主富农积聚财富的办法有以下几种：

1.出租土地，收取租粮。分死租、活租两种。死租是口头或书面协议，租一亩地年缴租粮 125 斤，牲口、农具、种子、肥料租户负担，还要负担上缴公粮；活租，口头或书面协议，租种土地收获地主、租户各半，不论丰年歉年，租户还要负担牲口、农具、种子、肥料及上缴公粮。那时候，粮食亩产 250 斤左右。

2. 雇用长工、短工种地，除管饭和少量工钱外，收获全归地主富农。

3. 放高利贷。农户遇到天灾人祸，为了生存，不得不向地主富农借高利贷，年息 3 分，出门十个月。借款 100 元，年底本利还 130 元。年终还不上，利息加入本金，滚动计算，叫“驴打滚”利。

4. 经商谋利。特别是囤积粮食，麦收、秋收期间低价收购,春季青黄不接时或灾荒年高价出售,从中获利。

赵庄土改自1947年农历10月初开始。在上级党委和党支部领导下,在以闫东升为队长的3人土改工作队直接指导下,首先是访贫问苦、发动群众,摸底调查,选出27名贫农代表,成立贫农团,主席高计柱、副主席齐麦生,并选出了五名保管、两名会计。斗争矛头首先指向反动地主黄文科,他不仅盘剥劳苦大众,更可恶的是1946年勾结国民党特务杀害党员干部甄皂保、黄五群,经群众公审后政府判处就地枪决。乘胜大会斗争了何小五、张焕生等五户地主富农。地主黄俊明、黄山子、黄振佰、黄宗盖、黄进喜、黄小五、黄自田、黄四猴、黄老养等10户地主在土改前埋藏大量资财后,携带大量钱财逃往城市隐匿,逃避了土改斗争。

评定成分时,首先逐户核实人口、土地、房屋、牲口、大型农具和雇工、租地、放高利贷形成的剥削量,由贫农团提出评定成分方案,经工作组审核,然后张榜公布,征求群众意见,反复修订,三榜定案,经上级政府批准,颁发土地证书。评定结果,地主富农82户、656人,中农(含富裕中农)170户、984人,贫下中农(含雇农)580户、3100人。

土地改革共没收地主富农土地5000余亩(含1945年实行耕者有其田时从地富手里拿出的1000余亩土地),房屋1500余间,还有大车、牲口、水车、各种农具、箱柜家具、衣服被褥等。同时,从地主黄俊明、黄山子、黄厚裔家挖出大量银圆,装满两辆大车,到银行兑换成钱,用此钱购买43架水车、60多头牲口。连同斗争地主富农所得土地、房屋、水车、牲口及浮财,全部分给贫下中农,平均每口人2亩土地,70亩地分一头牲口和一架水车。共平分土地5000余亩、房屋1500余间、牲口110多头,水车70多架。每人分得翻身票15元,按需购买浮财。

赵庄土地改革并非一帆风顺,斗争比较激烈复杂。一是地主富农造谣破坏,恫吓贫下中农。妄图"秋后算账"。贫雇农因此惧怕"秋后算账"。二是有些地主富农暗中疏散、隐藏土地财产,企图蒙混过关。黄俊明、黄厚裔等大地主土改前埋藏了大量的金银财宝。三是拉拢腐蚀贫民代表和干部。四是收买被害户,企图蒙混过关。五是隐瞒反动分子身份,"打进来"破坏土改。在党的坚强领导下,仅依靠广大贫下中农群众,经过斗争,逐一解决了上述问题,至1948年农历三月底,历时6个月,赵庄胜利完成了土地改革,真正实现了耕者有其田,极大地调动了农民搞好农业生产的积极性,巩固了共产党领导的政权。

三、农业生产互助合作

1.农业生产互助组(以下简称互助组)

赵庄土地改革以后,绝大多数贫下中农实现了耕者有其田,翻身得解放,生活有保障,扬眉吐气。然而短短几年,又出现两极分化:人口多、劳力多分得土地房屋和牲口水车的贫下中农户、富裕中农和少数富农有家底、有劳力、有牲口农具,耕种浇管收及施肥不成问题,庄稼长得好收成好,年年有积余就买地、买牲口,扩大生产规模,上升为新富农。少数的贫下中农人口,分得几亩十几亩土地,但缺劳力,缺少牲口和农具,地种得差,收获少,难保温饱。遇到天灾人祸、家中有人患大病,只得卖房卖地靠当雇工苦度光阴。到1952年,全村有83户贫农卖地168亩、卖房162间、卖庄基地32块。少数贫农又沦为一贫如洗的赤贫户。

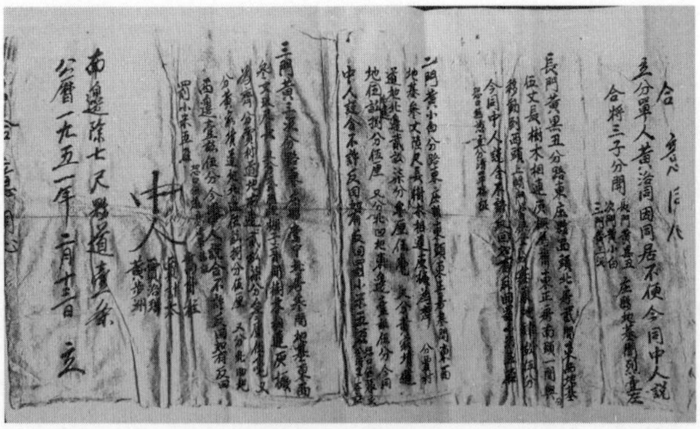
立分單人黃治國同居不便今同中人說合將三子分開
南邊除七尺路道壹条
公曆一九五一年二月十三日 立

1951年分家分单

1953年,在党和政府号召支持下,贫下中农组成互助组70多个,每个互助组几户、十几户不等,涉及400多户贫下中农。互助组成员把土地、农具、牲口入组,成年人按体质技术参加农业生产劳动,收获按每户参加劳动多少以及入组的土地、农具、牲口多少分配到户。多数互助组管理得不错,优势互补,取得比单干更好的收成,体现了农业生产互助合作的优越性。

2.初级农业生产合作社(简称初级社)

藁城县第一个初级社是1951年9月兴安村全国劳动模范胡雁雨创办的。1954年贯彻毛泽东主席《关于农业合作化问题的指示》,全县掀起群众性的大办社热潮。

1954年春,赵庄第一个初级社——先进农业合作社成立了,社长李文采,入社农户8户,1户中农、7户贫农。先进农业合作社依靠集体的力量,克服缺少农具和牲口等重重困难,当年获得了丰收。1955年春,又相继成立了大众农业生产合作社(社长鲍老坤)、人民农业生产合作社(正副社长杜庚辰、韩满圈)、五一农业生产合作社(正副社长鲍换生、张老万)、红星农业生产合作社(社长黄振芳)、胜利农业生产合作社(正副社长韩书瑞、高计柱)、顺利农业生产合作社(社长韩顺心)、红光农业生产合作社(正副社长张小乱、甄小盆)、民主农业生产合作社(社长张老堂)、统一农业生产合作社(社长张小六)、九一农业生产合作社(社长黄金生)、益民农业生产合作社(社长甄老歪)、同益农业生产合作社(社长甄玉明),连同先进农业合作社,共13个初级社,入社农户918户,占总户数的85%。

初级社实行土地入股,所有权归户。各户耕畜和大型农具交合作社统一使用,统一支配劳力、统一生产经营。产品归各社社员共同所有,采取以劳为主、兼顾土地分红的分配原则。即在总收入中扣除投资、公积金、公益金,再按比例统一分配(一般劳五地五、劳五五地四五或劳六地四),劳动分配以"劳动日"为计算单位。入股的耕畜、大型农具等由合作社以质分等作价,分期偿还。

初级社由社员选举社长、副社长、管理委员、监察委员。视需要设会计员、出纳员、保管员、技术员。社长、副社长及管理委员负责本社的生产、财务和分配。监察委员负责监察社内财务工作、劳动纪律执行情况。

初级社,管理者民主选举,管理民主公开,分配制度适应当时生活水平、取长补短、优势互补,生产水平提高、收成增加,各户收入增加,充分体现了当时农业生产合作社的优势。

3.高级农业生产合作社(简称高级社)

1955年下半年,贯彻中国共产党七届六中全会精神,全县再次掀起办社高潮。1956年1月,将全县所有互助组、初级社,用扩大、合并、升级的办法,组建成202个高级社,把土地、牲口、大型农具收归集体所有。入社农户占总农户的97.95%。至此,基本完成了对农业生产资料私有制的社会主义改造。1958年全县高级社发展到223个。

高级社基本是一村一社。高级社管理机构为管理委员会,设主任1名、副主任1名至2名及秘书、治保、民兵等,同时设有监察委员会。社以下设生产队,生产队分若干个生产小组。按照县委的指示,在经营管理方面,推行"三包一奖五固定"(包工、包产、包开支、超产奖励,生产队固定,耕作区固定、牲口固定、农具固定、种植计划固定)的生产管理制度,实行民主办社,勤俭办社,促进了农业生产的发展。1957年粮食亩产达到203公斤,比1949年增长一倍。

1955年冬,赵庄13个初级社合并成立高级农业生产合作社,入社农户95%以上。高级社设主任、副主任、妇女主任、治保主任、民兵中队长、秘书、会计、出纳、保管等,负责生产、安全、财务、核算分配。另设监察委员负责监督检查。下设29个生产队。

4.人民公社

1958年8月13日,《人民日报》发表了毛主席关于"人民公社好"的谈话。到23日,藁城县10天时间,将全县223个高级社合并升级为8个"政社合一"的人民公社,撤销了原来的乡镇建制。下设222个生产大队、1151个生产队。公社化后,赵庄村改称赵庄生产大队,全大队29个生产队。贯彻"鼓足干劲、力争上游、多快好省地建设社会主义"总路线。总路线、大跃进、人民公社称作"三面红旗"。1959年至1962年三年经济困难时期,人均日供给粮食不过五六两,吃不饱,只有"瓜、菜、代"。

赵庄是人口大村,公社化后,紧跟形势,"左"的思潮泛滥更为严重,“共产风”“浮夸风”严重。小土高炉炼铁,损失严重。虚报粮食高产,上缴公粮后所剩无几,加上“丢、烂、糟”,造成粮食不够吃,提出“低指标、瓜菜代”,人们靠每天几两粮食度日,吃不饱,靠瓜菜补充。有时大队、生产队一连十数天无粮可分、人人无粮食可吃,又没有瓜菜作为代食品,靠吃树皮、树叶、草根、猪糠充饥。由于吃不饱,欠缺营养,绝大多数人面黄肌瘦,腿脚浮肿处处可见。

1961年全县贯彻中共中央《关于农村人民公社工作条例》和“调整、巩固、充实、提高”的方针,纠正“左”的偏差,取消供给制,解散农村食堂,调整公社规模,实行“三级所有、队为基础”的管理体制,按比例户有自留地,执行县统一的生产计划,劳力由生产队统一支配,实行凭工记分,按劳分配。口粮分配一般是实行人七劳三或者人六劳四。人民公社、大队均设管理委员会。生产队设政治队长、生产队长、妇女队长、会计、保管员等,负责本队经营管理、财务管理和产品分配等项工作。

1964年“四清运动”开始,村民生产积极性进一步受挫,村民生活受到很大影响。

1966年5月至1976年10月十年“文化大革命”期间,赵庄生产大队农业生产停滞不前,粮食、皮棉、油料亩产分别在700斤、70斤、200斤左右徘徊,基本没有农业生产以外的收入。十年间,村民人均年分配口粮400斤至500斤原粮,每个工值4~5角钱,70%左右的农户年终不仅分不到现金,还超支。大多数农户春季头麦收口粮接济不上,张罗钱去邻县买薯干吃,或用玉米换薯干吃。

四、联产承包责任制

1978年12月中共十一届三中全会以后,藁城县委、县政府于1979年2月制定了《关于加速农业发展的十条暂行规定》,进行联产承包责任制试点工作,开始推行生产责任制。实行按生产小组承包,“五定一奖”(定人员、定地块、定成本、定产量、定工分,超产奖励)生产责任制。1980年秋又将以作业组承包发展为户承包,划分责任田,实行联产计酬责任制,把发展生产同社员个人利益紧密联系起来,生产效率大大提高。1980年9月,又将自留地归还给农民自主经营。1983年推行以家庭经营为主的联产承包责任制,即大包干。承包户在坚持土地为大队集体所有基础上,自主经营,保证完成国家征购任务,按政策交足集体提留,其余全部为个人所得。完全适应了广大农民的思想水平和经济水平。1984年1月,取消人民公社,恢复乡镇、村建制,生产队解体。同年,县政府与农户签订土地承包合同,颁发承包土地使用证,承包期一定15年不变。1983年赵庄实行“以家庭经营为主的联产承包责任制”,粮食亩产超600公斤,比过去增产2成。粮棉产量、农业产值、人均收入等各项指标均创历史最高水平。

第二节　经济体制改革

一、家庭联产承包责任制改革

80年代中后期,不断完善双层经营机制,稳定家庭联产承包制。1989年7月,县政府提出《关于在全县农村推行“两田制”的意见》,决定将农村集体耕地(含沙荒地)按人口情况划分为“口粮田”和“租赁田”。1989年8月赵庄两委会决定:凡有本村户口的,每人口粮田4分地,其余耕地平均联产承包到户,按承包地缴纳公粮。基本解决了农村人口增减与定购、“提留”等诸多难题,进一步完善了土地承包责任制。1992年3月,根据市委、市政府提出的《关于完善土地承包合同的意见》,决定在稳定和完善家庭联产承包责任制的基础上,实行土地双向承包制度,将过去签发的农民承包土地使用证改为重新签订“土地双向承包合同”,用法律的形式把土地承包工作纳入依法管理的轨道。

第二轮土地延包。按照《国务院批转农业部关于稳定和完善土地承包关系意见的通知》,1997年4月,市委、市政府出台《关于农村调整土地的实施方案》,确定了调整土地的总体框架,第二轮土地承包工作随后展开。当年,全市101个村进行了土地调整。赵庄村于1998年2月完成了土地调整和第二轮家庭联产承包责任制工作。其审批、管理、监督由市农工委负责,合同和经营权证书由农经局负责发放。至2001年,全市239个村基本完成了土地调整延包工作,并全部签订了30年土地承包合同,发放了《土地承包经营权证书》。按照中央政策"一定三十年不变"的规定,土地承包合同签订日期统一为1997年9月25日至2027年9月25日。赵庄村将签订的合同档案移交市档案局保管。2003年3月1日,《中华人民共和国农村土地承包法》颁布实施,依法赋予农民长期且有保障的土地使用权,农村土地承包当事人的合法权益得到维护。

二、农村税费改革

村委现存资料记载,1969年农业税和地方附加是:计征耕地7323.2亩,平均亩产246斤,总产1803054斤,税率1.04,依率计征190859斤小米,省附加19089斤小米,乡附加9543斤小米,计征总数219491斤小米,单价0.14元/斤。每亩耕地负担税费29.97斤小米,折款4.2元;1999年全村耕地7366.5亩,人口7700人,农业税按耕地计征16.2375万元。乡统筹37.3384万元,村提留27万元。其中3790个劳力,人均负担12元。合计税费80.5759万元,每亩地负担税费109.38元,人均负担税费104.6元;2000年全村人口7638人,耕地7360.5亩,农业税12.1473万元,乡统筹37.3384万元,村提留17万元,合计税费66.4857万元,平均每亩负担90.32元,人均负担税费87元。

根据上级农村税费改革实施方案,藁城市2002年实施农村税费改革。税费改革的主要内容是"三取消、两调整、一改革"。即取消乡统筹费、农村教育集资以及专门面向农民征收的行政事业性收费和政府性基金、集资;取消屠宰税;取消统一规定的劳动积累工和义务工。调整现行农业税政策,按照明显减轻农民负担的要求,根据核实的计税土地面积、常年产量和省政府统一规定的计税价格,合理确定新的农业税税率,将农业税附加并入新的农业税;调整农业特产税政策,农业税和农业特产税不重复交叉征收。改革现行的村提留征收使用办法,农场集体公益事业发展所需要的资金和劳务,通过"一事一议"的办法来筹集。农村税费改革后,农民除向国家缴纳农业税及其附加、农业特产税及其附加,承担"一事一议"的筹资筹劳以外,不再承担任何面向农民的行政性收费。全市取消了乡统筹、农业特产税、屠宰税、其他收入和村提留等,农民负担确定为农业税及其附加。这次农村税费改革确定的农业税率最高不超过7%,农业税附加最高不能超过20%。农业税计税土地面积以农民二轮承包面积为依据,农业税计税的常年产量以1998年前5年农作物的实际平均产量核定,定为786公斤/亩,平均税率6.93%,农民负担较改革前减轻29%。改革后农民负担人均80元,亩均75元,分别比改革前减少32元和30元。

2004年藁城市农业税税率在2003年的基础上降低了3个百分点,全市农业税平均税率由原来的6.93%降为3.93%,人均负担45元,亩均负担42元,较2003年人均减少35元,亩均减少33元,较改革前减轻60%,其中,人均减少67元,亩均减少63元。

2005年全市农业税税率再下调2个百分点,降为1.93%,人均又减少23元,亩均又减少21元。较改革前减轻80%,人均减少90元,亩均减少84元。

2006年1月1日《中华人民共和国农业税条例》废止,农民从此不再缴纳农业税,历经2000多年的"皇粮国税"走进了历史。这种伟大变革,只有在共产党领导下才可能实现。从此后,农民不但不再缴纳"皇粮国税",国家每年还发给农民种粮补贴。

三、农村财务管理体制改革

新中国成立后,赵庄村集体财务一直是村(镇、大队)党支部、村(大队)管委会管理,有健全的会计、出纳设置和财务制度,公益事业、公用设施建设支出主要是党支部、村委会联席会议决定,其他支出党支部书记决定。日常开支审批委托一名副村长(大队副大队长)按照制度审批,每年正月初五召开村民大会,主要议题是表彰先进、总结上年工作部署下年度工作、公布上年度村集体财政收支情况。一直以来,村财务没有发生过混乱的情况。

1995年市农财局成立,对全市239个村的农村财务状况进行摸底梳理,纠正了没有账或"摊摊账"

的做法。1997年实行“村有、民管、镇监审”农村财务管理工作新机制及配套措施，制定并实施了“会计达标规范代管理制度”“会计上站制度”“民主理财制度”“乡镇月审及季度入村巡回审计制度”，提高了全市农村财务的规范化、民主化程度。赵庄认真落实市农财局的规定，在村委会外墙设置财务收支公开栏，接受群众监督。在内设立村民代表理财小组，审核村财务收支。

2000年后，全市15个乡(镇、区)全面推行农村财务服务中心制度，其核心是以“民主理财、代理记账、村账站审、财务公开”为主要内容的“四位一体”管理体制，以“经手人签字、村理财小组长签字、村主任签字、村两委成员集体报账、镇农经站审计员审计”为内容的“三签、一报、一审”报账形式，形成“收、支”两条线和“管、理”两分离的格局，使村级财务管理在阳光下运行，公开理财，收支透明，监督有力。2015年1月1日起，真正实行了“村财镇管”，赵庄村委上缴结余现金221552.67元。自此，村集体收入支出，按照经手人、村理财小组负责人、村党总支书记、村委主任审核签字，到镇财管所报账。

赵庄村坚持执行有关财务管理规定，由老党员、老干部、群众组成三结合理财小组，认真审核村财收入支出，据实财务公开上墙，接受群众监督。财务管理一直风清气正，没有发生大的问题。

第三节　村民生活

一、衣、食、行

1.土改前

赵庄古镇832户、4740人、9860亩土地，其中地主富农82户、656人、占有土地7000多亩，占人口14%旳地富占有71%的土地。绝大多数村民靠给地富做长工或租种地富土地维持生活。租种地富土地，收成好的年份，亩产250斤左右，歉年收得更少，但是每亩交租125斤不能少，辛苦一年，连一家温饱也不能保证。富足的地主豪富，穿的是绫罗绸缎、棉袍马褂、士林丹青布的衣褂，铺盖的是丝绵缎被，吃的是大米、白面、鸡鸭鱼肉，出门坐的是马拉轿车。富家阔少讲究的是：“漂白袜子府里鞋，士林布褂缎帽壳，十三太保辫子绳”风流倜傥。而广大村民，干的是重体力劳动，常年吃的是高粱、玉米、红薯等粗粮，蔬菜是萝卜白菜、干萝卜缨和咸菜，平时油水很少，更别想吃到肉、蛋，到年节才能吃上饺子、白面馒头和肉。有的困难农户，过年连一顿白面饺子都吃不上，吃荞麦面饺子。有一百多户每年春季青黄不接之际，断粮断炊，靠要饭度过。贫苦村民一年四季穿的是土布衣、土布鞋袜，盖的是土布被。有的户自纺自织，有的户是自家纺线、请人织布。大多数户，不管大人孩子，基本是夏天一人一身土布单裤褂，冬天一人一身土布棉衣棉裤，既无内衣裤衩，更无外罩衣裤。春秋把棉衣絮棉撤下当夹衣穿。男人穿原色单裤单褂，棉衣一般染成黑色或蓝色。妇女穿的衣服染成蓝色、绿色或红色。棉衣改夹衣一年穿6个月左右，基本不能换洗，污垢满内外。男女夹衣、棉衣基本上件件有补丁。很多小男孩十来岁了，夏天还光着屁股，无衣可穿。光景较好的户，过年还能换一身新棉衣，配一件长过膝盖的大襟大袄，戴一顶帽壳。鞋袜是家庭妇女手工制作的，手纳鞋底，土布鞋面，极不耐穿，青壮年男女不到两个月就穿坏一双鞋，经常是新鞋还未做好，旧鞋就已鞋底磨穿、鞋帮坏得挂不住脚。绝大多数村民整天日出而作，日落而息，就是冬闲，也拉土送粪，整治农具和其他家务，不得空闲。男人即使赶集上店、走亲访友等，靠两条腿走路。大多数妇女，除回娘家，一辈子没出过村。

2.土改后

1948年土地改革完成以后，实现了耕者有其田，人均2亩耕地，村民生活有了很大改善，但仍旧穿土布衣，吃饭是粗粮多，细粮少，一年四季能够吃饱饭。但是几年后，少数村民由于“底子薄”，无力购买牲口、水车、耧、犁、耙等农具，收成差，遇到天灾人祸又被迫出卖土地、房屋。据统计，1954年赵庄全村有83户村民，出卖房屋162间、土地168亩，有的户又重回一贫如洗境地，有些“底子厚”、劳动力强、生产资料较为齐全的户乘机买房买地，出现了严重的两极分化。

1956 年生产资料私有制社会主义改造完成以后,90%以上村民提高了生活水平。1959 年至 1962 年“三年困难时期”,穿衣是缝缝补补、吃饭是每一天 4~6 两粮食加“瓜、菜、代”。“代”就是树皮、树叶、野菜、谷糠等代食品,基本人人浮肿面黄肌瘦。

1964 年至 1976 年,村民生活虽有保证,但改变不大,人均年纯收入在 70 元左右徘徊,人均年口粮 200 公斤左右,人年均消费细粮(小麦)80 公斤左右,山药还是主粮之一。少部分农户买起自行车代步。衣着方面有很大改观。每年每人发布票一丈七尺三寸,可到供销社购买白洋布、花哔叽、的确良、春肤尼,年轻男女都能穿上花哔叽、的确良的衣服、春肤尼的鞋子和白洋布单衣。年岁较大人们,还是以穿土布衣服为主。这一阶段,看一户之好赖(富裕程度)以有没有“三大件”(自行车、缝纫机、小拉车)为标准。结婚女方要彩礼讲究的是“三转一响”(自行车、缝纫机、手表、收音机)。

3.改革开放以后

改革开放后,随着国家农村经济政策的不断调整,放开了农民的手脚,在搞好农业的前提下,开展多种经营,搞养殖、农副产品加工、开办工商企业和饮食服务业、组织工程建筑队,或者外出打工,增加现金收入。村民户户有存款,家家有余粮,衣、食、住、行、用,档次一年比一年提高。被褥是绸缎、棉布丝绵或絮棉加席梦思床。衣着布料以化纤混纺、毛呢混纺为主,冬天不再穿棉衣棉裤,而是毛衣、毛衫和保暖内衣,大部分年轻男女还穿貂皮、水獭皮、狐皮、羊皮大衣。衬衣外套,每个人都有几套、甚至十几套衣服,经常洗澡换衣服。穿鞋以皮鞋、运动鞋为主。食的方面,白面、大米为主,很少吃玉米等粗粮,家家经常不断肉、蛋、奶和水果,一年四季能够吃到新鲜当季和反季蔬菜。行的方面,有公交车直通村内,出行方便,票价便宜。家家有不止一辆自行车、电动自行车、电动三轮车、摩托车代步。有 10%左右户购置了小轿车,方便出远门办业务、自驾游。三五里路,人们也不愿步行。

4.新中国成立前后村民卧具衣被

土炕上铺一领苇席,有条件的苇席上铺家织土布炕被。按人口多少有几条棉被。棉被一般是紫花或印花被面,白布被里,内装棉絮。被里被面均是家织土布的。每年麦熟前拆洗一次。盖了一年的被子,被头油腻太厚。褥子有几条,也是家织土布装棉絮。枕头套是染成的蓝色的家织土布,两头是白布绣花,内装荞麦皮,或谷瘪子。

男女老幼一年四季穿着均是土布衣衫、鞋袜。男人冬季一身家织土布染成黑色或蓝色做棉衣裤,内絮棉絮,里子是旧布缝接而成,五颜六色。棉袄是中式对襟袄,布挽疙瘩扣。棉裤是白腰黑面中式直筒棉裤,穿在人身上束腰用布腰带绑扎,俗叫“抽腰”。民间流传“七岁裹脚、八岁抽腰”,就是说,女孩子七岁要开始裹脚,男女孩子八岁要学会自己扎紧腰带。女人的棉衣棉裤原材料相同,只是面料染成蓝色、红色或绿色,棉袄做成大襟的,前襟右大左小,从胸口斜至左腋下,直至袄底边。一般家庭,冬季一身棉裤棉袄贴身穿,很少有人穿裤衩、衬裤和外罩。有条件的家庭,男人另有一件大棉袄,长及脚踝一般是大襟。男成年人冬天为便于重体力劳动,做一条棉叉裤,棉裤腿高及臀部,臀部和腰部是双层布不絮棉。男人冬天头戴帽壳或包手巾。青年男子冬天拥有一块针织白毛巾(俗称羊肚子手巾)是非常高兴的。

春秋两季,人们穿没有棉絮的两层布的夹衣裳。特别困难的家庭,没有能力预备夹衣裳,天气热了,只得将棉衣去掉棉絮作为夹衣裳穿。

夏天,男人一件白粗布上衣、一条或两条土布染成土黄色的裤子。女人穿土布染成蓝色、红色或绿色的裤褂。夏天男孩子 10 来岁之前,一般全身赤裸。成年男子,也常常赤裸上身劳作。

鞋袜也是家织土布,家庭妇女手工制作而成。做鞋底首先要制作俗称“袼褙”。制作袼褙,用洗净的旧布片和玉米面稀粥,一层一层平整地粘贴在案板或饭桌面上,一般三四层旧布,晒干后,成为袼褙。做鞋底时,剪成鞋底样式,四五层袼褙加一层新面布,用麻绳或线绳密密地衲成鞋底,做成夹鞋或棉鞋,棉鞋底稍厚实些。成年人冬天做一双粗布夹袜。那时集上出现了织袜筒的手摇织袜机，家庭主妇刻意纺些细棉线，浆好晾干到集上织袜筒，回家缝上袜垫，给长大的女孩子穿。

村民们由于不具备条件，常常一年到头不洗澡，特别是春、秋、冬，衣服一穿几个月也无得换洗，男人夏天还可以在家里或者在水坑、地里水井旁洗一个冷水澡，妇女根本没有机会。特别是孩子们的棉衣，一冬天穿下来，磨损厉害的地方露出棉絮，袖头、胸前饭渍、鼻涕、口水、尘土结成铜钱厚的硬渍，衣服里子汗渍尘土也结成污渍。一冬天下来，男女脚上厚厚的一层皴(cun)，手脚开裂得多。小孩手脚脖子也是厚厚的一层皴，因为那时，卫生条件极差，基本家家生虱子，头发里、被子上、衣服里子上，到处都是。夏天，大多数家庭会有跳蚤、臭虫等人体寄生虫，还有苍蝇肆虐。常常会在春天天气变暖时看到老年男人在太阳下靠墙坐着脱掉上衣找虱子。人们开玩笑说“谁家没有虱子，谁家就没有人味了”。那时，洗涤用品就是土制肥皂、碱面，麦熟前家庭妇女拆洗衣被，用不起肥皂，就用柴木灰水洗衣被。男女洗头发也用肥皂或碱面。

5.新中国成立前后村民主副食品

绝大多数村民一年四季主食是白高粱、玉米饼子、山药(或山药干)，辅之以小米、豆类、荞麦。小麦是唯一细粮，因为产量低(亩产200斤左右)而种植量小，收成少，只能在麦收后、中秋节、春节才能够吃上几顿白面馒头或面条、饺子。副食品量少且单纯，家养一头猪，春节宰杀，一年到头只有在过年、端午节、中秋节能够吃上猪肉，基本吃不上牛羊鸡鸭鱼肉，没有人能够喝上奶。家庭养几只鸡，母鸡下蛋只有产妇或患病的老年人、小孩才能偶尔吃上。家家的食用油也少得可怜，只能用自家种的棉花籽或花生换点油吃，每年每人最多平均三四斤食用油。萝卜、大白菜是村民当家蔬菜，秋冬吃萝卜白菜，春天吃萝卜干、萝卜腌成咸菜或晒干的萝卜缨。夏天才能吃到茄子、豆角、根打、南瓜、北瓜、韭菜、菠菜等时令鲜菜。那个时候，青壮年男子劳动强度大，特别是打坯、浇园、拔麦子、砍高粱等特重体力劳动，出汗多，消耗大，全靠吃粮食维持体力，一顿饭能吃十几个大饼子。

二、住宅

1947年土地改革前，赵庄全镇共有房屋6100余间，82户地主富农占有3900余间房屋。普通村民人均占有房屋0.78间、居住面积6平方米左右。

1.院落布局

新中国成立前后，除地主家庭外，其他村民院落布局是，人口多、有牲口、大车、水车的家庭，一般是两进院落，土坯院墙，占地面积300~600平方米，正房四间或五间，坐北朝南，东西两旁各有偏房三间或只有一旁有偏房。院落中间有一道墙把大院分成内外两个院落，界墙正中开一小门，并有门楼，叫作二门。二门外的院子靠西侧设一猪圈。有的户自备有吃水井，一般在前院东侧。前院南侧临街一般盖有南厢房，用于喂牲口、存放牲口草料和粮仓。一般在东南角开设大门洞，安装有木制大门扇，白天人车出入，晚上插门闭户。前院里停放车辆、存放柴草。柴草用于牲口吃和做饭烧炕取暖用。后院全家人饮食起居。小户人家一般是一个小院落，占地不过0.3亩左右，三间或四间北正房，院落里必设猪圈茅厕，土坯院墙，小街门开在院落东南角，一般是小门楼，木制小街门，也有豁口安栅栏门的 。极少数户房院坐西朝东或坐东朝西。

猪圈一般南北长3米左右，东西宽2米左右，深2米左右，四壁用砖砌成，用于养猪，积聚柴草垃圾等废弃物和人畜粪便，经常撒土垫圈，圈满发酵好后起出来当作肥料肥地，这是当时农家主要肥料来源。猪圈南北两侧设男女两个厕所(俗称茅子)，男女如厕屎尿直接进入猪圈。猪圈北侧垒有猪窝，底层猪睡卧、在猪槽吃食，上层盛猪糠和饲料。猪窝和猪圈靠砖梯式通道(俗称僵茬)连接。猪常常进入猪圈，踩圈或到茅厕吃人拉的屎。绝大多数户都圈养一头至二头猪，一般年底出栏，大多自家宰杀过年吃肉，也有的卖一部分肉自家吃一部分肉。肥猪宰杀前买小猪替圈。养猪，一为攒粪，二为过年吃肉。农谚讲“种地不上粪,等于瞎胡混”。

一般家庭里在院落里散养10来只鸡,1~2只公鸡,7~8只母鸡,鸡下蛋攒起来用于女人坐月子吃,也用来换油盐吃。其他人是轻易吃不到鸡蛋的。50%左右的户还有养猫狗的习惯,为的是逮老鼠看门。猫狗品种是本地猫狗。

2.民房规制结构

除地主豪富外,一般农户的房屋基本是土木结构,四梁八柱三间房,基础以上先立木架后垒墙,正房梁长一丈五尺左右,四根檩条一间屋(个别户每间屋加两根边檩,每间屋六根檩条),檩长在1丈左右。大梁椿木、榆木、大杨木居多,檩条杨木、榆木居多。大梁中部直径一尺左右,檩条加工成基本等粗,直径在八寸左右。梁、柱、檩用铆榫相连。木架立好后,开始垒墙,房基一般是地平面以下五、七行砖根脚,地面以上五、七行砖墙,上面全部用土坯垒墙,包括屋内每间屋之间的界山墙,全部用土坯。有不少户盖房,窗台以下房墙是黏土墙,上面垒土坯。也有少数户较富裕,盖新房外边墙条砖垒到窗台,房四角四条砖腿。或者后墙、左右两侧外墙砖打斗(即斗式砖贴墙表面,里面续坯),这是当时一般村民最好的房子。檩条上铺方木椽,每边2.5寸,长三尺半左右,架在两檩之间,间距半尺左右。还要五尺长檐椽,架设在前檩、前墙上,前墙外探出一尺二寸,作为前滴水檐。椽子上面铺苇箔,苇箔上面铺10厘米左右的杨树叶、玉米皮、麦秸之类的柴草,柴草上面压一层黄土,在上面上一层约10厘米厚的黄土和滑秸(小麦秸秆碌碌压碎后俗称滑秸)合成的泥,用脚踩实磨平,就是房顶,经雨水冲刷二三年,还得上一层滑秸泥,几十年的老土坯房,屋顶泥层就厚达一尺多。土坯房盖好后,内外墙用滑秸泥抹平整,屋内地面多用黏土平整夯实。旧式民房正房一般每间使用面积在12平方米左右。偏房一般三檩,每间屋的使用面积在9平方米左右。

赵庄旧式民房门窗都是木制的,一般是杨木窗户榆木门。屋门对等两扇,门扇板厚在4厘米左右,每扇门一般三块板,背面五条木穿戴将三块板严丝合缝地连接在一起,两扇门正面一边安装三环铁门吊,一边安装铁曲戌,用于锁门,背面安装有木插管和门吊曲戌,用于夜间插门闭户。门扇边框上下两端各突出上高约10厘米,下高约5厘米,直径在8厘米的门轴。两扇门安装在屋门左右两侧,下轴插进石门墩的浅穴内,上轴安装在镶嵌在墙内厚木板圆孔内,靠门轴的作用,门扇推关自如。窗户一般是杨木四周木边框,宽约15厘米、厚约5公厘米,窗棂一般是边长2公厘米左右的方木条,窗棂互相咬合,与边框是铆榫相连,窗孔一般是正方形的,边长在25厘米左右,窗户大小有49孔、64孔、81孔,春秋冬三季内糊白粉脸纸或毛头纸,夏天糊窗纱。窗中间下方嵌一块玻璃,有大有小,一是为了增加室内光线,二是为了从屋内看院里动静。晚上挂一块窗帘遮挡玻璃。

室内布局:一般家庭三间正房一明两暗,屋间界山墙中间留一门洞,和中间屋相通,多数家庭界山墙上的门洞既无门框,也不安门扇,挂一布门帘遮挡隐私。中间明屋盘灶台,摆放粮食瓮、盛米面的瓦罐、水瓮、吃饭用的地桌、矮凳及锅碗瓢盆一应炊具,冬天一家人吃饭也在中间屋里。左右两里间屋为卧室,窗户一侧盘一条土炕,一般占屋内面积的五分之二,冲门里侧放迎门桌,一般三个抽屉,土炕对面靠后山墙放立柜、座柜,盛全家人的衣物被褥。未成年子女和父母睡在一条土炕上。子女多的户,往往一条土炕睡六七个人。长子结婚,一般是和父母“一明两暗”共处同一屋檐下。次子结婚,长子夫妇迁居偏房,次子和父母“一明两暗”居住。

有四间或五间正房,中间或右侧三间也多是一明两暗,左边独立一间或左右两头各独立一间,一般是最左边一间作为厨房,最右边一间作为仓房,中间一间做堂屋,堂屋靠后山墙摆放条几、方桌、圈椅,用于待客、全家人吃饭、起居。

多数灶台和土炕相通,通过墙壁上的烟道通向屋顶的烟囱,做饭多用庄稼秸秆和柴草,做饭的余温暖炕。冬天,为了增加室温,另用柴草烧炕。

20世纪60年代“三年经济困难时期”过后,随着国民经济逐步恢复、发展,村民生活水平缓慢提高,陆续有农户在积聚一定财力后翻盖了房屋，或者有的农户因孩子长大需要结婚，申请村集体无偿划拨一块农基地盖新房，都在提高新房质量上下功夫，根据自身财力，有的砖基础垒到窗台处，有的在此基础上房四角垒上砖腿，有的还在房屋墙外表面贴砖，叫砖打斗，屋内外墙面抹白灰，屋顶用白灰合碳渣锤房顶，再不怕屋顶漏水，放缓风雨对墙面的侵蚀。门窗也逐步改进换代，换成新式屋门：木边框、薄芯板、上层安玻璃，使用合页、插销、板吊。窗户改成活扇玻璃窗。屋内宽敞明亮，村民居住条件大大改善。

五六十年代农村民居

党的十一届三中全会确定改革开放，放手发展经济。经过三十多年的发展，赵庄村民在自身经济实力增强基础上，住宅变化最大。家家住房、院墙全部用砖，屋顶用水泥楼板或水泥钢筋现浇筑房顶，墙基、墙顶现浇钢筋水泥圈梁。实木门、大玻璃窗，外墙、屋内地面贴瓷砖，有的外墙抹水泥、内墙涂立邦漆，80%以上的户席梦思大床替代了土炕，屋内新式衣柜、沙发及彩电、空调、土暖气一应俱全，有不少户购置了电脑。有20%左右户盖上了二层、三层小楼，还有20%左右户盖上了单层单元房式的住宅，屋内设有厨房、卫生间、客厅、卧室，方便适用，取暖做饭用上了新式环保燃煤炉、或主要用电力做饭烧水。现在人均居住面积在100平方米以上。最近几年，韩金贵弟兄搞房地产开发，在村南盖起了9栋住宅小楼，楼高6层，43个单元516户，村民全部购买迁居住宅楼。2017年在村南再建造2栋住宅楼，高6层，4门96套单元房。2018年在村南再建5栋住宅楼，508套住宅，预计2020年全部竣工。此外，还有372户在自家宅基地上盖上了二层、三层住宅小楼。届时，全村60%以上农户住上了楼房。

三、生活用水

村民吃饭、喝水、牲畜饮用水、洗涮、浇树等生活用水，新中国成立前后主要靠地下水，家族人口多的户自家院内打有吃水井，每条街上还有小户人家联户的吃水井。吃水井都是小口井，井口直径在一米左右，井筒青砖垒成的井壁，20世纪60年代以前，水面到地面距离三四米。井口安装一木制井架和辘辘，缠上井绳，绳头连接一铁钩。从井内提水，必须由成年人进行。提水时，将木梢桶，或者铁板制作的水桶，挂在铁钩上，用辘辘和井绳把桶放在水里，用手抓住井绳摆动水桶，装满水，用辘辘把水提上地面，用担杖把盛满水的水桶挑回屋，把水倒进水瓮里。一般家庭，男人每天早起，其中一件重要事情，就是到井上挑水，满足家庭一天生活用水。有的家庭缺少男劳力，只有妇女和未成年子女到井上打水，两人用木棍把水桶抬回家。

进入70年代，逐步用机械汲取地下水浇地，河流上游修建水库，加上逐年天旱少雨，地下水位逐年下降，村里的吃水井，有的因水位下降而枯竭，水井深挖下管也无济于事。到70年代末，村内水井能用的寥寥无几，很多户不得不用车到地里机井上拉水吃，生活用水发生严重困难。

1981年，村集体鉴于全村人生活用水困难的局面，筹集资金，在副业大院打了一口深水井，安装输水管路，使用无塔高压泵，直接输水到各户，从此，村民结束了几千年自打水井吃地下水的历史，生活用水用上了自来水。但那时，仅早、中、晚做饭时才供水，遇到停电或机械故障，一连两三天无水可供的情况也是经常发生，所以家家户户预备盛水的大瓮。直到2013年新打两眼深井，更换输水管道，实现了一天24小时供有自来水，水质很好。

四、生活用具

20世纪60年代前，农民主要生活用具是：加工米面的工具是畜拉人推的石碾、石磨，辅助工具有荆条编制的笸箩、簸箕、笤帚，筛面的粗罗、细罗、罗床和碾米用的扇车；做饭用具是风箱、土灶台、广铁锅（分五印、七印、九印、宽沿、把锅）、秫秸篦子、席排子、木锅盖、秫秸编制的锅帽、锻造的铁菜刀、铁勺、舀水葫芦瓢、木质水桶、挑水担杖；烧水用的是锡壶、砂壶，喝水用的是提系瓷壶、端把瓷壶和粗瓷碗；吃饭用的是黑陶碗、粗瓷碗；盛水、盛粮的是陶瓮、盛米面用胶泥烧制的瓦罐、和面洗菜用的琉璃盆和瓷盆；纺线织布用的木制纺车、木制脚踏手拉织布机；做衣服鞋袜用的剪刀、木尺和钢针；推土推粪用的土车、背东西用的荆条粪筐；收藏衣被的用具是实木平头柜、立柜、座柜；堂屋靠北山墙摆有条几、方桌、圈椅（太师椅）、板凳供待客用；吃饭用的是地桌、矮凳、蒲墩。粮食交易称量用升、刻壳、斗，一升2.5斤、一克刻壳15斤、一斗25斤。猪只、煤炭等交易称重用双钩长杆秤。皮棉、棉线交易称重用短杆钩秤，3两为1斤。小商品交易用短杆、带秤盘的秤，16两为1斤。俗语说的“半斤八两”的来源。那时，做小买卖的，为便于快速口算，16两折算成10两，就必须熟记“斤秤流”：“一六二五、二一二五、三一八七五、四二五、五三一二五、六三七五、七四三七五、八五、九五六二五、十六二五、十一六八七五、十二七五、十三八一二五、十四八七五、十五九三七五、十六十。”背熟斤秤流，算账不发愁！

村民日常生活主要用具

1.米面加工工具石碾、石磨、笸箩、簸箕、筛面箩和笤帚。

（1）石碾，由石碾盘、石碌碡和木碾框、铁碾轴组成，是村民碾米轧面的主要工具之一，差不多每道街上都有一两盘碾子，大小不一，一般小一些的碾子一个成年人能够推得动，属街道村民共有。无论玉米、小麦、高粱，靠人工推动石碌碡在石碾盘上把成品粮碾压成细粉，一次不能完成，需用筛面箩把细面筛下，其余颗粒继续碾压，直至完全成面、能够蒸煮食用。家庭有牲口的户，农闲时也用牲口拉碾子碾米轧面，但绝大多数靠家庭妇女推碾子轧面供全家人食用。

（2）石磨，由上下两扇石磨扇、磨轴、磨盘、磨杆组成，大小不一，每道街上也有两三盘磨，但多数所有权属户有，乡邻可以借用。石磨主要把小麦、玉米、高粱、豆子加工成面粉。若用人力推磨，至少二三个人，都是有牲口的户，农闲时用牲口拉磨，一天能够加工100斤左右小麦。石磨磨面离不开笸箩、簸箕、筛面箩和笤帚。

（3）笸箩，柳编容器，长、宽、高分别150厘米、60厘米和20厘米，用于米面加工过程中盛装米面用。

（4）筛面罗，用宽约15厘米的柳木薄板，圈成直径35厘米圆筒固定，一面镶上铜丝或铁丝织成的密网，用于筛面。筛面罗有粗、细之分。

2.米面、粮食收藏工具：一般是黏土烧制的瓦罐和瓷土烧制的瓮。人口多、粮食多的户专门设一间或两间仓房，用苇席围制成粮食囤，存放玉米、高粱或花生。

3.洗涤衣被工具：家家有铸铁洗衣大铁盆和洗脸用的铸铁小铁盆，搓衣板是砖坯烧制而成，少数木制。去污用品仅有土制肥皂、碱面。有的家庭为节省肥皂、碱面，用水坑水洗衣被，或在春季用草木灰水洗衣被。

4.家庭食用、洗涤用水工具：从井内提水、担水用木水筲、担杖，盛水用水瓮。木水筲一般用柏木、大杨木或榆木、柳木，制作成厚约2厘米、高约40厘米的瓦形板，围成圆筒形，用三道或四道铁箍箍住，制成圆形木板嵌死在一端作为筲底，安装上筲系即可作为打水担水的筲桶用。担水用的担杖家家户户都有，与扁担相似，两端安装有铁环连接铁钩。

5.做饭、吃饭用具：做饭用的是广铁铸造的铁锅和炒菜用的端把铁锅，砖坯垒成的灶台，鼓风用风箱，和面用的是黏土烧制的琉璃盆，水瓢是葫芦瓢，民间打制的铁菜刀、饭铲、饭勺，一般是柳木案板杨木擀杖，吃饭用粗瓷碗、地桌、矮凳、蒲墩等。

经过50多年的发展，农民的生活用具不断更新换代，有的功能被新型用具替代，原用具被淘汰，有的原用具失去作用而被淘汰。现在，绝大多数农民家庭不再用风箱、土灶台、大铁锅做饭，用不锈钢锅、电锅、电磁炉、电饭煲、不粘锅做饭炒菜，做饭用具是不锈钢机制菜刀、不锈钢饭勺、面盆，吃饭喝水用的是高级瓷碗、仿瓷碗、保温杯、玉兴壶；用餐在沙发茶几或餐桌上；加工米面不再一家一户自行用碾、磨加工，随之而兴的是机械米面加工厂，批量生产，直接购买或兑换米面。石磨、石碾、笸箩、簸箕、筛面箩被淘汰；吃水自来水，担杖、木梢桶被淘汰。即使有水桶，也是雪花钢板水桶；盛米面和原粮用的瓮、瓦罐日趋减少。收藏衣被的有新式衣柜，老式座柜、平头柜已少见；农家堂屋摆放的是沙发、茶几、电视机和电视柜、衣架，替代了原来的条几、方桌、圈椅（太师椅）；卧室席梦思床取代了原来的土火炕。90年代以后，交易称重逐步取消了杆秤，代之以磅、电子秤。20世纪前，市场小量物品交易称重单位为市斤，10两1斤或16两1斤。进入21世纪，市场称重全部为10两1斤的秤，而且，杆秤逐步被淘汰，普遍使用电子秤，计量单位克、千克。

五、农业生产工具及变革

远古时代，赵庄一带的先民用何种农具耕、种、浇、收、运，难以查考。明清以来至20世纪末的数百年来，先人使用各种粗笨农具，人畜配合，付出极大的体力，种植、收获粮、棉、油、瓜、菜，满足人、畜、禽生存需求。从20世纪50年代中期至20世纪末，经过50余年的发展变革，农业生产才彻底摆脱了使用畜力加落后农具进行农业生产，实现了全面的机械化、电气化。过去先辈用于耕、种、浇、收运农具如下：

1.耕、种农具

主要是畜拉人驭的犁、耧、盖、耙和人用铁制木把刮板、木质刮板、铁锨、四齿、锄头、九齿钉耙。旧式犁本地人们叫它耠子或犁杖，木质结构，装上铁质犁铧和犁镜，畜拉人扶耕翻土地；耙，长约2米宽约1米的木框，木框厚有5~7厘米、宽有15~20厘米，前装八根铁钉齿，后装九根铁钉齿，两边各装一根铁钉齿，木框中间四根木掌相连。使用时畜拉人踏上耙撑，双手各持一根连接笼头的撇绳，驱赶牲口前进、掉头，边走边扭动身体，主要目的是耙平耕翻的土地，清除影响播种的柴草；盖，俗名叫擦子，用荆条和木架构制成平板型，畜拉，人踏上擦子，同样持撇绳驱赶牲口，扭动身躯把耕翻的土地盖平压实。一人、一畜一天下来能耕、耙、盖2亩左右土地。

种植小麦、玉米、高粱、谷子、大豆等大田作物，主要用木制耧，俗称“耩子”，由耧把、耧腿（中空，落籽用）、种箱、耧铧、拉杆组成，播种时，种箱装满种子，兑好籽眼，把式双手扶耧，耧铧嵌入土层，畜拉或人力拉动耧前进，把式边前进，边均匀地抖动耧把，打籽棍搅动籽眼，种子均匀地通过中空耧腿埋入土中，用石砘子压实，播种完成。地头、边角不宜耕翻的地方，用四齿或锄头翻地，铁锨和钉耙平整后补播种子。播种后，用擦子擦平，用刮板刮畦背和垄沟。至此，全部完成播种。

2.浇灌工具

赵庄一带常年是春旱连着夏旱，夏秋之交的七八月份下雨较多，一般年降水在500毫米左右，主要靠汲取地下水灌溉农作物，一年下来，须普浇七水左右。60年代前，全部是大口砖水井，直径在2.5米左右，水面距地表3米左右，汲水工具主要是八卦水车、辘轳。八卦水车不知始于何年，由木制大架、铁质大轮、小轮、水车兜子、接水盘组成。使用时，安装在井口上，水车兜子相连环挂在大轮上，直至水下，畜拉或人拉动小轮拨动大轮，水车兜子装满水，滚动把水带上地面倒入水盘、流入水池再入垄沟浇地，一人、一畜、一架水车一天可浇3亩地左右。用辘轳浇地，一般是辘轳、柳筦和井绳，三把辘轳四个人，三人浇圆提水，一人改畦，定时换班，一天能浇2亩左右地。这是特重体力劳动，非年轻力壮难以承受。

3.收获工具

小麦成熟后，20世纪70年代前用手拔，捆成捆，运送到场面，用铡刀去掉根部，摊晒晾干。70年代后，改用镰刀割麦，捆成捆，运送到场，直接摊开晾晒。然后用石碌碡碾压，除去麦秸，堆起麦粒和麦糠的混合物，人工用簸箕顺风扬起，分离麦粒和麦糠，主要工具是镰刀、碌碡，运输主要是人力车和畜力车；收获高粱、玉米主要是人力持小镬头，用力在五茬骨处砍断，摆放成趟，人工掰下玉米棒，用爪镰钎下高粱穗，玉米穗直接运送回家，剥皮晾晒，待农闲时人工脱粒。高粱穗送场晾晒后碌碡碾压脱粒。大豆收获同样是人工用小镢头砍下，或用镰刀割下，运送到场晾晒后用碌碡碾压脱粒。收获高粱、玉米、大豆用的工具是小镢头、镰刀、爪镰和碌碡；收获谷子人工用镰刀割下，捆成捆，运送到场，用爪镰或邵谷刀把谷穗砍下，晾晒好后同样用碌碡碾压脱粒，谷子秸秆晾干捆成捆，秋冬季铡碎作为牲畜的饲草。

那时有句俗话：人怕过麦下，牲口怕种棉花。麦熟期间，农活集中。每天凌晨二三点钟起床到地里拔麦子或割麦子，上午 11 点钟摊场轧场，牲畜不足甚至人拉碌碡，中午不能休息，翻场、轧场至下午二三点钟，下午一部分人起场、扬场，一部分人锄地管理下茬作物，直到天黑 9 点钟左右回家，吃完晚饭将近 11 点钟。连续一个月左右，农民每天劳作十五六个小时，头顶烈日，地面熏烤，整天汗流浃背，个个疲惫不堪。那时，农民真的不易。

20 世纪六七十年代人畜碌碡打麦场景

4.运输工具

新中国成立前后，农村主要运输工具是畜力大车，车轱辘是木质扣铁瓦片，俗称铁脚车，最大载荷量也不过 800 千克，1960 年后逐步由胶轮替代铁脚，最大载荷量提高到 1500 千克。在农村畜力大车主要任务是拉土、送粪、运送庄稼粮食，间或去火车站拉生活用煤。还有人力辅助运输工具：推土、推粪用的土车，短途人力运送各类物品的架子车，新中国成立前后均是木轱辘，农闲还有架子车队，人推架子车短途运送煤炭、粮食、果品、棉花等，由于是木轴、木耳，用棉油润滑，载上货物走起来“吱拗吱拗”之声很响，传千米左右，载荷最高 400 公斤左右。60 年代后，这些辅助运输工具也逐步更换成胶轮，省力载荷多。后又发明了人力胶轮小拉车，短途运输效率大大提高。

20 世纪六七十年代运输有了畜拉胶轮大车

过去，农民劳动还有很多其他的笨重落后的工具，如打土坯用的底子、模子、杵子，底子用一面平整的原木做成，模子用枣木做成，杵子是底面平光的方石，上面正中雕凿有直径、深各约 8 厘米孔洞，装上高约 50 厘米原木，顶部装一横木，打坯时，一人用铁锨往模子里装满土，打坯者用脚把土踏实，双手提杵砸实、砸平，一块土坯做成，两个人一天要打出 600 块土坯，每块土坯刚做出时重约 15 公斤。

20 世纪六七十年代，农民工用架子独轮推车推土修海河

制砖也是重体力劳动。两三个人为一班，在平整的场地上，先共同把黏土和成稠泥，每人持一连三的木质砖模盒，放置在前高后低的长条板凳上，双手扒泥团依次填满三个砖模，用铁丝弓弦消去高出砖模的泥块，然后搬起砖模，把砖坯磕放在平整的场地上晾晒，半干时将砖坯摆花架晾干，然后装砖窑烧制。制砖坯每人每天工作量是2000块。可见其劳动强度。

自60年代开始，国家开始在农村推行机械化、电气化，经过近50年的努力，包括赵庄在内的广大农村，完全实现了农业生产工具的机械化、电气化，耕作播种有各种型号的拖拉机带动旋耕犁、深耕机，播种机，收获用小麦、玉米联合收割机，灌溉用深水电力潜水泵，运输有机械三轮、电动三轮、运输卡车，制砖有电动制砖机。原来古老的农业生产工具走进了历史。

20世纪末，农民开始用联合收割机收割小麦

2020年农民开始用无人机喷药

六、新中国成立前后主要农用生产工具

1.运输类工具

(1)大马车

大车出现的年代久远，可追溯到远古的夏商时代。夏立九州，藁城属冀州。大禹治水就始于冀州，当时就有“陆行乘车，水行乘船，泥行乘橇”之说。据《世本》载：商汤十一代祖相土造马车，七代祖王亥造牛车，都发生在临近太行山的滹沱河一带。这就是史书说的“相土驾马，王亥服牛”。而王亥也确实曾驾牛车到易县一带经商。相当长的一个历史时期，大车分战车、达官贵人乘用的马拉轿车和农用大车。

赵庄村民解放前所用大车是用榆木、槐木等硬质木材做成的，只有大车轮轴头、网片的锚钉和车瓦是铁质的。大车分车轮、车轴、车厢和前沿后尾组成，全长一丈五尺，靠马、骡、牛、驴等畜力拉动，最大载重1.5吨左右。新中国成立初期，车轴演变成铁制。1956年开始，大车车轮逐步使用胶轮，载重量提高。在“生产队”时期，生产队畜力不足，往往用七八个人拉一辆胶轮大车拉土送粪、交公粮拉煤。

小推车和老式马拉车

骡马牛驴等牲畜拉车，辕套需配置鞍子、搭腰、夹膀、后鞧、兜肚等整套用具，保证牲畜自如地在赶车人号令指挥下前进、后退、左右转弯。

木质马拉大车

大车轱辘

(2)叫蚂蚱儿车

叫蚂蚱儿车,也叫花架车。车架是二郎担山式,独轮,双把,中间木架支撑保证车轮转动空间,两箱低平放置货物,车轮车架均是木制的,人力推动起来“吱呦、吱呦”声音不断,像蚂蚱儿叫。推粮食、棉花、煤炭、肥猪等货物,是农家、做买卖的必备运输工具,用处很广,是人力运输主要工具之一。高级社后,叫蚂蚱儿车车轮逐步用上了胶轮,不仅核载量增加,推动起来轻快省力。

架子推车

(3)土车

土车,农家主要用于短途推土、推粪用。全部木质。车架由车把、两条车腿、车厢、车轮架组成,还有木质车轮。车厢左右和后边三面车厢板,前面开口,便于推到目的地抬起车把倾倒土粪。修房盖屋用途最大,搬倒土坯、砖瓦、土等都用土车。20 世纪 60 年代以后,木车轮逐步为胶轮所替代。

(4)小拉车

小拉车 20 世纪 60 年代后兴起,是大车的缩小版,车上装木制,形制和大车无异,人力畜力并用,双脚胶轮,载重在 500 公斤至 1000 公斤。它轻便灵活,为短途农用运输、拉土送粪等突击任务的尽快完成出了大力,为社员群众所喜爱,几乎家家都置办了小拉车。生产队在地里分配粮食、柴草、山药萝卜,用小拉车轻便地拉回,再不用背背肩扛。

小拉车

(5)扁担

扁担用柳木、榆木等柔韧度较高的木质加工而成,长约 5 尺,宽约 2 寸,最厚处寸半,呈偏圆形,剃头的、焗盆钯碗的、补锅的及赶集上店做流动摊贩的,都是用扁担挑起货物和工具,颤悠悠地走村串户、赶集上店。不少农户也备有扁担,有时用扁担挑起农产品到集市上交易,换回必需品。新中国成立前,扁担也是一种人力运输工具。

(6)粪筐

粪筐,是一种用荆条编制的直径 30~40 厘米的筐,在一侧编制高约 90 厘米的柳木“筐系”,筐系上部呈半圆形,形成一个可供肩背的小型运输工具,家家都有,劳动力多的家庭,备有几个粪筐,下地往往背上粪筐。粪筐可背牲口粪,背土垫圈,背柴草等,用处很大。

(7)抬筐

抬筐,是用荆条编制的碗形大筐,上口直径约 120 厘米,底直径约 60 厘米,深约 40 厘米,交叉拴上粗麻绳,供二人抬运东西。主要用于春季地里分散堆粪,或短途运输土粪。

2.农田灌溉提水工具

农田灌溉主要提水工具是八卦水车、辘轳柳筦提水(俗称浇园)。

(1)八卦水车

八卦水车

八卦水车，由铁制大轮、小轮，木制大架，铁质或木质水车兜子，铁质或木质接水盘子，木质水车杆组成，畜力或人力驱动。民国时期及新中国成立初期，水位较浅，井内水面距地面不过四五米，八卦水车挂四五十个兜子足矣。浇水时畜力或人力驱动水车杆，拨动小轮，小轮通过齿橛拨动大轮，披在大轮上的连挂水车兜子上下滚动，把水提上地面，倾倒在水车盘子里流进水池，顺垄沟流进地里灌溉庄稼。

大车轮子和耙

人拉水车至少须六个人，两根水车杆十字交叉固定在小轮上，四人每人用绳索绑住水车杆头，每人肩拉绳索手抓前面水车杆，同时用力拉动水车。四人拉水车二人看水改畦，逐次轮换。20 世纪 60—70 年代生产队时期，因畜力不足，春夏用人力拉水车浇灌田地形成常态。

(2)辘轳浇园

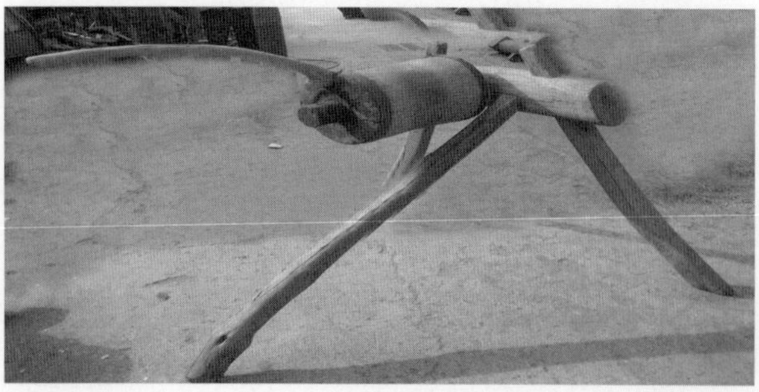

辘轳架

辘轳浇园，由木制井架、辘轳、井绳、柳笼组成。柳笼是用荆条编制成的半球形的柳笼，口部有横梁，横梁中间系井绳。一般用于浇地的井架安装三架辘轳。浇园时，三人同时快速把柳笼放入井水中，随即柳笼灌满水，三人一齐快速拧动辘轳把，把水提上地面，倒进水池，流进垄沟。用辘轳浇园是一种极重体力劳动，非年轻体壮的男子不能胜任此工作。

3.耕、种、管农具

主要有犁、耧、耙、盖、石砘、铁扒、刮板、大锄、薅勺三齿、四齿、锄头、铁锨等。

(1)犁，赵庄俗称“耠子”。耠子木制耠架和铁制犁铧、犁镜组成，畜拉人扶耕地、挑地，松土五至七寸。

古代犁秋

(2)耙，木制长方形，边框宽五寸、厚 2 寸，中间四根木掌加固，木框四周设置穿透型钉齿，“前八后九，两边都有”，畜拉人踏上木支撑用撇绳指挥牲口前进、转弯。主要目的是把耕好的地打碎坷垃、耙除柴草、平整土地。

耙子

(3)盖，赵庄俗称擦子。木制长方形框，长约 4 尺、宽约 2 尺，用手指粗细荆条或枣条编制平整，前部中间木框上嵌有曲戌，牲口小套铁钩挂上曲戌，套上牲口，驭手踏上擦子双手各持一条撇绳，指挥牲口前进、转弯，把耕、耙好的土地压实、擦平，待等落种。

(4)耧，赵庄俗称“耩子”。耩子是播种小麦、大麦、豆子、玉米、高粱、谷子的主要工具。耩子除耩铧是铁制的外，其余全部木制。由中空耩腿、籽种箱、打籽棍、双耩把、两根沿条组成。籽种箱有通向双耩腿的籽眼。播种时耩腿脚部装上耩铧，牲口或人拉动前进。扶耩子的人须是庄稼把式，双手各握一个耩把，前进中有节律地抖动耩把，打籽棍晃动，使籽种均匀落入耩腿，顺势埋入土中。为了籽种在土中掩埋严实，人拉石砘把耩垄压实。石砘子，圆形，中空，直径约 35 厘米，厚约 15 厘米，两个砘轱辘用平行实木连接，间距与耩距同。一般用十二三岁的少年拉砘子砘地。

耧

(5)铁扒，一般是九齿铁扒，装有长约五尺扒杆，用于平整地头边角土地。

另外，三齿、四齿，铁制，安装木柄，主要用于翻松地头、边角土地，也用于刨山药、刨花生；铁锨，用途广泛，装土卸粪、挖沟填坑、看水改畦、和泥送泥等；刮板，有铁刮板和木刮板之分，主要用于掏垄沟、扒畦、平整小块土地等；大锄主要用于给庄稼松土保墒除草；薅勺主要给庄稼幼苗定苗、松土、除草。

4.收、脱、打、轧、晒庄稼工具

主要有石碌碡、镰刀、小镬头、杈子、竹耙子、扫帚、簸箕、木锨、扇车等。

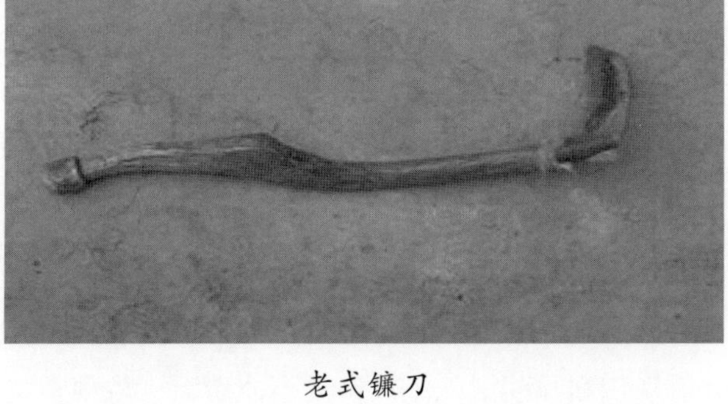

老式镰刀

木叉

一家一户单干时期，麦熟时，家家户户在自家地头碾压一块小小场面，小麦被人工拔下，捆成捆，运送到场面，用铡刀把根部铡下来，上部连同麦穗用木杈摊晒，待到中午时分，趁麦尖干燥，有牲口的用牲口，无牲口的人工拉石碌碡碾压麦尖，直至麦粒全部和麦穗、麦糠完全脱离，用木杈、竹耙子把麦秸挑出堆垛，然后把麦粒和麦糠的混合物堆积起来，看准风向，一人持簸箕，站在上风头，一人用木锨麦粒麦糠混合物，用簸箕逆风抛出混合物，靠风力把麦粒和麦糠分离。至晚，扬好场，把麦粒装布袋运回家。小麦收打完毕，场面重新洇湿、翻地、平整，种植蔬菜或其他庄稼。生产队时期，一个生产队一个大场面，收打时间延续较长，场面麦秋两季连用。

铡刀

收获玉米、高粱、豆子均用小镬头砍倒。右手持小镬头，左手揽秸秆，小镬头砍到秸秆的五茬骨，秸秆带根离地，秸秆被整齐地放一趟，人工掰玉米穗送回家晾晒，晾干后抽空手工剥玉米粒；高粱用细刀或爪镰切下高粱穗，送场里晾干碌碡碾轧脱粒；豆子砍倒后直接运送到场里晾干碌碡碾轧脱粒；谷子收获需用镰刀割，割倒后直接运送到场里，由妇女用邵谷刀把谷穗砍下晒干，用碌碡碾轧脱粒，有的用簸箕扬场分离谷子和谷糠，也有的用扇车分离谷子和谷糠，谷子秸秆俗称叫“秤草”，晾干后捆成捆，是骡马的好饲草，喂牲口时用铡刀铡碎，拌上熟玉米粒、豆粒或麦麸，骡马驴很愿意吃。

七、文化娱乐生活

民国时期至新中国成立前后，赵庄村民识字的人很少，文化生活贫乏。除每年春节一昼夜吹打会、五月和十月庙会唱几天秧歌、丝弦、蹦蹦等高台戏、正月村民自发组织敲大鼓、扭秧歌、踩高跷、荡秋千外，平时没有什么文化娱乐活动。就是上级官府或村里有事需告诉村民，也是通过敲锣喊话或高房喊话方式来通知。信息非常闭塞，只知道自己身边发生的事件和变化，外部社会的变化一概不知。农闲时节，妇女忙于纺线织布、缝补衣裳做鞋做袜。男青壮年也忙于拉土攒粪、修整农具及其他家务。上点岁数的男人，三人五人，十人八人聚在一起闲聊，主要话题是谁谁家会过光景，谁谁家光景从谁手里起、从谁手里败。再就是庄稼如何种管。有的年轻人聚在一起顶骨牌、推牌九玩乐。儿童上学的很少，十来岁的女孩子玩踢毽子、碰拐、藏猫猫等游戏，十来岁的男孩玩丢坑、打瓦、蹦琉璃球、打柗、藏猫猫等游戏。

新中国成立后，党和政府一直都很关心支持农民的文化娱乐生活。1952 年赵庄开始建立完全小学，逐步实现适龄儿童 6 年完全小学普及教育。1953 年开始办文化夜校，进行扫除文盲运动。1955 年推广有线广播，有新闻、有戏曲歌舞，后发展成高音喇叭播送，全村人都能听到。赵庄村还成立了业余戏剧班，排练了《打渔杀家》《两方便》《小女婿》《刘巧儿》《武家坡》《空城计》《秦琼卖马》等十几个剧目，给村民演出。“文化大革命”时期，大队组织文艺宣传队，经常给社员演出。从 80 年代开始，家家户户陆续购买了电视机，在家天天看新闻、看电视剧、看戏曲和各种文艺节目。目前，实现九年义务教育，90%村民具有初中以上文化水平。家家有彩色电视机，成年人 80%以上有手机，大多数手机是智能手机，拍照、看新闻、听歌曲戏曲。村委会建起了文化广场，健身，跳健身舞，其乐融融。村民自发组织了鼓乐班、唢呐班，节日搞文艺活动。同时，传统的春节请吹打班、庙会唱戏、耍魔术、劲歌劲舞都在延续。

第四节　古镇传统美食

赵庄传统美食主要有扣碗(俗称“八大碗”)、吊炉烧饼、缸炉烧饼、炒饼、荞麦面饸饹、手擀面、熏肉、麻糖麻花、豆腐脑儿、荞麦面扒糕等。简述如下：

(一)扣碗，俗称“八大碗”

“八大碗”是赵庄古镇春节款待尊贵挚爱亲朋及婚宴、寿宴等重大喜庆活动必备的传统美食，源远流长，传承至今，在传承过程中发生了很大的变化，不仅有 10 冷、12 冷、10 热、12 热下酒菜和十个扣碗，还增加了鸡、鸭、鱼肉等硬菜。传统的“八大碗”由于做工烦琐，技术要求高，八大扣碗菜的内容没有多大变化。赵庄古镇“八大碗”传统美食源于何时？无从考证，老人口口相传，在我们这一带，赵庄古镇“八大碗”传承最早，也最讲究。

历史的演变过程中，人们的观念开始崇尚“八”这个字，“八”，“发”的谐音，人们为讨吉庆改方桌为“八仙桌”，坐八客、食八菜(八冷碟、八热碟、八扣碗)。这种四碗肉菜、四碗素菜的形式在唐代时定型为“八大碗”，流传至今。

赵庄古镇传统的“八大碗”主要包括四荤、四素。四荤以猪肉为主，四碗肉分别精选前膀肉、中肋肉、后臀肉、肘子肉。这四碗肉用的肉料不同，名字分别为扣肘、条子、方肉、甜肉(肉片间夹油炸好的红薯片)。四碗素菜分别是白菜、荷包豆腐、海带、粉条，也有调整。

八大碗不仅选料精良，做工更是考究。先将选好的猪肉冷水泡洗，放进锅内煮熟，出锅时趁热在猪皮上抹上一层蜂蜜，然后放进油锅中炸，直到猪皮成为黄红色出锅。等肉冷却后，再按四荤碗的要求切方、切条肉皮朝下装碗。八大碗对刀工要求较高，切肉讲究方块四面见线，八小块肉皮不能切断，表面似整体。切片长短协调、薄厚一致。切素菜讲究识菜下刀，错落有致，宽窄有矩。将肉碗装好后，上笼屉蒸。第一次蒸需要武火（大火）蒸一个时辰（2 小时），这次蒸不放任何佐料。大火蒸了两个小时后，肉中的油大部分被蒸出来了，将这些油倒出来，接着再蒸。第二次蒸要用文火（小火）蒸半个时辰（1 小时），还是不放任何佐料，到时间后再将蒸出来的油倒出。食用前将多种佐料放在一起熬成汤汁，加入每一个肉碗中，连同调制好的素菜装入笼屉，再蒸 1 至 2 小时，上桌前将蒸好的肉碗倒扣在另一只碗中，肉皮朝上。热气腾腾的八大碗端上餐桌，香气四溢，尤其四碗肉，肉皮呈金黄色或红褐色，油光铮亮，碗中的方块肉，皮下肥肉为玉白色，再下面的瘦肉为酱红色。用中肋做成的条子肉，则是一层肥肉一层瘦肉，令人垂涎欲滴，食欲大增。碗中的肉，肥而不腻，没有腥味，肥肉柔滑入口即化，瘦肉的美味唇齿留香。碗中的素菜，也有蒸碗的特色，平时粗硬的海带变得柔柔顺顺，粉条也变得滑溜筋道，荷包豆腐松软清香，白菜酸软可口，平常的蔬菜变成美味佳肴。

赵庄古镇“八大碗”近代有名传承人张顺，绰号张大厨房，出生于 1880 年左右，病逝于 20 世纪 50 年代末。30 余岁的他厨艺就享誉当地四方。他拜师学艺，刻苦钻研，煎熘烹炸，清蒸红烧、炖煮灌炒，尤以制作扣碗拿手，商贾富户娶妇嫁女，寿诞喜宴，生儿育女做满月，都请他做“八大碗”和宴席其他菜肴。

“八大碗”至今仍在传承。春节待新女婿等贵客，娶媳妇喜宴，生孩子满月宴，都要请厨师做八大碗。

（二）吊炉烧饼

吊炉烧饼，俗称油酥烧饼。精选小麦粉，温水和面，加适量食盐、五香粉，擀成面饼，铺上油酥，从一边卷起，切成小段，做成厚约 2 公分，直径 7~8 公分圆饼，内装馅料（也有不装馅料的），一面撒上芝麻，放在吊炉里烘烤，烤一炉 20 来分钟，趁热吃香酥可口。一碗豆腐脑儿加 2 个吊炉烧饼，是一顿不错的早餐。近代传人韩学增，家传技艺，技术精湛。20 世纪改革开放后，韩学增率先带领孩子们到石家庄市新华区设点做吊炉烧饼，食用者赞不绝口，口口相传，购买者排起长龙。随后其侄子也到石家庄市新华区设点做吊炉烧饼。赵庄青壮年闻讯纷纷拜师学艺，而后在石家庄市开设吊炉烧饼制作点。20 世纪 90 年代，赵庄在石家庄做吊炉烧饼的 100 多家，遍布石家庄新华区、长安区、桥西区、桥东区。做吊炉烧饼的率先走上了致富路。

传统的吊炉盘上烧木柴炉子，上置直径约 80 公分的铁制烤盘，上面倒扣同样大的铁制烤盘，再上面是锅形铁板制烧木柴炉子，和上面烤盘的背面相联结，四根铁丝焊接在上面的烤盘上，四根铁丝并在一起链接房梁上的杠杆，压抬杠杆轻易把上面烤盘连同锅形炉子移开。制作烧饼时，上下柴灶同时烧上木柴，到一定温度，把做好的烧饼坯子放入底面烤盘，一个挨一个摆满，操作杠杆盖上烤盘，很快焦黄酥脆的吊炉烧饼就出炉了。现在已经改用电烤盘了，老式吊炉淘汰了。

（三）缸炉烧饼

缸炉烧饼也是赵庄古镇传统美食之一，明清以来至今，全村常年有 5~6 家缸炉烧饼铺，供不应求。平常农户常常买缸炉烧饼作为主食，也算改善生活。雇人帮忙也好买缸炉烧饼。赶集的人们，大多吃一碗荞面饸饹或一碗豆腐脑儿两个缸炉烧饼。

制作缸炉烧饼的缸炉，是用小型水瓮倒扣在木制炉架上，瓮底中央凿开直径 25 厘米圆孔，炉架中央制作炉灶，瓮周裹棉絮外用麻布或苇席围裹以保温。上孔用薄铁板制作有提手的缸盖，但要留有缝隙。

缸炉烧饼制作程序是，用上等白面加适量盐和成面团，硬度比做面条、馒头的面要硬，在案板上把面团反复揉熟，然后用擀面杖擀开厚度 0.5 厘米左右，铺上油酥，然后从一边卷起来，成长圆柱状，把它切成小段，把每一小段反复擀开折叠，最后成长约 12 厘米宽约 8 厘米的多层烧饼坯子，整齐地排列在案板上，表面均匀地撒上芝麻粘牢后翻面，均匀地抹清水，就可以上炉烤制。这时缸炉底部炉火旺烧，缸内温度适宜，自下往上依次一层一层将烧饼坯贴在缸体四周，直到贴满，一炉能烤 50 余个烧饼，盖上缸盖，不时查看火候 20 余分钟，缸炉烧饼烤好，一个个取出来，个个表面金黄，烧饼肚鼓起来，吃起来外层酥脆，内层松软层次分明，非常好吃。中华人民共和国成立前后，蔡老多子的缸炉烧饼最为正宗。

(四)炒饼

炒饼也是赵庄古镇传统美食之一，源远流长。炒饼分肉丝炒饼、豆芽炒饼、杂菜炒饼、鸡蛋炒饼等诸多种类。炒饼讲究的是烙饼厚不过铜钱，均匀，饼丝切得粗细一致，每一根饼丝近似圆柱形，糖色、花椒水、酱油、醋及葱、姜，蒜丝齐全，肉丝用中肋肉或里脊肉，豆芽用绿豆芽。更讲究火候掌握，佐料配比。炒饼成品色泽红润鲜亮、松散而不失形态，吃到口里筋道清香，配上一碗鸡蛋汤，是一餐完满的正餐。特别是鸡蛋炒饼，俗称“猴爬杆”，吃蛋不见蛋。做法是：饼丝在调好的蛋液中浸泡，锅里放油，当油温四五成热时，将饼丝从蛋液中捞出放进油锅，炸至饼丝表面微黄捞出控油，然后留少量底油，将葱、姜、蒜丝及少许青菜放入翻炒，随即放入饼丝翻炒出锅。饼丝外焦里嫩，香气扑鼻，非常好吃，吃过后回味无穷。

20世纪五六十年代，赵庄古镇有名的炒饼厨师当属甄黑旦，他炒出来的饼色、香、味俱佳，他所主厨的饭店，顾客盈门，主食绝大多数选择吃他炒的饼。他炒饼的手法特别，不仅熟练迅速，火候掌握得恰到好处，而且颠勺独树一帜，翻炒时，左手用力，将炒勺内的饼丝肉菜的混合物颠起一米多高，全部顺序落入炒勺中，颠的过程打散了饼丝肉菜，混合均匀，且饼丝松散，外焦里嫩，肉菜软糯适口，香而不腻，配一碗鸡蛋汤，是一餐不错的美味。甄黑旦每一掌勺，总有人围观，并啧啧称奇，所以顾客盈门。

(五)荞麦面饸饹

荞麦，生长期短，常言“八十天的老荞麦”，20世纪80年代前，小麦、玉米、高粱一年一季，所以，小麦收获后，除种红薯及白菜萝卜外，大多种些荞麦，荞麦收获后，能赶上种小麦，不误农时。新中国成立前后，小麦产量很低，所以白面少且珍贵，家家户户一年到头除过年节，平时很少能吃到白面，于是荞麦面饸饹就成为农户的美食。荞麦面加少许榆皮面，用温水和面，锅里烧开水，用饸饹床把饸饹直接轧进开水锅里，开两滚即用笊篱捞出放进碗内，浇上卤子，爽口好吃，这也是村民口中的美食。每逢赵庄古镇大集，有四五家饸饹锅，一碗饸饹兑上红艳艳的高汤，撒上韭菜或香菜，非常好吃。四面八方赶集的人们，往往一碗饸饹两个缸炉烧瓶，便是一顿美餐。当时，韩科齿家的饸饹锅最为出名，吃客爆满。

现在，赵庄大集上仍有卖荞麦面饸饹的，但因为掺的白面多，已没有过去的口味了。正定县城内仍有几家卖荞麦面饸饹的门店，各种卤子增加了荞麦面饸饹的口味。自从20世纪90年代后我们这一带实现小麦、玉米一年两熟种植形式以来，种荞麦的很少，荞麦面稀少，家庭很难吃到荞麦面，所以街面上卖荞麦面饸饹的也是顾客盈门。这种传统美食仍在传承，并赋予新的内涵。

(六)手擀面

手擀面也是赵庄古镇传统美食之一。手擀面用上等小麦粉，加适量食盐、食用碱面，冷水和面，和出的面要硬，柔得到位，要醒面，然后放在案板上用木制擀杖擀成薄片，薄片要薄厚均匀，然后折叠起来，切成面条，用手攥，使面条变成圆条，一把一把地摆放整齐，然后开水煮面条，煮好的面条过一下凉白开水或直接盛进碗里，浇上肉丁卤，面条吃进嘴里软滑筋道，肉丁卤香而不腻，绝对是一道美食。20世纪五六十年代，甄继保是出名的手擀面把式，他擀面用一个很大的案板，双擀杖擀面，一次擀10斤面，薄厚一致，切成的面条宽窄相同、粗细一致，煮进锅里不混汤，煮出的面条不黏不粘不断软滑有韧劲，浇上不同的卤子，吃出不同的韵味，保证吃了上次想下次。咱北方人爱吃面条，现今白面是主食，家家都隔三岔五吃面条，但是基本都是机制面条，正宗的手擀面条很难吃到。

(七)熏肉、灌肠丸子

猪肉熏肉、灌肠丸子也是赵庄古镇传统美食之一。20世纪90年代前，贾东玉、蔡庆两家的熏肉、灌肠丸子在赵庄及周围颇有名气。熏肉、灌肠丸子做工严格复杂，使用佐料讲究。熏肉猪皮红亮肥肉玉白肉丝酱红，灌肠丸子透明软颤，红色肉丁排列在其中。

熏肉香软爽口肥而不腻,满口流香,灌肠丸子也是香软可口。三五人聚会,平时亲朋来访,往往是买上熏肉、丸子,打一壶老酒,吃肉喝酒,不亦乐乎。就是哄小孩,往往也是买一个缸炉烧饼,夹上熏肉或丸子,吃得心满意足。

(八)麻糖(油饼)、麻花

麻糖、麻花也是赵庄古镇传统美食之一。20世纪80年代前,贾东志、刘小锁制作的麻糖、麻花最为地道,食客络绎不绝。麻糖,现在叫油饼。过去的麻糖,小麦面粉加适量食盐、食用明矾、食用碱面,加水和成软面,醒开,一小块面团,表面附上一层糖饧,辅油擀成圆薄片,中间用刀划三四道缝隙,放进热油锅里炸,炸至鼓起,表皮酱红色,捞出,脆香可口。麻花小块面团用手搓成圆条,双头并在一起拧成螺旋状,抻长再对起来拧成螺旋状下油锅炸熟,外焦里嫩,香甜可口。是小孩、老人非常愿意吃的美食。两个麻花或麻糖一碗豆腐脑儿,是一个不错的早餐。现在麻糖变成油条,人们仍然愿意早餐吃油条豆腐脑儿,外加一个茶叶蛋。

(九)豆腐脑儿

豆腐脑儿也是赵庄古镇传统美食之一, 传承至今,又有新的发展,有十数家小吃店卖豆腐脑儿。20世纪80年代前,也有四五家卖豆腐脑儿,属黄小夫子家的豆腐脑儿最为地道。做豆腐脑儿,首先选上等黄豆,嗑开去皮,清水泡软,石磨磨浆,加开水搅匀,细纱布挤出汤汁,净锅中烧开,点上适量石膏,即成白软细嫩的豆腐脑儿。用铜制小偏勺,一层层盛在碗里,浇上特制汤汁,就是一碗香喷喷、色香味俱佳的豆腐脑儿。冬天,老年人吃一碗热腾腾的豆腐脑儿,非常舒坦。赶集上店的人们,有相当部分人吃豆腐脑儿和馒头或麻花、麻糖。是人们愿意吃的美食。

(十)荞麦面扒糕

荞麦面扒糕也是百姓喜欢吃的美食。20世纪80年代前,赵庄有两三家卖扒糕的,唯数甄二小做的扒糕有名,不粘发脆,吃起来爽口。他一辈子做扒糕卖扒糕,不断钻研改进做扒糕的技术,声名远播,在赵庄或周围集口上,甄二小的扒糕卖得快。用手托起颤悠悠的扒糕,用小刀削成三角、菱形小块,吃客坐在扒糕车板前,用竹签插起一小块扒糕,蘸一蘸酱油醋盐调成的蒜泥,酸辣可口,吃上一个热馒头,是一餐不错的小吃。用扒糕作菜喝二两小酒,也别有风味。甄二小卖扒糕顾客不断,顾客买扒糕都说:二小,削两块扒糕,日久形成一句歇后语:二小的扒糕——削着,至今仍在流传。现在,集上不见单独卖扒糕的摊点,但卖豆腐的摊点大多代卖扒糕。

第十二章 农 业

第一节 耕地

1947年底，土地改革时赵庄耕地9860亩,832户、4740人，人均耕地2.08亩。1969年全村人口5726人,耕地8018亩,人均耕地1.4亩。1995年全村人口7284人,耕地7885亩,人均耕地1.08亩。1997年，耕地7847亩,1997户、7540人，人均耕地1.04亩。2010年赵庄实有耕地7360.5亩,2109户、7836人,人均耕地0.94亩。2016年,全村2135户、8754人,耕地7360亩,人均耕地0.84亩。

赵庄耕地土地平整,土壤肥沃,全部井水浇灌,适宜大田作物种植,稳产高产。随着人口增加,宅基地占用。工商业发展,用地增多。人均耕地日趋减少。

第二节 农作物

早在商代中期,藁城先民已开始种植粟类作物,以作食物。民国《续修藁城县志》载:藁邑“农产以棉花、粟、麦、高粱、大豆为大宗。次则甘薯、落花生亦为主要农产”。

一、粮食作物

1.冬小麦

赵庄传统种植品种。每年秋分至寒露节气种植，次年夏天芒种节气收获。冬小麦磨粉可做馒头、面条、烙饼、水饺等,是人们喜欢食用的高档食物。新中国成立前后,冬小麦亩产一二百斤。由于种植冬小麦用工、用肥多，产量低,20世纪60年代前种植面积少,人们只能是麦收后和过节才能吃到小麦面粉。改革开放后,随着冬小麦种植新技术、新品种的推广应用,加上施用化肥、复合肥,亩产由1949年的100千克左右，到1985年亩产350千克左右,2012年后亩产提高到500千克以上。种植面积占到总耕地的80%以上,人们一年四季主食吃白面(冬小麦粉)。

2.玉米

赵庄传统农作物之一。20世纪60年代前,春天谷雨节前落种,秋季处暑节气收获。1949年,春玉米亩产100千克左右，改革开放前是人们全年的主要食物。60年代后,改良玉米种植栽培技术,使用新培育品种，改为麦收后麦茬种植夏玉米，施用化肥农药，秋分节气收获,70年代亩产提高到400千克左右。改革开放后夏玉米亩产超500千克。除少部分食用外,大都作饲料粮和工业原料。

3.白高粱

明清时期已有种植，民国至新中国成立初期仍有种植,占全村耕地的10%左右,重体力劳动农民喜欢高粱饼子做主食。高粱秆高3米左右，秆粗3~4厘米,挺拔结实,一般当作编炕席、席篓、锅盖的原料,盖房铺房顶也用它。高粱粒小、圆、白,产量低,20世纪70年代后,赵庄已无人种植。

4.谷子

传统粮食作物。20世纪80年代前,赵庄种植面积20%左右,产量在200千克左右。谷子碾成米,主要煮饭汤,有时做馒头。谷子秸秆是大牲口上好的饲草。因产量低,现在赵庄已很少有人种植。

5.稻谷

明代后藁城有种植。特别是木刀沟、滹沱河畔,其水四时不涸,种植水稻。20世纪60年代滹沱河上游修建水库后,滹沱河、木刀沟断流,水源不足,种植水稻绝迹。赵庄在五六十年代,有少量种植旱稻的。因产量低、品质差已无人种植。

6.豆类

历史上赵庄种植的豆类有黑豆、黄豆、里包青豆、绿豆、豇豆、红豆、豌豆、蚕豆。新中国成立前后多有种植,量少。现在赵庄有30%左右农户麦茬不种玉米种黄豆,亩产在250千克左右。其他豆类已无种植。

7.甘薯

俗称山药,栽植始于明代,具有高产、稳产、适应性强、耐瘠薄土壤等特点。20世纪60年代前,赵庄种植春地红薯较少,主要是冬小麦收获后,麦茬地种夏山药,每年种植约3000亩,亩产在3000千克左右,折合粮食500余千克,是那时农民的主要口粮之一。到20世纪末,随着冬小麦、玉米的高产、土质变化不适宜种山药,赵庄农民已经不再种山药了。

新中国成立70年来,党和政府高度重视粮食生产,推行新技术、新品种,实行科学种田。生产并不断改进适合粮食作物的化肥(复合肥)、农药,推广秸秆还田提高地力,耕作、浇灌、收获、种植逐步实现了机械化、电气化,粮食产量逐年提高。现在,赵庄粮食种植,小麦、玉米一年两茬,年亩产粮食1000千克以上,最高达到1250千克,是新中国成立初期亩产粮食的10倍以上。

二、经济作物

1.棉花

棉花原产地在印度和阿拉伯。棉花传入中国前,只有可供充填枕褥的木棉,没有可以织布的棉花。传入中国,至迟在南北朝时期。我国的记载是这样说的:“宋元之间传其种于中国,关陕闽广首获其利,盖此物出外夷,闽广通海舶,关陕通西域故也”。可以了解,棉花的传入,有海陆两路。全国棉花推广则迟至明初,是朱元璋用强制的办法推开的。赵庄种植棉花的历史久远。原来本县种植的是印度传入的粗绒棉,产量不高、纤维粗短、多虫害。60年代淘汰,改种长绒棉,也叫陆地棉、无虫棉,原产中美洲,所以叫美棉。适应性强、产量高、纤维较长、虫害少,亩产籽棉最多250千克左右。80年代前,生产队现金收入主要靠卖棉花,社员全凭棉花籽榨油食用。90年代后,因上级政府安排区域种植品种,赵庄土壤不适宜种植棉花,农户不再种植棉花。

2.落花生

80年代前,赵庄的主要经济作物,亩产200千克左右,年种植量600亩左右,收获后大部卖给国家,少部分村民食用。改革开放后,国家提倡区域种植。赵庄的土质不适宜种植落花生,产量低、品质差,因此很少有农户种植。村民吃花生和花生制品,主要靠购买。

3.芝麻

赵庄传统油料作物。80年代前,多在棉花地间作或者垄沟上种植,很少单独种植,磨成香油食用。赵庄现已无人种植,村民吃香油可去市场购买。

三、瓜菜作物

赵庄种植瓜菜历史久远。主要品种有西瓜、冬瓜、南瓜、北瓜、甜瓜、面瓜、黄瓜、白萝卜、红萝卜、白菜、韭菜、芹菜、茴香、茄子、芥菜、西红柿、菠菜、葱、香菜、豆角、西葫芦、瓠子、根达、大蒜、葱头等。新中国成立前后农户单干,除3.5个专业菜园种植多品种瓜菜外,大多数农户只是在秋季种植一些白萝卜、大白菜自用,农民冬春两季主要吃白菜、萝卜、萝卜干和萝卜缨晒的干菜,或者吃萝卜腌的咸菜。人民公社化后生产队除种植萝卜、白菜外,专设菜园,种植时令蔬菜,分给社员食用。80年代以来,种植业分工明显,大多数农户不再种植瓜菜,产生了瓜菜种植专业户,村民吃瓜菜可随时购买。

第三节　农技农艺

一、耕作制度

50年代以前,长期沿袭传统的一年一熟或两年三熟制,复种面积很小,复种指数仅为127.9%。那时农民常采用轮作方式,即种几年粮食作物后,种一茬豆类作物,以保持和恢复地力。

60年代初,开始由两年三熟向一年两熟制过渡,推广夏玉米、夏谷,复种指数提高到138.8%。主要种植形式是冬小麦套种夏玉米、夏谷。此期间机耕面积逐年扩大,通过深耕、增施基肥以及轮作豆类作物来恢复地力。

70年代初,除棉花作物外,粮食作物基本实现小麦、玉米一年两熟制,复种指数达到156%。主要种植形式是秋后深耕施肥种植冬小麦,5月底麦垄人工套种夏玉米或山药。1978年后,农民种田投入增多,普遍实行机耕、机播,粮食作物和经济作物协调发展,到1985年复种指数达到165%。主要种植形式是冬小麦套种夏玉米,夏玉米收获后种植冬小麦。农村种植农作物形成明显的专业分工，赵庄一带大多数农户不再种植谷子等小杂粮及棉花、花生等经济作物，95%以上耕地种植冬小麦，小麦收获后种植夏玉米或大豆，复种指数190%以上，1992年，小麦、玉米合计亩产突破1000千克。1997年，冬小麦平均亩产突破500千克。进入21世纪，耕种浇收实现了机械化、电气化，小麦机收后立即机播夏播玉米、大豆、谷子，不再人工麦垄套种。粮食作物连年稳产高产，至2016年后，粮食年亩产稳定在1000千克以上。

二、良种繁育、引进及推广

1.

1949年前，农作物主要是农家品种，农户自留自种。50年代初，县建立农场及县、区农业技术推广站，开始选留和推广良种。1959年社建立良种繁育基地，队建立种子田，实行二级留种制(高级留种田—留种田—大田)。1963年推广三级良种繁育体系，避免了因大调运出现的种子不纯，以及不适应本地气候特点等问题的发生。1964年始建县种子站，统一供应良种。1973年开展杂交种提纯复壮，加快原种化、两杂化进程。1974年全县生产玉米杂交种50余万千克、高粱杂交种3万余千克，赵庄从此基本实现了玉米、高粱种子杂交化。后又分作物建立繁育推广体系，对主要作物玉米实行特约制种，特约制种田3600亩。1979年形成了徐村、丽阳、城关三大片6个大队特约连片制种基地。小麦制种由县统一引进，3个良种场进行繁育，供各村种子田和生产大田制种，形成了种子生产专业化，质量标准化，加工机械化，品种布局合理化及供种同一化的管理体系。1984年实现了玉米种子杂交化和小麦品种4次更新。优种带来高产丰收。1985年粮食亩产700千克以上。

2.主要农作物品种改良

(1)小麦

1950—1985年，赵庄对小麦品种进行了4次更新换代。

第1次：1954年从河北省农作物研究所引进蚰子麦、“石特14”和“碧蚂1号”新品种，代替了传统农家品种，是年，小麦平均亩产提高到111.5千克。

第2次：1964年省作物所培育的“石家庄五四麦”“石家庄五二麦”在县内普及。1965年亩产平均达131.5千克。

第3次：1974年开始推广自己培育的“藁选1号”“藁选2号”和“冀麦1号”新品种。到1976年普遍推广，小麦亩产上升到291千克。

第4次：1980年推广“冀麦7号(品三九)”“津丰1号”为当家品种。1984年普及全县，亩产357千克。

1986年，以早熟、稳产“津丰1号”为当家品种，搭配种植冀麦3号、7号、7014RO。1987年以中熟品种冀麦24号(河北1122)当家，搭配种植冀麦26、7810、河农215。1988—1989年，以早熟、高产、抗倒伏品种冀麦26号当家，搭配种植冀麦24号、河农215、7810，引进示范4185、7111。

1990—1993年，以中早熟品种5418和早熟品种冀麦26号当家，两个品种种植面积80%。搭配种植冀麦24、7111。1994年，小麦品种出现多元化，早熟品种冀麦37种植四分之一，冀麦26、36、5418，冀麦38，石新162、163也有种植。1995—1997年，以中早熟、秆矮抗倒、穗层整齐、高产品种冀麦38号为当家品种，种植面积40%以上。搭配种植石新162、163、“326”，冀麦37、8515。1998—2001年，以中早熟4185高产品种当家，种植面积40%以上。1998年市农科所培育的优质专用小麦8901通过审定推广，同时国家实行了小麦优质优价政策，1999年全县发展到20万亩。2002—2004年，优质小麦8901、9409发展成为主流品种，种植面积70%，其次是石新733抗倒、稳产、高产。搭配种植冀麦37、8353、9204等。2005年全市良种补贴，市种子公司统供品种由原来的3个增加了石新733、济麦20、良星99、衡7228、石麦14。以后每年都有小麦新品种推广，使小麦生产始终稳产高产。

(2)玉米

玉米品种更新换代与杂交优势利用互相结合，增产显著。50年代在继续种植农家品种的同时，先后引进推广了“华农2号”“大白马牙”“金皇后”“冀综1号”“冀综8号”等品种，亩产量由原来的80余千克上升至100多千克。50年代后期，基本取代了农家品种。1964年,开始试种和推广玉米双交种"农大7号""农大4号",亩产150千克以上。1974年赵庄引进推广"白单4号""群单105"等,由单交种代替双交种,亩产上升到200千克。1980年推广"博单1号",亩产量突破300千克。1982年,普及以"聊玉5号"为主的高产品种,亩产量最高400多千克。

1986年,赵庄以早熟、黄粒玉米聊玉5号当家,种植面积54%,搭配种植中熟白粒博单一号和黄白粒品种冀单10号。同时,县种子公司生产杂交种。1987年,白粒、早熟抗病新品种唐抗1号,种植面积52%,其次是聊玉5号,搭配种植品种烟单14、掖单2号。1988年,中熟、高产黄粒杂交种烟单14号,与唐抗一号成为当家品种,搭配种植聊玉5号、掖单2号和4号。

1989—1991年,赵庄以紧凑型玉米掖单4号为当家品种,搭配种植烟单14、唐抗一号、掖单2号。1992—995年,以掖单51号为当家品种,搭配种植掖单4号、5号、掖单12号、新黄单85—1。1996—2001年,以鲁原单14号为当家品种,搭配种植掖单51号、19号、20号,户单4号、西玉3号、莱玉2号。2002—2005年,以郑单958为当家品种,播种面积58%~85%,搭配种植浚单20、掖单20、邢抗二、六号,鲁原单14。玉米品种二三年全部或部分更新,使玉米生产保证了稳产高产。

(3)棉花

明清时期,多种当地棉。民国时期开始引种美国棉。1950—1955年,引进推广了"斯字2B",逐步取代传统品种,亩产由19千克(皮棉)上升到29千克。1958年推广普及"岱字15号",亩产提高到35千克。1958—1963年推广"石短5号"。1968年,引进"徐州1818""南通5号"等新品种。1975年,引进推广"科选2号"。六七十年代在贯彻"以粮为纲"过程中,出现"重粮轻棉"倾向,棉花品种更换频繁、杂乱,产量低而不稳。1980年引进"鲁棉1号",并开始利用棉花杂交优势。1983年"鲁棉1号"普及推广,亩产提高到76.5千克,1984年单产达到83千克。

1986—1992年,全市(县)种植棉花面积年均10万亩,赵庄年均种植棉花700亩左右。中棉12号为当家品种,搭配种植冀棉8号、7号,中棉10号等。1993—1995年赵庄种植棉花年均在400亩左右,仍以中棉12号为当家品种,搭配种植杂29、远321、中棉16等。1995年夏播棉被淘汰。

1996—1998年,国家取消棉花面积指令性计划,很少农户种植,赵庄农户不再种植棉花。

(4)谷子

50年代赵庄主要种植传统品种。1954年,引进"华农4号"、紫花谷、座里谷、小白谷、"石农1号"等品种。1959年种植"332"红毛山、毛毛黄、三变丑、竹叶青等品种。1962年引进小黄谷、"衡研1号"、铁头碰。1964年合理利用了谷子换种河南谷北调的增产规律,引进河南大伏谷、山东柳条青等。1967年又引进河南"新农681""新农673"等试种品种。1980年从定县引进"青到老"(冀谷6号),该品种高产、抗病、抗倒伏能力强。1982年普及,亩产量246.5千克。同年引进"豫谷1号",品质好,产量高,迅速取代"青到老",成为当家品种,1984年亩产达到286千克。

1986—1990年,主要推广品种为豫谷1号,也有的户种植冀谷6号、日本谷。1991—1992年,谷子种植面积进一步减少,豫谷2号为当家品种,搭配种植豫谷1号、宁黄1号。后赵庄农户很少有种植谷子。

(5)花生

传统花生品种有大花生、小麻果、一窝猴。1964年从山东烟台引进优种花生,从江苏省引进油果。1977年引进推广徐州"68-4"和四川省南充地区"天府3号"。1980年引进定县"反修1号""反修2号""反修3号"。1984年从山东引进"海花28""海花1号"试种,产量较高,迅速得到推广。赵庄土质不适宜种植花生,20世纪90年代后,赵庄基本不种植花生。

三、栽培技术

1.整地

藁民有精耕细作的传统。50年代以来,每年玉米、豆类、谷子等作物收获后,小麦播种前,先是利用牲畜拉犁、后是机械耕翻土地,然后细耙、精糖、檫压等措施进行整地,加深耕层,疏松土壤,处理残茬杂草,翻埋肥料,建立良好的耕层结构,已达到调节土壤水分、养分、空气、热量等理化和生物性状及平整地面、清除杂草、消灭病虫害的目的。

2.播种

赵庄土地肥沃，宜选用高产、稳产、耐水肥、耐旱、抗病、抗倒伏、早熟作物品种。随着农业科技的发展，80年代后，小麦品种一般做到3年一更新，杂交玉米每年一制种，不断选择新的当家品种。为保全苗，根据各类作物的不同技术要求，进行播前种子处理：一是晒种。玉米播种前一般晒种2~3天，棉花晒种4~5天。二是药剂拌种。用“1605”、甲胺磷、呋喃丹等农药拌种，防治地下害虫。三是浸种促苗。棉花用温水浸种，棉被保温，直至发芽播种。玉米常用二开兑一凉（50~55℃）的温水，浸种6~12小时，出苗早、幼苗壮。四是微肥拌种。玉米用锌肥拌种，投入少，增产明显。五是适期播种。县内有“秋分早、霜降迟，寒露的麦子正当时”“夏播务早，越早越好”的谚语。小麦播种的最佳期在9月25日—10月15日。夏玉米机播6月10—18日为宜。六是土壤墒情适宜。

50年代初，小麦播种曾采用“三看一定”（即看品种、看播期、看地力，定播量）合理密植法。一般每亩用种7.5~9千克。70年代后增至15千克。80年代后因小麦品种更新，化肥用量增加，栽培技术提高，小麦亩播种量控制在12千克左右。“三七靠垄”基本苗控制在16万~25万株。

玉米则根据品种和特点，合理密植，中熟品种亩留苗3500株，早熟品种4300株。1980年后玉米由普通品种转向紧凑型品种，亩株4500~5000株，宜采用麦垄晚套或贴茬机播，大小行种植。早熟品种大行85~91厘米，小行40厘米。中熟品种大行90~97厘米，小行40~46厘米。

3.浇水

家乡农作物主要靠汲取地下水浇水灌溉，降水为补充。1949年前后，水利设施落后，主要是大口砖井配八卦水车畜拉人推汲水灌田，其次是人工辘轳提水灌田。70年代初，开始使用柴油机、电动机带动离心泵灌田。90年代发展成为电力深井泵，逐步又发展到现在的电力潜水泵，做到了遇旱及时浇水。小麦传统浇水习惯是一直浇到麦开镰，保持地皮不干。1955年后，逐步推广播前浇底墒水，冬前浇封冻水，年后浇七八次水。1984年开始推广“节水饱灌”技术，即在保证底墒水和封冻水的基础上，年后小麦起身拔节期、孕穗期和灌浆期分阶段浇四五水。科学浇水，水肥配合，达到年前水促分蘖争群体，年后水肥提高成穗率，达到增加穗粒数、提高千粒重的目的。目前小麦推广耐旱节水品种，在保证播前浇足底墒水和封冻水的基础上，年后浇好起身拔节施肥水及孕穗灌浆水足矣，年后最多浇3次水。不仅节水，还达到高产丰收的目的。

4.施肥

50年代前，赵庄传统的施肥方法是底施农家粗肥，一亩地六七立方米，有条件的增施30~35千克棉籽饼，还有的追施炕坯、老房土、人尿、草木灰等。50年代开始施用化学肥料，当时以硫酸铵为主。70年代，在施足基肥的基础上巧追化肥，推广“三看”施肥法和叶龄指数施肥法。70年代后期，由于氮肥的大量施用，土壤中的氮磷钾比例严重失调，造成作物贪青晚熟和倒伏，后来便注重磷肥的施用。进入80年代，全县粮食作物步入高产序列，高产栽培技术不断普及。在1982—1983年土壤普查的基础上，1984年推广“配方施肥”，即根据土壤的肥力和不同作物不同生育期的实际需肥情况科学施肥，形成了高产、稳产、低成本的施肥制度。进入90年代，随着家庭养猪业的萎缩、猪圈的大量减少，一家一户圈积农家肥大量减少，施用基肥农家肥也大量减少，土壤中的有机质不足，造成土壤板结。随着小麦联合收割机、玉米联合收割机及秸秆粉碎机的推广普及，作物秸秆直接还田成为可能，因此大力推广普及作物秸秆直接还田。小麦秸秆、玉米秸秆、豆类秸秆，除少部分作为造纸原料、畜禽饲草外，绝大部分直接还田，土壤有机质大量增加，加上科学施用化肥，确保了粮食作物高产、稳产，投入产出比提高。

施肥形式主要有基肥和追肥两种：

（1）基肥。包括圈肥、堆肥、沤肥、土杂肥和饼肥及化肥等。50年代初，化肥施用量很少，农业生产主要依靠农家粗肥作为基肥。70年代后，一般在种麦前亩施3~5立方米方粗肥，混合50~80千克磷肥，兼施

15 千克左右碳酸铵效果更好。90 年代后农家圈肥减少,农作物秸秆直接还田,粉碎后与磷肥、氮肥一起翻埋作为基肥。

(2)追肥。主要追施碳铵、尿素、磷酸二氢钾、磷酸二铵、硼肥和锌肥等。追施方法采用穴施、开沟施、撒施和根外喷施。根外喷施、叶面喷施多用于钾肥、氮肥和微肥,具有作物吸收快、利用率高、投资少、增产明显等优点。

四、植物保护

1949 年前,赵庄多采取轮作倒茬和一些土办法预防除治病虫害。例如,手捉、喷施烟叶石灰水、热土埋、浆糊刷等土办法。50 年代后期,农业生产条件逐步得到改善,植保工作日益被重视,逐步走向科学化、规范化,并加强预测,以防为主,防治结合。

1.病害

病害种类主要有小麦锈病、丛矮病、白粉病、黑穗病、腥黑穗病、伏蚜,玉米斑病、黑粉病、粗缩病,谷子黑穗病、谷瘟病、线虫病,甘薯黑斑病、软腐病,棉花炭疽病、立枯病、角斑病、茎枯病、褐斑病、轮纹病、黄萎病、枯萎病,花生叶斑病,白菜软腐病、霜霉病、弧丁病,黄瓜白粉病、霜霉病,西瓜枯萎病等。

2.虫害

虫害种类主要有麦蚜、麦叶蜂、红蜘蛛、棉铃虫、蛴螬、金针虫、蓟马、粟灰螟、谷蚜、甘薯天蛾、小象、棉蚜、小造桥虫、象鼻虫、棉盲蝽象、地老虎、蝗虫、拟地、菜青虫、根蛆、麦蛾、米象、豆象、蝼蛄、黏虫、小麦吸浆虫、玉米螟等。

3.鼠害

常见鼠类有褐家鼠、小家鼠、大仓鼠、小仓鼠 4 种。褐家鼠、小家鼠主要在住宅为害,也在大田出现。小仓鼠、大仓鼠主要在大田为害。据 1980 年统计,鼠害面积占 50%以上,大量粮食被糟蹋。

4.杂草

藁城县 1979 年秋,进行了一次杂草普查,赵庄境内农田共有杂草 52 种。主要有马唐草、蟋蟀草、狗尾草、画眉草、稗草、马齿苋、铁苋菜、灰菜、荠草、播娘蒿、麦瓶草、小施花、小蓟茅草和苍耳等。

50—70 年代,大田除草主要采取播种前深耕翻埋、中耕、人工除草等措施。80 年代后,化学除草与精耕细作相结合,基本上控制了杂草危害。

5.病虫测报

50 年代后期,开始建立病虫测报网络,有专人负责病虫测报工作。70 年代建起 6 个农村测报点,采用黑光灯、杨枝把和性诱剂诱虫,定点系统调查和大田观察的方法,根据病虫发生规律进行预测预报。80 年代后期对棉铃虫、棉蚜、棉红蜘蛛、小麦白粉病、小麦丛矮病、小麦锈病、麦蚜、玉米螟、地下害虫、黏虫、蝗虫和田鼠 12 种主要病虫的发生发展趋势,均能准确及时地进行预测预报,指导防治。

农作物病虫害测报工作是制定防治规划,研究防治策略,指导大田防治的主要依据,亦是一项艰苦细致、系统完整、科学性较强的植保基本任务。1986 年后,建有固定测报基点 3 个,利用糖醋液、黑光灯性诱剂等进行系统测报,对麦芽、小麦吸浆虫、小麦白粉病、黏虫、棉铃虫、棉蚜、锈病、玉米螟、地下害虫等 20 余种主要病虫害进行系统观测。对一般调查对象三十余种发生情况进行田间调查记载。通过资料分析,每年发布主要病虫害发展趋势长期预报及病虫发生实况中短期预报,预报准确率长期 70%以上,中短期 90%以上。

6.病、虫综合防治

1953 年县农业技术推广站(简称农技站)成立,设植保组,负责全县病虫测报和综合防治工作。1980 年成立植保站,在进行病虫测报和综合防治的同时,开展田间服务,“既开方又卖药”。赵庄村和其他村一样,设有 2~3 名农业技术员,随时观察大田作物的病害发生情况,及时上报上级植保部门,根据上级植保站的指导,组织群众防治。坚持“预防为主,综合防治”的方针,广泛发动群众,采取人工、生物、化学、物理等多种防治措施,控制病害的危害。

(1)农业防治

1958 年开展深耕改土,消灭旧道、老垄沟、老坟地等平整土地活动,清除了病虫滋生源,控制了病虫的发生。70 年代后期改变耕作制度,推广夏谷、夏玉米,使一代玉米螟和一代粟灰螟失去寄生。1977 年以来逐步压缩棉麦间作面积,到1980年基本取消间作田,小麦丛矮病得到有效控制。

(2)化学防治

1949年后,化学农药开始在农业生产中应用,主要品种有"六六六"粉、滴滴涕、有机汞杀菌剂、西力生、赛力散及含铜杀菌剂波尔多液等。1954年开始推广有机磷杀虫剂"3911""1605""1059",敌百虫、敌敌畏,主要防治粮棉害虫。六七十年代除继续使用有机磷杀虫剂外,开始大量使用氧化乐果、甲胺磷。80年代后期主要使用除虫菊酯农药呋喃丹、辛硫磷等。并开始推广使用化学除草剂,主要品种有粉诱宁乙磷铝、多菌灵、托布津杀菌剂,"2.4D—丁酯"、拉索、阿特拉津等。1973—978年,为弥补农药不足,试制推广了"5211""889"等土农药。50多年来化学农药几经品种更新,转向使用高效低毒、低残留农药,保护了害虫天敌。化学农药使用主要采取喷雾、喷粉和药剂拌种等方法。

(3)物理防治

七八十年代,在棉田普遍插杨树枝把和安装黑光灯,诱蛾捕杀,以消灭螟虫、造桥虫、天蛾、地老虎、蝼蛄等。

(4)生物防治

1979年进行了害虫天敌资源调查,共发现186种,主要有捕食性昆虫,如瓢虫、草青蛉、食蚜蝇、蜘蛛类、小花蝽、华姬猎蜂、螳螂、马蜂、蚜虫蜂、食蚜蝽。寄生性昆虫,如寄生蜂、寄生蝇等。80年代中期,利用生物链的相互制约关系,采取保护和利用天敌消灭害虫的方法,搞了人工助迁瓢虫防治棉蚜,利用赤眼蜂寄生棉铃虫卵防治棉铃虫等,既除治了农作物的害虫,又保护了生态环境不受污染。

1986年后病虫害防治:

(1)小麦病虫防治。1986年推广抗病品种,基本控制了小麦锈病的危害发生。通过土壤处理、适期播种和药剂防治措施控制了腥黑穗病的发生。由于栽培条件变化,小麦白粉病、麦蚜加重,发生年利用粉锈宁、菊酯类等药剂防治进行有效控制。2003年受春季低温多雨影响,小麦发生赤霉病,通过采用甲基托布津等药剂防治使病情得到了控制,病粒率在4%以下。后通过适期药剂防治控制了赤霉病的流行。

1998年后推广"一喷多防"技术,即杀虫剂、杀菌剂、植物生长调节剂科学配比混合喷雾,达到除虫、防病、防倒伏、防干热风综合效果,为小麦增产发挥了重大作用。

(2)玉米病虫防治

玉米常年防治的病虫害为玉米螟、黏虫、棉铃虫、玉米大小斑病。由于采用种植抗病品种、药剂拌种、药剂防治等综合措施,玉米大小斑病和黑穗病得到一定控制。玉米秸秆还田和免耕栽培技术的应用,玉米螟的发生减轻。历年对二代黏虫进行有效防治。

(3)其他病虫害防治

地下害虫(蛴螬、蝼蛄、金针虫、地老虎)危害玉米、小麦、蔬菜、花生和棉花等多种作物。1986年沿用了以前拌种防治技术,以呋喃丹、辛硫磷、甲胺磷取代了70年代常用药剂3911、1605等,杀虫与杀菌混合拌种剂广泛应用。1990年后引进种子胞衣。1988—1993年针对蛴螬发生较重,采用了药剂拌种、撒毒土或药剂灌根,防治效果在70%以上。90年代初期,赵庄开始引进吡虫啉阿维菌素、灭幼尿、BT乳剂等低毒或生物制剂防治,禁止了DDT、六六六的使用。同时,以农业防治为基础,化学防治为重点,保护利用自然天敌的病虫综合防治技术逐步推广用。

(4)化学除草

1986年后,随着农村经济发展,化学除草技术开始推广应用。药剂品种从2.4—D、五氯酚钠到除草醚、二甲四氯、扑草净、绿麦隆、丁草胺、苄磺胺、异丙隆、甲磺隆等。1990年后使用的除草剂品种有苯磺隆、乙阿合剂、丁阿合剂、克芜踪、快灭灵禾草克等多种,对小麦、玉米、棉花、蔬菜等作物大面积实施了化学除草。每年化学除草面积在种植面积的95%以上。

第四节 畜禽养殖

赵庄畜禽养殖业历史久远,可追溯到宋元时期。新中国成立前,地主和耕地较多的农户,饲养牛、马、驴、骡,全村不过数百头,主要目的是干农活使役,直到衰老病死才被宰杀。95%以上农户都饲养猪、鸡、鸭、兔等,每户饲养1~2头猪和十几只鸡。养猪主要是为春节食用、卖钱补贴家用,养鸡鸭下蛋用于换油盐和产妇食用。那时养猪圈养、养鸡鸭散养。养猪很不卫生,喂食主要是剩汤饭、菜叶和粮食的麸糠,还吃人的大便。农户养羊的不多,全村有十数家养绵羊,每户平均养50余只,主要为积羊粪用于肥地,卖肥羊亦有收益。20世纪80年代后,由于各种农业机械的发展,牛、马、驴、骡逐步退出使役而逐步减少,现在已无人饲养。赵庄户养猪、鸡、鸭,兔,现在已是极少数,主要靠养殖专业户。五六十年代,村集体有一规模养猪场,在村东北,占地30余亩,猪存栏在300头左右,有种猪和母猪。因经营管理不善而倒闭。80年代后,在政府支持下,赵庄涌现20余家鸡养殖专业户,鸡存栏最多时数十万只。随着市场经济的发展,现在养鸡专业户不过五六家。现在,其他畜禽分户散养已不多见。

赵庄历史上饲养的畜禽种群来源。

牛:以冀南黄牛为最多,役、肉兼用。有少数外地山杠子牛。

马:1958年前当地马居多,役用为主。县畜牧场1958年引进苏高血马,1964年引进伊犁马作为种马,对当地马进行改良后,90%以上为杂交马。

驴:70%的当地驴,具有关中驴的特征,以役用为主。

骡:种马与母驴交配出生的骡叫马骡。种驴与母马交配生出的骡叫驴骡。役用为主。

猪:1949年前主要饲养当地黑猪,含有深县猪、定县猪血统。1958年赵庄引进长白条、新金猪、约克夏、巴克夏、北京黑等十几个优良品种。经长期饲养繁育,以约克夏为父本,以深县类型猪为母本杂交一代为最好。此猪生长快,半年可达90公斤,瘦肉率48%,一年可出栏两头,效益高。20世纪,赵庄农民多饲养此种猪。进入21世纪,户养猪逐步绝迹。

鸡:赵庄村民养鸡历史久远,以柴鸡为最多。1952后,藁城等各县陆续引进九斤黄、芦花、白洛克、红育、来杭、尼克、澳洲黑、星杂和579等优良品种,因散养,致使品种杂乱。80年代后,养鸡专业户饲养品种较纯,产蛋多且大,效益较好。

羊:有山羊和绵羊,均系当地皮、肉兼用品种。历史上曾引进过大尾寒羊、小尾寒羊、白无角山羊、青山羊等优良品种。

鸭:有康贝尔鸭、北京鸭、樱桃谷鸭和当地麻鸭。

第五节 农副产品加工

赵庄古镇历史上有饧坊、粉坊、醋坊、面坊、香油坊、榨油坊、烧酒坊、挂面坊、卷子坊、碾米坊、糕点坊、缸炉烧饼坊、油酥烧饼坊,豆腐坊、扒糕坊、饭铺、油条店、杀猪卖肉坊、豆腐脑儿、包子铺等农副产品加工业。20世纪70年代村集体建设一座以麦秸为主要原料的造纸厂。

1.饧坊

民国时期,赵庄贾家饧坊位于西北门里贾家胡同,始于清光绪初年,距今有140余年历史,经贾恒、贾蓉、贾德等三代经营管理,发展成一定规模,质量上乘。成品饧销周围各县,远至石门、保定。

饧即糖稀,又叫饴糖、麦芽糖。是生产糕点、面包、果酱、糖果、罐头的甜味剂。尤其是生产糕点和糖果的必需原料。制作糖稀的主要原料是白薯干、玉米、大麦、大米等。传统生产糖稀的方法是:先将原料加工成淀粉,然后再经液化、糖化、过滤、熬制、浓缩制成糖稀。用玉米制作糖稀,省去了玉米加工成淀粉的工序,工序简单,成本低。

贾家用玉米制作糖稀的传统流程是:

(1)选用优质玉米,清选去杂后破碎去皮、去胚,然后粉碎成小米粒大小的玉米粒。

(2)淘洗浸泡。将100千克玉米粒,用清水淘洗2遍,倒入浸泡缸内,加150千克清水,将200克淀粉酶、200克氯化钙分别用温水化开,倒入浸泡缸内,混合均匀,浸泡2~3小时。

(3)煮制。在大锅内加入100千克水烧开,把浸泡好的玉米粒从缸内取出倒入沸腾的锅内进行煮制,继续加热至沸腾,再煮30~40分钟,然后停止加热。煮制过程中不断搅拌，以防煳锅。

(4))发酵。向锅内加入90千克左右冷水，搅拌均匀，待玉米糊的温度降至60℃~70℃时，加入预先用温水化开的淀粉酶(冬季200克，夏季300克)，搅拌均匀，然后把玉米糊转移到发酵缸内，在60℃以上发酵2~3小时。

(5)过滤。发酵完成后，用细布袋进行挤压过滤，过滤后即为糖液，把糖液倒入熬糖锅。滤出的糖渣含有相当高的蛋白质，可做畜禽饲料。

(6)熬制。加热至沸腾，待沸滚的稠汁呈鱼鳞状时，改小火熬制。当浓度用木棍挑起呈拔丝状即停止加热，待凉后即为成品。

新中国成立后，时间不长饧坊停业。此后，赵庄无此行业。

2.粉坊

民国时期至新中国成立初期，赵庄有六七家个人合伙粉坊。高级合作社以后，有第1、4、12、15、23、26等6个生产队集体粉坊。80年代后，由于当地不再产红薯，赵庄不再有粉坊。

粉坊生产粉条。粉条的主要原料是红薯(俗称山药)。粉条生产工艺流程是：

(1)磨浆。将红薯用清水洗净(或薯干泡软洗净)，切成碎块，和水在石磨上磨成浆。

(2)过滤。将红薯浆添水搅拌，然后用四角吊在屋顶上的细布包，将红薯浆装入包内，人工抖动布包，过滤后的浆水流入大缸。滤出的渣子用于喂猪。

(3)沉淀。过滤后的浆水经在缸内一昼夜沉淀，排出清水，分离下层的粉芡和上层的细渣，细渣可以食用，粉芡做粉条

(4)漏粉。用粉碎成面状的粉芡，用沸水冲粉芡，边冲边搅拌，成稠糊状。锅内烧成沸水，把式左手持漏瓢，瓢内盛满糊状粉芡，站立锅前，右手敲打震动木瓢，成条状漏入沸水锅内，翻滚至水面捞出放入冷水缸内。木瓢底部有圆孔和长方孔之分，漏出的粉条有圆粉条和宽粉条之分。

(5)挂杆晾晒。将放入冷水缸中粉条缠挂在两根手指粗细的木杆上悬挂在屋外干净、通风的铁丝绳套内风干、打捆。

粉条是老少皆宜的食材，泡发软后，可以炖菜，可以蒸粉条。猪肉炖粉条是一道很好的年节菜。

3.豆腐坊

豆腐，含蛋白质高，容易被人体吸收，可以煎、炸、烹、炒，老少皆宜。做豆腐历史久远。新中国成立后，赵庄有几家豆腐专业户，贾四亭家的豆腐较出名。日常每户每天做一到两个豆腐(一个豆腐用豆20斤，出豆腐80余斤)，在赵庄村都能卖完。春节，80%以上的农户自做豆腐供节日全家食用，做豆腐的工艺大多数农民能掌握。至2019年，还有做豆腐的专业户。

传统做豆腐的工艺流程是：

(1)泡豆。将精选的黄豆或者青豆，碾碎去皮，用清水泡碎豆12小时，清水没过碎豆。

(2)磨浆。将泡好的碎豆和水在石磨上磨成豆浆放入缸内。

(3)过滤。将沸水倒入豆浆缸内，边倒沸水边用木棍搅动，直到成稀粥状，然后将搅动好的豆浆装入细布布袋内，攥紧布袋口，放在锅上的木架上用胳膊揉挤布袋，将汤汁挤入锅内，滤出的豆渣可蒸渣子饼子食用，人不食用可喂畜禽。

(4)点豆腐。将锅里的豆汤汁烧火煮沸，撇除浮沫，停火停沸，未点卤水或石膏前，即为豆浆可以喝。均匀地点上卤水或石膏，豆浆很快凝结成豆腐脑儿。

(5)压豆腐。用压豆腐的专用工具——长方形木板框，放在能溢水的平板上，内衬粘布，倒入豆腐脑儿，覆盖粘布，重物平压，待不再溢水，打开压板。取去木板框，切成块，即成品豆腐。

4.挂面坊

赵庄手工挂面制作历史悠久，据传明清时期加香油和面的上等手工挂面进贡皇帝，所以称为宫面。新中国成立后，赵庄齐东志、贾秋申、蔡老臭、鲍老臭、李保堂等挂面专业户做的手工挂面地道，供不应求。50年代末，村委把做挂面的把式集中到村副业大院成为一项集体副业，统一制售。还有不少心灵手巧的男女村民，掌握了做手工挂面的手艺，根据需要在春季做手工挂面供自家食用。改革开放后，压面机的

出现,实现了机械化挂面,虽不及手工挂面好吃,但也逐步替代了手工挂面。赵庄老手工挂面把式一个个离世后,已无接续,手工挂面制作工艺技术在赵庄面临失传。不过,手工挂面在藁城县域内已成为一种行业,和机制挂面并驾齐驱,远销国内外。在赵庄这一带,手工挂面长期作为产妇坐月子期间的首选食物,备受推崇。老年人也喜吃手工挂面加荷包鸡蛋。手工挂面做汤,加上虾皮、芫荽和香油,也是平民的佳肴。

手工挂面制作工艺流程,共八道工序:

(1)和面、醒面。将精选的冬小麦粉放入和面的大瓦盔内,清水里加一定比例的食盐(每斤面粉,冬天加3钱盐,夏天加5钱盐),用手和面。室内温度保持在25℃左右,用棉被盖好和好的面,醒面2小时左右。

(2)三次盘条。把醒好的面放到案板上揉面,揉好面后盘条,第一次盘条手臂粗细,经过第二次、第三次盘条后,面条手指粗细,盘道和面的瓦盔内,盖上棉被再次醒面。

(3)上杆。架面的竹竿长2尺左右,手指粗细,将两根竹竿平插在专用木架上,间距20厘米左右。将盘好醒好的面条平行盘在两根竹竿上,盘满一组,再盘下一组,直到把面条全部盘在竹竿上。

(4)温洞醒面。做挂面的屋内顺墙垒一长约3米、宽和高均1米的温洞,温度保持在30℃左右,上好杆的面条即可依次悬挂在醒面洞内,上面盖上草帘和棉被,再次醒面。

(5)拉抻、晾。将醒好的面,一只手捏一根杆从洞内取出,迅速到院里上高凳将一根杆插入木架孔内,两手分别捏住另一根杆的两头,缓慢地拉到距地面2尺左右,晾干。

(6)切面、封面。将晾干的挂面平放在案板上,按一定长度切断,用纸把挂面封成圆柱形,每封挂面约500克,绑成1500克一捆、2500克一捆三角形挂面捆,即可出售。一个人一天能做25千克面粉的手工挂面。

质量高的挂面细如发丝,粗细均匀,挂面条内空心。煮熟的挂面筋道爽口。盛到碗里,半汤半面,用筷子挑起挂面能把汤带走。

5.香油坊

以芝麻为原料、石磨加工的小磨香油是赵庄古镇传统的食用油加工项目,历史久远,以质量纯真、清香绵长而著称。新中国成立前后韩贵臣、韩老偏、甄银贵等家香油坊比较出名。50年代后期,村委会将香油把式安排在村副业大院加工香油,成为村集体一项副业。60年代村采用电动石磨取代牲口拉石磨磨香油。改革开放后,发展成十几家香油专业户。香油及芝麻酱是拌凉菜、拌饺子包子馅、做汤等不可或缺的调味品,家家户户食用。

小磨香油加工工艺流程:

(1)铁锅炒芝麻。将筛簸干净的芝麻(红芝麻、白芝麻)放在清水中淘洗,放在席篓中控水,然后将控净水的芝麻放在铁锅里翻炒,每次炒的数量不宜过多,以木炒板能在锅内推开打散为宜,芝麻炒至表面泛红即可。炒芝麻的火候直接关系着出油多少和油的香味高低。

(2)磨芝麻。将炒好的芝麻放在石磨上磨,磨出的芝麻酱流在磨下的大铁锅里,边炒边磨。原来是牲口拉磨,后来使用电动石磨。

(3)使量。在磨好的芝麻酱中浇沸水,边浇边用木棍搅动,直到表面漾出油花为止。

(4)出油。把大锅放在专用木框上,双手抓住一边锅沿上下不停晃动,香油就会溢出在表面,形成一层厚厚的香油,用油葫芦巧妙地从表面取出香油放进油桶里。反复晃动,反复取油,直至表面不再出油,需2~3小时。两个人、一盘磨,一天磨35千克芝麻,出18千克左右香油。剩下的酱渣是肥田的上等肥料。

(5)芝麻酱。炒芝麻的火候比磨香油的芝麻要轻,石磨磨出的酱即为芝麻酱。食用时,加盐放少许清水搅拌成粥样,即可拌菜使用。

6.古老榨油坊

赵庄古镇人工配合畜力榨制花生油、棉籽油的作坊历史悠久,传承至民国时期,贾小眼、黄房家的榨油坊比较出名。新中国成立后50年代末,村委会在副业大院建立榨油坊,是村集体的一项副业,并取缔个体榨油坊。80年代后,新型榨油机械出现,并不断更新换代,老式人工榨油完成了历史使命,走进了历史博物馆,那些榨油工具也损毁殆尽。

榨油坊的厂房工具有石头立碾、卧碾各一台,设在屋棚下。榨油坊4间房无界山墙,敞着,宽需4米以上,长需10米以上。在屋内一头正中地上装木质榨油槽一副,直径40厘米左右的扁铁圈40副(一副2个)、蒸锅风箱各1个,长把铁锤、短把铁锤各数把,老剁铁锤两把(铁锤呈圆鼓形,里面中间有一洞安锤把用,锤重20公斤左右),堆集原料半成品连灶土炕一个,盛油桶若干。木榨油槽有两根直径60厘米左右的3米长的榆木或国槐木,由铁箍在两头把两根木头并排固定在一起,两木中间偏大头挖出长1.5米,宽50厘米左右的木槽,上面刨平,下留出油槽。扁铁圈由约1厘米厚,2厘米宽的扁铁衔接而成。榨油需要5个成年体质好的男人相互配合来完成:一人用牲口拉碾轧破碎原料,4个人在榨油房,在其中一名把式指挥下,蒸原料、装垛、抡锤榨油、拆垛。常言说“冷出酒,热出油”,榨油坊保持在30℃左右高温,操作人员工作期间只穿一个裤头,还大汗淋漓。

榨花生油工艺流程:

(1)碾压花生仁。将干净的花生仁放在卧式石碾轧扁压碎。牲口拉卧碾转,碾架上安一漏斗漏花生仁,后挂一斜铲,随着碾轱辘转前面漏下花生仁,碾后清理压碎的花生仁。

(2)锅蒸碎花生仁。压碎的花生仁先堆在火炕上预热,然后放蒸锅上蒸熟。

(3)装垛。地上放一平板,每次放两个上下重叠的铁圈,衬上麻片,然后圈内装蒸熟的花生仁碎,踏实装平,包裹麻片,完成一层,依次完成二十层,然后整体装进榨油槽,前顶槽壁,后装一块厚木板恰贴后槽壁,装垛完成。

(4)榨油。装好垛后,随即在木板和后槽壁缝隙加铁楔、木楔,轮铁锤把楔子锤进随着逐步挤压,油被榨出。随着楔子加大,挤压程度增强,锤进楔子的难度增大,必须用更大的冲击力,最后,必须抡起20公斤重的老垛锤,狠砸楔子,可见古式榨油劳动强度之大。老垛锤后,油被榨净。

(5)拆垛。油被榨净后,一块块去掉楔子,抽掉挡板,由于麻片包裹分隔的原因,花生仁渣挤压成一块块圆饼,移出油槽放置。花生仁饼主要喂膘猪,上膘快。

古式榨棉籽油和古式榨花生油工艺流程基本一致,只是棉籽需用立式石碾压碎。

第六节　农作机具、电力

明清后至新中国成立初期,赵庄农民和周围农民一样,耕、种、锄、耪、收、打运使用的农作工具主要有大车、八卦水车、辘轳、犁(耠子)、耧、耙、擦子、碌碡、镢头、铁锨、木锨、刮板、锄头、起粪叉、木叉、竹扒、扫帚、风车、镰刀、三(四)齿、勾镰、推土车、花架车等。人、畜配合使用的农具有耠子耕地、耙地、擦地、耧播种、畜拉水车浇地、畜拉大车拉土送粪、畜拉碌碡打场等,其他农具人力使用作务农活。

畜拉大车是农民的主要运输工具,主要是拉土送粪、拉送庄稼等农民需运输的物品。起初,大车是木轮,继而发展成铁轮,新中国成立后发展成为胶轮大车,运输能力大大提高。20世纪六七十年代,生产队畜力不足,用人拉大车运输。

浇地主要用畜拉八卦水车提水和辘轳人力提水灌溉土地。当地的自然条件是年年春旱,往往水车、辘轳一起上,还满足不了庄稼需要。辘轳浇地,一个井上一个井架,三把辘轳、三条井绳、三个柳斗、四个人,靠人摇辘轳柳斗提水浇地,三人摇辘轳一人改畦,轮流摇辘轳改畦,起早贪黑,一天能浇2亩地。20世纪六七十年代,生产队畜力不足,人拉八卦水车浇地,一班6人,四人拉水车二人改畦,三班倒,一天能浇地3亩左右。

耕整土地主要人畜配合。耕地原来用木制耠子配以铁质犁铧、犁镜,畜拉人扶,靠犁铧、犁镜耕地翻地。个别有大牲口的户用旧式犁杖耕地。1954年上级政府向农民推广新式步犁、畜拉双轮双铧犁,耕地数量、质量都有提高。地耕好后，畜拉木耙把地耙平，畜拉木檫把地压实，就可以播种了。

种植小麦、玉米、高粱、谷子、豆类、棉花等大田农作物主要靠木制耧播种。木制耧主要双把、耧架、籽种箱、下籽孔、搅籽棍、铁制耧铧、双拉杆组成。播种时，两人拉耧，一农活把式扶耧、摇耧，籽种顺出籽孔、空耧腿在耧铧底部入土，用石墩子压实，即完成播种。

农作物收获主要靠人工。收获小麦靠人工拔、镰刀割；玉米、高粱靠人工用小镢头刨，棒子靠人工剥皮、剥豆；棉花靠人工摘、棉柴靠人工拔。除草、间苗等田间管理都用人工，每项农活劳动强度都很大。

自 1956 年全面建社会主义开始至今，在党和政府领导支持下，赵庄同全国农民一样，经过半个多世纪的发展，农作机具发生了翻天覆地的变化，基本实现了农业生产机械化。

1958 年，赵庄村集体购买捷克造、苏联造各一台 50 马力以上的大型拖拉机，主要拖带五铧犁耕地，并成立村农机站，不久被张家庄公社无偿平调给公社机站。当年，有少数生产队购买锅驼机，以煤气为燃料，抽井水灌溉农田。1962 年后，电力线架设到 生产队机井上，用上了电机水泵抽水浇地。开始水位浅，地下水面至地面 5 米左右，10 千瓦电机带动 7 寸水泵，足以供 7 个水口浇地。1965 年后，各生产队又购买 195 柴油机，有电用电浇地，无电改用柴油机浇地。从此，彻底结束了人畜拉水车、用辘轳提水浇地的历史，实现了浇灌机械化。

1966 年，赵庄大队购买一台朝鲜产千里马牌 28 马力拖拉机，主要用于大队副业运输。1976—1980 年，村集体先后购买天津产铁牛牌 55 马力拖拉机 1 台，解放牌卡车 1 辆，12 马力手扶拖拉机 1 台，运输外，用于耕地、小麦收割。这一阶段，耕种土地、收获庄稼仍然主要靠畜力和人工，唯有小麦脱粒使用机动脱粒机，大大减少了碌碡轧场打麦的劳动。

1984 年撤销公社，生产队解体，实行以户为单位的联产承包责任制，不少户购买 12 马力拖拉机，不仅可以农业运输，还可以带双铧犁耕地、带播种机播种、带割晒机收割小麦、带脱粒机脱粒，不仅自家农田作业，也可以有偿给无机户耕、种、收，大大解放了农业劳动力。

1990 年后，国家大力提倡农业生产机械化，购置大型农业机械给予补贴。村集体先后购买北京牌、新疆 2 号大型稻麦联合收割机各 1 台、背负式收割机 3 台、55 马力大拖拉机 5 台，主要有偿用于村农业耕种、收获、运输。1996 年村集体的大型农业机械作价卖给了农户。同时，很多农户或合股、或个人购买稻麦联合收割机、玉米联合收割机、55 马力以上的拖拉机带秸秆粉碎机、挠地机、播种机。据统计，2019 年赵庄全村有稻麦联合收割机 13 台、大型拖拉机 21 台、玉米联合收割机 1 台、播种机 26 台、小拖拉机数十台，种植、收获季节，相应机械全部出动，南征北战，该村外村，相互作业，耕种、收获、秸秆粉碎全部机械化。三轮车作为农户的小型运输机械，基本户户都有。农用三轮车 30 年来三次换代：第一代为脚踏三轮车；第二代为柴油三轮车；第三代为电动三轮车。

机械化播种

赵庄自 1958 年开始办电，自行筹钱购买变压器、电杆和低压线。1962 年，各生产队有一眼机井拉上低压线，可以用电浇地。那时国家发电能力有限，县乡村电力设施有限，只允许浇地用电，还常常停电。70 年代后，随着国家电力工业的发展，农村开始允许米面加工、农户照明用电。发展到现在，国家发电能力大大增强，赵庄村经过改造的低压线路遍布全村域，集体安装变压器 34 台、4905 千伏，个体企业安装变压器 15 台、1675 千伏，农村浇地、农副产品加工、工业商业、照明、取暖降温、做饭基本全部使用电能，电气化至 2019 年全部实现。

第七节 农业效益

一、生产效益

农业合作化后,农业生产效益的计算,一直沿用农民投工、投粗肥、集体提留不计费用的办法。1958年后,经过农田水利基本建设,农业资源得到较好利用,加之推广农业机械化、电气化和科学种田,粮、棉、油产量大幅度上升,农业生产效益呈逐年提高的趋势。但是,尽管农民投工、施粗肥和集体提留不计费用,其效益也远不及工业生产效益的增长。

1949—1957年,经过农业社会主义改造,走合作化道路,生产力得到解放,农业生产发展较快。粮食总产平均年递增率6.7%,棉花总产平均年递增率14.9%,农业种植业产值年递增率约8.4%。1958—1962年,受"大跃进"影响,脱离实际的生产"高指标""浮夸风",造成1959年后连续三年生产效益下降。1962年贯彻"调整、巩固、充实、提高"的方针,农业生产得到恢复和发展。1965年粮、棉、油总产量及农业种植业产值,比调整前的1961年增长66%。"文化大革命"时期,限制多种经营,粮食、经济作物种植比由1.43:1上升到1.79:1,形成单一的粮食种植,生产效益无多大增长。

1978年后,农业经营体制改革,调整产业结构,生产效益稳步上升。1985年全县粮食、棉花总产分别比1949年增长5.8倍2.1倍。赵庄粮食单产710千克,棉花单产66.5千克,分别比1949年增长6倍和3.4倍。农业种植业产值比1978年增长1.8倍,年均递增率8.8%。

二、投资效益

50—60年代,农业投入较少,效益低微。1956年,全县粮棉百元投入创收307元,粮棉公斤成本分别为0.07元和0.67元。1965年,粮棉投入产出比为1:3.2,亩均纯收益长期徘徊于40元上下。70年代,国家大量增加对农业的投入,1972年生产成本随之增高。据调查,小麦、玉米生产费用占产值的77%,纯收益每亩小麦仅33元、玉米13元。虽说粮、棉、油连年增产,但投资效益却呈下降趋势,亩均纯收益不足40元。1978年后,进行经济体制改革,普遍重视农业效益增长。1980年,赵庄百元投资创收280元。后因农业生产资料价格上涨,导致种植业生产费用增大,效益相应下降。1984年,进一步深化农村改革,继续放宽农业政策,挖掘农业资源潜力,科技兴农,发展高效农业,百元投入创收445元,扣除费用,亩纯收益225元。2018年,村民上茬种小麦、下茬种玉米或大豆,正常年份亩产粮食1000公斤以上,扣除成本亩纯收益800元以上。

第八节 农业税赋

一、历史上的农业税负

赵庄村民2000多年来上缴的农业税负。

中国的农业税起源很早,历史上称田赋,西方国家称地租税或土地税。早在公元前1600年前的夏朝田赋实行的是"贡法",相当于定额课征;商代实行的是"助法",由农民无偿助耕公田;周朝实行的"彻法",农民在公田上"通力合作",收获时按公田数量比例征课。

据史料记载,春秋战国时期鲁国首开"初亩税",按亩征税,征收实物粮食。由于常年战乱,各国国用不足,相继提高税率。横征暴敛现象相当普遍,农民负担沉重。秦统一中国,公元前359年开始"商鞅变法",废除了奴隶制,封建社会制度开始,以"受田之数,缴纳赋税",即田租,史称"田租二十倍于古"。

两汉时期仍称田租,由"田租、刍藁、附加和减免"四部分组成,税率定为"三十税一"。三国时期的曹魏改为定额税,以实物缴纳。两晋时期,田赋由每亩四升提高到八升。南朝时期,齐、宋基本沿用了东晋旧制,又有所改进,主要趋势是按丁口税赋方向发展。北朝时期,北魏"均田"制实施前的租调征收,沿袭魏晋的"九品通混法",即租调征收,先召集县乡"三老",按贫富程度把农户分为九等,,然后将规定的征收总额,按户等分摊。北魏(386—534),实行了均田制,按户征收也按丁征收。

隋代的田赋制度是建立在"均田制"基础上的,

并扩大了征收范围,官宦、府兵划分到土地也按率缴纳税赋。

唐朝时期税赋,前期实行“人丁为本”的税赋制度:“有田则有租,有户则有调,有身则有庸。”具体讲,租是田赋,按田征收,实物粮食缴纳;庸是以绢丝等实物抵充徭役的代役金;调是按户征收的家庭手工业品。唐中期唐德宗建中元年(780)颁行《两税法》,采用量出为入的财政原则,各种税负统一征收,扩大了征收面。“量出为入”导致横征暴敛。

五代十国时期田赋征收,沿袭了唐代的两税法,附加更多,例:省耗、农器钱、曲线、布袋钱、牛皮税、进际税等。

宋代田赋承唐制,两税及附加。两税为正税,附加繁杂多变,往往超过正税数倍。

元代租税亦称“税粮科差”。税粮行之于南方叫夏税、秋税。行之于北方则叫丁税、地税。

明朝初期沿用两税法,分为夏税和秋粮,实物为主。明中叶,张居正推行“一条鞭法”,主要包括赋役合并,将田赋、徭役、土贡、方物等合并为一,统一征收,量地计丁,计亩征银,以白银定税。后期,因国库亏空,颁布了臭名昭著的“三饷加派”,加派数量之大、扰民之深、影响之大,足以厉民亡国。

清朝沿用明制,在“一条鞭法”的基础上,对赋役制度进行改革,按各省、各县负担丁银多寡,摊各省、县的田赋之中,征收统一的“地丁银”。另还有附加:按粮津贴、亩捐、捐输、厘谷、浮收、预征等。

北洋政府时期,沿袭了清朝后期的田赋制度,田赋税收比重维持在25%~34%,主要包括:1.地丁,2.漕粮,3.租课,4.差役。

二、民国时期农业税赋

国民党政府统治时期赵庄村民需要上缴的农业税负。

民国早期,对农业仍采用田赋征收的制度,到民国后期,设立了包括田赋在内的土地税体系。土地税从广义上来说包括田赋、地价税、土地增值税、契税等四个税种。

1.田赋

国民政府初期,田赋征收制度和北洋政府时期差不多,税率25%~34%。1928年11月国民政府公布《划分国家收入与地方收入标准案》中,将田赋收入划为地方政府的财政收入来源,田赋征收制度由各省在中央制定的原则条款下自行制定。税收负担各省都有差异,南方税负高于北方。

由于各省掌握田赋的征收权利,所以在地方将自治、公安、保卫、卫生、教育、筑路、水利等所需均摊入田赋附加当中,加重了百姓的负担。1934年5月,国民政府在第二次全国财政会议上决定整顿田赋征收制度,并制定了八条原则,使得百姓的负担有所减轻。同时又公布了《办理土地陈报纲要(草案)》,清查了逃避田赋的土地,使应税田亩有所增加。

1940年国民政府对田赋税收进行整顿,使土地有所归属,扩大了田赋的税基,使田赋的负担趋于平衡。

抗战时期,田赋制度发生了很大变化,国民政府先后实行了田赋“三征”,即:田赋征实、粮食征购、粮食征借。

田赋征实:1941年7月,为了增加财政收入,支持前方抗战的需要,国民政府将田赋征收权收归中央,并实行征实—直接征收粮食。田赋征实将大量的粮食掌握在政府手中,对战争期间保证军队及后方居民对粮食的需要有很大的积极作用,能够稳定物价,抑制通货膨胀。但是,地方官员采用大斗浮收、压级压价等手段中饱私囊,加大了人民的负担。抗战胜利之后,国民政府发起内战,导致通货膨胀再次发生,所以,田赋征实一直延续到国民党政府垮台。

粮食征购:1942年,为了解决战时粮食紧张的需要,国民政府在征实之外,又采取了定价征购粮食的办法。就是随同田赋进行代购。实行代购粮食的当年,共征购粮食31953080市石。

粮食征借:由于粮食征购存在很多弊端,1944年在各界的呼吁下,国民政府改粮食征购为粮食征借。意思是国家向百姓借用粮食,其实是有借无还。

带征县级公粮:1942年起,中央在田赋征实的过程中,带征县级公粮。征收标准是正赋的三成。但在具体征收当中各省的标准不尽相同。

2.地价税和土地增值税

地价税实际上是社会使用土地向国家支付的土地价格，而土地增值税的征收则可以把由于社会进步带来的土地增值收益拿到国家手中，用于全社会。

1930年6月，国民政府公布《土地法》，对土地税的征收制度作了统一规定。

1936年，修订《土地法》及《土地法施行细则》，开征土地税。土地税向土地所有权人征收；土地税分为地价税和土地增值税两种。地价税按照估定地价按年征收；土地增值税按照土地增值之实际数额计算，与土地所有权转移或土地虽未转移，但持有土地届满15年时征收。

1937年1月，国民政府公布了《各省市土地税征收通则》，1937年8月予以重新公布。

1946年4月修订了《土地法》，对土地税征收制度作了修订：地价税按年征收，采用累进税率，基本税率为1.5%，超过累进起点地价时，其超过部分分三级加征，自0.2%至5%；土地增值税于土地所有权转移或虽未转移但届满10年时征收。土地增值税就其增值部分征收，税率分为四级，自20%累进至80%；土地改良税按年征收，最高税率不超过1%。

3.契税：国民政府初期，契税划归地方政府。1934年5月，国民党第二次全国财政会议上决定对契税征收制度进行整顿，规定：契税正税以卖六典三为限度，附加以正税半数为原则，其逾期及短匿之罚金最多不得超过应纳税额。

1941年8月契税划归中央政府。1942年5月修订《契税暂行条例》，规定：契税税率依照买价卖契征收10%，典契征收6%。新增交换、赠予契税，交换征收4%，赠予征收10%。

1946年契税与契税附加又被划为地方税，并重新公布《契税条例》规定：卖契、占有契税率为6%；交换契、分割契为2%；典契为典价的4%。

三、新中国成立后农业税赋

长期以来，农业税以征收粮食为主，群众俗称为“公粮”。历史上春秋时期鲁国称“初税亩”，汉代叫作“租赋”，国民政府时期叫作“田赋”。

新中国成立后，农业税制演变大体可以分成三个时期。

1.1949—1958年：新解放区建立统一的农业税制度、老区沿用原来税法时期。1949年，广大新解放区虽然都征收了农业税（公粮），但征税办法不统一，许多地方未来得及建立正规的农业税制度。1950年3月，中央人民政府政务院《关于统一国家公粮收支、保管、调度的决定》指出：“征收国家公粮的税则和税率，统由中央人民政府政务院规定。”1950年9月中央人民政府公布了《新解放区农业税暂行条例》，同时颁发了《关于新解放区征收农业税的指示》。这个条例是根据新解放区的一般情况，特别是还没有经过土地改革的情况制定的。至于老解放区，由于已经完成了土地改革，1950年基本上仍沿用1949年的征收制度，即《东北区公粮征收暂行条例》《华北地区农业税暂行税则》《西北老解放区农业税暂行条例》。1951年，华北、东北、西北等大区人民政府对原条例作了若干修订后，重新颁发了老解放区的农业税暂行条例。1952年至1955年，根据中央人民政府政务院的指示，各大区军政委员会相继对新老解放区农业税征收条例进行了修改，增加了受灾农户的减免办法，重新调整了纳税单位。这次修订以后，一直到1958年，农业税制度脊背上没有大的变动。新中国成立初期，形成了新老解放区区域性相对统一的两类农业税制。

这一时期，赵庄所在的藁城县基本实行的是《华北地区农业税暂行条例》，农民负担的农业税率是15%左右，地方附加不超过正税的15%。

2.1958—1999年：全国农业税制度统一的时期。这个时期可以分为三个阶段：1958年至1978年是农业税条例颁布实施的第一阶段。1958年6月3日全国人大常委会通过了第一个全国统一的农业税法《中华人民共和国农业税条例》，对原农业税制度进行了积极的改革，保留了从革命根据地时期到新中国成立以来行之有效的合理规定，确定了正确把握农业税负担总水平，全国平均税率15.5%，地方规定税率最高不得超过当年产量25%，地方附加税最高不超过正税的30%。河北省的农业税率规定为15%。

1979—1982年是实行农业税起征点、减轻贫困地区农民负担的第二阶段。针对“十年动乱”期间农村经济受到严重破坏的情况，国务院决定从1979年开始，人均口粮在起征点以下的生产队，免征农业税。从 1980 年起，对自然条件差、长期低产缺粮、维持简单再生产和最低生活有困难的生产队，实行免税 1！3 年的政策。

1983—1999 年是开征农业特产税和稳定农业税负担的第三阶段。1983 年 11 月国务院公布了《关于对农业特产收入征收农业税的规定》，对农林特产品收入按照较高税率和实际收入征收农林特产税。1994 年，国家进行了税制改革和分税制财政管理体制改革，取消了产品税，将产品税的农、林、牧、水产品部分应税品目改为征收农业特产税，国务院为此发布了《关于对农业特产收入征收农业税的规定》。

“三提五统”，是指村级三项提留和五项乡统筹。村提留是村级集体经济组织按照规定从农民生产收入中提取的、用于村级维持和扩大再生产、兴办公益事业和日常管理费用开支的总称，包括三项：公积金、公益金和管理费；乡级五项统筹，指乡镇合作经济组织依法向所属单位(包括乡镇、村办企业，联户企业)和农户收取的用于乡村两级办学(即农村教育事业费附加)、计划生育、优抚、民兵训练、修建乡村道路等民办公助事业款项。“三提五统”本质属于一种地方税。三提五统收费率往往超过正税的 50%，加重了农民的负担。

3.2000—2006 年：农村税费改革时期。主要分两个阶段：第一阶段从 2000 年到 2003 年，按照“减轻、规范、稳定”的原则，正税清费，逐步取消专门面向农民征收的各种税费，减轻农民负担。2000 年中央决定在安徽以省为单位开始实施农村税费改革试点，其主要内容是：取消乡统筹费、农村教育集资等专门向农民征收的行政事业性收费和政府性基金、集资；取消屠宰税；取消统一规定的劳动积累工和义务工；调整农业税和农业特产税政策，将原农业税附加并入新的农业税，新的农业税实行差别税率，最高不超过 7%；改革村提留征收使用办法。2002 年按照积极、稳妥、量力而行、分步实施的原则，扩大农村税费改革试点范围。扩大试点的省份为：河北、内蒙古、黑龙江、吉林、江西、山东、河南、湖北、重庆、四川、贵州、陕西、甘肃、青海、宁夏 15 个省、、自治区、直辖市。2003 年，在进一步总结经验、完善政策的基础上，全面推进农村税费改革试点工作。通过实施农村税费改革，进一步规范了农村税费制度，理顺了农村分配关系。基本实现了“减轻、规范、稳定”的预期目标。

第二阶段从 2004—2006 年，主要是按照“多予、少取、放活”方针，逐步取消农业税。为了稳定粮食生产，增加农民收入，2004 年国家开始大幅度降低农业税税率，并选择吉林、黑龙江两个粮食主产省进行全部免除农业税的试点；河北、内蒙古、辽宁、江苏、安徽、江西、山东、河南、湖北、湖南、四川等 11 个粮食主产省的农业税税率降低 3 个百分点，其余省份农业税税率降低 1 个百分点。农业税附加随同正税同步降低或取消。取消除烟叶外的农业特产税。2005 年对 592 个国家扶贫开发重点县实行免征农业税；其中 2004 年农业税税率降低 1 个百分点的省份再降低 4 个百分点，原农业税税率降低 3 个百分点的省份再降低 2 个百分点。农业税附加与正税同时减征或免征。从实际实施情况来看，一些省在国家降低农业税税率的基础上，决定自主免征农业税，全国共有 28 个省份全部免征了农业税，山东、云南、河北三省也有 210 个县免征了农业税。2005 年 12 月 19 日，十届全国人大常委会第十九次会议通过了关于废止《中华人民共和国农业税条例》的决定，2006 年 1 月 1 日全国彻底取消了农业税。至此，在中华大地上绵延了 2600 多年农民负担的“皇粮国税”，在中华人民共和国成立 57 周年之际送进了“历史博物馆”。这一德政使十多亿名炎黄子民受益。赵庄村民平均每亩地减少年毛收入的 25%左右的负担，其中国家农业税 6%左右，“三提五统”和地方附加 20%左右，现在折合人民币 500 余元。国家不仅不再收农民的“皇粮国税”，2008 年国家开始给农民发放种粮补贴：2008 年补贴 101 元/亩，2009 年补贴 108 元/亩，2010 年补贴 128 元/亩，2011 年补贴 149.53 元/亩，2012 年补贴 147.19 元/亩，2013 年补贴 178.37 元/亩，2014 年补贴 153.1 元/亩，2015 年补贴 128.77 元/亩，2016 年补贴 118 元/亩，2017 年补贴 92.49 元/亩。等于说，现在种一亩地，比 2006 年前多收入 700 余元。

第十三章 工商企业

历史上藁城商业不发达。《藁城乡土地理》载："藁民对于商学，素不讲究，故无商业之智（知）识。……今吾邑商业，无名商大贾，唯粮商、（棉）花商、盐商、药商、杂货，诸普通商而已。余若花生、土布、农器日用之品，亦有售出者。入境货以煤炭、铁器、洋布、绸帛及各种杂货为大宗。藁人拙于经商"。明代，藁邑开始出现集市。赵庄古镇是藁城八大古老集镇之一，设有远近闻名的"一、六"大集，赵庄人同样"拙于经商"。那时古镇上工商企业占满中心回字大街，以地主黄俊明家为首，几家地主富农以怀德堂、荣德堂、厚德堂、明德堂、玉庆堂、怡茹堂、元善堂、百仁堂等堂号开设的当铺、布店、钱庄、粮店、（棉）花店，大多聘用山西"老西"当掌柜的和伙计。本村人很少做大买卖，只是开饭店、茶馆、杂货铺、卖酒、干鲜果品和食品加工、家庭用品加工等手工业。

第一节 集体工商业

一、供销合作社

赵庄供销合作社成立于1953年，是全县15个基层供销合作社之一。赵庄供销合作社属于村集体，性质是集体所有。本金是由全村村民入股、政府补贴，不足部分贷款构成，由藁城县供销合作总社组织领导管理。村民从供销合作社盈利中分红。1956年个体工商业者社会主义改造，赵庄个体商户公私合营进入供销合作社经营，成为供销合作社职工。1958年，赵庄供合作社整体过渡到国营商业。1961年又恢复集体所有制，按28个公社建成28个基层供销合作社。赵庄供销合作社成为张家庄公社供销合作社，赵庄供销合作社位于东西长街中心路北，职工近百人，第一任供销社主任李合然。供销社经营门店设有农化站、收购站（收购废品、生猪）、五金、百货、针纺织品、布匹、鞋帽、烟酒糖茶、调味副食、图书、生产资料、土特杂品、肉食、饭店等。其他村设代购代销点，各类商品政府统一定价，统购统销，坚持"发展生产、保障供给"的方针。改革开放前，基层无其他商业网点，独家经营，生意兴隆。那时民间流传顺口溜"听诊器（医生）、方向盘（司机）、脱产干部、售货员"，在物资匮乏的年代，这些是令人羡慕的职业。90年代初，随着经济的发展、改革开放的深入，个体、合股经营的商业网点遍布城乡，供销合作社日渐萎缩，以致倒闭，职工大部分买断工龄另谋职业，土地房屋被变卖。基层供销社也成为历史。

二、村集体工商业

1956年农业私有制社会主义改造完成以后，赵庄利用村内各类技术人员聚集和集镇的优势，村委会利用原手工业的制作器具，筹措资金组建集体工商企业，增加集体收益。到60年代后期先后建起了纺织加工厂、草编厂、面粉厂、制砖厂、造纸厂、砖窑、地毯厂、饲料厂、铸造厂、轧钢厂、木器加工厂、棉花花生榨油坊、香油坊、挂面房、烘炉、染坊、酱油醋坊、水泥井管厂、建筑工程队、琉璃盆厂、自行车修理铺、机械修造厂、木货市、照相馆、理发铺、缝纫坊、商店、澡堂等30余家集体工商企业。

1975年6月，集体工商企业还有24家，从业人员431人，占全村劳力的15%。工商企业有编织厂，员工132人；香油坊，员工4人；纺纱织布厂，员工89人；木器加工厂，员工40人；翻砂，员工22人；铁烘炉，员工22人；棉油坊，员工18人；砖窑，员工9人；井管制作6人；染坊5人；马掌7人；1醋房5人；大车运输2人；木货市4人；售货门市部4人；自行车修配部3人；服装加工部4人；拖拉机站12人；照相馆3人；理发部7人；气焊部4人；挂面房5人；机械修理3人；面粉加工14人。加上管理人员，共431

人。此外,赵庄还有瓦盆厂、猪场、农场、打井队、浴池。1975年赵庄开建造纸厂,当年竣工投产。把砖窑改建成转盘窑,机械制砖坯,黏土砖烧制,产量大增。同年还组建了井陉建筑工程队、铁路包工队。后陆续建起了集体轧钢厂、楼板厂、铸造厂、地毯厂、村北转盘砖窑、饲料厂、纺纱厂、面粉厂。70年代是大队办企业大发展时期,80年代是鼎盛时期,村民从事村办工商副业1000余人,占全村劳力的三分之一,村集体年纯收入数十万元,集体富裕,富余劳动力不出村就业,村民可增加收入。在全县239个生产大队中,首屈一指,多次受到上级表彰。

20世纪60年代后赵庄主要工商企业:

1.纺纱织布厂:始建于60年代初,给石家庄国家棉纺企业加工纱布、包皮布、粗纱布,国棉企业提供皮棉或棉纱按要求纺线织布交给国棉企业,挣加工费,最盛时有60余台脚踏、机动新式织机,用工200多人,大多数是年轻姑娘和老年妇女,最多年利润十几万元。80年代末,因设备老旧、经营不善倒闭;1988年赵庄在原址再建纺纱厂,规模为3000支纱锭、40台新型织机。因经营不善,1996年底停办,设备卖掉。

赵庄村集体企业老织布厂

2.琉璃盆厂:始建于民国初年,是一对邢台地区老夫妇创建的,厂址原在村北不远一块高地上,就地用胶泥土,经过浸泡、滤浆、沉淀、和泥、手摇轮盘手工轮制成大小型号的瓦盆、瓦罐、花盆等,晾干上釉后摆放窑内,用火烧煅,适时出窑。产品有各种型号的瓦盆、瓦罐、花盆、琉璃盆,是当时农户不可或缺的生活用品,效益很好。50年代后期,移交给村集体经营,厂址移至村西北。因技术更新跟不上,十几年后倒闭。

3.制砖厂:大队集体拥有村南、村北2座机制砖窑。村南砖厂是1976年决定将原有烧制手工砖坯的小砖窑改建成机制砖坯、转盘窑烧制的砖厂,年产机制红砖100万块以上,效益不错。1984年5月,决定集资在村北原神宫寨旧址新建机制转盘窑砖厂,建成后承包经营。90年代末,村北砖厂经营不善倒闭拆毁。村南砖窑21世纪初在屡交个人承包仍无起色,也因政府禁止烧制黏土砖而倒闭拆毁。

4.造纸厂:1976年初,决定建设造纸厂。支部书记挂帅,集体投资,在村西南村边上,建起1座占地20余亩的造纸厂。造纸主要原料为小麦秸秆,成品为草纸、包装纸、粉联纸。但因技术不过关、设备老旧、管理跟不上,造纸厂没有正常生产经营。几年后,造纸厂改为蛋托厂,承包给私人经营,时间不长倒闭。2000年3月,造纸厂彻底拆毁,地皮安排宅基地,投资泡汤。

5. 建筑工程队:1966年,村集体组织本村泥瓦匠、木匠等组建建筑工程队,通过努力在井陉矿区建筑行业有了一席之地,村民俗称“井陉建筑队”。井建队由于管理有方、不断添置设备、良好的工程质量、良好的信誉,赢得了建设单位的赞誉,效益也很好。20世纪末,村党支部领导决定将井建队有偿转交给个人经营。后更名为河北天晖建筑工程有限公司,法人代表甄文平。至2019年,仍活跃在井陉矿区及其周围。

6.养猪场:1962年,赵庄大队集体在村西北门西建起了一座存栏数百头的养猪场,1963年8月一场大雨,淹没了猪场,房屋猪舍倒塌殆尽,崽猪、膘猪、母猪、种猪被淹死、冲走,养猪场停办。

7.楼板厂:1970年建成投产,经营效益不佳,后转给个人经营。

8.轧钢厂:1993年3月决定建设,通过集体和个人投资建成。承包经营,经营不善,效益不佳,终因与国家产业政策相悖,年年赔钱,于2002年倒闭,设备被卖掉。

9.铸造厂:1968年建成,投产后主要是给用户铸造灰铁铸件毛坯，头几年经营效益尚可，后逐渐萎缩。80年代中期，被贾白人个体铸造厂收购而消亡。

10.铁器加工厂：50年代末成立，实际上就是有几盘烘炉手工打制铁质农具，如镢头、三齿、铡刀、锛斧、锄钩、菜刀、大车河水车配件等。80年代初，随着新型替代铁质农具的出现，老的铁匠把式张老黑、张白群、贾琏造、张小辈、贾换值等因年岁大、接班人不继而解散。

20世纪七八十年代，是赵庄村集体工商副业的黄金时代，厂点多、效益好。80年代后随着经济的发展、改革开放的深入，发展集体经济、个体经济的环境越来越好，各地镇村集体经济发展很快。而赵庄集体工商企业，有的随着时代的发展被淘汰出局，有的不适于集体经营而复归个人经营。进入21世纪初，赵庄已无一家村集体企业。

第二节 民国时期工商业

20世纪40年代后期，赵庄古镇尚未解放时，日军和国民党统治时期，赵庄东门里、当铺街、损毁后的黄家大院建有三座炮楼。赵庄一、六大集和工商企业及门店稍显萧条。经年近80岁的高连升、戴庚寅等高寿老人回忆，那时集市和工商业情况。

工商服务业门店，东西中心大街自西至东路南依次有计保大车店、鲜果店、张青杂货铺、贾冬至烧饼油条铺、李生明干果店、张斌茶馆、韩狗成饭铺、贾吉肉铺、蔡兰柱饭铺、理发馆、张芳武药铺、关玉珠杂货铺、木质水桶铺、韩小明醋坊、李小庆烧鸡铺、刘小锁麻糖铺、刘家饸饹锅、(村公所)、张兰亭饭铺。路北自西至东依次是鲍老明扒糕店、汪翔杂货铺、天增号杂货铺、张茂商店、贾振兰自行车修理铺、(原黄家大院，荒芜)、(乡公所)、李四福茶馆、张宝琦药铺、李老义酒店、韩金吾金银饰品店；关爷庙南北街路东自北向南依次是蔡白丑饭铺、李老坤酒店、李老坤粮店、韩三元瓷器店、王连玉棺材风箱铺。路西自北向南依次是蔡家干果店、戴玉振药铺、义丰号布店、贾春饭店；东西郭家街上还有郝家染坊、甄老毛大车店、贾文斌粮店。赵庄共有各类工商服务门店40余家。

每逢一、六大集，大型集贸交易专业市场有：东西大街西头骡马牲口市、三官庙前皮棉、棉线、土布市，东门里大水坑北猪市、羊市。郭家街路北关爷庙以东临街粮食市、糠市。关爷庙南煤市。还有花生市、鸡鸭市、冬菜市、食用油市等。

散居全村各户的工商业者还有木工作坊：甄老巩、韩黑丑、王连玉、周杏林、贾老胖等家；铁业作坊：张老黑、张白群、贾计连等家；瓦匠：贾银秋、韩小兰、甄小绽、郭小明等；榨油坊：贾小眼、胡老旦、黄振江等家；香油坊：韩吉造、鲍群、甄银贵、杨某某等家；醋坊：韩计明、包成祥等家；屠宰坊：蔡庆、贾吉(东玉家)、张山子等家；挂面坊：齐珍宝、贾秋申、蔡小刁、蔡学、李文采、鲍四元等家；豆腐坊：贾四亭、贾拴柱、韩小欢、张选(兼做豆腐丝)等家；纸扎裱糊店：韩小墩、郭二丑、赵喜福等家；卷子(馒头)坊：高焕楠、黄玉明、贾玉栋等家；饸饹坊:韩科弛、蔡双苟等家；豆腐脑儿坊：黄小夫、黄喜来、赵德等家；糕点房：甄黑蛋家；吊炉、缸炉烧饼：蔡老多、李秋来、韩学增等家；金银首饰加工：韩金吾、李奎章等家；豆芽房：张九成、韩小欢等家；粉坊：黄大混、韩秋贵等家；饧坊：贾石贾容家；锡壶作坊：甄文德家；黑白铁作坊：张选家；旋木锭坊：甄文奎家；做纺车：韩小妮家；焗盆钯碗：甄老牛、张友臣；修鞋：周和顺；弹棉花店：鲍小明、甄老锁、高瑞祥等家；钉马掌：贾文秀、张小雪等家；裁缝铺：杜庚辰、杜秋长家；理发店：韩明玉、韩明喜家。

第三节 2014年工商业

随着国家改革开放政策的持续实行，大力发展国民经济成为全民的主旋律。赵庄村民同样放开手脚全力发展经济。2014年统计，6000余名成年人中，从事工商服务业及运输业的2500余人，占成年人口的40%左右。全村工商服务餐饮业140余家，其中有一定规模的企业15家。

2014年赵庄工商企业统计一览表

表13-1

名　　称	经营者	名　　称	经营者
藁城区书英化肥经销处	甄书英	藁城区保虎缝纫加工厂	贾保虎
藁城区峰涛装饰材料经销处	韩峰涛	藁城市凯旭家电维修部	甄凯旭
藁城区利洋汽车配件经销处	高利洋	藁城区瑞江铁马凳厂	黄瑞江
藁城区丽洋服装厂	韩丽丽	藁城市雪洁日用品门市部	王雪洁
藁城区语音日化经销部	鲍星岩	藁城市恒佳铝合金门窗加工	张卫朋
藁城区畜发养殖设备加工厂	贾晓亮	藁城市韩磊日用品门市部	辛永红
藁城区利争手机经销部	利　争	藁城市军朝化妆品门市部	郭军朝
藁城区琪瑶租赁站	黄闪闪	藁城市江涛日用品经销部	贾江涛
藁城区晓丹服装厂	甄国英	藁城市永建五金经销部	韩建永
藁城区鑫科钢模板租赁站	贾文忠	藁城市韩记蛋糕店	韩立建
藁城区旭冉家电经销部	辛永亮	藁城市诚实家具厂	韩建国
藁城区地生金蚯蚓养殖场	韩志国	藁城区玉春木器加工厂	贾新兵
藁城区东明建筑材料租赁站	高晓东	藁城区迪奥家具厂	张海鹏
藁城市康城笼网厂	张月宾	藁城区名仕家具厂	高鹏飞
藁城市李向百货商店	黄晓峰	藁城区振雷纸制品厂	郭振雷
藁城市洋气服装经销部	黄永泽	藁城市玖玖日用品门市部	韩慧敏
藁城区财富家庭农场	黄瑞江	藁城市利庆钢模板租赁站	贾文庆
藁城市贾静烟酒门市部	贾　静	藁城市路通制衣厂	董建生
藁城区辉科建筑器材租赁站	戴立勇	藁城区甄小华商店	甄小华
藁城市鑫星艺术玻璃加工厂	刘建民	藁城区赵庄村通讯器材经销部	张剑波
藁城区慧祥水泥构件厂	黄赛虎	藁城市赵庄村黄增力商店	黄增力
藁城市振磊蜡烛厂	焦振磊	藁城区赵庄村永霞商店	左秋分
藁城市爱宝玩具批发中心	甄　鹏	藁城市赵庄村刘全福商店	刘全福
藁城市惠通饲料经销处	甄玉军	藁城市赵庄村一鸣商店	高俊霞
藁城区赵庄村玉莲商店	张建国	藁城市赵庄村顺义商店	褚荣花
藁城区雪芬家庭农场	鲍俊卫	藁城区赵庄村黄渣渣商店	韩国英
藁城市众太面包房	鲍　强	藁城市怡景烟酒门市部	刘玉亮
藁城市滕顺汽车服务中心	蔡立辉	藁城区赵庄村高素琴商店	高素琴
藁城市甄秀香商店	甄秀香	藁城区赵庄村一站通商店	郭世勇
藁城区德金日用品商行	王　景	藁城区赵庄村甄书商店	王新房
藁城区志超家庭农场	黄志超	藁城区冠军烟酒门市部	贾小华
藁城市俊强家庭农场	周占永	藁城市晓磊家电维修门市部	李晓磊

续表 13-1

名　　称	经营者	名　　称	经营者
藁城区书占钢管租赁站	蔡书占	藁城区赵庄大正商店	刘文利
藁城市华强装饰材料经销部	贾华强	藁城区建彬建材经销站	王建彬
藁城区二贵钢模板租赁站	韩二贵	藁城区赵庄村张瑞素商店	贾建华
藁城市建卫有机肥经销部	王建卫	藁城市赵庄村韩兰生烟酒部	韩兰生
藁城市德强肉食店	鲍德强	藁城区赵庄村樊航天百货部	樊明达
藁城区同华饲料经销处	贾同华	藁城区金国烟酒门市部	张金国
藁城区华发钢管租赁站	刘彦华	藁城市赵庄村航航商店	黄建社
藁城区众和钢管租赁站	贾荣林	藁城区赵庄村双秀商店	黄永斌
藁城区康康烟酒门市部	张俊德	藁城市赵庄村李大丑商店	李大丑
藁城区润泽钢管租赁站	高艳芬	藁城区赵庄村张须商店	张小须
藁城区乘风钢模板租赁站	贾建中	藁城区赵庄村甄秀晨商店	甄秀晨
藁城区国友钢模板租赁站	杜平江	藁城市赵庄村张瑞喜商店	张瑞喜
藁城区会霞烟酒门市部	包会霞	藁城区赵庄村东喜商店	韩东喜
藁城区思寒服装厂	魏雪蕊	藁城区永胜纸制品销售部	黄荣振
藁城市赵庄恒泰通讯器材厅	高俊霞	藁城区赵庄村双军商店	贾双军
藁城区永强通讯器材经销部	张永强	藁城区欣欣钢模板销售站	贾小霞
藁城区裕盛铸造厂	韩文力	藁城区赵庄村双印商店	贾双印
藁城区瑞泰建筑器材租赁站	鲍云华	藁城区恒达周转材料商店	黄健中
藁城市金泉香油厂	冯连水	藁城区赵庄村军美立商店	鲍军立

2014 年赵庄有一定规模企业一览表

表 13-2

企业名称	企业性质类型	法定代表人	企业名称	企业性质类型	法定代表人
石家庄市藁城区绿沃肥业有限公司	私企、内资	王建卫	石家庄市藁城区爱佳童车组装厂	个人独资	李永刚
藁城市荣昌玛钢有限公司	私企、内资	蔡双月	石家庄市达安铸造有限公司	私企、内资	裴利伟
石家庄书贵钢模板租赁站	个人独资	韩书贵	石家庄市藁城区意达纺织有限公司	私企、内资	赵新杰
石家庄市溢香粮油有限公司	私企、内资	丁文革	河北富昌贸易有限公司	私企、内资	蔡林芳
石家庄市藁城区新民大药房	个人独资	张建峰	石家庄普圣货运有限公司	私企、内资	胡书霞
石家庄市藁城区华蒂曼家具厂	个人独资	贾建国	石家庄晨铭金属制品有限公司	私企、内资	蔡立萌
石家庄市藁城区天诚纺织有限公司	私企、内资	赵建设	石家庄茗叶阁茶叶贸易有限公司	私企、内资	郭立斌
石家庄市藁城区绿沃肥业有限公司	私企、内资	王建卫	藁城市医药药材公司赵庄大药房	个人独资	蔡莉敏

第十四章　赵庄大集

赵庄建村在战国时期，有 2300 多年的悠久历史，是明、清以来的著名古镇。赵庄古镇农历每月逢一、六大集，为藁城县、正定县一带声名远播的大集。

第一节　产生

集市，在农村或小城镇定点、定时进行商贸产品交易的市场。

《中国古代农村集市的发展概况》载：中国历史上农村集市起源很早，“日中为市”“交易而退，各得其所”，这种小生产者之间的贸易，至少可上溯到秦汉之前的远古时代。唐宋以来，随着社会经济的发展和坊市制度的废弛，墟集贸易日渐活跃。宋代已有不少墟集征收商税。还有一些墟集更因交通便利、贸易繁盛，逐渐发展为镇市。

不过，农村集市的大规模发展是在明中叶以后，它是随着商品经济的发展而发展的。在华北地区，州城、县城集市多在明初设立的；乡村集市中则有相当一部分是在明代中叶成化—正德年间兴建的，嘉靖—万历年间其数量更迅速增长。到嘉靖—正德年间，全国各主要省区大体已形成一个初具规模的农村集市网。

赵庄大集，起始在何时，尚无从考证。明嘉靖十三年(1534)李正儒编修的《藁城县志·坊市》记载藁城县有 12 个集市，分别是城内、丘头、故献、梅花、倪家庄、贾市庄、南董、两河、南孟、赵庄、只都集。“赵庄集，一、六日”。这是迄今为止“赵庄大集”最早的文字记载。赵庄建村历史长，人口多，交通便利，周围村庄密集，经济相对发达，赵庄大集在明嘉靖年间发展成为藁城北部首集，说明赵庄大集由小到大，时间久远，应当在明代前，唐宋时期就形成了集市。赵庄集市的日渐繁盛，促进了赵庄村的发展，在明嘉靖年间发展成赵庄镇。

清康熙三十七年(1698)赖于宣修、张内宿纂，康熙五十九年(1720)阎尧熙增修的《藁城县志》载：“在城集四九日，南孟集 二七日，美化集 二七日，南董集 三八日，赵庄集 一六日，岗上集 一六日，两河集 三八日，贾氏庄集 三八日。”

上述记载说明，至清朝初年，藁城域内集市减为 8 家，赵庄大集依然在列。说明赵庄大集历经数百年，兴盛不衰。

藁城域内集市，明嘉靖十三年 (1534)《藁城县志》载有 12 家，清康熙三十七年(1698)《藁城县志》载有 8 家集市，经过明末清初战乱天灾，集市存 8 废 4，符合历史发展实际。

第二节　规模

1923 年(民国十二年)林翰儒编纂的《藁城乡土地理》载：“赵庄镇，在县城西北，距城四十里。滹沱北之首镇也。有堡墙周约三里。商民殷富，街市整齐。有巡警驻在所。国民小学在焉。每月一、六日开集，商贾云集，杂货纷陈，贸易之盛，不亚梅花。而布商猪市尤大。为各镇所不及。”

赵庄一、六大集规模确实很大。尤其是新中国成立初期，安定和平，经济发展，人们安居乐业，集市更为繁荣。那时，东西长街、关爷庙街、郭家街、当铺街两侧酒店、饭店、粮店、食杂店、百货店、布店、茶馆、肉铺、药店等商铺鳞次栉比，计 50 余家。每月 6 集，每逢农历初一、初六、十一、十六、二十一、二十六开集，集市占满东西长街、关爷庙街、当铺街和郭家街。东西长街自西门里起至东门里三里长，依次是骡马市，土布、棉线和棉花市，各类生活用品及食品市、木货市，东门里水坑边是猪市。关爷庙街自东西长街起向南依次柳编和草编市、铁木农具市和煤炭市。郭家街主要是粮食市和麸糠市。当铺街小吃、杂货也占满街道。东西长街中段各种流动摊贩在街中心依次摆摊设点,两侧行人。每逢集日,赶集上店人们从四面八方涌进赵庄,距离近者5里、8里,远者10里、20里,更远者有百里之遥。致使以四条街道为主要交易场所,挤满交易人群。特别是中午时分,集市上人挤人、人挨人,熙熙攘攘、摩肩接踵,叫卖声、要价还价声、寒暄说笑声不绝于耳。据不完全统计,集日聚集人数在2万人以上。除固定商铺外,赶集交易的流动摊贩200家以上,每集交易额按现在币值当在500万元以上,辐射100平方公里以上。布商、粮商、猪商远的来自石家庄、定州、保定、天津、北京和邢台、邯郸等大中小城市。

第三节 盛况

据80岁左右的老人回忆,赵庄大集最为繁华的时期,为20世纪20—30年代和新中国成立后的50年代。

20世纪20—30年代,农村人民生活相对安定,小生产者剩余农产品,唯一的出路是在集市上交易。随着交通的相对畅通,远道的行商也不肯缺席大的集市,这就推动了集贸市场的发展。那个时期,赵庄古镇内东西长街、郭家街、关爷庙街两侧商铺鳞次栉比,一家接着一家。除酒店、肉铺、饭铺、日用杂货铺、粮店、茶馆、食品店、金银首饰店、药铺外、大车店、旅店,以及24家布店遍布几条街上,另外当铺设在今李老歪、张青山等几家宅基地上,北起东西长街,南至郭家街,铺面很大,并有一家钱庄。部分布店和当铺是大地主黄俊明、黄后裔家经营的,钱庄和部分布店是外地人,布店、钱庄、当铺的店员大多是山西人,本地人称"老西儿"。规模较大的商铺有堂号,如:怀德堂、荣德堂、厚德堂、明德堂、余庆堂、百仁堂、天增号、茂兴永、同德合、实德堂、圆盖堂等。日常各店铺天天营业。每逢农历集日,街上的店铺天一蒙蒙亮就开始清洁门店,摆放货品,流动摊贩也早早占据地盘,摆放货品。集市上,除骡马市、棉花土布土线市、粮食市、猪市、煤炭市外,其他摊贩五行八作、杂货纷陈:小吃食品、糕点果品、针线布匹、日用百货、油盐酱醋等副食品、文化用品、玩具用具、车马挽具、铁锹刮板等铁制农具、耠耧犁耙等木质农具、粪筐抬筐等柳编用具、苇席席篓等生活用具等,还有剃头的、修脚的,焗锅余梢的,焗盆钯碗的、修风箱卖纺车的,占满4条街。上午八九点钟,四面八方赶集上店人群涌来,很快集市上就挤满了人,人挨人、人挤人,商铺琳琅满目熙熙攘攘,摩肩接踵,叫卖声、讨价还价声、熟人相见寒暄声不绝于耳。还有打扇子鼓唱喜歌的乞丐,逐个门店唱喜歌求打赏。交易量最大的是猪市、棉花(布、线)市,其次是骡马市、粮食市。猪市每集交易肥猪数百头,肥猪多数被定州、保定、石家庄的屠宰厂收购,西北门里高东元、高树新一家是送肥猪专业户,分群连夜徒步赶着猪群送至屠宰场。

集市照片

镇内五六家饭店往往人满为患,标志着其时的繁华程度。时近中午,饭店个个座无虚席,吃饭的,请客的,猜拳行令,吆五喝六,热闹非凡。直到日落西山,赶集人员和摊贩散尽。多数店铺和饭店仍然是灯火辉煌,这时在饭店吃饭喝酒的多数是经纪牙行、捉秤的提斗的,本村的、外村的,有近百人之多,到饭店开怀畅饮,直至酒足饭饱。

赵庄古镇庙宇多,庙会也多。正月二十一东门奶奶庙、正月十五天官庙、七月十五水官庙、十月十五地官庙、五月初一寨子(神宫寨)庙、十一月十五大寺(弥陀寺)庙、二月十九观音、老母庙,等等。

庙会,旧称"庙市"或"节场",既是一种风俗、民间信仰和文化娱乐活动,又是中国集市的重要形式。

庙会比单纯的集市更具有色彩，它把商品交换、社会交往、民俗信仰、会亲访友、娱乐热闹等活动集于一身。如果庙会时逢集日，人流似海，商品如山，人群和商品比通常集日多出几倍。拈香拜佛的，贩卖购物的，唱戏和耍马戏的，拉洋片走马灯的，玩戏法和耍手艺的，等等。往往能招来几十个乡、县，甚至几个省、自治区的群众来助兴。繁华热闹，整个村镇沉浸在节日的氛围中。

新中国成立后的50年代，社会安定，土地改革，使耕者有其田，家家丰衣足食，集市商铺当铺解散、布店减少、钱庄撤走，但是新添了其他店铺。骡马市、棉花(土布、土线)市、猪市、粮食市、煤炭市仍在原址未变，交易量更大。集市上其他摊贩仍然占满东西长街、关爷庙街、郭家街和当铺街，集市贸易更加兴盛繁华。尤其春节前腊月二十六，集市上人满拥堵，交易从天亮进行到繁星满天。其繁茂之状，远非旧时可比。

新中国成立后经过70年发展建设，经济社会发生了翻天覆地的变化。进入21世纪，机械化、电气化的完全实现，旧式农具、生活用具进入历史，役用骡马牛驴不再有。猪、羊、鸡、鸭实行规模化养殖，不再一家一户养殖。服装被褥用混纺、化纤、绸缎，没有了土布土线。农业种植主要是小麦、玉米，直接销售给国家。因此现代集市因功能减少而日趋萎缩。赵庄一、六大集没有了骡马市、棉花市、粮食市、煤炭市和猪羊市，也没有了铁木农具和柳编、纬编用具市场。现代集市摆摊设点的种类主要是衣服鞋帽、家用电器、副食调料、卫生化妆用品、水果蔬菜等。集市规模大大缩小，仅在东西长街中段，过中午就散集了。

第四节　商户

20世纪20—30年代，尤其50年代，赵庄镇中心四条街两侧，商户有40余家。(参见本志第十三章工商企业第四节 商户)。

商户集中的街道

散居在镇内各处的商户作坊(参见本志第十三章工商企业第四节 商户)

第十五章 财税金融

第一节 财税机构

一、财政管理机构

清宣统三年(1911),藁城设有理财所。1914年理财所归并参事会。1921年冬成立财政所,设在藁城旧城十字街(四明楼处)内正北关帝庙。1924年复并入参事会。1928年改设财务局,,办公地点迁至地藏庵。1933年改称财政局,设局长、文牍、会计各1人。

抗日战争时期,藁城抗日县政府设财政科。1952年12月,县政府财政科改为财粮科。1954年复为财政科。1958年6月,财政科、税务局、保险公司合并,成立县财政局。1961年12月析财政局置税务局。1962年5月财政局改为财政科。1968年1月县革命委员会成立,撤销财政科,改设财贸组,隶属生产指挥部。1972年2月,财贸组、税务局、工商局合并为财税局。1982年1月,析财税局设财政局、税务局。1985年1月,建立乡级地方财政,28个乡镇均成立财政所,具体负责农业税征收和经费领发等工作。1995年3月,成立国有资产管理局。1998年1月,成立藁城市收费管理局,挂靠财政局。2005年12月,财政局内设机构12个:办公室、预算科、农财科、企业科、综合科、事业科、监察科、会计事务科、国库科、国资科、财政支付中心、政府采购中心。挂靠单位:农业税收征收管理局、收费管理局。

赵庄村财接受县财政局、镇才财政所管理指导。

二、税务管理机构

民国初期,一切赋税均归县知事掌管。

1938年,藁城始建税务稽征所,隶属抗日根据地冀南行署四分局三支局。1946年5月,在藁城建立税务支局(为解放区冀中行署四支局),领导7个直属所。1948年成立县税务局,内设秘书室、税收股会计股。下设7个税务所,分别是县城、兴安、贾市庄、梅花、丽阳、岗上和南孟。

1958年7月,县税务局并入财政科,1959年7月恢复原7个税务所,归县财政局领导。1961年12月复设税务局,1962年增设赵庄、小果庄、南董3个税务所。1968年7月5日税务局撤销,税务工作由生产指挥部负责。1969年12月26日,县革委生产指挥部税务市场管理所负责工商、税务工作,基层所改为税务市场管理所,仍为城关、兴安、赵庄等10个所。1972年2月县革委生产指挥部设财税局,取消税务市场管理所。1974年7月,基层所复名税务所。1980年撤销赵庄、小果庄税务所,建张家庄、增村税务所。1982年1月,析财税局为财政局、税务局。税务局下设城关、兴安、贾市庄、梅花、岗上、丽阳、南董、南孟、张家庄、增村10个税务所。

1989年藁城县税务局更名为藁城市税务局。

1.藁城市国税局

1994年7月,国、地税机构分设。藁城市国税局成立。内设办公室、计会科、税政科、征管科、人教科、监察室、计算机中心、税务咨询所。派出机构:税务检查室。设立直属分局:市直分局、稽查分局。设立基层税务分局、所12个:廉州分局、兴安、贾市庄、梅花、丽阳、岗上、良村开发区、南董、南孟、张家庄、增村税务所。

2005年9月,局内设行政科室7个:办公室、税政管理科、征收管理科、计划征收科、人事教育科、监察室、办税服务厅。直属机构:稽查局。事业单位:信息中心。派出机构9个:第一至第七税务分局。第一、第二税务所。以后,机构变化不大。

2.藁城地税局

1994年7月,藁城地税局成立,设市直分局、廉州分局;设兴安、贾市庄、梅花、丽阳、南董、岗上、良村、南孟、张家庄、增村10个税务所。1997年成立税务警察室。

2003年1月，增设税风税纪督查室。城区征收分局和城区管理分局合并为城区税务分局。4月，内设机构改为7个：办公室、政工科、会计科、税政征管科、税警室、、监察科、税风税纪督查室；下辖城区分局、稽查局、开发区征收分局、兴安所、梅花所、丽阳所、张家庄所、南董所、增村所。2005年后，机构无大的变化。

2018年，国、地税机关合并。

赵庄村工商企业在税收方面接受藁城税务局、所属税务所管理，照章报税、纳税。

第二节　财政收支

赵庄村财政收支

赵庄村自新中国成立至2019年，70年来村集体财政收入有限，村集体每年的财政收入仅够村党(总)支部、村委会的管理费用支出，或年终略有结余，集体经济一直以来都非常薄弱。20世纪五六十年代，村集体收入主要是村提留，仅够维持管理费用。70—90年代，随着经济的发展，村集体兴办30多家集体工商副业，但多数规模小，收益甚微，最多年纯收入在12万元左右，村提留每年27万元左右，加上其他一些收入，有50万元左右，除管理费用外，逐年增加教育设施建设、修建出村公路，年年也是捉襟见肘。新办企业，大多靠举债。进入21世纪，村不再收提留，主要靠少数村办企业承包费、个体企业占地费和管理费、村民零星占用宅基地以外土地的占用费，每年的收入也不过六七十万元，除支付干部工资、管理费外，加上政府部门支持的资金，用于出村公路的翻修、东西长街和商品街拓宽硬化、围村路、村内主要街道的整理硬化、教学楼的建设。2010年，村集体总收入729737元，当年支出483891元，上年结余285109元，年终结余530955元。当年公共基础设施建设投入30余万元。2015年5月1日正式施行村财镇管，4月30日上缴结余现金221552.67元。上级拨付改厕补助款54.84万元，其中含税2.956万元。2017年以来，村集体没有工商企业，没有工商企业收入来源。主要靠企业征用土地，按政策村集体分成部分和开发建设住宅楼村集体提留管理费，除村干部和用工报酬、办公费用外，有结余财力就搞点环境改善和村内道路建设。

第三节　税收

一、农业税

农业税，俗称“公粮”。

税率与税额

明洪武初年（1368)，县内官地民地入户部者107201.24亩，其岁额收入夏税小麦1002.6464石，秋税粟米2257.271石。

清顺治十一年（1654)，全县有实在地497437.268亩，共征银16166.5371两。

清嘉庆六年(1801)，征地粮正银24377.845两，遇闰加银1174.386两。耗银3034.855两，遇闰加银141.138两。留支正银1851.118两，遇闰加银116.976两。实起运正银22526.727两，遇闰加银1057.41两。

1920年（民国9年)，共征地粮正银24194.975两，折银圆55648.443元，征地租银4901.579两，折银圆9903.158元。军饷租银收11.327两，折银圆22.674元。随租代征各种经费共53393.377元。

1933年，田亩共692135亩，粮租收入为55671元。粮租总数为额银24206两，每亩平均约0.126元，田赋附加47945元。

1936年，田赋总收入92149元，其中正税额54803元，附加税额77346元。

抗日战争时期，抗日县政府开征救国公粮，负担面80%。在征收额中，农民最高负担为总收入的20%，地主最高负担为总收入的30%。以后实行合理负担，统一累进税，按田亩和收入的多寡负担，每人扣除一免税点(一免税点定为1.5富力，一年改评一次。富力,当时财政收入的计量单位。农业收入1富力合10斗谷),税率统一为16等,按等累进,从第2等至第5等以0.05为累进率,第5等至第16等以0.1为累进率,以分为计征单位,按富力定分,以人计分,分数每年改造一次。时每分应纳税额:民国30年为1.35斗米(每斗重16市斤),民国31年为0.9斗,民国32—34年均0.85斗。

中华人民共和国成立初期,实行比例税制,基本上是雏形,税率、税额尚不稳定。1949年税率为每负担亩17~20斤(小米,下同),1950年是14.5%,1951年夏征平均税率为16.8%。全年每负担亩约11公斤,秋征时改为每负担亩10.5公斤。1952年、1953年税率为每负担亩11公斤。1954年凡定产七成年景以上的地区,每负担亩为11.5公斤,不足七成为11公斤。1955年全县有17个贫困村每负担亩10.5公斤,其他21个村仍按11公斤计征。1956年耕地税率16.7%,农林特产税率为20.85%。1957年平均税率(下同)为17.37%,1958年6月3日第一届全国人民代表大会第96次会议通过《中华人民共和国农业税条例》,规定全国平均税率为常年产量的15.5%,河北省规定为15%。1958年河北省农业税率为16.815%,1960年为16.4%,1961年初为9.57%,后调整为9.44%。1962年定为10%,一直未变。

"三提五统"是农业税的地方附加。《农业税条例》规定:"地方政府规定的地方附加,一般不超过纳税人应纳征税的15%,最高不超过30%。"赵庄村委资料记载,1999年农业税16.2375万元,耕地亩均负担22元。地方政府附加37.3384元,耕地亩均负担50元。村提留27万元,耕地亩均负担36.7元,耕地亩均负担合计108.7元。

2004—2006年,主要是按照"多予、少取、放活"的方针,逐步取消农业税。2004年,国家开始大幅度降低农业税税率,首先选择河北、河南、江苏等11个产粮大省农业税税率降低3个百分点,其余省份农业税税率降低1个百分点,农业税附加随同正税同时减征或免征。2005年对592个国家扶贫开发重点县实行免征农业税。2004年农业税税率降低1个百分点的省份再降低4个百分点,原农业税税率降低3个百分点的省份再降低2个百分点,农业税附加与正税同时减征或免征。从实际实施情况来看,全国共有28个省份全部免征了农业税,山东、河北、云南三省也有210个县免征了农业税。2005年12月19日,十届全国人大常委会第十九次会议通过了关于废止《中华人民共和国农业税条例》的决定,2006年1月1日起,全国彻底取消了农业税及农业税附加。

地方附加

明清时期不详。

民国初期,田赋附加百余种,成为农民沉重负担。当时附加税额常超过正税额数倍乃至20余倍。1933年(民国22年)附加税率为每元附加0.8745元,共征附加额为47945元。1936年,附加税征收方法是每大粮1元附加1.2023元,每升粮1元附加1.1414元,每拨补粮租1元附加1.6173元。

藁城解放后,随农业税征收的地方附加(时称地粮附征),1949年为粮食总产量的3%。1950年规定最高不超过正税(下同)的15%,1951年最高为20%。1953年与公粮合并,附加停征。1954年为8%,1955年为11%~12%。1956年凡不到九成年景的农业社,省附加按公粮实征数的7%附征。乡附加(不到七成年景)不超过3%。对九成年景以上的农业合作社,省附加则按实征公粮的12%附征,乡附加按七成年景不得超过5%(时县附加停征)。1957年为14%,1958年为30%,1959年省附加7%,乡附加2%~5%。1962年河北省规定农业税附加为10%,其中省、乡各5%。1963年因遭水灾,免征乡附加,只征省附加5%。1964年为安排农村社会主义教育经费,农业税地方附加提高到15%,其中省附加提高到10%,乡附加仍为5%。1986年对农业税附加上缴比例进行了调整,将省原集中的农业税附加10%改为5%,留县5%,重点用于扶持贫困乡中、小学修缮和乡村道路建设。乡附加未变。

2004年开始,随着农业税税率的降低,农业税附加也降低。至2006年1月1日起,农业税附加随着农业税的取消而取消。

1969年,赵庄农业税190859斤小米,省附加19089斤小米,乡附加9543斤小米;1999年农业税16.2375万元,乡统筹37.3384万元,村提留27万元;2000年农业税12.1473万元,乡统筹37.3384万元,村提留17万元。2016年1月1日起,随着农业税及附加的取消,乡统筹、村提留同时取消。赵庄农民从此不再有税费负担。

征收价格

1954年以前,农业税代金采用高价政策(标准麦旧人民币每斤1100元),通过既定实物品种折合率折合。1955年农业税征收采取货币换算,依照中等米的统购价格折算,核定代金价格为每百斤小米(下同)9.6元,1958年核定为12.5元,1959年改为按当时中等牌价9.7元,1961年未征代金,当时米价为每百斤12元,接受棉花米价为9.7元。1962年米价为11.6元,1965年为12元,1972年为14元,1979年调整为16.5元。1985年农业税折征代金,统一按小米比例收购价每百斤21.7元计算(执行河北省统一价格,即37%按原统购价,63%按远超购价)。

农业税实际负担

清顺治年间,按地等索租银,“每亩额银数倍粮则”,农民无力偿租,其地被地主强夺而流离失所。

民国时期,有田赋征实、粮食征购、征借,田赋征实给价极低,且部分价款只发给粮食库券或法币储蓄券,不给现金。后又废除粮食库券,只在田赋单上注明征借数,不计利息,其征借范围亦不断扩大。

中华人民共和国成立后,长期执行鼓励增产和稳定负担并重、增产不增税的轻税政策,农业税实际负担率(农业税正、附税计征任务占全年农业实产之比例),随着生产发展和人民生活水平的提高而逐年降低,1949年为9.99%,1952年为7.3%,1962年为6.25%,1979年为3.38%,1985年降为1.93%。2004年后,农业税和地方附加逐年降低。2006年1月1日起,彻底取消了农业税和地方附加。

二、工商各税种

1.税制及税种

民国初年,沿用清末税制,无国、地两税之分。1913年(民国2年),北京政府制定国家税、地方税草案,国、地两税初见端倪。1923年(民国12年)《藁城乡土地理》记载:“藁城赋额之多,他县罕匹。其余如骡马税、籽花税以及各种杂税尤多,故藁民负担甚重。”民国17年,南京国民政府重颁国家、地方收支标准,通令各地执行。县内国税以烟酒、印花税为主。省税以契税、牙税、牲畜税为主。地方杂税杂捐有羊圈税、牲畜绳捐、教育附加等。

民国《续修藁城县志》记载:“民国19年,各项捐税,系由人民投标包征,包征额之多少,逐年而异。”开征税种有:牲畜正税、籽花税、穰花税、屠宰税、牲畜牙税、棉花牙税、瓜果牙税、粮食牙税、煤炭牙税、油皮麻绳牙税、买契税和典契税等。各种地方附加捐有:羊圈捐、牲畜捐、商戏捐、契税附加和教育附加等。1938年,开征税种有:烟酒税、烟酒牌照税、卷烟特税、外货入境税和印花税等6种。

1946年1月,解放区开始建立新税制,统一执行晋冀鲁豫边区政府所颁税收法规。为贯彻落实繁荣城乡经济,保护与支持工商业发展,抵制外货入境,加强税务稽私,开展对敌经济斗争,保证军需民用,实行减轻人民负担等项政策,先后开征出入境货物税、酒税、香烟产税、工商所得税、交易税和屠宰税等7个税种。

1985年国家工商税收计有25个税种。县内实际开征17种:产品税、增值税、营业税、国营企业所得税、国营企业调节税、集体企业所得税、城乡个体工商户所得税、个人收入调节税、个人所得税、烧油特别税、建筑税、奖金税、城市维护建设税、屠宰税、牲畜交易税、房产税和车船使用税。

此外根据国务院1983年3月18日颁布的《国家能源交通重点建设基金征即办法》,开始征收能源基金。

2.税率和税额

(1)民国时期的工商税率、税额

1930 年(民国十九年)征收税种、税额情况表

表 15-1

税种	税率(分)	税额(元)	税种	税率(分)	税额(元)	税种	税率(分)	税额(元)
牲畜正税	3	23500	瓜果菜牙税	1	2888	典契税	3	518
籽花税	1	4700	粮行牙税	1	7755	差徭	年	2517.6
穰花税	1	5235	木行牙税	3	2556	官款生息	年	542.4
屠宰税	3	11810	布牙税	1	1800	附加学费	0.6	913.5
牲畜牙税	3	17500	花生牙税	3	5402	附加省学费	0.3	51.8
棉花牙税	1	8625	煤炭牙税	3	2978			
花籽牙税	3	2646	油皮麻绳牙税	3	1116			
油饼牙税	3	7525	买契税	6	9135			

地方附加捐:羊圈捐每年每只 1 角,市捐 3 分,省公署民国 13 年 5 月核准额数 613 元;牲畜省捐每省抽收 1 角,民国 19 年 7 月教育、财务两局会呈提交县议政会议决额数 750 元;商戏捐,演戏一天抽收 3 元,商捐按营业额大小抽收,民国 13 年 5 月省公署核准额数 3000 元左右;税契附加、民间田房税契随时缴纳,买契 3 分,典契 1 分 4 厘。民国 13 年 5 月省公署核准额数 2000 元,以上共征收 6363 元。

(2)中华人民共和国成立后的工商税率、税额变化

国民经济恢复时期(1950—1952 年):

货物税计有 358 个税种,分为 9 大类。税率最高为 120%(卷烟甲、乙、丙、丁级分别为 120%、110%、100%、90%),最低为 3%(煤、生铁),其他酒类 20%~100%,饮、食品类为 3%~40%。

印花税共 30 个类目,税率分为三类:一是定额税率;二是比例税率,依凭证性质分别按千分之三或万分之三计算;三是分级定额税率。

工商营业税依营业额计算者分为:(甲)按营业总收入额计算征收,分工业和商业两部分。工业部分 26 个行业,税率从 1%~3%,共分五级。奢侈品、迷信品制造业均适用 3%,共分 1.5%、2%、2.5%、3%四级;煤炭、书报业适用 2%。钟表、眼镜、干鲜和其他贩卖业适用 3%。(乙)按营业总收益额计算征收的 26 个行业,税率 1.5%~6%,共分 1.5%、2%、2.5%、3%、3.5%、4%、5%、6%八级。

工商所得税实行十四级全额累进税率,税率从 5%(年所得额未满 100 万元,旧币)~30%(全年所得额在 300 万元以上)。

社会主义改造时期(1953—1956 年):

营业税分为:(甲)按营业额总收入计算征收者分 39 个类别,税率最高为 3.5%,最低为 1.5%;(乙)按营业总收益额计算征收者 29 个类别,税率最高为 15%,最低为 2%。

所得税实行 21 级全额累进办法计算征收,见表:

1953—1956 年所得税分级税率表

表 15–2

级次	所得税额级距	税率%	级次	所得税额级距	税率%
1	年所得额未满 300 元者	5.75	12	所得额在 1300 元以上未满 1400 元者	18.4
2	所得额在 300 元以上未满 400 元者	6.9	13	所得额在 1400 元以上未满 1500 元者	19.55
3	所得额在 400 元以上未满 500 元者	8.05	14	所得额在 1500 元以上未满 1700 元者	20.7
4	所得额在 500 元以上未满 600 元者	9.2	15	所得额在 1700 元以上未满 2000 元者	20.7
5	所得额在 600 元以上未满 700 元者	10.35	16	所得额在 2000 元以上未满 2500 元者	23
6	所得额在 700 元以上未满 800 元者	11.5	17	所得额在 2500 元以上未满 3500 元者	25.3
7	所得额在 800 元以上未满 900 元者	12.65	18	所得额在 3500 元以上未满 5000 元者	27.6
8	所得额在 900 元以上未满 1000 元者	13.8	19	所得额在 5000 元以上未满 7500 元者	29.9
9	所得额在 1000 元以上未满 1100 元者	14.95	20	所得额在 7500 元以上未满 10000 元者	32.2
10	所得额在 1100 元以上未满 1200 元者	16.1	21	所得额在 10000 元以上者	34.5
11	所得额在 1200 元以上未满 1300 元者	17.25			

全面进行社会主义建设时期(1957—1966 年)。

1958 年 9 月 13 日,开始执行国务院《工商税统一条例》。其中,工农业产品部分,计有税目 105 个,税率最高为 69%(甲级卷烟),最低为 1.5%。商品零售、交通运输及服务性行业部分,共有 5 个税目,税率最低为 2.5%,最高为 7%。所得税税率根据不同性质确定为超额累进税率,其税率详见下表:

1957—1966 年手工业合作社、合作小组、交通运输合作社所得税税率表(八级超额累进)

表 15–3

级次	所得额级距	税率%	速算扣除数	级次	所得税额级距	税率%	速算扣除数
1	全年所得额在 300 元以下的	7	0	5	全年所得额在 2500~10000 元的	35	204
2	全年所得额在 300~600 元的	10	9	6	全年所得额在 10000~30000 元的	40	794
3	全年所得额在 600~1000 元的	20	69	7	全年所得额在 30000~80000 元的	50	3794
4	全年所得额在 1000~2500 元的	30	169	8	全年所得额在 80000 元以上的	55	7794

1957—1966 年合作商店、合作小组所得税税率(九级超额累进)

表 15-4

级次	所得额级距	税率%	速算扣除数	级次	所得税额级距	税率%	速算扣除数
1	全年所得额在 250 元以下的	7	0	6	全年所得额在 3000~5000 元的	45	507.5
2	全年所得额在 250~500 元的	10	7.5	7	全年所得额在 5000~10000 元的	50	757.5
3	全年所得额在 500~1000 元的	20	57.5	8	全年所得额在 10000~20000 元的	55	1257.5
4	全年所得额在 1000~2000 元的	30	157.5	9	全年所得额在 20000 元以上的	60	2257.5
5	全年所得额在 2000~3000 元的	40	357.5				

1957—1966 年个体经济所得税税率(十四级全额累进)

表 15-5

级次	所得税额级距	税率%	级次	所得税额级距	税率%
1	全年所得额未满 120 元的	7	8	全年所得额在 480 元以上未满 600 元的	30
2	全年所得额在 120 元以上未满 180 元的	8	9	全年所得额在 600 元以上未满 720 元的	35
3	全年所得额在 80 元以上未满 240 元的	10	10	全年所得额在 720 元以上未满 840 元的	40
4	全年所得的额在 240 元以上未满 300 元的	12	11	全年所得额在 840 元以上未满 960 元的	45
5	全年所得额在 300 元以上未满 360 元的	15	12	全年所得额在 960 元以上未满 1140 元的	50
6	全年所得额在 360 元以上未满 420 元的	20	13	全年所得额在 1140 元以上未满 1320 元的	56
7	全年所得额在 420 元以上未满 480 元的	25	14	全年所得额在 1320 元以上的	62

“文化大革命”时期税制进一步简化。工商税目分工业、交通运输、农林牧水产品和采购、商业零售、服务及其他业务 4 部分。工业部分有税目 30 个,交通运输部分有税目 4 个。税率最高为 66%(甲、乙级卷烟),最低为 3%(交通运输、商业零售、公用事业)。

1976—1983 年底,沿用“文化大革命”时期工商税税目税率。1984 年税制改革,产品税率设 335 个,最高税率为 66%, 最低为%。增值税最高税率为 16%,最低为 6%。国营企业所得税分 3 级:一是大中型企业实行 55%比例税率; 二是饮食服务性企业税率 15%;三是小型企业实行八级超额累进税率,规定全年所得收入在 1000 元以下的税率 10%, 在 20 万元以上的税率 55%。集体企业所得税比照国营小型企业,实行八级超额累进税率。个体经济所得税率执行原八级超额累进税率。建筑税税率 10%。国营企业奖金税实行四级超额累进税率, 最高 300%, 最低 30%。

三、稽征管理

1.农业税征收

古之田赋,按亩计征。明洪武元年(1368)分夏秋两季征收,夏征即夏税(小麦)秋征即秋税(粟米)。另外还征其他实物,诸如羊皮、杂翎、丁丝、桑丝和棉花等。

清代田赋折征银两,时称扣价银。地分上、中、下三等,按等征收租银,按地索租,每亩额银数倍则。

民国初沿用旧制。民国 20 年,按人头将全年应负担额分配于村，由村地保负责催征，书吏具体承办。民国22年，正赋，附加均分上、下两忙征收。

抗日战争时期，救国公粮，采取粮多多出、粮少少出带有累进性的征收方法。后实行合理负担，沿用旧制，根据土地优劣，地分上、中、下三等，上等地1亩折1.5标准亩，中等地1亩为1标准亩，下等地(风沙地)2亩折1标准亩，按标准亩统一分配负担征收。民国30年实行统一累进税制，依土地、人口平均数计算的标准亩计征，每人扣除一免税点，在基本限额内征收不增加。超平均数者，超10%递增10%，依次递增系数。民国37年采取划分经济区，确定产量，圈定标准地，实行土地站队办法征收。1950年采用划分经济区评产计征、按麦田标准亩计征、按麦田自然亩计征等三种办法。1952年通过两年查田定产，建立册籍，统一对村户填产造册，建立分村分户清账，以户为基本单位，废除任务包干，按产量比例和定产折合率征收。1956年采取合拢计算征收方法，以农业生产合作社为单位计征。1958年以生产队（基本核算单位)为单位计征，个体户以户为单位，由所在生产大队代征。1985年又改为以户为单位，按订购合同征收农业税，由村民委员会负责本村农业税的征管工作。

农业税征收，采用历年制(1月1日至当年底)，由县财政局征收。主要征收粮、棉、油料等实物。“先征后购”，以米分配，征粮为主、以款结算。自1985年起，农业税由征粮为主，改为按粮食“倒三七”比例价(三成按原统购价，七成按原超购价)折征代金。基数到村，任务到户，以米折算，常年征收，年终结算。对应税土地、常年产量、以率计征税额等项基数建立表账，县掌握到村，乡镇掌握到户。

农林特产税计征品种(主要果木)，系原来定产时比照粮食平均亩产推算成粮数。自1954年后，改按常年产量计税，按农林特产当年实产市价五成折谷，以农业差别税率计征。每年计算一次，征收代金，不征粮食。国营农场的农林特产，以实际收入，折成标准亩，按10%计征。农林特产税率，每负担亩约10.5公斤或11公斤(小米)。

自抗日战争时期至1985年，农业税征收管理均由财政局(科)负责。

2.工商各税稽征

(1)征收方法

民国时期征税，一是由税局直接向商户征收；二是人民投标，招标包办。

1946年(民国35年)农村税收由税务稽征员和集委会人员共同负责，其方法：对货物实行验讫，除烟酒由政府直接征收外，牲畜税、斗秤交易税等零星税种，一是直接征收，二是包税，三是重点村(市集)直接征收，附属村实行包税。

1949年后县内税收管理形式主要有：对货物税实行驻厂征收、查定征收、起运征收；对国营、集体合作企业普遍采用按账征收，对个体户采取查账征收、民主评议征收、定期定额征收、查定征收、查验征收、代扣代缴等；1976年对县直、集体企业开始实行自核、自报、自交纳税方法。

(2)稽管制度

税务登记制度：纳税人在开业、歇业、停业时，必须向税务机关登记；

税务鉴定制度：税务机关根据税法规定对业户必须进行鉴定；

纳税辅导制度：税务机关在征收管理过程中，必须经常依法向纳税人解释税收政策，开展政策咨询；

纳税申报制度：纳税义务人发生纳税行为，必须向税务机关申报纳税；

发票管理制度：税务机关统一管理发票印刷、保管和使用。

纳税检查制度：税务机关对工商企业纳税后的政策执行情况，经常进行检查和抽查；

纳税档案制度：税务机关对工商企业和纳税义务人，建立纳税档案。

(3)纳税检查

为杜绝偷税漏税，自1978年开始，税务机关每年进行1~2次税收大检查，年查补偷漏税几十万元乃至上百万元。

(4)协税护税

1982年起，县税务机关与有关部门配合，实行税收综合治理,以堵塞漏洞,增加收入。全县28个乡(镇),240个村普遍建立起协税、护税组织,仅村一级就有协税员528名,密报员176名,并在集市雇用78名帮集护税员。后对帮集工作进行改革,在10个基层税务所建立集村税收联管小组。与此同时,公安部门配合税务部门处理抗税案件。

税务局向银行派驻联络员,负责对个体户有疑问贷款的审查。

1985年10月,经河北省检察院、河北省税务局批准,成立藁城税务检察室,侦破偷漏税案件。

四、分税制前税务

1986—1993年是复合税制。

1.税种

1986年开征的税种有产品税、增值税、营业税、建筑税、国营企业所得税、集体企业所得税、国营企业奖金税、集体企业奖金税、事业单位奖金税、城市维护建设税、牲畜交易税、屠宰税和盐税。1991年开征固定资产投资方向调节税,停征建筑税;1992年1月1日起,停征企事业单位奖金税,改征企事业单位工资调节税;1993年1月1日停征企事业单位工资调节税;1994年1月1日,停征产品税、营业税、国有企业所得税、集体企业所得税、牲畜交易税、盐税。

2.税率

产品税1986—1993年,产品税税目逐渐减少,从59种减少到9种。税率最低为3%,最高为30%。

增值税自1984年10月1日起施行,税目逐年增多,从4种增加到1993年的31种,税率分为13种,最低为6%,最高为16%。

营业税采用比例税率,交通运输业、建筑业、邮电通信业、文化体育业税率为3%,金融保险业、服务业、转让无形资产、销售不动产税率为5%,娱乐业税率为5%~20%。

建筑税地方政府、机关、团体、部队、国营企业事业单位、城镇集体企业单位,在国家计划内安排的自筹基本建设投资和技术改造项目中的建筑投资,税率为10%;自筹基本建设全年投资额超过国家部分,税率为20%;未列入国家计划的楼堂馆所,税率为30%。

国营企业所得税大中型企业适用55%的固定比例税率;小型企业、饮食服务业和营业性的宾馆、饭店、招待所,适用八级超额累进税率。

集体企业所得税坚持"多得多征、少得少征"的原则,税率多次调整。80年代后期施行八级超额累进税率。

国营企业奖金税按超额累进办法计征。全年发放奖金总额不超过4个月标准工资的免税;超过4个月至5个月标准工资的部分,税率为30%;超过5个月至6个月的标准工资的部分,税率为100%;超过6个月标准工资部分,税率为300%。

集体企业奖金税比照《国营企业奖金税暂行规定》办理。

事业单位奖金税按超额累进税率计征。

城市维护建设税纳税义务人在县城和县属镇的税率为5%,在县城和县属镇以外的为1%。

屠宰税猪每头4元,羊每只0.8元,牛和其他大牲畜每头6元;1988年4月,猪每头改为6元,羊每只1元,牛和其他大牲畜每头8元。

盐税按每吨152元征收,1992年2月1日,调整为122元,粉精盐95元,粉洗盐110元。

固定资产投资方向调节税税率为0%、5%、10%、15%、30%五个档次;主要新建、扩建项目为0%、5%、15%、30%四个档次;企事业单位现有设备更新改造项目为0%、10%。

国家能源交通重点建设基金按国家规定缴纳此项基金范围内的,征集率为10%。1993年7月1日上调为5%。

牲畜交易税执行《牲畜交易税暂行条例》中的税目税率。

3.征管

1986年,工商各税由县税务局负责征收。

1987年,针对不同经济性质、不同经济形式和不同的纳税对象,从征管机构、征管方法、征管形式等方面进行了改革,建立了系统的征管机制,强化了零散税收的征管。在原来定期定额的基础上,改为分行业定总额控制的办法。同时摒弃帮集护税制,实行集村联管制,强化了对无证商贩的征管。是年,与公路交通部门合署办公,建立了稽征站,对个体营运汽车营业税和车船使用税实行统一征管。

1988 年,对长期沿袭的“征管查一条线”管理形式进行改革,实行征、管、查专责制,并制定了《征、管、查分离试行办法》《集村联管办法》等一系列办法和制度,形成了一套相对独立、相互制约、相互促进的新的征管模式,征管水平明显提高。

1989 年,先后制定并完善了《征管查专责制试行办法》《税收宣传办法》《目标管理办法》以及与之相配套的 27 个办法。同时,深化和完善“四公开一监督”制度,促进廉洁办税。

1990 年,全面推行申报纳税制度,改变以往税务工作人员上门催税、乞税的被动收税方法。实行《税务公告制度》,明确征、纳双方责任。在发票管理上,制定和实行了“集中管理、分片控制、层层把关、明确责任”的管理办法。

1993 年 1 月 1 日起,贯彻实行《中华人民共和国税收征管办法》,加强了税收管理,强化了依法治税工作。

1993 年 12 月,开始使用河北省统一印制的增值税专用发票。

五、国家税务

(一)税种税率

1994 年实行分税制以后,市国税局开征的税种有增值税、消费税、营业税、企业所得税、外商投资企业和外国企业所得税。

1.增值税

增值税是以应税货物和应税劳务的增值额为课税对象征收的一种流转税。征收范围:销售货物或者提供加工、修理修配劳务以及进口的货物,均属增值税的征收范围;税率:17%、13%、0%;小规模纳税人征收率为 6%。

2.消费税

消费税是以税法规定的应税消费品的流转额为课税对象而征收的一种流转税。其征税范围和税目税率.

(1)甲类卷烟(包括各种进口卷烟)45%。乙类卷烟 40%,雪茄烟 40%,烟丝 30%;

(2)酒及酒精、粮食白酒 25%,薯类白酒 15/%,黄酒240 元/吨,啤酒 220 元/吨,其他酒 10%,酒精 5%;

(3)化妆品(包括成套化妆品)30%,护肤护发品 17%,贵重首饰及珠宝玉石 10%;

(4)鞭炮烟火 15%;

(5)汽油 0.2 元/升,柴油 0.1 元/升;

(6)汽车轮胎 10%,摩托车 10%;

(7)汽车

小轿车:气缸容量在 2200 毫升以上的(含)为 8%,气缸容量在 1000~2200 毫升的(含 1000 毫升)为 5%,气缸容量在 1000 毫升以下的为 3%;

越野车:四轮驱动汽缸容量在 2400 毫升以上的(0 含)为 5%,汽缸容量在 2400 毫升以下的为 3%;

小客车:气缸容量在 2000 毫升以上的(含 2000 毫升、22 座以下)为 5%,气缸容量在 2000 毫升以下的为 3%。

3.营业税

(1)交通运输业陆路运输、水路运输、航空运输、管道运输、装卸搬运 3%;

(2)建筑业建筑、安装、修缮、装饰及其他工程作业为 3%;

(3)金融保险业为 5%;

(4)邮电通信业为 3%;

(5)文化体育业为 3%;

(6)娱乐业歌厅、舞厅、卡拉 OK 歌舞厅、音乐茶座、台球、高尔夫球、保龄球、游艺为 5%~20%;

(7)服务业代理业、旅店业、饮食业、旅游业、仓储业、租赁业广告业及其他服务业为 5%;

(8)转让无形资产、转让土地使用权、专利权、非专利技术、商标权、著作权、商誉为 5%;

(9)销售部不动产,销售建筑物及其他土地附着物为 5%。

4.企业所得税

企业所得税是指企业从事生产经营活动（除外商投资企业和外国企业外），就其生产经营所得和其他所得课征得一种税。其税率实行比例税税率，税率为33%。

5.外商投资企业和外国企业所得税

是对在藁城境内设立的外商投资企业和外国企业的生产所得和其他所得征收的一种收益税。外商投资企业和外国企业所得税区别不同的纳税人和课税对象，分别实行30%和20%两档比率税率。

(二)税收征管

1994年市国税局成立后，坚持“依法治税”，加强征管基础建设，使征管操作程序合法化，征管资料规范化，征管水平明显提高。制定了《税收征纳操作规程》，使征管操作程序法制化。制定并推行《定期定额户征收管理实施办法》和《重点企业征收管理实施办法》，强化了内外双向制约。制定了《专业村税收征收管理办法》，加强零散税收征管。

2004年3月1日，全面执行新的起征点政策，针对各地税源状况，对个体双定户进行科学合理的纳税评定。3月，始行多元化报税。到年底，纳税人全部实现了简易报税、电话报税和网上报税。11月1日，设立新的办税服务大厅。使“一站式”服务措施全面落实到位。

2005年继续加强税收管理工作。

(三)稽查

1994年机构分设后，市国税局稽查分局成立。根据新税制和《税收稽查操作规范》要求，建立实施了税务稽查案件审定委员会制度。

1998年，成立了税务违法案件举报中心，制定了税务违法案件举报实施办法，拓宽了稽查面。根据《税务稽查规程》，详细完善了稽查工作执法程序，实行集中办公、调账检查为主、实地检查为辅的工作方法，变收入性稽查为执法性稽查，取得了较好的效果。

六、地方税务

(一)税种、税率

1994年地税局成立后开征的主要税种、税率：

1.营业税

征收范围：交通运输业、建筑业、金融保险业、邮电通信业、文化体育业、娱乐业、服务业以及转让无形资产、销售不动产的单位和个人。

税率：交通运输业、建筑业、邮电通信业、文化体育业税率为3%；金融保险业、服务业、转让无形资产、销售不动产税率为5%；娱乐业税率为20%。

2.企业所得税

税率：基本税率为33%。另设两档照顾性税率：纳税人年应纳税所得额在3万元(含)以下的，减按18%税率；纳税人年应纳税所得额在3万元以上10万元(含)以下的，减按27%税率。

3.个人所得税

税率：(1)工资、薪金所得，适用5%~45%九级超额累进税率；(2)个体工商户的生产经营所得和对企事业单位的承包经营、承租经营所得，适用5%~35%五级超额累进税率；(3)稿酬所得、劳务报酬所得，特许权使用费所得，利息、股息、红利所得，财产转让所得，财产租赁所得，偶然所得和其他所得，适用20%税率。

4.城市维护建设税

税率：纳税人所在地在市区的，税率为7%；纳税人所在地在县城、建制镇的，税率为5%；纳税人所在地不在市区、县城或建制镇的，税率1%。

5.房产税

税率：从价计征的，依据房产原值一次减去30%后的余值为计税依据，税率为1.2%；出租的房产，以租金收入为计税依据，其税率为12%。

6.城镇土地使用税

税率：实行定额税率。每平方米税额标准为：市区、建制镇0.8元。

7.车船使用税

税率：依照《河北省车辆和船舶税额表》执行。

8.印花税

税率：按比例税率征收的：财产租赁合同、仓储保管及财产保险合同为千分之一；加工承揽合同、建设工程勘察设计合同、货物运输合同、产权转移数据及记载资金的账簿为万分之五;购销合同、建筑安装工程承包合同、技术合同为万分之三;借款合同为万分之零点五。按定额税率征收的:权利、许可证照及其他账簿每件贴花5元。

9.资源税

税目:原油、天然气、煤炭、其他非金属矿原矿、黑色金属矿原矿、有色金属矿原矿、固体盐和液体盐。

税率:资源税实行从量定额征收。

10.土地增值税

税率:适用30%~60%四级超额累进税率。

11.固定资产投资方向调节税

税率:根据国家产业政策和项目经济规模实行差别税率。该税种1991年开征,2000年12月31日停征。

12.屠宰税

税目:凡屠宰猪、羊、牛等牲畜者,缴纳屠宰税。自养、自食的牲畜,免纳屠宰税;如有出售者,其出售部分纳税。税率为3%。2002年12月31日停征。

另外,地税局还负责征收教育费附加、地方教育附加、社会保险费和其他基金、费。

教育费附加:单位和个人以实际缴纳的增值税、消费税、营业税的税额为计征依据,附加率为3%。

地方教育附加:对缴纳增值税、消费税、营业税的单位和个人,按增值税、消费税、营业税额的1%征收。

社会保险费:社会保险费从2002年3月起改由地税部门负责征收。社会保险费具体包括基本养老保险费、基本医疗保险费、失业保险费、工伤保险费和生育保险费五个险种。地税局主要负责养老保险费和失业保险费的征缴。

其他基金、费:包括副食品价格调节基金、义务教育费、文化事业建设费以及残疾人保障基金。

(二)征收征管改革

1994年,国、地税分设后,地税局建立了纳税申报、税务代理、税务稽查“三位一体”的税收征管格局。

1995年,计算机开始运用到税收征管实践中,税务代理亦迅速发展起来。

1997年,市地税局建立了“以纳税申报和优化服务为基础,以计算机网络为依托,集中征收、重点稽查”的新征管模式,普遍取消了专管员管户制度,建立了办税服务大厅,计算机网络体系开始运用于税收征管之中。

2001年,开展了以推进信息化建设为支撑,以信息化加专业化为主要内容的新一轮税收征管改革。统一整合征管软件,实行集中征收、属地管理、一级稽查。2002—2004年,根据《河北省地方税收业务工作过规程》,建设起了全省统一的税收征管应用系统,征管信息集中处理;征管机构设置科学合理,全职能征管机构转为专业化的管理机构,岗位职责明确清晰,征管查之间相互协调、相互制约、相互促进;依靠计算机网络对征管过程进行全面有效监控,有效杜绝税务人员执法随意性的网络运行机制,税收征管质量和效率显著提高。

(三)税务登记

地税机构成立后,根据《中华人民共和国税收征收管理办法》及实施细则,对税务登记证件实行定期验证、换证制度。对已发的税务登记证件,一年一验证,三年一换证。

(四)纳税申报

纳税人可以直接到税务机关办理纳税申报,也可以按照规定采取邮寄申报、数据电文申报或其他方式办理。为了更好地为纳税人服务,使纳税人报税更加快捷方便,市地税局自1999年开始,加大信息化建设的投入力度,是年实现了与上级地税机关征收软件的同步推广;2001年,河北地税系统征管软件全面改版,地税系统实现了全省联网,各地市、区、县统一铺设了网线,构建了广域网,同时使纳税人的申报方式扩展到网上申报。2004年实现了个人所得税的电子数据(软盘)申报以及通过与工商银行协作的代征方式,方便了纳税人。

(五)税务稽查

1993年初,市地税局成立了税务稽查大队,为税务行政执法主体。

1994年新税制实施后，工作重心向征管转移，稽查大队改为稽查分局。

1995年5月将稽查分局提升为地税稽查局，二级机构，稽查工作进一步加强。

1998年，地税稽查局在抓好日常检查的同时，着重抓了专项检查和举报专案检查，集中查处了一些社会影响面较大的违法案件，增强了地税稽查震慑力。

2005年重点开展对学校、医院、行政事业单位出租房屋、门店的专项检查，突出加强对电力、金融、建筑等行业的专项检查力度。

第四节 金融

战国时期，北九门（今九门）设有古钱币“三孔布币”铸造作坊。时“九门币”赵庄一带流通甚广。20世纪五六十年代，宜安村民打坯曾挖出战国时期整罐钱币。明清时期，境内出现钱庄，通过借贷形式，融通资金。清末民初，“当”业兴起。30年代初，始有信用合作社，办理存贷、汇兑业务。1936年（民国25年），河北省银行在梅花镇设办事处。民国33年，城内有私人合股银号和钱庄，多为富户方“高利贷”而设。

中华人民共和国建立后，陆续建立中国人民银行藁城支行（简称人行）、中国农业银行藁城支行（简称农行）、中国人民建设银行藁城支行（简称建行）、中国工商银行藁城支行（简称工商行），并相继在城乡开办营业所。分别办理工商、农业及个人贷款、存款，汇兑转账结算等。

一、金融管理机构

（一）钱庄、当铺

《藁城县志》1994年版记载：清末，县城东门里设当铺一家为定州籍人王氏所开，名“德安当”，资金雄厚，并有官府保护，代为县衙银库，因此有“官当”之称。后王氏将当铺卖给县城大财主赵家，当铺遂更名为“集腋公当”，并在赵庄古镇下设当铺。民国26年，梅花设当铺一家，经营典当业务，利率在2%~3%。民国33年，县城内始设普通银号（私人合股）1家，经营存放款与汇兑业务；钱铺2家：马家的“松菊堂”和赵家的“恒源号”。后“恒源号”分为“德庆堂”“积庆堂”“荣庆堂”3家，是地主专为放高利贷而设，只放款不吸收存款。另有宜安杨家钱铺、赵庄黄（俊明）家钱铺、丽阳“恒丰号”钱铺、梅花尚家钱铺等。是时，县内还有一些富户不定期在集市上摆桌设场，专营货币兑换业务。日军入侵后，有的被洗劫一空，有的停业关门。

附：集腋公当铺

集腋公当铺，前身是清末定州籍王家的“德安当”。经理为王家直系血亲，聘山西巩俊三、张贵、吴顺昌3人为掌柜，本金10万银圆，年获利少则3万元，多则5万元，剥削之烈可想而知。1931年“九·一八”事变，王家见势不妙，遂将当铺作价10800元，卖给城内大地主赵家，更名“集腋公当”。股东有：城内赵、马、冯三首富，表灵张家、徐村石家、梅花尚家、堤上闫家、宜安杨家、赵庄黄家、龙宫吴家和北洼路家等50余家富豪。公推城内大地主冯洛东为首任经理，继续聘用山西三位掌柜。每年剥削当户一两万元血汗钱。民国28年日军侵占县城，当铺被洗劫一空。

当铺由总经理负责，内设大掌柜、二掌柜、三掌柜，各司其职。另设坐柜6人（又称吃股顶生意的），主持门市业务。账房4人，分管内账、外账。当铺规矩甚严，铺内职员一律不准携带眷属，5年才准许探家1次，其归装还要接受经理或掌柜的严格检查。学徒入号，须有富户作保，第一年为“浮住”（考验期）不给工钱。第二年若留用，年薪也不过4元钱。职员平时不准外出。生活上，经理两菜一汤，一般职员吃大锅饭。

典当是一种高利盘剥行业。集腋公当铺剥削手段大体有以下几种：①当期、当息均由官定。清末当期为24个月，民国改为14个月，月息3分。②当铺对当物估价，原则上是五成作价，实际上当户最多只能得三成。③当期将满，当主无力赎回，必须先“上利钱”，延期倒当。④年终减息，以刺激当户回赎或“上利钱”。⑤代当人代当（又称压当），如到期仍不赎回，代当人可自行处理当品，从中渔利。⑥当铺打当（又称死当)，超期不赎又不上利钱者，则视为死当，当铺自行处理当物。

(二)银行

1936年(民国25年)河北省银行在梅花镇设立办事处，民国34年撤销。中华人民共和国建立后，陆续建立起中国人民银行、农业银行、建设银行和工商银行的藁城支行等。

1.人民银行

1945年(民国34年)12月，建立晋察冀边区银行藁城派出所，归辛集四支行领导，负责藁城、正定、获鹿、栾城4县部分地区的银行业务。1947年改称“华北银行藁城营业所”，有干部职工17人。民国37年改称“华北银行藁城支行”。1949年改称中国人民银行藁城支行。人行驻地藁城县胜利路10号。

人民银行是国家管理金融的行政机关，又是办理信贷业务的经济组织。根据国家金融法规，发行和管理货币，办理信贷业务，领导和监督各专业银行和其他金融机构的业务活动。

2.农业银行

1956年建立，由藁城人民银行析出，翌年复与人民银行合并。1979年8月恢复成立，下设南孟、南董、增村、韩家洼、城关、梅花、刘海庄、兴安和大同9个营业所。

1986年农行下辖10个营业所：城关、兴安、刘海庄、梅花、大同、南董、南孟、增村、韩家洼营业所及丘头办事处。28个信用社。

1993年5月，农行将支行机关营业室、信托办事处和基层9个营业所、1个办事处、28个信用社设定为直属营业机构。1995年9月30日，支行信托办事处撤销，停办业务。

1996年1月，农村信用社、农发行从农行分离。至2005年全行辖有12个营业机构。

农业银行是经营农村货币信用业务的专业银行，负责吸收城乡存款、发放贷款、监督农业拨款、办理结算及调节货币流通，并对农村信用社实行业务领导。

3.建设银行

县建设银行是管理县内基本建设财务，办理基本建设拨款、结算和贷款，对固定资产进行财务监督的专业银行，具有财政与银行双重职能。1979年4月，建设银行从县人民银行析出，1986年增设投资科、建经科、保卫部，成立新华街储蓄所。1990年迁址四明街22号，并成立工业路、通安街储蓄所。1992年成立房地产信贷部。1993年开展信用卡业务。1994年成立良村分理处。2002年建行迁址廉州西路27号。主要办理存贷款、信用卡、电子汇兑、代理基金、工程造价、代理保险、代发工资等业务。

4.工商银行

县工商银行是管理工商企业信贷的专业银行，前身是县人民银行。1986年9月与人民银行分设后，成为办理国营和集体工商信贷、城镇居民储蓄存款和结算业务的专业银行。下设新开路、新兴街两个储蓄所。1990年，增加城市信用社。

2000年9月全行实行人事机构改革，内设机构由原来的9个科室，合并为管理保障部、市场信贷部、营业室、个人金融业务部和南市区分理处。2005年工行藁城支行内设个人金融业务部、客户经理部、核算管理部、办公室。

5.中国银行藁城支行

中国银行藁城支行1991年3月5日成立，为中国银行石家庄市分行派出机构。1992年3月15日挂牌营业。1993年10月1日迁址廉州路、四明街交口西南角。2000年内设机构设置由原来的三科一室改为三部一室。2003年改设为四部：营业部、业务拓展部、业务管理部、综合保卫部。2004年8月改制，中国银行藁城支行更名为中国银行股份有限公司藁城支行。2005年有干部职工48人。主要经营人民币存款、贷款及国内、国际结算业务，票据贴现业务，代理发行、兑付政府债券、基金、保险业务，办理各类消费贷款和金融理财业务。

6.中国农业发展银行藁城支行

1994年，组建中国农业发展银行藁城支行，设在农业银行内，成立代理业务部，有人员7人，行长由农行行长代理。1996年12月,根据河北省农村金融改革领导小组关于《关于增设农业发展银行分支机构的实施意见》,正式成立了中国农业发展银行藁城市支行,隶属中国农业银行河北省分行营业部。

1996年11月,农业发展银行与农业银行分开单建,住址四明街79号。2005年,农发行藁城支行设综合办公室、计划信贷部、会计出纳部三个部室。

(三)信用合作社

1932年藁城始办信用社,有社员12人,本金91元。民国23年发展到85个社,社员1034人,本金增至2730元。是时,信用社主要受民国政府中央银行和华洋义赈会资助。日军侵占藁城后,日伪政府内设合作社联合会,经营存放款,信用社则改为通过接受“联合会”放款进行资金融通,开展存放款业务,月利率为8厘。1945年县城解放,信用机构全部解散。

中华人民共和国成立后,于1952年始在梅花、贾市庄、南董、南孟4大集镇试办农村信用合作社。是年建社4个,社员1437人,存款余额6000元,放款余额7000元。信用社业务受县人民银行领导,主要通过组织和调剂农村货币活动,融通资金,发展经济。1954年贯彻国家以乡建社指示精神,信用机构迅速发展,到1955年形成了“乡乡有社,村村有站”的农村信用网。1957年全县共建有信用社28个,信用站237个,存款余额502.9万元,放款余额17.8万元。1958年“人民公社”化运动时,将原有各营业所与信用社合并为信用部,各管理区只设1~2名代理员,信用资金由人民公社管理,银行失去对信用社的领导和资金的管理监督。1964年恢复信用社,经营管理逐步趋于正轨。“文化大革命”时期,实行“贫下中农管理信用社”,废除监、理事会的管理体制,信用干部下放或调走,信用事业受挫。1978年以后金融机构改革,信用事业得到恢复和发展。1979年有信用社28个,信用站239个,存款余额达4224万元,放款余额达2165万元。1984年信用社体制改革,实行独立核算,自负盈亏。1985年底,全县28个信用社,312个信用站,存款余额9500万元,放款余额4545万元。

1996年,藁城市农村信用合作社联合社正式挂牌成立。9月,农村金融体制改革,农村信用联社与农业银行分离经营。内设办公室、营业室、信贷科、资金计划科、财务会计科、监保审计科、保卫科。下辖28个信用社、453个代办站,职工395人。2005年信用联社下辖28个信用社、10个分社、5个储蓄所和81个信用站。

藁城农村信用合作社联合社是一家由辖内农民、农村工商户、企业法人和其他经济组织以及本联社职工自愿入股组成的股份制社区性地方金融机构。信联社主要为“三农”提供金融服务,办理存款、结算通兑、企业贷款、房地产开发按揭业务、个人创业贷款、票据贴现、代发工资等业务。

赵庄村民存取款大多数在农业银行的下属网点办理。改革开放后,赵庄村内工商企业户多数在农业银行、工商银行开户。

二、货币

魏晋通行刀币和布币。宋金通行银锭和制钱。清末至民国初,以银圆为主铜板辅之。后随国体变更,纸币增多,并几经变换,货币市场十分混乱。直至中华人民共和国建立,于1955年发行第二套人民币后,货币市场方趋稳定。

三国时期,中山国地贸易发达,货币交换广泛,时“北九门”(今九门)铸造的“三孔布币”流通甚广。20世纪70—80年代,在石家庄郊区和台西商代遗址皆发现有尖首刀币和铸有“九门币”字样的“三孔布币”。

1934年(民国23年)前,市场流通用的货币主要是金属币银圆和铜圆,间有制钱和纸币。

1.银圆元俗称“洋钱”“光洋”“现大洋”。15世纪末始铸于欧洲,明流入中国,清道光年间开始盛行。县内市场流通的多是七钱二分重的、图案为团龙、站人、大人头(袁世凯头像)、小人头(孙中山头像)等银币,面额为一元,与辅币银角的比值为1:10。

2.铜圆俗称“铜子儿”,因异于流行的圆形方孔钱,中间无孔,故又称“铜板”。清光绪二十六年(1900)始造于广东。有大铜圆、小铜圆之别。小铜圆每500枚换银圆一元,大铜圆200~300枚换银圆一元。此外还有价值 50 文制钱的特大铜圆，但很少见，且不甚通用。

3.制钱即圆形方孔铜钱。是明、清时期为别于前朝旧钱和本朝私钱，按国家定制由官炉铸造的一种铜钱。面值为一文，一千文为“一贯”或“一吊”。

4.纸币亦称角票，即以纸代角洋。角票有两种：一是经县商会作保的角票，信用尚称强固，流通不滞；二是私人滥发的角票，或负商小贩所为，信用菲薄。时，县内一些小杂货铺都可以出角票，信誉很难保障。

1935 年(民国 24 年)，民国政府中央银行、中国银行和中国农民银行发行“法币”，用以收兑银圆和民间藏银。时，县内与“法币”同时流通的尚有“河北银行”发行的纸币，县商会、商贾富翁和宁晋县发行的角票。1937 年秋，侵华日军扶植“中国联合准备银行”发行的日伪纸币，遂禁止法币流通。

以后，中国共产党领导的解放区逐步扩大，晋察冀边区政府于 1944 年（民国 33 年）发行边区人民币，与冀南、西北农民银行，冀辽、北海、中州银行发行的货币同时流通，称为“红票”或“边币”，并按一定比值计算使用。

1948 年，中国人民银行发行全国统一货币——人民币。为使持币人不吃亏，以人民币为标准，一方面允许与解放区发行的货币混合使用；一方面以 1:10000 的比价组织收兑，到 1950 年收兑完毕。1955 年中国人民银行发行第 2 套人民币，面额为壹分、贰分、伍分、壹角、贰角、伍角、壹元、贰元、叁元、伍元、拾元共 11 种。1957 年 12 月发行面额为壹分、贰分、伍分的铝镁合金辅币。1963 年开始回收苏联代印的(1953 年版)面额为拾元、伍元、叁元的人民币，并陆续发行第 3 套人民币。1980 年 4 月 15 日，增发 4 种金属币，即壹元镍币，壹角、贰角、伍角 3 种铜质辅币。因发行量少，均成为群众收藏品。1977 年 4 月 27 日发行第 4 套人民币，增加伍拾元、壹百元。1999 年 10 月 1 日发行第 5 套人民币，面额壹百元、伍拾元、贰拾元、拾元、伍元、壹元纸币，伍角、壹角硬币。

清末至 1999 年赵庄市场流通货币一览表

表 15-6

币别	名称	面额	制造时间	造币单位
中国银币	光绪银币	壹元	清光绪二十三年	天津北洋机器局
	光绪银币	壹元	清光绪三十四年	天津北洋银圆局
	光绪银币	壹元	清光绪三十四年	天津造币总厂
	大清银币	壹元	清宣统三年	天津造币总厂
	大头银币(袁大头)	壹元	民国 3、4、8、9、10 年	天津造币总厂
	民国开国纪念币（孙中山像）	壹元	民国元年(1912)	南京造币总厂
	孙中山银币	壹元	民国 22 年	上海造币厂
外国银币	墨西哥银币(鹰洋)	壹元	民国 12 年	墨西哥
	站人银币(英)	壹元	清光绪 54 年	孟买

续表 15-6

币别	名称	面额	制造时间	造币单位
中华民国时期纸币	中国银行兑换券	壹百元	民国 7 年	天津
		拾元	民国元年	哈尔滨
		伍元	民国 7 年	天津
		壹元	民国 7 年	天津
	中国交通银行兑换券	伍拾元	民国 3 年	重庆
		伍元	民国 3 年	上海
		伍元	民国元年	济南
		壹元	民国 3 年	天津
民国政府法币	中国银行法币	伍百元、伍十元、壹元、贰角	民国 25—37 年	
	交通银行法币	壹百元、贰拾伍元	同上	
	中央银行法币	壹万元、伍仟元、伍百元、壹角、壹分	同上	
	中国农民银行法币	伍佰元、壹元、壹角	民国 37 年	
民国时地方币	河北省银行地方币	拾元	民国 33 年	天津
	河北银行地方币	壹角	民国 18 年	天津
日伪纸币	中国联合准备银行(银联券)	伍佰元、百元、半分、伍仟元等 45 种	民国 26—34 年	
抗日根据地和解放区人民政权发行的纸币	西北农民币	贰角	民国 29—34 年	
		壹角	民国 29—37 年	
		伍佰元	民国 34—37 年	
	晋察冀边币	伍元	民国 34—37 年	
		拾元	民国 32—37 年	
		伍佰元	民国 34—37 年	
	冀南币	壹佰元、贰元、贰角	民国 28—37 年	
	北海币	壹百元、贰佰元、伍十元、拾元、壹元、贰角	民国 27—37 年	
		伍仟元、贰佰元		
	冀热辽边币(热河省银行币)	伍佰元	民国 36—37 年	
	东北银行币	贰佰元	民国 36—37 年至 1949 年	
	中州农民币 中国人民银行人民币(第一套)	壹元、伍元、拾元、贰拾元、伍十元、壹百元、贰佰元、伍佰元、壹仟元、伍仟元、壹万元、伍万元	1948 年	

续表 15-6

币别	名称	面额	制造时间	造币单位
人民币	中国人民银行人民币(第二套)	壹分、贰分、伍分，壹角、贰角、伍角，壹元、贰元、叁元、伍元、拾元 壹、贰、伍为金属分币	1955 年 1957 年	
	人民币	壹角、贰角、伍角铜质辅币和壹元镍币	1980 年增发	
	人民币(第四套)	增加伍十元、壹百元	1977 年 4 月 27 日	
	人民币(第五套)	壹百元、伍十元、贰拾元、拾元、伍元、壹元(纸币)、五角、壹角(硬币)	1999 年 10 月 1 日	

第五节　存款、信贷

一、储蓄存款

储蓄存款为历代佐国济民之要策。明清至民国时期，县内已有官方设置带积储慈善性质的“预备仓、桑枣园”。民间一些财主、富户多将金钱藏于密室或地窖中，有的委托至亲或自己信任的商贾代存，当时并无利息之说。中华人民共和国成立以后，县人民银行独家经营储蓄业务。1953 年以后，由农业银行、工商银行、建设银行和农村信用社共同参与经营。

县人民银行初创时期基础较差，城乡储蓄存款与单位存款合并管理，1952 年设储蓄专柜，开办折实保本保值储蓄。但时处国民经济恢复时期，储蓄存款寥寥无几。1954 年全县储蓄存款余额 16 万元，且储蓄种类单一，只有活期存款、定期存款和定期有奖储蓄 3 种。1957 年建立储蓄所，专门办理城乡储蓄业务，是年储蓄存款余额 133 万元。1958 年、1959 年由于“浮夸风”影响，假报储蓄余额，损害了银行信誉。1962 年国民经济调整，储蓄业务转向正常。国家多次调高储蓄存款利率，储蓄余额逐步上升。“文化大革命”中，储蓄事业受到影响，存款余额下降。进入改革开放年代，经济开始繁荣，人民富裕，储蓄事业迅猛发展。1985 年底公开办活期有奖储蓄、定期有奖储蓄、零存整取等 11 个储蓄种类，城乡个人存款、工商企业存款、个体工商业存款增加。至 2019 年，赵庄村民 70%以上户有存款，工商企业户均有存款。

二、信贷

藁城县的信贷活动始于清末民初的典当业。“典当”，在当时实为高利盘剥。40 年代前期，县内信用形式主要是钱庄放的“高利贷”，月利息在 2%~3%，当时称为“现扒皮”的放债形式颇为盛行，借债户借债 10 元，债权户现扣 3 元，借户只能够拿到 7 元，利息另算。许多借债户因此而倾家荡产。1945 年(民国 34 年)县城解放，“高利贷”遂被取缔。中华人民共和国成立后，重新开办起城乡信贷业务。人民信贷遵照“发展经济，保障供给”的方针，支援工农业生产和发展城乡商品流通。

1.农业信贷

1957 年前，农业信贷的主要对象是农户和农业社，以低息发放种子、农具、化肥、牲畜等生产资料贷款及人民生活贷款，支持农业社发展生产，解决人民生产、生活中的困难。1954 年银行发放“贫农合作基金无息贷款”108 万元，解决了 48660 户贫农入社困难，帮助农业社改善生产条件，巩固发展集体经济。1956 年遭受洪水灾害，银行筹措发放救灾贷款 906.18 万元。其中，经过商业部门“以赊代赈”475.6 万元，直接放给农业社 279.8 万元，用于社员生产 150.7 万元，支持灾区人民发展副业，开展生产自救，度过灾荒。

1958年“人民公社化”,国家实行对集体“包下来”的资金供给制,不讲贷款投向、贷款回流,贷款余额急剧上升。是年发放农业贷款110万元,其中社员生活贷款30.38万元,副业贷款2.19万元,农业社基本建设贷款14.19万元,生产费用贷款157.56万元,最高放款余额为453.99万元,造成贷款无法收回。1962年贯彻“紧缩开支,压缩银根”,根据国家政策对1961年前贷款豁免280万元,其中集体农业贷款245万元,社员贷款4万元,合作基金贷款8万元,信用社贷款23万元。

“文化大革命”期间,“工宣队”进驻银行,贫下中农管理信用社,国家废止农村金融政策,农贷工作处于自流和瘫痪状态。

1978年后银行规章制度重新建立。1979年由县农行专门负责农村信贷工作,办理集体农业生产设备、生产费用和预购订金贷款,同时对一些小额个体农户发放少量贷款。是年,集体农业贷款293万元,农户贷款8万元。1982年农村实行联产承包责任制,农贷对象逐步转移到个体经济和支持乡镇企业贷款。1984年底,农户贷款由1982年的3万元增加到749万元。乡镇企业贷款由1982年的186万元上升到527万元。而集体农业贷款则由1982年的191万元下降到158万元。起初由于“重贷轻收”,农贷一度出现失控。1985年改革信贷,本着“控制总量、调整结构、保证重点、压缩一般、适时调节”的原则,对农业信贷进行了限制与回收。

2.工商信贷

50年代初期,银行主要对私营工商业大量放贷,以利国民经济恢复。1950—1956年,工商信贷对象主要是国营企业和合作企业,逐步取代个体工商业贷款。1955年为控制通货膨胀,对私营工商业发放折实贷款56.6万元。

1958年推行全民办信贷,各单位自编计划,自由使用信贷资金,银行不予干涉,贷款数额剧增,造成工业结构比例失调。是年发放工商贷款1478万元,其中国营1475万元。

“文化大革命”期间,银行管理制度混乱,信贷秩序不正常,造成企业盲目进货,重复采购,物资积压严重,贷款无法收回。

1978年后,国民经济持续稳定发展,储蓄存款增加,信贷资金充裕,信贷范围扩大,重新恢复个体工商业贷款。1985年工商贷款有超定额贷款、结算贷款、大修理贷款、物资供销贷款、商品流转贷款、中短期设备贷款、城镇集体工商业生产贷款和城镇集体工业设备贷款等八种。

3.基建拨款与贷款

中华人民共和国成立初期,基本建设投资较少,管理简便。基建拨款直接由县财政局通过银行拨付建设单位。1979年县建设银行成立,基本建设投资及结构监督工作交建设银行办理。1985年逐步改基本建设由县财政无偿拨款为有偿贷款。

1986年后,全市(县)金融机构多方组织资金,扩大资金来源,积极调整资金投向,扩大信贷投放,有力地支持了地方经济的发展。2005年,全市金融机构贷款余额为285540万元,比1986年增长8.6倍。

1994年前,贷款种类分为工业贷款、商业贷款、农业贷款、乡镇企业贷款、建筑业贷款和固定资产贷款六类。1994年后,对贷款种类进行调整,对各类贷款根据期限的长短,分为短期贷款、中长期贷款和其他贷款3种。

短期贷款主要是各项流动资金贷款,贷款期限一般在一年以内,主要用于生产经营过程中的流动资金需要。包括工业、农业、商业、建筑业、乡镇企业、个体私营企业等领域,是信贷资金的主要部分。2005年全市短期贷款余额为100672万元,是1994年的2倍。

中长期贷款指贷款期限在一年以上的贷款,分为基本建设贷款、技术改造贷款、地方经济开发贷款等。

其他类贷款票据融资的种类在本地主要是办理贴现业务,其他性质贷款是中期流动资金贷款。

第六节 保险

1938年(民国27年)日伪时期,石家庄保险公司曾派人在县内办理“保险”业务,设有人身、人寿2个险种，年缴保费400元(伪钞)，一次付清，无赔付。1945年县城解放后停办。

中华人民共和国成立后，于1951年开办保险业务。是时，对国家机关、国营企业及合作社财产实行强制保险；对区级供销社和运输业实行自愿保险。1952年底，县保险公司根据“十足评价，八成承保”的原则，对农民牲畜拟定费率，年实行保险，当年承保牲畜1250头。同时开办企业财产、运输工具、旅客意外伤害险种，“大跃进”时期停办。1981年重新恢复保险业务，开办企财、机动车辆2个险种。随着经济的发展，80年代初出现了购买汽车热，县保险公司加强对机动车辆保险的宣传，承保汽车3325辆，保费收入51.5万元，费率5%，同时加强赔付。1983年全年理赔款12.08万元。由于赔付及时兑现，保险信誉提高，保险事业发展迅速。1984年岗上乡企业财产、家庭财产、机动车辆、大牲畜、养鸡等全部投保，成为全省第1个“保险乡”。以后陆续开办玉米、棉花等农作物保险、团体人身保险、麦场火险、家财保险、自行车保险、养老保险等十几个险种，在解决企业危难、重建家园等方面，发挥了人民保险事业的优越性。

1986—2005年，藁城的保险事业随着改革开放的不断深入，得到了长足的发展。藁城的保险机构，于1996年3月22日实行了财产保险和人身保险的分营，成立了中国人民财产保险股份有限公司藁城支公司和中国人寿保险公司藁城营业部。1986—2005年财产保险部门累计赔付案151875件，总赔付1328万元。2005年，寿险保险部门1996—2005年保费累计收入43387.3万元，赔付总计1730.31万元。保险事业的不断发展，减轻了群众家庭和社会负担，为藁城经济发展起到了保驾护航的作用。

一、财产保险

中国人民财产保险股份有限公司藁城支公司，是藁城市唯一经营财产保险的企业，直属石家庄分公司。1986年公司内设车险科、财险科、计财科和办公室。1993年1月机构进行改革，设有办公室、计财科、车险科、市区代办所及梁家庄、只甲、岗上、南营、刘海庄代办所。1995年增设廉州代办所。1996年更名为中保财产保险有限公司藁城支公司。1998年，公司原代办所改为业务科。2001年公司增设营销科。2003年更名为中国人民财产保险股份有限公司藁城支公司。2005年公司设有：核保核赔科、办公室、计财科、车险科、综合部。

保险种类：机动车辆保险(汽车、拖拉机、摩托车保险)、企业财产综合险(企业财产、个体工商户保险)、家庭财产(农村家财、城镇家财、农村家财综合险、长效还本家财险)、自行车险、公路货物运输险、铁路货物运输险、大牲畜险、小麦火灾险等。2005年，人保财险藁城支公司开展企业财产保险、家庭财产保险、机动车辆保险、货物运输保险、建筑、安装工程险、农业保险和各种责任保险等九个系列30多个险种。

1986年保费收入205万元，赔付227万元；1987年实现保费收入308万元，赔付105万元；1996年保费收入1277万元，当年8月发生洪涝灾害，赔付1205万元，支持了企业发展和社会安定。2005年，财产保费收入达到1791万元，赔付支出1223万元，赔付率68.29%。

二、人寿保险

中保人寿保险有限公司藁城营业部于1996年由中国人民保险公司藁城支公司分设，隶属中国人寿保险公司石家庄分公司。营业部人员11人，设办公室、财务科、业务科。2005年公司设有经理室、综合办公室、理赔科、经销部、市区业务科，藁南展业区和藁北展业区，藁南展业区辖南区、大同、贾市庄、丘头、岗上、梅花6个所，藁北展业区辖四公、南董、只都、杜家庄、增村、西关6个所。从业人员400余人。

保险种类：1986年开办的人寿保险业务有，儿童保险、福寿安康保险、简易人身险、人身意外险、职工险、农村干部险、独生子女和双女户父母养老保险、学生保险、妇女健康保险、子女教育婚嫁保险。1997—2001年，共开办了普通寿险、健康险、养老保险、少儿保险、分红保险和意外伤害保险6大系列52个保险产品。2005年后，在社会上影响较大的险种有：88鸿利终身保险、99鸿福终身保险、鸿寿养老保险、重大疾病终身保险、集体养老保险、个人养老、子女教育婚嫁保险、福寿安康保险、养老金还本保险、团体定期保险、简易人身保险、家庭系列人寿保险、66 鸿运保险等。

进入 21 世纪,赵庄村民已经接受各类保险。有交通运输车辆的,不仅积极入交强险,还自愿入第三者险等全险;村民对小麦、玉米、大豆主要农作物入保险;工商企业和部分农户入财产险;部分村民入人寿保险、大病保险等。

第十六章　经济综合管理

历史上，藁城包括赵庄在内，为自然经济，分散经营，自由发展。中华人民共和国成立后，随着社会主义计划经济体系的形成，逐步建立和完善计划管理、统计管理、工商行政管理、审计管理、技术计量管理，形成了对经济发展、经济秩序进行宏观调控的综合管理机制。80年代后期，实行改革开放和市场经济，经济综合管理有了新的发展。

第一节　计划管理

1949年后，经过三年恢复时期，国民经济进入有计划、按比例发展轨道。对农业、手工业和资本主义工商业的社会主义改造完成后，建立起以生产资料公有制为基础的经济发展体系，计划管理全面加强。从1949—1985年，大体经历了第一个五年计划时期、“大跃进”时期、“调整”时期、“文化大革命”时期和1978年后“改革开放、发展经济”新的历史时期。

一、生产计划管理

第一个五年计划时期(1953—1957)，经济工作的重点是完成对农业、手工业和资本主义工商业的社会主义改造。在国营经济占主导地位前提下，实行多种经济成分并存，计划的编制下达，采用直接和间接计划两种形式。允许社员经营自留地和家庭副业，对小型工商业、手工业和个体经济不作计划，全由市场调节。对国营、公私合营企业实行直接计划，优先将计划下达到企业。生产所需物资，由物资部门按计划供应，产品由县商业部门收购包销。对农业，除粮、棉、油、猪等重要农副产品下达统购、派购计划，按计划实行统购派购外，其他则实行间接计划管理。这一时期的生产计划的编制，注意了本地资源、条件和原材料的综合平衡，计划易于实现。1957年全年工农业总产值比1952年增长19.5%，其中工业产值比1952年增长272%。

1958年“大跃进”，经济工作受“左”的思想影响，高指标、高速度，浮夸风，计划与实际脱节，造城计划落空。工业“以钢为纲”，全民大炼钢铁，出现盲目发展，农、轻、重比例严重失调，给经济造成极大损失。1961年全县工农业总产值下降35%。

第二个五年计划(1958—1962)后期国民经济调整，在管理上实行“条条为主、条块结合”的计划管理体制，贯彻“以农业为基础、以工业为主导”的方针，从实际出发“自下而上、自上而下”地编制季度、年度工农业生产计划，促进了国民经济的协调发展。1965年全县工农业总产值上升，超过了1957年的发展水平。

1966年“文化大革命”开始后，强调“生产服从政治”，县计划管理部门被撤销，国民经济一度失去宏观控制，1970年在县革委生产指挥部增设经济计划组后，生产计划管理相应得以恢复和加强。

第五个五年计划(1976—1980)期间，1978年后贯彻“调整、改革、整顿、提高”的方针，改革计划管理，坚持“宏观管住管好，微观放开搞活”的原则，适当缩小指令性计划。在农业上，由原来计划到每一品种改为只计划下达粮食和经济作物面积、产量。推行家庭联产承包责任制后，只下达指导性种植计划，农民在保证完成国家粮、棉征购任务前提下，可自主安排种植计划。在工业上，对县属国营工业企业下达工业总产值，对城乡集体工业企业，只将任务、产值指标下达到主管部门，由主管部门下达到企业。

1985年进一步改进计划管理体制。农业上，对主要农产品生产实行指导性计划，对关系国计民生的粮食、棉花、油料等大宗农产品的收购和调拨，按数量、品种、质量规定出指令性指标，由收购部门与农民签订合同，具体落实。超计划部分，全部放开，其他农产品实行市场调节。工业上，对企业生产实行指导性计划，由单纯的生产型转变为生产经营型，产品由国家包销改为企业自销，直接参与市场竞争。完成上缴利税后，所余部分由企业自主支配，亏损不补。此外，对饮食服务业和小商品生产，则实行市场调节。

“七五”计划(1986—1990)，主要编制内容有：农业生产、工业生产、商品流通、基本建设、物资分配、劳动工资及文化教育、卫生、人口发展等；“八五”计划(1991—1995)，主要编制内容有：农业生产、工业生产、商品流通、项目建设、改革开放、文化教育、城乡建设、民主和法治建设等；“九五”计划(1995—2000)，主要编制内容有：三产情况、项目建设、对内对外开放、固定资产投资、体制改革、社会事业等；“十五”计划(2001—2005)主要编制内容有：产业结构调整、科教兴市、对内对外开放、城镇体系建设、体制改革、重点项目建设、医疗卫生、计划生育、体育事业、环境保护等。“十五”计划(2006—2010)提出以发展为主题，以提高人民生活水平为出发点，继续实行“科教兴市”“开放带动”“可持续发展”和“城乡一体化”四大主体战略，积极调整国民经济布局，加快发展非公有制经济；加快传统产业的改造扩张和新兴产业的培育，推进经济结构优化升级；加快城市和小城镇建设；深化改革和扩大开放，扩大投资和消费需求。“十五”末，全市完成地区生产总值150亿元，比2000年增长84%，人均地区生产总值达到2.1万元。三次产业结构由2000年的22.9:40.6:36.5调整为2005年的21.5:48.5:30。五年间，全市累计完成固定资产投资175亿元，是“九五”时期的1.6倍，年均增长15%。“十五”时期，是藁城市改革开放20年来综合实力提升幅度最快、经济运行质量最好、城乡面貌变化最大、人民群众得到实惠最多的时期。全市综合实力显著跃升，继续位居全省“十强”县之一，2004年首次跻身全国县域经济基本竞争力“百强”县市行列。

计划管理在农村的体现是自1956年成立高级合作社起，至1984年实行“家庭联产承包责任制”后，粮食、棉花、油料、蔬菜种植面积由上级政府下达，粮、棉、油征购数额由政府下达。农民口粮标准的确定，在完成粮食征购任务、留足种子、饲料粮和一定额的储备外，剩余粮食多少确定口粮标准。根据赵庄村委保存的有限资料，记录70年代上级下达赵庄大队的粮食、棉花、油料、蔬菜种植计划。

1970—1977年赵庄大队粮、棉、油、菜种植面积计划表

表16-1 **单位：亩**

年份	人口(人)	耕地	粮食	棉花	油料	蔬菜
1970	5954	7885	5176	2303	128	278
1971	6133	7885	5176	2310	130	269
1972	6178	7885	5176	2229	125	355
1973	6318	7885	5187.6	2240	250	207.4
1974	6339	7885	5222	2230	252	405
1975	6355	7885	5230	2246.5	252	156.5
1976	6377	7885	5222	2230	125.5	270
1977	6390	7885	4956	2230	245	454

1970—1977 年赵庄大队部分粮棉产量、征购任务、口粮标准表

表 16–2 单位:斤

年份	人口(人)	耕地(亩)	粮食总产	征购任务	棉花总产	口粮标准
1970	6105	7885	4198174	573973	278909	379
1973	6318	7885	5051070	690046	252850	434
1974	6355	7885	5591405	792566	227309	451
1975	6377	7885	5918656	900207	156759	455
1977	6390	7885	4708062	966435	228197	370

二、商品流通计划管理

1953—1978 年,对县内商品流通领域实行计划管理。计划的编制和下达均依据地区下达的任务进行,先由县计委统一编制分配计划,再由物资、商业、供销部门按计划逐级分配给县直企事业单位和社队用户,以保证生产和建设所需。列入计划管理的商品有:(1)生产资料。如钢材、木材、有色金属(铜、铝)、水泥、碱类、煤炭和柴油机等。其中的钢材、木材由县计委统一分配,其余由物资部门具体负责经营,部分由农机公司、木材公司经营。(2)生活资料和农副产品。其中农用的生产、生活资料,由县商业、粮食、供销等部门负责经营。但允许商业、供销部门跨行业经营,如石油、煤炭、化肥、农药等工业品,以及废金属回收上交等。

在商品管理政策方面,1949 年后对大多数商品敞开销售,自由购买,但对供不应求和缺口较大的商品实行定量凭票供应。如 1954 年实行棉花统购统销直到 1983 年,对棉布按人发票,凭票供应。1970 年后对棉线、肥皂、火柴、碱面和煤油等也曾采取定量供应的办法。对行政、事业、企业吃商品粮的干部职工,长期定量凭粮票(粮本)供应,直至 1985 年。自行车、缝纫机、手表长期实行凭票供应。1978 年改革流通领域,本着搞活市场、繁荣经济的原则,扩大商业企业的经营自主权,只对某些重要生产、生活资料如钢材、木材、煤炭、柴油、化肥、农用塑料薄膜、农药、烟草、彩电和某些生活必需品等实行专营或计划调拨、计划销售。除此以外的商品一律自采自购,进货方式由原来单一渠道逐级批发市场改为多渠道批发、自由购销、从厂家直接进货等多种形式。1985 年粮食、油料、肥猪等农产品取消统购派购制度,实行合同订购和市场收购。县计划、物资部门管理分配的商品,只限于国家计划价格(平价或指导价)部分,如钢材、木材、元钉、镀锌铁丝、煤炭、石油、糖和碱面等。指导性凭票供应的商品有名牌自行车和名牌缝纫机。

三、管理机构

1954 年成立藁城县计划委员会,负责全县国民经济综合平衡和计划管理,各企业、各乡镇、各村有专人负责计划管理。1958 年成立县经济计划委员会,1965 年与统计局合并为县计划统计局。1968 年被撤销,1970 年在县革委会生产指挥部设经济计划组。1973 年恢复县计划委员会,内设计划组、统计组、劳资组、公交股和物价股。1979 年统计组、劳资组析出,分别改建为统计局、人事劳动局。1986 年,与经济委员会合并为县计划经济委员会。

县计划经济委员会的主要职责是:根据上级计划部门下达的各项经济计划指标,从实际出发,编制年度和中长期全县国民经济、社会发展计划,并组织实施;对生产部门发展速度、相互间比重及生产、消费、积累等方面的增长速度和比例进行综合平衡;负责大中型建设项目立项、可行性研究报告和设计任务书的审查上报,拟定有关基建计划;负责计划内物资分配与管理,地方产品价格制定,农产品成本调查及物价工作等。

1986 年,藁城计划委员会内设办公室、计划科、

基建科。1991年,计划委员会和经济委员会合并为藁城市计划经济委员会,内设计划科、投资科、农经信息科。1996年组建计划局,与经济贸易局合署办公。2002年5月由原市外商投资管理局、经济技术协作办公室、计划局合并为发展计划局,内设办公室、综合计划科、投资管理科、招商协作科、社会事业科、农经信息科、党办室、重点项目办公室、服务业发展科、投资项目服务中心10个职能科室。2005年7月,县级机构改革,发展计划局、经济贸易局、经济体制改革办公室机构职能整合,组建发展改革局,原经济贸易局相关工作人员11人划入发展改革局。

第二节 统计管理

一、统计机构及网络

1953年2月成立县统计科,有工作人员4人。1964年改统计科为统计局,1965年与计划委员会合并,改称县计划统计局。1968年计划统计局撤销,统计工作由县革委生产指挥组兼管。1979年生产指挥组改为生产指挥部,设经济计划组,主管计划统计工作。1973年恢复计划委员会,内设统计组。1978年底恢复建立统计局。1985年共有工作人员16人,内设综合、农业、非农业3个组和1个农调队。各乡(镇)设专职统计员,各村有兼职统计员。1985年发展为乡(镇)统计站,业务归县统计局领导。县直各行政、企业、事业单位同时配有专职或兼职统计员,负责向统计局报送统计报表。

1987年,县统计局内设办公室、农业股、工业股、综合股、农村社会经济调查队。1990年1月,内设机构由股改为科。是年增设城市社会经济调查队和检查科。1991年8月,建立人口调查队。1998年内设机构有办公室、农业科、工业科、综合科、检查科、农村社会经济调查队、城市社会经济调查队。2002年5月,撤销人口调查队。8月农业科改称农村统计科,工业科改称工业交通统计科,检查科改称政策法规科,编制37人。后无大的变化。

二、统计内容

1953年县统计科成立初期,统计项目、统计指标十分单纯,且以农业为主,只报播种面积和产量表,工业、商业统计也很简单。随着经济的发展,统计内容不断扩大。1958年增加为农业、工业、商业、劳资、物资、基建、建筑和综合等多项统计内容。

县统计局恢复后,在有关部门配合下,完成了国家部署的历次人口普查,以及工业、城镇房屋、科技人员普查等重大国情国力普查任务。从1964年开始。每年编印《国民经济统计资料》和资料汇编。1978年后统计工作出现三个转变:一是统计资料由“封闭式”变为“开放式”;二是统计工作由单纯为上级服务变为既为上级又为当地服务;三是以统计报表为主变为既有报表又提供统计分析报告。1984年1月1日施行《中华人民共和国统计法》,从此统计工作走上法制轨道。

1985年统计工作内容:

1.农村统计:农村组织,户数、人口及人口出生、死亡,劳动力资源;耕地面积,机电井,农业机械,农用化肥、农药施用量,农机作业量;农作物种植面积、产量,林业果品、畜牧养殖业;农副产品加工业,专业户、联合体;农业实情;现价社会总产值、农业总产值、商品产值、净产值;农业物耗和收益分配。

例如:赵庄1970年统计内容:人口5954人、耕地7885亩、粮食作物5176亩、棉花作物2303亩、油料作物128亩、蔬菜210亩。分配原则,粮食作物人均0.865亩,棉花人均0.38亩,油料人均0.0235亩,蔬菜人均0.03亩。

1976年统计:全村1413户、6377人,贫下中农1071户、中农和上中农237户、地主富农105户。劳力4505人,其中整劳力2894人;耕地7885亩(含农场154亩),其中自留地404亩;党员125人、团员182人,复退军人86人、军烈属76户,专政对象53人;生产资料:牲口372头,其中骡马121头。胶皮大车137辆、电动机64台、柴油机75台、脱粒机43台、粉碎机33台、机井92眼、自行车620辆。

2.工业统计:全部工业总产值,主要产品产量;独立核算企业净产值、增加值,产品销售;全民独立核算企业财务成本指标；乡镇办独立核算企业主要指标；独立核算企业全员劳动生产率和村(队)办工业主要指标。

3.商业统计：社会商品零售额；国营和合作商业部门商品纯购进额、纯销售额，主要商品购销存、经济效益；外贸部门购销额；集市贸易成交额；商业机构、饮食业、服务业网点和人员设置。

4.物资统计：全民、集体单位主要物资购销存，全民、集体单位工业生产用物资、基建用物资；供应机构物资消费与库存和新机电产品收拨与库存。

5.基建统计：基建项目，完成投资额，房屋建筑竣工面积；固定资产购置与安装费用；新增固定资产、新增生产能力和效益。

6.劳资统计：全民和集体单位职工人数、平均人数、工资总额；职工增减变动；劳动生产率；全民单位全部职工劳保福利费用构成；城乡个体劳动者人数和乡办集体企业人数与工资。

7.建筑业统计：完成投资额，施工竣工面积，净产值及财务成本，职工人数和设备拥有量。

8.农村家计调查：农村住户基本情况，种植、林业、饲养业生产情况；产品出售情况、粮食收支；总收入、纯收入、总支出、现金收支；购买商品、主要物资消费量和耐用品拥有量。

9.综合统计：社会总产值、物质消耗、国民收入生产额、国民收入使用额、消费总额和积累总额。

三、统计方法

农业统计，分季节报表和定期报表。分季节报表有春播、夏播、秋(冬)播期报表，夏秋两季预产、实产报表。定期报表有半年、年终报表。农业报表，1955年前由互助组、初级社和各村统计。1956—1957年由高级社统计，1958—1982年由生产队统计，1983—1985年由村委会统计。层层汇总，逐级上报。对农村人口、土地、播种面积、大中型农机具、大牲畜等全面调查；对夏、秋预产，评估调查；对夏、秋实产，收益分配按账面数字统计。土地包到户经营后，采用抽样和选户调查，大村选20户、中村15户、小村10户。选中户常年不变，由会计人员定期到户了解、填写统计卡片，以推算全面情况。对有证个体工业、建筑业、商业、饮食业、服务业，采用逐个调查，建立台账进行统计。

工业、商业、物资、基建、劳资和建筑业统计报表，分月报、年报，全面调查，由各基层单位根据台账填写，逐级汇总上报。对有证个体户经营的商业、饮食业、服务业，则采取抽样调查。

农村家计调查，执行月报。全县确定毛庄、小常安、土山、塔元庄、黄庄、北龙宫和梁家庄7个村为家计调查点，每村抽查10户，对现金、实物收支情况逐项登记，填报统计表。

综合统计，执行年报。由县统计局根据各专业年报和县直有关单位提供的资料，直接计算出综合情况。

第三节　工商行政管理

一、集贸市场管理

抗日战争以前，境内集市贸易为富商牙行控制，他们欺行霸市，囤积居奇，牟取暴利。抗日战争时期，抗日县政府采取“对内(根据地)自由，对敌封锁”的经济政策，管理粮食市场。

1946年(民国35年)市场管理即由县工商局、基层工商所和集市委员会负责，实行自由贸易。1949年后逐步对私营粮商、棉商、布商限制活动地区，对其收购量和价格进行监督管理。对铁木业、榨油业、运输业等有利于国计民生的经营项目进行积极扶持。1953年贯彻统购统销政策，对棉花、棉布、油料实行计划收购和供应，禁止私人买卖，但粮食仍可上市交易。1958年减少集市数量。1960—1963年，恢复发展集贸市场，允许农民在完成国家收购任务后，参加集市贸易活动。“农业学大寨”运动中，统一集日，强行取消23处集贸市场。“文化大革命”开始后，关闭粮食、油料市场，实行价格限制，造成牌价和市价脱节，上市品种下降。1978年后开放搞活，恢复被取消的23个集市。1979年放开粮食市场，并恢复物资交流大会。1983年根据“活而不乱，管而不死”的原则，允许长途贩运,允许国营工商业到农村推销商品,允许农村供销社、社队企业以及专业户、联合体、个体商贩等进城摆摊设点,开放小商品市场和其他计划外工业品专业市场。与此同时禁止抬价抢购农副产品;禁止倒卖各种票证、金银文物、废旧有色金属;禁止出卖迷信品、腐烂变质食品,以及反动和黄色书刊、音像制品。对出售假冒商品,以假充真、掺杂使假、偷税漏税、哄抬物价等违法行为进行查处,以维护市场秩序,维护国家和消费者利益。

80年代后,市(县)工商部门每年都要开展专项市场治理活动,对节日市场、粮油市场、钢材市场、文化市场、建材市场、烟酒市场、农资市场、禽蛋市场等多类市场进行治理和整顿,严厉打击各种违法行为。1986年,开展市场大检查13次,检查国营集体和个体工商户3596次,发现违章,根据政策批评教育和经济处罚。1987年,开展了整顿市场秩序、打击投机违法行为突击月活动,对全县所有集市、专业市场及企业、个体工商户进行清理整顿,查处各类违法违章案件。1988—1989年,开展打击"官倒"、"私倒"、清理整顿公司工作,查处经济违法大要案。同时落实控价目标责任制,实行市场明码标价,打击欺行霸市、哄抬物价的违法行为。1990年,成立钢材市场管理办公室,对全市钢材市场进行管理,监督钢材交易行为,查处相关案件。净化农资市场,查处劣质玉米种子49948公斤、失效农药810公斤。1992—1994年,工商、公安、检察、烟草等部门组成联合打假领导小组,开展打假专项斗争,1994年查处经济违法案件64起,其中大要案25起,违法总值180万元。1996年进行了4次大的专项整治,查处违章违法案件87起,违法总值270万元。90年代后期,加强粮食市场专项监管工作。1998年,曾组织百余人工作队,对全市粮库、粮站、粮食加工厂、饲料厂、淀粉厂和粮食购销单位进行调查摸底,实行建账管理和粮食购销申报。开展了一个"突击月"和三个"突击周"活动,查处粮食违法案件103起。2001年,成立了两个督察组,深化对粮食市场监管,对全市4个粮食批发市场、31个粮食收储企业、25个粮食固定收购点进行了检查,13家不符合收购条件的停止收购。2002年,对市区胜利路、新华街及禽蛋市场、丽阳等重点市场集中整顿。实行"三清三查三规范",强化农资市场监管。2003年面对"非典"疫情,认真落实省市严厉打击借防治"非典"从事非法经营活动,全力开展市场专项整治,查处案件196起。2005年,整治城区市场环境,查处各类违法违章案件322起。

管理费征收 1986年开始按照国务院《城乡个体工商户管理暂行条例》,全县工商行政管理费采取定点、定时、定额收费的方法,由工商机关建立管理费抵账,收费工作实行目标责任管理。1989年增设票证专管员。1991年后,搞好集贸市场的分类分级规范化管理,建档立制,实行市场收费的"四统一":统一收费标志、统一收费项目、统一收费标准、统一收费票据。加强群众监督。1994年市工商物价局制定了《加强收费和罚没管理办法》,初步实行分散开票、集中收款。进入较大集贸市场和专业市场经营的固定摊位按规定缴纳市场管理费、市场摊位费和个体管理费。1998年,加强行政性收费和罚没收入的管理,执行收支两条线。是年建筑市场管理费、年检培训费等十三项收费停止收取。2000年省以下工商系统实行垂直管理后,实行基层收费一把手负总责,加强票据管理,严禁截留挪用,把农村集贸市场收费管理由基层纳入统一管理范围。2005年后各项收费稳定,后取消了市场管理收费。

二、打击投机违法活动

50年代初,重点打击县内不法富商趁国家经济困难,哄抬物价,进行粮食、油料、土布、金银等投机倒把活动。在"三反""五反"运动中,打击和处理了偷税、漏税、偷工减料、盗骗国家财产等违法私营工商业者。1953年打击破坏统购统销政策,抬价压价、私自贩运、倒卖粮油等统购物资的违法活动。1956年,查获倒卖粮食、棉花、土布等案件479起。50年代末60年代初国民经济困难时期,违法活动猖獗,一些不法分子大量套购倒卖生产、生活资料,破坏商品流通市场。1962年和1963年,查获投机违法案件5186件。"文化大革命"中投机违法案件上升,1972—1973

年，查处案件6915件，以倒卖粮、棉、油、票证，煤炭、钢铁者居多，但由于受“左”倾思想影响，扩大了打击面，把农民自产自销的农副产品也视为投机倒把。1976年“文化大革命”结束后，对原来定为投机违法案件进行了复查。到1980年底，共复查452起，纠正冤案43起。

1981年，集中打击非法倒卖工农业生产资料，买空卖空，制造假冒伪劣商品，哄抬物价，欺行霸市和囤积居奇等违法活动。1982—1985年，共查处投机违法案件1268件，其违法经营的物资有：注水白条鸡、注水牛肉、冒牌电视机、冒牌自行车、冒牌手表及假机油等。

三、工商企业管理

20世纪40年代后期，县工商局主管工商企业登记。1948年9月，规定不论公家或私人，凡经营烟酒者，必须事先将经营人姓名、制造方式、生产数量、资金数额向当地工商管理部门进行登记，经冀中烟酒管理局审核批准，发给许可证。是年，全县造纸业登记注册发证的企业5家，油业生产企业55家，农具制造业企业5家，水车制造业企业2家。

1949年、1950年和1954年，3次对工商企业开业、歇业、转业、资金、人员和经营范围等进行普查登记，掌握了全县私营工商业的基本情况，为1956年私营工商业社会主义改造创造了条件。

1963年，对全县工商企业进行了普遍核查登记，有1398户、1400人，流动资金120238元。经本人申请，生产队签署意见，市场物价管理委员会审核批准，发给营业证者610户，坚决取缔了无证经营。

1979年，贯彻《河北省工商企业登记管理暂行办法(草案)》，对国营企业、集体企业、社队企业个体工商业和特种行业，不论有证或无证，均重新进行清查登记和换证。机关、工厂学校所从事的生产、加工、建筑、运输、修理修配业，报直属上级同意，由工商局批准发证。只要符合国家政策，产、供、销有门路、有条件的社队企业，如橡胶、塑料制品、砖瓦、、水泥制品、农机具修理、粮棉油加工以及农村四坊(油坊、挂面坊、豆腐坊、米面加工坊)等行业，均予以登记，发给营业执照，支持发展。社、队及个体经营的饮食业、手工艺匠人，由本人申请，所在社队同意，发给营业证。特种行业，经公安部门审查同意，报工商局批准，发给特种行业证照。通过清理登记，全县有34户国营、集体企业，1913户社队企业，88户特种行业及70户个体手工业，均建立经济户口。1979年后，每年进行一次年检、验证，每五年换发一次营业执照。1982年，各类工商企业开业、歇业及变更登记，一律按国家《工商企业登记管理条例》的规定，进行申请登记，经审核批准，发给执照。

1983年进一步加强对工商企业的监督管理，详细掌握全县328户各类工商企业的所有制性质、产品、资金、职工人数、生产能力、设备、产供销、盈亏和8005户个体工商业者经营的产(商)品、资金等情况。对出租执照、出售伪劣商品、超出经营范围等违法、违章工商企业，进行严肃处理。

1984年收回旧营业执照，换发全国统一执照。

次年，对无证经营的个体工商户进行普查，查出无证经营的313户，补办营业执照276户。同时清理整顿12个党政机关开办的企业，责令其停业的9户，移交下属企业的3户。还对144个不同性质的公司进行清理，发现有78户不具备办公司的条件，令其变更登记。43户停业。完善了2100户工商企业档案。

1986年，全县有全民所有制工商企业121家，集体所有制工商企业693家。是年，企业登记开展重点清理和企业自查，加强主管部门审查集中力量对309个公司、中心进行清理整顿保留40个。1987年，为县内产品质量过硬的4家企业报请了省级、地区级企业名称。至1988年，冠用省级名称的7家，冠用地区级名称的4家,36家企业冠用县级名称。1989年，工商管理部门纠正了62家使用集体名义。实属个人经营的问题。全县企业发展到1065家。1993年以扶持公司经营为重点，发展各类公司168家。1995-1997年，抽调专门人员参加市直职能部门组成的企业改制督导小组，进驻企业摸底调查，了解企业资产、负债和资金运行、产品市场占有、销售收入、利税等情况为企业制定改制方案当好参谋；指导企业制定章程,建立决策、执行和监督机构。1997年完成改制企业24家。1999年,首次实行咨询、受理、初审、核准、登记、发照的一条龙服务。2001年扶持发展个体私营企业1591家,其中注册资金100万元以上的95户,1000万元以上的8户。制订《关于进一步优化经济发展环境的实施意见》,实行"六放宽",解决了市场准入门槛高的问题。将个体工商户登记注册权和企业年检权下放到基层,方便农村群众办事。2002—2004年,年检各类企业6500余户,年检率90%以上。2005年,全面实施企业登记注册绿色通道工程,开通绿色通道服务热线,完善硬件设施,拓宽服务渠道,建立一套高效、快捷、方便的市场准入体系。是年,共发展个体工商户1555户,国有集体企业193家,私营企业356家。

四、经济合同管理

1.合同鉴证与监督

20世纪50年代初,工商、农商、商商企业之间有加工、订货、经销、劳资协议等合同,但没有法律保障,对私营工商业改造基本完成以后,合同的作用不被重视。"文化大革命"中仅有的一点合同形式又被彻底中断。1976年工商局增设经济合同管理股。1979年始有合同签证。1980年签证各类经济合同436份,合同履约率100%。1982年7月1日《中华人民共和国经济合同法》颁布实施,使工商企业之间加工、订货、经销等经济合同皆有了法律保障,合同签证大幅度上升。

1985年组织4次经济合同大检查,帮助企业修改合同85份,查处违法合同3份,确认无效合同31份。同时,设立4个咨询服务处,开展经济合同法咨询服务,促使和指导企业普遍建立合同审批、登记制度,在企业中出现"学法规、重合同、守信用"的良好风气。是年5月1日,在全县统一使用"法人委托书"和统一合同用纸,使经济合同管理制度化、规范化。

1986年后,通过培训、宣讲、座谈、广播和图片展等形式,增强企业合同法律观念,同时加强合同监管工作。1998年开展了3次经济合同大检查,检查企业135个、合同12054份。1989—1991年,试行合同送审备案制度,处理合同纠纷103起。评选出"重合同、守信用"企业33家。1994年宣传贯彻《合同法》,进一步实现合同规范化。1997年查处利用经济合同进行欺诈行为。2001年组织开展了以"反欺诈"为主要内容的合同专项整治活动,查处合同违法案件4起。实施"合同帮扶工程",全市"重合同、守信用"企业达86家。2005年,利用全市对企业不良资产进行清收和盘活的有利时机,依照法律规定认真审核相关手续,防止金融诈骗,办理抵押物登记82份,为企业融资12351万元,办理注销登记53份,盘活资金8110元。

2.经济合同仲裁

县工商局于1984年9月建立经济合同仲裁委员会,并在城关、兴安、岗上、梅花和南董设立派出仲裁庭,到年底受理经济合同案件12起,争议金额42万元,处理结案9起。至1985年,共受理经济合同案件77起,处理72起,争议金额193万元,挽回经济损失88万元,维护了合同双方的合法权益。

1987年,做好合同管理、仲裁机构的分设工作,依法调解仲裁合同纠纷。1989年采取监管、检查、管理、帮助修改的模式,为企业避免经济损失284.3万元。1990年办理合同仲裁案件134起,争议金额131.2万元。1991年供工商物价局合同科与经济合同仲裁委员会合并为经济合同仲裁管理科,开展了"三角债"的清理活动。1993年成立藁城市工商物价局经济事务所。2002年鉴证合同388份。2005年以来,注重合同纠纷调解和仲裁工作。

五、商标广告管理

1.商标注册

藁城商标注册始自1980年,后逐年增多,并逐步加强了对商标注册的管理。对国家工商局核准的商标颁发了商标注册证,逐个造册登记,立卷归档,同时加强质量监督。至1985年,全县注册商标11个,其中"古廉"牌碳酸氢铵、"廉州"牌白酒为省优产品,"双箭"牌稻麦收割机为部优产品,销往菲律宾、苏丹、约旦、美国、布基纳法索等国家和地区。是年,新增注册商标15个。

2.商标管理

1979年始有商标管理工作。1983年3月1日贯彻执行《中华人民共和国商标法》。当年,两次进行检查,未发现违反商标管理问题。1983年4月14日,确定省邮电印刷厂和县印刷厂为印制商标、装潢、包装定点厂,其他印刷厂一律不准印刷。1985年依据《商标法》对改换滥用、侵犯注册商标专用权问题进行查处,查出16家企业使用假冒商标,未经批准制作《天津鸭梨》注册商标印版20套,擅自印刷《天津鸭梨》包装箱等,分别处以罚款、没收实物,保护了注册商标的专用权,维护了注册商标及使用装潢印刷的严肃性。1988年全县注册商标发展到201件。1989年为企业办理注册商标100件,全县商标拥有量达到301件。1991年,市工商行政管理局成立商标广告科,实行简化办理商标注册手续、搞好商标设计、陪同查询、填写文书等一条龙服务。1992年市工商局《商标印刷管理办法》出台,加强对商标印刷的管理。1993年在商标监管中,重点保护香烟品牌。由市打假领导小组统一指挥,组织工商、公安、检察等有关部门,开展了对增村一带部分乡村制售假烟的政治活动。2005年,市工商行政管理部门开展了"查商标,保名牌"、打击"傍名牌"专项执法行动。

3.广告管理

广告管理工作始于1980年5月。1983年5月指定县文化馆和广播电台为广告兼营单位。当年在城镇建立小型广告牌6块,开始承揽广告业务。1985年在全县范围内设置广告栏、橱窗、幻灯广告等2107处。1986年,藁城县广泛开展广告知识宣传,提高企业对广告的重视。1987年,国务院发布《广告管理条例》,广告管理正式纳入县工商行政管理范围。此后,藁城广告事业发展很快,至80年代末,有近百家企业绘制了路牌、墙壁广告143块。1991年,市工商局设置商标广告科。具体负责全市广告监管、服务、宣传工作。1993年,按照石家庄市工商局相关文件指示精神,明确广告管理的职责与范围,依法对广告宣传进行监督检查,对申请广告业务的单位进行审批。1995年,审查各类广告300多条,查处户外违法广告200多件。90年代后期,多次清理整顿户外广告。1998年,重点打击虚假广告的违法行为。2000年,联合城管、医药等职能部门,开展广告执法行动,对含有违法内容的广告不予登记,查处商标广告违法案件16起。2005年后继续整治虚假违法广告的行动。

六、工商管理机构

1946年冬,建立县工商局,担负全县工商行政管理工作。1949年3月工商局改为工商科。1950年10月工商科并入建设科。1951年6月析出,重设工商科。1957年工商科分为工业科和商业局,工商管理工作分别由商业局业务股和工业科负责。1957年7月成立市场物价管理委员会,归县计经委领导。1962年春成立县市场物价管理局,同年7月撤销。1963年3月1日重建市场物价管理委员会,归县财贸办公室领导。1969年秋改建为税务市场管理所。1973年2月15日成立县市场管理委员会,挂靠在财税局,1976年3月1日市场管理委员会与财税局分设,8月改称工商局。1984年1月,工商局与物价局合并为县工商行政物价局,8月15日与物价局分设,成立县工商行政管理局,内设办公室、企业股、市场股、经济合同股和经济合同仲裁委员会。1990年增设人事教育股。1991年7月,股改称科。合同科和经济合同仲裁委员会合并为经济合同仲裁管理科,增设经济检查科、商标广告科。1992年7月,市工商行政管理局与市物价局合并,称工商物价行政管理局。1993年成立市经济服务中心和物价综合科。1994年4月,增设稽查科。1995年,机关内设机构13个,辖10个工商行政管理所。1997年3月,工商行政管理局与物价局分设。1999年1月实行系统内垂直管理。2000年,成立藁城市个体私营协会维护会员合法权益服务中心。2003年,内设机构8个,即办公室、人事教育科、财务科、财务装备科、法制监察科、注册登记管理科、市场合同管理科、综合执法科。下设1个工商分局和9个工商所、1个车辆管理所。至2005年,机构设置无变化。

1946年冬,在增村、南孟、南董、赵庄设工商所。

1947年又增设兴安、贾市庄、丽阳、岗上、梅花和城关6个工商所。1963年4月10日各公社建立市场管理委员会,1969年改称市场管理所,并建立良村检查站。1976年3月工商财税分设,在原市场管理所基础上,组建城关、兴安、梅花、贾市庄、岗上、丽阳、南董、赵庄、南孟和增村10个工商所和良村检查站。1978年10月,撤销良村检查站。1979年1月1日,将南孟工商所合并到赵庄工商所,丽阳工商所合并到岗上工商所。1980年初恢复建立南孟、丽阳2个工商所,将增村工商所迁到刘家佐,更名为刘家佐工商所。1985年全县共有城关、兴安、贾市庄、梅花、丽阳、岗上、南董、南孟、赵庄和刘家佐10个工商所,主要负责辖区内集贸市场管理、企业登记注册、商标广告管理、经济检查工作及个体、消费者协会工作。1996年调整工商所设置,廉州北所、南所、兴安、贾市庄、梅花、岗上,南董、张家庄、南孟所不变,原刘家佐工商所更名为增村工商所,丽阳工商所改为丘头工商所,新增常安、南营、九门、西关、开发区工商所。2003年工商局下设开发区工商分局和9个工商所,即廉州所、兴安、贾市庄、梅花、丘头、岗上、南董、南孟、张家庄工商所。张家庄工商所驻赵庄。

第四节　物价管理

一、物价

1、中华人民共和国成立前物价

以1930年(民国19年)粮食价格为例:秋季市场小米每斗1.2元(银圆),来年春季涨到每斗1.4元,涨价幅度为16.67%。如果遇到灾荒年份,物价飞涨,米贵如金,民不聊生。1933年,风调雨顺,农业丰收,各种商品价格比较稳定,且稳中有降,市场小麦每斗0.85元(银圆),小米每斗1.1元,黄豆每斗0.9元,绿豆每斗1.2元,棉花每市斤0.34元,白土布每市尺0.6元,毛头纸每刀0.35元,煤油每桶3.55元。是年,粮食和其他手工业品比价(以小米为计算单位),每斗小米换白布15尺、食盐12斤、煤油4斤、卷烟3盒、犁铧3只、肥田粉30市斤。到1935年,国民政府实行法币制,滥发纸币,造成农民负担过重,生产小萧条,经济窒息,通货膨胀。

抗日战争和解放战争时期、县城和乡下多数村庄被日本侵略军盘踞。由于兵连祸结,农民外逃,农业歉收,物价飞涨。抗日战争初期(1938年)市场价:小米每斗13万元(伪币,下同),1940年涨到每斗18万元;小麦每斗11万元,棉花每市斤3.54万元。1946年国民党反动派挑起内战,军需增长,加之日伪统治时期烧、杀、抢掠对生产的严重破坏,物价成倍上涨。1948年市场小麦每斗涨到34.5万元(旧币,下同),小米每斗涨到41万元。同期物价指数,以1940年为100%,1945年为245%,5年间上涨1.5倍。后共产党和人民政府采取一系列鼓励生产的措施,才使物价逐步稳定下来。

2.中华人民共和国成立后物价

20世纪50年代初,正值国民经济恢复时期,一些投机商囤积居奇,哄抬物价,扰乱市场,县内市场物价曾一度波动较大。1950年在物价管理上,贯彻国家关于“统一领导,分级管理”的办法,市场物价形势趋于好转。尤其1953年贯彻粮食统购统销政策,国营商业逐步占领市场主导地位,市场物价稳中有降。20世纪50年代主要农产品收购价格见表16-3。

20世纪50年代末、60年代初的三年困难时期,经济萧条,市场物资奇缺,物价暴涨。但国营商业的商品,除按国家规定,有的个别商品实行暂时的、有限度的高价以外,绝大部分商品执行国家牌价。但市场物价却大大超过国家牌价,以1959年为例,市场和国家牌价平均差价幅度为741%。市场价格与国家牌价比较见表16-4。“文化大革命”中,国家明令关闭市场,对物价实行冻结政策。虽说减少了一些对市场物价的冲击,但由于国民经济遭受严重破坏,造成市场物价混乱。在国家对各类商品未调整变动的情况下,出现少数商品变相涨价。

1978年后,国家为进一步缩小工农业产品“剪刀差”,采取了提高农产品收购价的政策。此时,小麦、

20 世纪 50 年代国家对赵庄主要农产品收购价格一览表

表 16–3

品名	规格等级	单位	1950	1951	1952	1953	1954	1955	1956	1957	1958	1959	十年均价
小麦	伏地中等	百公斤	19.8	19.80	20.80	22.90	22.90	22.20	22.20	22.20	22.20	22.20	21.7
谷子		百公斤	13.20	13.20	13.60	14.40	14.40	14.40	14.40	14.40	14.60	14.60	14.16
小米		同上	18.20	18.20	18.40	19.20	19.20	19.20	19.20	19.20	19.20	19.20	18.92
玉米		同上	12.00	12.00	14.20	15.00	15.00	15.00	15.00	15.00	15.00	15.00	14.32
红粮		同上	10.50	10.50	12.40	13.40	13.40	13.40	13.40	13.40	13.40	13.40	12.72
黄豆		同上	16.00	16.00	16.00	18.00	18.00	18.00	18.00	18.00	19.40	19.40	17.68
薯干		同上	9.80	9.80	10.00	11.00	10.80	10.80	10.80	11.20	12.40	12.40	10.50
棉花		同上	55.00	57.40	59.44	59.20	55.42	54.36	54.36	54.42	54.56	54.56	55.88
花生	熟	同上	25.56	21.20	19.86	21.92	22.80	23.20	23.20	23.40	23.40	26.60	23.10
芝麻		同上	38.00	45.46	39.36	37.60	43.40	43.00	43.00	53.80	53.80	53.80	45.00
油菜籽		同上	18.00	18.00	19.00	—	27.22	27.60	27.60	30.40	30.40	30.40	24.76
生猪	四等	同上	60.00	60.00	58.00	56.00	62.3	62.30	62.30	69.00	74.34	75.00	63.66
牛皮		张	50.60	—	50.60	50.40	64.00	62.83	43.00	53.65	57.20	57.20	54.90
骡皮	头甜干板	张	7.20	7.20	4.30	4.30	8.25	8.25	7.49	7.701	9.223	9.45	7.34
马皮		张	9.00	9.00	4.80	4.80	9.20	9.20	8.171	8.38	10.21	10.51	7.38
驴皮		张	6.30	6.30	3.70	3.70	7.30	7.30	4.513	4.368	5.103	5.24	5.38
猪鬃	三寸生精	百把	400.0	400.0	400.0	323.0	304.2	314.2	315.35	314.2	314.0	314.0	339.9
活兔		百公斤	20	20	24	24	24	30	30	40	74~90	74~90	37.60
活鸡		同上	40	50	50	50	50	56	56	60	86.60	80~82	58.06
鲜蛋	完整	同上	77.00	78.00	84.00	90.00	84.66	86.16	92.00	108.96	110.34	122.50	93.36
白菜	满心	同上	2.228	2.228	2.72	2.428	3.06	3.00	3.00	4.50	4.92	6.26	3.434
大葱		同上	2.92	2.92	3.20	3.00	3.52	4~5.00	4~5.00	4.92	5.12	9.3	4.39
白萝卜	干	同上	1.828	1.828	2.36	1.98	2.52	2.40~2.70	2.40~2.70	4.00	3.96	5.10	2.67

1959 年赵庄几种农产品市场价格与国家牌价比较表

表 16-4

商品品种(每公斤)	国家牌价(元)	市场价格(元)	商品品种(每公斤)	国家牌价(元)	市场价格(元)
小麦	0.222	1.10	玉米	0.15	0.75
小米	0.192	0.768	猪肉	1.18	4.56
鸡蛋	1.33	13.30	萝卜	0.054	0.54
薯干	0.124	0.862			

玉米、谷子和小杂粮 12 个品种的粮食和油料提价，平均每百斤粮食由原来收购价 14.575 元，提高到 19.75 元，其中小麦提高 6.50 元，玉米提高 3.85 元，谷子提高 3.85 元。国家同时还对粮食、油料实行超购加价，即在生产单位完成国家包干任务后，对超购部分，在新的价格基础上加价 50%。1979 年夏收后，国家又较大幅度地提高了农副产品收购价格和猪肉、鸡蛋、水产品、牛奶等副食品销售价格(见表 16-5)。为不降低干部、职工生活水平，农副产品、副食品提价后，国家给每个干部、职工每人每月增发 5 元的副食价格补贴。在逐步提高农副产品收购价格的同时，在保证工业品零售价基本稳定的前提下，国家对工业品进行有升有降的调整(见表 16-6)。提价的工业品有彩电、卷烟、纯棉布、白酒、化肥收割机(藁城产)。价格调低的工业品有机械手表、化纤布等，并且大幅度地降低了医药和药品的销售价格。1983 年国务院通知，再次提高棉纺织品销售价格，降低化纤织品销售价格。这是 1949 年以来商品调价品种最多、范围最广的一次价格调整，县内共调整了 291 个品种的商品价格，其中棉纺织品提价的有 135 种，平均提高幅度为 20%。国家对化纤布每米提高 0.30 元，县内执行河北省规定价格，每米提高 0.294 元。降低化纤织品价格的有 156 种，平均降低幅度为 28%，国家每米降低 1.2 元，县内执行省价每米降低 1.145 元。为减轻农民负担，国家对农用生产物资，如塑料薄膜、柴油等多次实行优待价格。

二、物价管理

1.价格管理

1983—1985 年赵庄主要农副产品价格表

表 16-5

品种	等级	单位	零售牌价(元)			议销价格(元)			集市价格(元)		
			1983	1984	1985	1983	1984	1985	1983	1984	1985
小米	中等	公斤	0.28	0.28	0.28	—	—	—	0.66	0.58	0.48
小麦	中等	公斤	0.29	0.29	0.29	0.62	0.62	—	0.66	0.58	0.50
大米	中等	公斤	0.314	0.29	0.29	0.78	0.78	0.66	1.00	0.90	0.66
玉米	中等	公斤	0.246	0.246	0.246	0.34	0.34	0.34	0.38	0.34	0.34
黄豆	中等	公斤	0.284	0.284	0.284	0.78	0.78	0.78	0.90	0.76	0.68
绿豆	中等	公斤	0.77	0.77	0.77	0.78	0.78	0.78	1.10	1.16	1.00

续表 16-5

品种	等级	单位	零售牌价(元)			议销价格(元)			集市价格(元)		
			1983	1984	1985	1983	1984	1985	1983	1984	1985
花生	中等	公斤	0.686	0.686	0.686	1.20	0.78	0.78	1.20	1.20	1.06
仔猪	—	公斤	—	—	—	—	—	—	1.80	1.80	2.40
猪肉	去骨二等	公斤	2.28	2.32	—	—	—	—	2.20	2.32	2.4
牛肉	—	公斤	1.72	1.72	—	—	—	—	3.00	3.00	3.40
羊肉	—	公斤	1.914	1.914	—	—	—	—	2.40	2.40	2.60
鸡蛋		公斤	2.20	2.20	—	—	—	—	2.20	2.10	2.00
大白菜	一等	公斤	—	—	—	—	—	—	0.10	0.16	0.70
萝卜		公斤	—	—	—	—	—	—	0.25	—	0.04
大蒜		公斤	—	—	—	—	—	—	—	—	0.40
苹果	元帅一级	公斤	0.56	0.56	—	—	—	—	1.52	110	1.40
鸭梨	一级	公斤	0.38	0.38	—	—	—	—	0.60	0.60	0.80

1983—1985 年藁城县主要地方工业产品价格表

表 16-6

品名	规格单位	价格(元)			品名	规格单位	价格(元)		
		1983	1984	1985			1983	1984	1985
水泥	吨	80.00	78.00	88.00	磷肥	吨	145.00	165.00	185.00
收割机	160 型台	650.00	700.00	700.00	布鞋	棉布鞋23 号(双)	—	8.59	—
机砖	万块	—	360.00	400.00	煤炭	自采荫营混煤(吨)	23.80	31.00	33.00
化肥	吨	350.00	390.00	390.00					

1986 年，物价管理开始由价格管理权限高度集中分级管理向生产经营企业自行定价过渡。管理形式由单一的政府定价向政府定价、政府指导价和市场调节价转变，变单一形式为多种形式的价格调控体系。是年贯彻“调放结合、以放为主”的方针，加快价格改革步伐，大到钢材、木材等大宗商品，小到自行车、缝纫机、电冰箱、黑白电视机、收音机等价格均逐步放开。1987 年，县物价局对 1132 种(类)小商品价格实行自主定价。1988 年继续对市场商品价格进行改革，放开大部分小商品的零售价格，对部分商品

实行“双轨制”。但由于管理不严,一度出现了“乱涨价”现象。县物价局针对市场出现的新情况,按照上级政策,结合当地实际。制定出主要生活日用品和重要生产资料计划外部分的最高限价。1989–1991年,本着“控制价格水平,推进价格改革,整顿价格秩序”的原则,调整、放宽、管理相结合,重点对棉纺织品、粮食、煤炭、化肥等市场价格进行整顿,市场价格涨幅明显回落。1992年,对花布、呢绒、毛线、胶鞋等121种(类)商品价格开放,同时取消了钢材和部分工业品等生产资料的价格“双轨制”,由企业针对市场供求状况自行定价。国家管理控制的商品由1986年的795种减少到108种。

1990—1996年,严格治理各种“乱收费”,抑制通货膨胀,强化价格调控监管,加大价格检查力度。为解决粮食、棉花等主要农产品和基础工业产品价格偏低问题,大幅度提高了订购小麦、玉米和谷类的价格,将化肥厂生产的化肥出厂价格改为国家指导价,销售价格改为政府定价。贯彻上级“巩固、消化、补充、改善”的方针,实现宏观上“管而不死,微观上活而不乱”,努力稳定市场上的价格秩序。对经营百货、文化、副食、针纺织等商品按照国家定价、政府指导价、自主定价形式进行归类管理,使价格管理逐步走上法制化、规范化、制度化轨道。1997年对全市城乡餐饮业实行等级化评定验收。对农民反映农村电价过高、收费混乱现象进行整顿,制定出合理的电费收取标准:居民生活和农业灌溉用电最高限价0.55元/千瓦时,二三产业用电最高限价0.75元/千瓦时。调整农机作业收费标准,耕地20元/亩,播种7元/亩,收割40元/亩,秸秆粉碎10元/亩。调整城内居民、行政事业和工商企业用水价格,居民生活用水0.45元/吨,行政事业单位用水0.6元/吨,工商企业用水0.78元/吨。

1998—2003年,继续加强收费管理,严格查处价格违法行为。2005年加大对成品油、化肥、农膜、农药等农资市场的管理;对上网电价、城市供水等价格成本展开审验,对部分国家控制产品价格进行检测。

2.价格调控

1988—1994年,藁城域内曾两度出现价格上涨。1995—1996年对全市实行价格管理,物价涨幅明显下降。90年代中后期,贯彻落实国家价格管理精神,全市的市场商品物丰价廉,低价运行,在全国商品价格猛涨的情况下,全市没有发生价格大战,城乡价格稳定、秩序良好。2004年全市居民消费价格指数97.3%,零售价格指数96.6%,农用生产资料价格指数99.7%。藁城市完成消费价格指数涨幅控制在4%和社会零售价格指数涨幅控制在2%以内的指标。到2005年底,全市物价上涨指数严格控制在4%以内。

3.收费管理

1986—1996年,物价局对收费实行行政监督管理,内容包括行政性收费、事业性收费和经营性收费,涉及教育、公安、工商、标准计量、医疗卫生及防疫、铁路、旅行社等部门。同时在全市推行收费许可证制度。2004年审验换发收费许可证509个,其中行政性85个、事业性257个、经营性67个。取消不合理收费项目14个,降低收费标准713项,变更收费项目23个,减轻了企业和农民负担。2005年,制发收费公示牌239块,对324所中小学进行了“一费制”教育收费公示,使教育收费更加透明公开。

三、管理机构

1949年前无专门物价管理机构,市场物价处于无政府状态。1949年后人民政府十分重视物价管理工作。1951年成立县经济委员会,设专职物价员管理市场物价。“文化大革命”中,物价员被撤销。1976年恢复重设。1981年8月建立县物价委员会,由1名副县长兼主任,设副主任1人,主持日常工作。1983年物价委员会与工商行政管理局合并,改称县工商物价行政管理局。1984年又与工商局分设,正式成立县物价管理局,设局长1人,秘书1人。同年9月成立藁城县物价检查所,隶属物价局,1985年共有专职物价工作人员15人。同时在企业和较大公司增设兼职物价员,在集贸市场增设义务物价监督员,形成了一个专群结合的物价管理体系。

1986年,县物价局内设办公室、检查所、价格股。1989年增设信息股。1990年1月股改为科。1992年

4月增设收费科。同年7月,市物价管理局与工商行政管理局合属,称工商物价行政管理局。1997年3月工商局和物价局分设。1998年3月物价局内设办公室、价格科、收费科、物价检查所、价格事务所。2005年局内设办公室、价格科、收费科、价格检查所、价格认证中心。

第五节 质量技术监督管理

一、计量管理

1.计量演变

清代以前县内度量衡制无考。清代推行营造尺库平制。以营造尺为标准,1营造尺等于32厘米。量,以漕斗为标准。衡,以库平两为标准,1库平两等于37.301克。但因外国入侵,未能执行,形成多种计量制并存状况。清末民初,县内长度计量单位有营造尺、木径尺、裁衣尺、鲁班尺之多。衡器有16两秤、18两秤、20两秤。1929年,民国政府推行《度量衡法》,改行市制:3市尺等于1米,1市斤(16两)等于500克,1市亩等于60平方丈。因管理不严,未能全面实行,形成旧制、市制混用,度量衡器和单位量值混乱。是时,县内市场交易使用的斗亦大小不同,藁南与藁北不同,甚至同一集市的标准也不统一,1斗谷重30市斤、26市斤、25市斤不等。仅"线子秤"就有3两秤、13两秤、25两秤、32两秤之别。称金银和中药使用16两秤,又叫"戥子"。1940年后,量谷改用小斗,1斗谷重16市斤。1952年取消斗,改用秤(16两)。1959年,国务院颁布《统一计量制度的命令》,规定以公制为基本计量制度,保留市制,将16两秤改为10两制,各种液体量值由16两制改为10两制(改后量值相同),其换算,旧制1两等于0.625市两。

随着工业生产的发展,对计量精度要求增高。1959年机械厂使用千分尺、游标卡尺,1973年使用硬度计、热电偶等精密量器。1968年后,化肥等厂使用分析天平、比色计、分光光度计、示波管、成分自动分析表、电位差计。1982年使用氢氮比自调微机第一代,1984年更新为第二代。

衡器,从1970年逐步由木杆秤演变为台秤、案秤、地秤、邮件秤、字盘秤、电子秤、普通工业天平等。1978年改革中医处方用药计量单位,由原来两、钱、分、厘改为公制克、毫升及升、毫升。其换算(16两制)1钱等于3克;(10两制)1钱等于5克。同年粮食部门始用液体售油机、谷物水分测定仪等。1984年国务院发布《关于在我国统一实行法定计量单位的命令》,推行法定计量单位,从根本上淘汰旧的计量单位。

2.计量检定

民国时期没有度量衡检定所。中华人民共和国成立初期,由工商、税务部门监督指导计量器具的检定工作。1978年11月,县标准计量所成立,逐步配备血压计检定仪、百分表检定仪、二等砝码、四等砝码、标准量块、量端器、标准天平和活塞压力机等检测仪器。1979年10—11月,对供销系统、粮食系统、集贸市场、工厂企业使用的卡尺、千分尺、千分表、百分表,以及台秤、案秤、木杆秤等进行登记检定,合格率在69.5%和89.8%。检定后对合格者颁发检定合格证书或加盖合格钢印。1979年以后,每年秋季对全县计量器具进行一次普遍检定。另外机械厂、化肥厂等企业计量室。每两个季度对本厂计量器具(衡器除外)检定一次,本厂承担不了的,送地区计量局检定。1983年对全县700多杆案秤、台秤,800多杆木秤进行检定,同时对制造、贩卖和使用非法衡器者进行严肃处理。1986年后县计量部门主要对木杆秤、案秤、地衡等进行检验、测定和维修。

1987年7月1日,《中华人民共和国计量法》颁布实施,大力宣传的同时,加强量值检测体系建设,积极开展计量检定工作。1988—1991年,增设计量检定项目7种。1992年4月,完成三用校验仪、电能表检定装置、二等标准砝码建标,是年完成计量器具检定4000余件,1993年完成计量器具检定8000件。1998年在全县开展淘汰木杆秤工作。1999年增加张拉机检定项目。2001年增加蒸汽流量表、三相电能表、单相电能表检定项目。至2005年共建立标准器具15项,拥有计量检测设备仪器300台套。

3.计量器具生产

解放前，藁城县生产木杆秤的有3家（城内2家、贾市庄1家）。1953年公私合营，城内的2家合为1家，称衡器修配部，归笼箩社管辖，负责全县衡器修理和杆秤制作。1953年改归城关修理厂。1969年转归五金厂。1978年对全县11户木杆秤制造、修理工匠考核登记，对符合标准的工匠发给合格证书，准予营业。1982年五金厂衡器修理部撤销，木杆秤全由个体生产和修配。据1985年统计，全县从事木杆秤制作的企业有23家，年生产万余杆。

二、质量监督管理

1990年，成立藁城市产品质量检验所。质量监督检验工作通过省、市考核。1991年，对全市156个工商企业265个批次的产(商)品进行了监督检验，合格203个批次，综合样品合格率76%。1995年，在对重要农用生产资料的监督检查中，按照售前报验的规定，对生产经营种子、农药、化肥等农资物品的12个单位抽检12个样品，合格率为100%。2005年，按照上级要求，将全市的312家企业列入定检计划，抽验样品1123个批次，合格1035批次，综合样品合格率为92%。

1986—2005年，市(县)质监部门不断加强其企业质量监督管理，促进效益增长。2005年，河北绿宝食品有限公司生产加工的“牛奶花生”饮料、河北宏昌建材有限公司、石家庄三环电器防腐厂等21家企业先后通过了ISO9000认证。

三、标准化管理

1.企业标准化管理

1986年后，向县内企业宣传标准化知识，促使企业依据标准进行生产。1988年，对全县各企业执行产品标准情况进行摸底调查，建立产品标准台账，县属企业摸底调查率100%，标准覆盖率80%。1989年4月1日，《中华人民共和国标准化法》颁布实施后，依法对企业执行产品标准的情况进行监督检查，负责为企业查询和推荐产品标准。1990~1991年，市属企业技术标准备案率90%以上。市化肥厂等企业通过标准化验收，取得合格证书。1993-1997年，企业标准备案24个，收集产品标准88个，年审备案企业标准126个，审查登记企业执行标准98个，制订、修订产品标准33个，收集标准58个。市属企业重点产品标准覆盖率100%，乡镇企业达80%。

1998年9月4日，《河北省标准化监督管理条例》颁布实施后，依法对企业所执行的国家、行业标准进行登记，并发放河北省工业产品执行标准证书。是年11月，藁城市被列为第一批消灭无标准生产市。市技术监督局为全市230家企业、450种产品发放标准登记证书，制、修订企业产品标准20个，备案8家企业、15种产品，提供标准信息咨询服务81人次。1999—2000年，为200家企业430种产品登记备案，为企业查找和提供产品标准450份，接待咨询服务700余人次。

2005年后，加强采标工作。共帮助12家企业、13种产品通过采用国际标准验收。同时增强企业标准化生产意识，提高产品质量，使产品顺利打入国际市场。

2.农业标准化管理

2001—2004年，标准化工作重点转移到农业标准化建设。其间，市质量技术监督局先后制定了《硬质强筋冬小麦品种“8901”》《硬质强筋冬小麦品种“8901”公顷产量6750~7500公斤栽培技术规程》等农业地方标准，并建立了完整的农业标准技术服务体系。2004年6月3日，藁城市国家级8901优质麦农业标准化示范区顺利通过由国家标准化管理委员会委派的专家验收。

四、生产许可证管理

1.工业产品生产许可证管理

1984年4月，国务院颁布《工业产品生产许可证试行条例》。低压电器、电度表等87类产品被列入第一批实施生产许可证管理的产品目录。

1998年，藁城市开始申请办理工业产品生产许可证。至2005年，全市共办理工业产品生产许可证19个，涉及人造板、铅酸蓄电池、复混肥料、磷肥、电动自行车、矿渣硅酸盐水泥、微波塔、溶解乙炔、氯碱、压缩液化气体等10种产品。

2.食品质量安全市场准入管理

食品质量安全市场准入制度是指食品生产企业

必须在生产环境、生产设备、制造工艺、产品标准等方面达到国家标准，并获得国家颁发的食品生产许可证后，才有资格从事食品生产。实行食品质量安全市场准入制度是一项行政许可制度。2002 年 7 月，《加强食品质量安全监督管理工作实施意见》(国质检〔2002〕185 号)发布后，正式启动市场准入工作。

至 2005 年，小麦粉、大米、食用植物油、酱油、食醋等 5 类食品；肉制品、乳制品、饮料、调味品(糖、味精)、方便面、饼干、罐头、冷冻饮品、速冻面米食品、膨化食品等 10 类食品；糖果制品、茶叶(包括边销茶)、葡萄酒及果酒、啤酒、黄酒、酱腌菜、蜜饯、炒货食品、蛋制品、可可制品、焙炒咖啡、水产加工品、淀粉及淀粉制品等 13 类食品相继纳入发证范围。

市质量技术监督局综合管理科负责食品生产许可证管理工作。

五、管理机构

1931 年(民国二十年)，县内设有度量检定所，附设于县政府内，有主任 1 人，检定员 1 人。1959 年于县计委内设专人，负责统一计量改制工作。1968 年县化肥厂建立仪表计量室。1972 年机械厂建立计量室，分别担负本厂计量器具检定、修理工作。1978 年 11 月，成立县标准计量所，负责全县计量管理和计量器具制造修理、检定使用工作。后更名为标准计量局，事业单位，隶属于计划经济委员会。1988 年 11 月，标准计量局从计划经济委员会划出，更名为技术监督局，为科(局)级事业单位，内设办公室和计量测试所。1990 年 3 月，增设质量监督检验所。1992 年 7 月，技术监督局与技术经济委员会合署，称计划经济委员会。1995 年 3 月，复设技术监督局，挂靠经贸局。1996 年 10 月，技术监督局和经贸局分设，技术监督局内设办公室、计量所、质检所、质量科、计量科和稽查队。1997 年 1 月增设人事财务科。1998 年 1 月增设市场所、建材所。质量科和计量科合并为综合管理科。1999 年撤销市场所和建材所，职能划转到质检所。2001 年 1 月始，实行省以下垂直管理，受藁城市委、市政府和石家庄市质量技术监督局双重领导。2001 年 4 月，藁城市劳动人事局将“锅、容、管、特”管理职能整体移交技术监督局，局内增设特种设备安全监察科。2002 年 1 月，技术监督局更名为质量技术监督局。市打假办公室设在该局。

第六节　审计管理

一、审计监督

1986 年，按照审计工作的基本任务和对象的要求，县审计局对全县部分单位财务收支及基建基金进行了审计，审计资金总额 8806 万元，查处违纪违规资金 587 万元，上缴财政 19.5 万元。

1987 年 6 月，国务院颁布《关于违反财政法规处罚的暂行规定》，为审计机关处理审计查处的违反国家财政法规的违纪资金处罚提供了依据。1989 年 1 月 1 日，《中华人民共和国审计条例》正式施行，审计机关自此有了本行业第一个规范性法规文件。1990 年对 76 个单位的财务收支进行了审计，审计资金总额 16275 万元，，查处违纪违规资金 513 万元，其他违纪资金 286 万元，上缴财政 23.7 万元。1995 年 1 月 1 日，《中华人民共和国审计法》正式施行。审计工作进入了一个新的历史发展阶段。

1996 年，按照上级审计机关要求，全民开展本级财政预算执行情况审计，审计方式由过去的“上审下”转变为“同级审”与“上审下”相结合，拓宽了审计覆盖面。是年完成审计项目 57 个，审计资金总额 78913 万元，查出违纪违规资金 3549 万元，上缴财政 456 万元。1999 年根据审计署《中国审计规范》要求，审计局制定了《审计工作程序规范》，计算机辅助审计也开始在审计工作中运用，审计工作逐步走向规范化。

2000—2005 年，按照审计规范要求，改进审计程序和审计文书格式，开展创建审计精品活动，坚持“全面审计、突出重点”的方针，积极开展审计工作。共完成审计项目 326 个，查处违纪违规资金 13562 万元，上缴财政 283 万元。

二、审计

审计局自 1983 年成立至 1985 年底，共检查审计了 59 个单位的财务收入和经济效益情况，查处各种违纪资金 594.1 万元，收缴入库 148.2 万元，增加利润 187 万元。

1986 年以来，藁城县(市、区)审计局先后开展行政事业、财政金融、企业、固定资产投资、经济责任等审计工作。

1.行政事业审计

1986 年，行政事业审计工作重点放在教育经费审计上。对教育部门及下属单位进行了教育经费审计，发现违纪资金 948391 元，主要问题是侵占挪用教育经费、滥发奖金和补贴、截留应缴财政奖励基金、乱收费等。1987–1993 年，按照审计局、财政局联合下发“用三年时间对全县行政事业单位审计一遍”的通知要求，对 43 个单位进行了审计，查处违纪违规资金 73 万元，按规定进行了处理。1994 年–1998 年，重点审计了公检法办案经费、希望工程基金、水利资金、住房公积金、社会保险基金和失业保险基金、财务收支等，查处违规违纪资金 1732 万元，退还被挤占挪用资金 231 万元，罚款 91 万元，上缴财 212 万元。1999—2003 年，对城市建设基金、救灾基金、公检法收费、非典资金、农业资金、教育经费进行了重点审计，查处违纪资金 2100 万元，按有关规定进行了处罚，上缴市财政 121 万元。2004 年对土地管理局国土资金、广场管理处和市政工程公司财务收支进行了审计，对全市乡镇卫生院建设进行审计调查，查处违规资金 486.7 万元，上缴市财政 9.8 万元。2005 年对农村沼气建设、创建生态文明村、小学危房改造、城镇职工基本医疗保险专项资金进行了审计；对农业局、畜牧水产局、经济贸易局、计划发展局、民营经济局等部门进行了资产负债审计；对水务局、市工会、就业服务局进行了财务收支审计，查出违规资金 215 万元，上缴市财政 7.6 万元。2006 年以来，对行政事业单位财务审计成为常态，查处问题，及时按有关规定严肃处理。

2.财政金融审计

1987 年以来，先后多次对市人民银行、市工商银行、市建设银行、市农业银行、中国银行及城市信用社、廉都信用社、市信用联社和市人寿保险公司、财产保险公司进行多次审计，查出违规违纪资金，按规定进行处理。还多次对乡镇财政收支进行普遍大检查。先后多次对各乡镇财政收支进行审计，查出问题，严肃处理。

3.企业审计

1986 年对副食品公司、生产资料公司、土产公司、贸易公司、木连城供销社、兴安供销社经营成果和资金运用，物资局金木公司、物资局开发公司综合供销部违纪专案进行了审计，查出违纪资金 384 万元。主要是经营成果不实、资金使用不当、财务管理差、偷税漏税、违反供应政策、私设小金库等，按照有关规定进行了处罚，上缴财政 12 万元。1987~1993 年，对工业企业利税大户化肥厂、磷肥厂、造纸厂、水泥厂、收割机厂，商贸企业百货公司、五金公司、食品公司、糖酒公司、外贸公司及棉油厂、只都批发站、外贸冷库、燃料公司聚丙烯厂等 36 个企业承包经营情况和财务收支进行了审计，查出违纪资金 1285 万元，上缴财政 17 万元。1994–2000 年，对葡萄糖厂、鞋厂、化工机械厂、酒厂、金属材料总公司、商业大厦等 106 个企业进行了财务收支和资产负债损益审计，查出违纪资金 2315 万元。对农机公司、新疆联合收割机厂 1996–1998 年 6 月隐瞒利润漏缴税金情况进行了专题审计，查出隐瞒利润 1110 万元，漏缴所得税 489.7 万元等问题，上缴财政 285 万元。

2005 年后，对企业审计形成常态，查出问题，及时处理。

三、管理机构

1983 年前县内无独立的审计机构，审计工作由各主管部门或经济监督部门兼管。1983 年 7 月成立县审计局。1984 年 12 月开始在大系统和单位增设内审机构。1985 年工业、商业、供销、粮食和农业银行等主管部门和较大企业、事业、行政单位均配备了内审人员。1986 年县审计局内设办公室、工商企业股、财会政事股。1990 年，藁城审计局更名为藁城市审计局，内设机构称谓由股改为科。1991 年内设办公室、行政事业科、工交审计科、商贸审计科、基建审计科、体系指导科。1993 年 10 月，增设基层科，体系指导科更名检察科。1997 年 3 月检察科改称法制科，基层科更名财税科。2001年6月增设经济责任科。2003年1月,撤销公交科和商贸科,增设经贸科,基建科改称投资科。下辖审计事务所(1989年9月成立,1999年9月更名审计服务中心,2003年7月脱钩)。后审计局内设机构7个:办公室、行政事业科、经贸科、投资科、财税科、法制科、经济责任科。

四、村财审计

新中国成立后,赵庄村财务管理是在党(总)支部领导下,村(大队)管理委员会管理,设会计、出纳、物资保管员。重要开支项目由党(总)支部批准。村(大队)管理委员会规定1名村(大队)管委会1名副主任(副大队长)负责具体审批。每年农历正月初五,惯例召开全村村民大会,总结上年工作,部署当年工作。公布上年度村集体收入、支出是一项重要议程。实行改革开放后,河北省第八届人民代表大会第1次人大常委会通过了《河北省村集体财务管理条例》,1996年6月21日发布,1997年1月1日开始实行。村财务管理认真贯彻执行《条例》,加强了村财务计划管理、资金管理、固定资产和产品物资管理。成立由老党员代表、公道正派的群众代表组成村理财小组,直接参与财务管理计划、资金管理办法的制订和收支票据的审批,每季度财务收支上墙公开,接受群众监督。

2002年11月22日,河北省人民政府发布《河北省村级财务收支管理暂行办法(试行)》,进一步加强了村级财务管理,并实行了村级集体资金村级所有、镇政府代管的办法,镇农经所分村设账、分别核算,村委会也设财务账。收入、支出逐笔报账。支出票据按规定标准由经手人、村理财小组负责人、党总支书记、村委主任审查签字后报销。每季度还要公布上墙,接受群众监督。镇农经管理部门负责对辖村资金管理审计监督。市(区)农经管理部门对乡镇代管资金进行审计监督和对村财务抽查审计和专项审计。审计以经常性审计和专项审计为主。专项审计包括集体资产承包经营、租赁、拍卖审计、土地补偿费收入审计、集体负债审计、农村承包合同审计和干部工资开支审计。2015年5月1日起实行村财镇管,村集体资金全部上缴镇农经管理站管理,收支票据、资金全部由镇农经站管理。

第七节　土地资源管理

一、土地资源管理

1.土地调查

1981年10月至1983年10月,藁城县开展了大规模的土地普查工作,测得全县总面积1211678亩。

1986年7月至1988年12月,开展了全县第二次大规模、系统、科学的土地利用现状调查工作。通过详查,准确地划定了县、乡(镇)、村等各级行政和权属界线,查清了县、乡(镇)、村土地总面积及各地类的占地面积。此次土地利用调查,测得全县总面积为1215577.2亩,折合810.38平方公里。

2000年6月至2005年12月,进行了全市第三次土地利用现状更新调查及数据库建设,测得藁城市土地总面积为1215545.2亩,其中耕地849202.3亩,园地106273亩,林地1957,4亩,其他农用地26452.3亩,工矿及居民点用地173212.7亩,交通用地14119.7亩,水利设施用地11284.9亩,其他土地31955.2亩。

2.土地登记

20世纪80年代,县内公私建房进入高潮期。占耕地建房、乱占滥用、占而不用现象十分严重,加之原发土地房产证多数已毁坏或遗失,权属纠纷问题日渐增多。1987年藁城县土地管理局按照《土地管理法》有关规定,在上级政府和业务部门统一部署和指导下,着手进行全县土地登记发证工作。

(1)宅基地清理登记发证

1987年8月,县政府印发《关于搞好农村宅基地清理登记发证工作的意见》,全县开始农村宅基地清理登记发证工作,到1990年年底,对全市(县)28个乡镇240个行政村的所有宅基地进行了丈量登记,制发农村宅基地使用证156266本。实现了宅基地基本情况与实地对口,处理意见与《暂行办法》规定对口,各种表格互相对口的目标。到2005年,全市共完成228个村、163286处的清理登记工作，已经发证162589宗。

(2)非农建设用地清理登记发证

1988年8—11月，根据石家庄地区土地管理局文件指示精神，县土地管理局对全县8个建制镇的10462处国营、集体和个体占地进行了申报审批，并通过石家庄地区验收。1989年，为掌握全县非农业建设用地情况，对全县2106家乡镇企业(包括乡办、村办、个体、联合体企业)进行调查并逐一登记发证。1992年下半年开始对全市国有土地、乡(镇)村联合体、个体占地进行权属调查和登记。到1994年10月，共确权发证1957个单位，占地总面积28132.9亩。其中，国有土地确权发证544个单位，占地面积24314.2亩；乡(镇)企事业确权发证172个单位，占地面积1575.3亩；村办企业确权发证317个单位，占地面积1419.1亩；个体联合体确权发证920个单位，占地面积824.3亩。至2005年，全市国有土地使用权申报登记累计发证1310宗。

(3)土地变更登记

1988年县土地管理局根据国家土地管理局印发的《全国土地登记规则》的要求，开始办理土地变更登记业务。1992年10月，按照相关文件规定，出现以下几种情况的要办理土地变更登记：划拨国有土地出让、转让、交换、赠予；集体所有土地变为国有土地的；城镇居民、农村宅基地因买卖房屋而转移土地使用权的；因企业兼并或单位解体分割使用土地的；集体土地使用权临时出租的。1998—2005年，全市(县)共办理土地变更登记608宗。

3.基本农田保护

1990年秋，藁城市在南营乡、大同乡进行了基本农田试点工作，取得了初步经验。是年，市政府决定在全市范围内建立基本农田保护区。按照藁城市2000年土地利用总体规划，确定保护区农田面积为688330亩，占全市耕地面积的85.15%。保护区分为两个等级，其中一级保护区为344824亩，占保护面积的50.1%，二级保护区为343506亩，占保护区面积的49.9%。在保护区总面积中，粮食作物面积577520亩，棉田面积57835亩，油料面积18065亩，瓜菜面积34910亩。此外藁城市是鸭梨等名优特产地之一，还要保护73396亩的园地面积。

1996年各乡镇区划调整后，根据规划确定保护区农田面积共694155亩。各乡镇保护农田面积有所改变。

1999年藁城市基本农田保护面积情况表

表16–7

乡镇名称	保护面积(亩)	乡镇名称	保护面积(亩)
廉州镇	54753.5	丘头镇	58606.5
兴安镇	46878.0	南董镇	29400.0
常安镇	54295.5	九门乡	39714.0
贾市庄镇	36867.0	张家庄镇	49754.0
南营镇	57862.0	南孟镇	43563.0
梅花镇	77881.8	增村镇	52475.0
岗上镇	49518.0	西关镇	42586.0

4.建设用地管理

(1)用地审批

根据规定，1985年9月，非农建设使用耕地0.33公顷以下，由县政府审批。自1988年1月起征用耕地0.2公顷以下，其他土地0.67公顷以下由县政府审批。1989年7月后，征用耕地0.2公顷以下，旧区改造划拨土地0.67公顷以下，使用耕地0.33公顷以下和规划区乡镇企业使用耕地0.67公顷以下均由县政府审批。1992年2月起，征用或划拨耕地0.2公顷以下、征用0.2公顷加旧区改造划拨土地合计0.67公顷以下、使用耕地0.33公顷以下或规划区内使用耕地0.67公顷以下由县(市)级政府审批。1995–1997年，扩大到征用耕地或划拨国有土地3.33公顷以下，征用其他耕地6.67公顷以下，征用划拨其他土地合计6.67公顷以下由县(市)级政府审批。1998年1月起，征用耕地和其他土地、划拨国有土地、使用其他土地6.67公顷以下均由县(市)级政府审批。1999年1月后，除村民使用非耕地建房由县(市)政府批准外，使用土地全部归石家庄市政府审批。

(2)国家建设用地管理

根据1986年6月颁布的《中华人民共和国土地管理法》和河北省人大常委会公布的《河北省土地管理条例》之规定：征用耕地3亩以下，其他土地10亩以下的由县、县级市人民政府批准，并逐级上报省土地管理局备案。征用耕地10亩以下，其他土地20亩以下，由省辖市人民政府(地区行署)批准，报省土地管理局备案；超出上述限额的报省人民政府审批。对国家建设征用耕地1000亩以上，其他土地2000亩以上的，由省政府审查后，呈报国务院批准。

此后，随着改革开放的深入，河北省对一定范围、一定地方和一定项目，又以“法规”“委托”“备案”等形式，放宽原来批地权限。1990年11月，河北省人大常委会在修订《河北省土地管理条例》时，在征地审批权限中又增加一款：“凡在经国家批准的经济开发区范围内的中外合资经营企业、中外合作经营企业和外资企业征用、划拨耕地20亩以下，其他土地50亩以下的由省辖市人民政府(地区行署)批准，报省土地管理局备案。”1992年7月中共河北省委、省人民政府印发《关于加快县级综合改革的意见》的通知，确定：丰南县、辛集市、获鹿县、黄骅市、藁城市等15个县(市)为省级综合改革试验县。授予各试验县地、市级经济管理权限。据此，1992年9月，河北省土地管理局根据省委、省政府的要求，发出《关于对15个县(市)综合改革试验的配套措施》，其中规定，每年随同地、市给试验县(市)下达一定数量的生产性建设用地指标，省政府委托试验县政府在省下达的指标内审批生产性建设用地，并按原审批权限，分别向省、地区行署土地管理局备案。自此藁城市审批生产性建设用地的权限由原来的耕地3亩以下，其他土地10亩以下，扩大到耕地1000亩以下，其他土地2000亩以下。1993年10月，根据石家庄市土地管理局局长会议精神和省土地管理局的指示，上述下放的审批权限又全部收回。藁城又恢复了原来建设用地审批权限，即耕地3亩以下，非耕地10亩以下。

1997年至1998年，根据中共中央、国务院《关于进一步加强土地管理，切实保护耕地的通知》，冻结了非农建设占地的报批。自1991年1月起，建设用地征地需要经过预审、申请用地、现场勘察、缴纳税费、上报审批、批复6个程序，用地单位需提交用地申请、项目可行性研究报告批复文件、建设用地预审意见、初步设计或其他有关批准文件、规划许可证等材料，报批程序进一步规范。

(3)乡镇企业建设用地管理

藁城是农业大县，乡镇企业发展起步较晚。进入20世纪80年代，乡镇企业迅猛发展，企业占地大量增加。1987年4月，《河北省土地管理条例》出台，对乡镇企业用地管理做出了新规定。即乡镇村兴办企业，应当先利用现有设施和非耕地，严格控制占用耕地。乡镇村企业建设应符合村镇规划。占用土地需持县以上计划部门批准的计划任务和有关批准文件，向县、市人民政府土地管理部门申请，按征地的审批权限办理手续。农村个体户或合伙兴办企业，应首先利用自有的房屋、庭院。确需占用集体所有土地的，应提出书面申请，经村民委员会同意，签订土地使用合同，经乡(镇)人民政府审查，按征地审批权限报批，停止使用后交还集体，并负责恢复耕地条件。地上附着物可作价交集体或自行拆除。

5.农村宅基地管理

1988年3月，《藁城县农村宅基地管理细则（试行)》出台。规定：藁城县发放宅基地要按规划进行，规划内需要占用的耕地，必须坚持逐年申报、分期安排的原则，规划外的耕地严禁建房。为珍惜和节约土地，鼓励支持农民盖楼房。村镇建房规划占地标准为：人均耕地1亩以下(含1亩)的村，每处宅基地控制在2分以内；人均耕地1亩以上的，每处控制在2分5厘以内。

(1)宅基地发放条件

符合下列情形之一的，允许申请宅基地：

①农村居民除身边留一子女外，其他年满十八周岁以上子女男到女方落户或女到男方落户，确需另立门户的；

②农村宅基地进行中的搬迁户；

③农村居民户人口超过本村居民户人口平均数一倍,确属缺少宅基地的;

④回乡落户的离休、退休、退职、退伍的干部、职工、军人,确实无房居住的,优先安排;

⑤集体经济单位招聘的技术人员要求在当地落户的;

⑥回乡定居的华侨、港澳台同胞,可适当从宽。

(2)宅基地审批手续和权限

①发放村民宅基地要严格履行申请报批手续。使用原有宅基地和村内空闲地的,个人申请、张榜公布,村民讨论,村民委员会同意,乡(镇)人民政府批准,报县土地管理部门备案。使用耕地和其他土地的,由个人申请,张榜公布,村民讨论,村民委员会同意后,经乡(镇)人民政府审查,报县(市)人民政府批准。申请户领取审批书后方可建房。

②村民委员会未履行报批手续和未经批准而擅自做主发放宅基地的或批少占多,批小占大的,要追究领导责任,情节严重的要严肃处理。越权批准占用宅基地的,其批文无效,要限期退回所占土地并对主要责任者给予行政处分。

③乡(镇)按审批权限发放宅基地时,应以村(镇)为单位掌握发放。申报审批时间每年进行一次。具体时间由乡(镇)自定。年终由乡(镇)把当年发放宅基地的户籍档案报送县(市)土地管理部门,同时把批准证书换成宅基地使用证。

(3)宅基地使用与管理

为了加强农村宅基地管理,严格控制占用耕地建房,遏制村干部利用职权圈大院、多占地及群众抢占、乱占、建新不拆旧等问题,1989年9月,《藁城县人民政府关于农村宅基地有偿使用的意见》出台,此后,全县28个乡镇、240个行政村开始全面推行宅基地有偿使用管理办法。收费形式有两种:一是低征不退式。即以县批准的规划面积为依据,宅基地在标准内的,每年每平方米征收使用费0.1~0.2元;超出规划标准的部分(含旧宅基地),每年每平方米征收0.4~0.6元。所征使用费不向农户返还;二是高征找补式,即以县批准规划面积为依据,标准内和超标部分的征收标准分别比低征不退式多收一倍。所征用使用费的50%用于找补,即按本村的合法人口进行分配,以体现对遵守国策,为节约土地做出贡献的户奖励。所征使用费本着取之于民,用之于民,取之于土用之于土的原则,高征找补式分红外的剩余部分和低征不退式所征收的有偿使用费,95%留村集体使用,主要用于村镇建设和顶替部分耕地提留及对节约土地户的奖励;4%留在乡镇土地管理所作为宅基地管理费;1%由乡(镇)负责提交市土地管理局,用于农村宅基地管理。

1993年11月,河北省财政厅、物价局、土地管理局联合发出《关于取消全省土地管理系统乱收费项目的公告》,藁城市决定取消农村宅基地有偿使用费和农村宅基地超占费的征收。

2002年藁城市不断治理农村抢占、多占、超占、建新不拆旧的宅基地问题,抢占、多占、建新不拆旧的强行拆除。2005年,已累计完成228个村的宅基地清理工作,共清理宅基地163286处,发证162589宗。

二、土地利用规划

1.第一次土地利用总体规划

1990–1991年,藁城市进行了市、乡(镇)两级土地利用总体规划,本着保护耕地,适当扩大市区面积,调整土地结构,提高土地利用率和集约化水平之目的,根据自然、社会经济条件和土地适宜性评价的结果,把本市分成了11个土地利用类型区和4个土地利用地域。

按照国家和河北省土地管理局的土地利用分类体系,结合藁城市实际,将本市土地类型分为七个大类,作为一级分类。又把这七个大类分成24个二级分类。七个大类分别是:耕地、园地、林地、居民点及工矿用地、交通用地、水域和未利用土地:

耕地:耕地由1989年的808351.2亩变为2000年的806400亩,占土地总面积的比重由66.5%变为66.34%。从基期年到规划年11年间,由于建设用地的需要,占去耕地20910亩,通过开发未利用土地和滩地及对一些园地的复垦,补充耕地18959亩,占用的耕地比补充的多,致使耕地纯减少1951亩。

园地：园地由基础年的150598亩变为规划年的145495亩，占总土地面积的比重由12.4%变为11.97%。园地减少的原因主要是把宜耕地中的园地复垦成了耕地。11年间共复垦园地9245亩。把部分未利用的土地开发成园地，由此补充园地4141亩。园地纯减少5103亩。

园地中主要是梨园占地，计有95000亩，占园地面积的65.3%。

林地：林地维持了现状面积8210亩，占土地总面积的0.68%。土地利用统计分类中的林地是指有一定面积的成片林地，不包括四旁零星植树，也不包括少于四行的农田防护林网和农林间作中的林占地。藁城的林木覆盖率已达到18.4%。进一步提高覆盖率只能靠扩大四旁植树和农田防护林网及农林间作来实现。

居民点及工矿用地：居民点及工矿用地包括市区建设用地、乡镇建设用地、农民居民点用地、独立工矿用地和特殊用地。

居民点及工矿用地由1989年的149697亩扩大到2000年的171328亩，占土地总面积的比重由12.32%增加为14.09%，共增加用地21631亩。其中，占用耕地19831亩，占用非耕地1800亩。居民点及工矿用地中，增加用地最多的是城镇建设用地，藁城市区和七个建制镇共增加用地11514亩，其次是独立工矿用地，增加用地5500亩，农村居民点增加用地4617亩。

交通用地：交通用地主要指道路占地，包括铁路、公路和农村道路。交通用地由1989年的33608亩，增加到2000年的34687亩。占土地总面积的比重由1989年的2.76%变为2000年的2.85%，交通用地增加1079亩。

水域：水域由1989年的57272亩减少到2000年的49272亩，占总土地面积的比重由4.17%变为4.05%，水域减少了滩地8000亩，开发成了耕地。水域中的坑塘，部分作为渔业用地。坑塘共1693亩，其中508亩建为鱼塘。

未利用土地：从基础年到规划年，未利用土地减少。其数量由1989年的7842亩，变为2000年的185亩，11年共开发利用土地7657亩，其中1714亩开发成为耕地，4141亩开发成园地，1800亩开发成居民点及工矿用地。未利用土地占总土地面积的比重由0.65%变为0.02%。

2.第二次土地利用总体规划

1997年，藁城市开始了第二次土地利用总体规划修编工作。规划期限为1997—2010年，并展望到2030年。此次规划，土地利用的主要目标是：(1)实现耕地总量动态平衡。规划期间，全市建设占用减少耕地量控制在894.1公顷(13411.5亩)，耕地补充量要达到1252.8公顷(18792亩)，期末耕地净增量要实现358.4公顷(5376亩)，保证耕地总量平衡有余，即由现状53144.6公顷(797169亩)增加到53503公顷(802545亩)。基本农田保护面积46230公顷(693450亩)，保护率87%。(2)严格控制建设规模，保证规划期间，各项建设占用耕地不超过1053.8公顷(15807亩)的控制指标。(3)加大土地开发复垦力度，加强土地整理，确保实现石家庄市政府下达的耕地补充量1558公顷(23370亩)的任务。(4)严格控制城乡居民点及工矿用地规模，确保规划期末该类用地不突破11555公顷(173325亩)。藁城市城区用地2010年不超过14平方公里，人均指标保持在100平方米水平。(5)抓好计划生育，严格控制人口增长。到2010年，全市人口控制在80.2万人，市区人口控制在14万人，人均耕地占有量为1亩/人。

三、村土地管理

村土地管理由村党(总支)支部和村(大队)管理委员会、村民委员会负责。1969年根据各生产队人口的变化调整各生产队的土地数量、1984年第一轮土地联产承包及土地调整和1987年第二轮土地联产承包及土地调整，均是村“两委”班子集体研究推动落实的。1968年至1996年先后发放宅基地1105户及后来发放宅基地，是“两委”班子研究审定后逐级报乡镇政府、县(市)土地管理部门批准后落实的。至于村域道路规划用地、工商企业占地都是村“两委”班子同意后，按程序报上级主管部门审批后占用的。

四、管理机构

1984年9月，县农业局成立土地管理股，接管城关镇范围以外的土地管理工作。城建局负责城乡建设规划工作和城镇规划范围以内的土地管理。

1987年4月，成立藁城县土地管理局，原农业局土地管理工作移交土地管理局。农村住宅规划仍由城建局负责，土地局按规划组织实施。1988年局内增设监督检查股、宅基地管理股和土地详查队。1989年8月撤销土地详查队，成立地政股，主要负责县境内的土地监测工作。9月，在全县6个自然片中分别成立了土地管理所。1990年，土地管理局下设一室四股(后改称科)6所，6个土地管理所为兴安、刘海庄、大同、南营、南董、增村土地管理所。1998年10月，土地监察科更名为土地执法监察局。1999年2月，成立土地开垦整理整治公司，为土地管理局下属单位。2001年3月成立藁城市土地储备中心，隶属土地管理局。

2002年5月，市土地管理局改为国土资源局。同年，矿产资源管理所由市乡镇企业局划入国土资源局。2005年国土资源局内设机构15个：办公室、耕保科、土地执法监察局、宅基地管理科、规划科、地籍科、财务科、信访科、信息中心、法制科、矿产资源管理科、测绘管理办公室、市场科、行政服务中心窗口、测绘科。下属单位3个：土地开垦整理整治中心、开发区分局、藁城市土地储备中心。下辖14个土地管理所。

第八节　安全生产监督管理

20世纪90年代初期，市政府将安全生产工作列为对乡镇政府及工商企业部门的考核范围，以加强对安全生产工作的领导力度。2002年开始市政府分别与各乡镇政府和有关部门签订年度安全生产目标管理责任状，明确乡镇政府和有关部门的安全生产责任，明确责任追究制度和奖惩制度，严格考核，落实奖惩。

2004年藁城市安全生产监督管理局设为市政府工作部门后，加强了安全生产行政执法工作，先后组织开展9次安全生产联合大检查，消除了一批安全事故隐患。同年，对重大危险源进行了普查，建立了重大危险源管理台账，实现了重大危险源监控管理科学化和制度化，本市重大危险源监控做到100%。是年还完成藁城市安全生产应急救援预案的编制，并建立市安全生产应急救援体系。

2005年，对生产经营单位实行安全生产风险抵押金制度，同时大力推动企业提取安全费用和伤亡事故经济赔偿等政策的落实，收缴风险抵押金工作得到稳步推进。

进入21世纪，全市安全生产专项整治、宣传教育和职工培训工作进一步加强。自2002年开始，开展对危险化学品、道路交通运输、民爆器材和烟花爆竹、公共聚居场所消防、非煤矿山、建筑施工等重点行业和领域的专项整治，通过整治，大大提高了重点行业和领域的安全生产水平，有力地打击了非法生产经营行为。2004年后，市安监局建立了安全生产培训基地，制作了特种作业操作证，对特种工、危险岗位职工进行培训，考核合格，发给特种岗位操作证，持证上岗；还对危险性较大的岗位职工进行培训。相继开展了以“以人为本、安全第一”为主题的安全月和“遵纪守法、关爱生命”的宣传活动，收到良好效果。

第十七章　中共赵庄(镇)村(总)支部委员会

第一节　党组织建设

一、赵庄建立党组织

1927年12月在中共中央“八七”会议精神影响下，共产党员魏凤仪、芦金堂组织起农民协会，提出“实行土地革命，打倒一切新旧军阀、地主豪绅和资产阶级，组织自卫军”的主要任务，在赵庄村关爷庙的一个自行车铺里进行选举，芦金堂当选为区农会主席，并在赵庄村挂起了“农民协会”的大牌子。是时，芦金堂、王保德等曾向国民党当局提出民主选举区长的正义要求，但遭到拒绝。不久，赵庄区农会被国民党政府查封。

1937年“七七事变”后，日军大举南侵，9月24日占领保定。在侵华日军司令官香月清中将的指挥下，10月5日，日主力十四师团及第六师团之一部侵入正定境内。10月7日凌晨，日军2000余人、30余门大炮攻击正定城，中央军商震部终因伤亡惨重败退。10月8日晨，日军占领正定城，在城内和近郊13个村对无辜百姓进行了灭绝人性的大屠杀，残杀无辜百姓1506人，重伤103人，烧毁房屋106间，抢走牲畜80多头。随后，日军盘踞正定。

日军入侵中华大地，灭绝人性的烧杀抢掠，激起了包括赵庄村民在内中国人民的无比愤慨，抗日的情绪日渐高涨。了解到中国共产党及其领导的军队，积极抗日，全心全意为解放劳苦大众而奋斗，仁人志士表示愿意加入共产党将入侵者赶出中国。1938年初，赵庄镇雇农贾洛风(小名计拴)，经蔡家岗村党员蔡老大、蔡振海介绍加入中国共产党，是赵庄镇第一名共产党员，后贾洛风发展贾春福、甄老巩、甄老将、王文生加入中国共产党。1938年6月6日，在中共藁城县第七区委书记李英主持下，赵庄村党支部在蔡家岗村成立，支部书记贾春福，支部委员贾洛风、甄老巩。秘密开展党的工作，发展党员，组织武装力量，在党的领导下，积极开展和日伪的斗争。

第一届赵庄村党支部成立

1940年8月，日军及皇协军、警备队等日伪军开始盘踞赵庄，修筑炮楼2座，直至1945年8月日本投降，历时5年。

赵庄党支部成立后，在党的区委领导下，积极组织群众开展对日伪的斗争。1939年春，建立了赵庄镇抗日政权，先后由黄老凯、黄五群、张老银担任抗日正副村长，组织成立农会、雇工会、武委会、妇救会、三青会，开展抗日救亡活动，开展宣传、组织募捐。成立30余人的游击小组，党员甄老巩、抗日积极分子董皂兰任正、副组长。游击小组在党支部领导下，配合八路军对日伪开展各种斗争，重点是破坏敌人的京汉铁路和正无公路两条运输线，多次扒铁轨、挖公路、割电话线，阻止敌人向南运输军兵和军用物资。由赵庄村党组织提供情报，1939年初冬，共产党领导的回民支队在由张家庄至北贾同村的正无公路上，成功地伏击了日军的4辆大卡车，全歼日伪军50余人，缴获了一批军用物资。同年11月24日，藁城县共产党领导的武装十七团又在赵庄镇东伏击了日军7辆卡车物资，消灭日伪军多人。1939年腊月初，日军采取报复性行动，大批敌人闯进赵庄，烧毁了抗日村长黄老凯和许多群众的300多间房子，打死打伤无辜群众4人，抢走了很多牲畜。几天后，王大傻带领皇协军突然闯进赵庄，抓走了正在开会的游击小组副组长董皂兰。在酷刑威逼下，年仅24岁的董皂兰临危不惧、威武不屈，被敌人残杀在正定小北门，为了民族存亡，董造兰献出了自己宝贵的生命！

日伪军为了加强统治，1939年组织“维持会”为他们服务，摊粮派款，横征暴敛，村民敢怒而不敢言。

1940年8月20日，在驻正定县城的日军部署下，伪治安军第四团进驻赵庄，杀死雇工会主席。治安军团长朱停玉支持“七七事变”后逃亡正定的大地主组织成立伪村公所，实行保甲制，组成了40人的地富武装“常备团”。1941年2月伪村公所解散，组织为“联保处”。换防的治安军16团调离，随之日寇的一个小队(队长付勇)、一个情报队、一个警备队中队(队长赵吉祥)自正定进驻赵庄，强迫赵庄村民出钱出物出人建起两座高大炮楼和地堡，由警备队和日本军分别驻守，日伪军加强了统治，白色恐怖笼罩赵庄古镇。

在白色恐怖下，赵庄党支部工作转入地下，但并未停止斗争。贾春福以摆烟摊、贾洛风以开饭铺为掩护，搜集日伪情报，发展党组织，通过甄皂保向蔡家岗党组织递送情报，其他党员也在党支部领导下以各种方式开展对敌斗争。农会、雇工会、武委会、妇救会暂时停止公开活动。

1942年8月，日伪军在赵庄建起了“联乡办事处”，管辖赵庄、蔡家岗、固营、旱落、三邱、南贾同、北贾同、南白皮、北白皮、鲍家庄10个村。

1943年，伪“联保处”继续存在，伪警察所、伪税务所由蟠桃村搬至赵庄。以闵祥录为中队长的警备队为加强统治，2月2日把赵庄与三邱合并成大乡。其间，一伪保长带领警备队抓走了中共党员干部黄玉来。藁城敌工部人员张林、老许、麻子刘等7人乔装混入日本情报队，寻机狠狠教训了汉奸分子。

1944年4月15日，在赵庄党支部情报支持下，中共领导下的三十二区队偷袭赵庄警备队，打死了警备队长闵祥录，消灭了警备队的一个中队，缴获大枪一百多支，烧毁了炮楼，押走了俘虏。此后，黄五群领导的雇工会开始工作。4月27日，日伪警察所、特务系、情报室、警备队重返赵庄盘踞。特务系由藁城来，姚风雨等4人；警察所由藁城来，所长孟庆恩(东北人)等7人；警备队由四公调来，中队长杨二虎、小队长姚新民、郝庆祥，共100多人；日军从张家庄调来，小队长桑崎等30余人；再加上以张玉珍为首的常备团30多人和伪联保处，加紧了对赵庄及其周围村庄的控制。7月，团长张玉珍带领常备团人员抓走了革命干部郭不打牌，后杀死在正定小北门里。

敌人为进一步加强对抗日军民的镇压，将伪大乡改组为“调办所”，由12个村组成：北小屯、北贾同、南贾同、三邱、鲍家庄、旱落、北白皮、蔡家岗、固营、黄庄、赵庄、南白皮。主要收捐税。

1945年，抗日战争到了最后阶段，日伪军惶惶不可终日。赵庄党支部重新调整了职务，贾洛风任支部书记兼抗联主任，贾春福任组织委员(因腿被日军毒打致残，行动不便，改任组织委员)、宣传委员甄玉堂。此时，共有党员12人：贾洛风、贾春福、甄玉堂、蔡志河、徐凤祥、张志勇、甄品重、黄振芳、甄小盆(学勇)、甄皂保、张糖光、高四元。党支部积极开展对敌斗争。

1945年2月，已近末日的日军及其特务系、警备队全部撤离赵庄。赵庄党组织加紧活动。建立了村人民政权，让张黑丑任村长，因不服从党支部领导被撤职，群众甄树国接任村长。1945年8月，日本投降。9月，国民党抢夺共产党领导抗日军民浴血奋战得来的胜利果实，原伪治安军杨德凡部投靠国民党，重返赵庄驻防。前后村长共同向国民党出卖40余名革命干部，将党员干部名单交给敌人，让敌人挖走赵庄党组织埋藏的粮食10余万斤。赵庄又笼罩在国民党白色恐怖之下，村党支部不得不带领党员离开赵庄随区小队在外游击。留在村里的党员贾春福、甄皂保、张志勇、甄品重，继续秘密活动。后有1名党员投敌。

1946年春,甄皂保与党组织联系时被国民党组织逮捕,英勇就义。党员张糖光随支部外出活动,偷跑到敌占区做长工,自行脱党。

1945年农历十二月初二,国民党杨德凡部调回正定,初三,国民党第三军一营三连驻防赵庄,连长刘拱。十二月初八,国民党杨威指挥部从石家庄进驻赵庄,支持重建国民党领导下的“联保处”,联保处下设八保。

1946年正月,杨威指挥部撤回石家庄。三月,国民党无极党部由石家庄进驻赵庄,队长杨德庆,有10余人。同时,侯子固的十一纵队谍报队也进驻赵庄,组长刘振华,组员为韩彬(四公人)、刘老整(凝仁人)、杜茂深(杜家庄人)、高秋至(北苏人)。四月底,刘振华被杨荫龙绑送石家庄,谍报队解散。

1946年3月底,国民党第三军第七师谍报队进驻赵庄,组长姓李;同时,国民党第三军的军部谍报队进驻赵庄,组长马佩勤,组员徐大雨等。

1946年4月14日,藁城县国民党还乡团杨荫龙为队长的三大队进驻赵庄,60余人;8月又调往该县岗上村。杨荫龙,杨马村人,恶霸土豪。6月,其所部赵英(班长)伙同赵庄村资敌分子6人,杀害了赵庄民兵黄二横。(新中国成立后,资敌分子受到了法律的惩处。)4月14日,国民党第三军党部与三大队同来,在赵庄建立国民党组织,发展国民党员。国民党部书记郑培芝,委员吴净坡等10余人。同日,藁城国民党党政工作队进驻赵庄,书记郑培芝(兼),队长刘德庆等十数人,八月调到藁城岗上村。

1946年4月15日,刘老营为贪图地主黄文科的9亩地,45块钱,密报了革命干部黄五群、龚小群、甄皂保等,致使国民党侯子固的第十一纵队杀害赵庄革命干部民兵甄造保、张小乱、齐吉造、黄五群(吉海)、龚小群(王德明继父)、张家庄村狗旦等6人的惨案。

1946年4月20日,国民党中央军第三军一营二连(张士于连),换刘拱连驻防赵庄。5月初,藁城还乡团二大队进驻赵庄,队长蒋老灰,队副严小柱(张家庄村人)。同来的有藁城县三青团骨干张老甫、杜兆林,意图在赵庄发展三青团员。9月,还乡团二大队和张老甫等到固营村驻防。随后,盛泽还乡团由石家庄到赵庄驻防,队长张庆风,70余人。6月,国民党的藁北办事处李玺珍等,把赵庄“联保处”改组为“大乡”。大乡成立后,加紧搜刮民脂民膏,购买大枪13支,成立“自卫团”“农民协会”“商民协会”,以维护国民党的统治。

9月初,张士于调走,侯子固的先遣军一个营又来赵庄驻防。12月中旬,因杀死贾银珍案,国民党政府的张兹甫将赵庄国民党部的吴净坡逮走,随后,赵庄国民党部解散。

1947年正月初七晚,解放军曾攻打赵庄,但未成占领。赵庄是藁城境内一个古老的镇子,抗日战争时期是日伪军在藁北地区的主要据点,长期盘踞,镇周围寨墙高筑,镇中呈品字形构筑3个大碉堡和炮楼。日军投降后,国民党军队又盘踞,国民党先遣军一个营兵力驻防,又有一个团的兵力增援。

1947年农历二月十八日深夜,解放军晋察冀野战部队首长下达了解放赵庄的命令,次日上午5点,部队抵近寨墙边,炮兵阵地设置在赵庄村西北、正定县的北圣板村、戎家园村之间的梁家坟之后,距赵庄1.5公里远。战斗打响,炮火摧毁了敌炮楼、地堡,攻寨部队接到战斗命令后,二营主攻东面,一营主攻西面,形成包围态势。在炮火的掩护下,攻寨部队经前沿突破寨墙,包围据点,经过3个小时的激战,全歼守敌,战斗结束,一举解放了赵庄。此次解放赵庄战役,共计歼敌顽473人,其中俘虏196人,打死打伤277人,另有1名还乡团长自杀。缴获迫击炮1门、六〇炮7门、重机枪2挺、轻机枪14挺、冲锋枪和步枪367支。解放军副排长1名、1名副营长牺牲,1名副连长负伤;牺牲战士67人、负伤105人,伤员中包括不下火线的轻伤员94人。

赵庄解放后,党的上级组织委派王德明(南孟村人)到赵庄镇任党支部书记兼镇长,贾洛风任组织委员,刘银秋(安平人)任宣传委员。支部有党员10名(不包括王德明、刘银秋):贾洛风、贾春福、徐凤祥、高万春、张志勇、贾六元,蔡志和、高四元、黄振芳、甄品重。1947年7月,王德明调离,支部书记空位,徐凤祥接任镇长。1947 年农历十月，在上级党委的领导下，在以闫东生为首的 3 人土改工作组的直接指导下，贯彻中共中央颁布的《土地法大纲》，发动群众，开始了土地改革运动。解散原支部，委任雇工出身的共产党员甄小声担任临时党支部书记，选举 27 名贫民代表，成立贫民团，高计柱、齐麦生任正副团长，评定成分，除给地主富农留下同贫下中农一样多的土地、耕畜农具、房产外，将地主、富农家的其余的土地、水旱车等农具、牲畜、浮财统一收缴，按人口平均分给贫下中农。至 1948 年农历三月，赵庄镇完成土改改革工作。

1948 年土地改革运动结束，重新选举了赵庄镇党支部：支部书记甄小声，组委贾洛风、宣委黄振芳、委员蔡志和、黄玉来、黄金生、韩书瑞。党员 30 名，并产生行政领导，贫民团主任高计柱、副主任韩书瑞(兼)；镇长贾洛风(兼)、副镇长高油瓶、治保主任黄玉来(兼)、武委会主任蔡志和(兼)。同年冬，韩书瑞、黄振芳被免去支部委员职务，补选韩东明、高油瓶为党支部委员。

二、全面社会主义建设时期党的组织工作(1949 年 10 月至 1978 年 12 月)

1949 年 10 月 1 日，中华人民共和国成立，全国劳苦大众翻身得解放，无不欢欣鼓舞。在党中央、毛泽东主席领导下，解放全中国，开始了全面建设社会主义。赵庄镇党政班子在上级党委政府领导下，努力工作，稳定社会治安，组织农民搞好农业生产，多打粮食，支援社会主义建设，支援抗美援朝。根据中央部署，赵庄组织农业生产互助组，组织初级农业合作社、高级农业合作社，1958 年成立人民公社，贯彻建设社会主义总路线，开展大跃进、大炼钢铁，度过 1959—1961 年“三年经济困难时期”，1963 年大队党支部、管委会组织村民抗洪救灾。

1950—1965 年，党支部成员发生很大变化。

1950 年整党支部调整后，党支部书记甄小声，组委贾瑞祥、宣委黄银星、委员甄小盆、韩书瑞、黄振芳、黄玉来。

1953 年 6 月，赵庄镇改制为小乡，是全县 96 个小乡之一。赵庄乡党总支部委员会书记陈忠孝、指导员李志。3 月，赵庄党支部改选后，党支部书记甄小声，组织委员黄银星(兼副乡长)、宣传委员韩书瑞、委员李文采、张凤山、贾洛风、黄金生。原支委黄玉来、黄振芳落选，甄小盆参军、贾瑞祥外调。

1955 年整党，原支部书记被开除党籍，1 名党员被撤职，1 名党员被开除党籍、1 名党员留党察看一年处分。整党后建立党支部，支部书记张瑞恒，组委黄银星、宣委韩书瑞、委员李文采、甄小盆、张凤山、贾怀山。

1956 年 6 月，藁城县撤区，将 96 个小乡改为 29 个乡镇，赵庄乡治所赵庄，管辖 6 个村(镇)：赵庄、蔡家岗、李家庄、三邱、北贾同、南贾同村。乡党委书记曹忠孝。乡党委决定，赵庄党支部书记贾洛风，支部委员甄小盆(兼镇主任)、李文采(兼高级社主任)、张小啥、黄金生、张瑞恒、鲍小路。黄银星、张凤山、贾怀山被免职，韩书瑞升任乡党委委员。

1957 年，支部书记贾洛风、支委鲍小路被免职。新组成的赵庄镇党支部：支部书记韩书瑞、副书记甄小盆(兼镇主任)，支委李文采(兼社长)、黄金生、张小啥、黄玉来、张瑞恒。

1958 年，成立人民公社，撤销乡镇，实行政社合一的政治体制，自然村(镇)改称生产大队，辖生产小队，赵庄生产大队辖 29 个生产队。

1960 年，赵庄改选大队党支部，支书蔡清瑞、副书记甄小盆，支委韩书瑞(兼大队长)、李文采、蔡增贵、黄秀荣(兼妇女大队长)、黄金生。原支部委员张瑞恒落选，张小啥免职，黄玉来失去当选资格。其间，蔡清瑞调张家庄公社红专大学任职，蔡增贵接任村党支部书记，甄小盆带工到岗南修水库离职，补选张爱莲为支部委员。1 名党员被开除党籍。

1961 年，赵庄大队党支部改选，党支部书记韩书瑞，副书记郭瑜，支委张东来(兼大队长)、贾玉崑、贾书香、甄进福、甄拴来、王德明、贾春福。原支书蔡增贵、原支委黄金生、李文采被撤职，张爱莲、黄秀荣落选。后新支部班子中，韩书瑞、郭瑜也被撤职，蔡清瑞接替韩书瑞任村党支部书记。

1962年1月,大队党支部改选,蔡清瑞连任党支部书记,副书记甄进福(兼大队长),支委蔡增贵、韩书瑞、张爱莲、贾春福、张东来、王德明、贾玉琨。贾书香、黄金生、甄拴来落选。

1963年,大队党支部改选,支书蔡清瑞(连任),副书记甄进福(兼大队长),支委蔡增贵、刘荣新、张东来、贾春福、贾玉琨、韩书瑞、贾志申。原支委王德明、张爱莲落选。

1964年4月,大队党支部改选,支书蔡清瑞(连任),副书记甄进福,支委蔡增贵(兼大队长)、高树心(副大队长)、韩书瑞(组织)、黄玉来(治保)、贾志申(民兵连长)、辛书位(团书)、张计全(副业)。原支委张东来因为上级单位借调免职,贾玉琨、贾春福被免职,刘荣新落选。

1965年2月,大队党支部改选,黄玉来落选,黄振清被选为支委,其他连任。

1963年5月,中共中央制定《关于目前农村工作中若干问题的决定(草案)》,即《前十条》。同年9月,中央工作会议上又制定了《关于农村社会主义教育运动中一些具体政策的规定(草案)》,即《后十条》,在农村开展"清账目、清仓库、清工分、清财物"的"四清"运动。《前十条》对中国国内政治形势作了过分严重的估计,认为我国已经出现严重尖锐的阶级斗争情况。《后十条》在充分肯定前十条基础上,进一步提出了运动要"以阶级斗争为纲"。1964年9月,中共中央公布了修订的《中共中央关于农村社会主义教育运动中一些具体政策的规定(修正草案)》,即《后十条修正案》。1964年12月15日至1965年1月14日,中央政治局在北京召开工作会议,制订了《农村社会主义教育运动中目前提出的一些具体问题》,即《二十三条》,社会主义教育运动简称"四清"运动,即清政治、清经济、清组织、清思想。《二十三条》虽然纠正了运动中不少做法上"左"的倾向,但又提出了"这次运动的重点是整党内那些走资本主义道路的当权派"。1965年初,石家庄地区组织万人工作队进驻赵县,开展轰轰烈烈的"四清"运动。主要贯彻执行《后十条修正案》。下半年开辟第二战场,束鹿、藁城等县开展"四清"运动,运动中,深入贯彻《二十三条》。

1965年下半年,石家庄地区"四清运动"开辟第二战场,藁城开始"四清运动",赵庄大队在其列。藁城县委副书记任张家庄公社四清工作分团团长,驻赵庄大队四清工作队队长黄印盒。"四清"运动自9月开始,查处四不清干部,清理阶级队伍,复查阶级成分。

1966年4月,"四清"运动进入组织建设阶段,大队党支部改选:支部书记蔡清瑞,副书记贾志申,组织委员黄书山,宣传委员张东来,委员韩书瑞、高树心、张振义、张计全、王素珍。当时全村共有党员136人。

1966年6月,蔡清瑞离职,张振义接任大队党支部书记,副书记贾志申,支部委员韩书瑞、黄书山。

1966年6月,"文化大革命"开始。赵庄党支部、大队管委会处于半瘫痪状态,直至1969年3月赵庄大队革命委员会成立。

1969年"文化大革命"期间,大街十字路口新建起的大影壁绘制毛主席画像完成后,欢送画师齐福琴、王英民

1969年3月,贾兰贵先后被任命为张家庄公社革命委员会副主任、赵庄大队革命委员会主任、藁城县革命委员会常委。"火线"入党后,张家庄公社革命委员会党委任命为赵庄大队党支部书记。

大队党支部书记贾兰贵,副书记韩书瑞(兼大队长)、支部委员张东来。1971年3月贾兰贵调任兴安公社党委书记。

1971年3月,赵庄大队调整党支部,支部书记张东来，副书记韩书瑞（兼大队长）。1972 年增加支部委员蔡清瑞、戴庚寅、张计全。至 1974 年底未变动。

1975 年初，大队党支部调整，支部书记张东来，副书记张振义，支部委员郭留申（兼大队长）、张大雪、戴庚寅、张计全、韩长水。1976 年未作变动。

1977 年初，大队党支部调整，支部书记张东来，副书记李福庆（兼大队长），支部委员张大雪、戴庚寅、韩长水、张计全、韩书瑞。1978 年无变动。

三、改革开放后党的组织工作（1978 年 12 月至 2019 年 10 月）

1979 年，中共十一届三中全会后，全党、全国的工作重点转移到改革开放、发展经济上来。赵庄大队认真贯彻藁城县政府 1979 年 2 月出台的《关于加速农业发展的十条暂行规定》，推行生产责任制，提高农业生产水平。1982 年开始推行家庭联产承包责任制，土地承包到户，15 年不变。1984 年 1 月，撤销公社、大队、生产队管理体制，恢复乡（镇）、村管理体制，生产队解体。在加强粮食生产同时，大力发展多种经营，大力发展集体经济及个人的工商副业，提高人民生活水平。

1979 年大队党支部班子：支部书记张东来，副书记李福庆（兼大队长），支部委员张大雪、戴庚寅、韩长水、韩书瑞、张计全。1980、1981 年未变。1982 年，张计全因病去职，补选韩金祥为支委，直到 1983 年底。

1984 年初，张家庄乡党委决定：村党支部书记李福庆，副书记张东来（兼村委主任），支部委员戴庚寅、韩金祥、韩长水、韩书瑞、张大雪。是年，党员人数达到 179 人。1985 年刘计山、贾清海提任支部委员，韩书瑞、戴庚寅离职，其他未变。

1986 年初，乡党委决定：村党支部书记张东来、副书记高连升，支部委员刘计山、韩长水、贾清海、李福庆、韩金祥。

1987 年村党支部改选：支部委员支部书记张东来、副书记贾占山（兼村委主任），支部委员高连升、刘计山、贾清海。1988 年高连升改任副书记，贾占山改任支部委员，贾清海下半年兼任村委主任；1989 年增加支部委员黄建会、韩金祥、李福庆。贾占山去职，其他职务未变；1990 年支部委员增加韩书成。韩金祥去职，其他未变；1991 年支部委员黄建会、刘计山去职；1992 年、1993 年无变化。

1994 年，村党支部书记张东来，副书记贾清海（兼村委主任），支部委员韩书成、李福庆、甄院生。高连升去职。1996 年赵庄村党支部升格为中共赵庄村总支部委员会，5 个片设立 5 个分支部。同年，贾清海去世，李福庆改任总支副书记兼村主任，增加总支委员刘明起；1998 年总支委员韩书成去职，韩脏人接任，其他职务未变；1999 年初，乡党委决定：总支部书记李福庆，副书记甄院生（兼村主任），总支部委员韩脏人、黄建会、郭素珍。张东来因病去职。

2000 年村党总支部换届选举：总支部书记李福庆，副书记甄院生（兼村主任），总支部委员黄建会、韩脏人、郭素珍。任职至 2002 年。

2003 年村党总支部换届选举：总支部书记李福庆，副书记甄院生（兼村委主任），总支部委员韩脏人、黄建会、郭素珍。

2006 年村党总支部换届选举，总支部书记黄建会，副书记甄院生（兼村主任），总支部委员郭素珍、辛冬至。

2009 年村党总支部换届选举，总支部书记黄建会，副书记甄院生（兼村主任），总支部委员贾合顺、郭素珍、辛冬至。

2012 年村党总支部换届选举，总支部书记黄建会、副书记韩书贵（兼村主任），支部委员甄院生、辛冬至、郭素珍。

2015 年村党总支部换届选举，党总支书记黄建会，副书记韩书贵（兼村委主任），支部委员甄院生、郭素珍、辛冬至。

2018 年 7 月村总支部换届选举，经上级党组织批准，村党总支书记黄建会、副书记韩书贵、纪检书记甄院生（兼第五分支部书记），总支部委员张永强（兼第一分支部书记）、高艳波（兼第二分支部书记）、刘冰倩（女，兼第三分支部书记）、贾军海（兼第四分支部书记）。改为一届任期五年。

第二节 党(总)支部 党员

一、党(总)支部历届书记、副书记、委员姓名、职务、任职年限

1938 年 6 月至 1945 年 8 月中共赵庄镇党支部任职人员一览表

表 17-1

组织名称	职务	姓名	性别	任职时间	籍贯
中共赵庄镇党支部	书记	贾春福	男	1938 年 6 月—1945 年 3 月	赵庄
	委员	贾洛风	男	1938 年 6 月—1945 年 3 月	赵庄
	委员	甄洛巩	男	1938 年 6 月—1945 年 3 月	赵庄
	书记	贾洛风	男	1945 年 3 月—1945 年 8 月	赵庄
	委员	贾春福	男	1945 年 4 月—1945 年 8 月	赵庄

1945 年 9 月至 1949 年 9 月中共赵庄镇党支部任职人员一览表

表 17-2

组织名称	职务	姓名	性别	任职时间	籍贯
中共赵庄镇党支部	支部委员	贾春福	男	1945 年 4 月—1947 年 2 月	赵庄
	支部委员	甄玉堂	男	1945 年 9 月—1947 年 2 月	赵庄
	支部书记	贾洛风	男	1945 年 9 月—1947 年 3 月	赵庄
	支部委员	刘银秋	男	1947 年 2 月—1948 年 4 月	安平县
	支部书记	王德明	男	1947 年 3 月—1947 年 7 月	南孟村
	组织委员	贾洛风	男	1947 年 3 月—1949 年 9 月	赵庄
	支部书记	甄小声	男	1947 年 11 月—1949 年 9 月	赵庄
	宣传委员	黄振芳	男	1948 年 4 月—1948 年 11 月	赵庄
	支部委员	蔡志和	男	1948 年 4 月—1949 年 9 月	赵庄
	支部委员	黄玉来	男	1948 年 4 月—1949 年 9 月	赵庄
	支部委员	黄金生	男	1948 年 4 月—1949 年 9 月	赵庄
	支部委员	韩书瑞	男	1948 年 4 月—1948 年 11 月	赵庄
	支部委员	韩东明	男	1948 年 11 月—1949 年 9 月	赵庄
	宣传委员	高油瓶	男	1948 年 11 月—1949 年 9 月	赵庄

1949年10月至1965年2月中共赵庄镇(大队)党支部任职人员一览表

表17-3

组织名称	职务	姓名	性别	任职时间	籍贯
中共赵庄镇(大队)党支部	党支部书记	甄小声	男	1949年10月—1954年11月	赵庄
	党支部书记	张瑞恒	男	1955年1月—1956年7月	赵庄
	党支部书记	贾洛风	男	1956年8月—1956年11月	赵庄
	党支部书记	韩书瑞	男	1956年12月—1957年12月	赵庄
	党支部书记	蔡清瑞	男	1958年12月—1958年10月	赵庄
	党支部书记	蔡增贵	男	1958年11月—1961年3月	赵庄
	党支部宣委	黄银星	男	1950年4月—1953年3月	赵庄
	党支部委员	黄振芳	男	1950年4月—1953年3月	赵庄
	党支部委员	甄小盆	男	1950年4月—1953年3月	赵庄
	党支部委员	黄玉来	男	1950年4月—1953年3月	赵庄
	党支部组委	贾瑞祥	男	1950年5月—1953年3月	党支部组委
	党支部委员	韩书瑞	男	1950年4月—1953年8月	赵庄
	党支部委员	贾洛风	男	1953年3月—1955年1月	赵庄
	党支部组委	黄银星	男	1953年3月—1956年7月	赵庄
	党支部委员	张凤山	男	1953年3月—1956年7月	赵庄
	党支部宣委	韩书瑞	男	1953年3月—1956年11月	赵庄
	党支部委员	黄金生	男	1953年3月—1956年11月	赵庄
	党支部委员	李文采	男	1953年3月—1961年3月	赵庄
	党支部委员	贾怀山	男	1955年1月—1956年7月	赵庄
	党支部委员	张爱莲	男	1955年1月—1956年11月	赵庄
	党支部委员	甄小盆	男	1955年1月—1960年1月	赵庄
	党支部委员	鲍小路	男	1956年7月—1956年11月	赵庄
	党支部委员	张小啥	男	1956年7月—1957年12月	赵庄
	党支部委员	张瑞恒	男	1956年7月—1957年12月	赵庄
	党支部组委	黄玉来	男	1956年11月—1957年12月	赵庄
	党支部委员	蔡增贵	男	1957年12月—1958年10月	赵庄
	党支部委员	韩书瑞	男	1957年12月—1961年3月	赵庄

续表 17-3

组织名称	职务	姓名	性别	任职时间	籍贯
中共赵庄镇(大队)党支部	党支部委员	黄秀荣	女	1957 年 12 月—1961 年 3 月	赵庄
	党支部委员	黄金生	男	1957 年 12 月—1961 年 3 月	赵庄
	党支部书记	韩书瑞	男	1961 年 4 月—1961 年 8 月	赵庄
	支部副书记	郭瑜	男	1961 年 3 月—1961 年 9 月	赵庄
	党支部委员	贾淑香	女	1961 年 3 月—1962 年 1 月	赵庄
	党支部委员	甄栓来	男	1961 年 3 月—1962 年 1 月	赵庄
	党支部委员	王德明	男	1961 年 3 月—1963 年 3 月	赵庄
	党支部委员	贾春福	男	1961 年 3 月—1964 年 4 月	赵庄
	党支部委员	张东来	男	1961 年 3 月—1964 年 4 月	赵庄
	党支部委员	贾玉崑	男	1961 年 3 月—1964 年 4 月	赵庄
	党支部书记	蔡清瑞	男	1961 年 9 月—1964 年 10 月	赵庄
	党支部委员	甄进福	男	1961 年 3 月—1965 年 2 月	赵庄
	党支部委员	张爱莲	女	1962 年 1 月—1963 年 3 月	赵庄
	党支部委员	韩书瑞	男	1962 年 1 月—1965 年 2 月	赵庄
	党支部委员	刘荣新	女	1963 年 3 月—1964 年 4 月	南孟村
	党支部委员	贾志申	男	1963 年 3 月—1965 年 2 月	赵庄
	党支部委员	黄玉来	男	1964 年 4 月—1965 年 2 月	赵庄
	党支部委员	辛书位	男	1964 年 4 月—1965 年 2 月	赵庄
	党支部委员	张计全	男	1964 年 4 月—1965 年 2 月	赵庄

1965 年 3 月至 1978 年 12 月中共赵庄镇(大队)党支部任职人员一览表

表 17-4

组织名称	职务	姓名	性别	任职时间	籍贯
中共赵庄大队党支部	副书记	甄进福	男	1965 年 3 月—1966 年 4 月	赵庄
	党支部书记	蔡清瑞	男	1965 年 3 月—1966 年 6 月	赵庄
	组织委员	韩书瑞	男	1965 年 3 月—1966 年 6 月	赵庄
	党支部委员	蔡增贵	男	1965 年 3 月—1966 年 4 月	赵庄
	党支部委员	高树新	男	1965 年 3 月—1966 年 6 月	赵庄
	党支部委员	张计全	男	1965 年 3 月—1966 年 6 月	赵庄

续表 17-4

组织名称	职务	姓名	性别	任职时间	籍贯
中共赵庄大队党支部	党支部委员	贾志申	男	1965 年 3 月—1965 年 6 月	赵庄
	党支部委员	黄振清	男	1965 年 3 月—1966 年 4 月	赵庄
	党支部委员	辛书位	男	1965 年 3 月—1966 年 4 月	赵庄
	党支部委员	黄书山	男	1966 年 4 月—1966 年 6 月	赵庄
	党支部委员	张振义	男	1966 年 4 月—1966 年 6 月	赵庄
	党支部委员	张东来	男	1966 年 4 月—1966 年 6 月	赵庄
	党支部委员	王素珍	女	1966 年 4 月—1966 年 6 月	赵庄
	党支部书记	张振义	男	1966 年 2 月—1969 年 12 月	赵庄
	支部副书记	贾志申	男	1966 年 2 月—1969 年 12 月	赵庄
	党支部委员	韩书瑞	男	1966 年 2 月—1969 年 12 月	赵庄
	党支部委员	黄书山	男	1966 年 2 月—1969 年 12 月	赵庄
	党支部委员	张东来	男	1969 年 3 月—1971 年 3 月	赵庄
	支部副书记	韩书瑞	男	1969 年 3 月—1974 年 12 月	赵庄
	党支部书记	贾兰贵	男	1970 年 1 月—1971 年 3 月	赵庄
	党支部书记	张东来	男	1971 年 4 月—1978 年 12 月	赵庄
	党支部委员	蔡清瑞	男	1972 年 1 月—1974 年 12 月	赵庄
	党支部委员	戴庚寅	男	1972 年 1 月—1978 年 12 月	赵庄
	党支部委员	张计全	男	1972 年 1 月—1978 年 12 月	赵庄
	支部副书记	张振义	男	1975 年 1 月—1976 年 12 月	赵庄
	党支部委员	张大雪	男	1975 年 1 月—1978 年 12 月	赵庄
	党支部委员	郭留申	男	1975 年 1 月—1078 年 12 月	赵庄
	党支部委员	韩长水	男	1975 年 1 月—1978 年 12 月	赵庄
	党支部委员	韩书瑞	男	1975 年 1 月—1978 年 12 月	赵庄
	支部副书记	李福庆	男	1977 年 1 月—1978 年 12 月	赵庄

1979 年 1 月至 2019 年 10 月中共赵庄村党总(支)部任职人员一览表

表 17–5

组织名称	职务	姓名	性别	任职时间	籍贯
中共赵庄村党总(支)部	党支部委员	张计全	男	1979 年 1 月—1981 年 12 月	赵庄
	党支部书记	张东来	男	1979 年 1 月—1983 年 12 月	赵庄
	支部副书记	李福庆	男	1979 年 1 月—1983 年 12 月	赵庄
	党支部委员	戴庚寅	男	1979 年 1 月—1984 年 12 月	赵庄
	党支部委员	韩书瑞	男	1979 年 1 月—1984 年 12 月	赵庄
	党支部委员	张大雪	男	1979 年 1 月—1985 年 12 月	赵庄
	党支部委员	韩长水	男	1979 年 1 月—1986 年 12 月	赵庄
	党支部委员	韩金祥	男	1982 年 1 月—1986 年 12 月	赵庄
	党支部书记	李福庆	男	1984 年 1 月—1985 年 12 月	赵庄
	支部副书记	张东来	女	1984 年 1 月—1985 年 12 月	赵庄
	党支部委员	刘计山	男	1985 年 1 月—1990 年 12 月	赵庄
	党支部委员	贾清海	男	1985 年 1 月—1993 年 12 月	赵庄
	党支部委员	李福庆	男	1986 年 1 月—1986 年 12 月	赵庄
	支部副书记	高连升	男	1986 年 1 月—1986 年 12 月	赵庄
	党支部书记	张东来	男	1986 年 1 月—1998 年 12 月	赵庄
	党支部委员	高连升	男	1987 年 1 月—1987 年 12 月	赵庄
	支部副书记	贾占山	男	1987 年 1 月—1987 年 12 月	赵庄
	党支部委员	贾占山	男	1988 年 1 月—1988 年 12 月	赵庄
	支部副书记	高连升	男	1988 年 1 月—1993 年 12 月	赵庄
	党支部委员	韩金祥	男	1989 年 1 月—1989 年 12 月	赵庄
	党支部委员	黄建会	男	1989 年 1 月—1990 年 12 月	赵庄
	党支部委员	李福庆	男	1989 年 1 月—1995 年 12 月	赵庄
	党支部委员	韩书成	男	1990 年 1 月—1997 年 12 月	赵庄
	支部副书记	贾清海	男	1994 年 1 月—1995 年 12 月	赵庄
	党支部委员	甄院生	男	1994 年 1 月—1998 年 12 月	赵庄
	党总支部副书记	李福庆	男	1996 年 1 月—1998 年 12 月	赵庄
	党总支委员	刘明起	男	1996 年 1 月—1998 年 12 月	赵庄

续表 17-5

组织名称	职务	姓名	性别	任职时间	籍贯
中共赵庄村党总(支)部	党总支书记	李福庆	男	1999 年 1 月—2005 年 12 月	赵庄
	党总支委员	韩脏人	男	1999 年 1 月—2005 年 12 月	赵庄
	党总支委员	黄建会	男	1999 年 1 月—2005 年 12 月	赵庄
	党总支部副书记	甄院生	男	1999 年 1 月—2011 年 12 月	赵庄
	党总支委员	郭素珍	女	1999 年 1 月—2018 年 7 月	北贾同
	党总支书记	黄建会	男	2006 年 1 月—2019 年 10 月	赵庄
	党总支委员	辛冬至	男	2006 年 1 月—2018 年 7 月	赵庄
	党总支委员	贾和顺	男	2009 年 1 月—2011 年 12 月	赵庄
	党总支委员	甄院生	男	2012 年 1 月—2018 年 7 月	赵庄
	党总支部副书记	韩书贵	男	2012 年 1 月—2019 年 10 月	赵庄
	党纪检书记	甄院生	男	2018 年 7 月—2019 年 10 月	赵庄
	党总支委员	张永强	男	2018 年 7 月—2019 年 10 月	赵庄
	党总支委员	刘冰倩	女	2018 年 7 月—2019 年 10 月	赵庄
	党总支委员	高艳波	男	2018 年 7 月—2019 年 10 月	赵庄
	党总支委员	贾军海	男	2018 年 7 月—2019 年 10 月	赵庄

二、党员

1938 年,赵庄有党员 5 名:贾春福、贾洛风、甄洛巩、甄洛将、王文生。

1948 年,赵庄有党员 29 名:贾洛风、贾春福、甄洛巩、甄小盆(学勇)、黄振芳、徐凤翔、高万春、蔡志和、韩书瑞、高油瓶、高吉柱、黄玉来、黄金生、张志勇、张糖光、甄品种、高四元、甄皂保、贾六元、韩东明、蔡清瑞、李文采、蔡增贵、贾瑞祥、黄银星、张凤山、甄洛将、王文生、甄玉堂。

表 17-6

2014 年赵庄中共党员一览表

序号	姓名	性别	入党时间	序号	姓名	性别	入党时间
1	鲍长征	男	1974 年 12 月 12 日	8	戴庚寅	男	1964 年 8 月 10 日
2	鲍瑞军	男	1975 年 5 月 1 日	9	高建德	男	1966 年 5 月 9 日
3	鲍瑞须	男	1968 年 1 月 5 日	10	高连升	男	1966 年 5 月 1 日
4	蔡　凯	男	2010 年 9 月 23 日	11	郭凤春	男	1974 年 5 月 25 日
5	蔡青义	男	1976 年 7 月 23 日	12	郭福田	男	1968 年 2 月 18 日
6	蔡增良	男	1978 年 3 月 12 日	13	郭玉清	男	1994 年 12 月 20 日
7	曹士花	女	1958 年 9 月 12 日	14	韩长水	男	1965 年 6 月 10 日

续表 17-6

序号	姓名	性别	入党时间	序号	姓名	性别	入党时间
15	韩脏人	男	1969 年 4 月 6 日	43	郭留申	男	1969 年 5 月 18 日
16	韩成龙	男	2010 年 11 月 5 日	44	郭文利	男	1985 年 9 月
17	黄保国	男	2000 年 11 月 14 日	45	韩凤亭	男	1982 年 5 月 7 日
18	黄宝平	男	1978 年 7 月 20 日	46	韩国峰	男	2003 年 11 月 5 日
19	黄明微	女	2009 年 4 月 29 日	47	韩四喜	男	1980 年 6 月
20	黄艳红	女	2006 年 11 月 16 日	48	韩湘晨	男	1966 年 7 月
21	黄云闪	女	2010 年 5 月 4 日	49	韩银全	男	1978 年 5 月 16 日
22	贾书生	男	1958 年 10 月 22 日	50	胡嫚嫚	女	2008 年 5 月 22 日
23	贾淑香	女	1959 年 9 月 15 日	51	胡文山	男	1997 年 3 月 1 日
24	贾文福	男	1966 年 4 月 12 日	52	黄会军	男	2009 年 11 月 18 日
25	贾小五	男	1972 年 4 月 5 日	53	黄建会	男	1986 年 8 月 10 日
26	贾新海	男	1975 年 12 月 11 日	54	黄清奎	男	1969 年 5 月 8 日
27	李福庆	男	1973 年 10 月 15 日	55	贾国华	女	1997 年 7 月 7 日
28	李雅洁	女	2010 年 6 月 12 日	56	贾双振	男	1956 年 2 月 12 日
29	王红月	女	2009 年 12 月 20 日	57	贾玉琨	男	1958 年 12 月 13 日
30	赵丽慧	女	2011 年 3 月 23 日	58	贾占山	男	1985 年 4 月 4 日
31	甄诗瑜	女	2011 年 3 月 24 日	59	贾志申	男	1955 年 6 月 12 日
32	甄玉倩	女	2010 年 11 月 22 日	60	李宏波	男	1998 年 7 月 10 日
33	贾国强	男	2002 年 3 月 21 日	61	李红义	男	1999 年 5 月 7 日
34	刘冰倩	女	2012 年 11 月 07 日	62	李文学	男	2004 年 11 月 16 日
35	甄阳阳	男	2012 年 11 月 7 日	63	刘焕学	男	1983 年 10 月 20 日
36	鲍锁柱	男	1966 年 9 月 12 日	64	刘计山	男	1966 年 5 月 20 日
37	鲍文海	男	1975 年 5 月 5 日	65	张兰石	男	1984 年 5 月
38	蔡立欣	女	2008 年 12 月 1 日	66	甄新成	男	1979 年 12 月
39	高米贵	男	1970 年 7 月 1 日	67	贾国强	男	1976 年 3 月 5 日
40	高艳波	男	2009 年 11 月 18 日	68	高　松	男	2011 年 9 月 30 日
41	高增平	男	2006 年 4 月 6 日	69	甄尹宁	女	2009 年 5 月 6 日
42	郭慧颖	女	2011 年 10 月 23 日	70	鲍文京	男	1975 年 5 月 10 日

续表 17-6

序号	姓名	性别	入党时间	序号	姓名	性别	入党时间
71	鲍文敬	男	1975 年 9 月 1 日	99	张俊军	男	1983 年 10 月
72	鲍文生	男	1985 年 4 月 4 日	100	赵世宁	女	2006 年 4 月 3 日
73	鲍婷婷	女	2007 年 6 月 25 日	101	甄银秀	男	1966 年 9 月
74	崔　丽	女	1998 年 9 月	102	丁　洁	男	2010 年 8 月 6 日
75	高永利	男	1987 年 11 月	103	鲍晓萌	女	2010 年 4 月 20 日
76	郭老臭	男	1966 年 3 月 20 日	104	赵莉娅	女	2010 年 11 月 19 日
77	郭荣强	男	1976 年 10 月 15 日	105	张松	男	2012 年 6 月 5 日
78	郭瑞合	男	1979 年 11 月 27 日	106	鲍晓光	男	2011 年 10 月 23 日
79	韩永涛	男	2008 年 11 月 17 日	107	鲍中校	男	1975 年 12 月 25 日
80	韩振刚	男	1966 年 7 月 1 日	108	郭素珍	女	1992 年 9 月 20 日
81	韩志广	男	1997 年 3 月 1 日	109	郭小仁	男	1972 年 10 月 12 日
82	黄计申	男	1975 年 10 月 16 日	110	韩景艳	女	2005 年 9 月 1 日
83	黄建强	男	1999 年 5 月 7 日	111	韩立勇	男	2003 年 10 月 10 日
84	黄景俐	男	2004 年 8 月 19 日	112	郭瑞华	男	2006 年 11 月 12 日
85	黄和顺	男	1976 年月 18 日	113	韩庆水	男	1976 年 10 月 26 日
86	贾建峰	男	1986 年 7 月 21 日	114	黄健中	男	2010 年 11 月 5 日
87	贾建卫	男	1988 年 12 月 20 日	115	黄兰亭	男	1966.年 4 月 18 日
88	贾文福	男	1967 年 4 月	116	黄兰珠	男	1968 年 4 月 1 日
89	贾银福	男	1987 年 10 月	117	贾军海	男	2002 年 9 月 1 日
90	李金贵	男	1983 年 10 月 1 日	118	贾老中	男	1966 年 5 月 29 日
91	李梅珍	女	2010 年 11 月 5 日	119	贾连顺	男	1979 年 3 月 5 日
92	李文明	男	1988 年 10 月 15 日	120	贾玉伟	女	2006 年 6 月 10 日
93	李文学	男	1972 年 11 月 12 日	121	李小仁	男	1978 年 12 月 13 日
94	李新春	男	1979 年 6 月	122	李新建	男	1982 年 10 月 1 日
95	刘明起	男	1974 年 4 月 16 日	123	卢荣爱	女	1958 年 10 月 10 日
96	刘荣新	女	1953 年 3 月 30 日	124	齐老胖	男	1966 年 5 月 12 日
97	王小山	男	1979 年 3 月 5 日	125	王爱昌	男	1960 年 3 月 21 日
98	吴兰锁	男	1981 年 10 月 26 日	126	吴瑞芝	女	1969 年 9 月 1 日

续表 17-6

序号	姓名	性别	入党时间	序号	姓名	性别	入党时间
127	辛冬至	男	1974 年 10 月 12 日	155	张俊杰	男	1995 年 9 月 12 日
128	辛庆水	男	1972 年 8 月 12 日	156	张俊岐	男	1977 年 11 月 8 日
129	甄全民	男	1992 年 12 月 15 日	157	张老胖	男	1966 年 5 月 27 日
130	甄栓来	男	1957 年 1 月 20 日	158	张立峰	男	2010 年 11 月 5 日
131	甄新顺	男	2003 年 11 月 5 日	159	张青义	男	1976 年 7 月 1 日
132	甄秀芝	女	1969 年 7 月 8 日	160	张生军	男	1976 年 5 月 20 日
133	甄艳杰	男	2008 年 11 月 17 日	161	张永强	男	2009 年 11 月 18 日
134	甄院生	男	1992 年 9 月 10 日	162	张志军	男	1978 年 10 月 10 日
135	周书海	男	1970 年 9 月 5 日	163	赵建政	男	2001 年 6 月 26 日
136	左　兰	女	1970 年 3 月 6 日	164	赵三顺	男	1966 年 9 月 18 日
137	贾晓彦	女	2006 年 5 月 19 日	165	赵喜芝	女	1949 年 11 月 29 日
138	韩书成	男	1960 年 10 月 20 日	166	赵银菊	女	1966 年 9 月 11 日
139	郭朝阳	女	2011 年 6 月 28 日	167	甄晨堂	男	1972 年 10 月 31 日
140	韩书贵	男	2008 年 11 月 17 日	168	甄成海	男	1985 年 10 月 12 日
141	韩位云	男	1987 年 7 月 1 日	169	甄福庆	男	1974 年 3 月 12 日
142	韩小三	男	1972 年 11 月 4 日	170	甄计辰	男	1978 年 1 月 10 日
143	黄清杰	男	2003 年 12 月 1 日	171	甄军涛	男	2000 年 1 月 1 日
144	黄全友	男	1966 年 5 月 27 日	172	王晓薇	女	2008 年 12 月 17 日
145	黄三顺	男	1996 年 9 月 25 日	173	韩小柱	男	1960 年 10 月 15 日
146	黄书山	男	1955 年 5 月 5 日	174	韩义水	男	1966 年 3 月 20 日
147	黄素彬	男	2001 年 12 月 15 日	175	韩志海	男	1985 年 12 月 4 日
148	黄增春	男	1997 年 9 月 28 日	176	鲍晓燕	女	2004 年 3 月 3 日
149	黄增改	男	1970 年 1 月 5 日	177	黄小乱	男	1969 年 6 月 1 日
150	贾建立	男	2006 年 11 月 12 日	178	黄艳坡	男	2011 年 10 月 23 日
151	贾建清	男	1990 年 10 月 1 日	179	黄艳军	男	1998 年 9 月 25 日
152	徐志欣	男	1961 年 5 月 20 日	180	黄玉玲	女	2004 年 9 月 1 日
153	杨锁柱	男	1986 年 5 月 11 日	181	黄云峰	男	2006 年 1 月 12 日
154	张巨龙	男	2004 年 12 月 9 日	182	黄脏人	男	1974 年 9 月 15 日

续表 17-6

序号	姓名	性别	入党时间	序号	姓名	性别	入党时间
183	贾建国	男	1975 年 1 月 20 日	195	张臭货	男	1969 年 4 月 11 日
184	贾老偏	男	1966 年 5 月 1 日	196	张大雪	男	1969 年 7 月 1 日
185	贾明和	男	1974 年 11 月 1 日	197	张庚辰	男	1972 年 9 月 20 日
186	贾荣申	女	1973 年 10 月 15 日	198	张建路	男	1979 年 11 月 12 日
187	贾双月	男	1972 年 12 月 4 日	199	张明飞	男	2012 年 11 月 7 日
188	李新水	男	1984 年 9 月 11 日	200	张士勇	男	1969 年 5 月 3 日
189	李永强	男	1995 年 12 月 15 日	201	张书分	男	1971 年 5 月 1 日
190	刘明林	男	1975 年 10 月 1 日	202	张书敏	男	1983 年 2 月 5 日
191	刘秀珍	女	1965 年 8 月 12 日	203	张新喜	男	1966 年 5 月 12 日
192	王更银	男	2003 年 10 月 10 日	204	张占国	男	1979 年 7 月 21 日
193	王文水	男	1975 年 12 月 12 日	205	张振义	男	1966 年 9 月 19 日
194	张长岭	男	1979 年 1 月 10 日	206	蔡志鹏	男	—

第三节 党(总)支部工作

中共赵庄党支部 1938 年建立,截至 2019 年,已经走过 81 年历程。81 年里先后有 13 人任赵庄党(总)支部书记,他们分别是:贾春福、贾洛风、王德明(南孟村人)、甄小声、张瑞恒、韩书瑞、蔡增贵、蔡清瑞、张振义、贾兰贵、张东来、李福庆、黄建会。任职时间最长的是张东来,任职 27.5 年,其次是黄建会,任职 14 年。1996 年赵庄党支部升格为总支部,下设 5 个分支部。党员人数由 1938 年的 5 名、1948 年的 29 名发展到 2014 年的 205 名。赵庄党(总)支部建立以来,起到了基层党支部的战斗堡垒作用,在社会主义革命和建设中,始终和上级党委、党中央保持高度一致,赵庄的经济建设与时俱进,社会安定,已经进入小康社会。赵庄党(总)支部多数年份被藁城县(市、区)授予先进模范党(总)支部。

1999 年 2 月,中共中央印发《中国共产党农村基层组织工作条例》,2019 年 1 月, 中共中央印发修订的《中国共产党农村基层组织工作条例》。赵庄党总支认真学习领会贯彻执行,做好党的基层组织应当做好的各项工作,成为赵庄村贯彻党的路线方针政策的战斗堡垒。

一、村党总支主要职责

(一)宣传贯彻执行党的路线方针政策和党中央、上级党组织及本村党员大会(党员代表大会)的决议。

(二)讨论和决定本村经济建设、政治建设、文化建设、社会建设、生态文明建设和党的建设以及本村振兴中的重要问题,并及时向镇党委报告。需由村民委员会提请村民会议、村民代表会议决定的事情或者集体经济组织决定的重要事项,经村党总支讨论研究后,由村民会议、村民代表会议或者集体经济组织依照法律和有关法规作出决定。

(三)领导和推进本村民主选举、民主决策、民主管理、民主监督,推进基层民主协商,支持和保障村民依法开展自治活动。领导村民委员会以及村务监督委员会、村集体经济组织、群团组织和其他经济组织、社会组织，加强指导和规范，支持和保证这些组织依照国家法律法规以及各自章程履行职责。

(四)加强村党总支自身建设，严格组织生活，对党员进行教育、管理、监督和服务。负责对要求入党的积极分子进行教育和培养，做好发展党员工作。维护和执行党的纪律。加强对村、组干部和经济组织、社会组织负责人的教育、管理和监督，培养村级后备力量。做好本村招才引智等工作。

(五)组织群众、宣传群众、凝聚群众、服务群众，经常了解群众的批评和意见，维护群众正当权利和利益，加强对群众的教育引导，做好群众思想政治工作。

(六)领导本村的社会治理，做好本村的社会主义精神文明建设 、法制宣传教育、社会治安综合治理、生态环保、美丽村庄建设、民生保障、脱贫致富、民族宗教等工作。

二、切实加强对经济工作的领导

村党总支要切实加强对经济工作的领导，坚持以经济建设为中心，贯彻创新、协调、绿色、开放、共享的发展理念，加快推进农业农村现代化，持续增加农民收入，不断满足群众对美好生活的需要。主要任务是：

(一)坚持以公有制为主体，多种所有制经济共同发展的基本经济制度，巩固和完善农村基本管理制度，坚持本村土地集体所有，坚持家庭经营基础性地位，坚持稳定土地承包关系，走共同富裕之路。

(二) 稳定发展粮食生产，发展多种经营应当同支持和促进粮食生产相结合。

(三)坚持优先发展壮大集体经济，推动本村产业振兴，推进本村一二三产业融合发展，让村民合理分享全产业链增值收益。

(四)坚持绿水青山就是金山银山的理念，尽快实现本村农业绿色发展、可持续发展。

(五)根据本村域已经被规划进入石家庄市正定新区的实际，领导制定本村经济发展规划，特别是村集体经济发展规划和本村生活区规划，组织、动员各方面的力量保证规划实施。

(六)组织党员、群众学习农业科学技术知识和其他方面的科学技术知识，运用科学技术发展经济，吸引各类人才到这里创业创新。

(七)村党总支应当因地制宜推动发展壮大集体经济，领导和支持集体经济组织管理集体资产，协调利益关系，组织生产服务和集体资源合理开发，确保集体资产保值增值，确保农民受益。

三、切实加强精神文明建设和本村社会治理

精神文明建设要切实抓好如下几点：

(一)组织党员干部群众学习习近平新时代中国特色社会主义思想，培育和践行社会主义核心价值观，开展中国特色社会主义和实现中华民族伟大复兴的中国梦宣传教育，爱国主义、集体主义、和社会主义教育，党的路线方针政策教育，思想道德和民主法治教育，引导农民正确处理国家、集体、个人三者之间的利益关系，培养有理想、有道德、有文化、有纪律的新型农民。

村党总支应当加强群众培训，利用所站、培训班等办法，深入宣传教育群众，用中国特色社会主义文化、社会主义思想道德牢牢占领农村思想文化阵地。

(二)应当改善本村人居环境，倡导文明健康生活方式。开展健康有益的文体活动。改善办学条件，普及义务教育。开展文明村镇、文明家庭创建活动，破除封建迷信和陈规陋习，推进移风易俗、弘扬时代新风。

(三)切实加强和改进思想政治工作。宣传党组织和党员先进事迹，宣传好人好事，宣扬真善美，传播正能量，了解群众思想状况，帮助解决实际困难，引导群众自觉听党话、感党恩、跟党走。

(四)切实加强对党员、群众的无神论宣传教育，引导党员、群众自觉抵制腐朽落后文化侵蚀，弘扬科学精神，普及科学知识。做好宗教工作，加强对信教群众的工作，管理好宗教活动场所，依法制止利用宗教干涉本村公共事务，坚决抵御非法宗教活动和境外渗透活动。必须在意识形态上站稳立场，旗帜鲜明反对各种错误观点，同一切歪风邪气、违法犯罪行为作斗争。

乡村治理必须加强，村党总支应当做到以下各

点：

（一）村党总支应当加强对本村各类组织的统一领导，打造充满活力、和谐有序的善治乡村，形成共建共治共享的乡村治理格局。

为了加强集中统一领导，村总支书记应当通过法定程序担任村民委员会主任和村级集体经济组织、合作经济组织负责人，村“两委”班子成员应当交叉任职。村务监督委员会主任一般由党员担任，可以由非村民委员会成员的村党组织班子成员兼任。村民代表中党员应当占一定比例。

村级重大事项决策实行“四议两公开”，即村党组织提议、村“两委”会议商议、党员大会审议、村民会议或村民代表会议决议。决议公开，实施结果公开。

（二）村党总支应当健全党组织领导的自治、法治、德治相结合的乡村治理体系。深化村民自治实践，制定完善村规民约，建立健全村务监督委员会，加强村级民主监督。推广本村法治建设，提升本村德治水平，建设平安乡村。

依法严厉打击本村黑恶势力、宗教恶势力、宗教极端势力、“村霸”，严防其侵蚀基层干部和基层政权，坚决惩治黑恶势力“保护伞”。

（三）党总支要切实加强本村生态文明建设，组织党员、群众参与水林田草路气系统治理，加强污染防治，保护生态环境，建设美丽赵庄。

（四）村党总支应当切实保障和改善民生，努力解决入园入托、上学、就业、看病、养老、居住、出行、饮水、卫生等群众最关心最直接最现实的利益问题，加强对贫困人口、留守儿童和妇女、老年人、残疾人、“五保户”等人群的关爱服务。投放农村的公共服务资源，应当以党组织为主渠道落实，保证有资源、有能力为群众服务。注重运用现代信息技术，提升乡村治理智能化水平。

四、切实加强干部队伍和党员队伍建设

（一）村党总支要切实做好干部党校培训技校培训，提高政治站位和技能水平。村干部应当认真学习和忠实践行习近平新时代中国特色社会主义思想，学习党的基本理论、基本路线、基本方略，学习必备的知识技能。懂农业，掌握“三农”政策，熟悉村内情况，有能力、有措施、有办法解决实际问题；爱家乡，扎根基层，安身安心安业，甘于奉献、苦干实干；爱乡亲，对乡亲充满感情，始终把她们放在心上，把群众的利益摆在第一位，与村民群众想在一起、干在一起，不断创造美好生活。

（二）切实加强村干部队伍的作风建设。坚持实事求是，不准虚假浮夸；坚持依法办事，不准违法乱纪；坚持艰苦奋斗，不准奢侈浪费；坚持说服教育，不准强迫命令；坚持廉洁奉公，不准以权谋私。坚决反对形式主义、官僚主义、享乐主义和奢靡之风。严格基层干部管理监督，坚决纠正损害群众利益行为，严厉整治群众身边的腐败问题。

（三）村党总支应当坚定执行党的政治路线。始终在政治立场、政治方向、政治原则、政治道路上同以习近平同志为核心的党中央保持一致，组织推进农村深化改革，促进各项事业发展，维护社会和谐稳定，不断增强群众获得感、幸福感、安全感。

（四）村党总支带领村领导班子认真贯彻党的思想路线。反映情况、安排工作、决定事项必须实事求是，一切从实际出发，说实话、办实事、求实效。贯彻新时代党的组织路线。全面加强党总支组织体系建设，把党总支建成坚强的战斗堡垒，把党员组织起来，把人才凝聚起来，把群众动员起来，合力推动新时代赵庄村全面振兴。

（五）党总支应当贯彻党的群众路线，决定重大事项要同群众商量，布置工作任务要向群众讲清道理；经常倾听群众意见，不断改进工作；关心群众生活，维护群众合法权益，切实减轻群众负担。党总支要切实贯彻党的民主集中制，认真执行集体领导和个人负责相结合的制度。凡属重要问题，必须经过集体讨论决定，不允许个人或者少数人说了算。书记要有民主作风，善于发挥每个委员的作用，敢于负责。委员应积极参与和维护集体领导，主动做好分工负责的工作。

（六）党总支要组织党员认真学习和忠实践行

习近平新时代中国特色社会主义思想，推进“两学一做”学习教育常态化制度化，认真开展党内主题教育活动，学习党的基本理论、基本路线、基本方略，学习形势政策、科学文化、市场经济、党内法规和国家法律法规等知识。

(七)村党总支应当严格党的组织生活，坚持“三会一课”制度，应当以党分支部为单位，每月相对固定一天开展主题党日，组织党员学习党的文件、上党课、开展民主议事、志愿服务等，突出党性锻炼，防止表面化、形式化。党员领导干部应当定期为党员讲党课。应当坚持和完善民主评议党员制度。对优秀党员，进行表彰表扬；对不合格党员，加强教育帮助，依照有关规定，分别给予限期改正、劝其退党、党内除名等组织处置。

(八)村党总支应当教育和监督党员履行义务，尊重和保障党员的各项权利。推进党务公开，使党员对党内事务有更多的了解和参与。村党总支应当严格执行党的纪律。经常对党员进行遵纪守法教育。党员违反党的纪律，应当及时教育或者处理，问题严重的应当向上级党组织报告。对于受到党的纪律处分的，应当加强教育帮助其改正错误。

(九)村党总支应当按照控制总量、优化结构、提高质量、发挥作用的总要求和有关规定，把政治标准放在首位，做好发展党员工作。注重从青年农民、外出务工人员、大专以上毕业回村学生中发展党员，注意吸收妇女入党。

(十)党员应当在社会主义物质文明建设和精神文明建设中发挥先锋模范作用，带头投身本村振兴，带领群众共同致富。开展党员联系户、党员户挂牌、承诺践诺、设岗定责等活动，给党员分配适当的社会工作和群众工作，为党员发挥作用创造条件、

五、“五好”党总支部标准及党内工作制度

(一) 五好党(总)支部标准

1. 领导班子好。领导班子能够自觉学习和实践“三个代表”重要思想、习近平新时代中国特色社会主义思想，坚决贯彻执行党的基本路线和各项方针政策，廉洁勤政，奋发有为。村党支部书记应具有带头致富和带领农民群众共同致富的能力，应具有较高的政策水平和较强的组织协调能力。

2.党员干部队伍好。共产党员能够发挥先锋模范作用，基层干部能够发挥骨干带头作用。

3.工作机制好。各项制度完善，管理措施到位，党政领导班子团结一致，村党组织和村委会关系协调，工作运行规范，服务优质高效。

4.小康建设业绩好。农村经济持续发展，农民收入增加，集体经济实力增强，各项社会事业协调发展，精神文明建设和民主法治建设成效显著。

5.农民群众反映好。基层干部尊重农民、爱护农民，诚心诚意为农民群众办实事；工作措施符合群众意愿，工作作风和工作实绩得到群众满意，党群干群关系密切，党组织得到群众拥护。

(二)“两委”联席会议

1.议事内容：讨论决定本村经济、社会发展的重大事项；本村享受误工补贴的人数及标准；集体收入的使用；村办公益事业的资金筹办办法以及建设承包方案；村集体土地及其承包方案；计划生育、宅基地的指标分配；村民会议认为应当由村民会议讨论决定的涉及村民利益的其他事项。

2.议事程序：由村党支部书记召集和主持，通常每月召开一次，也可以根据工作需要随时召开。议题一般由村支部书记或村委会主任提出，支部书记确定。表决按少数服从多数的原则进行，赞成人数必须超过到会人数的半数(不含)以上，决议方能生效。意见分歧较大，在不影响全局工作的情况下，可以暂不做出决议，调研后再行讨论决定，或请示上级党委决定。

3.实施纪律：少数人意见被否决之后，可以保留意见，但必须无条件地服从集体决议，不准消极对抗。对暂时不宜公开的决议，不得随意乱讲，严禁跑风漏气。

(三) 党支部议事内容

1.研究村集体经济发展规划；

2.研究布置计划生育等重大任务；

3.研究宅基地审批及征费办法；

4.研究党员发展规划；

5.研究村级组织干部的使用配备；

6.研究重大财务收支；

7.研究村级精神文明建设；

8.研究党建工作和党员开展活动情况。

第四节 纪律监察

一、党员代表参政议事制度

1.党员参政议事，一般为党员代表参加，党员代表要从各党小组中推选产生，名额一般控制在30%左右。

2.参政议事内容:主要是计划生育指标分配；建学、办厂、修路、办电、公益设施建设等重大事项的立项、建设、土地使用、筹资办法和使用；土地使用权转让、宅基地管理、村庄规划；村财务重大收支项目；集体经济发展规划等。

3.会前要通知与会代表议事内容及要求，使代表有所准备。

4.会议要集思广益，充分听取党员代表的意见和建议，集中多数党员代表的意见，也要注重少数党员代表的意见。

5. 会议一般由党支部书记主持，党支部成员参加。

6. 一般每月月初召开一次，特殊情况要随时召开。

二、民主评议党员制度

民主评议党员一年进行一次，按照新时期党员标准，分优秀、合格、基本合格、不合格四个档次，对党员进行民主评议，对优秀党员进行表彰，对基本合格党员制定、实施帮教措施，限期晋级升格。对评议出的不合格党员根据党章有关规定，提出处理意见，报上级党委批准。

三、党员电教工作制度

党支部成员要坚持每月集体学习制度和自觉学习观念，不断提高政策法制水平和工作能力。遵循服务党员群众致富、服务宣传党的政策理论的要求，兼顾思想政治、民主法治和实用技术等方面的教育。每月上旬选定一天为党员电教日，播放市委组织部统一制发的电教片，也可播放致富技术讲座。

四、党员干部“五带头”“十不准”

五带头：(1)带头执行政策；(2)带头遵纪守法；(3)带头移风易俗；(4)带头财务公开；(5)带头勤劳致富。

十不准：(1)不准侵占公款公物；(2)不准乱敛财富；(3)不准多占宅基地；(4)不准仗权承包；(5)不准优亲厚友；(6)不准超计划生育；(7)不准吃请受贿；(8)不准玩钱赌博；(9)不准欺压群众；(10)不准弄虚作假。

第十八章　(镇)村政组织

第一节　(镇)村治理组织沿革

一、历史上乡村治理体系与组织层级

泱泱中华,上下五千年,乡村地域辽阔,人口众多,如何对乡村社会进行有效治理,一直是国家治理的难题。长期以来,对于传统社会中乡村治理的方式,最流行的看法是“皇(国)权不下县”“县下行自治”。传统社会中的农村的秩序主要由士绅与家族来承担,秦晖将此说概括为:“国权不下县,县下惟宗族,宗族皆自治,自治靠伦理,伦理造乡绅。”

传说黄帝时代,史称“昔黄帝始经土设井,以塞争端。立步制亩以防不足。使八家为井,井开四道而分八宅,凿井于中。故井一为邻,邻三为朋,朋三为里,里五为邑,邑十为都,都十为师,师七为州”。西周时期基层设“邻、里、鄙、县、遂”等组织管理体系。春秋战国时期,《文献通考》载:“三十家为邑,邑十为卒,卒十为乡,乡三为县,县十为属。”秦统一中国后,对县以下乡里制度进行了调整,史载:“大率十里一亭,亭有长。十亭一乡,乡有三老、有秩、啬夫、游徼。”汉代乡里组织最基层是什伍组织,什主十家,伍主五家,分别设什长、伍长,各负其责。百家为一里,设里魁。十里为一亭,设亭长、主求。十亭为一乡,乡置三老、有秩、啬夫、游徼。隋初颁布新令,制人五家为保、保有长。保五为闾,闾四为族,皆有正。畿外设里正,党长比族正,以相检察焉。隋开皇九年(589年)颁布新令,改族、闾、保三级乡里制,为乡、里“二级制”,五百家为乡,正一人;十乡为里,长一人。唐代“乡”的功能进一步弱化,里、村成为乡里组织的重要层次,《旧唐书》卷43载:“百户为里,五里为乡。两京及州县之郭内,分为坊,郊外为村。里及坊村皆有正,以司督察。四家为邻,五邻为保。保有长,以相禁约。”宋代经历了由乡里向保甲制的演变过程,北宋初期实行乡里制,中后期实行保甲制,以五户为一保,十大户为都保。明代乡里制度分为两个时期,明初实行里甲制,里甲组织除了设里长、甲首外,还设有里书,为了保证国家财政收入,设立了粮长制。明中后期实行里甲制。清代乡里制度基本沿用明代制度。顺治五年(1648年)在全国范围内推行里甲制,其内容是:“凡里百又十户,推丁多者十人为长,余百户为十甲,甲十人。”

上述史实表明,秦汉以后,许多朝代的乡里制度基本采用“三级制”,如北魏的三长制。北齐的“党、闾、邻里”,北周的“党、闾、里”,隋初的“族、闾保”,以及明清两代的“乡、都、里、村”等,清代也存在乡、都、里、甲组织。民国以来,农村基层组织与管理体制屡有变动,特别是清末维新变法之后,乡镇自治开始引入中国农村。民国初年,北方各省乡村制度曾沿袭清末旧制,县下为城、镇和乡,城、镇和乡地位同等。民国11年行区、村制,县下设区、村、闾和邻。1928年9月,南京政府公布《县组织法》,县下实行四级制:县下划区、区下设村里、村里下编闾、闾内编邻。区虽然有自治功能,但区长由县长遴选,呈请民政厅委任。此后为推行自治。1929年3月公布《各县划区办法》,后又公布重订的《县组织法》并制定《乡镇自治施行法》等一系列法规,县下村里改为乡镇,但仍维持四级制,即区、乡或镇、闾、邻。新法规定区为自治团体,区长经选举产生。不过,区长设区助理员,从通过公务员考试等人员中录用。1939年(民国28年)新县制实施,正式确定县以下为区、乡或镇、保(联保)和甲四级制。

新中国成立后,县下管理层级也不断变化。由于乡村规模较小,根据《区各界人民代表会议组织通则》《区人民政府及区公所组织通则》《乡(行政村)人

民代表会议组织通则》和《(行政村)人民政府组织通则,县以下管理层级基本上是两级制和三级制。一是县—区政府—乡(村)级政府体系,另一种是县—区公所(县派出机构)—乡(村)。这种县区乡(村)体制与小乡制相适应,1951年改划小乡,平均一个县辖百余乡,藁城县就设有96个小乡。1954年之后,随着农业合作化运动的开展,开始了乡镇规模的合并。1955年各地开始了扩乡、建社(农业合作社)、撤区工作,乡镇数量大大减少。1958年人民公社化形成高潮,县以下区、乡、行政村改为县、人民公社、大队、生产队四级,公社是“政社合一”组织。1961年,公社规模划小,数量增加。1982年4月,中共中央、国务院通知实行政社分开、重建乡镇政府。至1984年,全国完成了撤销公社、大队,重建乡(镇)、村委会,生产队解体。至此形成县、乡(镇)、村委会三级管理体制。

1998年11月,第九届全国人民代表大会常务委员会第五次会议通过并颁布实行《中华人民共和国村民委员会自治法》。2010年10月,第十一届全国人民代表大会常务委员会第十七次会议修订《中华人民共和国村民委员会自治法》,使村民自治走上了法治轨道。

二、赵庄(镇)村政沿革

(一)明清时期

赵庄这块土地上,有人类居住可以追溯到距今3400多年的商朝中期。根据碑记、村域内的“汉墓”及史籍记载,赵庄为藁城区域古村落,赵庄成村于战国时期后期、秦王政十九年(前228),至2019年,已有2247年的历史。元末明初连年战乱、灾荒,藁城人口锐减。明洪武年间、明永乐二年(1404)、明永乐十四年(1416)三次大量移山西之民以实藁城;到了明嘉靖十二年(1533),藁城县的人口才5万余人,而赵庄不过57户、1014人。赵庄村明代没有山西直接移民,是全县63个古村落原住民村庄之一。清康熙《藁城县志》载,明初,全县编民13里,寻增为16里,后改里为社,赵庄隶属北汪社。明崇祯五年(1632),为团练乡兵,推行“寓兵于农”之法,编营24,寻废,七年,(1634)复置,又并为22营,赵庄营管辖赵庄、北张家庄、贾同、三邱、小屯五个村庄。清光绪《藁城县志》载:今分22营,每营各有所属,河南12营,一百二十八村;河北10营,一百零二村。共辖230村。赵庄营辖5村未变。可见,明清570余年的历史中,赵庄为营的建制,即现在所说的镇的建制,民国初年即明确为赵庄镇的建制。明清时期赵庄行政主官应叫作“里正”或“甲正”,遗憾的是,官名及任职人姓名已无从查考。

(二)民国时期(1912年7月至1949年9月)

民国初期,赵庄镇设有镇公所,受藁城县第三区管辖。1912年(民国元年)至1935年(民国二十四年)镇公所任职人员暂无考。1936年(民国二十五年)国民党政府镇公所镇长黄自田,副镇长黄凤山,成员有黄子恒、鲍老志、黄俊明,先生张老士。国民党县政府派驻赵庄镇警察分驻所、守望队。

1937年“七七事变”前,驻赵庄的警察所、守望队撤走。事变后的9月3日,侵华日军攻打正定路过赵庄,郑某和镇公所及村民等数人开东门迎接日军进庄,但日军未停留即通过赵庄。随后,日本的别动队(安民队)进驻赵庄,住了一夜,第二天开到正定县蟠桃村。自此开始,赵庄镇处于日伪统治之下,直到1945年8月日本投降。

1937年9月,国民党的镇公所被解散,成立为日伪统治服务的“维持会”。

当年10月初,民间抗日武装高庆祥领导的二路军在赵庄镇东口伏击了由正定到无极的日本军需物资运输车队,约80辆大车。共产党领导的三十二区队侦察员张臭货乘双方激战之际,带走了八车物资给了三十二区队。

1938年赵庄镇维持会在镇内大肆摊粮派款、搜刮民脂民膏,资敌媚敌。同时也危害到了地主、富农的利益。为此,地主富农组织成立了“大刀会”“红枪会”以“自卫”。是年,在赵庄伪装卖老碱的一个便衣特务告密,日本鬼子抓捕了八路军十七团潜入赵庄侦察敌情的2名侦察员,还焚烧了镇中的大王庙和李小庆的房子。

1939年,赵庄“大刀会”联合南孟“大刀会”于正月初十将赵庄维持会长郑某捉走，并于正月十五将其杀死在南孟。维持会随之解散。

同年，在中共赵庄党支部领导下，秘密建立了抗日镇政权，镇长黄老凯、副镇长张老银。秋天，雇农黄五群接替黄老凯任镇长，并组织起了武委会、雇工会、青会、新农会、妇救会，还建立了游击小组，党员甄老巩担任组长，后由董造兰任组长，达30多人。这些抗日组织，在赵庄党支部领导下，宣传抗日救国，破坏日伪控制的铁路、公路，破坏日军通讯电线杆、搜集情报，以各种形式进行抗日活动。根据赵庄抗日组织提供的情报，八路军十七团于11月24日在赵庄镇东正无公路上伏击日军军用卡车7辆，打死打伤日伪军多人。11月25日，日伪军进行了疯狂的报复行动，突袭赵庄，烧毁民房300余间，打死打伤无辜群众4人，抢走很多牲畜；12月初，王大傻带领皇协军突袭赵庄，捕捉了正在开会的游击小组组长董造兰，将其杀死在正定小北门。

1940年8月20日，日军派遣治安军(俗称皇协军，下同)第四团进驻赵庄，修建炮楼，随后，日本军队也进驻赵庄，长期盘踞。其间，杀死赵庄雇工会主席李老向。日军占据正定后，跑到正定居住的大地主黄自田、黄俊明等随治安军回到赵庄，成立了以地主、富农为主要成员的镇公所，恢复保甲制，全镇设立9保，每保下设10甲。

9月，成立了40余人的地富武装“常备团”，服务于日伪军。

1941年2月，治安军第四团调往京东打仗，治安军第十六团由正定调驻赵庄一个营。此时，收足上年租子的地主黄自田、黄俊明等又溜回正定，镇公所解散。一个月后，治安军调走，日军一个小队(队长付勇)、情报队、警备队一个中队(中队长赵吉祥)由正定开进赵庄驻防。在日伪统治下，组建起镇“联保处”。同年7月，日伪藁北办事处在赵庄建立伪“合作社”。

1942年7月，驻赵庄的日军、警备队的一部在日军队长贡琳带领下到张家庄建立队部，赵庄留有五六个日军和一小队警备队继续盘踞。8月，日伪军在赵庄建立“联乡办事处”，由赵庄、蔡家岗、固营、早落、三邱、南贾同、北贾同、南白皮、北白皮、鲍家庄10个村组成，赵庄黄凤山任主任，固营村的郑金轩任副主任，其他各村一人任委员。

1943年初，“联乡办事处”解体，成立赵庄镇“联保处”。随之，伪警察所、伪税务所自蟠桃进驻赵庄。闵祥录带领警备队继续盘踞赵庄，为加强统治，搜刮民脂民膏，解散联保处，把三邱和赵庄合并组成伪大乡，乡长贾士珍。一保长演“苦肉计”，配合警备队逮走革命干部黄玉来。中共藁城县委领导的敌工部张林等7人混进日本情报队，借机惩治地主富农中的亲日分子。

1944年初，伪联保主任诈取赵庄人民两千余斤白套子款逃至石家庄新四局挥霍，伪联保处处于半瘫痪状态。

1944年4月15日夜，共产党领导的三十二区队夜袭赵庄日伪据点，打死警备队长闵祥录，消灭警备队一个中队，缴获大枪一百多支，放火烧毁了敌炮楼。此后，黄五群领导的雇工会开始活跃。4月27日前后，日伪又从藁城、四公、张家庄调军警特进入赵庄继续盘踞，日军小队长桑崎带领30余名日军从张家庄调回赵庄；特务系4人、警察所7人从藁城到赵庄驻守；警备队100多人由中队长杨二虎带领从四公调回赵庄；常备团在团长张玉珍带领下，聚集30余人继续危害抗日工作。7月，张玉珍带领常备团人员抓了共产党干部郭不打牌，杀死在正定小北门里。日伪又支持由北小屯、北贾同、南贾同、三邱、鲍家庄、早落、北白皮、蔡家岗、固营、黄庄、南白皮、赵庄12个村组建“调办所”，调办所主任贾养银。8月，贾养银在贤庄被抗日游击队扣押，李计功接任主任。

1945年初，联保处作人事调整，甄树国任联保处主任。2月，日军小队换防，小队长孙刚。3月，日军、警备队从赵庄撤离，刘化南(绰号小白龙)的治安军第十一团从正定调往赵庄驻防，团长杨德凡。警察所仍在。8月，日军投降，治安军撤走，日伪组织解散，赵庄获得第一次解放。

1945年8月日本宣布投降后，赵庄建立了人民镇政权，镇长张黑丑。11月12日，张黑丑离职，甄树国任镇长。11月17日，杨德凡部投靠国民党，受国民党调派，重返赵庄，前后两任镇长共同出卖革命干部40余人，助敌挖走抗日军民藏粮十余万斤。国民党指派甄树国、张黑丑等10人作为村代表，掌管村事，忠心事敌。12月2日杨德凡部回正定，国民党第三军一营刘拱的三连开来赵庄驻防。12月8日，国民党杨威指挥部进驻赵庄，重建国民党领导的“联保处”，联保处下设八保。

中共赵庄党支部领导人民村政权转入地下，继续同国民党反动派作斗争。

1946年正月，杨威指挥部撤回石家庄。3月，国民党无极县党部进驻赵庄，有10余人，队长杨德庆。同时，侯子固的谍报队也来到赵庄，组长刘振华，组员有韩彬(四公人)、刘老鳌(凝仁人)杜茂深(杜家庄人)、高秋至(北苏人)等。4月底，还乡团杨荫龙部将刘振华绑送石家庄，谍报队解散。4月15日，地主黄文科以9亩地、45块大洋为诱饵，诱使刘老营向敌人密报了党员干部黄五群、龚小群、甄皂保、张小乱、齐吉造等人行踪被敌人抓捕，黄文科又买通国民党无极县党部，将共产党员甄皂保、地下雇工村长黄五群及张小乱、齐吉造等6人秘密杀害。3月底，国民党第三军第七师师部谍报队、第三军军部谍报队同时进驻赵庄。4月14日，藁城县还乡团三大队杨荫龙部进驻赵庄，6月，还乡团三大队班长赵英等六人杀害了民兵黄二横。8月，杨荫龙部调往岗上村驻防。4月14日，国民党藁城党政工作队也进驻赵庄，书记郑培芝、队长刘德庆，发展国民党员外围组织三青团，在赵庄先后发展三青团员14人。8月也调到岗上村。4月20日，国民党第三军张士于连换防刘拱连。5月初，藁城还乡团二大队进驻赵庄，队长蒋老恢，同时来赵庄的还有三青团的张老甫、杜兆林，发展三青团员5人，9月，还乡队、张老甫等同时调到固营村。此后，深泽县还乡团由石家庄来赵庄驻防，大队长张庆风，共70余人。6月，国民党藁北办事处李玺珍等，又把赵庄联保处改组为“大乡”，乡长陈贯阴。7月，陈贯阴探家不归。11月，李计功继任伪大乡长。同时成立大乡“自卫队”，买大枪十三支，队长张玉珍，招收青壮年村民参加自卫队。10月，在郑培芝的领导下，组建国民党的外围组织——商民协会、农民协会。商民协会会长杨明珠，重要商户业主均为委员；农民协会主任李计功(兼)，委员有三十余人。腊月三十日，石家庄保警队开来赵庄4天后开走。

1947年正月初四，国民党的侯子固先遣军开进赵庄一个连驻防。正月初七晚，解放军攻打赵庄，因先遣军一个团的兵力增援，攻打受阻。二月，三邱村还乡队在队长魏文田带领下，20余人借住赵庄。农历二月十八晚，晋察冀野战部队攻打赵庄，经过一昼夜激战，全歼国民党守军，赵庄得到彻底解放。而后，上级党组织委派王德明(南孟村人)任赵庄镇党支部书记兼镇长。七月，王德明调走，支书之位空缺，徐凤祥接任镇长。

1947年10月，上级委派三人工作组到赵庄进行土地改革。土地改革开始，原干部不再履行职务，上级党委委任甄小声任临时党支部书记，贫雇农选出27名贫农代表，成立贫民协会，主席高吉柱、副主席齐麦生。重新建立镇政权：镇长贾洛风，副镇长高油瓶，治保主任黄玉来，武委会主任蔡志和，秘书田建章。1948年春成立新的党支部，支部书记甄小声，支部委员贾洛风、黄振芳、蔡志和、黄玉来、黄金生、韩书瑞。在上级党委、村党支部领导下，在工作组指导下，认真贯彻中央人民政府《土地法大纲》，评定成分，平分地主、富农的土地、大型农具、房屋及浮财，分给贫雇农。1948年4月，土地改革完成。翻身得解放分得土地房屋的广大贫雇农无不欢欣鼓舞，在党和村干部领导下，搞好农业生产，支援解放战争。

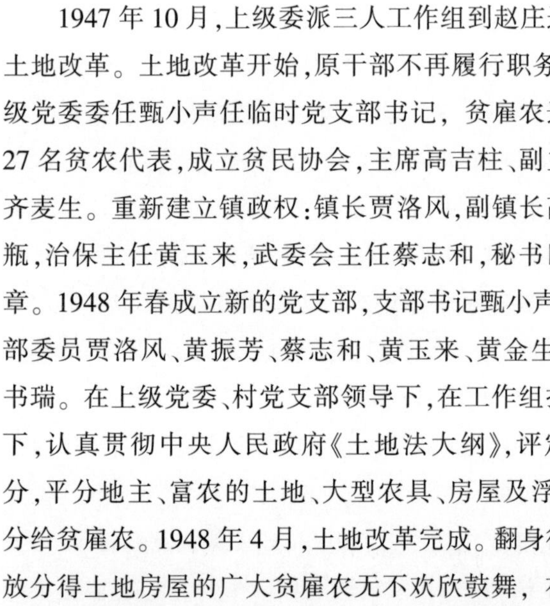

批斗土豪黄文科

第二节 新中国成立后赵庄(镇)村政

一、全面社会主义建设时期（1949年10月至1978年12月）

1948年赵庄镇行政班子为，镇长贾洛风，副镇长高油瓶，治保主任黄玉来(1948)、黄金生(1949)，武委会主任蔡志和，秘书田建章。1950年，行政班子调整，镇长黄振芳，治保主任黄金生、黄玉来。武委会主任、中队长蔡志和、甄小盆、李文采，秘书田建璋、赵国栋。

中华人民共和国成立后，镇行政班子在镇党支部的领导下，建立健全镇治安保卫组织和民兵组织，组织农民搞好农业生产，反敌反特反破坏，安定社会秩序，支持解放战争，支援抗美援朝。

1950年2月至1950年6月，藁城县由13个区改设为10个区，赵庄隶属第七区公所管辖。1950年7月至1956年6月，藁城县改为7个区，赵庄镇隶属第五(南董)区公所管辖。1956年7月撤区并乡，将全县96个小乡合并为29个乡镇，赵庄镇隶属赵庄乡管辖。

1953年6月至1956年6月，藁城全县编制为96个小乡。赵庄乡管辖赵庄，乡长蔡清瑞(1953年5月至1956年6月)、副乡长黄银星。赵庄镇长蔡清瑞(兼)。1955年12月至1956年7月，蔡清瑞还兼任赵庄高级农业生产合作社主任。治保主任先后是贾洛风、黄金生、张凤山。民兵中队长先后是李文采、贾怀山、张小啥。秘书先后是赵国栋、刘进明。

这一阶段村内主要工作是，在上级党委和政府统一领导下，组织农业生产互助组，在互助组基础上，组织农业生产初级合作社，直至全村农民成立一村一社的高级农业合作社。进行工商业社会主义改造和土地等主要生产资料公有化改造。

1957年7月，全县撤销96个小乡，改为29个乡(镇)，赵庄为29个乡(镇)之一，赵庄乡管辖赵庄、蔡家岗、李家庄、三邱、北贾同、南贾同6个村镇。赵庄乡乡长蔡清瑞(1956年6月至1956年12月)、齐善海(1956年12月至1958年8月)，副乡长韩熙(1956年6月至1958年8月)。赵庄镇行政领导，镇长甄小盆。高级社主任李文彩、韩书瑞。治保主任张小啥、蔡增贵。民兵中队长张小啥、黄金生。秘书张瑞恒、蔡增贵。

1958年8月农村撤销乡镇体制，成立人民公社，实行“政社合一”体制，村叫生产大队，大队设生产小队。赵庄生产大队设29个生产队。1959年至1961年“三年经济困难时期”，人们吃不饱饭，以“瓜、菜代食品”充饥，人们长期吃不饱，营养不良，浮肿。1963年又遭遇特大洪涝灾害。1964年起，农业生产开始恢复发展，浮夸风收敛，农民能够吃饱饭。

这阶段赵庄大队行政班子历任成员，大队长先后为韩书瑞、张东来、贾玉崑、甄进福、蔡增贵。治保主任先后为甄进福、贾玉崑、王德明、贾志申、黄玉来、黄振清。民兵专职指导员为郭瑜。民兵连长先后为王德明、贾玉崑、贾志申。秘书先后为樊德龙、韩保录、赵秋润、韩良国、甄玉明、韩良国。

1963年5月和1963年9月，中共中央先后发布了进行社会主义教育运动的“前十条”和“后十条”，1964年5月，又公布“后十条修正案”，以“清账、清库、清工、清财”为主要内容的“四清”运动相继在全国展开。1965年1月中央又制定“二十三条”并发布，以“清政治、清经济、清组织、清思想”为主要内容的“四清运动”更加深入地展开。1965年9月，“四清”工作队进入赵庄开始“四清”运动，历时6个多月。其间，“四清”工作队掌管大队党政大权。1966年5月，党中央发布“五·一六”通知，“文化大革命”运动兴起。“文化大革命”期间，各级党政领导班子处于瘫痪或半瘫痪状态，工农业生产受到严重破坏。至1976年10月，一举粉碎了王、张、江、姚“四人帮”反革命集团，十年动乱、十年浩劫终止。党中央拨乱反正，平反冤假错案。1978年12月，党的第十一届三中全会重新确立了“实事求是”的思想路线；摒弃“以阶级斗争为纲”，确立改革开放、以经济建设为中心的政治路线和任人唯贤的组织路线。从此，国家走上了正确发展道路。

赵庄和全国大多数乡村一样,在“四清”运动、“文化大革命”时期,思想路线、政治路线、组织路线一度被扰乱,农业生产徘徊不前,数十个集体工副业发展缓慢,村民生活在困难中绵延。

赵庄1965年9月“四清”运动开始,1966年5月结束,选举出新的行政班子:大队长韩书瑞,副大队长高树心,妇女大队长高兰英,治保主任黄书山,民兵连长贾志申,秘书陈克。“文化大革命”开始后,红卫兵夺权,大队行政管理权处于半瘫痪状态。

1969年3月,赵庄大队革命委员会成立,韩书瑞兼任大队长,张荣秀任妇女大队长,高连升任副大队长,郭留申任治保主任,鲍文瑞任民兵连长,陈克任秘书。

1969年3月至1978年12月10年间,先后任大队长的为韩书瑞、郭留申、李福庆,先后任副大队长的为高连升、郭留申、高树心,先后任妇女大队长的为张荣秀、黄荣先、刘英、辛金霞,先后任治保主任的为郭留申、蔡清瑞、张大雪,先后任民兵连长的为鲍文瑞、戴庚寅,先后任秘书的为陈克、韩长水。还有十几人先后担任过大队管委会委员。

二、改革开放时期(1979年1月至2019年10月)

改革开放工作重点转移到发展经济以来,到2019年,已经走过40余年。这一时期,全国坚持以经济建设为中心,坚持改革开放,坚持市场经济,国民经济每年以8%以上的速度增长,超过日本,已经成为世界上第二大经济体,初步建成小康社会,中国特色社会主义进入新时代。国民吃穿住行用发生了翻天覆地的变化。赵庄村同全国一样,粮食产量年年提高,效益增加。养殖业大发展,个体工商企业发展迅猛。剩余劳动力务农兼打工,收入颇丰。村民生活水平已达较高水平。但是,在发展经济大好环境下,原有的村办集体企业到20世纪末消亡。

1979年至1999年,村行政班子历任大队长(村委主任)为李福庆、张东来、贾占山、贾清海、甄院生。副大队长(村委副主任)为高树心、高连升。妇女大队长(妇联主任)为辛金霞、孟荣珍、郭素珍。治保主任为张大雪、韩金祥、刘计山、韩书成、韩脏人。民兵连长为戴庚寅、李文明、黄建会、甄院生。

1998年11月14日第九届全国人大第五次会议修正审查通过《中华人民共和国村民委员会自治法》,并颁布实施。村民委员会主任、副主任、委员由村民民主选举产生,每届任期三年。2010年10月28日第十一届全国人大第十七次会议通过《中华人民共和国村民委员会自治法》,公布之日起施行。村民委员会成员通过村民民主选举产生,每届任期三年。2000年至2019年赵庄村委会历任村委主任的为甄院生、韩书贵。妇女主任为郭素珍、刘冰倩。治保主任为韩脏人、贾和顺、张永强。民兵连长为鲍风杰、贾文庆、高艳波。委员张雪峰、甄宪华。

第三节 民国时期镇(村)行政任职人员姓名、职务及任职年限

一、国民党政权下镇(村)行政任职人员

国民党政府统治下赵庄镇(村)行政任职人员一览表

表 18-1

镇政名称	职务	姓名	性别	任职年限	籍贯
赵庄镇公所	镇长	黄自田	男	?—1937年9月	赵庄
	副镇长	黄凤山	男	?—1937年9月	赵庄
	委员	黄子恒	男	?—1937年9月	赵庄
	委员	鲍洛志	男	?—1937年9月	赵庄

续表 18–1

镇政名称	职务	姓名	性别	任职年限	籍贯
赵庄镇公所	委员	黄俊明	男	？—1937 年 9 月	赵庄
	委员	张洛士	男	？—1937 年 9 月	赵庄
赵庄联保处	主任	甄树国	男	1945 年 12 月—1946 年 5 月	赵庄
	先生	黄丙玺	男	1945 年 12 月—1946 年 5 月	赵庄
	先生	胡振海	男	1945 年 12 月—1946 年 5 月	赵庄
赵庄乡	乡长	陈贯荫	男	1946 年 6 月—1946 年 10 月	外地人
	副乡长	黄洛丙	男	1946 年 6 月—1947 年 2 月	赵庄
	先生	黄丙玺	男	1946 年 6 月—1947 年 11 月	赵庄
	先生	张秋云	男	1946 年 6 月—1946 年 11 月	赵庄
	总务	张树国	男	1946 年 6 月—1947 年 2 月	赵庄
	乡长	李计功	男	1946 年 11 月—1947 年 2 月	赵庄
	财政	李汘三	男	1946 年 11 月—1947 年 2 月	赵庄
	管账	黄云栋	男	1946 年 11 月—1947 年 2 月	赵庄
	管账	杨玉振	男	1946 年 11 月—1947 年 2 月	赵庄
	管账	黄清廉	男	1946 年 11 月—1947 年 2 月	赵庄

1946 年国民党统治时期赵庄镇保长、副保长一览表

表 18–2

保别	保长	副保长	保别	保长	副保长
一保	甄元子	甄荣福	二保	黄老秉	黄成安
三保	张贵申	黄新月	四保	鲍老荫	贾老荣
五保	贾留柱	鲍老兆	六保	甄喜庚	辛老兴
七保	张玉堂	黄秉玺	八保	黄振吉	黄老兆

二、日伪统治下镇（村）行政任职人员

日伪统治时期赵庄镇（村）行政任职人员一览表

表 18–3

镇政名称	职务	姓名	性别	任职年限	籍贯
日伪赵庄维持会	会长	郑荫昌	男	1937 年 9 月—1939 年 10 月	赵庄
	副会长	王志琪	男	1937 年 9 月—1940 年 8 月	赵庄
	副会长	郭九月	男	1937 年 9 月—1940 年 8 月	赵庄
	成员	黄凤山	男	1937 年 9 月—1940 年 8 月	赵庄

续表 18-3

镇政名称	职务	姓名	性别	任职年限	籍贯
日伪赵庄维持会	成员	张洛士	男	1937 年 9 月—1940 年 8 月	赵庄
日伪赵庄镇公所	镇长	黄自田	男	1940 年 8 月—1941 年 2 月	赵庄
	副镇长	黄俊明	男	1940 年 8 月—1941 年 2 月	赵庄
	副镇长	黄振江	男	1940 年 8 月—1941 年 2 月	赵庄
	副镇长	黄洛养	男	1940 年 8 月—1941 年 2 月	赵庄
	委员	辛文岐	男	1940 年 8 月—1941 年 2 月	赵庄
	委员	黄俊德	男	1940 年 8 月—1941 年 2 月	赵庄
	委员	黄丙玺	男	1940 年 8 月—1941 年 2 月	赵庄
日伪赵庄联保处	主任	胡振忠	男	1941 年 4 月—1942 年 8 月	赵庄
	先生	黄子九	男	1941 年 4 月—1942 年 8 月	赵庄
	先生	赵喜明	男	1941 年 4 月—1942 年 8 月	赵庄
日伪联村办事处	主任	黄凤山	男	1942 年 8 月—1942 年 12 月	赵庄
	副主任	郑金轩	男	1942 年 8 月—1942 年 12 月	固营村
	先生	黄四元	男	1942 年 8 月—1942 年 12 月	赵庄
日伪赵庄镇联保处	主任	鲍洛兆	男	1943 年 1 月—1944 年 5 月	赵庄
	先生	黄子九	男	1943 年 1 月—1944 年 5 月	赵庄
	先生	鲍秋忙	男	1943 年 1 月—1944 年 5 月	赵庄
	先生	黄贵恒	男	1943 年 1 月—1944 年 5 月	赵庄
	主任	齐香连	男	1944 年 5 月—1944 年 12 月	赵庄
	先生	贾怀春	男	1944 年 5 月—1944 年 12 月	赵庄
	先生	黄四元	男	1944 年 5 月—1944 年 12 月	赵庄
	主任	甄树国	男	1945 年 1 月—1945 年 8 月	赵庄
	先生	黄洛五	男	1945 年 1 月—1945 年 8 月	赵庄
	先生	黄振家	男	1945 年 1 月—1945 年 8 月	赵庄

日伪统治时期赵庄保长、副保长一览表

表 18-4

保别	保长	副保长	保别	保长	副保长
一保	张连东	甄双全	二保	黄秋贵	韩老甫
三保	张贵申	鲍老雲	四保	贾老善	贾老充
五保	鲍老兆	胡老寿	六保	甄喜庚	辛保平
七保	李老向	黄老路	八保	张老字	黄老兆
九保	胡振中	李玉珠			

三、中共领导下镇(村)行政任职人员

1938 年至 1949 年 10 月中共领导下镇(村)行政任职人员一览表

表 18-5

镇政名称	职务	姓名	性别	任职年限	籍贯
抗日战争初期中共领导下的赵庄镇政	农会主任	贾凤仪	男	1939 年 9 月—1940 年 2 月	赵庄
	农会副主任	王俊岭	男	1939 年 9 月—1940 年 2 月	赵庄
	农会主任	张志勇	男	1940 年 2 月—1940 年 8 月	赵庄
	农会副主任	张义河	男	1940 年 2 月—1940 年 8 月	赵庄
	镇长	张洛银	男	1939 年 3 月—1939 年 11 月	赵庄
	副镇长	黄洛凯	男	1939 年 3 月—1939 年 11 月	赵庄
	镇长	黄五群	男	1939 年 11 月—1940 年 8 月	赵庄
	副镇长	黄金生	男	1939 年 11 月—1940 年 8 月	赵庄
抗日后期中共领导的赵庄镇政	镇长	张黑丑	男	1945 年 2 月—1945 年 7 月	赵庄
	镇长	甄树国	男	1945 年 8 月—1945 年 11 月	赵庄
	治保主任	高四元	男	1945 年 2 月—1945 年 11 月	赵庄
	武委会主任	蔡志和	男	1945 年 2 月—1945 年 11 月	赵庄
	武委指导员	黄振芳	男	1945 年 2 月—1945 年 7 月	赵庄
	武委指导员	张糖光	男	1945 年 7 月—1945 年 11 月	赵庄
赵庄镇政	镇长	王德明	男	1947 年 2 月—1947 年 7 月	上级委派
	镇长	徐凤祥	男	1947 年 10 月—1947 年 11 月	赵庄
土地改革时期中共领导下的赵庄镇政	镇长	贾洛风	男	1948 年 2 月—1949 年 10 月	赵庄
	镇长	高油瓶	男	1948 年 2 月—1949 年 10 月	赵庄
	治保主任	黄玉来	男	1948 年 2 月—1949 年 10 月	赵庄

续表 18-5

镇政名称	职务	姓名	性别	任职年限	籍贯
土地改革时期中共领导下的赵庄镇政	武委会主任	蔡志和	男	1948 年 2 月—1949 年 10 月	赵庄
	贫协会主席	高吉柱	男	1948 年 2 月—1949 年 10 月	赵庄
	副主席	齐麦生	男	1948 年 2 月—1948 年 11 月	赵庄
	副主席	韩书瑞	男	1948 年 2 月—1948 年 11 月	赵庄
	副主席	韩东明	男	1948 年 11 月—1949 年 10 月	赵庄

第四节　新中国成立后赵庄(镇)村行政任职人员姓名、职务、任职年限

1949 年 10 月至 1966 年 3 月赵庄大队(镇)行政任职人员一览表

表 18-6

镇政名称	职务	姓名	性别	任职年限	籍贯
赵庄镇、乡、高级农业合作社管委会	镇长	贾洛风	男	1949 年 11 月—1950 年 12 月	赵庄
	镇长	黄振芳	男	1951 年 1 月—1953 年 5 月	赵庄
	乡长	蔡清瑞	男	1953 年 6 月—1956 年 7 月	赵庄
	镇主任	甄小盆	男	1956 年 8 月—1958 年 9 月	赵庄
	高级社主任	蔡清瑞	男	1955 年 12 月—1956 年 7 月	赵庄
	主任	李文采	男	1956 年 8 月—1957 年 12 月	赵庄
	主任	韩书瑞	男	1958 年 1 月—1958 年 9 月	赵庄
	治保主任	黄金生	男	1949 年 1 月—1950 年 12 月	赵庄
	治保主任	黄玉来	男	1951 年 1 月—1952 年 12 月	赵庄
	治保主任	贾洛风	男	1953 年 1 月—1953 年 3 月	赵庄
	治保主任	黄金生	男	1953 年 4 月—1953 年 12 月	赵庄
	治保主任	张凤山	男	1954 年 1 月—1956 年 7 月	赵庄
	治保主任	张小啥	男	1956 年 8 月—1957 年 12 月	赵庄
	治保主任	蔡增贵	男	1958 年 1 月—1958 年 10 月	赵庄
	武委会主任	蔡志和	男	1949 年 11 月—1950 年 12 月	赵庄
	民兵中队队长	甄小盆	男	1951 年 1 月—1953 年 3 月	赵庄
	民兵中队队长	李文采	男	1953 年 4 月—1954 年 12 月	赵庄
	民兵中队队长	贾怀山	男	1955 年 3 月—1956 年 3 月	赵庄

续表 18-6

镇政名称	职务	姓名	性别	任职年限	籍贯
赵庄镇、乡、高级农业合作社管委会	民兵中队队长	张小啥	男	1956 年 3 月—1957 年 12 月	赵庄
	民兵中队队长	黄金生	男	1958 年 1 月—1959 年 1 月	赵庄
	秘书	田建章	男	1948 年 1 月—1950 年 12 月	赵庄
	秘书	赵国栋	男	1951 年 1 月—1953 年 12 月	赵庄
	秘书	刘进明	男	1954 年 1 月—1956 年 7 月	赵庄
	秘书	张瑞恒	男	1956 年 8 月—1957 年 12 月	赵庄
	秘书	蔡增贵	男	1958 年 1 月—1958 年 10 月	赵庄
	财粮主任	胡振忠	男	1948 年 1 月—1955 年 12 月	赵庄
	主管会计	甄玉明	男	1955 年 10 月—1958 年 9 月	赵庄
赵庄农业生产大队管委会	大队长	韩书瑞	男	1958 年 10 月—1960 年 12 月	赵庄
	大队长	张东来	男	1961 年 1 月—1961 年 7 月	赵庄
	大队长	贾玉崑	男	1961 年 8 月—1961 年 12 月	赵庄
	大队长	甄进福	男	1962 年 1 月—1964 年 4 月	赵庄
	大队长	蔡增贵	男	1964 年 5 月—1966 年 3 月	赵庄
	治保主任	甄进福	男	1958 年 10 月—1960 年 12 月	赵庄
	治保主任	贾玉崑	男	1961 年 1 月—1961 年 7 月	赵庄
	治保主任	王德明	男	1961 年 8 月—1963 年 2 月	赵庄
	治保主任	贾志申	男	1963 年 3 月—1964 年 3 月	赵庄
	治保主任	黄玉来	男	1964 年 4 月—1965 年 1 月	赵庄
	治保主任	黄振清	男	1965 年 2 月—1966 年 3 月	赵庄
	民兵指导员	郭　瑜	男	1959 年 1 月—1960 年 12 月	赵庄
	民兵连连长	王德明	男	1961 年 1 月—1961 年 8 月	赵庄
	民兵连连长	贾玉崑	男	1962 年 3 月—1964 年 4 月	赵庄
	民兵连连长	贾志申	男	1964 年 5 月—1966 年 3 月	赵庄
	秘书	樊德龙	男	1958 年 10 月—1960 年 10 月	赵庄
	秘书	韩保录	男	1961 年 1 月—1961 年 12 月	赵庄
	秘书	赵秋润	男	1962 年 1 月—1962 年 11 月	赵庄

续表 18-6

镇政名称	职务	姓名	性别	任职年限	籍贯
赵庄农业生产大队管委会	秘书	韩良国	男	1962 年 12 月—1963 年 5 月	赵庄
	秘书	甄玉明	男	1963 年 6 月—1964 年 3 月	赵庄
	秘书	韩良国	男	1964 年 4 月—1966 年 3 月	赵庄
	主管会计	张荣堂	男	1958 年 10 月—1960 年 12 月	赵庄
	主管会计	韩良国	男	1961 年 1 月—1963 年 12 月	赵庄
	主管会计	张书辰	男	1964 年 1 月—1966 年 3 月	赵庄
	保管员	郭计奎	男	1961 年 1 月—1961 年 12 月	赵庄
	保管员	张书辰	男	1962 年 1 月—1962 年 12 月	赵庄
	保管员	韩良国	男	1963 年 1 月—1963 年 12 月	赵庄
	保管员	鲍多余	男	1964 年 1 月—1965 年 6 月	赵庄
	保管员	贾清杰	男	1965 年 7 月—1966 年 3 月	赵庄

1966 年 4 月至 1978 年 12 月赵庄大队行政任职人员一览表

表 18-7

村政名称	职务	姓名	性别	任职年限	籍贯
赵庄农业生产大队管委会	大队长	韩书瑞	男	1966 年 5 月—1969 年 2 月	赵庄
	副大队长	高树心	男	1966 年 5 月—1969 年 2 月	赵庄
	妇女大队长	高兰英	女	1966 年 5 月—1969 年 2 月	赵庄
	治保主任	黄书山	男	1966 年 5 月—1969 年 2 月	赵庄
	民兵连长	贾志申	男	1966 年 5 月—1969 年 2 月	赵庄
	秘书	陈克	男	1966 年 5 月—1969 年 2 月	赵庄
	会计	贾清杰	男	1966 年 5 月—1969 年 2 月	赵庄
	出纳	贾春福	男	1966 年 5 月—1966 年 10 月	赵庄
	大队长	韩书瑞	男	1969 年 3 月—1974 年 12 月	赵庄
	副大队长	高连升	男	1969 年 3 月—1970 年 12 月	赵庄
	副大队长	郭留申	男	1971 年 1 月—1974 年 12 月	赵庄
	大队长	郭留申	男	1975 年 1 月—1976 年 12 月	赵庄
	大队长	李福庆	男	1977 年 1 月—1978 年 12 月	赵庄
	副大队长	高树心	男	1975 年 1 月—1978 年 12 月	赵庄

续表 18–7

村政名称	职务	姓名	性别	任职年限	籍贯
赵庄农业生产大队管委会	妇女大队长	张荣秀	女	1969 年 3 月—1972 年 12 月	赵庄
	妇女大队长	黄荣先	女	1973 年 1 月—1974 年 12 月	赵庄
	妇女大队长	刘英	女	1975 年 1 月—1976 年 12 月	赵庄
	妇女大队长	辛金霞	女	1977 年 1 月—1978 年 12 月	赵庄
	治保主任	郭留申	男	1969 年 3 月—1970 年 12 月	赵庄
	治保主任	蔡清瑞	男	1971 年 1 月—1974 年 12 月	赵庄
	治保主任	张大雪	男	1975 年 1 月—1978 年 12 月	赵庄
	民兵连长	鲍文瑞	男	1969 年 3 月—1970 年 12 月	赵庄
	民兵连长	戴庚寅	男	1971 年 1 月—1978 年 12 月	赵庄
	秘书	陈克	男	1969 年 3 月—1974 年 12 月	赵庄
	秘书	韩长水	男	1975 年 1 月—1978 年 12 月	赵庄
	委员	张大雪	男	1969 年 3 月—1974 年 12 月	赵庄
	委员	贾玉崑	男	1969 年 3 月—1975 年 12 月	赵庄
	委员	张计全	男	1969 年 3 月—1971 年 12 月	赵庄
	委员	张小辈	男	1970 年 1 月—1970 年 12 月	赵庄
	委员	刘小六	男	1970 年 1 月—1970 年 12 月	赵庄
	委员	高连升	男	1971 年 1 月—1971 年 12 月	赵庄
	委员	韩金祥	男	1971 年 1 月—1978 年 12 月	赵庄
	委员	黄文琴	男	1971 年 1 月—1975 年 12 月	赵庄
	委员	黄荣先	女	1972 年 1 月—1972 年 12 月	赵庄
	委员	刘计山	男	1973 年 1 月—1978 年 12 月	赵庄
	委员	高连升	男	1973 年 1 月—1978 年 12 月	赵庄
	委员	高树心	男	1974 年 1 月—1974 年 12 月	赵庄
	委员	韩俊岐	男	1970 年 1 月—1978 年 12 月	赵庄
	委员	李福庆	男	1974 年 1 月—1974 年 12 月	赵庄
	委员	韩长水	男	1974 年 1 月—1974 年 12 月	赵庄
	委员	郭小贵	男	1974 年 1 月—1974 年 12 月	赵庄

续表 18-7

村政名称	职务	姓名	性别	任职年限	籍贯
赵庄农业生产大队管委会	委员	韩书瑞	男	1975 年 1 月—1978 年 12 月	赵庄
	委员	贾建国	男	1975 年 1 月—1975 年 12 月	赵庄
	委员	韩银海	男	1975 年 1 月—1976 年 12 月	赵庄
	委员	蔡清瑞	男	1975 年 1 月—1975 年 12 月	赵庄
	委员	刘明起	男	1977 年 1 月—1978 年 12 月	赵庄
	委员	鲍锁柱	男	1977 年 1 月—1978 年 12 月	赵庄

1979 年 1 月至 2019 年 10 月赵庄村行政任职人员一览表

表 18-8

村政名称	职务	姓名	性别	任职年限	籍贯
赵庄农业生产大队管委会	大队长	李福庆	男	1979 年 1 月—1983 年 12 月	赵庄
	副大队长	高树心	男	1979 年 1 月—1982 年 12 月	赵庄
	副大队长	高连升	男	1983 年 1 月—1983 年 12 月	赵庄
	妇女大队长	辛金霞	女	1979 年 1 月—1983 年 12 月	赵庄
	治保主任	张大雪	男	1979 年 1 月—1982 年 12 月	赵庄
	治保主任	韩金祥	男	1983 年 1 月—1983 年 12 月	赵庄
	民兵连长	戴庚寅	男	1979 年 1 月—1983 年 12 月	赵庄
	秘书	韩长水	男	1979 年 1 月—1983 年 12 月	赵庄
	会计	鲍锁住	男	1979 年 1 月—1983 年 12 月	赵庄
	委员	高连升	男	1979 年 1 月—1982 年 12 月	赵庄
	委员	韩金祥	男	1979 年 1 月—1982 年 12 月	赵庄
	委员	刘明起	男	1979 年 1 月—1983 年 12 月	赵庄
	委员	韩俊岐	男	1979 年 1 月—1983 年 12 月	赵庄
	委员	刘计山	男	1979 年 1 月—1983 年 12 月	赵庄
赵庄村民委员会	村委会主任	张东来	男	1984 年 1 月—1985 年 12 月	赵庄
	村委会主任	贾占山	男	1986 年 1 月—1988 年 6 月	赵庄
	村委会主任	贾青海	男	1988 年 7 月—1995 年 12 月	赵庄
	村委会主任	李福庆	男	1996 年 1 月—1999 年 12 月	赵庄
	村委会主任	甄院生	男	2000 年 1 月—2008 年 12 月	赵庄

续表 18-8

村政名称	职务	姓名	性别	任职年限	籍贯
赵庄村民委员会	村委会主任	韩书贵	男	2009 年 1 月—2019 年 10 月	赵庄
	村委会副主任	高连升	男	1984 年 1 月—1993 年 12 月	赵庄
	村委会副主任	李福庆	男	1994 年 1 月—1995 年 12 月	赵庄
	村委会副主任	刘明起	男	1996 年 1 月—1998 年 12 月	赵庄
	妇女主任	孟荣珍	女	1984 年 1 月—1986 年 12 月	南孟
	妇女主任	郭素珍	女	1987 年 1 月—2018 年 7 月	北贾同
	治保主任	韩金祥	男	1984 年 1 月—1984 年 12 月	赵庄
	治保主任	刘计山	男	1985 年 1 月—1989 年 12 月	赵庄
	治保主任	韩书成	男	1990 年 1 月—1997 年 12 月	赵庄
	治保主任	韩脏人	男	1998 年 1 月—2005 年 12 月	赵庄
	治保主任	贾和顺	男	2006 年 1 月—2011 年 12 月	赵庄
	治保主任	张永强	男	2012 年 1 月—2019 年 10 月	赵庄
	民兵连连长	戴庚寅	男	1984 年 1 月—1984 年 12 月	赵庄
	民兵连连长	李文明	男	1985 年 1 月—1989 年 12 月	赵庄
	民兵连连长	黄建会	男	1990 年 1 月—1990 年 12 月	赵庄
	民兵连连长	甄院生	男	1991 年 1 月—1998 年 12 月	赵庄
	民兵连连长	黄建会	男	1999 年 1 月—1999 年 12 月	赵庄
	民兵连连长	鲍凤杰	男	2000 年 1 月—2014 年 12 月	赵庄
	民兵连连长	贾文庆	男	2015 年 1 月—2018 年 7 月	赵庄
	秘书	韩长水	男	1984 年 1 月—1986 年 12 月	赵庄
	秘书	黄建会	男	1987 年 1 月—1990 年 12 月	赵庄
	秘书	甄院生	男	1991 年 1 月—1998 年 12 月	赵庄
	秘书	黄建会	男	1999 年 1 月—2005 年 12 月	赵庄
	秘书	辛冬至	男	2006 年 1 月—2018 年 7 月	赵庄
	会计	鲍锁住	男	1984 年 1 月—1984 年 12 月	赵庄
	委员	刘明起	男	1984 年 1 月—1995 年 12 月	赵庄
	委员	韩俊岐	男	1984 年 1 月—1984 年 12 月	赵庄

续表 18-8

村政名称	职务	姓名	性别	任职年限	籍贯
赵庄村民委员会	委员	刘计山	男	1984 年 1 月—1984 年 12 月	赵庄
	委员	赵秋润	男	1985 年 1 月—1986 年 12 月	赵庄
	委员	贾占山	男	1985 年 1 月—1985 年 12 月	赵庄
	委员	黄建会	男	1985 年 1 月—1985 年 12 月	赵庄
	委员	韩脏人	男	1985 年 1 月—1997 年 12 月	赵庄
	委员	李福庆	男	1997 年 1 月—1998 年 12 月	赵庄
	委员	韩金祥	男	1997 年 1 月—1998 年 12 月	赵庄
	委员	张青林	男	1988 年 1 月—1991 年 12 月	赵庄
	委员	张秋堂	男	1990 年 1 月—1999 年 12 月	赵庄
	委员	甄院生	男	1990 年 1 月—1990 年 12 月	赵庄
	委员	贾和顺	男	1990 年 1 月—2005 年 12 月	赵庄
	委员	刘计山	男	1991 年 1 月—1991 年 12 月	赵庄
	委员	韩兰亭	男	1992 年 1 月—1997 年 12 月	赵庄
	委员	贾新月	男	1992 年 1 月—1996 年 12 月	赵庄
	委员	蔡志鹏	男	1992.年 1 月—1993 年 12 月	赵庄
	委员	贾清杰	男	1995 年 1 月—1999 年 12 月	赵庄
	委员	戴庚寅	男	1995 年 1 月—1999 年 12 月	赵庄
	委员	贾双月	男	1997 年 1 月—1997 年 12 月	赵庄
	委员	黄建会	男	1997 年 1 月—1998 年 12 月	赵庄
	委员	贾新月	男	1998 年 1 月—1998 年 12 月	赵庄
	委员	韩书成	男	1999 年 1 月—1999 年 12 月	赵庄
	委员	甄新顺	男	2000 年 1 月—2005 年 12 月	赵庄
	委员	黄建强	男	2000 年 1 月—2005 年 12 月	赵庄
	委员	戴小人	男	2000 年 1 月—2002 年 12 月	赵庄
	委员	蔡五申	男	2000 年 1 月—2002 年 12 月	赵庄
	委员	辛冬至	男	2003 年 1 月—2005 年 12 月	赵庄
	妇女主任	刘冰倩	女	2018 年 7 月—2019 年 10 月	赵庄

续表 18-8

村政名称	职务	姓名	性别	任职年限	籍贯
赵庄村民委员会	民兵连连长	高艳波	男	2018 年 7 月—2019 年 10 月	赵庄
	委员	张雪峰	男	2018 年 7 月—2019 年 10 月	赵庄
	委员	甄宪华	男	2018 年 7 月—2019 年 10 月	赵庄

第五节　村民自治

村民委员会是村民自我管理、自我教育、自我服务的群众性自治组织，实行民主选举、民主管理、民主决策和民族监督。接受乡(镇)政府的指导，在村党(总)支部的直接领导下，依法履行职责。村民委员会向村民会议、村民代表会议负责并报告工作。

一、村民委员会工作：民主决策

1.村民会议：村民会议在村民自治体系中具有最高决策权，每年召开一次，由村民委员会召集。1/10 以上的村民书面提议，应及时召开。其决策范围是：制定修改村民自治章程、村规民约；讨论决定本村经济社会发展规划和年度计划；审议村委会工作报告、评议村委会的工作；选举、罢免、补选村委会成员；撤销或改变村委会不适当的决定；撤销或者改变村民代表会议不适当的决定；讨论决定涉及村民利益的重大事项。

2.村民代表会议：由村委会召集。由村民推选的代表组成，是村民会议的补充形式，一般每季度召开一次，遇有特殊情况或有 1/3 以上代表提议，可随时召开。其决策范围是：村级财务预决算和年度财务收支计划；本村享受误工补贴的人数和标准；集体经济收益的使用；村办公益事业的经费筹集方案；集体经济项目的立项、建设、经营方案，公益设施建设承包方案；村集体土地和其他各业的承包经营方案；计划生育、宅基地指标的分配方案等。

3.召集村民会议或村民代表会议前必须召开“两委”联席会议，就会议内容、讨论决策的问题作出统一安排，并提前通知村民代表。

二、在党(总)支部领导下做好村务工作

1.村委会在党(总)支部领导下依法依规管理村政村务。

2.村委会根据需要设人民调解、治安保卫、红白理事会等委员会。村委会成员可以兼任各下属委员会的主任。

3.村委会及其成员应当遵守宪法、法律法规，执行国家政策，办事公道，廉洁奉公，带头履行村民义务，诚心为村民服务，带领村民共同致富。

4.村委会实行民主集中制，按照少数服从多数的原则决定问题。应当坚持群众路线，充分发扬民主，认真听取不同意见，坚持说服教育，不得强迫命令，不得打击报复。

5.建立定期报告制度。村委会成员根据自己的年度工作任务目标向主任汇报工作。村委主任每年向村民会议或村民代表会议报告工作。

三、民主监督

1.村务公开制度

村务政务要向群众公开，公开的内容：年度财务收支及执行情况；享受村补贴的人员及其补贴标准、数额；村集体经济所得收益的分配和使用；救灾救济款的接收发放；水电费的收缴；兴办集体经济项目和办学校、建道路等公益事业项目的经费筹措方案、建设承包方案及实施情况；当年宅基地的申报、批准和使用情况；计划生育指标分配方案和计划外生育费的收缴情况；村民普遍关心并要求公开的事项。以上项目除村集体财务、电费电价每月公开一次外，其他内容每季度公开一次。

2.村委会重大事项请示报告制度

村委会对村政村务中的重大事项和涉及村民利

益的重要问题,要及时向党支部请示,党支部2日内作出处理答复。村委会对落实“两委”联席会议或村民代表会议讨论通过的工作进展情况，每季度向党支部汇报一次,必要时,可随时报告,党支部根据汇报情况,及时提出意见和建议。

3.民主议政日制度

由村党支部书记组成以党员代表、村民代表、市乡人大代表和老干部为主体的，村民自愿参加的议政团队，一般一年两次议政，分别在1月和7月进行。程序为:党支部、村委会汇报工作,与会人员进行评议和质询。“两委”对提出的意见和建议给出明确的解释或答复,并负责整改和落实。

4.村委会公章使用“双签”制度

村委会公章要有专人保管使用,须加盖公章的,经过村党支部书记、村委会主任审查签字后方可加盖村委会公章。未经审查同意，擅自加盖使用公章的,已经发现,严肃处理。后果严重、触犯刑律的,追究刑事责任。

5.民主评议村干部制度

由乡镇党委组织,每年进行一次,按照“优秀、称职、不称职”三个档次进行民主评议。不称职票超过1/3的,给予纪律处分或离岗教育,不称职票超过半数以上的,予以调整或者依法罢免。

6.“三审”财务制度

(1)村级财务制度要求明确专人负责管理,各项收支必须由财会人员经办,其他人员无权经办。

(2)村级财务支出按照村民会议或村民代表会议通过的村民财务预算和年度财务支出计划，实行分类限额管理,票据、凭证经村委会主任审查,村民理财小组审核,党支部书记审批后,符合相关规章制度的方可报销入账。

(3)乡镇农经站每半年对村级财务进行一次例行审计,同时要抓好专项审计、干部离任审计和年终审计。审计工作按照管理与监督分离的原则,实行交叉审计。村民理财小组应当积极参与审计工作,审计结果要向群众公布,审计出的问题要认真处理。

四、村民自治章程

赵庄村民委员会自治章程(草案)

(2010年1月日村民会议通过)

第一章　总则

第一条　根据中华人民共和国《村民委员会组织法》《村民委员会自治法》和相关法律法规规定精神,为加强本村民主法治建设,保障村民实现自我管理、自我教育、自我服务、自我发展,调动村民建设社会主义新农村的积极性,促进城镇化发展,促进两个文明建设,特制订本章程。

第二条　本村实行村民自治,在宪法、法律和政策规定范围内,在村基层党组织领导下,由村民委员会具体组织管理本村的政治、经济、文化卫生及其他社会事务。

第三条　本章程是全体村民的行为规范，经村民大会讨论通过后实行。无论党员、干部、群众,章程面前人人平等。违反本章程的,视情节轻重,给予相应的处罚。触犯刑律的交司法部门追究刑事责任。

第四条　村内各项管理工作,为有效落实,可以根据《章程》规定精神,制定《实施细则》,经村民代表会议讨论通过实行。

第五条　户籍不在本村,长期在本村居住、工作的人,亦适用本章程。

第二章　村民组织

第一节　村党组织

第六条　村党总支是党在本村中的领导核心，领导、支持和监督村民委员会行使职权。依照宪法和法律,支持和保障村民开展自治活动、直接行使民主权利。

第七条　村党总支委员会的职责:

(一)认真贯彻和执行党的方针政策和宪法、法律及上级党组织的指示、本村党员会议的决议;

(二)领导村民委员会及其配套组织。讨论决定本村经济建设和社会发展的重要问题,并组织落实。需由村委会、村民会议或村民代表会议和村集体经济组织决定的事情,支持他们依法依规作出决定;

(三)领导和推进村级民主选举、民主决策、民主管理、民主监督的建设,支持和保障村民依法开展自治活动,支持村委会及配套组织依法履职;

(四)搞好党组织自身建设,对党员进行教育、管理、监督、服务,负责培养入党积极分子,做好发展党员工作;

(五)负责做好对村委会及其配套组织成员、村集体财会人员、村集体经济组织管理人员管理、教育和监督;

(六)做好本村精神文明建设、法治建设和安全工作,加强环境卫生管理,关心群众疾苦,维护群众合法权益。

村党总支及分支按照党章规定精神进行工作。

第二节 村民会议、村民代表会议

第八条 村民会议由户籍在本村、年满 18 周岁以上有公民权的全体村民组成,是全村最高权力机构。村民委员会向村民会议负责并报告工作。

第九条 村民会议行使下列职权:

(一)根据《村民委员会组织法》的规定,选举、罢免和补选村民委员会的成员;

(二)审议村民委员会关于本村经济发展规划、建设规划和年度工作计划及年度工作情况的报告,并作出决议;

(三)制定、修改本村村民自治章程、乡规民约等规章制度;

(四)听取和审议本村财务预算、决算及收支情况的报告,并作出相应决议;

(五)涉及村民利益的下列事项,经村民会议讨论决定方可办理:

1.本村享受误工补贴的人员及补贴标准;

2.村集体经济所得收益的分配使用;

3.本村公益事业的兴办和筹资、酬劳方案及建设承包方案;

4.土地承包经营方案、土地总体规划利用方案;

5.村集体经济项目立项、投资、建设承包、经营管理方案;

6.宅基地使用、管理方案;

7.被征用土地补偿、补偿费的分配使用方案;

8. 村民会议认为应当由村民会议讨论决定的涉及村民重大利益的其他事项。

(六)审议村民委员会的年度工作报告,评议村民委员会成员的工作;有权撤销或者变更村民委员会不适当的决定;有权撤销或者变更村民代表会议不适当的决定。

第十条 村民会议除第九条第(一)项外,由村民委员会召集和主持,党总支成员列席。村民会议每年至少召开一次,有五分之一以上村民提议召开村民会议,可临时召开。

第十一条 召开村民会议,应当有本村 18 周岁以上村民的过半数,或者本村三分之二以上的代表参加,村民会议所作决定应当经到会人员的过半数通过。

第十二条 鉴于本村人口多,设立村民代表会议。召开村民代表会议,由村委会召集和主持,经过村民会议授权,村民代表会议可以讨论决定第九条除第(一)项外的其他职权。

第十三条 村民代表数量原则上控制在百名以内,以原生产队为范围,每生产队民主推选 3 人,村域内员工 50 人以上规模企业适当分配名额,代表任职年限 3 年,可以连选连任。

第十四条 村民代表的条件:(一) 本村户籍年满 18 周岁以上村民,或在本村域内企业工作满三年以上的员工;(二)政治坚定,热心公益事业,爱国爱家;(三)公道正派,群众拥护,有参政议政能力;(四)没有刑事处分经历。

第十五条 召开村民代表会议,应当有三分之二以上代表出席,村民代表会议所作决定应经到会人员半数以上通过。村民代表会议有权撤销村民委员会不适当的决定。

第三节 村民委员会

第十六条 村民委员会是自我管理、自我教育、自我服务的基层群众性自治组织,由全村有选举权、被选举权的村民选举产生,3 至 5 人组成,设主任 1 人、副主任 1 人,委员若干。每届任期三年,可以连选连任。根据工作需要,村民委员会可下设治安、民兵、计生、民调等工作机构。村民委员会及其配套机构在镇政府指导和村党总支领导下工作。

第十七条 《村民委员会组织法》第十五条规定,村民委员会候选人“应当从全体村民利益出发,奉公守法、品行良好、公道正派、热心公益、具有一定文化水平和工作能力的村民”。据此,本村村民委员会候选人应具备以下具体条件:

(一)政治坚定,忠于宪法法律,忠于共产党和国家,忠于社会主义道路;

(二)热心本村公益事业,公道正派,品质优良,致力于带领全村村民发展经济奔小康。无不良信用记录,无违法犯罪记录;

(三)年龄在25周岁至65周岁之间。连任村委成员,身体健康,年龄可放宽至70周岁;

(四)文化水平在高中毕业以上。连任村委成员,任期内圆满完成职责内的工作任务,文化水平可放宽至初中毕业;

(五)基本了解党和政府涉及农村的方针政策,能够独立就职责内工作作出规划、计划,并经相关会议认可。能够独立担当一个方面的领导工作,依法依规处置疑难问题。能够就本村经济发展和村镇建设提出建议,多数被采纳。能够联系村民,成为村民的贴心人。

第十八条 村民委员会职责:

(一)教育组织村民认真贯彻党的路线、方针、政策,遵守国家宪法、法律和法规;

(二)自觉接受村党总支的领导,向村民会议、村民代表会议负责并报告工作;

(三)支持、组织、扶持村民依法发展个体经济、合作经济,大力发展村集体经济;

(四)依法保护村民土地承包使用权和合法宅基地使用权,鼓励支持村民在不改变承包土地用途和土地性质前提下有偿流转。依法保护村民财产权益;

(五)依法保护管理村民集体所有土地及地下资源,依法合理利用土地资源,保护和完善生态环境;

(六)做好村集体财务和财产管理工作,开源节流,保值增值,不断扩大村集体的财富积累;

(七)制订村集体经济和村民致富三年规划和年度计划,通过村民会议或村民代表会议后,抓好落实;

(八)在市、区政府总体规划框架下,尽早制订本村土地利用总体规划、村镇建设、住宅社区建设长远规划,经村民大会或村民代表大会通过,并报经市区政府部门批准后,逐步落实;

(九)办好公共事务和公益事业,调解民间纠纷维护社会治安;

(十)做好计划生育、优抚、救灾救济、五保供养、防疫灭病、环境卫生等社会保障工作;

(十一)维护村民的合法权益,教育引导村民履行村民义务;

(十二)带领群众大力开展社会主义精神文明建设。

第四节 村民小组

第十九条 村民小组是村民委员会领导下,开展群众性自治活动的基层组织,是村委会联系村民的桥梁和纽带。本村村民小组规模以原生产队村民为一个小组。

第二十条 村民小组设组长一人,由村民代表中推选,任期三年。村民小组长职责是:

(一)在小组范围内行使行政管理职能和生产经营管理职能;

(二)宣传党的路线、方针、政策和国家的法律法规,宣传本村村民自治章程;

(三)负责召集小组会议传达乡村布置的工作任务,组织村民参加自治活动,及时向村委会请示汇报工作;

(四)组织本组村民落实完成乡、村布置的各项任务;

(五)及时向村委会反映本组村民的意见建议,监督本村政务、财务。

第五节 村民

第二十一条 本村村民和长期居住本村公民有以下权利:

(一)享有宪法、法律规定的公民享有的一切权利；

(二)有参加村务活动,提出有关村务的建议和批评、监督村干部和村务活动的权利；

(三)十八周岁以上有完全民事能力的村民有选举权和被选举的权利（被依法剥夺政治权利的人除外)，有参加村民会议讨论决定重大村务问题的权利；

(四)有享受本村举办的公共事业和公益事业和获得村级公益的权利；

(五)有维护宪法和法律权威,同破坏法制行为作斗争的权利。

第二十二条　村民必须履行以下义务：

(一)遵纪守法,遵守村民自治章程,认真贯彻执行国家和地方各级政府制订的方针政策及工作部署,认真执行村民会议、村民代表会议作出的决议、决定。

(二)按时完成村党总支、村民委员会分配的各项任务；

(三)团结互助、尊老爱幼、和谐乡里、维护集体利益,同一切危害、破坏集体利益的行为作斗争；

(四)自觉开展移风易俗活动,积极参加文明村、新风户活动；

（五）村民中的适龄青年积极履行服兵役的义务。

第三章　经济管理

第一节　土地管理

第二十三条　本村所有的土地,包括耕地、宅基地、道路占地、水坑、闲散零星地,都归有户籍的全村村民集体所有,村民有合法宅基地使用权、承包地用于农业的使用权、流转使用权。村民委员会代表村民依法经营管理村集体土地；

第二十四条　稳定土地承保政策，承包期内需要变更土地承包使用权的,须报经村民委员会统一,镇政府土管部门批准。鼓励土地规模经营和村民把所承包土地在承包期内有偿转让承包使用权。转让承包权的,必须到村民委员会备案。

第二十五条　村集体土地实行严格的用途管制,耕地不准私自建房、建坟、建设工商企业和其他非农业用地，违反者给予经济处罚，并责令恢复原貌。

第二十六条　在区、市土地利用总体规划框架下,抓紧制定本村土地利用总体规划和村域内道路、管线及村镇住宅社区建设具体规划，经有批准权的政府部门批准,陆续实施。

第二十七条　上级政府在本村域范围内规划的道路等公用设施占地、本村公用设施占地、住宅占地、本村村民兴办工商企业占地、出让工商企业占地,由村民委员会代表全体村民统一收储、统一按照法定程序报批,取得合法批准文件、统一出让土地价格谈判、占用村民承包地在承包期内统一补偿标准。除政府兴办公共设施占用土地外，企业建设用地原则上不一次性出售,采用土地入股合资经营、租赁土地使用权的办法。严禁公、私建设用地直接与承包户签订有偿用地合同。

第二十八条　推进城市化新型社区规划建设，逐步使村民住进新型社区生活，可以有偿交回村集体宅基地使用权。村民宅基地经不动产审核登记发证后，具有合法使用权，受法律和村民自治章程保护。今后村民缺住宅,原则上购买社区住宅楼解决。

第二节　财务管理

第二十九条　村集体财务实行严格的计划管理、民主管理、民主监督。

第三十条　村民委员会制订严密的《财务管理制度》和明确的支出标准及预算和决算办法,经村民代表会议决定后,严格执行。

第三十一条　村集体财务室设会计、出纳,明确各自职责,严格财务手续,实行村总支书记、村民委员会主任双签字报销制度。严禁挥霍、挪用、挤占、贪占公款。

第三十二条　村级集体资产登记造册，加强管理,不允许随意处置或损毁。

第三十三条　村级财务实行公开透明管理,按规定每季度第一个月上旬上墙公布上季度财务收支情况，接受民主监督。年终接受村民主理财小组会同镇政府主管部门年度审计。

第三十四条　实行对村总支书记、村委会主任和财管人员的离任审计。

第三节　村集体企业管理

第三十五条　发展经济是第一要务。根据我村区位优势和经济发展趋势，村党总支、村民委员会要把发展村集体工商服务业当作头等大事切实抓好。

第三十六条　村办集体企业可以采用村民参股，村集体控股的股份制企业的办法、外部引进企业实行土地入股合资经营的办法、按照规划建设工商服务业设施租赁收费的办法兴建集体企业。

第三十七条　村集体企业要引进现代化的经营管理机制，实行公司化经营，严格执行《中华人民共和国公司法》的各项规定，制定完善的企业章程，保障企业健康发展。

第三十八条　企业管理人员的选拔任用，要坚持德才兼备、公道正派、年富力强、事业心强的人担任。

第四节　目标管理

第三十九条　每届村民委员会成立，都要在党总支领导下制定经济发展三年规划，主要目标是村民纯收入增长幅度、集体经济增长幅度、村镇现代化建设目标，在村民会议认可的基础上实施。

第四十条　在三年规划基础上，村民委员会制定年度目标和实现措施，公布于众，接受党总支检查和村民监督。

第四十一条　每年年终总结年度经济发展目标完成情况，总结经验教训，制定下一年经济发展目标，作为向村民会议报告的重要内容。

第四十二条　制定三年经济发展规划和年度经济发展计划，要做到切实可行，科学有据。

第四章　社会管理

第一节　社会治安

第四十三条　团结和谐的社会秩序，安定平安的治安环境，是发展进步的基础，村民委员会要加强对社会治安工作的领导。

第四十四条　要设立在村委会领导下的村社会治安保卫委员会(简称村治保会)，设主任一人，由村委成员兼任，专职成员 2 至 4 人，村民小组长协助治保工作，接受政府各级公安部门的业务指导。

第四十五条　村治保会的主要职责：

(一)经常宣传宪法、法律法规，教育村民敬畏法律，自觉遵纪守法；

(二)制定做好本村社会治安的规章和措施，经村委会批准后贯彻落实；

(三)加强对村域内企业、商业、服务业、财务部门、学校及电力设施、设施、通信设施等要害部门、要害部位的安全保卫工作，督促有关部门落实防盗、防火、防伤害措施；

(四)加强对村民的安全防范教育和依法解决各种纠纷的教育，防止发生被偷、被抢、被骗、被拐、被伤害和打架斗殴等治安灾害事故；

(五)加强对刑满释放、假释、保外就医三类人员的教育管理，加强对来路不明人员的发现审查；

(六)严防吸贩毒人员浸入发展，严防邪教组织浸入发展；

(七)协助公安机关侦破发生在村域内的刑事案件和政治案件。

第四十六条　村民应当学法、知法、守法，自觉地维护法律的尊严和权威，加强自身安全防范工作，坚决同一切违法犯罪行为作斗争。

第四十七条　村民应当尊重他人人身健康权利、人格尊严和财产权利，不准打架斗殴伤害他人；不准酗酒滋事扰乱社会秩序；不准侮辱、诽谤他人、损害他人人格尊严；不准造谣惑众、搬弄是非破坏治安；不准参与以营利为目的的赌博活动；不准非法侵占他人合法财产；不准使用家庭暴力，伤害家庭成员；不准种毒、贩毒、吸毒和参与邪教活动；不准买卖人口；不准酒驾、毒驾。违反者，根据情节轻重和后果，给予当事人批评教育、责令赔礼道歉、经济处罚、治安处罚等处理，触犯法律的，交由司法机关处理。

第四十八条　村民有义务维护国家、集体和个人的合法财产和电力、通讯、交通、道路桥梁等公共设施,严禁损毁、侵占和破坏,违反者给予批评教育、责成修复、赔偿损失、经济处罚和行政处罚,触犯刑律的,交由司法机关处理。

第四十九条 在公共场所组织大型娱乐活动,组织者要采取严密的安全措施。娱乐场所不准搞淫秽表演、传播淫秽物品。

第二节 民兵工作

第五十条 民兵工作是党总支、村民委员会共同抓好的重点工作,应由一名总支委员兼任村民兵连长,把民兵工作作为联席会议的重要议事日程之一。

第五十一条 坚持党管武装的原则,认真贯彻《宪法》中的有关规定和《民兵工作条例》,做好民兵编组工作,明确连排班干部的任职安排,特别是把预备役民兵作为民兵骨干使用。积极参加上级武装部部门组织的军事训练。

第五十二条 教育民兵坚定政治信念,满怀振兴中华民族的豪情,积极参与社会主义经济建设,带头多种经营,合法发家致富。积极参加抢险救灾及其他战备活动。

第五十三条 做好拥军优属工作,妥善安排复员转业军人,帮助他们解决实际困难。

第三节 妇女儿童工作

第五十四条 妇女儿童工作历来是在共产党领导下,全社会关注和支持的一项事业。本村妇女儿童工作在党总支直接领导下,健全工作组织—妇女委员会,一名妇女总支委员兼任主任,全力抓好本村妇女儿童工作。

第五十五条 现阶段妇女儿童工作的主要任务是:

(一)团结动员妇女投身改革,参与经济建设,促进社会发展;

(二)教育、引导广大妇女加强学习,增强自尊、自信、自主、自强精神,全面提高自身素质,促进妇女人才的成长;

(三)调动妇女积极性,推动“五好家庭”创建活动,使儿童受到家庭正能量的熏陶,为健康成长打下基础;

(四)为妇女儿童服务,推动全社会为妇女儿童办好事、办实事。如做好儿童疾病预防工作、为妇女筛查、预防、治疗特殊病症、办好幼儿园、小学,使所有儿童都受到良好教育;

(五)认真贯彻执行《妇女儿童权益保护法》,切实保障妇女儿童权益,严厉查处家暴、虐待、遗弃妇女儿童违法犯罪行为。

第五十六条 村妇委会要全力抓好妇女儿童工作,做到有规划、有重点、有措施、有成效,不断提高妇女儿童工作水平。

第四节 计划生育

第五十七条 现阶段,计划生育仍然是我们国家的一项基本国策,村委会要加强对计划生育工作的领导,成立领导小组,由村委中妇女担任组长,制订措施,按国家政策要求做好计划生育工作。

第五十八条 现阶段,执行“一对夫妇只生育一个孩子”的政策。夫妇单独或双独及只生育了一个女孩的可以照顾生育二孩,但必须间隔 4 年。国家放开二孩政策,允许一对夫妇生育两个孩子,一对夫妇可以生育两个孩子。

第五十九条 要公平、公正、公开地安排发放生育指标。育龄夫妇要自觉采用成熟的节育措施。自觉遵守计划生育政策。

第六十条 违反计划生育政策,按照政策规定进行经济处罚和收取社会抚养费。坚持一对夫妇只生育一个孩子的要给予奖励。

第六十一条 村计划生育小组应当根据计划生育政策制定具体的计划生育管理办法,公布于全体村民,并严格执行。

第五节 婚姻家庭

第六十二条 家庭是社会的细胞,家庭健康,社会才会安定。提倡新型文明健康新家风:家庭成员人格平等、尊老爱幼、互尊互敬、勤俭持家、风雨同舟、荣辱与共、忠厚传家、和睦乡里、遵纪守法、尊重知识、合法致富、为国分忧、为民解难。

第六十三条 男女平等,婚姻自由。反对买卖、包办婚姻。坚决禁止娃娃亲、转亲、换亲和早婚，禁止索要高额彩礼。

第六十四条　法定结婚年龄男满22周岁以上、女满20周岁以上方准申请登记结婚，且没有法定不能结婚的情况。男女到登记机关领取结婚证后，为合法婚姻，受法律保护。男女已满结婚年龄，未登记申领结婚证而同居为非法婚姻，不受法律保护，给予必要的处罚，责令分居或限期领取结婚证。

第六十五条　家庭成员中成年、壮年抚育子女、赡养老人是法定义务，必须无条件地履行，使孩子健康成长、老人安度晚年。虐待、遗弃老人、孩子的，轻则受到舆论谴责、行政经济处罚，触犯刑律的交司法机关定罪判刑。

第六十六条　家庭成员严禁使用家庭暴力，家庭矛盾协商解决或调解解决，还可诉诸法律。家暴造成严重后果的，要承担刑事责任。

第六十七条　任何人不准干涉中老年丧偶、离婚而成为单身的男女再婚再嫁，成年子女应当支持单身老人再婚，使他们有个幸福的晚年夫妇生活。

第六节　社会保障

第六十八条　社会保障是解决村民实际困难、促进共同富裕、防止两极分化的重要措施，村委会要根据国家相关政策做好社会保障工作。

第六十九条　组织村民百分之百地加入“新型合作医疗”和“养老保险”，做到得病有钱医，养老有养老金，避免大病返贫；

第七十条　无近亲后人赡养的鳏寡孤独残障老人，由村集体在区民政部门帮助下，负担起他们的养老送终，使他们尊严体面地生活。

第七十一条　对于因突发各种灾难而生活困难的家庭，村委会一方面组织救助，另一方面申请民政部门救助；

第七十二条　遇有地震、风灾、洪灾、蝗灾、火灾等大的自然灾害，党总支、村民委员会要全力组织村民抢险救灾，在政府帮助下，迅速恢复正常的生产生活秩序，尽快重建家园。

第七节　民事调解

第七十三条　村民纠纷调解委员会是解决村民之间、家庭成员之间各类矛盾的有效自治组织，中华人民共和国成立后在本村长期存在，为建设和谐团结的村民关系作出过重大贡献，村民委员会要继续组织和支持民调会的工作。

第七十四条　村民邻里、家庭成员之间发生矛盾纠纷，首先应协商解决，协商不成，可申请村民事调解委员会调解解决。调解成功，签订调解协议，各自自觉遵守；调解不成，或调解后反悔的，可以诉诸法律。

第七十五条　调解干部要坚持公平、公正，在查清事实、分清是非的基础上，充分说理，耐心疏导，化解矛盾，消除隔阂，化干戈为玉帛，继续团结和谐相处。

第七十六条　村调解干部调解纠纷，坚持实事求是的原则，坚持以现行法律法规为准绳，以公序良俗为借鉴，做好纠纷调解工作。

第八节　其他社会管理

第七十七条　邻里之间要相互尊重、和睦相处，建立良好的邻里关系。不准造谣生事、猜疑谩骂、打架斗殴、酗酒闹事。各户宅基地使用面积以宅基地使用证标注为准，自家建房修屋和固定设施，不准侵占他人、集体土地，不准擅自影响四邻的通行、排水、通风、采光。违者受影响人提出，应当赔礼道歉、赔偿损失、消除影响。

第七十八条　村民养殖畜、禽、兽，要加强管理，实行拴养或圈养。因管理不善，随意排泄粪便，污染环境的，责令清除粪便、给予罚款处理；侵害他人财产、造成他人人身伤害的，除由监护人承担民事责任外，还要给予罚款处理。

第七十九条　村民要自觉维护村容村貌和道路维护、畅通，按要求栽种树木花草，经常清扫道路街旁，做到绿化、美化、净化，保持环境美。严禁在街道上堆放粪便、柴草和垃圾，不准随意在街道上挖沟、放置障碍物，违反者，强制清除，并酌情罚款。

第八十条　村级公共卫生事关全村村民健康大事，村委会要严格按照《食品卫生法》《卫生防疫法》

《突发性公共卫生应急条例》及相关规定，全力做好本村公共卫生工作。大力开展爱国卫生工作，要求村民做好日常的室内、院落、用品、食品卫生工作，做到清洁整齐。街道环境专人清扫。生活垃圾定点存放，及时清运，尽快发展为生活垃圾当日收集，当日清运处理。

第八十一条　加强对易燃易爆品的管理，未经批准不得制作火药、烟花、爆竹，严禁私自存放、运输火药、雷管、汽柴油及一切易燃易爆品，不准私藏私用枪支弹药，不准随身携带管制刀具，违反者，轻则罚款、治安处罚，触犯刑律的，定罪判刑。

第五章　民主政治建设

第一节　民主监督

第八十二条　成立村务民主监督小组，由5至7人组成，由村民会议或村民代表会议选举产生，任期三年。由村民推荐候选人，一般在村民代表、党员、本村各级人大代表、政协委员、离退休干部中懂财务、政务，公道正派有威望的人中产生，实行差额选举。与村党总支、村民委员会成员有直系亲属关系的不能当选。

第八十三条　村务监督小组的职责：

（一）向村民会议负责并报告工作，接受村民、村民会议的监督；

（二）监督检查村委会及其成员贯彻执行法律法规、村民自治章程、村民会议或村民代表会决议、决定情况；

（三）检查监督村村民委员会做出的决定是否符合法律法规和村民自治章程规定精神；

（四）检查村集体财务收支账目，督促财务公开；

（五）深入群众，听取、收集、整理村民对村委会工作、村民会议和村民代表会议的决议决定本身及执行情况、村务公开情况的建议、意见和热点、难点问题，向党总支、村委会联席会议汇报，并要求联席会议作出解决或改进措施；

（六）列席村委会有关重大事项决策的会议。

第八十四条　村务民主监督小组每半年必须对集体财务和村务公开情况审核一次，确认各项内容准确无误，制作民主监督结论，并向村民会议或村民代表会议报告。

第八十五条　对党总支成员、村民委员会成员财会人员的任期、离任审计，在镇政府指导下，由民主监督小组和村理财小组共同负责。

第八十六条　对村民主监督小组成员的罢免，由村民代表会议决定。

第二节　村务公开

第八十七条　公开民主决策程序：根据村改革发展进程、村镇建设需要的规划、计划、政策措施的决策和关系村民重大利益关切，由村党总支、村民委员会和十分之一以上村民或五分之一以上村民代表提出议案，交由村党政联席会议讨论研究，形成具体意见，交由村民会议或村民代表会议决定、决议，然后贯彻落实。

第八十八条　设立村务公开栏，定期公布村级村务、财务情况，并在公开栏设立“意见箱”，实行民主管理、民主监督。公开主要内容是：

（一）村集体各项财务收支情况及债权债务情况；

（二）公共设施建设资金筹集、使用及工程进展情况；

（三）村集体企业建设、资金筹集、运营盈亏及管理情况；

（四）村集体土地非农占用、收费，土地出让非农建设及出让金，给予承包户补偿情况；

（五）重点项目环评及对环境影响和环境保护措施情况；

（六）村民会议和村民代表会议决议、三年规划和年度目标贯彻落实情况；

（七）享受村集体补贴的村干部补贴落实情况；

（八）宅基地有偿使用及生育指标分配情况；

（九）救灾救济款物、扶贫资金、国家各级政府给予的各项扶持资金、补贴资金和捐赠资金的发放使用情况；

（十）村民认为需要公开的其他事项。

第八十九条　所有公开项目，在公布前要求村务民主监督小组和民主理财小组会审核实，对有异议的问题要求村民委员会作出解释。解释不清的,报请镇农村合作经济管理部门审计,以保证公开的内容真实可靠。

第九十条　村务公开的时间应当符合下列要求:

(一)日常村务管理活动相对固定事项和财务收支情况,一般每季度公布一次,也可以根据实际情况适时公开,但每半年至少公开一次;

(二)涉及村民切身利益并需政府机关批准的事项,应当在收到批复后5日内公布;

(三)村办集体经济项目、公益项目和其他延续时间较长的村务事项,应当及时公开决策、进展和完成情况。

第九十一条　村务公开后,要及时听取村民的意见和建议。做到:对村民提出的疑问及时解释;对村民提出的要求和问题及时研究答复;对大多数群众不赞成的,及时予以修正。

每次公布,民主监督小组组长在《村务公开表上签字,连同公开内容和资料要存档备查。

第三节　民主评议

第九十二条　村民委员会领导成员、村民代表、村民主监督小组成员的工作,都要由村民会议进行民主评议或民主测评,至少每年一次。

第九十三条　民主评议的主要内容,一般包括德、能、勤、绩、廉五个方面:

(一)"德"主要指被评议人员的政治素质和思想作风;

(二)"能"主要指被评议人员工作能力和业务水平;

(三)"勤"主要指被评议人员工作态度和工作作风;

(四)"绩"主要指被评议人员是否完成了职责内工作,成绩如何;

(五)"廉"主要指被评议人员是否做到了清正廉洁。

第九十三条评议结果按"优秀、合格、基本合格、不合格"四个档次结论。民主评议坚持以下准则:

(一)评议要依据相关法律法规、党的方针政策及《村民自治章程》,有组织地进行;

(二)评议要从关心干部、代表的意愿出发,坚持实事求是、一分为二。

(三)评议要注重干部、代表的德才和实绩,抓主要矛盾;

(四)评议要与奖惩相结合:优秀的要表彰奖励,基本合格的加强培养教育,不合格的依法定程序免职;

(五)评议过程中,既要注意保障评议人的民主权利,更要注意被评议人的正当权益。

第六章　精神文明建设

第九十四条　物质文明建设发展带来了广大村民精神面貌的变化、思想观念的解放,农村精神文明建设又为物质文明建设提供了精神动力、智力支持和思想保证。要坚持物质文明建设和精神文明建设"两手都要抓,两手都要硬"。

第九十五条　精神文明建设的核心是社会主义理想教育、爱党爱国教育、宪法法律教育和纪律教育。重点普及社会主义核心价值观:富强、民主、文明、和谐,自由、平等、公正、法制,爱国、敬业、诚信、友善。树立正确的世界观、人生观、价值观,培养村民成为有理想、有道德、有文化、有纪律的新型村民。

第九十六条　推进"五讲、四美、三热爱"村民行为规范建设,真正形成"讲文明、讲礼貌、讲卫生、讲秩序、讲道德",做到"心灵美、语言美、行为美、环境美"和"热爱祖国、热爱社会主义、热爱中国共产党"。推动"五好家庭"建设(爱国守法、热心公益好;学习进取、爱岗敬业好;男女平等、尊老爱幼好;移风易俗、优生优育好;勤俭持家、保护环境好。),使"五好家庭"逐年增加,尽早普及。

第九十七条　创造条件建设村文化娱乐中心,购置文化、科学书籍和体育、娱乐设施、器材,促使村民文化学习,提高科技知识,陶冶情操,增强创业本领。进行体育锻炼、跳舞唱歌等娱乐活动,加强交流,增进友谊。

第九十八条　加强集市建设,为商贩提供合法交易的环境条件,要求本村商业、服务业网点诚实经营、热情待客、童叟无欺,吸引四周群众赶集上店,满意而归,提高本村知名度。

第九十九条　坚决打击邪教、反动会道门和非法宗教活动,反对封建迷信活动,提倡健康文明的新生活。

第一百条　树立科学文明新理念，提倡移风易俗,喜事新办,不索要高额彩礼,不大操大办挥霍浪费。丧事简办,反对停灵闹丧,继续推行火丧、骨灰深埋。祭奠逝去的长辈方法要改革。

第一百零一条　传承优良家风。“忠厚传家久，耕读继世长”。忠、孝、诚、信、礼、义、廉是家风的真谛,传承优良家风,造就和谐家庭、和谐社会,是精神文明建设的一个重要方面。

第七章　附则

第一百零二条　本《章程》村民会议通过后实行。并向镇人大、政府备案,接受镇人大、政府监督执行。

第一百零三条　本《章程》修改权在村民会议。解释权在村民委员会。

第一百零四条　本《章程》执行过程中,发现个别条款与相关法律法规相抵触,执行相关法律法规。

第一百零五条　根据《章程》规定精神,村民委员会可以就一个方面工作作出《实施细则》或《实施办法》,经村民代表会议通过后执行。

第六节　生产队组织

1958年8月人民公社成立后，赵庄镇改为赵庄生产大队,组成29个生产队。(生产队组织具体情况参见本书第一章“政区”第三节)。

第十九章 群团组织

第一节 农民协会 贫协会

抗日战争爆发后,于1938年初建立了县、区、村各级农民抗日救国会(简称农会)。1938年建立中共赵庄镇党支部后,1939年建立了抗日村政权,成立了农民协会。在抗战期间,农会积极发动广大农民,同民族敌人和阶级敌人做斗争。先是发动群众实行除亩负担,继而推行合理负担制、减租减息。在发动农民参军参战、组织群众做好各项地方工作方面发挥了重大作用。1947年土地改革时,成立了由27名贫雇农组成的贫民协会,主席高吉柱、副主席齐麦生。在镇党支部领导下,贯彻《土地法大纲》,组织清查、收缴地主富农土地、农具、牲畜、房屋和浮财,斗争顽固不化的地主,把土地、房屋、农具、牲畜和浮财平分给贫雇农,评定阶级成分,顺利完成了赵庄镇的土地改革。

1962年,为配合农村社会主义教育运动,在上级统一安排部署下,赵庄大队成立贫下中农协会,设主席1人,委员8人,29个生产队均设贫下中农协会小组长。1964年10月成立了藁城县贫下中农协会筹备委员会。1976年11月,选举产生了藁城县贫下中农协会委员会,领导大队贫协组织。1978年贫下中农协会组织撤销。

贫下中农协会,是由中国共产党领导下的贫下中农自愿组成的、革命的群众性阶级组织。县委一般每年召开1~2次全县贫下中农代表大会,听取贫下中农的意见,总结研究农村工作。大队贫下中农协会在协助和监督大队各级干部办好集体经济,协助治安保卫部门对“四类分子”的监督和改造,带动广大社员群众自力更生、艰苦奋斗,发展集体生产等方面发挥了重要作用。

第二节 共青团 少先队

一、中国共青团赵庄团组织

中国共产主义青年团,简称共青团,是中国共产党领导下的一个由信仰共产主义的中国青年组成的群众性组织。共青团中央委员会受中国共产党中央委员会领导,共青团地方各级组织受同级党的委员会领导,同时受共青团上级的领导。1925年5月,共青团的第一次全国代表大会在广州举行,正式成立中国社会主义青年团。1925年1月26日改为中国共产主义青年团。1935年11月,党中央决定将共青团改为抗日救国青年团。1946年10月,党中央提议为“民主青年团”。1949年元旦,党中央决定名称为“中国新民主主义青年团”。1957年5月,团的第三次全国代表大会决定改称“中国共产主义青年团”。2003年7月,共青团第十五届全国代表大会召开。2004年底,全国共青团员7188万人,基层团的委员会21.2万个,团总支23.4万个,团支部254万个,专职团干部19.1万人。

1926年5月,南孟村高级小学建立了共青团支部,隶属共青团正定地方委员会领导。1927年春,南席村也建立了共青团支部。1932年建立共青团藁城县委员会。1933年,基层团组织普遍建立起来,团员发展到600余名。抗日战争爆发后,为了适应抗日民主统一战线的要求,团结广大青年英勇抗日,按照上级指示,将共青团改建为中华民族解放先锋队、青年抗日救国会。1947年8月,改建为青年联合会。1948年9月,成立中国新民主主义青年团藁城县委员会。1957年,改称为中国共产主义青年团藁城县委员会。“文化大革命”开始后,团县委被取消。1972年恢复团县委并整建了基层团组织,后不断发展。

赵庄团支部始建于新中国成立初期，首任团支部书记张东来。赵庄团支部在上级团组织和赵庄党支部领导下，组织广大青年努力学科学、学技术，做社会主义革命和建设的突击队，开展“青年红旗突击手”“跃进突击队”“争当优秀社员”等活动，带领广大团员青年，在新中国成立后的支援抗美援朝、农业合作化及社会主义建设中都起到了先锋模范作用。“文化大革命”前期，团的工作停顿。中共十一届三中全会后，团县委大力整顿基层团组织，赵庄团组织恢复团的活动，积极发展团员。一方面围绕党的中心工作，结合青年特点，开展团的活动，带领广大青年投身“两个文明建设”，对青年进行技术培训，为农村青年开拓致富门路。同时开展了“学雷锋，做好事”“五讲四美三热爱”“争当新长征突击手”等活动。改革开放后，团员青年解放思想，敢闯敢干，在经济建设中创业发展，成为农牧业、工商业的精英，在富裕自我的同时，也支持了赵庄村的经济发展。1990年，响应团市委号召，组织青年团员义务修路植树。1992年，开展“学雷锋、学赖宁、送温暖、做好事”活动。2005年10月，团组织发起了“从我做起，共建美好家园”志愿服务活动，为文明生态村活动的开展作出了贡献。

历任团支部书记为张东来、张黑子、辛书位、贾新荣(女)、贾建国、韩脏人、郭小贵、贾清海、黄建会、甄院生、鲍风杰、刘冰倩(女)。曾担任过团支部委员的有韩小碗、贾清海、贾志海、刘英(女)、鲍风刚、张秀领(女)、鲍荣琴(女)、贾小夫、王秀莲(女)、甄成会、黄承花(女)。赵庄最多时团员有130余人。

二、少先队赵庄组织

藁城自从有了共产党、共青团组织后，就积极筹备成立少年儿童组织。1930年，在小慈邑、旱落、只都、城元和南孟等村，建立起儿童团组织，发展儿童团员。抗日战争时期扩展到全县多数学校。1950年改为少年儿童队。1953年改称为中国少年先锋队(简称“少先队”)。随后，全县各小学普遍建立了少先队组织。赵庄小学1950年建立少年先锋队以后，至2019年，7至15岁儿童加入少年先锋队的占95%以上。

第三节 妇女联合会

赵庄妇女联合会 在藁城县、张家庄乡(镇)妇女联合会指导下工作。

藁城县妇女联合会(简称县妇联会)的前身，是藁城县妇女抗日救国联合会(简称县妇救会)。县妇救会建立于1938年，当时的主要任务是宣传共产党和政府的政策、法令，对妇女进行思想政治教育，关心和维护妇女的切身利益，动员和组织妇女为抗战服务，争取抗日战争的胜利。随着县妇救会的成立，各区、村也相继建立了妇救会。

1948年建立藁城县民主妇女联合会。1958年改称藁城县妇女联合会(简称妇联会)。妇联会是中国共产党领导的女职工、女农民、女知识分子和其他劳动妇女，以及拥护社会主义的爱国妇女的群众组织。是共产党联系妇女群众的纽带和桥梁。县妇联会的权力机构是全县妇女代表大会。妇代会闭会期间，由其选出的妇代会执行委员会讨论并决定妇女工作的重大问题。各乡(镇)、村(大队)设妇女联合会。“文化大革命”期间，妇联组织处于瘫痪状态。1973年5月恢复县妇联会和乡镇、村(大队)妇联组织。

抗日战争时期，赵庄成立妇救会。1948年改为民主妇女联合会，1958年改称赵庄村妇女联合会。新中国成立后，赵庄妇联在县乡妇联会和村党支部领导下，积极宣传贯彻《中华人民共和国婚姻法》，教育和支持妇女争取婚姻自主、男女平等。1953年，妇联会积极宣传贯彻党在过渡时期的总路线，组织广大妇女参加农业生产劳动。1958年成立人民公社，各生产队配备妇女队长，组织妇女同男劳力一样，参加耕种浇收各种农业劳动，实行同工同酬。80年代开展计划生育以来，妇联会担当起贯彻计划生育政策，组织广大妇女实行计划生育政策，推广优生优育、晚婚晚育，落实节制生育措施的重任，完成计划生育的各项指标。1981年，响应号召，兴办学前班、幼儿园，解放妇女劳动力和加强儿童的早期教育。1982年以后，根据县妇联的要求，把维护妇女儿童合法权益作为中心工作，积极组织妇女参加两个文明建设，建立村级法律服务组织，为广大妇女提供法律咨询和法律帮助。教育广大妇女用社会主义思想处理好家庭、婚姻问题，树立新道德、新风尚，尊敬老人，教育子女，开展“五好”家庭活动。1986年，围绕“翻两番、奔小康”的总任务、总目标，开展“我为振兴河北学文化、学技术、比成绩、比贡献”的双学双比活动，取得了很大成效。90年代开展家庭文明建设活动，积极支持妇女创业致富，不少妇女亦农亦商、亦农亦工，成为经济建设的主力军。注重维护妇女儿童的合法权益。新中国成立后，历任村妇联主任有黄秀荣、贾淑香、张爱莲、刘荣新、高兰英、贾新荣、高计联、张荣秀、黄荣先、刘英、辛金霞、孟荣珍、郭素珍、刘冰倩。郭素珍自1987年1月至2018年7月，连续31年担任赵庄村妇联主任。

妇女联合会照片

第四节　民兵组织

民兵是中国共产党领导下的不脱离生产的群众武装，是中华人民共和国武装力量的组成部分。宪法规定“依照法律服兵役和参加民兵组织，是中华人民共和国公民应尽的义务”。民兵初建于第一次国内革命战争时期，抗日战争、解放战争时期革命斗争的需要，民兵组织发展很快，民兵为民族解放、赶走日本侵略者、打败国民党反动派、建立新中国作出了巨大牺牲、发挥了重大作用。

抗日战争时期，党领导的各区自卫队都由民兵组成，组建爆破班、担架队、运输队、侦察班，积极配合抗日正规部队，破坏敌人交通线，惩治汉奸，侦察敌情，制造枪弹，打击敌人，保护群众。创造性地运用村落战、伏击战、地道战、地雷战、破交战等战法，和日伪军展开持久的、针锋相对的斗争。1941年春，中共藁无县委组织100多个民兵连队，举行“百连大出击”，连续地、大规模地破坏日伪控制的公路、铁路，彻底粉碎日军的春季大扫荡。同年，藁无县民兵与敌单独作战508次，配合作战225次，参加人数66378人次，击毙日军107名，击伤132名，击毙伪军388名，缴获大量枪支弹药和军需物资。赵庄民兵 积极参与抗击日军的各种斗争。

1945年初，将抗日自卫队改为民兵队，藁城县武装委员会对民兵进行了整顿和训练。后配合主力部队运用奔袭、伏击、里应外合等战术，攻碉堡、拔据点，横扫残敌，为抗战事业立下汗马功劳。

解放战争时期，各村民兵纷纷组成大枪班、爆破班、土枪班和支前队，与盘踞在藁城的国民党反动派展开英勇斗争。1946年4—6月，击毙敌营以下官兵137人。1947年，协助野战军最终解放了藁城全境。民兵支前队还随军远征保北、察南、天津、太原、石家庄等战场，配合大部队完成抢救伤员、捕捉散敌、押送俘虏、运送粮弹、修路架桥、保卫后方等一系列战斗任务。

藁城县解放后，民兵队继续发扬战争年代光荣传统，镇压敌人、肃清反特，实行人民民主专政，发挥了重要作用。1956年进入社会主义建设时期以后，民兵组织充分发挥了维护社会治安的模范作用和带领群众参加生产建设的骨干作用。

新中国成立后，1952年中央军委、政务院颁布《中华人民共和国民兵组织暂行条例》，规定中华人民共和国18~40岁的男性公民分别编入基干和普通民兵组织。1858年，毛泽东号召“大办民兵师”，参加民兵组织男性公民年龄放宽到16~50岁。1961年国务院制定的《民兵工作条例》规定，参加民兵组织的男性18~45岁，其中基干民兵18~28岁，复员军人年龄放宽到35岁，女民兵年龄18~35岁。1981年改为民兵组织以男性公民为主，年龄改为18~35岁，其中基干民兵年龄是18~28岁，女民兵按基干民兵年龄条件适当选编,要求在23周岁以下。

民兵组织的基本任务是：

(一)积极参加社会主义建设,带头完成生产和各项任务；

(二)担负战备勤务,保卫边疆,维护社会治安；

(三)随时准备参军参战,支援前线,抵抗侵略,保卫国家。

1958年毛泽东主席提出“大办民兵师”“全民皆兵”的号召。是年,将16~50岁的男性公民均编入民兵组织,其中16~30岁(复员军人35岁)的男女公民为基干民兵。全县共建16个民兵师,70个团,384个营,1555个连,总人数达245729人。

1966年“文化大革命”开始后,各民兵组织因派性干扰,处于瘫痪状态。

1980年,本着“减少数量、提高质量、适应战备、有利四化”的要求,重新调整民兵组织,使民兵制度同预备役制度结合起来,同兵员动员结合起来。

1939年春在党支部领导下,赵庄成立武装委员会(简称武委会),组织民兵30多人成立游击小组,党员甄老巩担任组长。为尽快武装起来,说服地主富农献粮购买枪支弹药，购买快枪20多支和弹药,武装起民兵。在区委领导下,多次到正定、新安等地破坏日伪控制的(北)京汉(口)铁路,还破坏敌人的通讯线路和正(定)无(极)公路。1940年初秋,日伪警备队袭击赵庄,被游击小组打得狼狈逃窜。日伪军盘踞赵庄期间,1940年12月，赵庄游击小组组长董造兰被皇协军抓捕杀害。赵庄民兵随区小队在外游击打击敌人。1944年农历四月十五日夜,中共藁城县委领导的三十二区队突袭驻赵庄的日伪军，在赵庄村民兵协助下,打死警备队长闵祥录,消灭警备队一个中队,缴获大枪一百多支,并烧毁了敌炮楼。1945年8月日本宣布投降后,赵庄民兵队得以恢复加强,并购买8支大枪提高武装力量。国民党及还乡团盘踞赵庄期间,赵庄民兵在上级党委领导下,积极开展对敌斗争。1947年农历二月,赵庄民兵协助晋察冀野战部队一举解放赵庄。

赵庄解放后,民兵组织积极参与支前担架队、运输队,支援石家庄、太原等解放战役。同时,协助公安机关肃清反特,维护社会治安,保卫土地改革运动,起到了巨大作用。1952年，赵庄镇成立民兵连（中队),首任连长甄小盆(学勇),民兵达300余人,其中基干民兵近100名。1958年大办民兵师时,赵庄民兵人数2000余人,其中基干民兵800余人。民兵连部设连长、副连长、妇女连长、指导员和文书。生产队建民兵排,设排长和妇女排长职务。大队民兵组织在社会主义建设时期和改革开放以后,在积极服兵役、维护社会治安、带头参加社会主义建设等方面起到先锋模范作用。“文化大革命”时期,民兵工作处于瘫痪状态。改革开放以来,民兵工作按照“减少数量、提高质量、适应战备、有利四化”的要求,精干民兵组织,使民兵组织和预备役制度结合起来，同兵员动员结合起来。改革开放以来,赵庄民兵积极发展经济,带头发家致富,踊跃参加公益活动,认真贯彻执行党中央一系列方针政策，在中国特色社会主义建设中发挥先锋模范作用。

赵庄历任民兵连长(武委会主任、民兵中队长)为蔡志合、甄小盆(学勇)、李文采、贾怀山、张小傻、黄金生、郭瑜、王德明、贾玉琨、贾志申、鲍文瑞、黄书德、戴庚寅、李文明、黄建会、甄院生、鲍风杰、贾文庆、高艳波。

第五节 治安保卫委员会

一、历史上县乡村治安保卫组织

清光绪以前，藁城没有专门的警察机关和专职警察设置。警察之职由县丞、主簿、典吏等辅佐知县来执掌。下有皂隶、马快、禁卒和总铺铺兵、各铺铺兵,具体执行侦察、逮捕、看押犯人等警务和维持社会治安。赵庄古镇设有铺兵。清光绪三十年(1904)始建警察机关,初称巡警局。宣统三年(1911)改称警察所,局长或所长由知县兼任,实行“政警合一”体制。民国初年仍称“警察所”。1928年,警察所改为公安局,其组织是:局长以下置行政、司法、总务三课,下设3个分局7个分驻所，赵庄镇设有一个警察分驻所。1938年日军侵占藁城，公安局随国民党县政府溃散而宣告解散。日寇建立伪警察所，内设事务股、警政股、司法股和特务系。下设3个分所，赵庄设有日伪警察分驻所。1945年8月被摧毁。

1945年8月日本投降后，国民党窃据藁城。1946年国民党藁城县政府在岗上建立警察局，1947年初，被人民解放军摧毁。

抗日战争时期，为维护社会治安，加强对敌斗争，锄奸反特，1940年初冬，藁城县抗日县政府成立公安局。1941年初夏，成立了晋藁县公安局(后分为晋藁县公安局、藁正获县公安局)。公安局设社会、司法、宣传3股和警卫队、便衣侦察队(亦称特务队、手枪队)、看守所等机构。1943年公安局改为公安科，设侦查、情报、联络等科。抗日战争胜利后，取消公安科，恢复为公安局，藁城北部为正藁县公安局，藁南为正藁获县公安局。1947年11月藁城恢复原建制，成立了藁城县公安局，设行政、治安、侦缉、司法和警察队、侦调班、看守班以及城关、兴安、南孟派出所。1958年11月，藁城、无极、栾城三县合并，公、检、法三机关合并为藁城县政法公安部。1959年7月公、检、法又分开办公。1962年无极、栾城两县先后从藁城县划出，恢复藁城县公安局原建制。“文化大革命”期间砸烂“黑公、检、法”，公安工作受到严重破坏，公(安局)、检(察院)、法(院)合署办公，对外称“保卫组”。1967年9月，人民解放军“支左”部队进驻公检法机关。1968年1月成立“中国人民解放军藁城县公检法机关军事管制小组”，对公检法实行军事管制。1969年10月，恢复城关、北营、张家庄3个公安派出所。1970年6月，保卫组改为县革命委员会保卫部，与军管组合署办公。1973年4月，撤销军管，恢复公安局建制，同时恢复法院建制。1975年根据《宪法》规定精神，检察机关职权由县公安机关行使。同年，县人民武装部领导的警察中队交由公安局领导管理，改称人民武装警察中队。1978年10月，恢复检察院。1982年县人民武装警察中队，改属石家庄地区支队和县公安局双重领导。同年根据中央文件精神，对农村派出所进行了改建和扩建，全县28个公社，实现一社一所。1985年后，县公安局内设公安局长1人、副局长3人、政治委员1人，下设办公室、政工股、治安股、政保股、内保股、预审股、消防股、刑侦队、交通队和看守所。

1986年，28个公社派出所改称乡(镇)派出所。1990年2月撤销一乡(镇)一派出所的建制，设立8个中心派出所，即廉州、兴安、刘海庄、南营、大同、南董、张家庄、增村派出所。同年7月15日，恢复一乡(镇)一派出所的建制。1996年1月，全市撤乡并镇，合并为14个(乡)镇派出所和开发区派出所。至2019年未变。

二、农村治安保卫委员会

农村、经企单位等基层设置的治安保卫委员会(简称治保会)，是群众的自治安全保卫组织。也是公安部门联系群众的纽带和桥梁，是治安保卫工作的最基层组织。其主要任务是协助公安机关维护好社会治安秩序，维护社会稳定，协助公安机关侦破刑事案件。各村、各单位普遍设立治保会。

抗日战争时期，共产党县政权在各区、村设治安员或锄奸小组，主要任务是：了解社会情况、搜集情报、锄奸反特。1943年区、村治安员改称公安员。1947年全县解放后，各村普遍建立了治安保卫委员会，担负着协助人民政府肃清反革命、防特、防谍、监督改造“四类分子”、维护地方治安的责任。1966年“文化大革命”时期，基层治保会受到很大冲击，有的处于瘫痪状态。1976年恢复重建，治保会的主要任务是宣传和组织群众，做好防特、防盗、防火、防治安灾害事故为中心的安全防范工作，组织联防，搞好治安巡逻，维护公共秩序，保卫要害部门的安全，帮教有违法犯罪行为的人，协助公安机关与敌对分子作斗争。

赵庄镇(村)治保会成立于1948年春，受镇(大队、村)委会和上级公安机关双重领导，首任治保主任黄玉来。至1966年5月“四清”运动结束，担任过治保主任的有黄玉来、黄金生、贾洛风、张凤山、张小傻、蔡增贵、甄进福、贾玉崑、王德明、贾志申、黄振清、黄书山。赵庄人口多、面积大，治保会组成人员多，设有治保主任1人（由党支部委员兼任）、副主任2人，文书1人、成员数十人。主要任务和前述一样，重点工作就是治安巡逻，防盗、防火、防破坏、防治安灾害事故的发生，取缔和打击反动会道门，监督改造“四类分子”（即戴帽的地主、富农、反革命、坏分子），打击赌博人员，协助公安部门侦破刑事犯罪案件。治保会在维护村镇安全方面起到了巨大作用。1978年改革开放后，赵庄治保会组成人员更加精干了。1978—2019年，历任治保主任有蔡清瑞、黄振芳、黄振清、张大雪、韩金祥、刘计山、韩书成、韩脏人、贾和顺、张永强。治保会在村委会和乡镇公安派出所领导下，在维护社会治安、维护经济发展秩序、保护工商企业发展等方面的任务更重了，赵庄安定和谐的政治局面一直保持，村治保会功不可没。

三、“四类分子”

依靠群众，将地主分子、富农分子、反革命分子、坏分子（简称“四类分子”改造成为守法的、自食其力的劳动者，是中国共产党的一项重要政策。

1950年，一些地主和富农分子逞凶、威胁群众，进行夺地、夺财物、私改土地证等反攻倒算活动。是年12月，县委发布了《关于镇压地主、富农反攻的指示》，进行了坚决的查处。

1956年，根据中共中央政治局颁发的《农业发展纲要（草案）》中第四、五条的规定和上级指示，全县对地主、富农、反革命分子和坏分子进行了规划加入农业生产合作社。

通过自报公议，对有公民权，现实表现又不坏的评为正式社员；表现不太好的划为候补社员；仍有破坏行为的进行劳动管制。另外根据具体情况，将劳动管制和划为候补社员的“四类分子”戴上帽子，分别编入生产队，在生产队领导和群众的监督下，进行思想教育和劳动改造。

之后，又分别于1957年、1958年、1963年对“四类分子”进行了评审 。目的在于促使他们改造剥削阶级思想，在劳动中成为社会主义新人。但由于受“左倾”错误影响，也曾出现一些错划成分，错戴地、富、反、坏帽子的现象。

1979年，根据中共中央指示精神，发动群众评审“四类分子”。鉴于经过20多年的劳动改造，他们中的绝大多数人已经成为自食其力的劳动者，因此，除极少数没有改造好的以外，大多数摘掉了帽子，给予农村人民公社社员待遇。对错划、错戴的人（包括死亡的）均予以纠正，恢复名誉。其中，对未经县革命委员会批准而戴上“四类分子”帽子的，以及所谓“持帽不戴”、“留帽察看”和在“文化大革命”中改变了阶级成分的，一律宣布无效。对“四清”中错定为地主、富农的，给予纠正。

1983年，根据中共中央指示精神，对全县“四类分子”全部摘掉了帽子，改变了家庭成分。至此，善始善终地完成了这项历史性任务。

20世纪50—70年代，监督改造“四类分子”是基层治保会的一项重要任务。赵庄（村）大队最多时“四类分子”60余名，分散在29个生产队，治保会有“四类分子”的详细名册，主动到生产队了解“四类分子”劳动改造表现，经常晚上集中“四类分子”开会学习，表彰表现好的，批判斗争违反改造纪律的。常年组织“四类分子”分段清晨清扫街道的义务劳动。遇到整修道路、清运垃圾等突击性活动，组织“四类分子”义务参加突击劳动。对“四类分子”优劣表现一一记录在案，评审时作为摘帽或继续戴帽的依据。1983年，赵庄大队的所有“四类分子”全部摘掉帽子，恢复社员待遇。

第六节　人民调解委员会

人民调解制度是我国司法制度的一个重要组成部分，是政法工作的第一道防线，是保持社会和谐安定必不可少的一支重要力量。新中国成立后，各村均成立人民调解委员会（简称民调会），根据村子人口多少，民调会由3至9人组成，由村内德高望重、文化政策水平较高、公平正派的党员、群众组成。特别是改革开放以来，人民调解工作在各级党委、政府重视和支持下，在司法部门指导下，在基层民调组织和广大调解人员努力下，在预防和解决人民内部矛盾，维护社会稳定，促进经济发展方面，作出了突出贡献。

村民民调会的职责主要是：

一、发现民间纠纷，及时调解解决，把纠纷化解在萌芽状态；

二、防止矛盾激化，预防违法犯罪案件的发生；

三、进行法制宣传，使群众学法、懂法、用法、守法，增强法治观念；

四、教育挽救失足青少年；

五、在调解纠纷时，要做好耐心细致的思想工作，注重社会公德教育，推动社会主义精神文明教育；

六、调解纠纷，要以事实为根据，法律为准绳，公序良俗为切入点，起到调解一案，影响一片的目的。

赵庄民调会建立于1948年，村(大队)民调会首任主任由村长贾洛风兼任，以后分别由治保主任或者民兵连长兼任。历任民调主任有：贾洛风、陈克、蔡清瑞、黄振芳、韩长水、黄振清、张永强等。全村分西北、正西、西南、正南、东南、正东、东北七个片，每片设一个调解小组，由三至五人组成。担任调解员的是德高望重、处事正派、有一定法律知识、大多数群众信任的老党员、老干部和乡贤，不脱产，利用闲暇时间进行调解工作。村民为墙角地界、分家继承、经济来往、婆媳不和等发生纠纷，当事人都会首先去找民调人员解决。在民调人员苦口婆心、有理、有利、有根、有据的调解下，绝大多数得到妥善解决，争议双方握手言和。有时调解人员为了公平合理地调解纠纷，多次深入调查事实和根据，调解时做到有的放矢，迅速解决纠纷。六七十年代，赵庄村名望较高的民调人员有张奎、张糖光、贾洛风、郭小燕等，为赵庄的稳定和谐作出了巨大贡献。

第二十章　军　事

第一节　驻军

一、明清驻军

明以武功定天下，自京师到郡县皆立卫所。时藁城县属真定卫，置百户守卫所；并于县衙置房兵，设把总一员主掌军事，统领域内地方武装及各铺铺兵。时有总铺铺兵3名，四公铺3名、堤里铺3名，吴村铺7名，共16名。县衙值堂皂隶36名，察院门子4名，快手16名，伏城驿接替皂隶24名，民壮100名。明崇祯年间，农民起义蜂起，为维护封建统治阶级利益，知县刘敏学推行"寓兵于农"之法，将全县置24营，团练乡勇。

明崇祯五年(1632)，为团练乡兵，推行"寓兵于民"之法，编营24，寻废，七年(1634)复置，又并为22营。赵庄营分管赵庄、北张家庄、贾同、三邱、北小屯5村。

清袭明制。

二、国民党驻军

1928年，国民党建立县保卫总团，团部设在县城城隍庙内。有总团长1人(县长兼充)，总团副1人，书记1人，护兵4人。另外分设郭庄、兴安、刘海庄、南营、丽阳、西马村、南董、赵庄、南孟和前西关10个区团，每个区团设区团长1人、团副1人。各村均设保卫团，团长1人，团兵数人。1931年，全县有常备团丁1113人，枪1113支。赵庄驻一个区团，编制100余人，人手一支枪。

1936年，国民党县政府派驻赵庄警察分住所、守望队。1937年"七七事变"前，驻赵庄的警察所、守望队撤走。

1945年8月，日本投降，治安军撤走，日伪组织解散，赵庄获得第一次解放。12月2日，国民党杨德凡部回正定，国民党第三军一营刘拱的三连开来赵庄驻防。12月8日，国民党杨威指挥部进驻赵庄。

1946年正月，杨威指挥部撤回石家庄。3月，国民党无极县党部进驻赵庄，十余人，队长杨德庆。同时，侯子固的谍报队也来赵庄，组长刘振华，组员韩彬(四公人)、刘老整(凝仁人)杜茂深(杜家庄人)、高秋至(北苏人)等。4月底，杨荫龙将刘振华绑送石家庄，谍报队解散。3月底，国民党第三军第七师师部谍报队、第三军军部谍报队同时进驻赵庄。4月14日，藁城县还乡团三大队杨荫龙部进驻赵庄，6月该部班长赵英等六人杀害了赵庄民兵黄二横。8月，杨荫龙部调往岗上村驻防。4月14日，国民党藁城党政工作队也进驻赵庄，书记郑培芝、队长刘德庆，发展国民党外围组织三青团，8月也调到岗上村。4月20日，国民党第三军一连张士于换防刘拱连。5月初，藁城还乡团二大队进驻赵庄，队长蒋老恢，同时来赵庄的还有三青团的张老甫、杜兆林，发展三青团员；9月，还乡队、张老甫等同时调到固营村。此后，深泽县还乡团由石家庄来赵庄驻防，大队长张庆风，共70余人。11月，国民党赵庄大乡成立"自卫队"，买大枪13支，队长张玉珍，自卫队成员数十人，均是本镇青壮年。腊月三十日，石家庄保警队开来赵庄四天后开走。

1947年正月初四，侯子固的先遣军一个连开进赵庄驻防。初七晚，解放军攻打赵庄，因国民党先遣军增兵一个团，解放赵庄未成功。二月，三邱村还乡队在队长魏文田带领下，20余人借住赵庄。农历二月十八晚至二月十九晨，晋察冀野战部队攻打赵庄，经过一昼夜激战，全歼国民党守军，赵庄得到彻底解放。

三、盘踞赵庄的日伪军

(一)日军豢养的伪军事组织

1.警备队

俗称"皇协军"，是日本侵略军扶持组建的地方武装。警备队在藁城分三个阶段:(1) 警备队阶段(1938 年至 1940 年 8 月)。开始由焦荣献任队长,后由伪县长高书臣兼任,教导员刘世荫。初建时 1 个中队,下设 3 个小队,分驻伪县政府、当铺和贾市庄镇。(2)保安大队阶段(1940 年 9 月至 1942 年 5 月)。受日伪河北省政府指令改建地方武装,由日本人任教官。大队长由高书臣兼任。下设 3 个中队,辖 9 个小队,总共 800 余人。第一中队驻赵庄,第二中队驻城内,第三中队驻塔元庄。大队部设在伪县政府院内,设书记 3 人。(3) 保安联队阶段 (1942 年 6 月至 1945 年 8 月)。太平洋战争爆发后,侵华日军仓皇调兵南下。伪县政府遂在全县征派壮丁,将原伪军扩编一个大队,合成保安联队。联队长先是高书臣,后由王鸿声、赵晋卿兼任。联队编 2 个大队、1 个直辖小队 (后扩编为直辖中队),1 个大队辖 3 个中队,1 个中队辖 3 个小队,分驻全县包括赵庄数十个据点。1945 年春, 成立 1 个回民支队, 后改称第 7 中队。1945 年 10 月,藁城伪军被国民党政府先遣军改编为第二旅。

2.宪兵队

宪兵队为统称,其中日本人部分叫宪兵队,中国人部分叫特务队。

日军驻藁铃木、加岛部所属小岛宪兵队和吉井工作队,成立于 1940 年春。中国人组成的特务队成立于同年 10 月, 同隶属于日军驻石门甲一四一七部队。1943 年春,小岛宪兵队调离藁城,吉井工作队改称侦谍班。不久,侦谍班解散,大部分日本兵调回本部,余者继续充当特务。1945 年 6 月,驻藁日军调往石门,其特务人员编入伪警察所。

侦谍班除队长(班长)为日本宪兵外,其余均是汉奸。他们在日本豢养下,身着便服,腰带短枪,刺探共产党军政情报,抓捕、屠杀抗日干部和群众,所到之处,烧杀、抢掠、奸淫,无恶不作。

日伪盘踞赵庄期间,宪兵队曾驻赵庄。

3.新民会

新民会于 1939 年冬,在日军所属“宣抚班”基础上改建而成,隶属新民会河北省真定道总会。

新民会藁城县总会设有事务局,由日军人员担任专职次长,掌管县总会一切事务。事务局内设庶务、厚生、医疗 3 个股,股长皆由日本人担任。

随着日军侵略的扩张, 新民会组织机构不断扩大。自 1941 年春至 1942 年,先后在城关、塔元庄、徐村、梅花、贾市庄、北周卦、兴安、南四公(今东四公)、张家庄和增村等地建立起新民会地区办事处,在境内包括赵庄 108 个村庄分别组建农村分会、新民青年团和妇女会。全县建立基层伪政权——大乡后,撤销了新民会地区办事处,在乡公所设指导员 1 名,分管各村会务。

新民会主要活动是:进行反共宣传,灌输“东亚共荣”等奴化思想,瓦解人民群众抗日斗志;搜集共产党政治、军事、经济等情报;抓捕抗日干部群众;进行经济控制和封锁等。

4.联庄会

1944 年春,在日伪河北省政府和新民会河北省总会联合指令下,于“自卫”武装基础上建立的,总会设在新民会内。联庄会设总会长、常务副总会长和副总会长各 1 人,总会长由日伪县长兼任,联庄总会下设总务、武装二部。总务部下设会计、文书二股,武装部下设情报股、自卫大队。自卫大队大队长由武装部长兼任,下设 3 个小队。各区建立自卫分团,指挥所辖村自卫。日本投降后,各区自卫团撤回县城,编入自卫大队。

联庄会的主要任务是: 协助日伪军讨伐抗日力量;刺探共产党的政治、军事、经济情报;防范抗日武装袭击;护卫铁路、公路;保卫植棉等。

(二)日伪驻军

1937 年 9 月 3 日,侵华日军攻打正定县城路过赵庄, 郑某和镇公所数人开东门迎接日军进村,但日军未停留即通过赵庄。随后,日本的别动队(安民队)进驻赵庄,住了 1 夜,第 2 天开到正定县蟠桃村。

同年 9 月, 赵庄成立为日伪统治服务的 “维持会”。

1938 年,黄俊明等地主组建“大刀会”“红枪会”,

支持日伪统治。

1940年8月20日，日伪治安军（皇协军，下同）第四团进驻赵庄，修建炮楼，长期盘踞。杀死赵庄雇工会主席李老向。跑到正定居住的大地主黄自田、黄俊明随治安军回到赵庄，在治安军的支持下，成立赵庄镇公所，黄自田任镇长，黄俊明任副镇长，办公人员若干。9月，为加强统治，恢复保甲制，还成立了40余人的地富武装“常备团”。

1941年2月，治安军第四团调往京东打仗，治安军第十六团由正定调驻赵庄一个营。此时，收足上年租子的黄自田、黄俊明又溜回正定，镇公所解散。一个月后，治安军调走，日军一个小队（队长付勇）、情报队、警备队一个中队（中队长赵吉祥）由正定开进赵庄驻防。

1942年7月，驻赵庄的日军、警备队的一部在日军队长贡琳带领下到张家庄建立队部，赵庄留有五六个日军和一小队警备队继续盘踞。

1943年初，伪警察所、伪税务所自蟠桃进驻赵庄。闵祥录带领警备队继续盘踞赵庄。

1944年4月15日夜，共产党领导的三十二区队夜袭赵庄日伪据点，打死警备队长闵祥录，消灭警备队一个中队，缴获大枪一百多支，放火烧毁了敌炮楼。4月27日前后，日伪又从藁城、四公、张家庄调军警特进入赵庄继续盘踞：日军小队长桑崎等30余人从张家庄调回赵庄；特务系4人、警察所7人从藁城到赵庄驻守；警备队100多人由中队长杨二虎带领从四公调往赵庄；常备团在团长张玉珍带领下，聚集30余人继续危害抗日工作。7月，张玉珍带领常备团人员抓走了共产党干部郭不打牌，将其杀死在正定小北门里。

1945年2月，日军小队换防。3月，日军、警备队从赵庄撤离，刘化南（绰号小白龙）的治安军第十一团从正定调往赵庄驻防，团长杨德凡。警察所仍在。8月，日本投降，治安军撤走，伪组织解散，赵庄获得第一次解放。

四、人民军队

1.县区武装委员会

县区武装委员会前身是1938年成立的、由中国共产党领导的县人民抗日自卫队。藁城县支队，设支队长1人、教导员1人。区称自卫队，配区自卫队长1人。1940年县支队改为总队，总队长王凤，教导员秦良臻。为便于组织群众参加抗战，于1941年将县总队改为县抗日委员会，区自卫队改称区抗日武装委员会（简称武委会）。县武委会设主任、副主任、民兵队长、妇女队长和青年队长。各区武委会设主任1人，武委会的主要任务是负责组织民兵参战和扩充地方武装。

1939年，中共赵庄镇党支部组织成立了武装委员会，带领人民抗击日本侵略者。

2.人民武装部

藁城县人民武装部成立于1947年，内设军训、政动、战勤3个股，有干部、战士25人。1949年奉命将武装部纳入部队系统，改称中国人民解放军藁城县武装部，人员减少到7人，设部长、副部长、专职副政委、秘书各1人，县委书记兼任政委。

1954年6月，县武装部改为县兵役局。

1958年7月，恢复藁城县人民武装部名称，设部长、副部长、政委、副政委等职。随着“政社合一”行政建制的推行，在各人民公社内设武装部，由县委统一配备专职武装部长、副部长。1984年实行乡（镇）建制，遂将公社武装部改称乡镇武装部，各配备武装部长1人。1986年4月县人民武装部改为地方建制，成为县委的军事部门、县政府的兵役机关。1990年1月，藁城县人民武装部改称藁城市人民武装部。1996年4月，市武装部收归军队建制，命名为中国人民解放军河北省藁城市人民武装部。2005年1月，市武装部落实新编制，设部长、政委、副部长各1人，有现役干部8名，士官1名。1996年并乡扩镇后，全市设15个乡镇（区）武装部，至2005年无变化。2014年10月，市人民武装部改称藁城区人民武装部。

3.地方武装

1937年“七七事变”后，日本侵略军疯狂南侵，藁城遂为沦陷区，加上土匪骚扰，地主阶级反动武装大刀会、常备自卫团、联庄会等横行乡里，使县内百姓处于水深火热之中。为了抗击日军侵略，拯救民族危亡，在中国共产党藁城县委员会领导下，一些爱国志士和觉悟群众，纷纷组织起战地动员会、青救会、妇救会、雇工会和儿童团等，掀起群众性抗日锄奸、救亡图存热潮。如马玉堂、张正身的抗日义勇军，李大刚(后叛变)、马达、王兆元的平汉挺进队，牛妙婷的石东游击队，张建英的骨干队，卢金堂、田秋芬的县大队，王洛贯、高甫的农民大队和王好贤、韩斌的滹沱河大队等。这些抗日武装驱敌寇、保家乡、锄奸反特，保护人民生命财产安全，为抗日主力部队输送兵员。

1939 年春，在中共赵庄镇党支部领导下，成立了抗日游击小组，30 余人，甄老巩、董造兰分别担任游击小组的正副组长，在区委、区小队领导下，打击消灭日军和伪军。1950 年至 2019 年，赵庄民兵连长期存在。

五、军事设施

1.西汉高后八年 (公元前 180 年)，在镇西北高岗之上修建北堡，以避“刘齐之乱”和兵匪袭扰。新中国成立前已毁坏殆尽。

2.清光绪《藁城县志》载，“堡寨，为坚壁清野，防乱善策。军兴以来，县境民多筑堡自卫”。清同治六、七年(1868、1869)，赵庄古镇民捐民修堡寨，筑有高大寨墙，周长 1700 余米，辟有 7 座寨门，周凿壕沟，以宜防御兵匪。

3.1940 年 8 月，日军和伪军进占赵庄古镇，并开始修建炮楼，先后在东门里、黄家大院、当铺街修建 2 座炮楼和 1 个地堡，呈品字形，挖有县界沟 3 条。直到 1947 年 2 月解放军解放赵庄，彻底摧毁了炮楼和地堡。

第二节 兵 役

藁城和全国一样，不同的时代有着不同的兵役制度。明代实行的是世兵制，中期以后募兵制兴起，逐渐取代了世兵制的地位。清代前期实行的是世兵制(世袭制)，咸丰年间世兵制与募兵制并行。光绪二十一年(1895)，袁世凯在天津小站编练新军，部分新军实行征兵制。

中华人民共和国成立前后，藁城的兵役制度经历了两个时期的发展。中华人民共和国成立前，人民军队的兵员补充主要依靠受过革命教育的人民群众投身革命，参军参战，即实行志愿兵役制。中华人民共和国成立后，人民军队的兵员补充经历了四个阶段：建国初期继续实行志愿兵役制；1955 年 7 月《中华人民共和国兵役法》颁布，开始实行义务兵役制(征兵制)；1978 年 3 月，改义务兵为义务兵和志愿兵相结合的兵役制度；1984 年 5 月，重新修订《中华人民共和国兵役法》，规定实行以义务兵役制为主的义务兵与志愿兵相结合、民兵与预备役相结合的兵役制度。

一、明代募兵制

在藁城，募兵制兴起于明代中期。明代卫所是一种军制。卫所军士的来源大致分为四类：一是卫所将领带来的，二是战败方的俘虏充军，三是让罪犯充军，四是从卫所辖区内农户中征集，一个男丁的农户除外，余者均要被招募参军。

明弘治七年(1494)，明庭颁布《佥民壮法》，按州县大小分配征兵人数。嘉靖年间，规定大县征集千人，中县 600 人，富户不愿就征的，可以出钱，由官家代为招募。嘉靖七年(1528)，为解决各卫兵员缺额，提出在卫所附近，不论疏远旁枝，愿从军者，审其精壮均可入伍，正军户内的余丁统统充实营伍。隆庆年间，戚继光在蓟镇练兵时，提出从北直隶诸州县中照地丁册出兵，藁城亦在出兵之列。出兵之家，一应粮差尽行蠲免。照此主张，就地集合，兵员来自本省农村。

明代募兵制的运用，往往以军情紧急、兵员严重不足为背景，不似宋朝养兵防患。募兵的一般手段是召兵处发出招兵告示，愿为兵者前往应募，强拉硬召的情况亦时有发生。比较特殊的手段是以官禄刺激将领，激发募兵的积极性。募兵月饷，因军队类型而定。正规军的募兵，一般月饷银 9 钱。招募士兵，月饷银或减半。明后期政治腐败，官吏侵饷、欠饷不发之现象十分严重，至明亡，始终不能得到解决。

二、清代募兵制

清代兵役制度是八旗兵制和绿营兵制。八旗兵为部族世袭制，绿营兵为招募制，藁城县亦如此。

1.八旗兵为部族世袭制，起源于地缘为主、血缘为辅的满洲军事组织“牛录”。

清太祖努尔哈赤初定兵制，为上八旗。皇太极即位后，增蒙古军八旗，十五年(1642)增汉军八旗，共24旗。清制规定，凡隶属旗者可为兵。旗兵从年满16岁的男性人丁中挑选。入关前，由于征伐渐广，归附日众，通常实行“三丁抽一”。入关后，八旗兵分为禁旅和驻防两类：在京师者为禁旅，分旗各省者为驻防。康熙年间实行“五丁抽一”，乾隆年间实行“八丁抽一”。兵皆部族世袭，父死子代，兵出自户，立户即存兵。除操练、出征外，平时散居部族，参加生产和社会活动。八旗兵不仅是军事组织，也是政治组织和社会组织。八旗兵丁的挑补方法，主要以三次比试决定取舍。

2.清初绿营兵员主要来自归附的明军，不足者以及以后纳新的均为招募而来。

绿营兵的招募制度以“土著”为原则，即按营兵驻防招收本地人当兵，如本地壮丁缺少，不得不从外地招募时，应召兵丁需拖家带口迁于军营所在地居住，以使其成为本地的“土著”。绿营出征于外地，遇有伤亡缺额，“兵民不得以客民补充”，仍有本省原营照所缺人数补足，后送前方大营。此制目的在于使士兵与地方相维系，以便巩固和管束。如士兵违反军纪，军营可按户籍追索，同时也起到“将皆升转，兵皆不移”“将不得私兵，兵不为将有”的作用。

同八旗兵一样，绿营兵缺员需要进行增补，称为“拨补”。其原则是：骑兵拨补于步战兵，步战兵拨补于守兵，守兵拨补于余丁，无余丁乃募于民。

绿营兵丁应募入伍虽属自愿，但无退伍自由。一经入伍即编入兵籍，成为职业。若士兵年过50岁，因体衰力弱不能从事训练和作战时，则解除现役，撤销名粮。对曾出征效力者，按月发给年老俸饷1份。清末，绿营兵日益衰败，“战守两无足用”，“出征效力”难以强调，以家中有无子弟在营为准，若有子弟在营，每月发饷米3斗，若无子弟在营，每月发给守兵名粮1份养老。若因出征效力受伤或患病致残，则不受年龄限制，均按标准发给养老俸饷。

3.新军招募

清末，八旗和绿营腐败，战斗力削弱，不堪使用。光绪二十一年(1895)，仿照西法，改革军队，编制新军。之后，八旗、绿营逐步裁撤，为新军所代替。

在藁城，新军的招募制役种有三：一是常备军，二是续备军，三是后备军。常备军为现役，其士兵缺额或部队扩展，除在原八旗、绿营挑选精壮补充之外，余者招募土著壮丁充当。被招募者，屯聚操练发饷，3年期满回原籍，充续备军。续备军3年，改为后备军。后备军4年期满，退为平民。遇有战争，其年在45岁以内愿应募者准其投营录用。

新军招募条件：年龄限20~25岁，身高限1.6米以上，力大限手举50公斤以上，步限每小时10公里以外。来历必须为土著，有家属，应募时报明三代、家口、住址和本人指纹箕斗数。要品行端正。新军兵丁入伍后，其家属遵章享受优抚待遇。

新军兵丁的退伍规定：光绪三十一年(1905)正月25日，练兵处议定陆军退伍章程，各营目兵已届三年期满者，汇报督练处，转呈兵备处核与底册相符，准其退伍。

三、北洋政府募兵制

民国元年(1912)1月1日，孙中山在南京建立了资产阶级民主政权，宣告中华民国成立，结束了清政府的统治。不久，这一政权被北洋军阀袁世凯篡夺。2月15日，袁世凯在北京组织北洋政府，袁任临时大总统。北洋政府初期，“鉴于募兵不可恃以立国”，急于“改良旧日招募之积习”，效仿西方，规定国民有服兵役之义务，变募兵为征兵。曾制定征兵法多本，皆以“今日户籍法之未厉行，国民教育之未发达”为由，而未实行。1916年6月，袁世凯死后，北洋军阀分裂为直、皖、奉三系，各派系在英、美、日帝国主义操纵下，连年混战，局面极端混乱。至1928年，北洋政府解体，各派军阀在包括藁城在内的直隶省扩充部队，仍沿袭了清末新军的募兵制。

北洋政府初期，官兵多为冀鲁豫皖人。1913年后，北洋军进至江南各省，其兵员招募仍以北方各省为主。是年，北洋军在直隶征募兵员5次，藁城亦在其中。1914年11月，福建护军使派员在河间府募兵2000人，第10师派员在吴桥等地招募900余名。1915年2月，第八混成旅派员在广平等地招募新兵两个连。9月，第三师在大名选募300名。12月，第二师派员在保定等地招募新兵1000人。8月，京兆区征募局连续3届征募新兵13404人。19162月，第7师派员在直隶等地招募2400人。

此后，各派军阀盘踞，各自为政，北洋政府难以统一。且直隶驻军较杂，征募兵员数量较甚，招募告示遍及各地，"招募局""招兵办事处"比比皆是。许多贫苦百姓、无业游民视役军为谋生之路，有的不明招募者属哪个军头，即从应募。正如民谣所云：军队如同走马灯，拉起大旗广招兵，当了兵后不知情，到死不知谁家魂。

士兵退伍，北洋政府初期退伍章程未定，除伤残、疾病不能继续服役者外，均为长期服役。后因战乱较多，退伍之事终未实行。

四、国民党募兵、征兵制

1928年，第二次北伐战争结束了军阀混战局面，国民革命军进驻河北，并将原东北军统一改编为国民革命军。

1933年6月，国民政府颁布第一部兵役法，并确定于1934年3月1日施行，首先在南方各省施行。1928年至1937年，国民党驻冀部队兵员补充沿用北洋军的办法，实行募兵制。其兵员条件和招募手续与北洋政府雷同。历次招募兵员均由各级保安部队及地方政府承办，各级军政长官兼任募兵官。其间，国民革命军商震、徐永昌、冯玉祥、王树常、石友三、于学忠、宋哲元、徐廷尧、冯治安等部，曾在石家庄及周边地区(包括藁城县)招募多次。除采取招募式募集壮丁充军外，还以收编土匪、游杂武装和从联庄会、自卫队中征拨丙丁，以扩充部队。

1945年8月，日军投降，国民党政府，准备发动全面内战，在其正规军重返石家庄(包括藁城县)抢占地盘的情况下，实施征兵。但几次征兵均未能悉数如愿。

1933年6月17日，国民党政府颁布了第一部《兵役法》，1943年3月15日颁布了第二部《兵役法》。1946年10月，颁布了第三部《兵役法》，并决定1947年1月1日开始施行。此法规定，中华民国男子依法皆有服兵役之义务。男子年满18岁之至年1月1日服兵役，至45岁之年12月31日除役。

此法规定役种有三：一是常备兵役。按壮丁年龄分服现役和预备役两种。男子年满20岁，经兵役机关检验合格征集入营者为现役，为期2年。步兵军士、特种兵、特业兵为期3年。预备役由服役期满的退伍者充当，至45岁。二是补充兵役。亦分现役和预备役两种。常备兵役之超额男子，视国防需要，每年征集一部分人入营，施以4~6个月的训练，为现役，期满退伍。预备役由补充兵役现役期满退伍者充当，至45岁。三是国民兵役。分初期国民兵役、甲种国民兵役、乙种国民兵役3种。男子年满18岁，服初期国民兵役，为期2年，就地施以军事预备教育，期满符合条件者服常备兵役或补充兵现役，超额者为甲种国民兵役，由县、市政府施以3个月的军事训练。不符合现役条件者，为乙种国民兵役，就地施以相当的军事训练。役龄规定为：男子18岁，为国民兵及龄，20岁为常备兵、补充兵之现役及龄。常备兵与补充兵届现役及龄之年，由县市政府会同地方民意机关及有关部门，对其进行身家调查、体格检查、抽签、征集等项兵役工作。每年4—6月，以乡为单位进行身家调查，7—9月体格检查，10月抽签定兵。服现役人员以每年的1月1日为正规入营期。入伍之青年学生保留学籍，职工保留底缺，无职业者退伍后优先就业。入伍后战死者，由原籍地方建碑，以资表彰，其子女由政府教育成立。对应受征兵处理及征召服役时无故迟延或不到者，兵役及龄隐匿不报或伪造证件意图规避者，以暴力或以其他方法反抗或危害兵役推行者，兵役人员意图舞弊者，均以妨害兵役名治罪。

为了强化基层的征兵工作，最大限度地搜罗兵员，以应急需，1948年12月，国民党政府国防部发出《戡乱期间征兵要则》，要求从省、县到乡、镇、保，层层按人口分配征兵名额,如数征集,逐级上送。为适应战时急需,准许先征集后进行身体检查和身家调查。城市居民住户在商号、工厂、机关、学校工作之人员,以团体为单位抽签,以其壮丁人数比例选征;都市无业、无身份证之壮丁一律强迫送兵营服兵役;对绥靖区实施强迫征集或武装强征。同时还规定,强化对逃跑士兵的防范和惩治。

五、新中国成立前后兵役制度

(一)志愿兵役制

中国共产党领导的部队,自1927年至1954年为志愿兵役时期(藁城始自1937年)。抗日战争期间,晋察冀边区曾于1942年1月至1944年6月,试行志愿义务兵役制度。之后仍为志愿兵役制,直到1955年中华人民共和国第一部《兵役法》的颁布。

志愿兵役制是建立在政治动员和武装人民群众的基础上,公民自愿参加军队,担负军事任务的制度。

抗日战争爆发后,八路军挺进华北大地,开展敌后游击战争。在中国共产党的领导下,工人、农民、知识分子和其他爱国人士自愿参军入伍。入伍后不计报酬,长期在部队服役,军人及其家属受到政府和人民群众的尊重和优待,并在政治上享有崇高的地位。这一志愿兵役制度的形成,保证了中国人民解放军所需兵员的补充,为夺取抗日战争、解放战争和抗美援朝战争的胜利发挥了历史性的作用。

志愿兵役制的兵员条件随形势和任务的需要而定。

抗日战争初期,按照建立抗日根据地和发展人民军队的需要,边区政府规定,凡拥护抗战者,不分民族、信仰、阶级出身、身无残疾,有志于国家和民族解放事业的青壮年公民,均可志愿参军入伍。

1940年4月,中共中央北方局和晋察冀军区联合发出动员扩军指示,对新兵的政治、身体条件提出了明确要求。规定新战士中,“中共党员须占20%,尽量吸收工农成分”,“流氓民痞、烟鬼土匪、青红帮头子和老弱残废必须彻底洗刷”“要特别防止奸细分子混入”。

1942年1月,晋察冀边区政府颁布的《志愿义务兵役制暂行办法》,对兵员条件作了具体规定:年龄18~35岁,身高1.4米以上,政治坚定,坚决抗战,非地痞流氓或曾被开除军籍者,身体健康无不良嗜好及暗疾者,均可参军入伍。

解放战争时期,由于战争性质的转变,各地特别重视兵员的政治质量,要求多吸收翻身农民参军,地主、富农分子、特务、地痞、流氓和多年伪军并为群众所痛恨者,一概不准入伍。

抗美援朝时期,由于建立了全国统一的政权,志愿军出国作战,对兵员质量要求更加严格。1951年9月,中共河北省委扩军指示规定:入伍青年年龄18~28岁,身高165厘米以上,身体健康,无慢性病和传染病;本人政治清白。有反动行为的地主、富农子弟,被镇压的反动分子的子弟,兵痞流氓或被开除军籍者,惯匪或政治面目不清的嫌疑分子,反动会道门之大小道首及未退道的道徒,被剥夺公民权利或徒刑未满者,在村中被管制的均不准入伍。这些规定的贯彻实施,对于保证兵员质量和中国人民志愿军的巩固与发展,发挥了重要作用。

1943年至1955年,赵庄镇服志愿兵役的有33人。

(二)义务兵役制

1949年9月29日,中国人民政治协商会议第一次全体会议通过的《共同纲领》规定:“准备在适当的时机实行义务兵役制。”1955年第一届全国人民代表大会第二次会议,审议通过了《中华人民共和国兵役法》,从此,在全国范围内实行了义务兵役制。《兵役法》规定,年满18岁的男性公民服现役,当年未被征集者,22岁前仍可征集。根据军队需要和本人自愿,未满18岁的男女公民也可被征集。战时遇有特殊情况,45岁以下的男性公民仍可征服现役。

《兵役法》规定,士兵服役年限,陆军、公安军3年;空军、海岸守备部队、公安军舰艇部队4年;海军舰艇部队5年。1965年改为陆军4年、空军5年、海军6年。1967年改为陆军2年、空军3年、海军4年。1978年又恢复了1955年的规定。

1984年国家颁布的新《兵役法》,将士兵服现役年限确定为陆军3年、空军和海军4年。同时还规定,服现役期满的义务兵，根据军队需要和本人自愿，少数人可以超期服役 1~2 年。义务兵在服现役期满前，因军队编制员额缩减，或因其健康状况不适合继续服现役，以及其他特殊原因需要退役的，经师以上机关批准，可提前退出现役。

为了保证《兵役法》的贯彻执行，河北省先后制定了一些地方性兵役法规。1983 年 1 月 3 日，河北省政府颁布了《河北省农村优待烈属、军属、革命残废军人的暂行办法》；1986 年 1 月 13 日颁布了《关于城镇入伍义务兵及其家属优待问题的暂行规定》；1989 年 2 月 16 日，河北省政府、省军区联合颁发了《河北省征兵工作暂行规定》。这些法规的贯彻执行，对于增强全民国防意识，做好征兵工作及巩固部队建设都起到了重要作用。

藁城县（市）党委、政府历年来对兵役工作非常重视，加强对征集兵员工作的领导。1987 年藁城县政府印发了《关于征集兵员的暂行规定》，指出，"依法服兵役是每个公民应尽的义务，符合征集条件的公民不积极应征，即是违法行为，基层人民政府有权强制其服兵役。""被征集公民的家长和所在单位，不得阻挠被征集公民应征，被征集公民不得以任何借口拒绝"。

1989 年 3 月 3 日，藁城县第九届人民代表大会常务委员会第 19 次会议通过了《关于藁城县征兵工作暂行规定的决议》。《决议》指出，兵役登记是依照《兵役法》规定必须履行的一项法定程序，各级兵役机关应认真做好每年的兵役登记和收缴兵役义务费工作。经批准入伍的应征公民，在接到入伍通知书后，必须按时到指定地点报到。

1955 年《兵役法》颁布以来，赵庄党支部、村委会非常重视每年的义务兵征集工作，加强领导，广泛宣传。广大适龄青年踊跃报名参军入伍，村年年都能圆满地完成兵员征集工作。至 2016 年，经统计全村服义务兵的青年 400 多人。

（三）义务兵与志愿兵相结合的兵役制度

随着科学技术的发展，军队武器装备的现代化程度不断提高，部队的专业技术要求越来越高。为了保留一部分技术骨干，1978 年前，采取了义务兵超期服役的办法，一般超期 1~3 年，少数特种技术兵超期 10 年以上。由于兵役制度对此没有作出规定，致使这些超期服役人员的许多实际问题得不到解决。

1978 年 3 月 17 日，第五届全国人民代表大会常务委员会第一次会议通过《关于兵役制度问题的决定》指出："为了加强人民解放军革命化、现代化、正规化建设，决定实行义务兵与志愿兵相结合的制度，部分超期服役的义务兵可以改为志愿兵，留在部队超期服役，以稳定和加强部队的技术骨干力量。"从此，部队开始实行义务兵与志愿兵相结合的现役兵员补充制度。1984 年颁布的新《兵役法》，进一步以"法"的形式把这一制度确立下来。

志愿兵经过培训，担任部队基层行政或专业技术领导管理职务，并授专业军士或军士长军衔。志愿兵的选择遵循一定范围和比例，义务服现役满 5 年（1984 年前为 6 年），已成为专业技术骨干的，本人申请，经师以上机关批准，可改为志愿兵。

志愿兵的服役年限：从改为志愿兵之日起，至少 8 年，不超过 12 年，年龄不超过 35 岁。军队如有特殊需要，志愿兵本人又愿意，经军以上机关批准，还可适当延长。

志愿兵的待遇：志愿兵实行工资制和供给制相结合的制度。按照义务兵的标准，免费供应伙食和服装外，另按不同等级发给工资，每年有探亲假。志愿兵退出现役后，由原征集地县政府、市政府安排工作。志愿兵在服役期间，因参战负伤或因公致残、积劳成疾而基本丧失工作能力的，办理退休手续，由原征集地县政府、市政府接受安置。

（四）民兵与预备役相结合的兵役制度

1955 年《兵役法》颁布后，开始建立预备役制度。在全国范围内组建了数个预备役训练师，并实行了预备役登记。1957 年 6 月，遵照中央军委《关于改进兵役工作的指示》，将民兵和预备役合二为一，确定民兵组织即预备役的组织形式。1958 年大办民兵师后，由于没有处理好民兵与预备役的关系，民兵包揽了预备役。1980 年，恢复了对退伍士兵的预备役登记，把民兵和预备役结合起来。1984年5月，颁布了第二部《兵役法》，正式确定了“民兵与预备役相结合”的预备役制度。

预备役包括预备役士兵和预备役军官。士兵预备役又分为第一类和第二类预备役。第一类预备役人员包括：建立民兵组织单位中的基干民兵，不建立民兵组织单位经过预备役登记的28岁以下的退伍士兵，不曾服现役但经过预备役登记的28岁以下的专业技术人员。第二类预备役人员包括：建立民兵组织单位中的普通民兵，不建立民兵并组织单位中的经过预备役登记的29~35岁退出现役的士兵和其他符合士兵预备役条件的男性公民。在第一类预备役中，既有成建制的预备役师、团，也有不成建制的预备役人员。士兵的预备役年龄满29岁即转入第二类预备役；第二类预备役士兵满36岁即推出预备役。

预备役军官包括：退出现役转入预备役的军官；退出现役确定服军官预备役士兵；确定服军官预备役的高等院校毕业生；适合担任军官职务的人民武装干部及民兵干部；确定服军官预备役的非军事部门的干部和专业技术人员。各类预备役军官至规定的最高年龄时，即退出预备役。

藁城市(县)预备役登记始于1952年。是年，对年满18~35岁的符合服兵役条件而未被征集服现役的应征公民进行了预备役登记，继而对符合条件的从部队复员的士兵也进行了登记，全县民兵预备役达72407人。编制了61个中队1007个分队。是年、赵庄预备役人员700余人，编成了10个分队。

1954年，在原民兵预备役的基础上，选拔出18~25岁的政治纯洁、身体健康、工作积极、思想进步的优秀民兵组成了基干队。1956年为了积蓄雄厚的预备役兵员，把全县的退伍军人和未征服现役的应征公民，分别编制为第一类预备役和第二类预备役。1958年，响应毛主席“大办民兵师”的号召，全县实行了全民皆兵。将16~50岁的男性公民均编入民兵组织，其中16~30岁的男女民兵(复退军人35岁)编入基干民兵。全县民兵达245729人，建立了16个民兵师、70个民兵团、384个民兵营、1555个民兵连。预备役登记工作即行停止。是年，赵庄民兵达2000多人。

1980年，藁城县人民武装部根据总参谋部、总政治部关于“民兵减少数量，提高质量”和“适应战备的需要，又有利于四个现代化建设”的指示精神，把民兵整组和预备役建设结合起来，把民兵工作同战时兵员动员工作结合起来，重新调整了民兵组织，并将民兵的年龄作了调整。规定：男性民兵年龄由16~45岁改为18~35岁，其中基干民兵的年龄为18~28岁；女民兵参照基干民兵的年龄执行。到1985年，全县民兵总数为64946人，其中基干民兵40146人，普通民兵24800人。是年，赵庄民兵总数670余人，其中基干民兵400余人。

1983年后，结合接受安置退伍军人和调整民兵组织，每年对预备役人员进行一次登记、调整。1999年，在中央军委新时期军事战略方针指引下，遵照“减少数量、合理布局、突出重点，分类建设”的指导思想，藁城市在全市范围内合理调整了基干民兵的数量和布局，重新组建了民兵应急分队和专业技术对口分队，民兵整组工作受到了河北省军区首长的充分肯定。此后，民兵预备役登记工作每年结合征兵工作进行。预备役部队按计划完成了军事训练任务，几次参加集结演练，均做到了召之即来，来之能战，战之必胜，体现了预备役部队的快速反应能力。

六、拥军优属

抗日战争解放战争时期，各级政府和人民群众对军、抗、烈属甚为尊重，自觉以为军、抗、烈属解忧、解困、办好事为荣，以为他们“代耕”为己任。当时在人民群众中流传着这样的歌谣：“春天里闹春耕，俺给抗属把地种，增加生产多打粮，赶走鬼子享太平。”在解放战争时期，包括赵庄村民在内的全县人民组织起来，筹军粮、抬担架、做军鞋，开展轰轰烈烈的支前工作。抗美援朝战争中，全县人民捐款买飞机和弹药支援前线。

中华人民共和国成立后，党和政府把拥军优属作为大事来抓。每逢“八一”建军节、元旦、春节，各级党委政府和工、青、妇部门领导到部队驻地慰问部队指战员，搞军民联欢，征求部队意见，改进拥军优属工作，满足军队建设、训练的需要,增进军民鱼水情。部队指战员在抢险救灾、解危救困方面不怕流血牺牲,勇往直前,战斗在最前线。

对革命军人、人民警察因公牺牲或在职病故,国家给予抚恤,除由政府妥善安葬外,对其家属发给一次性抚恤粮,1953年改为抚恤金。随着国家经济状况的好转、增强,抚恤标准不断提高。1985年的抚恤标准是烈士为其生前40个月、因公牺牲为其生前20个月、病故的为其生前10个月基本工资。对上述人员的没有劳动能力的直系亲属和配偶,给予定期抚恤金。对于因公致残的革命军人、人民警察,从评定残废等级之月起,按年度发给抚恤金。进入21世纪,国家开始给予复员退伍军人补贴。

赵庄村委会和群众对革命军人家属、烈士亲属和革命残废军人给予优待。革命战争时期,组织群众给他们无偿耕种土地。1956年合作化后,给予义务兵家属、烈士亲属和伤残军人工分补贴和粮食补贴。1983年起,对于优待对象一律改为现金优待,随着经济的发展和生活水平的提高,不断调整提高优待标准。

七、烈士褒扬

抗日战争胜利后,县政府先后在南孟、北楼、城厢、贾市庄、梅花兴建了革命烈士纪念碑(塔、亭),镌刻了为革命牺牲的烈士芳名,供后人永远瞻仰纪念,每年都组织青少年、在校学生到纪念碑前祭扫。1980年6月,国务院发布了《革命烈士褒扬条例》,县政府组织专门力量,通过内查外调、与烈士家属和知情群众座谈,编写了《藁城县烈士英名录》,认定早期革命烈士2510名,到1985年底,革命烈士增至2555名。赵庄镇的烈士15名,他们的英雄壮举,永载青史。赵庄村西北"神宫寨"前,还安葬着数十名1947年3月在解放赵庄的战斗中牺牲的革命军人,赵庄人民没有忘记他们,立碑纪念,每年清明节,都有群众自发祭奠。2014年,藁城区民政局又拨款重建赵庄烈士亭,竖立纪念碑,永远纪念。

八、复退军人安置

中华人民共和国建立后,藁城县先后设立《荣退军人管理委员会》《复员转业建设军人委员会》,负责荣复军人安置。1968年改为复退军人安置办公室。1983年改称退伍军人和军队离退休干部安置办公室。

复退军人的安置,遵照1958年国务院颁布的《关于处理义务兵退伍的暂行规定》,坚持"从哪里来,回哪里去" 的原则。入伍前是农村户口的,原则上从单位入伍的,退伍后仍回原单位复工复职;入伍前是城镇青年(非农业户口),退伍后根据本人在部队的表现和特长,适当照顾,安排工作;对从大专院校入伍或是国家统一分配的中等以上学校毕业生,退伍后予以安排工作;对在对越自卫反击战或在其他战斗中致伤致残的有功人员,根据国家需要给予照顾,1984年后退伍的全部予以安排工作;对于孤儿参军,退伍后又无亲可投,居住及生活、生产确有困难的,重点照顾,并安排适当工作;对义务兵转志愿兵的,服役10年以上转业的,安排工作。

第三节 战 事

明嘉靖《藁城县志》载:"藁城当燕赵之墟,古今兵家必争之地,兵燹(xian)之后,人物凋耗,土地荒旷。"在古代,藁城域内战事频繁。进入20世纪。经历了推翻帝制的资产阶级民主革命、土地革命、抗日战争、解放战争,藁城域内战事不断。

在藁城这块土地上,民族之间的战争几乎贯穿了整个古代历史。藁城原本属汉民族,进入春秋时期以后,周室衰微,王纲不振,西北方白狄族之肥部乘隙南下,占据藁城后建立肥累国,藁城便成为肥人的天下。及晋将荀灭肥,藁城又重归汉民族,这是汉民族在藁城的第一次恢复。两晋南北朝时期,汉民族发展缓慢,崛起的北方民族相继南侵,藁城先归于慕容氏之燕,继隶属于拓跋氏之魏。隋文帝统一中国后,藁城才又一次成为汉民族的天下,这是汉民族在藁城的第二次恢复。进入赵宋时代,汉民族经历多事之秋,藁城先是被耶律氏的大辽所蹂躏,继而为完颜氏的金所征服,最终被蒙古族纳入元朝的版图。至明太祖朱元璋灭元,汉民族在藁城实现了第三次恢复;明朝末年,满人兴起,灭大明入关称帝,藁城被爱新觉罗之清统治近

300年。至1911年辛亥革命,清王朝被推翻,藁城实现了第四次恢复,民族之战在藁城才偃旗息鼓。

一、古代战事

在藁城域内有:春秋“肥累城之战”、战国时“李牧肥下破秦兵”之战,东汉“滹沱河之战”,北魏、后燕“滹沱河之战”,隋末窦建德起义,唐官军、义军藁城之战,唐九门之战,唐“示衣坂战事”,五代十国藁城之战,元“董俊、武仙之战”,燕王“靖难之战”,元末刘福通红巾起义、清太平军林凤翔北伐、清捻军将领宋锡珠在藁城等战事。仅简述波及赵庄的古战事两件。

1.唐九门之战

唐天宝十四年(755),安禄山举兵反唐,在洛阳自称大燕皇帝,派叛将史思明、蔡布德引兵进攻常山地(包括藁城)。是时,常山太守颜杲卿起兵才8天,守备未完,史、蔡大军即兵临城下。颜杲卿组织兵民在婴城固守,昼夜抗击,终因粮尽矢竭,常山城陷。史、蔡攻入城中,纵兵杀戮万余人,颜杲卿被擒。史、蔡既破常山,又引兵攻河北诸郡,占据了藁城、九门二城。

二月唐玄宗加封李光弼为魏郡太守、河北道采访使,征讨叛军。李光弼亲率番、汉步骑万余人,太原弩手三千,从井陉出发,直趋常山境。常山团练兵三千起杀叛军,捉拿安思义出降,李光弼遂移军入常山城。史思明闻常山不守,自率骑兵二万抵达常山,被李光弼战败,撤至九门之南逢壁(滹沱河渡口)。李光弼足智多谋,绕道追剿,乘敌军不备,突然袭击。史思明惨败,退入九门城内,固守不出。四月,唐将郭子仪从井陉出发,引军与李光弼合兵,率番、汉步骑十余万,与史思明复战于九门。史军再次失败,史思明弃城逃亡。据传,李光弼屯兵操练于赵庄古镇神宫寨。

2.燕王“靖难之战”

明洪武朱元璋称帝后,把儿子皆封为藩王。四子朱棣为燕王,建都北平。朱棣是位出色的军事家,经常领兵与蒙古、西域军队作战。他拥精兵,辖要地,筑城屯田,保卫着明室的北方半壁江山。朱元璋的大儿子早亡,有长孙朱允炆继承皇位。朱允炆害怕各地藩王(他的叔父们)篡夺皇位,便和宰相黄子澄密谋,削减藩王封地和势力。先对周、湘、齐、代蕃王或捕或杀,有准备对付燕王。于是便酿成了明王朝内部争夺王位的大战——“靖难之变”。燕王藁城破吴杰,就是“靖难之变”的一次交战。

明建文三年(1401)二月,燕王朱棣率“靖难之师”南下至保定,明将盛庸遂派20万大军驻德州。并派吴杰、平安二将镇守真定,构成一条德州至真定长达数百里的阻击防线。三月,燕军与盛庸所率大军在武邑县南部之夹河遭遇。盛庸指挥大军周密布防,列阵以待。朱棣亲率朱能等以精骑从庸军背部攻击,双方催马挥戈,激烈冲杀,伤亡略等,不分胜负。次日再战,燕军越战越勇,左右冲杀,庸军大败,退保德州。尔后,燕王令部将佯装四处取粮,诱使真定守将吴杰出战,两军战于藁城北部。激战中燕王令精骑迂回吴军阵后,先行突袭,以迅雷不及掩耳之势攻下吴军指挥高楼。吴军顿时指挥失灵,溃不成军。燕军勇猛围击,斩首6万余众,吴杰败绩,逃回真定。翌年春,都指挥葛进与燕军李远再战于藁城,葛军大败,燕王朱棣杀败南军,攻破京师,登上王位,是为明成祖。赵庄在当时的战场范围内。

二、抗日战争时期战事

1937年“七七事变”爆发,平津沦陷,日军大举南侵。9月23日,日军沿平汉路侵入新乐县境,并占据承安铺车站和东长寿。10月7日,在大炮掩护下,日军向正定县城发起进攻,布防正定及滹沱河两岸之国民革命军32军商震部同日军展开激烈战斗,击毙日军500余人。8日,日军占领正定县城,国民革命军南撤。10日,日军占领石家庄。日军入侵藁城后,藁城人民在中国共产党领导下,纷纷建立起抗日武装、抗日政权和抗日群众团体。这些人民抗日武装力量,占领农村广大地区,依靠广大群众,组织领导发动群众,同日本侵略者展开了不屈不挠艰苦卓绝的斗争。抗日战争期间,藁城域内发生打击日伪的战斗很多,主要有:梅花阻击战、南高村合击战、龙宫保卫战、百连大出击、反摩擦战、消灭反动大刀会、南周卦伏击战、岗上伪警察所掏窝战、巧端龙化炮楼、巧端四宫炮楼、首克禅房据点、三邱地道战、大奉化伏击战、智取桥头堡、击毙汉奸程寿三、滹沱河伏击战、火烧藁城草桥、虎穴擒敌、蔡家岗击毙周志操、再克禅房据点、马庄反合击战等。

1.大奉化伏击战

太平洋战争爆发后，驻华北日军于1942年做出决定:“对华处理方针,由日伪混合防守,转变为伪军单独防守”,日军则采取集中驻守。

在华北抗日战场上,我军则由村落防御战转向积极主动地打击敌人,抗日形势逐渐好转。然而驻藁城县的日伪军自不量力,负隅顽抗。

日伪敌酋加岛和县警备队联队第二大队大队长周志操,集中张家庄、赵庄、北苏、增村几个据点的400多名日伪军,令日军小队长小林和警备队第二大队副大队长李生先带领,于1943年3月11日黎明奔袭大奉化村,妄图围剿藁无县四区小队。

分区32区队获悉情报后，通知区小队连夜从大奉化撤出,并进行了战斗部署。32区队1、2连和四区小队3个班,埋伏在大奉化村南边,正面围歼敌伪,区小队另一个班住在大奉化村大地主许吉造(外号古洞人)家做诱饵,引诱敌人。32区队3连住在邻村北贾同,从侧面包抄敌人。

3月11日凌晨，日伪军人马到大奉化村附近,区小队首先向敌群开枪,边打边向村西撤走。敌人不明情况,有的卧倒、有的盲目还击。小林和李生先立即命令停止前进，观察动静后认为是区小队怯阵而逃,于是命令迅速追赶。日伪军争先恐后蜂拥而上,追至村边忽听枪声四起,杀声震天,八路军伏击战开始了。32区队以村边的水壕和围村沟为阵地，集中火力，向将要进村的敌人猛烈扫射,轻重机枪、步枪、手榴弹齐鸣,刹那间敌人倒下一片。日伪军为了避免更多伤亡,立即爬进打坯坑和坯垛内,拼命还击。区队政委贺明指挥1、2连正面突击,3连从敌人背后发起进攻。在八路军两面炮火的夹击下,敌人不得不撤回村南寺坡。32区队占领张家疙瘩,双方相持不下,又是一阵激战。后来,在八路军机枪配合下,战士们勇猛攻击,敌人节节败退，从村南寺坡将敌人追至村东南的菜园里,32区队又以许家坟为掩体,开始了鏖战。许多战士打完了子弹,不顾生死,跳出掩体与敌人拼刺刀。战斗到下午4时，从东北方向通往新乐长寿的公路上驰来日伪军的几辆汽车,八路军首长命令撤出战斗,转移到杨马村、大慈邑一带。幸存的日伪军拖着疲惫的身躯逃回据点。

这次战斗击毙日伪军240余人，缴获轻机枪2挺、步枪210支、自行车24辆。

2.蔡家岗击毙周志操

藁城县警备联队第二大队长周志操，凶狠残暴，作恶多端,是一名罪恶昭彰的铁杆汉奸。

1944年2月27日，日军到黄庄扫荡，周志操带100多名警备队员配合。早饭时分,周志操的队伍来到蔡家岗村。周志操看到街上无人,家家烟囱不冒烟,心里犯疑,于是和护兵聂天祥对换了衣裳,然后派人敲门探问情况。此时,埋伏在房上、院内的八路军32区队2连和6区小队一齐开火射击、投掷手榴弹,警备队人员在枪炮声中倒下一片。周志操一看不好,一面命令开枪还击,一面寻找机会逃跑。

很快,6区小队的战士们冲杀过来，周志操眼见顶不住八路军的攻势，扔下日伪军，带领护兵吉福寿、李振威向赵庄据点拼命逃窜。6区小队班长郝更臣带领两名战士紧追不舍,并手起一枪,击中了周志操的大腿。两个护兵只好架起周志操继续前逃,逃到李家坟前,眼见快被追上,便扔下周志操,各自逃命去了。

在荒凉的坟岗上,周志操向追来的郝更臣跪地求饶。郝更臣说:“怎么样周志操？我们说三天捉住你,不到三天,你就成了人民的阶下囚！”说完连开数枪,结束了这个铁杆汉奸罪恶的一生。

三、解放战争时期战事

解放战争时期，发生在藁城域内的战事主要有：解放藁城县城、小丰村落战、北小屯高房战斗、杜村伏击战、良村歼灭战、解放赵庄、三丘地道战、南席高庙战斗等战役。简述解放赵庄战役：

解放赵庄

赵庄地处藁城西北部，距县城20公里，是藁城的“八大古镇”之一，又是抗日战争时期日伪军在藁北地区安下的重要据点之一。

赵庄周围寨墙高筑，镇中呈品字形构筑了3个大碉堡。日本投降后,国民党顽伪军仍固守赵庄,为非作歹,残害百姓。

民国36年(1947)2月上旬的一天深夜,晋察冀野战军首长下达了解放赵庄的命令。次日晨5时,部队进抵赵庄寨边,炮兵阵地扎在距赵庄1公里的李家庄村西疙瘩上。攻寨部队接到战斗命令,迅速作出战斗部署:2营主攻东面,1营主攻西面,形成包围势态。在炮火的掩护下,攻寨部队进攻顺利。经前沿突破,纵深飞跃寨墙,冲入据点,巷战3小时,战斗结束。

这次战斗共歼顽伪军473人,其中俘虏196人,打死打伤277人;缴获迫击炮1门、60炮7门、重机枪2挺、轻机枪14挺、冲锋枪33支、步枪334支。

四、"四一五"惨案

1946年4月,国民党军盘踞赵庄,残酷镇压共产党员和革命干部群众。地主黄文科,仇恨共产党,以土地、金钱贿赂村民刘老营,刘老营向国民党军密报我革命村干部的行踪,国民党第11纵队突袭抓捕我党员干部黄五群、甄造保、张小乱、齐吉造、垄小群、黄荣辰、李文采等8人。4月15日,未经审查,就将抓捕的黄五群、甄造保、张小乱、垄小群、齐吉造等7人杀死在东门至东南门之间的寨沟里,李文采侥幸逃脱。此为血腥的"四一五"惨案。1947年冬,反革命地主分子黄文科被我人民政府镇压。

五、日伪盘踞下的赵庄

1937年9月23日,日军沿平汉铁路侵入新乐县境内,占据承安铺车站和东长寿,准备进攻正定。其间,曾有一小队日军路经赵庄。因惧怕日军,镇公所、村民有4人举"膏药"旗开东门把日军迎进赵庄,日军停歇一会就走了。随后,日本别动队进赵庄住了一夜,第二天进驻蟠桃村。10月7日,日军开始进攻正定,布防滹沱河两岸和正定城的国民党军第三十二军商震部,同日军展开了激烈战斗,顽强抗击。141师官兵进行了英勇抵抗,终因实力悬殊,于10月8日凌晨,正定县城被日军占领。日军大肆杀戮正定城及周围三里屯、大小临济、北关等村平民。此役日军被击毙500余人,中国军人连长以下伤亡近千人。

日军盘踞正定城后,魔爪随即伸进了赵庄,撤销镇公所,成立以郑荫昌为首的"维持会",向村民和商户催粮派款抓夫,横征暴敛,人们苦不堪言。

1939年农历11月初,共产党领导的抗日武装在张家庄至北贾同之间的正无公路上伏击了日军,消灭日伪军50余人,缴获四辆卡车物资。11月24日,抗日武装十七团又一次伏击了日军7辆卡车,打死打伤日伪军多人。日军采取了报复行动,11月25日闯进赵庄,烧毁房屋300余间,打死打伤群众4人,还抢走不少牲口。同年12月,又一次突袭赵庄,抓走赵庄游击组组长董造兰,将其杀死在正定小北门。

1940年,驻正定的日军为加强对赵庄的统治,派遣治安军进驻赵庄,先后有宋廷玉、王喜润两任团长在赵庄驻防,为有效统治赵庄村民,秉承日军旨意,支持地富为主成立伪镇公所并推行"保甲制",一家反抗日伪,十家连坐,还成立40余人的"常备团"。随后,日军一个小队进驻赵庄,小队长付勇(谐音),随之而来的还有情报队和一个警备中队。他们不仅要村民出钱出粮供这些人挥霍,还强行抓民工修建炮楼。为了修炮楼,拆毁村内大多数庙宇,砖瓦木料用于修建炮楼、地堡工事,先后在东门里修建了两座大炮楼,圆筒形,高三层,还在当铺街上修建地堡。不仅如此,还让村民修公路,站岗放哨,蹲守通讯电线杆。干活的村民经常无缘无故地遭受日本鬼子、警备团的人毒打。警备团、常备团轮流在7座寨门把守,盘查行人、搜身、强抢财物。即使本村村民,进出村也接受盘查,出示良民证或答话,稍有不慎,就遭受毒打。有一次,西北门里一名农民叫贾四保,编制在四保。一次他下地回来进寨门,警备队人盘查问:"叫什么?"答:"叫四保。"问:"几保人?"答:"四保。"问:"真四保还是假四保?"答:"贾四保。"警备队操起枪托就打这位老人,口里还骂着"我叫你假四保"。在场的乡亲们赶紧解释说"他叫贾四保,是四保人",才让老人带伤进村。

日伪盘踞赵庄的几年里,村民不仅没有政治权利,经济上受压榨,人身安全得不到保障,行动自由也受到限制。为了防止共产党领导的抗日组织袭扰,强迫村民加固加高寨墙,加深加宽护寨沟,太阳升起才打开寨门,村民才可以下地。太阳还没有落山,寨门关闭,稍迟一步就被关在庄外。名曰保证村民安全,实则监督群众活动,使村民农活受到很大影响。更让群众不能忍受的是,男性青壮年必须每天晚上轮流配合日伪在寨墙上站岗,打盹或不能及时回答“口令”被日伪发现,轻则被辱骂,重则遭毒打。贫农韩老苗站岗时不慎将一根木杆掉在寨墙外,便以私通八路的罪名,拉进警备团部,压杠子、灌辣椒水,折磨得死去活来,乡亲们送礼作保,才保全了他一条性命。还有一次,强迫村民修炮楼,张老扁说了一句对日本不满的话,有人报告了日军,被日军毒打后活埋,幸被乡亲及时救出。这一时期,因各种原因遭受日伪毒打的村民有数百人。日军为了长期统治奴役中国人民,对统治区的中国民众进行思想文化侵略,进行“皇民化”教育,赵庄村民不能幸免,让村民学日本话、上日本操,效仿日本人的生活习惯,稍有怠慢,就会受到残酷的迫害。在日伪长期残酷统治下,有的老年人被吓破了胆变成了疯子,一提日军,小孩就不敢啼哭,横征暴敛使绝大多数村民生活困苦不堪,商业凋敝。日伪统治时期,赵庄人民处在水深火热之中。

有压迫就有反抗,有侵略就会有斗争。日伪盘踞赵庄期间,赵庄人民从来没有停止过同日伪的斗争。1938年6月6日,中共赵庄党支部成立,从此,在中国共产党直接领导下,赵庄党支部组织建立以黄老凯、张老银为首的秘密抗日村政权,还成立了以甄老巩、甄造兰为正副队长的村游击小队,开展同日伪针锋相对的斗争,以卖烟卷和开饭铺为掩护,建立秘密联络站,搜集日伪情报;组织民兵和群众晚上扒铁道、破公路、割电线,破坏敌人的交通、通讯。党支部书记贾老凤为扒铁道研制出道钉起拔器,能够迅速拔走钢轨;配合县大队、区小队伺机打击日军。1942年农历2月一天,搜集到日伪某日外出扫荡的情报,村游击小组配合县大队预先埋伏在北贾同村西日伪必经之路上,敌人进入埋伏圈内,立即猛烈开火,敌人措手不及,稍作抵抗即抱头鼠窜,此役打毁日伪卡车两辆、打死日伪军18人,缴获大枪7支。

1945年日本投降前夕,盘踞赵庄的日军龟缩至正定,留有警备队一个中队继续盘踞赵庄。同年7月,中共藁城县委决定伺机拔除赵庄敌人据点,八路军敌工部人员首先策反了敌警备队排长杨玉树,晚上乘其站岗之机,八路军32区队迅速潜入赵庄敌人炮楼,突然发起攻击,敌人猝不及防,警备队长杨二虎及几名顽固分子企图反抗被打死,其余敌人缴械投降,此战消灭敌人一个中队,缴获枪支100多支,并烧毁了炮楼。赵庄人民获得了第一次解放。日本投降后,国民党又派军驻扎赵庄,重新修复炮楼、地堡,赵庄人民重新陷入了水深火热之中。

第四节 赵庄村民服兵役名录

一、1955年前志愿参军人员

1955年前赵庄志愿参军人员一览表

表20-1

参军人姓名	性别	参军时间	复转时间	部队职务	备注
李文采	男	1943	1952	战士	
吕兰柱	男	1943	1950	军医	
甄文义	男	1945	1947	班长	
甄成保	男	1945	1948	战士	三等乙级伤残
甄明成	男	1946	1947	战士	
郭成俊	男	1947	1949	班长	

续表 20–1

参军人姓名	性别	参军时间	复转时间	部队职务	备注
甄进福	男	1947	1952	班长	
黄存礼	男	1947	1963	副连长	三等乙级伤残
鲍义堂	男	1947	1949	战士	
刘满仓	男	1947	1954	班长	
黄成贤	男	1948	1964	团长	
张凤山	男	1948	1949	战士	三等甲级伤残
韩志国	男	1948	1950	班长	三等乙级伤残
张春季	男	1948	1949	战士	
戴庚申	男	1948	1958	排长	
黄梅贵	男	1948	1954	班长	
苏文进	男	1948	1957	班长	
蔡永华	男	1948	1952	战士	
甄梦壁	男	1949	1953	战士	三等甲级伤残
黄成换	男	1949	1963	营长	
黄敬芝	男	1949	1954	排长	
鲍小路	男	1949	1956	班长	
甄学勇	男	1950	1953	战士	小名小盆
李凤喜	男	1950	1958	团长	转业地方
李满顿	男	1950	1955	班长	
贾小盆	男	1950	1953	战士	
贾怀山	男	1951	1952	副排长	
张瑞恒	男	1951	1956	战士	
贾贯杰	男	1951	1957	班长	
吕兰贵	男	1952	1958	班长	
贾志申	男	1953	1962	排长	
甄贵元	男	1953	1955	战士	
黄成子	男	1953	1657	副班长	

续表 20–1

参军人姓名	性别	参军时间	复转时间	部队职务	备注
甄栓来	男	1953	1957	班长	
贾双振	男	1953	1957	班长	
王仁堂	男	1953	1957	副班长	
王德明	男	1953	1957	班长	
韩书成	男	1954	1965	排长	

二、1955 年实行义务兵役制后复转军人

1955 年实行义务兵役制后赵庄复转军人统计一览表

表 20–2

参军人姓名	性别	参军时间	复转时间	部队职务	备注
贾新学	男	1955	1958	战士	
赵小魁	男	1955	1958	班长	
郭福来	男	1955	1958	战士	
张壬申	男	1955	1958	战士	
甄文魁	男	1955	1958	战士	
刘进生	男	1955	1964	战士	卫生员
贾怀德	男	1956	1960	战士	
鲍振江	男	1956	1960	战士	
张老胖	男	1956	1960	战士	
鲍小乱	男	1957	1960	战士	
魏小乱	男	1958	1963	战士	汽车司机
戴庚寅	男	1958	1966	战士	
高米贵	男	1958	1960	炮长	
徐志欣	男	1958	1964	战士	卫生员
张庆元	男	1958	1982	副团长	
黄老根	男	1959	1965	战士	
鲍兵申	男	1959	1965	战士	
甄栓堂	男	1959	1966	班长	

续表 20-2

参军人姓名	性别	参军时间	复转时间	部队职务	备注
张中林	男	1959	1964	班长	
鲍金重	男	1960	1965	战士	
韩　银	男	1960	1978	营副教导员	
郭老偏	男	1960	1968	班长	
高建德	男	1960	1964	副排长	
贾双成	男	1960	1968	班长	
蔡忠长	男	1960	1964	战士	
丁新位	男	1960	1978	军医	
韩瑞山	男	1961	1963	战士	
张小平	男	1962	1981	连长	
甄小学	男	1964	1968	战士	
韩长水	男	1964	1969	班长	
韩贵庚	男	1964	1969	战士	
贾小房	男	1964	1969	战士	卫生员
鲍全贵	男	1965	1966	战士	
周书江	男	1965	1968	班长	
贾新璐	男	1965	1969	战士	
贾老秋	男	1965	1975	连长	
鲍瑞须	男	1966	1971	战士	
周书海	男	1968	1971	战士	
甄晨堂	男	1968	1973	战士	
韩凤山	男	1968	1971	战士	
黄兰珠	男	1668	1973	班长	
鲍瑞军	男	1968	1971	班长	
贾双贵	男	1968	1974	班长	
冯书林	男	1968	1973	战士	
戴换朝	男	1968	1974	班长	

续表 20–2

参军人姓名	性别	参军时间	复转时间	部队职务	备注
张书分	男	1968	1975	司务长	
黄增岐	男	1968	1973	战士	
黄增改	男	1968	1974	连会计	
郭臭小	男	1968	1973	班长	
张庚辰	男	1968	1973	战士	卫生员
鲍雨林	男	1968	1973	班长	
黄清魁	男	1968	1973	战士	
张俊生	男	1968	1975	排长	
贾怀江	男	1968	1972	战士	
鲍书信	男	1969	1974	战士	
韩脏人	男	1969	1977	班长	
韩志生	男	1969	1975	班长	
高俊学	男	1969	1973	班长	
高福祥	男	1969	1973	战士	
李贵金	男	1969	1975	战士	
贾明和	男	1969	1977	战士	
贾福祥	男	1969	1973	战士	
贾小五	男	1969	1978	班长	
贾兵辰	男	1969	1978	班长	汽车司机
张树辉	男	1969	1976	副排长	
张生军	男	1969	1978	战士	汽车司机
郭和平	男	1969	1989	团长	
李金堂	男	1969	1983	连长	
郭增祥	男	1969	1988	排长	
郭栓造	男	1969	1985	战士	汽车司机
杜贵明	男	1969	1986	副团长	
张老偏	男	1970	1973	战士	

续表 20–2

参军人姓名	性别	参军时间	复转时间	部队职务	备注
韩小五	男	1970	1975	战士	
韩小雨	男	1970	1975	战士	
韩贵强	男	1970	1975	副班长	
黄玉良	男	1970	1976	战士	卫生员
鲍文海	男	1970	1976	副班长	
贾俊生	男	1970	1975	战士	
黄脏人	男	1970	1975	战士	
黄焕福	男	1970	1973	副班长	
张青山	男	1970	1973	战士	
丁老拴	男	1970	1976	班长	
黄新房	男	1970	1973	战士	
辛绽子	男	1970	1986	排长	
王文水	男	1970	1980	战士	
甄长友	男	1970	1985	副营长	
李小圈	男	1971	1975	战士	
李文学	男	1971	1975	班长	
鲍义春	男	1971	1975	副班长	
鲍文敬	男	1971	1976	班长	
贾臭仁	男	1971	1977	战士	汽车司机
贾新海	男	1971	1976	战士	
甄成贵	男	1971	1975	战士	
郭小仁	男	1971	1975	战士	
李江河	男	1971	1975	战士	
韩脏样	男	1971	1979	排长	
卢小全	男	1971	1986	排长	
黄双勇	男	1971	1989	司务长	
张国华	男	1971	1985	战士	司机、职业兵

续表 20-2

参军人姓名	性别	参军时间	复转时间	部队职务	备注
韩庆水	男	1972	1977	战士	电话员
鲍文京	男	1972	1977	班长	
张洪波	男	1972	1977	战士	
贾听说	男	1972	1976	战士	
刘文进	男	1972	1977	班长	
黄双福	男	1972	1980	班长	
张瑞申	男	1972	1986	副营长	
鲍长征	男	1972	1980	战士	
黄计保	男	1972	1989	副营长	
黄保平	男	1972	1980	战士	
李瑞山	男	1973	1978	班长	
韩四喜	男	1973	1976	班长	
甄福庆	男	1973	1977	班长	
辛冬至	男	1973	1978	班长	
张占国	男	1973	1976	副班长	
甄双进	男	1973	1976	战士	
张志军	男	1973	1981	班长	
郭荣强	男	1973	1979	班长	
黄俊宽	男	1973	1979	司务长	
赵建军	男	1973	1991	营长	
黄俊发	男	1973	1986	班长	
王小山	男	1974	1981	战士	
鲍小仁	男	1974	1980	战士	
辛秋生	男	1975	1978	战士	
蔡武申	男	1975	1978	战士	
黄白人	男	1975	1979	战士	
张青义	男	1975	1978	战士	

续表 20–2

参军人姓名	性别	参军时间	复转时间	部队职务	备注
甄胜利	男	1975	1978	战士	
韩凤围	男	1975	1980	战士	
李小人	男	1975	1979	战士	
张长岭	男	1975	1981	战士	
贾连顺	男	1975	1980	战士	
辛集粮	男	1975	1980	战士	
甄书贵	男	1975	1988	排长	
贾和顺	男	1975	1980	战士	
李福海	男	1976	1981	战士	
黄双全	男	1976	1981	战士	
张俊岐	男	1976	1980	战士	
韩麦晨	男	1976	1981	战士	
甄银山	男	1976	1980	战士	
韩凤平	男	1976	1980	战士	
鲍中学	男	1976	1980	战士	
戴小仁	男	1976	1980	战士	
蔡清郁	男	1976	1980	战士	
甄成须	男	1976	1981	班长	
甄新成	男	1976	1980	战士	
甄小三	男	1977	1980	副班长	
李成斌	男	1977	1981	战士	
黄瑞芬	男	1977	1980	战士	
贾小五	男	1977	1981	战士	
李清江	男	1977	1987	排长	
王长江	男	1977	1983	战士	
杨树斌	男	1978	1981	战士	
韩小六	男	1978	1981	战士	

续表 20-2

参军人姓名	性别	参军时间	复转时间	部队职务	备注
黄书国	男	1978	1981	战士	
黄奎生	男	1978	1980	战士	
黄金贵	男	1978	1980	战士	
甄保国	男	1978	1981	战士	
鲍风杰	男	1978	1983	战士	
李文明	男	1978	1984	战士	
张食堂	男	1978	1982	战士	
韩四喜	男	1978	1988	战士	
韩贵刚	男	1978	1991	战士	
李金贵	男	1978	1987	战士	
鲍新建	男	1978	1983	战士	
张宏岗	男	1978	1983	战士	通讯员
贾新海	男	1978	1982	战士	
张建路	男	1978	1985	战士	
黄新国	男	1978	1983	战士	
张书敏	男	1978	1983	战士	
黄东江	男	1978	1988	战士	
黄荣海	男	1978	1982	战士	
黄全贵	男	1978	1982	战士	
武兰锁	男	1978	1981	班长	
刘焕生	男	1978	1982	战士	
张俊军	男	1980	1986	战士	
张金国	男	1980	1983	战士	
贾新江	男	1980	1983	战士	
李新水	男	1980	1983	战士	
贾书海	男	1980	1983	战士	
郭老江	男	1980	1983	战士	
冯金海	男	1980	1997	营长	

续表 20-2

参军人姓名	性别	参军时间	复转时间	部队职务	备注
郭俊强	男	1980	1983	战士	
张冬春	男	1980	1984	战士	
王保国	男	1980	1983	战士	
黄荣军	男	1980	1982	战士	
李新建	男	1981	1984	战士	
李志勇	男	1981	1985	战士	
李洪彬	男	1981	1985	战士	
韩志水	男	1981	1985	战士	
韩建中	男	1981	1984	战士	
甄焕刚	男	1981	1995	战士	
黄国华	男	1981	1999	战士	
张青林	男	1981	1985	战士	
黄亚利	男	1981	1984	战士	
甄金民	男	1981	1995	战士	
张计成	男	1982	1986	战士	
甄成海	男	1982	1986	战士	
郭新建	男	1982	1987	班长	
胡洪顺	男	1982	1987	战士	
辛安会	男	1982	1986	战士	
胡文雨	男	1982	1986	战士	
梁文玉	男	1982	1986	战士	
鲍建营	男	1982	1986	战士	
胡文革	男	1983	1987	班长	
蔡振江	男	1983	1987	班长	
辛怀玉	男	1983	1988	上士	
贾双军	男	1983	1987	战士	
杨锁柱	男	1983	1987	班长	
贾建卫	男	1984	1989	上士	

续表 20–2

参军人姓名	性别	参军时间	复转时间	部队职务	备注
韩志海	男	1984	1989	战士	
李英林	男	1984	1988	战士	
李建军	男	1984	1989	战士	
蔡成海	男	1984	1989	战士	
蔡增良	男	1985	1989	战士	
郭瑞河	男	1985	1989	中士	
李英林	男	1985	1989	战士	
蔡兵华	男	1985	1989	战士	
蔡增强	男	1985	1989	战士	
高永利	男	1985	1989	战士	
蔡增祥	男	1986	1989	战士	

第二十一章 精神文明建设

第一节 良风美德

1923年(民国十二年)林翰儒编纂的《藁城乡土地理》载:“藁城人民豪爽。而尚气节。俗安乡里而务稼穑。习文则其质彬彬。习武则其气赳赳。”

赵庄村民在长期繁衍生息过程中,形成了很多传统的良风美德,他们豪爽刚正、爱国爱家;艰苦奋斗、勤俭持家;忠厚诚信、虚怀若谷;扶危济困、助人为乐;邻里互助、睦邻友好;尊老爱幼,孝敬双亲。

豪爽刚正、爱国爱家是赵庄村民首要美德。赵庄村民豪爽刚正,不欺弱小,不畏强暴,抗击外敌,爱国爱家,远近闻名。数百年来,商店林立,一、六大集商贾云集,贸易繁盛,从未发生过村民仗势欺行霸市、强买强卖,商家也是公平交易,童叟无欺。外地地痞混混从不敢在赵庄寻衅滋事。偶遇不平,众人出手摆平,从不让弱小吃亏。不畏豪富,不怕权贵。豪富、权贵无端欺凌弱小百姓,众乡亲敢于同心协力同他们斗争,庇护弱小。20世纪40年代日伪军侵占赵庄,摧残压榨村民。面对强敌,村民不怕敌、不事敌、不资敌,在中国共产党领导下同外敌作不懈斗争。

爱国爱家是赵庄村民的传统。历史上村民以种好地,积极缴纳国家需要皇粮国税为本分。每个村民都具有强烈的爱国之心,以微博之力维护国家安定。抗日战争和解放战争时期,村民在中国共产党的领导下,和日军、国民党反动派进行殊死斗争,为此牺牲5人;为了保家卫国,抗日战争时期、解放战争时期和中华人民共和国成立后,赵庄青年踊跃参军入伍,保家卫国。为了“旱则祷雨,潦则祈晴,灾则祝免”,村民踊跃捐资,明嘉靖二十一年(1542)、隆庆年间(1567—1572)、万历二十年(1592)三次重修真武大帝庙。明崇祯十一年(1638)为使村民能在神公寨躲避战乱盗匪,村民又捐资再次重修北堡(真武大帝庙),并改为神宫寨。清同治六年(1867),战乱不止,境内屡受兵匪扰,赵庄村民捐民修高大寨墙、寨门,保护村民免受贼蹂。

艰苦奋斗、勤俭持家是赵庄村民又一优良传统。赵庄村民“安乡里而务稼穑”,不善经商,少有追求功名者。因此,历史上没有出现名商大贾、高官将军等名人。千百年来,赵庄村民繁衍生息,一辈辈人靠的是面朝黄土背朝天,顶着星星下地,顶着星星回家,雨天一身泥,风天一身土,晴天一身汗地种庄稼维持生计,也有少数人经商或经营手工业,但多是本小利薄、规模很小,必须兼种庄稼。长期以来,养成了吃苦耐劳,艰苦奋斗,勤俭持家的优良传统,并不断发扬光大。这种良风美德应当一直传承下去。

忠厚诚信、虚怀若谷是赵庄村民的传统美德。数百年来,赵庄是方圆百余平方公里范围内的有名集镇,商贸发达,商户众多,都能做到忠厚诚信、童叟无欺。众多商户中,赵庄原住民占少数,多数是各地慕名来赵庄经商,赵庄村民胸怀大度,不仅不会挤对外来经商户,还会主动提供各种帮助。赵庄的经商环境好,才使得商贸走向发达,多数外地经商户最终定居赵庄,成为赵庄村民,并且发家致富。比如商户高换南一家,清光绪年间从原籍冀州逃荒至藁城县,先后在三邱、大奉化村以磨面卖馒头为生,但未能久居。辗转到赵庄镇,仍以磨面卖馒头为业。由于赵庄古镇经商环境优越,村民忠厚诚信,热心关照,买卖做得顺风顺水,成为殷实商户。土改时赵庄平分给他家房产、土地,定居在赵庄,成为赵庄村民。

扶危济困、助人为乐也是赵庄人的传统美德。鳏寡孤独的生活,周围乡亲、亲朋好友都会及时伸出援手,解决他们的生活困难。有的家庭突遭天灾人祸,也都是乡亲们及亲朋好友帮助渡过难关。新中国成立后，村集体根据国家的政策规定，对鳏寡孤独纳入“五保户”集体供养，乡亲们关心“五保户”的老人们，及时伸出援手帮他们解决困难。时至今日，扶危济困、助人为乐更是发扬光大，每年都有勤劳致富的乡亲，拿出钱款或购买衣被、食品资助鳏寡孤独及贫困户。

邻里互助，睦邻友好，源远流长。赵庄邻里之间互相帮助的传统悠久。谁家红、白喜事，街坊四邻主动前去帮忙，就是修房盖屋，乡亲们也主动前去无偿帮忙，遇到困难家庭，修房盖屋，不仅无偿，甚至连饭都不吃一口。谁家需要帮忙，主人说出口，撂下自家事也会帮忙。农具、用具互相借用，互通有无。在治安上互相照看，即便临时离家，家中无人，大都不会锁门，有的户根本没有锁匙。

孝敬双亲、尊老爱幼也是传统美德。祖祖辈辈提倡孝道，褒扬孝子孝媳。对于父母长辈，子女都会竭尽所能，顺应老人，保障老人的衣食住行，老人有病，日夜侍候在老人的病床前。对其他长辈，尊重有礼，敬听教诲。极少出现忤逆不孝、混账不羁的小人。

爱护家乡，建设家乡也是赵庄人的传统美德。清同治六年民捐民修寨墙、寨门，保护村民免受贼侵；明清时期，村民捐资数次重修神宫寨，保护村民免受战火涂炭，是村民爱护家乡，建设家乡，护佑村民的壮举，也是村民爱护家乡，建设家乡传统美德的体现。

新中国成立 70 年来，社会安定、经济发展。赵庄村民无论是身在家乡的父老乡亲，还是在外从事党政军公教工作及经商办企业的游子，每个人都不会忘记家乡，关心家乡的发展变化，以各种方式支持家乡的建设。家乡父老在村党总支、村委会领导下，勤俭搞建设，修建教学楼，开拓商业街，修建出村公路，拓宽改造硬化东西长街，硬化主要街道，完善提高电气化、机械化设施额设备等。在外游子也千方百计支援家乡建设。20 世纪 80 年代末，在外工作的贾兰贵、韩银福多方跑办，协助村委会筹集物资、机械修建第一条出村硬面公路；2005 年，在外工作的陈会强、胡文田千方百计争取修路资金 200 万元，重修、新建两条出村硬面公路等。

第二节　道德建设

中华人民共和国成立以来，党和政府始终加强公民社会主义思想道德建设，这是发展先进文化的重要内容和中心环节。在新的历史条件下，赵庄从公民道德建设入手，继承中华民族几千年形成的传统美德，发扬党领导人民在长期革命斗争与建设实践中形成的优良传统道德，努力建立与发展社会主义市场经济相适应的社会主义道德体系，形成追求高尚、激励先进的良好社会风气，保证社会主义市场经济的健康发展，促进全体村民素质不断提高。

新中国成立初期，根据毛主席、党中央的安排部署，进行社会主义共产主义理想教育，进行坚持共产党的领导、坚持社会主义方向教育，去除非无产阶级思想道德，确立共产主义思想道德。随着工商业社会主义改造、土地公有制改造和农业合作化，大力开展集体主义教育、爱国主义教育。并注重党员的道德建设，要求党员、干部加强学习，搞好自身道德建设，要求党员干部要做到“理论联系实际，密切联系群众，自觉开展批评和自我批评，继续保持艰苦朴素，谦虚谨慎，不骄不躁的作风”。1963 年 3 月 5 日，毛主席发出“向雷锋同志学习”的号召，在全国树立了道德的榜样。赵庄同全国一样，掀起了学雷锋高潮。学习雷锋全心全意为人民服务的奉献精神，爱岗敬业的“钉子”精神，甘于平凡的“螺丝钉”精神，勤俭节约、艰苦奋斗精神，公而忘私的集体主义精神。学习雷锋始终对党忠诚、时刻维护党和人民利益的坚定信念。通过学习雷锋活动，人们的精神面貌、道德水平为之一新，特别表现在青年学生身上比较突出，维护集体利益，同损害集体利益的行为作斗争，义务整修街道，无偿帮助缺劳力的户推土起粪，积极参加站岗放哨维护社会治安，主动帮助鳏寡孤独和“五保户”等。

1986 年，全县开展“五讲四美三热爱”活动，村党支部、村委会重视，采用贴标语、喊口号、会议讲、典型带动等形式开展活动。“五讲四美三热爱”的内容是：讲文明、讲礼貌、讲卫生、讲秩序、讲道德。心灵美、语言美、行为美、环境美。热爱祖国、热爱社会主义、热爱中国共产党。很丰富的内容,很强的思想性,进一步推进了共产主义思想道德建设。

1987年,藁城县精神文明建设委员会在县总工会、妇联会、团县委、武装部、教育局等部门配合下,在全县开展起青少年道德教育活动,着力培养青少年成为有理想、有道德、有文化、有纪律的"四有"新人。赵庄村委会配合学校在培养教育青少年成为"四有"新人方面做了大量工作。

1989年,藁城县文明委印发《移风易俗狠刹五股歪风的公告》。为了使狠刹五股歪风、净化社会环境的工作常抓不懈,1991年藁城市政府发布了《关于治理违法婚姻的布告》《关于反腐倡廉、狠刹五股歪风的公告》。赵庄坚决宣传贯彻执行公告、布告精神,成立"红白喜事理事会",制定红白喜事招待标准和管理办法,狠刹婚丧大操大办、早婚早育、封建迷信、聚众赌博、直接土葬等歪风邪气,五股歪风的蔓延势头得到了遏制。特别是丧葬,一改过去大操大办,停灵三、五、七天的旧习俗,老人过世后,一般一天办完丧事,很少有超过两天的。帮忙乡亲及奔丧亲朋好友,用餐一律大锅菜馒头,避免浪费。

1997年,藁城市文明办制定并印发《藁城市市民文明公约》《藁城市公民行为规范》,赵庄认真贯彻执行,在村民中广泛开展"学文明规范,做文明市民"活动。开展"五好家庭活动",全村涌现210个"五好家庭"。

2000年,赵庄开展以"职业道德、社会公德、家庭美德"和"在社会做个好公民、在村内做个好村民、在家庭做个好成员"为主要内容的"三德、三做"教育活动,社会主义思想道德教育进一步深入。

2001年,中共中央颁布《公民道德建设实施纲要》,并发出通知指出:加强社会主义思想道德建设,是发展先进文化的重要内容和中心环节。各地区、各部门一定要把公民道德建设放在突出位置来抓,认真贯彻执行《公民道德建设实施纲要》。

按照"三个代表"重要思想的要求,赵庄以贯彻落实《公民道德建设实施纲要》为主要内容,坚持宣传教育深化、思想道德建设具体化,大力开展群众性的公民道德实践活动。抓住公民道德建设的主要内容,坚持不懈地加强公民道德建设:

1.把为人民服务作为公民道德建设的核心,是社会主义道德区别和优越于其他社会形态道德的显著标志。他不仅是对共产党员和干部的要求,也是对村民群众的要求。每个公民不论分工如何、能力大小,都能够在本职岗位,通过不同形式做到为人民服务;

2.集体主义作为公民道德建设的原则。在社会主义社会,人民当家作主,国家利益、集体利益和公民个人利益根本一致,集体主义成为调节三者利益关系的重要原则。把集体主义教育渗入社会生产和生活的各层面,引导人们正确认识和处理国家、集体、个人的利益关系,提倡个人利益服从国家、集体利益、局部利益服从整体利益、当前利益服从长远利益,反对小团体主义、本位主义和损公肥私、损人利己。

3.把爱祖国、爱人民、爱劳动、爱科学、爱社会主义作为公民道德建设的基本要求,也是每个公民都要承担的法律义务和道德责任。教育引导村民发扬爱国主义精神,提高民族自尊心、自信心和自豪感,以热爱祖国、报效人民为最大光荣,以损害祖国利益、民族尊严为最大耻辱。提倡学习科学知识、科学思想、科学精神、科学方法,艰苦创业、勤奋工作,反对封建迷信、好逸恶劳。积极投身于建设有中国特色的社会主义伟大事业。

4.教育村民遵守社会公德,做到文明礼貌、助人为乐、爱护公物、保护环境、遵纪守法;教育引导村民遵守职业道德,做到爱岗敬业、诚实守信、办事公道、服务群众、奉献社会;家庭美德涵盖了孝敬父母长辈、夫妇相敬相亲、兄弟姊妹兄悌弟恭、重视子女教育、邻里和谐相助。教育鼓励村民,人人争做具有家庭美德的家庭成员。

2006年,全国经济社会发展的总体向好,"十一五"规划纲要描绘的美好生活蓝图,让人民群众满怀喜悦和期待。但是社会生活中也存在着一些不健康、不文明的现象,拜金主义、享乐主义、极端个人主义在一些人中还有“市场”，少数人思想混乱，道德缺失，是非、善恶、美丑混淆。这些问题的出现和蔓延，对社会主义道德体系造成了冲击，损害了社会风气，也影响了经济社会的健康发展，人民对此强烈不满。公民的道德建设，必须以正确的价值观为指导。是非、善恶、美丑的界限绝对不能混淆，坚持什么、反对什么，倡导什么、抵制什么，都必须旗帜鲜明，立场坚定。3月4日，中共中央总书记胡锦涛提出了“八荣八耻”的重要论述，为当时形势下明辨是非、区分善恶、分清美丑提出了新要求，在推进公民道德建设中发挥了积极作用。“八荣八耻”的内容是：

以热爱祖国为荣，以危害祖国为耻；以服务人民为荣，以背离人民为耻；

以崇尚科学为荣，以愚昧无知为耻；以辛勤劳动为荣，以好逸恶劳为耻；

以团结互助为荣，以损人利己为耻；以诚实守信为荣，以见利忘义为耻；

以遵纪守法为荣，以违法乱纪为耻；以艰苦奋斗为荣，以骄奢淫逸为耻。

赵庄按照上级的统一部署，以各种形式宣传“八荣八耻”论述的深刻含义，教育村民发扬优良的道德传统，真正从思想上、价值观上明辨是非、区别善恶、分清美丑，真正做到热爱祖国，服务人民，崇尚科学，辛勤劳动，团结互助，诚实守信，遵纪守法，艰苦奋斗，自觉同不良风气、道德缺失行为“作斗争”。

2012年11月，中共十八大报告明确提出“三个倡导”，即“倡导富强、民主、文明、和谐，倡导自由、平等、公正、法治，倡导爱国、敬业、诚信、友善，积极培育社会主义核心价值观”。这是对社会主义核心价值观的最新概括，也是道德建设的新高度。

高举中国特色社会主义伟大旗帜，坚持以毛泽东思想、邓小平理论、“三个代表”重要思想、科学发展观、习近平新时代中国特色社会主义思想为指导，深入开展学习贯彻党的十八大精神、十九大精神和习近平总书记系列重要讲话精神，紧紧围绕坚持中国特色社会主义这一主题，紧紧围绕实现两个一百年奋斗目标、中华民族伟大复兴中国梦这一目标，紧紧围绕“三个倡导”这一基本内容，注重宣传教育、示范引导、实践养成相统一，注重政策保障、制度规范、法律约束相衔接，使社会主义核心价值观融入人们生产生活和精神世界，激励人民为夺取中国特色社会主义新胜利而不懈奋斗。

第三节　文明村创建

20世纪80年代中期，随着精神文明建设的深入发展，全县开展起创建文明村镇工作。根据县委、县政府的统一部署，开展起以提高村民思想道德素质、改善村镇环境、普及科技知识、活跃文化生活、倡导移风易俗、搞好社会治安为主要内容文明村创建活动。1985—2017年，赵庄村连续22年被评为(县)市级精神文明村。

1985年以来，村党总支、村委会“两委”班子重视自身建设，在乡(镇)党委、政府领导下，健全了学习制度、生活会制度和履职考评制度，不断提高“两委”班子成员的政策水平和领导能力。坚持政务、财务公开，接受群众监督。坚持村民自治，村内重大问题决策通过村民代表会或村民大会，村党总支领导和监督村委会的工作，做到了“两委”班子坚强有力。

文明村的创建，离不开广大群众的参与。调动群众创建文明村积极性，必须精心组织，在学习上下功夫，广泛宣传创建文明村的重大意义。为使赵庄走在创建文明村的前列，村党总支重点抓以下几项工作：一是根据镇党委的部署，每年年初召开创建工作动员大会，制定《赵庄村创建活动目标和实施方案》，健全创建组织，落实目标责任制，动员广大党员干部，带头创建活动，为创建文明村活动打下了坚实基础。二是立足实际，大力进行宣传，张贴标语，发放致群众公开信，包片党总支成员和村委干部，深入农户宣传文明村创建活动的意义、目标和创建活动的有关知识，认真听取、研究和采纳群众对创建活动的意见和建议。在全村形成了创建活动有利的舆论氛围。三是突出重点，认真开展学习活动。根据赵庄的实际，确定学习内容：学习社会主义新农村的目标要求，学习产业结构调整的必要性,学习种养殖技术,学习健康向上的生产、生活方式,学习信息化的知识等。通过学习,统一了创建活动目标的认识和创建思想,提高了广大群众文化素养水平。

党总支每年组织党员、村民代表、骨干群众参加镇、村组织的培训班、学习讲座,并利用广播、党员远程教育、报刊、会议等多种形式和载体,深入学习《公民道德实施纲要》,学习社会主义核心价值观,加强对群众社会公德、职业道德、家庭美德教育。发展平等、互助、友爱的新型人际关系,养成健康、文明、科学的生活方式,努力培养“四有”公民。组织党员干部和骨干群众到西柏坡参观学习,接受爱国主义教育。组织党员群众学习毛泽东思想、邓小平理论、“三个代表”重要思想、科学发展观、习近平新时代中国特色社会主义思想,以新的发展理念来武装党员干部和群众的头脑,树立正确的人生观、价值观。深入开展“五好家庭”、“十星级”文明户活动,对广大村民进行传统美德、文明行为的规范和教育,群众的思想道德素质明显提高。2000 年后,全村涌现出“五好家庭”“十星级”文明户 300 余户,占全村总户数的 15%左右。积极开展普法教育,增强村民学法、用法、守法的自觉性。至 2019 年没有发生过刑事案件,也没有村民被刑事处罚。

加快美丽乡村建设。2001 年,河北省委省政府印发《关于加快推进美丽乡村建设的意见》。《意见》指出:美丽乡村建设的基本原则是“坚持规划引导,突出特色。强化规划的引领和指导作用,科学规划,分步实施。充分考虑农村与城镇的功能差异,突出乡村特色,保持田园风貌,注重农村文化传承,防止千篇一律。坚持因地制宜分类推进。坚持创新驱动,市场化运作。坚持生态优先,绿色发展。按照建设资源节约型、环境友好型新农村的要求,注重采用节能、环保、低碳新材料、新技术、新装备,实现乡村绿色发展。坚持从实际出发,农民自愿。充分尊重农民的意愿,不急于求成,不强迫命令,把群众认同、群众参与、群众满意作为基本要求,切实调动农民的积极性、主动性和创造性,推进美丽乡村建设。

村党总支、村委会认真贯彻执行省委省政府的意见和藁城市(区)委、市(区)政府的具体安排部署,大力推进“四美五改”(改房、改水、改路、改厕、改厨,做到环境美、产业美、精神美、生态美)专项行动,取得了成效,不断提高美丽乡村建设水平。

1.实施改厕工程

传统的茅厕是连着猪圈的,家家户户都有猪圈,猪圈两头设有茅厕,粪便直接进入猪圈,如果养着猪,人屎被猪直接吃掉,极不卫生。随着经济的发展、社会的变革,到 20 世纪末,养猪集约化,秸秆直接粉碎还田,一家一户不再养猪积肥,猪圈失去了利用价值,家家户户填平了猪圈,挖一深坑设简易茅厕,粪便直接进深坑,夏天深坑内蛆蝇满坑,臭气熏天。在这种情况下,根据上级政府安排,统一改成蹲便或坐便水冲式厕所,90%以上的户已改成这样的厕所。但是这次改厕仍然没有解决冬天冲水管易冻和粪便沤化后的抽淘肥田问题,仍需进一步改进。

2.取暖做饭改用清洁能源工程

传统的取暖做饭主要是煤炭、柴草,很多户为了节省钱财,一年四季一半时间烧柴草做饭,使用煤炭多是含硫多的劣质煤炭,排放大量烟尘和有毒有害物质,污染环境。2014 年起,在市镇政府统一部署下,开展清洁能源工程,做饭提倡用电或液化气,取暖推广新型燃煤炉,统一供应经过处理的优质煤球,在炉具和煤炭上政府给予补贴。到 2016 年底,全村 80%以上户用电做饭,用新型煤炉取暖,大量减少了污染物的排放。2017 年,国家补贴,赵庄实施煤改气工程,当年完成输气管道安装,当年冬季,80%以上户使用天然气做饭取暖,其他户使用电力做饭取暖。千百年来,农家用柴草、煤炭做饭取暖成为历史,大大改善了生态环境。

3.实施安全洁净用水工程

为彻底解决村民生产生活用水洁净安全,20 世纪 80 年代起,村民生活用水是抽取地下水,高压无塔供应到户自来水,一天 3 次定时供应。2014 年投资 150 余万元(每户集资 500 元、不足部分村集体补贴),打了两口超过 200 米的深井,新铺设了优质管材管道到户,废弃了过去吃水井和管道,实行 24 小时全天候供水,水质安全达标。

4.实施村庄道路硬化、亮化工程

近年来,年年投资整治修建村庄道路,村内主要街道逐年硬化,街道两侧进行了修整,修通围村路,并进行了硬化。东西长街经过拓宽、取直、硬化,成了宽阔、笔直,两侧门店栉比,繁华热闹的商贸大街。20 世纪 90 年代,在村南新建的商业街,主街道硬化、人行便道铺砖,两侧植树,门店整齐,并重修了 3 条出村公路。至 2019 年 10 月,村内道路 95%硬化,泥土道路很少。田间道路硬化 8 条。村庄内道路安装了路灯,主要街道安装了彩灯和红灯笼。夜晚,各条道路路灯明亮,主要道路五彩缤纷。

5.实施"三清"(清街道、清杂物、清庭院)和垃圾专项治理工程

动员全村村民养成清洁卫生习惯, 每天打扫自家的院落、屋内,做到物品摆放整齐,屋内四面清洁,院落整洁,栽花种草,美化环境,清除的垃圾废弃物及时送交垃圾点。村委组织人员负责街道清扫和垃圾清运,达到垃圾日有日清,赵庄街道整齐通畅、干净整洁,家家户户院落窗明几净,院落干净整齐,院落较大的户种花植草,生意盎然。

坚持抓"两个文明"建设。在文明村建设上,村党总支、村委会树立"整体规划,分步实施"的总体思想,工作中注重实际,做到既量力而行,又尽力而为。在精神文明建设方面, 紧紧抓住重要环节, 扎实推进。在抓紧精神文明建设的同时,毫不放松物质文明建设。在农业种植业方面,完善机械化、电气化,推广良种良法,实行科学种田,保障粮食种植面积,稳产高产, 不断提高投入产出比。鼓励种田大户集约经营,提高经济效益。同时鼓励村民开展农副产品加工增值,鼓励养殖业的发展;鼓励村民开办商业服务业,增加第三产业收入。有条件的兴办工业,吸收村民到工厂工作,增加收入。鼓励富余劳动力走出家门,学习一门或几门技艺,到石家庄等地的工商企业谋职就业,提高家庭收入。至 2019 年,赵庄村民人年均纯收入达到 1.2 万元以上,基本达到了小康生活水平。

第四节 村民善举

西汉高后八年(前 180)前后,先民捐资在村西北高岗之上修建北堡,战乱时,先民躲避于堡内,保障先民生命财产免遭涂炭。

明嘉靖二十一年(1542),本乡善人贾祯等组织合乡人处置工物,重建真武庙殿宇三楹门舍二楹。明隆庆年间(1567—1572),有善人贾福辛等加山塑之饰,有监生贾尚德等于殿宇之前修雨厦三楹。善人郭应魁等于明万历二十年建立石碑二座, 碑文记述重修真武大帝庙,并镌刻捐款乡民姓名。

明崇祯十一年(1638),堡主韩尚贤公直贾清策为保乡民免遭刘齐之乱兵涂炭, 请求县令修复北堡(即真武庙),县令同意并要求千总董治之协理,重修后改名神宫寨,并立碑据实迹以记。

清乾隆四十六年(1781),神宫寨姓荣的住持僧人发愿重修神宫寨,苦心募化,又请本镇文士共襄盛事,重修完成,立碑记述。

清乾隆五十四年(1789),观音堂住持僧清泉矢愿重修,约乡之善众甄文德、蔡献瑞、黄文明、赵文元、黄文会、赵廷梁、张文锦、郭宏、张文彬、郭名振、郭闯、贾如曾、张文生、张文达、甄元淳、董群修、张希舜、郭殿等 24 人等组织募捐、重修,完成后立碑以记。

清道光二十三年(1843),有庠生李清玉、宫行黄玉龙邀乡众议修神宫寨,通过募化、施舍聚财重修,清道光二十五年(1845)重修完成,立碑以记。

《藁城县志集注》载:堡寨,坚壁清野,防乱善策也。军兴以来,县境屡被贼蹂,民间多筑堡自卫。承平之后,规制犹有存者。赵庄堡寨于清同治六年、七年(1867—1868)民捐民修。

1989 年, 赵庄修建通正无公路的第一条硬面公路,时任藁城县城关镇党委书记的村民贾兰贵、时任贾市庄镇党委书记的村民韩银福分别筹措材料和机械费用。

村民善举功德榜

2005年前后，时任藁城市副市长的村民陈会强、时任高速公路管理局工会主席的村民胡文田多方努力，为赵庄重修、新建通正无公路的两条硬面公路，通过交通主管部门，争取无偿修路资金200余万元，解决了公路修建、街道硬化的资金困难，为村民出行办了件大好事。此外陈会强为赵庄村域内增加变电设备、改造高低压线路，支持农副产品加工业和其他工业企业的发展作出了很大贡献。

2012年4月11日，村主任韩书贵给46名孤寡老人每人100元，共捐赠4600元；2013年春节，韩书贵自费无偿给60余户困难户每户发放50斤面粉。

2014年6月23日，村主任韩书贵无偿资助贫困村民张三全500元看病。

2014年6月30日，冀商联合会成员、村民韩全利捐款2000元，救济贫困村民齐书英、胡文春各1000元。

2014年9月1日，村民韩金贵自费购买月饼、面粉，给63户困难户每户3斤月饼、20斤面粉。

2014年9月4日，村民韩四、胡清水、辛艳江三人自费购买豆油、大米，送给65户困难村民家庭，每户豆油10斤、大米10斤。

2015年1月10日，村主任韩书贵，资助丈夫去世，自己又患病的困难村民韩凤书1000元。

2015年1月18日，村主任韩书贵资助女儿患病的困难家庭黄建军家1000元。

2015年春节，村主任韩书贵自费给60余户孤寡老人每户送去一桶食用油。

2015年7月1日，村主任韩书贵自费投资2万元为村小学、高小购置打字机2台，学校送其锦旗一面，上书“捐资助教、泽被乡里”八个大字。并承诺：本年度考上大学的本村学子，自费资助每人1000元。

2015年8月，重修西南门至正无公路的出村公路，韩书贵弟兄开发住宅楼，捐资60000元，金帝豪家具厂法人代表高雅雄捐款50000元，赵新杰纺织厂捐款50000元，赵建设纺织厂捐款50000元，鲍世龙纸箱厂捐款50000元。

2015年12月10日，村民戴志忠为村内50名孤寡老人捐棉被30条，棉衣、棉裤、棉大衣各10件。

2016年春节，韩金利、辛艳江为该村63户困难户送油、米、面。

戴志忠，赵庄村民，现任职于藁城区质量技术监督局，2016年12月捐30套被褥、30套棉大衣，救助家乡鳏寡孤独老人。

疫情防控期间鲍士龙捐赠物资

第二十二章 文 化

藁城古文化灿烂，为商文化发达地区之一，唐宋时期诗词大昌，明清时期戏曲繁荣，民间歌谣、传说故事风行乡里，寺庙众多且香火昌盛。赵庄在商代有先人聚居，战国时期后期建村，明代中叶发展成“镇”，是藁城县著名八大古镇之一，西距正定古城10千米，主要街道商铺林立，商贾云集。“一、六”大集，商贸繁盛，四面八方各色人等集上交易，人山人海，摩肩接踵，熙熙攘攘，热闹非凡。说书的、打莲花落的、拉洋片的杂陈其间。茶馆生意兴隆，当地头面人物，外地客商，聚集茶馆，品茗听曲儿，洽谈生意，交流各地风情。赵庄有神宫寨、弥陀寺等寺庙十几处，古碑刻众多，处处古寺庙香客接踵而至，香烟缭绕，钟磬声、诵经声交织不断。古戏楼两座年节演出，帝王将相、才子佳人演绎历史景象，村民们颇受熏陶。赵庄文化积淀深厚。中华人民共和国成立后，党和地方政府非常重视地方文化发展与建设。

第一节 群众文化

一、戏楼(园)

明清时期，赵庄古镇在神宫寨南边、镇内关爷庙前各有一古戏楼，每逢庙会、春节都请戏班唱戏，民国年间戏楼被损毁。20世纪50年代末，在村委会旁建起戏院，占地约1500平方米，有瓦顶戏台、化妆间。观众场地有中间和两廊，有棚顶，有木板条凳座位。“文化大革命”前，除十月庙会、正月唱戏外，农闲也请戏班唱戏，一般是坠子、丝弦、评剧、河北梆子、京剧等，买票入场，场场爆满。十月庙会还常常在村东西长街西头三官庙前或小学操场搭台唱高台戏，一般是龙凤秧歌、乱弹、评剧。“文化大革命”十年间，主要是村内文艺宣传队正月、农闲在戏院搞文艺演出。戏院保留至今，只剩下舞台和化妆间，每年十月庙会还在此组织唱戏，村委会出资，村民和赶庙会的四邻八乡群众免费看戏。由于家家有电视、人人有手机，看戏的不再是人山人海，但是中老年还是忠实观众。

二、文化馆

1951年，藁城县政府在赵庄、南董、南孟、兴安、岗上、丽阳、梅花、贾市庄八大村镇建设文化分馆。赵庄文化馆设在东西中心大街偏东路北通东北门路东，占地约200平方米，临街4间、西屋3间，院落不大。第一任馆长脱产干部岳青云。馆内有图书和文化器材，主要任务为组织宣传，培养文艺骨干。1952年文化馆改称文化站。1957年撤销。

三、24道“清明会”

明代、清代时期，村民自发以姓氏宗族为主，以街道为辅组织起来，叫“清明会”，民主推选管事的。各道会大多有会地地租及孝衣、炊具租赁收入。收入主要用于过年请吹打班、祭神用的香烛纸张和清明祭祖男丁吃“清明会”。每年多数会请吹打班在农历腊月除夕整夜、正月初一吹唱，祭神娱乐。20世纪70年代后，年轻一代虽然对“清明会”逐渐淡漠，但至今各道会春节搭神棚、在街道挂彩纸、点宫灯，在神棚内供神像。村民们敬香、捐赠，祈求保佑风调雨顺、家人安康、来年发财。少数会过年请吹打班吹唱，习俗绵延至今。原各寺庙旧址，信奉佛教道教的村民集资搭建简易寺庙，逢年过节，香火不断。神宫寨旧址搭建的简易寺庙最大，占地数亩，有僧人数人常住，香火最盛，捐赠颇多。2015年春节，由村干部和工商业成功人士捐赠，全村共请吹打班12班，超过常年。

四、文艺组织

中华人民共和国成立前，村内有村民自发组织的高跷队、秧歌队、京剧班。新中国成立初期，村(大队)党支部管委会组织文艺队：踩高跷，骨干有贾老达、张国瑞、黄大雨、贾柳造、贾老巴等；拉洋片骨干有韩东明、李凤喜等；学生打“霸王鞭”；特别是京剧班，韩东明为团长，骨干有刘自修、刘傻子、穆小京、刘计福、张奎、张计全、甄模、郭老庆等，排演的剧目有《打渔杀家》《两方便》《小女婿》《刘巧儿》《武家坡》《空城计》《秦琼卖马》等。

唢呐班以李顺来为首，和其弟兄子侄组成唢呐班，平时办红白喜事，用吹唢呐迎亲送丧，节庆在村内或被请外出演出。李顺来吹唢呐技艺高超、炉火纯青，被平山、保定一带誉为“吹破天”“唢呐王”，用唢呐演奏戏曲犹如清唱，字韵清晰，音调和美。其子弟班延续至今，以唱为主，吹唢呐为辅，主要应对农村红白喜事，主要骨干有韩彦杰、韩彦峰、韩银全、黄小渣和李顺来以及其嫡孙李申等。

文艺俱乐部：“文化大革命”期间，大队革委会组织文艺俱乐部，黄贵生、鲍双路等为领导，骨干有周淘气、韩兵银、甄成敏、郭宝堂、甄小五、韩脏人、卢小全、鲍同喜、鲍老荣、徐春梅、韩云山等。排练的节目有歌舞、快板书、相声、小品、戏曲等。排演的戏曲剧目有《红灯记》《沙家浜》《智取威虎山》《龙江颂》《夺印》等样板戏、现代剧。

党员高兰琴，于2004年小学教师岗位上退休后，和老伴贾双贵在石家庄老年大学学习健身球操，回村组织老年健身球队、舞蹈队，组织群众性的健身活动，进行表演宣传，丰富赵庄村民文化娱乐活动，促进村精神文明建设。

西洋鼓乐队：2010年起，高素琴、张文环等人组织了“西洋鼓乐队”，平时被请参与结婚迎亲。节假日、春节为公众演出。

广场舞：进入21世纪，赵庄村中老年妇女自发组织起广场舞队，每晚在村中心广场跳广场舞，既健身又陶冶情操。

第二节　民间文艺

赵庄民间花会历史久远，源于庙会祭祀、传统节日娱乐。每逢春节、清明或庙会，邀请其他村花会班子演出。中华人民共和国成立后，久延此俗，各种花会常在春节等节日或喜庆祝贺时举行大型表演。保留的项目有战鼓、架子鼓、腰鼓、大鼓、旱船、狮子舞、高跷、莲花落、跑驴、二鬼摔跤、太平车、走马灯、拉碌碡、拉洋片、肘布袋猴等20余种。“文化大革命”期间，民间花会被视为“四旧”而销声匿迹，后来也未恢复。赵庄古镇主要花会项目有以下几种：

一、架鼓又称“胯鼓”

清末民初传入黄庄、赵庄、小慈邑等村。民国时期和新中国成立初期，赵庄一直保留有架鼓队。

架鼓，属男性群体广场艺术。鼓队由十几人或几十人组成，配以大锣、大钹等打击乐器伴奏，表演时击鼓者将鼓挎于腹前，双手各持鼓槌，按固定套路敲击鼓面或鼓梆。表演分“走队”和“扎场”。扎场表演主要是“弓步”和“蹲裆”等一些基本步法。架鼓的套路有“大得胜”“小得胜”“大下山”“小下山”“大洋套”和“小洋套”等。

二、高跷

清末至新中国成立后，赵庄有高跷队。

高跷分文武两类：文者重身段优美，扭逗打趣，队列变化和歌唱；武者重于惊险技巧，如过独木桥、上梯子、摔叉、腾翻等。表演内容多以民间戏曲情节为主。高跷表演音乐伴奏由打击乐和民乐两部分组成。

三、落子又称“霸王鞭”

落子系载歌载舞的一种民间舞蹈。20世纪50年代，赵庄还有“霸王鞭”表演队。

霸王鞭表演一般由24人组成，男女各半。男持霸王鞭（用一米左右长的细竹竿，两端挖孔穿上铜钱，扎上红绸布条，舞起来“哗哗”作响），女左手持彩绸或竹板，右手持彩扇。表演起来男的矫健潇洒，女的轻盈柔美。并伴唱民间小调，如《小放牛》《放风筝》《孟姜女》等，再加民乐伴奏，表现力更为丰富。

四、走马灯

民国时期至50年代，每年正月、庙会夜间赵庄东西长街上有走马灯表演。

走马灯，一般是木制正方形或圆形框架五面糊上白纸，形成中空，正面空间内悬吊肢体能活动的薄纸板制成的人、马、狗、鸟等纸偶，下面有放置蜡烛的托盘。表演时,悬挂于空中,点上蜡烛,增加空气流动,从而推动纸偶运动表演。

第三节 民间文学

赵庄民间文学蕴藏丰富。

一、民间传说

1.神宫寨的传说

赵庄村西北门外有一座高台庙，传说叫“雷公庙”,占地数十亩,高出地面五六丈。上有钟鼓二楼和药王殿、三清阁、玉皇殿三层大殿。明崇祯十一年(1638)陆月吉旦邑人庠生贾鸿猷据实迹以记《真定府藁城县赵庄村重修北堡今改神宫小记》,名为“神宫寨”,直至20世纪40年代末仍有部分残存遗迹。据传,在神宫寨玉皇殿内,玉皇大帝塑像背,有一幅山水画,画中的江水汹涌澎湃,波涛起伏,樯倾楫摧,呈翻江倒海之势。传说曾有一名朝拜客行至山水画前,目睹画中栩栩如生的一泓江水,犹如向他席卷倾泻而来,将被江水吞没,竟被吓昏了过去。很久以来,就在冀中一带的老人中间传诵着“寨子上的水,曲阳的鬼”。何为“曲阳的鬼”,据传,在曲阳县一座庙门两旁分别站着一个木质能活动的小鬼,手持铁锁链，当进庙门的香客不慎踩踏到控制机关——踏板时,两旁小鬼便将香客牢牢套住,因此出名。要问这幅画出自谁人之手,其作者就是唐代杰出画家吴道子。

传说,先有“神宫寨”,后有“赵庄村”。赵庄村始建于西汉年间，神宫寨当更早，神宫寨是太行山的尾,与正定的恒山、常山紧密相连。据说有石碑铭记载(至今尚未发现此碑),在隋朝初期,当地人为了躲避战乱,都躲避于赵庄村西北神宫寨内。神宫寨方圆数里,庙宇巍峨,神仙灵,树木葱茏,躲避上万人也不易被发现。神宫寨香火极盛,每逢春节、五月庙会,当地乡亲和四乡八村人们,大都去神宫寨烧香上供、顶礼膜拜。清末民国初年，赵庄地主黄家有土地数十顷,买卖做到石门、北京、天津,财富雄厚。民间曾传“寨子坏,黄家败”。后外敌侵入,神宫寨、黄家大院遭战火涂炭,地主黄家逃走,应验了传言。可惜,现在正定的恒山、常山都没有了,神宫寨庙宇文物、大部分碑刻连同土丘化为乌有。只有保留下来的几块碑刻,诉说着往日的辉煌。

2.赵庄村来历的传说

据传真武大帝一日正在武当山打坐，忽然心血来潮,掐指一算,原来是王母娘娘邀请他参加“蟠桃盛会”。真武大帝觉得时间尚早,正好带领众神仙巡视一番,以便察看民间疾苦,惩戒不敬之徒,赐福虔敬之众。心意已定,随即带领众神仙,架起祥云开始巡视四方。

正在巡视,忽见前方有一高台,树木葱茏,祥云缭绕,霞光四射。大帝带领众神仙降落此处,举目四望,只见此地方圆百丈,高耸于地面数丈有余,花草茂盛,百鸟和鸣,帝心大乐,说道:“此处真是神仙之福地。”举目东南不远处,氤氲笼罩,有一块状似元宝之地,面积不小,似有凡人居住,此即赵庄村。帝惊问赵公明:你怎么把财宝放在此处?赵公明急忙答道:小神不敢,此地乃天赐人间福地,非小神把财宝放在此地。

真武大帝随即说道:“既然这里是人间福地,你又是人间财神,又姓赵,那么这个村就叫赵庄吧!”此即赵庄村的来历。

附近村民见高地之上祥云聚集，扶老携幼前来观看,方知是真武大帝率众神仙驾临,慌忙跪拜,祥云慢慢升起,向西南飘去。

众人见真武大帝驾临此福祥之地，于是大家慷慨解囊,在高地建起真武大帝殿,塑真武金身,又著深池以绕于外,高墉以园乎中,翠柏树于殿前,虬槐植于殿后,众人四季膜拜,香火绵延。后又续建钟鼓二楼、药王殿、三清阁、玉皇大帝殿,名为“神宫寨”,成“藁邑之名区、赵镇之巨观”,子民朝拜、僧道修行之圣地,声名远播,香火鼎盛。至今,那些善男信女还在神宫寨供奉着真武大帝。

赵庄村民性格耿直憨厚、勤劳勇敢、胸怀坦荡,为国为家无私奉献。虔诚信奉神灵,除夕之夜,家家到神宫寨祭祀，绵延至今。赵庄村民热爱自己的家乡，建设自己的家乡，为自己美丽的家乡而自豪。有诗赞曰：

藁邑名区神宫寨，
人杰地灵赵庄村。
胄衍流芳千年久，
继往开来永是春。

李福田
2016年秋

3.郭淮坟的传说

赵庄村民代代相传，宋真宗时期的太监总管郭淮坟就在赵庄村西南门里大水坑东南岸边。村民黄贵恒20世纪初在弥陀寺上学时，寺内曾悬挂郭淮墓铁碑一块。据现年79岁高龄的老村干部戴庚寅回忆，“文化大革命”后期，有人在人们传说郭淮坟的地方挖掘过，只挖出过一柄宝剑，已锈蚀不堪，现不知丢弃何处。传说中没有人能够说清郭淮死后为何埋在赵庄，更没有人说清赵庄是否为郭淮老家，郭姓人是否为郭淮后代，只是传说赵庄不允许唱《狸猫换太子》《铡郭淮》剧目。

郭淮是《狸猫换太子》剧中的主要反派人物。宋真宗时期，刘皇后诞子夭折，宋真宗为年老无后忧心，恰逢李妃身怀六甲，刘皇后怕李妃生子后得到宋真宗宠爱，威胁她的皇后地位，和太监总管郭淮密谋，待李妃诞下太子时，用剥了皮的狸猫换下太子，假报宋真宗说，刘皇后诞下太子，而李妃产出一怪物，李妃被盛怒的宋真宗打入冷宫，刘皇后打算害死李妃。知道真相的李妃的贴身丫鬟寇珠舍身救主，在公公陈琳的帮助下，李妃逃出皇宫，流落民间，靠挖野菜为生。20年后，宋真宗驾崩，太子登上皇位，是为宋仁宗。李妃知道儿子当上皇帝后，决定告御状。一次刚正不阿的开封府尹包拯陈州放粮还朝，李妃拦轿喊冤。包拯几经周折，在取得八贤王赵德芳支持下，弄清真相，宋仁宗迎回母亲，贬谪刘太后，包拯按律铡死了郭淮。

宋真宗、宋仁宗时期是否真有郭淮其人？祖居哪里？是否真有“狸猫换太子”之事，正史尚无查出记载，野史不详。郭淮到底和赵庄有何渊源，不得而知。

4.刘秀与拉蛄

在赵庄镇一带，关于“王莽赶刘秀”“刘秀赶王莽”的故事流传甚多。传说，王莽赶刘秀，到哪儿都有人救。刘秀赶王莽，到哪儿都有人讲。说明人们痛恨篡权夺位的王莽。

其实，“王莽”赶刘秀应是误传，当时追杀刘秀的是王朗而非王莽。王郎是邯郸人，以相卜为业，后自称是汉成帝之子刘舆，被西汉王室的刘林和大土豪李育等人拥立为汉帝，定都邯郸。当时刘秀以“萧王”名号经略河北，面对王郎称帝，他决意兴兵讨伐，复兴汉室。不承想王朗合兵，军力正盛，刘秀战之不胜，退转滹沱。时值三月，河水解冻，一片汪洋，河上又无桥梁、舟船可用，刘秀因无法渡河而心急如焚，于是派人查探河水是否结冰。如探马汇报说“无”，刘秀便将其杀死，派人再探。连杀二人后，刘秀派前锋王霸查探，王霸恐军心动乱，谎报说“河水结冰”。刘秀督军赶到，河水果然结冰，刘秀率军踏冰而过。待王朗赶到时河水复又解冻，无法渡河，刘秀得以脱险。对于这件事，后世不少文人墨客将其写进诗作，以求永记。如唐人胡曾的咏史诗《滹沱河》：

光武经营业未兴，王朗兵革暂凭陵。
须知后汉功臣力，不及滹沱一片冰。

“宋末三杰”之一的文天祥在被俘后押解元大都途经滹沱河的即兴之作《滹沱河》：

过了长江与大河，横流数仞绝滹沱。
萧王旧事今安在，回首往事感慨多。

南宋副宰相范成大在出使金国途经正定时所赋感时之作《滹沱河》：

闻道河神解造冰，曾扶阳九见中兴。
如今烂被胡膻涴，不似沧浪可濯缨。

元代国史院编修陈孚的《早发滹沱感冰合》：

征鼓连天战血红，存亡只寄寸冰中。
凭谁剪取鳞鳞碧，画作云台第一功。

明朝户部尚书石玠的《滹沱晚渡》：

千年形胜此滹河，道路驰驱自昔多，
短岸几人看日暮，中流有子动渔歌。

冰坚尚忆萧王渡，坂古曾闻太守过。

此日太平无夜警，村灯渔火映闲蓑。

邑人张九经的《滹沱晚渡》：

县城北面俯滹沱，利涉行人向晚多。

野鸟斜飞河底影，夕阳长卧海东波。

航萦沙渚登回岸，渔带云帆发浩歌。

却忆当年冰合处，至今洪浪浸青纱。

这些诗作都是记述“滹沱冰合救光武”的力作。这些诗作，或追忆，或记述，或借古喻今，无不为丰富滹沱河文化发挥着浓墨重彩的作用。

然而，刘秀踏冰渡滹沱河以后，厄运并未结束。王郎军被解冻的滹沱河水阻挡在了彼岸，但很快从沿河渔民家中抢来了木船渡河追赶上了刘秀军，王朗军人多势众，将刘秀军打散，刘秀丢盔卸甲徒步在旷野里奔逃，后边追兵穷追不舍，刘秀疲惫不堪，正在走投无路之际，突然看见前方不远处有一农夫正在驾犁耕地，刘秀即刻跑上前，求农夫搭救。农夫思谋片刻，叫刘秀躺在“山沟”里，(赵庄一带，耕地犁出的土沟俗叫“山沟”)待刘秀躺好，农夫“啪”的一声响鞭，黄牛拉动木犁飞快向前走去，犁铧翻起的土浪即刻将刘秀埋了个严严实实。

此刻，喊杀声、兵器撞击声此起彼伏，追兵跑到农夫跟前，喝问是否看见有人逃走。刘秀躺在“山沟”里，丝毫不敢动弹。随着时间的推移，刘秀感到呼吸有些困难。再到后来，他感到喘不过气来。恰在此时，有一只拉蛄(学名蝼蛄)钻了过来，先是冲他的左鼻孔打了一个洞，又到他的右鼻孔打了一个洞，刘秀面对拉蛄的“骚扰”十分生气，心想：“我正走着背运，你也胆敢欺负我”，想到这里，抓住拉蛄，两手一拽，揪下了拉蛄的脑袋。旋即一想，又感觉不对，莫不是前来救助自己的？若不是拉蛄在左右鼻孔上打洞，我如何能够顺畅呼吸？若不能呼吸，岂不被憋死？想到这里，刘秀觉得自己这样做对拉蛄太残忍了，深感不安。于是双手在土里乱刨，希望能够在土里找到一件东西把拉蛄的头和身躯重新连接起来。说来凑巧，他从土里居然刨出一根新鲜的枣葛针，纤细修长，两端带尖。他把枣葛针捏在手里，小心翼翼地把拉蛄的头和身躯插进枣葛针的两端，用嘴轻轻地呵了呵，平稳地放在地上。很快，拉蛄活了过来，接着钻进土里消失了。

刘秀又逃过一劫。后来，刘秀重整军队，于公元4年攻破邯郸，杀死王朗。公元25年登上王位，建立东汉王朝。自此以后，滹沱河两岸的拉蛄头和身躯是有一根像枣葛针一样细的骨刺连接着，甚为奇特。

5.刘秀敕封“椿树王”

在赵庄传唱的古老的童谣中有一首《椿树王》的歌谣，是歌唱椿树高大挺拔的。谁家的孩子个头矮、长得慢，父母都会选择一棵大椿树，叫孩子去抱一抱，并且一边抱嘴里一边唱：

椿树王，椿树王，你长粗来我长长，

你长粗了解大板，我长长了穿衣裳。

在众乡亲看来，“椿树王”是被“朝廷”金口玉言“封”了的，抱过“椿树王”的孩子，会很快长高长大的。这事据传与东汉开国皇帝刘秀有关。

话说，刘秀被农夫和拉蛄搭救以后，继续奔逃，以摆脱王朗军的追杀。在逃到井陉仙台山红岩寺附近的时候，随行人员跑散，他独自一人在崎岖不平的山路上奔逃，不知走了多长时间，累得两条腿像泥坨子一样再也挪不动了。于是，他躺倒在一棵大树下想休息一会儿。因为太过疲劳，他很快就鼾声如雷，进入了梦乡。

这是一棵高大旺盛的桑树，结满了桑葚，大部分已经熟透，紫红紫红的，摇摇欲坠。突然一阵风，刮掉了一颗硕大的桑葚，恰巧掉进了刘秀的嘴里，他本能地嚼起来。此刻，刘秀正做着梦：王朗军紧追不舍，他一个人独自在莽莽大森林中奔跑，口干舌燥，饥饿难耐。正在这时，忽然一位仙女从天而降，纤纤玉指将一枚仙丹塞进他的嘴里，立刻一股清爽流遍全身。他想询问仙女是何方神圣，但是却喊不出声来，他猛然一用力醒了。这时他真觉得口内有甜丝丝的东西，吐出来一看，颜色紫红。他正在纳闷之时，又一阵风过来，刮掉几颗桑葚落在了身旁，他捡起来放进嘴里一尝，果然香甜，抬头一看，树上挂满了这样的果实。此刻他突然明白，刚才嘴里甜甜的，是树上的果实掉进了自己的嘴里。他不禁脱口说道：“仙树赐恩，天助我刘秀也！”说完向仙树倒头便拜：“恩树、恩树，我若得帝，定封你为‘天下第一树’。”拜毕，刘秀从地上捡了很多桑葚吃了，口渴稍解后，继续向前逃去。

后来刘秀登基称帝，庙号“光武”。他不忘当年的许诺，又来到仙台山寻找那棵大树，可是找遍了沟沟岭岭，大小山崖，愣是没有找到那棵桑葚树。原来，刘秀忽略了一个细节：现在正值冬季，哪里有结着果实的树呢。这时一阵寒风刮过，一棵椿树被刮得咕咕作响，发出“我、我”的声音。刘秀听到声响，认为“恩树”找到了，于是命随从拿出早已拟好的诏书，亲口敕封椿树为“天下第一树”，并为其披红挂彩。

从此，“椿树王”的称号就流传下来，并留下了“抱抱椿树王，一天长三”的传说。

6.“六月十三，道不干”

在赵庄这一带至今流传着“六月十三道，不干”的俗语。所谓“道不干”是因为天在下雨，那是关老爷用天上之水磨刀的日子。

人们俗称的关老爷即三国名将关羽。关羽，字云长，山西绛州人士，是蜀国五虎上将之一，刘备结义二弟，坐骑赤兔马，手持青龙偃月刀，有万夫不当之勇，很少有与之匹敌者。他的青龙偃月刀只有用天河之水磨砺，才能够锋利无比。关羽每年六月十三日磨刀，都会天降甘霖。

关羽自从和刘备、张飞“桃园三结义”以来，便忠心无二地追随刘备打天下，历经磨难，威武不可屈，富贵不可移。关羽三弟兄曾被打散，关羽掩护刘备甘、糜二夫人留置曹操麾下，曹操想收买他，上马金、下马银，关羽不为所动。当获悉刘备去处，送还奉赠，坚决辞曹，护送二位嫂嫂和刘备团聚。赤诚之心，天日可鉴。

刘、关、张之蜀汉最困难的时候，他们曾向东吴暂借荆州栖身，以求立足再起。后在军师诸葛亮的协助下，攻取了西川（现在四川），刘备偕诸葛亮回成都，留下关羽驻守荆州。东吴见蜀国有了自己的地盘，多次向刘备讨还荆州，但一直毫无结果。这次，东吴又向关羽发来请柬，邀请他过江赴宴，名为畅叙友情，真实目的是宴会间以武力索回荆州。关云长明知有危险，仍欲单刀赴宴，只是苦于天无降雨，难得天河之水磨青龙偃月刀。于是便奏请玉皇大帝，玉皇大帝准奏，命龙王于六月十三日起，连降十日甘霖，供关羽磨刀。关羽磨刀渡江，从容赴宴，宴会间谈笑自如，东吴见青龙偃月刀寒光闪闪，锋利无比，关羽威风凛凛，未敢动武，宴后安然返回。留下了“关云长单刀赴会”的历史佳话。“六月十三，道不干”也流传至今。

7.赵南星拔橛儿

赵南星拔橛儿的故事，在赵庄有流传。

赵南星是河北高邑县人，生于明嘉靖二十九年（1550），卒于天启七年（1627），死后追谥“忠毅”。他是明代的大政治家，做过吏部尚书；还是个大文学家，著述有《笑赞》《史乐》《赵忠毅集》《味檗斋文集》《芳茹园乐府》《学庸正说》等。

赵南星是明朝东林党的重要人物。明熹宗天启年间，宦官魏忠贤专权，朝纲混乱。赵南星便和顾宪成、邹元标、高攀龙、钱一本等人在东林书院讲学，议论朝政，反对宦官专权，并主张开放言路，实行改良，从而得到了不少士大夫的支持，掀起了一场触动明王朝政治和思想根基的风暴。赵南星也因此和顾宪成、邹元标一起被时人尊称为“三君子”。

赵南星的这些成就的取得，在一定意义上来说，系得益于他自幼养成的叛逆性格。那时，中国实行的是学塾教育，塾师对学童的教育，有着浓厚的封建伦理色彩，严训、体罚司空见惯，“持戒尺打手掌”更是基本的管理方式。在这种情况下，学童对塾师常常深怀敌意，千方百计搞些恶作剧戏弄塾师。赵庄一带流传的《赵南星对诗》和《赵南星拔橛儿》两个故事，就是这方面的典型事例。

话说这一年早春，塾师正在给学童们上“格致”课，讲的内容是自然界的雨雪变化。说来也巧，塾师正在讲着，窗外突然下起雪来，鹅毛般的雪片飘落下来，一着地面即刻融化，变成水在地上流淌。塾师见状，马上向学童们宣布：“暂停授课，为师诗兴来也！”说完他双目微闭，一字一顿地吟出了一首诗：

老天下雪不下雨，
雪到地上变成雨。

变成雨来多麻烦，

不如当初就下雨。

吟完，塾师沉思良久，才慢慢把微闭的双眼睁开。这时，赵南星从座位上站起来，说："先生，我也有一首诗。"

"好"。塾师意犹未尽，"赵南星，吟来听听。"

赵南星开口念道：

先生吃饭不吃屎，

饭到肚里变成屎。

变成屎来多麻烦，

不如当初就吃屎。

赵南星念完，学童们哄堂大笑，塾师则面红过耳。

第二年夏天的一天，课后赵南星尿急，碰巧学童的茅厕拥挤难进，他便到塾师的茅厕里去小便。茅厕里没有人，他顺利地小解完毕，刚提好裤子，突然发现一个茅坑前面的地上揳着一个木橛，木橛有拳头粗细，揳得牢固。紧靠木橛的墙壁上竖写着一行小字"刘塾师独享之"。赵南星想，刘塾师岁数大了，拉完屎后站起来困难，一定是借助于木橛才好起来。想到这里，他突然萌生了戏弄一下刘先生的念头，于是弯下腰来，双手攥住木橛，用力向上拔，把木橛拔起来又轻轻放回原位，这样，木橛松动了，搁不住用力拽了。他腾出手来，找了一支粉笔，在"刘塾师独享之"旁边写上"赵南星独拔之"。

很快就传出了刘塾师如厕拉屎被摔进茅坑的消息，全校哗然。

然而，由于事发突然，刘塾师并未看到"赵南星独拔之"字样，直到塾董到茅厕查看，才把"破案"的目标锁定赵南星。当塾董找到赵南星时，赵南星不承认，还说得理直气壮："拔橛的事本是坏事，要是我干的，我肯自己写明白吗?"塾董一听赵南星说得有理，也就无从追究了，此事不了了之。

8.廉县吏智断争产案

相传清咸丰年间，河北某地有弟兄两个，哥哥沈仲仁，是江西省翰林院大学士。弟弟沈仲义，官居"部都给事"一职。两兄弟素有积怨，父母去世后，又为继承族业之事大起纷争，最后争执不下，各自都写了诉状，呈送至当地县衙。

知县是一个廉洁奉公，执法如山的清官，他对沈氏兄弟早有耳闻。现在官司打到了他的门下，他也着实犯了难：两兄弟出身名门，又同为读书人、朝廷命官。若公开审理此案，兄弟俩必然各执一词，互不相让，搞不好还会加深兄弟俩的仇隙。思虑再三，觉得要想使兄弟俩言归于好，共保社稷，唯一的办法就是动之以情，晓之以理。于是他略加思忖，提笔在诉状上批道："鹌鹑护雏，乌鸦反哺——仁也；蜂见花而聚其众，鹿得草而鸣其群——义也；羊羔跪乳，马不欺母—礼也；蜘蛛网罗以为食，蝼蚁塞穴而避水——智也；鸡非晓不鸣，燕非舍不至——信也。禽兽尚知五常，人为万物之灵，岂无一德？兄读万卷，竟无教弟之才；弟掌六科，岂有欺兄之理。沈仲仁仁而不仁，沈仲义义而不义。"知县这样阅批，可算是不偏不倚，各打五十大板，但理却讲得透彻，他自己就感觉痛快淋漓。不过，他觉得还不解气，拿起笔，蘸饱墨，继续写道："兄弟本是一母生，祖传遗业何须争，一朝相见一番老，能得几时为弟兄。"写到这里，他觉得感慨万端，不禁潸然泪下。稍一转念，他又觉得：人非圣贤，孰能无过？还应给兄弟二人改过自新的机会。于是又接着批道："知过必改，再思可矣！"

这段批文，字字珠玑，掷地有声，感人肺腑，发人深思。兄弟俩看罢，百感交集，抱头痛哭。后兄弟俩相商，变卖了祖宗余产，所得款项全部用于救济灾民，一时传为佳话。

后来，当朝龙虎状元路润祥以"明义息争格言"为题，把知县的批文写成隶书呈送咸丰皇帝。咸丰皇帝阅罢，也是嗟叹不已。

二、民间故事

1.木匠甄老准的故事

清光绪年间，赵庄出了一个技艺高超的木匠，画线下料、斧、刨、锛、凿、锯样样精通，尤其擅长使用锛子。主要制作木质大车、推车及木制车脚等硬铆活，用料也是国槐、洋槐、枣木和榆木等硬质木材。部件下料后的毛料，绝大多数先使用锛子按线找平，再用刨子推一两下即平整如镜，比单纯用刨子刨平效率高得多,由于用锛子技艺高超,准确无误,村民送其绰号“甄老准”,反而很少提起他的真名字。

甄老准以打造大车为主,特别是大车脚的打造,车毂、车辋、车辐,异形、角度复杂,不仅选料、下料、画线难度大,特别是铆洞和榫头,样样精准,达到用铁锤把榫头砸进铆洞,不用加楔,达到使用起来不崩、不拔、不裂的标准,而不是像做柜箱一铆三楔。甄老准手艺高超,用料、下料、各工序做工都是高标准,而且出活快捷,做出的大车不仅结构合理、外观漂亮,而且质量上乘,远近闻名,农户需要的话,都购买他做的或者请他给做大车。

一年,外地的一家财主要打几辆大车,请了远近闻名的几位木匠把式,甄老准也在其内。同行相轻,带班的老木匠有些看不起稍显年轻的甄老准,安排他做两个车辐和车厢等技术含量较低的活计。甄老准心知肚明,也不打算和他们搭伙做大车,于是做好两根车辐,用绳子一捆投进井里,而后借故离开。两天后老木匠在安装车辐时发现少了两根车辐,到处找不见。木匠不得不派人去找甄老准,问他是否见到那两根车辐。甄老准告诉他们说:“我做好了,在水井里放着,你们捞上来用吧。”待捞上来解开捆绑的绳子,不禁大吃一惊:两根车辐相合的一面竟无进水,平整光洁如镜,安装起来恰到好处,带班的老木匠赞叹不已:甄老准高超的木匠技艺非一般木匠可比。后悔自己轻看了木匠甄老准。

话说一年村东头“奶奶庙会”,连唱三天大戏,正月二十一这天又是大集,奶奶庙前卖香烛祭祀用品的,卖小吃玩具的,赶集上庙的,进香求子的,人山人海,热闹非凡。只见奶奶庙前广场上,人群围着一位游方道士,道缵高挽,儒巾道袍,花白胡须飘在胸前,背部斜一个油红锃亮的葫芦,小口朝上。只见道士双目微闭,口里念念有词,手中搓成黄豆大小的药丸,随手一抛,小小药丸不偏不倚被投进葫芦口里。道士开口宣告听众,说自己修道成仙,葫芦里的仙丹包治百病,要听众拿钱购买仙丹,莫失良机,颇有神仙下凡救苦救难之慨。围观群众大多相信道士之言,欲想购买。这天,木匠甄老准也忙里偷闲去奶奶庙前看热闹,恰好在人群中看到这一幕。不禁说道:“什么神丹妙药,不过千熟万惯罢了。”道士听到,不禁面露愠怒之色,心想,我不能让你“踢场子”坏我好事。他以攻为守,说道“你来!”边说边解葫芦。甄老准不与其争辩,回身便走,道士继续卖他的“仙丹”。甄老准飞速回到家里,拿上锛子和一把杏核,迅速回到道士卖“仙丹”的地方,挤进圈内,二话不说,脱下鞋袜,用脚大拇指摁住杏核,双手持锛,手起锛落,杏核被锛开,杏仁完好无损,一连几次,个个杏核被锛两半,杏仁无损,围观人们先是吃惊,而后拍手叫好。甄老准把锛子推给道士:“你来。”道士自知无趣,尴尬地笑了笑,无言地离开了,人们没有上当受骗。

自此,“甄老准”的名号传遍了四邻八乡。

李福田整理

2017 年秋

2.马圈“老脆”大伯的故事

人们俗称为“老脆”的人,是自认为见多识广、办事有主见,好为人师,又屡出笑话的人。

赵庄这一带传说的马圈“老脆”大伯的笑话很多,其中有“先割牛头后砸瓮”。说的是马圈村民在水瓮饮牛,瓮口小、牛头大,牛头伸进水瓮犄角卡在瓮内,牛头拔不出来,村民没有办法,急忙去找“老脆”大伯请教办法。“老脆”说“这点小事也不会办,把牛头割下来。”村民按“老脆”说的割掉了牛头,但牛头仍然从瓮中拔不出来。又去请教“老脆”。“老脆”说:“你们真是笨,把水瓮砸烂,牛头不就出来了吗。”,村民照办。结果牛也死了,水瓮也砸烂了。

“买鸡打鸣”,说的是马圈村民愚昧落后,不知何时天明,这么多年来靠一外村卖杂面的人叫明。每天天刚亮,日头未出前那个卖杂面的就赶到马圈村,梆子一响,人们知道天明了,起床做一天的营生。一次,卖杂面的家里老人去世,殡葬老人,一连三天没有卖杂面,也就不可能到马圈敲梆子卖杂面,马圈人也就一连睡了三天三夜。当三天后的早晨卖杂面人到马圈敲梆子卖杂面,马圈人围拢卖杂面人问为什么这一夜时间这么久。卖杂面人说,因为殡葬老人三天没来,马圈人恍然大悟。卖杂面人建议他们到集上买只鸡,天一亮,鸡就会打鸣,那就是天明了,起床干活。村民就请"老脆"大伯去集上买鸡。"老脆"大伯去集上买鸡,按照卖杂面人形容鸡的样子,东转转,西瞅瞅,看到一个卖鸭子的,认为这就是鸡,买了一只高高兴兴地回村,为了让鸡晚上睡觉,按照卖杂面人的嘱咐,在房檐下安装了鸡架,晚上把"鸡"送上了鸡架。第二天,没有听到"鸡"打鸣,直到卖杂面人敲梆子,大家起床,先去看"鸡"为什么没有打鸣。待到鸡架前一看,"鸡"摔倒在地上,"老脆"大伯赶到一看,说:"你们看,鸡嘴都被摔扁了,那还能打鸣呢?"

像这样流传马圈人的笑话还有"吃面条""横扛竹竿过城门"等很多,是人们在茶余饭后消遣小村人孤陋寡闻不知道事。马圈,是现在南董镇所属的一个小村,是明朝时期军队养马的一个基地,几个养马的老兵长期留住繁衍成村,清末民国初,总人口不过百人。

这一年冬天,赵庄一村民凌晨两三点钟起身赶着铁脚骡马大车前往藁城送货,四五点钟赶过了南董,顺着过四公村到藁城的道沟走,这时,一个背着粪筐的农民跟在车后,赶车人长途单独走车,很感寂寞,就喊拾粪人上车聊天,发现有牲口拉粪再拾不迟。拾粪人上车后,互报家门:拾粪人是马圈村的,赶车人自然也说自己是赵庄镇的人。赶车人兴之所至,就讲消遣马圈人的故事,还问拾粪人是否真有其事。拾粪人只是笑笑,说那是大村人糟践我们小村人的,马圈人聪明诚实得很呢。这样走了一段路,拾粪人说:"天快亮了,我也该回家了,咱们成了朋友,我指你一条近道,少走三四里。"赶车人高兴地按照拾粪人指的道走去。结果是一条养种地的道沟,很快走到了尽头,车辙很深,根本没法掉头,只得等到天明请人抬车掉头。赶车人领略了马圈人的"愚昧"。

3.二大娘买油——抹罐子的故事

旧社会,普通农民大都穷苦不堪,糠菜半年粮,衣衫补丁摞补丁,平时饭菜缺油少盐。话说一天赵庄二大娘梳头,看到自己的头发干燥灰黑,就想用油擦头发,一看油罐子里一丁点油也没有,又没钱买,只得放弃。旧社会妇女都有用油布垫擦头发表面,看起来头发油光发亮,好看。一日,二大娘听到串村卖油的铃铛响,灵机一动,拿上一个八个人的送饭大瓦罐,到街上卖油车子前,说:"买两钱的油。"卖油的一看,买两钱的油用八个人的饭罐,油护不严罐底,想说不卖吧又怕影响声誉,只得灌了油。二大娘接过罐子不说付钱,只是晃动罐子,还说:"给得忒少,不买了。"卖油的气不打一处来,说"不买别买",要过罐子把油倒进油桶,拿起抹布把罐壁粘的油抹得干干净净,还说:"别脏了你家的罐子。"二大娘本想假买油,用粘在罐壁上的油油头,结果没有如愿。从此留下了一条歇后语:二大娘买油——抹罐子了。

4.民间艺人李顺来的故事

赵庄村民李顺来,自幼喜爱唢呐艺术,潜心学习,拜师学艺,钻研苦练,20 世纪 30 年代就成为远近闻名的唢呐名人。他高超的唢呐技术、过人的换气功夫及助人为乐的人品,广为流传,至今还为赵庄村民津津乐道。

李顺来,字茂林,生于 1908 年。其父李洛海,小名老五,是一名民间艺人,在唢呐、板胡方面小有名气,教授子侄学习唢呐、板胡等艺术。赵庄古镇数百年来农业发达,商贸繁荣,文化氛围浓厚,不仅农闲、正月、庙会唱戏,村民还对唢呐情有独钟,在除夕晚上和正月初一聘请十几班、二十余班唢呐吹打班,一天一夜吹唢呐表演,届时,唢呐高手云集,正月初一上午,原来是集中于神宫寨,新中国成立后,集中于学校操场,展开唢呐比赛,围观的是人山人海,唢呐声此起彼伏,各显神通,群众的叫好声、欢呼声不断,直至太阳西沉,民众评出第一、二、三名,给予奖品和彩头。李顺来就是在这种浓郁的家庭和社会喜爱唢呐艺术氛围熏陶中成长起来的。

十八九岁时,李顺来已经长成身高一米八左右、肤色微黑、膀大腰圆的汉子。这时的他已不满足于从父亲那里学得的技艺,开始寻求深造之路。除夕晚上和正月初一,看到唢呐高手,就与之切磋技艺,还遍访唢呐高手,拜师学艺。曾拜正定县北孙村丁师傅学艺,丁师傅看到李顺来学艺勤奋,人品又好,就把女儿丁秋姐许配与他。

二十多岁时，李顺来吹、拉、弹、唱样样精通，尤其唢呐达到了炉火纯青的地步。1929 年，赵庄镇西北门一家姓鲍的娶媳妇，邀请李顺来献艺助庆。那天恰逢大集围观人士众多，他施展换气功法，从东门一口气吹到了鲍家门口，距离有七八百米，当时赶集的、做买卖的及村民簇拥着他，听着他悠扬美妙不间断的唢呐声，简直是天籁之音，妙不可言，赞叹着他惊人的吹奏间换气的功力，纷纷打探他的姓名身世，传扬着他高超的唢呐技艺。后来四邻八乡有庙会、庆典及红白喜事，都以邀请到李顺来到场献艺而觉得有光彩。他经常到四邻八乡，远至铁道以西平山县、保定地区表演唢呐吹奏，在这个过程中，不断地和各路唢呐高手切磋比赛，取长补短，精进技艺，被人们誉为“吹破天”“唢呐王”。附近人们给了他一个昵称“黑头王”。

1957 年，河南省陈兰荣豫剧团被邀来赵庄演出，村民点演《抬花轿》，恰恰吹唢呐的不在，陈兰荣请管事的就近找一名吹唢呐的，管事的把李顺来请到场。陈兰荣看到李顺来是一位身材魁梧的黑脸大汉，衣着普通整洁，但对他的吹奏技艺尚有怀疑，经演出前合戏，陈兰荣觉得尚可。晚上上演《抬花轿》，陈兰荣有意试探李顺来的唢呐技艺，和轿夫边唱边做舞蹈动作，李顺来拿出吹奏过程中换气的本领，和李兰荣的唱舞配合得天衣无缝，观众掌声、喝彩声不断，李顺来的唢呐声似天籁之声，激起了陈兰荣的演唱激情，多次进出场，卖力演唱。演出结束，陈兰荣及扮演轿夫的演员个个汗流浃背，气喘吁吁，而李顺来则气定神闲。陈兰荣对李顺来的唢呐吹奏技艺佩服之至，诚邀李顺来到他们剧团工作，李顺来婉言谢绝。

1958 年，他受邀参加藁城县修建岗南水库民工的慰问演出，他精湛的唢呐吹奏技艺，得到了藁城县领导的肯定和重视，推荐他参加石家庄地区民间艺人比赛，取得了好成绩。1959 年，推荐他到天津参加河北省民间艺人比赛，并录制音像。参加比赛时，他头戴毡帽，身穿家做衣裤，一副农民打扮，同行有些瞧不起他。轮到他上场，一口气把节目从头到尾吹奏了下来，唢呐声时而高亢激昂，时而宛转悠扬，韵味十足，没有杂音，吹奏结束，全场响起了热烈的掌声，经久不息，同行们被李顺来高超的唢呐技艺、过人的换气功力所折服，纷纷喊他师傅，热情地和他握手祝贺，这次比赛，李顺来获得了第二名的好成绩。领导推荐他到河北省民间艺人协会工作，不知何故，他后来没有去。

李顺来不仅唢呐吹得好，还能上装登台演出。管子、卡碗、二胡、口琴等乐器也能够拿得出手。每年除夕，保定地区、平山、定州等各地应邀来赵庄的唢呐班，唢呐高手都到李顺来家拜访，谈论切磋唢呐技艺。越到晚年，李顺来的唢呐功底越显深厚。

李顺来出身贫寒，不忘和睦乡里，有一副热心肠。1952 年农历二月十九日贤庄村庙会聘请李顺来的吹唱班祝庆。下午五点左右，闲暇之余他到街上瞧热闹。他见街上有一个四五岁的小闺女哭啼，就走上前问小闺女：“你为什么哭，你家大人呢？”小闺女抬头一看，见是李顺来，就好像遇到了救星说：“我认得你。”李顺来一惊：“你是哪村的？怎么认得我？你爹叫什么？”小闺女说：“我是赵庄的，你是赵庄吹喇叭的，我经常看你吹喇叭，我叫黄某某，西北门里，我爹叫黄三妮。”李顺来一听，赶紧说：“闺女，别哭了，我认识你爹，我把你送回家去。”

原来这个小女孩当年才四岁，跟随大人和小伙伴到贤庄村逛庙会，和大人走失，才在街边哭。

李顺来回到吹唱班安顿了一下，骑上自行车驮着小女孩往赵庄赶。贤庄距赵庄 8 公里，眼看太阳就要落山，他怕耽误晚上吹唱，一路猛骑，很快到了赵庄小女孩家。小女孩的家人正急得像热锅上的蚂蚁，正准备让亲戚朋友家人到处去找小女孩。看到李顺来把小女孩送回了家，小女孩的父母及家人大喜过望，问明原委，连声说：“谢谢你！谢谢你！”李顺来说：“都是乡亲，不用谢。”说完后，立即折返贤庄村挡事。小女孩的父母赞叹：“真是好人哪！”

李顺来还是一位轻财重义的人，本村邻村，贫寒之家请他帮忙过白事，不仅不推脱，还不收钱，这也赢得了乡亲们的广泛赞誉。

李顺来长年累月为生活而奔波，为追求唢呐高精艺术而呕心沥血，积劳成疾，1965 年不幸病逝，年仅57岁，乡亲及唢呐界同行，为他的早逝而惋惜。

至今仍健在古稀以上老人谈论起李顺来高超的唢呐造诣、过人的换气功夫、不懈的艺术追求和轻财重义的品德还是赞不绝口。李顺来的精神在赵庄村民中，将流传下去。

李福田整理

2017年秋

5.南海老母“显灵”的故事

有个村庄叫赵庄，村里有个姓赵的老汉，早年丧妻，眼前只有一个闺女玲玲。

原来生产队干活时，老百姓的日子穷半年富半年。后来实行了分田到户，不几年家家户户盖新房，买摆设，日子越过越红火。赵老汉老实巴交，光知道养种二亩地，不会做买卖，日子还是紧紧巴巴。眼看玲玲的岁数不小该出嫁了，拿什么给她作嫁妆哩？老汉暗暗发急。

玲玲的对象是本村的，姓李叫李亮，是个党员，在村里担任团支部书记。两人青梅竹马，天生一对。李亮见玲玲家的日子不好过，也暗暗着急。

赵庄村南有个南海老母奶奶庙，求儿求女的，消灾祛病的，做买卖的，好些人去烧香许愿。

赵老汉平时挺迷信的，断不了给老母烧香。眼见别人家过上好日子，他心里发急，思来想去只好求老母奶奶保佑。

这天他特意来到庙里烧上香，跪在地上，嘴里嘟囔了半天。说来也怪，就在这天晚上，赵老汉做了个梦，梦见老母奶奶对他说：“你要找致富的门路，没本钱我给你。”他醒来觉得这事奇怪，莫非老母奶奶真要帮助我？

有一天晚上，天黑得伸手不见五指。赵老汉去茅房解手，往院里一走，看见头顶一道红光，接着落在院里一个东西。这是嘛件？赵老汉慌忙点个火一照，是个红布包。拿到屋里一打开，里边有一张纸，纸里包着一叠毛票。

呀！这是老母奶奶给我的本钱，那道红光原来是她的佛光。他心里别提多高兴了！赶紧喊起闺女来：“玲玲，来来来！”

玲玲正在自己屋里躺着，一屁股坐起来：“爹，你喊嘛里？”“你看看这是嘛？”

玲玲一看桌上摆着一堆票子，两眼眨巴眨巴问：“打哪来的？”

她爹就把事说了一遍。

玲玲拿起来一点，不多不少，正好三百：“莫非这是贼偷的，偷的也不能给咱呀？谁给的？”

“唉，玲玲，你不知道，我正求着老母奶奶，让她赐给点钱，有一天晚上她给我托梦说了，这不是给送来了？”

“老母奶奶可真强。”

玲玲说着把钱收好，猛然看见纸条上有行字，写的是：“致富门路宽又广，勤劳致富第一方。”

赵老汉听闺女一念，心想：就是叫咱致富哩，可做什么买卖呀？

这天，玲玲到县城赶集，顺便向人们打听有什么致富的新路子。有人告诉她县修配厂需要一批装螺丝的筐。

玲玲回去和爹商量说：“咱给修配厂编筐吧，你敢不敢揽？”

赵老汉说：“这有什么不敢的？咱有本钱。”

就这样父女俩跟人家订了一份合同，买来柳条子，编起筐来。两人起早贪黑，加班加点地编了一个多月。一交货，一下挣了一千一，刨去三百的本钱，赚了八百。这下富起来了。

赵老汉对闺女说：“咱有钱了，老母奶奶给的钱怎么还哩？”

玲玲想了想说：“你再烧香问问她，这钱怎么个还法？”

这天晚上，赵老汉在老母像前烧开香了。正在祷告时，耳听外边啪嚓一声。赵老汉心想：莫非有贼，知道俺赚了几个钱，跳墙偷来了。

他拿个火出来一看，四下无人，见地上有一个红包，忙捡起来到屋里一看，还是包着一大沓票子。

他喊来玲玲一点，不多不少又是三百。赵老汉高兴得两眼眯成一条缝：哎呀！这老母奶奶，真灵验。

玲玲也高兴地说：“这下咱家好过了！”

"是啊,好过了。"

父女俩正说着,噔噔噔,外边有人敲门。开门后,进来的是玲玲的对象李亮。

李亮进屋看见桌上的钱就问:"这是才挣来的?"

赵老汉忙说:"这是老母奶奶刚才给的。"

李亮说:"老母奶奶真灵验!赐给了你们两回钱,每次都三百,是吧?"

"你怎么知道?"

"里边还有字里,写着'致富门路宽又广,勤劳致富第一方',对不对?"

"你怎么知道得清清楚楚?"

"实话跟你说吧,这些钱不是老母奶奶赐给你的。你整天烧香磕头,相信神仙,我爹娘抓住这一点,假装老母显了灵,第一次给了你三百,第二次又三百,都是我隔墙扔过去的。因为劝你你不听,才使了这一手,以后再也不要信神信鬼了。"

从这以后,赵老汉不再烧香磕头,一门心思扑在了劳动致富上,很快发了家。

三、民间歌谣

大实话

正月里,正月正,天黑了要点上灯,
耗子生来会打洞,草鸡会下蛋,公鸡会打鸣,
三十黑夜起五更,家家户户鞭炮鸣。
二月里,天气长,碾细米,簸细糠,
黑豆黄豆做成酱,是河就流水,盖房先垒墙,
五道庙里有小鬼,关爷庙里有周仓。
三月里,桃花开,杏花落了梨花白,
黄花长大是道菜,官比衙役大,衙门朝南开,
人们死了装棺材,男人作揖女人拜。
四月里,大风刮,进了门就到了家,
耗子见了准害怕,儿子娶媳妇,闺女都出嫁,
兄弟没有哥哥大,不会说话是哑巴。
五月里,端午节,打破了鼻子流红血,
一个人穿着两只鞋,水路就行船,旱路走大车,
四十五天个半月,媳妇的公公自己的爹。
六月里,数三伏,爹娘死了儿女哭,
棉花纺线织成布,瞎子看不见,头上没毛就是秃,
举人秀才会念书,人们有穷也有富。
七月里,七月七,不吃饭,肚里饥,
吹火全凭一口气,娶过为媳妇,不娶为闺女,
天上下雨地下泥,姑舅两姨是亲戚。
八月里,月亮圆,脚蹬地,头顶天,
生米下锅做成饭,木匠会拉锯,瓦匠会吊线,
嘴里吃食肚里咽,砂糖包子甜又甜。
九月里,是重阳,身上冷了穿衣裳,
屋里锅头紧挨炕,墙南是日头,墙北是阴凉,
秫秸就比干草长,胡子长到下巴山。
十月里,冷飕飕,土坯小房不如楼,
杀口肥猪闹口肉,麦子磨白面,芝麻打香油,
砘子碌碡皆石头,砂锅不打不会漏。
十一月,雪花飘,老牛头上俩犄角,
棉花见火就要着,热了扇扇子,冷了穿皮袄,
腿肚子底下两只脚,南北二京通大道。
十二月,庆新春,十六两整一斤,
骡马吃草变成粪,大树刮不动,必定扎根深,
闺女看着她娘亲,句句实话不用问。

小老鼠

小老鼠,上灯台,偷油吃,下不来。
喵喵喵,猫来了,咕噜咕噜滚下来。
小老鼠,上谷穗,摔下来,没有气,
大老鼠哭,二老鼠叫,
一对蛤蟆来吊孝,
咕哩呱哩好热闹。

回娘家

赶大车,套白马,抱着娃娃回娘家,
哥哥见了抱包袱,爹娘见了抱娃娃,
嫂子见了一扭搭。
嫂子嫂子你别扭,前晌来了后晌走,
不吃你家饭,不喝你家酒。

红高粱叶

红高粱叶,白高粱叶,扒着墙头看姐姐。
姐姐,姐姐,干嘛哩,
扎花里,扎几朵?扎三朵:你一朵,我一朵,剩下一朵给来哥。

做啥饭？烙大饼、赶白面。

谁烧火？他二哥。谁挑水？小蚂蚱，跳进井里说笑话：

笑话喜，背着二斗米。笑话笑，背着二斗料。

麻野鹊(喜鹊)

麻野鹊，尾巴长，娶了媳妇忘了娘。

把娘背到山沟里，把媳妇背到炕头上。

烙白饼，炸麻糖，媳妇儿、媳妇儿你先尝。

拿个菜饼子去给娘。

小白菜

小白菜呀，心里黄呀，两三岁上，没了娘啊。

从小跟着爹爹睡，很怕爹爹娶后娘。

娶了后娘三年整，生了个弟弟叫孟良。

孟良吃面我喝汤，端起碗来泪汪汪。

盘脚年

盘，盘，盘脚年，脚年整，月花饼。饼饼月月，桃花待客(qie)，红骨朵，绿宝贝，大脚小脚蜷一只。

拉大锯

拉大锯，扯大锯，姥姥家门上唱大戏。

细车车，毛驴驴，请闺女，接女婿，外甥狗子你也去。

叫你去，你不去，咣唧咣唧两鞋底，打得你就跑里去。

过年到

过年到，人人笑，闺女要花儿，小子要炮。

老头要顶新毡帽，老婆儿要对新裹脚。

孟姜女哭长城

正月里梅花正月正，家家户户点红灯，人家夫妻都团圆，

孟姜女丈夫去修长城。

二月里兰花暖洋洋，燕子飞过到南墙。燕儿窝修得端端正正，

对对双双造黄粱。

三月里桃花是清明，家家户户上坟茔。人家的坟上挑着白纸，

万喜良的坟上冷冷又清清。

四月里芍药养蚕忙，孟姜女挎着篮儿去采桑。桑篮挂在桑枝上，

捋一把眼泪捋一把桑。

五月里石榴似红梅，孟姜女想夫泪双飞。人家的田中黄芽在，

孟姜女的田中杂草成了堆。

六月里荷花热难当，蚊子飞过咬孟姜。用嘴咬奴千口血，

别咬奴的丈夫万喜良。

七月里凤仙秋风凉，家家户户缀衣裳。人家的丈夫都把夹衣换，

孟姜女的丈夫还没有夹衣裳。

八月里苜蓿艳梅开，燕子飞过捎书来。闲人倒说闲人的话，

孟姜女的丈夫几时才回来。

九月里菊花是重阳，重阳焖酒菊花香。满满斟酒奴家我不用，

孟姜女饮酒我守着空房。

十月里芙蓉十月一，孟姜女在家好惨凄。人家的丈夫都把棉衣换，

孟姜女的丈夫还没有棉衣。

十一月雪花乱飞起，孟姜女前去送棉衣。乌鸦头前领着路，

哭倒了长城十万里。

十二月水仙闹嚷嚷，文武百官传昏王，秦始皇他爱孟姜容颜长得好，

祭起了坟头拜拜灵堂。

十三月来闰月年，孟姜女假意许下万岁姻缘，拜罢灵堂桥头路过，

夜观水景死在了江里边。

四、休闲娱乐

新中国成立前后，村民休闲时娱乐玩耍的项目不多。男孩子主要玩耍的项目是捉迷藏、弹玻璃球、打柗、扔坑、踢瓦、打坷垃仗、推圈等。女孩子聚在一起主要玩踢毽子、跳城、碰拐、耍格格、藏猫猫等。农闲成年男子玩荡秋千、摔跤、下象棋等。

男孩子玩的项目：弹玻璃球，就是两人或多人，各用一玻璃球，挖一土坑，依次用拇指和食指把玻璃

球弹出，谁先把球弹进土坑为胜。打柗：柗为三四公分粗的木棍，一人右手持柗照另一人放在地上的柗甩去，打过线为赢。扔坑：相距10余米两端各挖一个坑，参加游戏的人各持自己的铁饼，站在一个坑边，向另一个坑扔铁饼，谁扔的最接近另一坑边，算赢。铁饼不过是直径不过五六厘米、厚不过一二厘米的铁饼。女孩子玩的耍格格：用瓦片打磨成直径三四厘米，厚二厘米左右的圆形格格，五个为一副。玩法是：一人手握一个格格，抛向空中，随即摞地上的格格，并及时接住抛向空中的格格，口中还念着歌谣，完成五次为赢。

第四节　广播影视

一、广播

新中国成立前后，向村民传达上级政策精神或村中重大事宜，靠高房喊话或敲锣喊话传达。1956年县广播站建成，一天有三次播音，节目有“广播大会”“时事报告”“文艺戏曲”。全村七个片，每片在较集中的大门洞里安装有线广播喇叭，中午、晚上，大多数村民都去听。1957—1959年，县广播站增加设备，加强了广播宣传。与此同时各公社相继建起广播放大站。1964年，复建、增建4路输出控制台及一批播音设备，并通过电话线接通各公社放大站，发展生产队小喇叭3000只。60年代初，赵庄建立播音室，安装高音喇叭，转播县广播站节目，广播政策规定及其他事宜，也播放戏曲、歌曲等文艺节目。1972年赵庄实现了广播载波化。1976年，县广播站新建播音室、机房，更新控制台，增添播音、录音设备。另外扩大广播宣传阵容，成立县广播事业局，壮大培养编播队伍。各公社、生产大队配广播报道员，广播局每年举办一两次广播报道培训班，抓广播报道质量的提高，增加广播节目。埋设通往各公社放大站专用电缆，发展入户小喇叭，实现村村通广播，广播覆盖率达100%。1977年实现了广播自动化。

1983年8月，县政府购置调频发射机等设备，建设简易广播发射塔，建成50W调频广播电台，各公社安装了调频接收机，1984年11月8日一次试播成功。赵庄大队管委会安装调频接收机，转播县广播电台节目。

广播节目主要有《简明新闻》《全县联播》《法治与道德》《青少年生活》；服务节目有《集日广播》《科技与信息》《天气预报》；文艺节目有《曲艺相声》《音乐歌曲》《戏曲》等。

20世纪90年代，家家户户普及电视机、收音机，不仅能接收市内节目，也能接收中央、省市各类节目。

进入21世纪，村委会仍安装有高音广播器材，但主要功能是广播通知，或提请村民要注意事情。

二、幻灯电影

1951年冬，藁城县文化馆购置了一部用气灯做光源的幻灯机和手摇留声机，工作人员常年背着幻灯机、留声机走乡串村为群众放映。一些故事性幻灯片，如《小二黑结婚》《白毛女》《刘巧儿》等及一些自编自绘的政策宣传片，赵庄群众称作“土电影”。1953年，全县8个文化站全部配置了幻灯机、手摇留声机。赵庄文化站（馆）配备了幻灯机、留声机，有专门人员放映管理，村民经常看到幻灯放映，也到其他村放映宣传。

农村生活娱乐项目电影放映下乡

1955年，石家庄地区成立电影放映队，其中，第20放映队轮流到全县各村放映。赵庄村民每年都能看到2~3场电影。1957年，石家庄地区将第20、159、160三个电影放映队下放藁城县管理，赵庄放映电影的次数增加。1959年张家庄公社成立电影放映队，每月2~3到赵庄放映。放映地点一般是在小学操场，每逢放映电影，村民包括大人孩子涌进小学操场，也有邻村村民，幕布正反两边都有人看。最先看到的是无声黑白电影，后成为有声黑白电影。1959 年张家庄公社成立电影放映队后，电影也成为彩色电影。1979 年赵庄大队购置电影放映设备一套，由高勤英、张书德二人负责放映电影，村民看电影的机会增加。80 年代随着改革开放，经济发展，科技进步，电视在农户中逐步普及，村民看电影的需求愈来愈下降。进入 21 世纪，很难看到村内放映电影，除非是农户红白喜事，自费请电影放映队放映电影。村民欲看电影，只好到县城以上城市买票到电影院看电影。

三、电视

1975 年起，黑白电视机向农村发展。赵庄大队、生产队陆续购买黑白电视机，每到晚上，村民到大队、生产队围在一起看电视。1984 年，县电视台和卫星地面接收站开始筹建，电视陆续进入寻常百姓家。1984 年，赵庄平均每百户有电视机 11 台，1985 年猛增每到百户有电视机 30 台，绝大多数是石家庄市生产队的环宇牌 14 英寸黑白电视机。1986 年开始向彩色、大屏幕发展。富裕户转而购买彩色电视机。进入 21 世纪，农户普及了彩色电视机，也由无线收播改为有线收播，频道达 200 多个。彩色电视成为家庭不可或缺的文化用品，看新闻，看电影、电视剧、戏曲、歌舞，是每个人丰富文化生活、愉悦身心、陶冶情操、增长知识的途径。随着科技的进步，电视机的功能也逐步增加。

第五节　书法照相

一、书法

中华人民共和国成立以来，全县享誉较高的书法名人有东街李学鼎和北邑彭东野、彭家庄彭硕甫、赵庄镇赵凤翔。20 世纪 70 年代至 80 年代，书法新秀脱颖而出，赵凤翔等 30 余人参加石家庄以上书法展览。赵庄在藁城中学任教的高级教师赵凤翔，楷书很有功力，县城内不少牌匾由其书写。此外，赵庄村民赵国栋、黄子久楷书有功底，甄文秀擅长草书。21 世纪，赵庄出现书法新秀贾新江，现为藁城区书法协会副会长，擅长楷书、隶书。

二、照相

20 世纪 60 年代初，村民、摄影师陈玉杰(小名大黑)和其妻子在原文化馆开设照相馆，属大队的集体副业之一。装修的摄影棚有布景、灯光，主要拍照、冲洗黑白照片，是赵庄周围 20 公里内的唯一一家照相馆，业务繁忙。有时也应邀到该村或邻村村民家中照“全家福”“老年人祝寿照”。那时，照相材料底片、相纸、显影液等短缺，到保定、北京才能购买得到。进入 80 年代，也开始拍彩照、艺术照，直至 90 年代，因陈玉杰年老体衰而停业。后有 2 家开设影楼兼婚庆服务，主要拍结婚照和婚礼摄像。“傻瓜”相机的逐步普及，家庭照相自己完成，只是到照相馆冲洗照片。进入 21 世纪，智能手机出现并普及，照相、存储、转发任意而为，除证件照、身份证照、结婚照外，村民很少到照相馆去拍照。

第六节　古迹 古碑 古建 古墓

一、古迹

赵庄古迹主要有古寨墙寨门、神宫寨等古寺庙、明清古民建黄家大院、古街道、古植国槐、功名旗杆等古迹。已在本志第四章《古镇》中详述，不再赘述。

二、古碑

赵庄古镇明清时期有神宫寨、弥陀寺、三官庙、关爷庙、观音堂等 18 座寺庙，碑刻很多。原住民各大姓家族祖坟碑刻，不乏有文物价值的碑刻。绝大多数损毁。将现存的明清时期 7 次重修神宫寨的 6 通石碑刻、1 次重修观音堂石碑刻按原文原字辑录如下，以期流传。

(一)《藁城县赵庄村真武大帝碑记》碑刻

主碑碑文：

藁城县赵庄村真武大帝碑记

赐进士山西布政司右政井陉道□马政武进体庵顾显仁撰文

乡贡岁进士邑人静菴贾尚德

藁城县赵庄村真武大帝碑记

万历十七年余乘命莅政井陉，经三载矣。有藁邑人贾鸿猷，当童年进府庠，余重其颖□□加聘进道舆余□□业相资。至万历二十年壬辰孟春月，鸿猷进余……序曰：当居乾之隅，高岗之上，有真武庙焉。原厥所由。未建庙之先□□贶锡庇乡。嘉靖二十一年有本乡善人贾祯等秉虔诚心，合乡人处置工物，遂殿宇三楹，门舍二楹。及建庙告成之后，旱则祷雨潦，则祈晴灾则祝免，无有求而不应者。于是威灵之感，四方香火之祀不可胜纪。至隆庆年间有善人贾福辛等感其灵于殿宇之内，加山塑之饰。有监生贾尚德等于殿宇之前修雨厦三楹，渐次建修，庙貌已完备。□□□□□刻铭，纪前承后之事未备焉。又有善人贾国保等发虔立碑，未告成而逝。时有善人郭应魁等建立石碑二座，告乞余言□□石以记岁月，以永其传焉。余曰：明则畏官府之法令，幽则畏有鬼神之威灵。□□以迁□□□常人之情率如此乎……

矧玄帝之□□九霄上赖于真威十极，仰依于神化。善则福之，淫则祸之。潜伏孔昭，报应捷如影响。其所以使人视于无形。思于无声，肃心□□虑昭劝惩而奸顽谗慝常怀戒怀之念，悉神感之格之妙也，岂不大有裨于化理之机哉。今勒之石以记岁月。工始于万历二十年正月初九日，落成于本年二月初八日。是诚足以昭神功于丕显，乘善事于不磨也。维时乐事者人数众多，俱以列姓氏于碑铭曰：

□□□兵武，北方之像。帝与之权，民受其贶。维威维明，文人攸同。蕞尔赵庄。

□□妥其灵人士及及，以崇以式。庙貌齐备，载钦载肃，□绥乡邑，永安无极。

观看地势阴阳生贾臣同孙贾守殿、郭梅、贾體乾

万历二十年岁次壬辰二月初八日，立兴修善人郭应魁、贾尚敬、黄璪、贾守宁、贾璋、贾尚卿、贾尚志、贾应秋、张万金等同建

贾绍祚

募缘善人蔡天禄贾廣

住持道人贾印成石匠张进公□□张天寿张天才宋廷業

（注：2015年9月7日李福田、韩银福、戴庚寅在戏院拼凑残碑抄写其碑）

《藁城县赵庄村真武大帝碑记》辅碑内容：

明万历二十年(1592)二月初八日，藁城县赵庄村真武大帝庙宇三次修缮纪实碑立。捐赠善人人数众多，俱以列姓氏于婢：

贾绍武 贾绍孟 重孙贾良将 甄季、孟赵氏、王氏 甄帮照、李氏 甄邦胄、张氏 孙甄管 李守宝、刘氏 男李玉春、鲍氏 鲍世良、王氏 男鲍天□、孙氏 张云、张氏 蔡谣、郭氏。

甄延恒、王氏 男甄时合、杨氏 甄時发 郭世仲、孙氏 母贾氏 郭時 男郭世祥 贾守润、张氏 男贾体道、马氏 贾体性、贾氏 贾体先 甄二春、韩氏。

张领乔、刘氏 董氏、崔氏 男张邦在、刘氏 孙张九经、郎氏 张九官、牛氏 张九管 张大姐 张二姐 张三姐 重孙张东楼 张宗仁 母刘氏 贾等、闫氏 甄云、张氏 男甄汝贤、□氏 □良 母吴氏 贾文社。

贾鸿忠 贾鸿盘 郭应春、刘氏 母崔氏 郭应选、甄氏 男郭天才、孟氏 郭天资、田氏 郭天爵 郭天质 郭珮、李氏 郭道友 母宋氏 郭沂、张氏 男郭世坤、张氏 孙郭□全、姚氏 张怀德、董氏。

贾珂、鲍氏 贾六儿 贾雨儿 贾宅、赵氏、王氏 贾逢真、甄氏 孙贾照、王氏 贾现、梁氏 重孙贾化深 韩朗、贾氏、汪氏 男韩应魁、张氏 黄子楠、张氏 男黄大门 鲍世伦 张宗仁、魏氏。

贾应党、张氏 贾应魁、赵氏 重孙贾清明 贾清枝 贾清业 黄京、鲍氏 男黄极、甄氏 贾守沂、闫氏 男贾恩、赵氏 贾爱、梁氏 贾宠、李氏、汲氏 贾增、张氏 贾三龙、薛氏。

贾任、甄氏 贾官、王氏 孙贾三谏、郭氏 贾三進、鲍氏 南宫县客人高尚等、焦氏 高尚炯、李氏 高尚书、韩氏 张田、崔氏 男张英元、甄氏 张英祥 孙张凤鸣 鲍世贞、贾氏 男鲍重印、贾氏。

甄□叙 甄策 门从新、翟氏 蔡天禄、李氏 贾广 母鲍氏 男李延安、卢氏 李廷寿、李氏 孙李财福 李财胜 甄计安、张氏 男甄汝凤、崔氏 郭运、焦氏 男郭世官。

贾绍增、鲍氏 贾绍洲 贾紹成 贾绍儒 贾绍明 贾绍恩 贾绍清 贾绍俊 重孙贾良辅 贾良相 贾良佐 贾良柱 贾良弼 贾良栋 贾良木 黄营、秦氏 孙黄提督 甄汝瑗、张氏。

韩尚忠、李氏 韩尚孝 韩尚天 韩尚德 韩尚良 甄计车、杨氏 男甄九韶、张氏 甄九府、周氏 孙甄梦龙 母康氏 男李廷臣 甄廷德、董氏 男甄时顺、田氏 甄时用 张天姿、郭氏 男张应春、贾氏。

贾□□、吴氏 孙贾三省 贾三财、李氏 贾三锡、王氏 贾三学、吴氏 贾三策 贾三仕 重孙贾楼 贾阁 甄要、张氏 男甄大发 贾天伦、姚氏 贾记恩、宋氏 男张宗礼 鲍世强、贾氏 张天民、秦氏 张存、贾氏。

鲍魁、贾氏 鲍世宁、郭氏 鲍世明、龚氏 鲍世霊、郭氏 韩朝晛、薄氏 母樊氏 黄梅、卢氏 男黄管种、周氏 王朝 男王顺、王氏 黄花、路氏 男黄世仲、韩氏 杨宗仁、梁氏 黄贡、刘氏 鲍世亭、左氏。

鲍童仁、张氏 甄尚化、田氏、张氏 甄汝平、李氏 孙甄加 甄流、韩氏 黄宗信 黄宗雨 贾东、殷氏 男贾应珩、李氏 贾应强、殷氏 孙贾木 贾丫头 徐良、卢氏 鲍逢月、甄氏 杨宗美、□氏。

蔡茂春、王氏 孙蔡绍先 蔡绍增 贾鲁、张氏 贾山、侯氏 贾喜真、董氏 韩茂、贾氏、白氏 男韩尚策、胡氏 韩献策、丑氏 韩发旺、申氏 鲍高、张氏 男鲍世录、□氏 鲍世振 男张大广、张氏 张世营 男张大川、鲍氏 张世彬、张氏。

贾记贤、郭氏 男贾礼、王氏 孙贾三保 贾三玉 张月、张氏 内相贾忠 母甄氏 王用、张氏 男王润 黄栾、薛氏 男黄胜、张氏 黄宵、李氏 孙黄天怀、王氏 黄天洛、王氏 黄天暴 张彦雨、陈氏 黄瑞 蔡□ 蔡花。

李廷淮、李氏 李廷云、王氏 鲍忠、许氏 男鲍世宝、崔氏 甄计川、黄氏 男甄天才、申氏 甄天尹、马氏 甄天民、申氏 甄天富 孙甄景安 甄景龙 甄景豹 张文采、周氏 张桂 张桐 甄锁 男甄来、时氏。

黄世利、贾氏 何虎、黄氏 男何金、丁氏 崔艮、贾氏 鲍世乾、孟氏 鲍三省、张氏 贾季、李氏 男贾财增 贾财旺 贾财住 孙贾□ 张锐、胡氏 男张子明、贾氏 李仓、苏氏 母卢氏 黄才堂、乔氏。

贾万、张氏 男贾国增、赵氏、刘氏 孙贾宗成 贾宗洪、黄氏 贾宗亭 贾宗擎 贾六儿 重孙贾房儿 黄崇德、岳氏 黄崇利、薛氏 贾学、李氏 贾米、胡氏 男贾三聘 贾引、肖氏 贾三元 贾三让、鲍氏 李崇恩。

郭世增、贾氏 韩珣、杨氏 张天质、甄氏 母董氏 李隆、刘氏 李有才 郭梅 男郭世宽 康领、王氏 卢刚、史氏 蔡孟春、朱氏 贾文堂、庞氏 男贾尚儀、李氏 张彦珠、吴氏 男张孝经、陈氏 张邦时、申氏 李守万。

黄崇舜、周氏 黄崇武 黄崇文 黄崇汤 鲍会、王氏 男鲍世崇、许氏 孙鲍科、甄氏 甄胞、张氏 男甄定 鲍世□、刘氏 甄艮、张氏 卢金、高氏 张九恩、胡氏 张九韶、蔡氏 姚村 李林、张氏 男李尚曾、孟氏。

重孙甄体道、郭氏 甄计户、张氏 甄汝敬、李氏 孙甄双儿 韩勉、李氏 男韩大财 郭宏□、黄氏 郭双全 甄大经、贾氏 闫世登、黄氏 男闫汝、甄氏 闫寿 孙闫楼 李守傲、申氏 母魏氏 男孟世通 贾天爵。

贾宗淮、李氏 贾顺淮、黄氏 贾体淮、张氏 贾行淮、李氏 重孙贾思忠 鲍世卿、张氏 鲍逢春、崔氏 鲍逢秋、甄氏、杜氏 鲍军舜 鲍军禄 张勤 张计、崔氏 母黄氏 柏壁村贾运、余氏 贾福、左氏 禅房村鲍宇臣、于氏 鲍三财、李氏。

甄三喜、顾氏 甄延祚 贾国祭、殷氏 男贾宗孔、卢氏 张亮、李氏 张让、王氏 张雲 母韩氏 张三畏、崔氏 岗上村 赵柯、甄氏 赵敏、甄氏 男赵邦奇、张氏 只都村 陈尧节、赵氏 陈大宝、崔氏 井陉长岗村仇梦喜、陈氏。

张伸、李氏 鲍延禄、张氏 男张三畏、崔氏 李大财、孙氏 贾三景 贾三治 贾同村崔栋、苏氏 崔满、李氏 崔囤、闫氏 孙崔承业、谭氏 崔承安、杨氏 牛福、苏氏 北汪村 张守礼、甄氏 男张三洛、赵氏 马节、蔡氏 李守秩。

残碑记有树株善人：贾尚贤 贾国玠 张文才 贾秩 贾尚志 贾尚先、贾尚德 贾尚敬 郭立魁 贾撰 贾尚泽 贾尚□ 贾尚顺 贾仓 贾逢真 贾宗□ 贾三示 贾国宁 贾尚州 贾尚正 贾□才 等

残碑还有“蕓尔赵庄 永安无极”字样。贾应秋 贾体坤 郭应魁 张万金 贾绍祚同立。还有张进堂 张天寿 张进恭 张天才 宋廷業等主要善人。

注：高连升、戴庚寅、黄成言、韩银福、李福田于

2015年10月28日整理辨识明万历二十年(1592)二月初八日完成建立的《藁城县赵庄村真武大帝碑记》之一,此碑主要记载重修《真武大帝庙宇》捐款善人,上部50%左右已残缺,经辨识保留的下半部,镌刻有男性主人及子孙354人,配偶及母亲未计算在内。其中赵庄村贾氏99人、张氏53人、甄氏47人、鲍氏30人、黄氏28人、韩氏17人、郭氏16人、李氏16人、蔡氏8人,另外,王、杨、徐、何、崔、康、卢、闫、孟、门姓合计18人,共计332人;此外,姚村2人、白皮村2人、禅房村2人、岗上村3人、只都村3人、贾同村6人、北汪村4人、井陉长岗村1人。由此不难看出,早在400多年前、16世纪末、明朝中后期居住在赵庄古镇的主要家族是:贾、张、甄、鲍、黄、韩、郭、李、蔡九大姓氏家族。

(二)《真定府藁城县赵庄村重修北堡今改神宫寨小记》碑刻

录碑题、碑文如下:

真定府藁城县趙庄村重修北堡今改神宫寨小记

时天下乱者屡年。人厌兵矣。是岁二麦不登,祲□□尤甚。处盗时时交鸣,震骇愈加。俄而当路传檄,令百姓避难者转运入城。然百姓栖迟乡井,既恐罹难;及转运令下,又苦离家,进退维谷,情实难矣。有乡兵营千总官张天祚、堡主韩尚贤、公直贾清策,萃父老而会议曰:上台之令如此,无非以安民尔。若民果得安,上复何求。本乡旧堡原系避刘齐之乱神宫,保障久矣今虽倾祀宁不可增补耳而扩张之。绥则练干戈以备,急则携妇子以守。亦绥宁固园之一策乎?切见前迁徙之扰可免也致以其议达至于县君而县君甚喜,奖其说,随以千总。官董治之,以堡主等协理之县。以赏罚之令,限以完程之期,鸠工集材,出木□举,而大众赴工者无不欢欣鼓舞,及及恐后即子来之咏奚□焉。益谅其佚道之使,而信劳之民,不称厉也。今已告成,吴县君之羊酒赐劳已光宠吴,后来之百姓要堵应如故矣。此所谓理得而力能为之者。不使人手昔而叹赏哉。是役也虽主之者有本官,替之者有协理,而所赖力役之夫,胼胝之劳,大非浅也。好义终事之名不可泯没特,将其姓氏勒之石,以志不修云。

赵庄村:贾应强、贾行维、甄进德、鲍逢秋……(姓名不清)

大明崇祯拾壹年陆月吉旦

邑人庠生贾鸿猷谨据实迹以记。

(三)《神宫寨重修碑记》碑刻

录碑题、碑文如下:

神宫寨重修碑记

夫神宫寨者,藁邑之西北赵庄堡也,故名为寨。内供武当真君,次□□土之镇。神宫寨深池以绕于外,高墉以围乎中,翠柏树于殿前,虬槐植于殿后,庙貌巍然,洵称古刹。相传明季时有流寇骚扰村庄,远近居民相率而避于此者,容数千众而不见为多。实寨之地基有限,而所容者无穷,神灵之默佑昭然也。迨寇退难平,凡蒙保障之人,感覆庇之功,思德威之著,爰为报答,乐为增修深池之绕其外者,益为之濬,高墉之园其中者益为之筑,殿宇为之丹青,法像为之金碧,而且增修钟鼓二楼,左右厢殿,起药王于西,建三清阁于后。至玉皇殿则又其后焉。于是神宫一寨遂为藁邑之名区,赵镇之巨观矣。但年深月久,风雨不无损坏,墙垣多有倾圮,任其颓废而不为葺补,恐愈积愈甚,将成瓦砾,不诚可惜哉。幸有住持僧人姓荣者,发愿重修。苦心募化,又请本镇文士共襄厥事。倾者修,圮者整,向之金碧其法像者复为之金碧,前之丹青其殿宇者仍为之丹青,“厥功告竣,焕然一新,因勒刻石,以记其盛,而问序于余,余非能文者,一切游眺登临流连光景之词,均置不道,仅述昔之所闻,与今之所见,实而录之,以表乐施者之美,督功之勤,并住持僧人虔诚之志,使后之观者踵而继之,永为藁邑之名区,赵镇之巨观,相延于万万世云尔”。

郡人王作梅肃诚撰文本县蔡嗣行沐手书丹

乾隆四十六年辛丑阳月

管事善人:蔡献瑞 甄元濬 高谦 张宏远 贾迁相 张文斌 李邦贤 贾清遴 甄文明 贾青选 贾廷俊 韩自建 韩昌宇 甄良弼 甄文德 贾逵 黄文会 黄世发 蔡率德 贾怀春 蔡如英

住持僧人性容徒元利孙明理明显

石工杜堂郭奇木工甄文中

大清乾隆四十六年岁次辛丑阳月榖旦

(四)《重修神公寨碑记》碑刻

录碑题、碑文如下：

重修神公寨碑记

赵镇□□□业□□□□山□□□□而分□水其得钏灵池固矣而至延一乡之福泽者则又不在山川之诞降而神灵之呵护焉盖自有吾乡以来地莫高于西北乡人因其高而修为堡城备观游也未几而流寇作乱他乡有扰攘之祸而吾乡独获□□□□至□其所以获此奠要者则曰避乱此堡也至询其避乱之时所以为存身之处者则曰□□玄帝庙也异哉以数间荒址而即容一乡之户口以半壁之险要而即全一乡之性命岂非神哉此乡人于既平之后所为增修以志其盛而后人于登临之余所得瞻仰以祈其福者有由来矣虽然事不□历久而无也制不能一出而即备也常间考神宫之旧而得缺略之处焉即如药王一殿何尝有火帝之神玄帝四师何尝有瘟疫之主而况乡又礼佛未有佛之佛像□□奉佛未有佛之正龛念及此而相扔不可者亦相補而愈稳也於是于道光二十三年仲春之吉遂邀大众以议修補焉既而量其功程初非等之小可议其募化必得大其施舍此又吾众所惮为不易成之功者矣幸也乡人之心齊也一邀会而即定其议一募化而即凑其金而且首事之中不乏鸠工龙材之选住持之内而有朝谋夕画之人所以不觉费力而即告竣其功也当此之时孰不以为奇哉然吾不谓成功之速之为奇而谓遇合之巧之为奇亦不谓遇合之巧之为奇而谓遇合之中如遇神助之为奇籍非然者何以异乡善人而愿装玄帝之金身耶何以达方信士而乐为后殿之彩画也何以三清阁下而恰有新神之座地禅堂正楹而俨是新佛之方丈耶鄉人因感应而想其遇合因其遇合而想其功德遂有作文传世勒碑垂久之意焉但余学浅才陋不能为文特因事不能推诿遂敢献其粗俗之句倘世之君子阅斯文而见谅焉又余之厚幸也夫

大清道光二十五年岁次乙巳穀旦

庠生李清玉宫行黄玉龙

注：此碑风化相当严重，正碑文都用的繁体字。正碑文后面人事安排人名一概看不清，难免有疏漏。

(五)流芳百世《重修观音堂碑记》碑刻

这通石碑一直保存于《观音堂》旧址。新盖《观音堂》小庙一座。正面是碑文，背面镌刻着捐资善人姓名。

录碑题、碑文如下：

重修观音堂碑记

赵镇名区也，古刹仙祠不一，而□之前有观音堂一座。堂虽一楹，其中之山塑，傍列之阎君十祠，极其精巧非凡功也。后有大殿三楹，宽敞伟□，精名神□焉。创建不知何代，重修不□几次，俱未有碑碣可考。相传其盛时，□乡之俊秀暨名成之士，多诵读于共闻若此，则是固人文之薮，振教之渊也。目今堂宇倾圮，神像剥落，以及墙垣门壁，俱□颓坏。住持僧清泉矢愿重修，约乡之善众等鼓舞劝捐，不数月堂宇则焕然也，神像则漆丽也，垣墉门壁无不更固也。且耳以两厢，舍整洁，前有平厦，待客有所，岂不俨然一巨观哉。□及文其事于余。夫大士具慈酣性普度一切弗精闻而有感□应随爰现身固妙法之研精寻声救苦诚神灵之保护。余学疏识浅，安能道其所以。然众曰我等岂能悉其所巧。然者之第以是工之与实由神启塑其始，自非银殿之飞来。即如今定能玉樑之自下用是妙湧，言泉广说，善信幸喜。拾之克集得莲界之重委果尔率乡之子弟而后於其中□金容之妆颜如□圣貌之复深，是名观音堂可也，名为大成殿亦可也。□□碣也，特以记。众善踊之心，胡永不坠，作人圣地耳。先生其易辞。余曰：公等真晚人也。充斯志也，宁第识大士之舍室实众宏□□教于无穷矣，又□烦余之多赘云。

正定县邑庠生王作梅顿首拜撰

本乡生儒学员黄庆云沐手敬书

住持僧祥瑞徒□□孙清□□清□□

首事：甄文德蔡献瑞黄文明黄文元赵□玉甄元□黄文会张□□黄文□赵廷樑张文锦郭宏张文彬郭名振赵廷□郭闯贾如曾张文生张文达甄元淳董群修张希舜黄世□郭殿

乾隆五十四年三月季春穀旦

石匠张亮福

三、古建

赵庄建村有两千多年的历史，成为藁城名镇也有四百多年的历史，古建筑颇多。有神宫寨、弥陀寺、三圣母庙、观音堂、大王庙、三官庙、关羽庙等古寺庙建筑，有黄家大院明清式古建筑群，有古寨墙寨门，有东西长街两侧商业门店古建筑群（详细参见本志第四章赵庄古镇）。

四、古墓

2014年在赵庄村北3里处修建“南水北调”工程时，发现砖砌家族墓葬群，虽未正式发掘，但出土了大量的青砖和陶片、瓦片。河北师范大学考古系教授崔英杰等研究分析后，认为是汉代家族墓无疑，至迟是东汉年间的。古墓室是青砖砌长方形的。

第七节　诗词颂词

一、现代诗词

满江红·古镇赵庄

韩银福

盛名古镇，雄踞于京畿重地。
两千年，历风沐雨，岿然屹立。
惊雷一声天地动，党辉碧。

多少事，从来急，
天地转，光阴迫。
一万年太久，只争朝夕。
改革开放大潮涌，奋起直追马蹄疾！

七律·赵庄古镇

韩银福

神京锁钥古赵庄，人杰地灵绵延长。
源起商周先民居，代代勤俭铸辉煌。
店铺栉比农商兴，寺庙古建满村庄。
喜逢华夏复兴潮，同心戮力奔小康。

七律·赵庄古镇

韩银福

燕赵咽喉一古镇，寨墙高阔七座门。
古寨神宫踞镇北，弥陀神寺守南门。
明清古建街道宽，商贾云集满镇村。
斗转星移尧舜世，高楼林立处处春。

七律·神宫寨

韩银福

依傍古镇耸高岗，根连华夏古太行。
唐宋建起真武庙，明清重修神宫扬。
殿宇巍峨槐柏密，庇佑乡民躲兵荒。
神水一泓涛浪起，赫阻魑魅与魍魉。

沁园春·赵庄

韩银福

独立深秋，滹沱东去，神宫寨头。
看晴空万里，辽阔庄田，稻粱熟透，硕果待收。
曾寇匪横行，官府压榨，劳动人民无自由。

怅空叹，问天地神仙，谁主命运？
马列传入中国，共产党领导争自由。
恰十年内战，八年抗战，三年解放，艰辛卓绝。
解放翻身，民众做主人，粪土当年万户侯。
看今天，农商发达，民富人寿！

七律·颂乡贤

韩银福

乡贤名士村民敬，竭力为民做奉献。
公道正派解民忧，扶危济困扼邪奸。
悬壶济世不计酬，除疾去疴保民健。
为人师表秉赤心，授业解惑培才干。

二、颂词

古镇赵庄颂

韩银福

藁城大地，历史久远，早在商周，已有人烟。赵庄古镇，源起商周，建村战国。历经秦统，西汉东汉，三国两晋，南朝北朝，隋唐五代，宋元明清，民国共和，新中国建，风雨千年。明代初期，营里成建。清朝中叶，藁城首镇，盛名博远。太行山东，海河流域，冲积平原。位居京畿，战略要点。历朝历代，多有征战。九省咽喉，钥控三关。南接滹沱，西邻常山，北靠磁河，东望海边。土地肥沃，丰富物产。寨墙高阔，寨沟深宽。寨门七座，雄踞寨边。鸟瞰古镇，元宝呈现。街市整齐，建筑古典。东西大街，古植国槐，枝繁叶茂，耸立两端。张姓功名，皇赐旗杆。黄家大院，明清古建。院落清幽，坐北朝南。瓦房千间，建筑典范。青砖灰瓦，斗拱重檐，房脊高耸，砖石雕塑，飞吻走兽，花鸟虫鱼，民间故事，镶嵌脊端。雕梁画栋，辉煌赫然。坐落街中，势压民间。三里长街，店铺林立，栉比绵延。当铺银号，粮商布店，茶肆酒楼，饭铺旅店，农具家居，杂货针线，干鲜果品，糖果糕点。一六大集，商贾云集，搭棚设摊，五行八作，样样齐全。赶集人群，熙熙攘攘，各色人等，摩肩接踵，街道占满。西头骡马，棉线如山。东头猪市，名扬京苑，每集交易，肥猪过千。南街粮市，鲁豫集散。商贸兴隆，诚信尤传。镇内寺庙，历史久远。大寺弥陀，圣母三官，观音关公，虫王老母，五道庙观。计有十数香火绵延。镇北神宫，坐落仙山。西汉初年北堡初建，真武庙宇，始建唐宋，历经千年。殿宇巍峨，四层大殿。山门影壁，高阔大端。钟鼓二楼，殿前古柏，殿后虬槐，红墙绿瓦，史称巨观。供奉真武，药王三清，玉皇大帝，传说灵验。香火鼎盛，钟磬声远。宋元明清，历有修缮，座座碑刻，记述完善。历经战火，备受摧残。七七事变，日寇侵华，强占家园，拆毁庙宇，炮楼修建，终成瓦砾，后人扼腕。赵庄先民，远古扎根，勤劳双手，共建家园，生息繁衍，薪火相传。张贾韩黄，甄蔡高鲍，八大家族，居住最先。村风淳朴，海纳百川。尚稼容商，民众性缓。修身齐家，耕读相传。忠厚礼仪，敬业勤俭。爱国守法，为官清廉。聚财有道，济贫更贤。急公好义，忠孝两全。远恶近善，心有佛龛。代出精英，更有乡贤。乡邻互助，和谐千年。古朴村风，代代相传。外籍人士，慕名来镇，求生发展，历经明清，姓氏增加，四十有三。空前团结，共兴家园。封建社会，统治千年，皇权至上，子民顺颜。地主豪富，犹如大山，强取豪夺，聚敛田产。村民百姓，承受艰难，绝大多数，佣工租田，难求温饱，粗布烂衫，遇有灾荒，衣食难圆。民国建立，公敌窃权，媚外扼内，倭寇侵犯。日寇横行，民众遭难。烧杀奸淫，抢掠资源。保甲连坐，自由受限。动辄得咎，非伤即残。广大民众，备受熬煎。伟人泽东，力挽狂澜，矢志革命，共产党建。七七事变，统一战线，全民抗战，浴血八年，日寇完蛋。三年内战，国民党惨，败走台湾。全国解放，新中国建。土地革命，平分田产，人民当家，民众欢颜。治国安邦，宏图大展，社会主义，前途无限。本镇革命，首属计拴，春福老巩，三八党员，对敌斗争，坚定勇敢，历经风险，勇往直前。四七解放，健全政权。土改斗争，主政诸君，勇于承担。贫民分田，地富收敛，摆脱剥削，耕者有田。文化兴村，富有远见。建设完小，教育普及，又建中学，教育大办。时至今日，大中专生，人数逾千。尽职各地，各条战线，不乏精英，为国奉献。农业合作，发展生产。抗美援朝，人人奉献。私有改造，基础永奠。集体经济，尤其趋前，工商副业，三十几家，成效斐然。邓公小平，拨乱反正，经济为先，改革开放，全面发展。卅年拼博，民富国强，面貌大变。改革春风，赵庄涌动，种养加工，科技领先。个体企业，春笋涌现。饮食服务，大气高端。营商建筑，成果斐然。各类工匠，出手不凡。收入提高，优裕吃穿。住宅楼房，结实宽敞。家家装修，暖气空调，沙发彩电。轿车摩托，出行方便。手机电脑，信息了然。村中道路，硬化绿化，自来水净，昼夜供电。文化生活，多姿多彩，生活小康，为期不远。古有先贤，为村奉献。现有精英，钟情家园。建言献策，出力村建。历届村书，春福老凤，德明小声，瑞恒书瑞，清瑞增贵，振义兰贵，东来福庆，现任支书，黄氏建会，连任十年。村长主任，前后相连，建国算起，首任老凤，继任振芳，银星小盆，清瑞文采，书瑞东来，玉崑进福，增贵留申，福庆占山，清海院生，现任书贵，连续当选。支书村长，历届村干，主政长短，竭尽所能，为国爱村，忠诚肯干，忠于职守，无私奉献。有口皆碑，自有评判。尽责守成，成绩斐然。改革开放，确有缺憾。村位偏远，交通不便。稳农兴工，均不靠前。集体薄弱，无力超前。共同致富，几成空谈。主观客观，总结经验。改革大潮，汹涌向前，不进则退，机遇瞬间。过硬道理，经济发展。纳入城市，迫在眼前。千年机遇，抓抢必然。合镇老幼，诸多期盼。民富镇强，和谐永远。支部村委，共产党员，不忘初心，为党为民，勇挑重担，志存高远，统筹全面，慎重决策，立足长远，村民利益，确保圆满。锦绣赵庄，世代家园。村民同心，共筑永远。主政诸君，同心协力，勇于承担。谋事在人，成事在天。守成踏步，坐失机缘。与时俱进，海阔天宽。改革开放，多谋善断。博采众长，创新发展，同心聚力，采长补短。不拘一格，用人当贤。民重官轻，心在民间。小康目标，如期实现。赵庄古镇，再续宏篇。鞠躬尽瘁，功德无限，民众口碑，永远流传。化公为私，巧取豪夺，贪污腐败，为人不齿，遗臭万年。

二〇一九年十月修改完成

第八节　著述

一、学术著述

1 **郭风岐**，男，汉族，赵庄籍人。天津南开大学本科毕业，中共党员，研究员，天津市局级领导干部。退休后担任诸多社会职务：中国地方志学会学术委员、中国近现代史史料学会顾问、南开大学客座教授、天津作家协会会员等。出版学术专著 20 多部，如：

(1)《银幕上的声画艺术——电影》，1990 年 9月，高等教育出版社出版；

(2)《天津市的城市发展》，2004 年 8 月，天津古籍出版社出版；

(3)《方志论评》，1994 年 10 月，天津社会科学院出版社出版；

(4)《志苑杂纂》，1998 年 10 月，南开大学出版社出版；

(5)《近代中国看天津·百项大事》(中英文对照)，2006 年 6 月，天津古籍出版社出版；并在《今晚报》连载 100 天。荣获天津市社会科学二等奖。

(6)《津沽旧事》“历史篇”“文化篇”“人物篇”三册。天津社会科学院出版社 2018 年 12 月第一版。

2.**韩文惠**，男，赵庄籍人，研究生学历，中共党员，现任正定中共党委委员、副校长。其著述：

(1)主编《无敌教练·物理》，陕西人民出版社出版；

(2)主编《冲刺高考·理科综合》，机械工业出版社出版；

(3)参编《高考指南》《2002 年石家庄市高考系列练习》《中学物理同步练习》《高中物理专题教学实验方案》《3+X 讲座》。

3.**李瑞奇**，男，赵庄籍人。中共党员，河北农业大学毕业，留校任教，先后获得农学硕士、博士学位。现任河北农业大学农学院院长、作物学教授、博士研究生导师、农学院学位分委员会主席，还兼任农业农村部小麦专家指导组专家等职务。其主要著述：

硕士学位论文：转基因抗虫棉主要性状与遗传多样性分析。

博士学位论文：河北省冬小麦品种遗传分析和超高产特征研究。

近年代表性论文：

(1)通讯作者. Differentially Expressed Genes and Enriched Pathways During Drought-Sensitive Period Under Field Conditions in Bread Wheat. Plant Molecular Biology Reporter, 2019,37(4), 389-400.

(2)共同第一作者，通讯作者.Transcriptomics analyses reveal wheat responses to drought stress during reproductive stages under field conditions. Frontiers in Plant Science, 2017, 8:592.

(3)通讯作者.水分亏缺对不同小麦品种矿质元素吸收分布及水分利用的影响. 中国生态农业学报，2017,25(10):1475-1484.

(4)通讯作者.河北省 10000kg·hm^{-2} 以上冬小麦产量构成及群个体生育特性. 中国农业科学,2015,48(14):2718-2729.

(5)通讯作者.限水减氮对小麦旗叶光合特性和群体干物质积累与分配的影响. 河北农业大学学报，2016,39(5):1-7.

(6)通讯作者.限水减氮对高产麦田群体动态和产量形成的影响[J].麦类作物学报,2016,36(8):1060-1068.

(7)通讯作者.水氮模式对冬小麦产量和水氮生产效率的影响[J].麦类作物学报，2015，35(8):1141-1147.

(8)第一作者，河北省冬小麦品种 SSR 标记遗传多样性分析[J].植物遗传资源学报,2014,15(3):77-84.

(9)第一作者.河北省冬小麦丰产抗旱性表型鉴

定指标研究[J].植物遗传资源学报,2012,13(2):233-238.

(10)第一作者.转基因抗虫棉农艺性状和纤维品质的遗传多样性[J].植物遗传资源学报,2005,6(2):210-215.

(11)第一作者.转 Bt(CPTI)基因棉花抗虫性鉴定与筛选.植物遗传资源学报,2005,6(4):409-413.

4.**蔡迢阳**,男,赵庄籍人。中共党员,东北大学工学博士学位。在河北师范大学任教,现任河北师范大学职业技术学院电气工程教研室主任、教研室党支部书记。其主要著述:

(1)国家自然科学基金青年项目,61603121,时滞系统特征谱分布的新结论及其 Hopf 分叉研究,2017/01-2019/12,主持.

(2)河北省育厅青年基金项目,QN2015118,基于分解方法的时滞系统稳定性研究,2015/01-2018/12,主持.

(3)河北师范大学博士基金,L2015B20,时滞系统的稳定性与故障检测及容错控制方法研究,2015/01-2018/12,主持.

(4)蔡迢阳.基于 τ 分解方法的几类时滞系统稳定性分析[D].博士论文,东北大学.

(5)Tiao-YangCai,Hua-GuangZhang.NovelProperties of Spectrum for Stability Test of Linear Delay Differential Systems. IEEE Access, Vol.7, pp. 116424-116429, 2019.

(6)Tiao -yang Cai, Hua -Guang Zhang, Fei -ShengYang and Xiang-PengXie. The τ Decomposition Method for PID Controllers of FirstOrder Delayed Unstable Processes. Asian Journal of Control, Vol.18, No.1, pp.293-301, 2016.

(7)Hua-GuangZhang, Tiao-YangCaiand Ying-Chun Wang.On τdecomposition frequencysweeping strategy to rationalorder fractionalsystems with commensurate delays. IET ControlTheory & Applications, Vol.9, No.5, pp.723-728, 2015.

(8) Tiao-Yang Cai, Hua-guang Zhang, Bin-Rui、Wang and Fei-Sheng Yang. The asymptotic analysis of multiple imaginarycharacteristic roots for LTI delayed systems based on PuiseuxNewton diagram.International Journal of Systems Science.Vol.45, No.5, pp.1145-1155, 2014.

(9)Tiao-Yang Cai, Hua-Guang Zhang and Fei-Sheng Yang. Simplified Frequency Method for Stability and Bifurcation of Delayed Neural Net-works in Ring Structure. Neuralcomputing.Vol.121, No.9, pp. 416-422, 2013.

二、科技著述

1.**郭立稳**,男中国矿业大学毕业,博士,现任北京华航工业学院副院长,其著述:

(1)博士论文题目《含瓦斯煤爆裂过程的热效应研究》;(2)《煤与瓦斯突出过程中影响的因素分析》。煤炭学报 2000 第 4 期;(3)《煤与瓦斯突出过程中温度变化的实验研究》。岩石力学与工程学报 2000 第 3 期;(4)《煤吸附瓦斯过程温度变化的实验研究》。中国矿大学报 2000 第 3 期;(5)《荆各庄矿煤层自然发火规律的试验研究》。煤矿安全 2001 年第 1 期;(6)《抑制突出的增压揭煤法研究》。中国矿业大学学报 2000 第 4 期;(7)《延期突出的机理与模拟试验》。煤炭学报 1999 年第 4 期;(8)《高压水射流掏槽防突技术参数值模拟与实验研究》。采矿与安全工程学报 2013.09.15;(9)《钱家营矿煤层瓦斯渗流特性实验研究》。煤炭科学技术 2015.11.15。

2.**韩艳芳**,女,1998 年天津科技大学毕业,专业:机械设计与制造。2002 年河北工业大学硕士研究生毕业,专业:机械制造及自动化。2006 年上海交通大学博士生毕业,专业:模式识别与智能系统。2006 年至今上海理工大学光电学院讲师。其科学著述:

(1)韩艳芳、施鹏飞合编《基于蚁群算法的图像分割方法》,计算机工程与应用,2004 年 6 期。

(2)韩艳芳、施鹏飞合编《基于数字图像处理的表面缺损检测技术》,测控技术,2005 年 9 期。

(3)韩艳芳、田志友合编《从服务接触角度看如何提升双语教学效果》,科教文汇,2009 年 1 期。

(4)韩艳芳、杨娜合编《颜色特征加权滤波骨髓细胞分割方法》,计算机科学,2011 年 7 期。

(5)钟锦敏、韩艳芳合编《HOUGh 变换在表面污迹检测中的应用》,测控技术,2006 年 11 期。

(6)钟锦敏、韩艳芳合编《基于多分辨率小波的鱼刺图像检测》,仪器仪表学报,2006 年 12 期。

(7)杨云飞、韩艳芳合编《H.264 整像素快速运动估计算法研究》, 计算机工程与应用,2008:35:196-198。

(8)杜磊、徐伯庆、韩艳芳合编《一种 CT 图像的肺实质分割方法》,光学仪器,2011 年 2 期。

(9)段松传、韩艳芳合编《基于协方差矩阵的复杂背景中目标检测》,无线电通信技术,2018 年 8 期。

(10)张振、韩艳芳合编《一种改进码本的运动目标检测方法》,信息技术,2013 年 2 期。

(11)刘海波、韩艳芳合编《基于改进水平集方法的黏连细胞分割》,信息技术,2014 年 10 期。

(12)沈丽、韩艳芳合编《基于稀疏表示的超分辨率图像重建》,电子科技,2015 年 9 期。

(13)汤依婷、韩艳芳合编《一种改进的图割目标分割算法》,电子科技,2016 年 10 期。

(14)于书盼、韩艳芳合编《基于多特征融合与改进霍夫变换的电缆检测研究》,软件导刊,2017 年 11 期。

(15)李远状、韩艳芳合编《一种核相关滤波器的多尺度目标跟踪方法》,电子科技,2018 年 10 期。

(16)廖成、郭心悦、韩艳芳合编《改进的稀疏表示超分辨率图像重建》,软件导刊,2018 年 12 期。

3.**甄玉山**,男,赵庄籍人。1987 年北京化工大学毕业,硕士研究生学历,中共党员,就职于北京航天动力研究所,工程师。主要著述:

(1)硕士论文:《基于过程神经网络的化工过程软测量研究》。

(2)《用于化工软测量的基于移动窗的过程神经网络》,清华大学学报 2012 年第 09 期。

三、影视作品

郭凤岐影视作品。

(1)郭凤岐和香港金庸先生合作,根据《书剑恩仇录》武侠小说,执笔编剧的上、下集电影剧本,由香港与天津合拍为两部故事影片《江南书剑情》《戈壁恩仇录》。并荣获 1987 年法国巴黎国际妇女电影节特别奖、香港第七届金像奖“十大优秀国语片奖”。

(2)创作电影文学剧本《不愿披露姓名的人》,1986 年由天津电影制片厂和天津电化教育馆联合摄制为电视剧《心律》上下集。

(3)电影文学剧本《一箭缘》刊载于《瀚海潮》1994 年 3 月 4 日总第 73。

(4)编导《天津新貌》专题片,1984 年为庆祝新中国成立 35 周年而摄制。《天津新貌》脚本荣获天津市鲁迅文学奖。该片被评为天津市庆祝建国 35 周年优秀作品,受到表彰、奖励。

(5)《历史不会忘记》脚本(1、2、3 集)总纂稿(为纪念抗日战争胜利 50 周年而作)。1995 年,由天津电视台摄制为 3 集专题片。

四、散文

郭凤岐著作散文、随笔、报告文学、论文 200 多篇。主要有:

(1)报告文学《天津歌舞剧院青年演出队坚定不移地顶歪风走正路》,刊载于 1983 年 11 月 22 日《光明日报》头版。

(2)随笔《书剑恩仇录》拍摄花絮,刊登于 1987 年 8 月香港《影剧》等刊物。

(3)《天津的母亲河——海河》,载 2002 年 10 月 29 日《人民日报》。

(4)《从古渡扬帆到现代航程》,载 2004 年 3 月 27 日天津日报。

(5)《金编钟传奇》,2004 年 12 月 27 日至 2005 年 1 月 2 日《今日晚报》,连续刊发 7 天。

第二十三章 教 育

家乡兴教较早,文化教育源远流长。早在3400多年前即是商文化发达地区。春秋即有祭神饮酒乐歌。在唐宋时期,官学、私学逐渐兴盛,元、明、清更趋发达。清康熙年间,藁城有县学、书院、义学,私塾较多。另有社学、射圃、阴阳学、医学、教场、仕学别院等。自隋兴科举到清末,县内科第,代不乏人。清光绪三十一年(1905),改革封建教育,创办新式学校。民国初拆寺庙, 办学堂, 赵庄等各村相继办起新式学校。1923年,全县有男女高等小学各1所,包括赵庄小学在内全县共有国民小学114所。进入30年代,女校兴起,1933年,全县有高小2所、完小1所、初级小学158所。初级女子小学女校54所, 女子完小1所。1935年全县高级小学发展到5所,初期小学发展到230所。

1937年,日军侵占藁城,学校教育一度处于瘫痪状态。1938年春,抗日县政府提出"普及小学教育"的任务。1939年(民国28年)秋,为适应抗日战争的形势,农村抗日小学相继成立。1940年,抗日教育迅速发展,到年底全县有完小27所,初小357所。

1945年藁城县城解放后,县人民政府高度重视教育,小学教育不断发展。1948年,全县有完小21所,初小200所。1949年,全县有高小19所,初小199所,学生16035名,约占适龄儿童的40%。

中华人民共和国成立后党和政府非常重视文化教育。

第一节 旧式教育

一、私塾、义学

私塾、义学,始于周秦,汉唐趋于成熟,推行于达官贵人、富户豪绅家庭。宋元时期,一些庶民子弟也开始受到蒙养教育。明清更有发展。

蒙童教育形式主要有私塾、家塾、义学。家塾,皆富豪、绅士之家为教授其子弟自聘教师而办。历代有名望且多成就的私塾先生,如元代安熙,不仅教授乡里,且在封龙山聚徒讲学。其教以敬为本,"以经术为先,弟子去来常百余人"。另外还有王祁、李士兴、明代田发、高宏,清初贾廷贵,崔守岱、李贵、尚淳、张龙光、董奋帷等,皆桃李盈门,教授成才者颇多。

义学,清代以来逐渐兴盛。时旧城一座,是康熙三十七年(1698)教谕张丙宿于文昌祠设立。新城一座,系康熙三十八年(1699)知县杨朝麟捐俸所建。此外,在梁家庄、美化庄、周挂村、倪家庄、贾市庄、南营村、陈家庄、两河村、南孟村、南董村、只都村、四公村、正公村、泥阳村、奉化村、丘头村、陈村、康村和赵庄各设一座。

清康熙年间,赵庄兴办义学1所。

清光绪二十八年(1902),赵庄士绅黄凯和甄姓先生开办私塾,当时学生12名。

1912年(民国元年)在赵庄镇《老母堂》兴办公学一所,教师先后有张重会(黄庄村人)、魏先生(三丘村人)、胡冠英(赵庄村人),学生50余人。

蒙童教育的基本目标和主要内容, 是对儿童进行初步的伦理道德和基本文化知识教学,教材有《三字经》《百家姓》《千字文》《名贤集》《弟子规》《神童诗》《童训》及《改良女儿经》等。

二、儒学、书院

儒学(建于何时无考),清康熙《藁城县志》载:"儒学,在宋时(学址)僻隐,驿西仅存一殿,居民侵削基址殆尽。宋元祐六年(1091)知县祝安上迁建新址。明洪武六年(1373)知县张处恭因旧址复建学宫,此县学为官办,学额有限,一般20~40名。清代,藁城岁科试各取文童15名、武童12名。同治年间,廪膳生20名,增广生20名,文、武童各增2名。"

明清时，书院兴起。历有滹阳书院、培英书院、滹南书院。

滹阳书院，在县治东。明嘉靖十三年(1534)知县尹耕建。清康熙二十一年(1682)，知县姜弘绪改为义学。康熙三十二年重修，后荒废。

培英书院，在县治东。清康熙五十九年(1720)建，周垣计基3亩6分。知县闫尧熙根据清皇室教育方针，亲题《劝学十则》，刻碑于书院，以勉学子。后一度荒废。咸丰八年(1858)知县陈载复建，改名"滹阳书院"，并发商制钱2000缗，岁取其息，延师课士。同治年间废。

滹南书院，在县治东北隅(今藁城中学处)。清光绪十七年(1891)，县知事文濂，就兴国寺旷地劝捐建置。造屋41间，邀请师资，讲学其中。光绪三十一年(1905)废。

县学及书院只有地方官吏和富豪子弟方能入学，贫民庶子是可望而不可即的。

学习内容主要是儒家的经典著作《四书》《五经》。各学子潜心攻书学儒，应科举以求仕途。

县内科举代不乏人。计有进士50人，其中武进士21人(武状元1人)。举人192人，其中武举115人。

赵庄有记载的明代有贡生贾尚德、童生贾鸿猷、庠生贾鸿酞，清代有武举黄文会、黄世承、黄殿元，优贡黄烈、甄金鑫，都可能出自藁城县儒学或书院，但无考。

第二节　普通教育

一、教育发展概述

赵庄是建村两千多年的古村，明代中叶发展成镇，发展教育较早。中华人民共和国成立后，赵庄的教育在社会主义制度下，随着社会的发展不断发展，现在幼儿受教率达95%以上，小学入学率100%，每年有大量的高中毕业生考入大学、大专院校。

赵庄是藁城县八大古镇之一，兴教较早，"耕读传家"思想深入人心。唐、宋、元时期当有私塾教育，明代趋于成熟，但只有少数富豪人家才办得起私塾，培养自己子弟，史实已无考。有据可考的是，清康熙五十二年(1713)，知县闫尧熙倡教兴学，发展民间教育，创办义学17所，其中赵庄义学是17所之一。所谓义学，为地方士绅或仁人志士捐资和利用寺庙、公地兴办学校，贫民子弟可以免费入学读书，地主、富农子弟较多。因为缺少经费，很少有贫民子弟入学读书。

清光绪二十七年(1901)，赵庄士绅黄凯和姓甄的先生开办私塾，当时学生12名，主要教授《三字经》《百家姓》《千字文》《弟子规》《女儿经》等，习学毛笔字。

历史上，赵庄文化名人荟萃。《神宫寨》碑刻记载，明万历十七年(1589年)有童生贾鸿猷，明隆庆年间(1567—1572)有乡岁贡进士、监生贾尚德，明崇祯十一年的堡主韩尚贤、公直贾清策、庠生贾鸿酞。清乾隆四十六年(1781)撰写《神宫寨重修碑记》碑文和清乾隆五十四年(1789年)《重修观音堂碑记》碑文的王作梅，清道光二十五年(1845年)庠生李清玉。

据《藁城县志》载：赵庄蒙童黄文会是清乾隆五十一年武举；黄世承是清嘉庆十八年武举；黄殿元是清道光元年武举。黄烈、甄金鑫分别是清光绪二十四年和清同治八年的优贡。

清末民国初，地主子弟黄合明、黄镇到日本留过学，黄彩武(字黄钿)毕业于北平陆军军医学校，黄厚裔(字裕堃)北京高等实业学校毕业。黄裕塘毕业于北京中国大学，黄清涟军医大学毕业。

1923年林翰儒编纂的《藁城乡土地理》载："赵庄镇，在县城西北，距城四十里。滹沱北之首镇也。有堡墙周约三里。商民殷富。街市整齐。有巡警驻在所。国民小学在焉。每月一、六日开集，商贾云集，杂货纷陈，贸易之盛，不亚梅花。而布商猪市尤大，为各镇所不及。"

1912年，县政府和村政权在赵庄村南庙宇老母堂兴办起公学，叫赵庄学，此为赵庄开办小学的开端。老母堂占地2.3亩，坐南朝北，南边大瓦房七间作为教室，北房两间、西房两间、东房六间，均是土坯房，作为老师办公、起居、生活用房。教师先后有张重会(黄庄村人)、魏先生(三邱村人)、胡冠英(赵庄村人)任教。学生50余人,教材主要是《三字经》《百家姓》《千字文》等,学习毛笔字也是重要课程。1929年秋,校址移至村南弥陀寺,弥陀寺占地12亩,坐北朝南,三重大殿作为教室,偏房15间作为教师办公、起居、生活所用。在校学生有110余人,老师有田汝林(张家庄村人)、黄贵恒、黄子久(赵庄村人),教材改为世界书局出版的国语、算术、常识等。校名正式定名为"赵庄小学"。小学在弥陀寺办至1947年赵庄解放,教师和学生数量没有多大变化。

1928年秋,藁城县政府在赵庄村东奶奶庙办起了赵庄"女子学校",称"赵庄女校",县政府委派韩凤荣(正定县人)和一名姓佘的女性(藁城人)任教。1937年农历九月初三,日军侵占小慈邑村,女校恐遭伤害,被迫解散。女校成立十年间,培养了不少女性。

1947年赵庄解放,赵庄小学搬迁至村内原"石德堂"(土地改革收缴地主的房产,现村委会所在地),坐南朝北四合院,南正房6间、东厢房3间、西厢房4间、北临街4间和一个大门筒,房屋共17间,进大门筒影壁后有一口水井,占地1.7亩。学生一至四年级100多名学生,首任校长丁实安(北小屯村人),教师为张炳功、黄子久、王洪珍、李叶4人。

中华人民共和国成立前,由于教育落后,成年村民90%以上是文盲。

1949年秋,有一至四年级学生的赵庄小学迁至村中央东西长街路北原地主黄俊明、黄山子、黄后裔家大院。那时,原黄家大院经20世纪30年代末和40年代初日军多次战火毁坏,除留有前后两座大瓦房和东西偏房组成的一个小四合院外,其他房屋已被摧毁,一片废墟,沟壑瓦砾遍地。1950年村集体平整土地,南边临大街盖起5间教室和2个漂亮的校门,由老师黄子久书写"赵庄小学"四个仿宋大字于门楣,圈起了围墙、平整了操场。1951年秋,县教育科决定成立"赵庄完全小学",即包括一至四年级的小学和五六年级的高小。

赵庄完全小学于1951年兴办至2019年,已经走过了68年历程。赵庄解放至今,百分之90%以上的孩子在这里接受启蒙教育,读完完小,大部分走出村子,到外地深造。1999年在校学生达到顶峰,在校学生1400多名,教师54名。进入21世纪,在校学生逐年减少。在赵庄完小读书的学生累计一万多名。

1964年,赵庄大队成立了赵庄农业中学,当年招收学生36名,教师5名,历经三届,1968年撤销赵庄农中,赵庄小学成立初中班,原农中学生转入初中班。

1980年,张家庄公社决定成立张家庄、赵庄两个社办初中。1981年,赵庄社办初中正式成立,称"赵庄中学",校址在赵庄村庄南部,第一任校长李福田,生源为赵庄、三邱、蔡家岗、李家庄的六年级学生,直接接受县教育局和公社领导。2008年"赵庄中学"被撤销,历时28年,共毕业学生2000余名。

赵庄高中教育始于1969年秋,属张家庄公社办高中,起始办学地点在赵庄完小北边两个教室,生源为蔡家岗、赵庄、三邱、李家庄初中毕业生,首任校长张仕欣(赵庄村人),教师5名。1970年,陈英华(无极大名庄人)任高中校长,迁村南新校址。1980年,赵庄高中撤销,历时12年,毕业学生600余人,其中2人考入大专,2人考入大学。

二、幼儿教育

赵庄的幼儿教育起步较早,1970年就办起了学前班,由赵庄小学领导和管理。主要吸收3~6岁幼儿入班,基本不收费用,幼儿教师挣工分。但是,当时小学教室较少,无法容纳学前班的孩子们,不得不把全村分成六个片,每片找几间空房子,办一个学前班,孩子们就近入班。因教材不规范,教师水平参差不一,环境、教具不具备,对幼儿的智力开发起的作用不大。但是,集中管理幼儿,父母可以放心地参加劳动生产,幼儿白天离开父母或祖父母,过集体生活,对提高孩子的自理能力、保证幼儿安全是有好处的。

1993年,赵庄供销社解体,把供销社遗留的库房、办公用房改建成6个教室和办公室。书桌用木板架设,幼儿自带小板凳。至此,赵庄幼儿园有了正式的校址,具备了幼儿学习和娱乐活动的场所。

2001年起,赵庄村集体筹资拆除供销社原有的房屋,盖起了标准的幼儿教室、办公室。小学划拨了两个教室,建起了围墙和幼儿园大门,栽种了花草树木,购置了幼儿教具、桌凳和活动娱乐器材,为幼儿教育健康发展打下了基础。2008 年,因为小学入学学生人数减少,五六年级搬迁到村南原初级中学的校址就读,小学空下了教室,划拨给幼儿园 6 个教室。幼儿园有条件建成教室、休息室、活动室、办公室。安装了监控设备,全程记录幼儿上课、活动、休息状况,有利于幼儿安全健康地成长。增购了蹦蹦床、滑梯、秋千等大型幼儿活动设备。2019 年,幼儿教育占地 7830 平米,建筑面积 1360 平方米,教师 16 名,在园幼儿 300 名左右,教育质量不断提高,为孩子们进一步培养打下了坚实的基础。

三、小学教育

1949 年秋,赵庄小学正式迁至新校址,即原地主黄家大院。当时黄家大院遗留两座坐北朝南各 5 间大瓦房和东西两座各 3 间一坡式厢瓦房,1950 年新建 5 个教室。

1951 年国家提倡普及小学教育,要求 8~13 周岁的适龄儿童都要入学读书。是年秋,藁城县政府教育科决定成立赵庄完全小学,五年级学生由赵庄、蔡家岗、北小屯、李家庄、三邱、南贾同、北贾同村及正定县的南圣板、戎家园村四年级学生考入,设 2 个班、80 余名学生。当年六年级学生则由原在北龙宫村上学的赵庄、南贾同、北贾同、三邱、蔡家岗的五年级学生迁入。当年,赵庄小学一至六年级共 11 个班,500 余名学生,教师 15 名,首任校长丁实安(北小屯村人)、教导主任黄子久。课程设置均按国家教育部安排,小学一至四年级设语文、算术、音乐、图画、体育。五、六年级增设历史、地理、自然。学校成立共产主义少年先锋队。每周一上午 8 点,各班级学生由班主任带队,在学校操场东侧主席台前列队,首先举行升国旗唱国歌仪式,然后校长、教导主任讲评后回班级上课。

1952 年—1955 年,学校设 12~14 个班,在校学生 600 人左右,教师 15~18 人。1955 年,高小增加珠算、手工课。

1952 年起,入学学生不断增加,教室不足,小学有四个班在村东北部原属地主黄秋贵家南北两座瓦房和西厢房就读,直至 1959 年。

1959—1965 年间,教师 20~24 人,在校学生 600~729 人。1959 年开始学习使用汉语拼音字母。

1958 年学校增建 4 个教室、1 个教师办公室。

1966 年"文化大革命"开始,正常的教学秩序被打乱。1968 年后改为春季招生,放寒假前毕业。1968 年推行"候王建议",将公办小学下放到大队来办,推行完全小学五年一贯制。贫下中农代表进驻学校,年届 60 岁的贫农韩圆,作为贫下中农代表在学校工作 10 余年。1971 年后,小学课程改为毛泽东思想教育、语文、算术、革命文艺、军体、科学常识和劳动课。

1967—1972 年,由于教室不足,有 4 个班级分别在韩吉造 6 间北房和盆窑的 6 间房屋上课。

1977 年,教学秩序恢复正常。1981 年秋,学校恢复"六、三、三",即小学六年、初中三年、高中三年,同时恢复秋季招生、暑假前毕业。

新中国成立后至改革开放前的 30 余年间,由于村集体薄弱,村民生活也不富裕,赵庄小学教学设备简陋。一至四年级的教室内大致是土坯垒成台架设木板或水泥板作为课桌,学生自带小板凳或马扎,地面是黄土,墙壁上是一块由水泥混凝土抹成的黑板,窗户糊白纸,室内光线不足,仅此而已。五、六年级虽有了简单的木制课桌,学生需自带凳子。严冬,各教室虽有煤火炉,管理不好,夜间灭,白天再生火,偌大的教室温度仍然很低,多数学生手脸被冻肿。

1985 年后,国家在大力发展经济的同时,高度重视教育,国家拨款改善教学条件,赵庄小学增添教学仪器设备。很快,学生学习的桌椅等问题解决了。1990 年国家提出"普及九年义务教育",连续几次开展普及九年义务教育大检查,有效地促进了教学设备的购置和教学条件的改善。逐步添置了教学设备、仪器、器材,冬天用上了暖气,夏天安上了电风扇。2001 年,小学建起了图书室阅览室、仪器室、体育器材室、音美器材室、微机室和电化教室。2014 年,教师配备了笔记本电脑,投影教学,逼真直观,教学质量大大提高。

1995 年小学课程设置改为语文、数学、社会、自然、体育、音乐、美术、思想品德和劳动九科。以后基本没有变化。1997年小学五、六年级增设英语课。

1984年后，学校学生人数年年增加，教室和办公室愈显不足。1987年，赵庄村委会和学校商量后，拆除12间教室，投资30余万元建起了一栋有18个教室、7个办公室的教学楼，解决了教室不足的问题。1994年，村委会又投资6万元建起了4个教室、1个办公室和1座简易水塔。

1994年，赵庄供销社撤销，1995年赵庄村委会出资12万元，收购供销社旧址及附着房子34间，划拨给赵庄小学使用，使赵庄小学面积扩大5000余平方米。1995年开始，小学拆掉部分旧房子，在原教学楼东面接建教学楼，增加8个教室、5个办公室，共投资30余万元。至此，学生全部在进入教学楼读书，教室宽敞明亮，基本符合现代化教师标准。1998年，投资改建了校门，对旧楼进行了装修，建起了微机室，楼前栽起了雪松，进行了绿化和美化，成为“花园式”学校。至此，赵庄小学总占地面积12443平方米，建筑面积2960平方米，拥有35个教室、14个办公室，7000余平方米的活动场所。

1999年秋季，小学在校学生达到高峰，达1400余人，教师54人。2000年后，入学适龄儿童逐年减少。2003年，李家庄村小学因学生人数太少而撤销，学生到赵庄小学就读。

2008年，赵庄小学五、六年级学生改到原赵庄初中就读，改称赵庄中心小学，同时，李家庄、蔡家岗、三邱等村五、六年级学生也到赵庄中心小学就读。第一任赵庄中心小学校长蒋忠林为张家庄村人。同时，赵庄小学的师资水平有了很大提高，由原来的参差不齐，发展成为现在的大专水平以上，基本上都是师范全日制学校毕业，符合了现代教学要求的师资水平。

1949年至2019年的70年间，在赵庄小学受过启蒙教育，小学或高小毕业的学子达1万多名，不少人经过初中、高中、中专、大学深造，成为国家建设各方面的栋梁之才，建功立业，造福桑梓。

赵庄小学历任校长一览表

表 23–1

姓名	籍贯	任职时段
丁实安	藁城北小屯村	1947—1955
路润琴	藁城北洼村	1956—1958
侯逸民	无极县	1959—1963
何英杰	藁城南宋村	1964—1965
李瑞华	藁城南屯村	1966—1968
黄成山	藁城赵庄村	1969—1970
甄　萍	藁城赵庄村	1970—1989
刘中秋	藁城北堤里村	1989.9—1990.8
贾进喜	藁城赵庄村	1990.9—1993.1
张兰石	藁城赵庄村	1993.2—1995.8
周兰生	藁城三邱村	1995.9—1996.8
李福田	藁城赵庄村	1996.9—2006.8
李志华	藁城赵庄村	2006.8—2009.8
王军强	藁城东只甲村	2009.9—2019.10

四、初中教育

赵庄初中教育始于1964年秋季，根据县教育局的指示精神，成立了赵庄农业中学，学生来源于赵庄小学高小毕业生，首届招生36名，接受赵庄小学领导，教师有黄成言、鲍瑞申、刘贵荣、穆贵刚、鲍文增。连续招生三届。1968年秋，县教育部门要求完小附设初中班，赵庄小学即附设初中班，赵庄农中撤销，学生转入赵庄小学附设的初中班。

1970年6月，国家推行“五、二、二”制，即小学五年、初中二年、高中二年。赵庄附设初中实行二年制，教材用的是四省合编本，学科有语文、数学、物理、化学、体育、政治、历史、地理、劳动技术、美术、音乐。1979年，初中恢复了三年学制。那时，教学设备相当简陋，只有简单的实验仪器，无法完成复杂的实验课教学，有时不得不到外校借用仪器。“文化大革命”期间，学生经常停课“闹革命”、参加生产队一些突击生产活动，加上过分重视军体课，影响教学质量。

1980 年，藁城县政府教育部门明令撤销社办高中，改办社办初中。张家庄公社原设张家庄、赵庄两座社办高中撤销，改设张家庄、赵庄两座社办初中。原社办赵庄高中校址在赵庄村南部，占地 5200 余平方米，4 个教室、5 个办公室及伙房、库房。社办赵庄初中设在原赵庄社办高中，校舍、地产及教学仪器设备划归赵庄中学，不再隶属赵庄小学，接受县教育局和张家庄公社双重领导。第一任校长李福田，生源为原赵庄、三邱、蔡家岗在校初中学生，招考赵庄、三邱、李家庄、蔡家岗村六年级毕业学生。每个年级设 2 个班，每年在校学生 300 人左右。

1981—1984 年，初中教学用的是省编教材，并增加了英语课。1981 年初中恢复三年学制。1985 年秋，教学开始使用国家统编教材。

为了不断改善办学条件，在 1983 年生产队解体时，社办赵庄中学校领导积极主动和大队党支部、管委会领导联系协商，将第 21 生产队原牲口圈约 3000 平方米土地于 1984 年划归社办赵庄中学使用。1985 年，张家庄公社投资，新建 4 个教室、3 个办公室，翻建了学校大门。校领导几经周折，在村党支部、村委会支持下，1991 年购买了学校紧邻、村民张小胡家 500 平方米宅基地使用权。至此，学校面积达 13.2 亩(8800 余平方米)。

1996 年，由于学生人数增加，教室不足，张家庄镇政府划拨资金，并动员所辖村民集资(每人 20 斤小麦)，新建一座两层标准教学楼，12 个教室、3 个办公室，建筑面积 1300 余平米，总建筑面积达到 1892 平米。

赵庄中学建立之初，教学设备简陋，教学仪器缺乏。学校积极争取藁城县教育部门发给一些，克服困难筹措资金自购一部分，解决了教学当务之急。少数高端仪器没有，需用时借用其他学校的仪器，同样达到了目的。2000 年，筹资建成了微机室，安装微机 32 台。还建设了仪器室、体育器材室、理化实验室、电教室，实现了现代化教学。

2008 年，由于初中学生入学人数逐年减少，大丰化乡合并于张家庄镇后，继续维持辖有的张家庄、大奉化、赵庄三所初中，显然会造成教学资源浪费。因此藁城市教育主管部门和张家庄镇政府决定，撤销大丰化、赵庄两座中学，加强张家庄镇中。至此，赵庄初级中学历时 28 年，完成了它的历史使命，逐渐淡出了人们的视野。原赵庄中学资产划归赵庄中心小学使用。

28 年来，在赵庄中学任教的领导和老师，兢兢业业育桃李，殚精竭虑播未来。28 年来，有 3000 余名桑梓子弟在这里初中毕业，为他们继续深造打下了基础。赵庄中学在赵庄教育史上写上了浓墨重彩的一笔。

赵庄初级中学历任校长一览表

表 23-2

姓名	籍贯	任职时段
李福田	藁城赵庄村	1981.1—1990.8
梁小田	藁城蔡家岗村	1990.9—1999.2
赵俊生	藁城东姚村	1999.3—2002.6
王连贵	藁城东只甲村	2003.4—2008.6

五、高中教育

1969 年秋，“文化大革命”运动进入第四年，张家庄公社决定成立社办张家庄、赵庄 2 所高级中学。赵庄社办高中设在赵庄小学，2 个教室、1 个办公室。生源为赵庄、三邱、蔡家岗、李家庄四村的初中毕业生。第一任校长张仕欣，教师 5 人。教材为四省合编本，学制二年。

1970 年秋，陈英华任赵庄高中校长。因为办学地域实在狭小，积极请求大队党支部、管委会领导划拨土地建设学校。党支部、管委会研究决定，在村南划拨土地 5200 余平方米建设高中学校。1971 年张家庄公社资金支持新建 4 个教室、5 个办公室及伙房、库房及围墙、大门。1971 年秋，赵庄高中正式迁入新校址教学。

1972年赵庄高中首届毕业生合照

1972年初,陈英华调任藁城县委宣传部副部长,赵锁堂任校长,李福田任教导主任。1972—1974年,南北贾同、鲍家庄三村的初中毕业生也到赵庄高中就读。

1975年秋,王兵海接任校长,直至1980年赵庄高中被撤销。赵庄高中存在了12年。

赵庄高中虽然办学时间短暂,但是,给赵庄教育事业的发展起到了一定的促进作用,经过师生的共同努力,就读的学生大都增长了文化和科技知识,为继续深造奠定了基础。1977年,国家恢复高考制度,赵庄高中有4人考入了大专院校,其中2人本科、2人专科。赵庄高中是赵庄教育史上不可抹杀的一笔。

赵庄高级中学历任校长一览表

表23-3

姓名	籍贯	任职时段
张仕欣	藁城赵庄村	1969.9—1970.8
陈英华	无极县大名庄村	1970.9—1972.4
赵锁堂	藁城东姚村	1972.5—1975.1
王兵海	藁城吴村铺村	1975.2—1980.6

第三节 成人教育

一、扫除文盲

20世纪40年代前,赵庄青壮年村民90%以上是文盲。

新中国成立初期,党和国家就把扫除文盲提上重要日程,指出:迅速扫除文盲,提高工农大众的文化水平是建设社会主义的需要,不仅是一项教育任务,而且是一项政治任务。1950年全国第一次工农教育会议和教育部1952年颁布的《关于各地开展"速成识字法"的教育试验工作的通知》,以及党中央、国务院1956年3月发布的《关于扫除文盲的决定》中,都十分明确地指出,扫除文盲教育是一项"刻不容缓"的重大政治任务,全党全国必须高度重视。

1949年,藁城县委县政府提倡农村开办冬学,赵庄率先开办,黄贵恒担任冬学老师。1952年,农村扫盲活动达到高潮,开办扫盲夜校,村互助小组,识字学习小组。夜校占用学校教室,学校老师兼职夜校老师,男女青壮年踊跃参加。同年,县政府推广祁建华速成识字法教学,赵庄开办速成识字班。参加扫盲夜校、速成识字班学习的累计1000多人。经过2~3年的学习,多数村民达到了小学文化水平,为后来的学习科技知识、提高科学种田水平、发家致富打下了基础。

1955年,县政府成立扫盲工作委员会。7月,县区乡村均建立扫盲协会。赵庄扫盲协会组成,全县形成"千人教""万人学"的局面。赵庄又扫除文盲达400余人。

1958年,采用突击方式扫盲,80%以上青壮年达到所谓的扫盲结业水平,许多人有其名无其实,扫盲后又复盲。

1962年,对青壮年开展以技术教育为中心的教育活动,大队青壮年积极参加各类业余学习。1964年3月29日,在倪家庄召开农民教育现场会。会后赵庄和全县其他村庄一样,开办民校,教育青壮年识字学文化。

"文化大革命"中,业余扫盲教育处于停滞状态,村中文盲、半文盲人数又有所增加。1976年,县、公社、大队又重新设专人抓业余教育,兴办夜校,对农民进行识字教育。到1980年,青壮年中识字率达到90.8%,文盲率不到10%。

二、成人教育

地方政府历来重视农民成人教育。民国时期,县内即设有平民教育机构——民众教育馆，有馆长及工作人员3~5人，负责对农民进行义务教育。由于人员、条件、环境所限，民众教育馆兴衰不定，后仅仅成为服务性质的代笔所，为平民代写文书、契约等。1928年(民国十七年)县建立民众学校2处，吸收青年农民入学，开展识字运动。1930年，民校增至83处，赵庄一处。抗日战争时期，在抗日县政府的领导下，各区成立多种形式的识字班和夜校，组织爱国教师和有识之士，对农民进行识字教育，宣传抗日救国，为抗战培养了一批干部。

新中国成立后，进一步加强农民的成人教育，主要形式有以下几种：

1.农民业余教育

新中国成立初期，主要通过村办夜校、冬季农闲办冬校，选择专职老师或学校老师业余担任教师，针对青壮年男女农民文盲，进行识字教育，在县扫盲工作委员会和区乡村扫盲协会领导下，形成了广大青壮年文盲积极参与扫盲学习的局面。扫盲工作因“文化大革命”受到影响，业余教育处于停滞状态，农村中文盲、半文盲有所增加。1978年后，县教育局制定扫盲规划，赵庄村认真落实，建立扫盲班，发展科技班，全村有500多人参加学习。经过两年多的努力，1980年，青壮年中的无盲率达到90%以上，基本上实现了无盲村。

在此基础上，县教育局继续深抓农民文化教育，开创提高农民文化素质的新途径。公社、大队开办农技短训班，多种经营技术班，培养农民种、养、加技术能力和多种经营人才。1982年又相继开办了农机、畜牧、编织、缝纫、财会等专业班，培养了一大批专业人才，使他们在致富路上大展身手。

2.函授教育

1983年秋，县函授辅导站成立，属河北大学函授站。首届招收函授学员212人，1984年和1985年共有函授学员546人，主要进行中师函授(同时兼顾高师面授)，开设师范专业，学习中师课程，学制4年。采取业余自学和定期面授相结合的方式教学，学员按正规学校要求建立学籍表，由班主任负责班务工作，印发辅导教材，定期布置、收看学员作业。1985年河北大学函授站撤销，县函授辅导站归入高等教育自学考试辅导站。我村民办教师有许多人成为函授学员，成功毕业，对后来由民办教师转为国办教师打下了文化基础。

3.广播电视教育

1979年，县广播电视大学工作站成立。1984年前，电大工作站由教育局与县委组织部合办，后归属教育局，设在师范学校内，有专职工作人员8人。该站积极参加地区电大教学研究工作，先后编印出版《古代汉语》《现代文学》及《写作》3本学习参考资料。1979年至1985年先后招收全科中文专业、商业经济管理、工业经济管理，工业会计、金融经济、财政管理专业学员，毕业了一批学员。赵庄有志青年参加电大学习，毕业后找到了自己心仪的工作。具体没有调查统计。

农广校全称中央农业广播电视学校藁城县分校。创建于1983年。初时隶属生产办公室，1984年归农业局代管，1989年改为农委领导下的独立事业单位。有专职校长、专职教师。有图书室、化验室、教学实习场地和电教设备。开设农学、财会、畜牧、农经4个专业，至1989年底，招收学员1083名，一二期学院毕业并取得了毕业证书。赵庄数十名青壮年参加农广校学习，增长了知识才干。

4.普及农民教育

1985年，全县28个乡镇建成农民技术学校，并加强了农民业余实用技术教育的规范化管理。1987年贯彻国家教委《关于改革和发展成人教育的决定》，坚持“按需施教、学用一致、讲究实效”的原则，农民教育重点转向实用技术培训。1988年，藁城被确定为全国实施《燎原计划》示范县，到1989年，全县形成了以党校为基地的干部培训中心，以县农技中学为基地的农业技术培训中心。1990年在全县开展“全民报名，分类施教，各展其才，多方致富”活动，进一步拓宽成人教育渠道，以乡镇成人学校为阵地，全面实施“燎原计划”，加强了农、科、教统筹，为农村培养了大批实用技术人才。1996年，抓住撤乡并镇和

“两基”复查的有利时机，市政府出台《加强乡镇成人学校建设的意见》，全市14个乡镇成人学校全部拥有了固定校舍，实现了单门独院和电化教学。2005年开设50多个培训项目，培训人数达6万余人次。赵庄青壮年，大都参加过各类技术培训学习。

第四节　教　师

一、教师队伍

1902年，地主黄凯开办私塾，学生12人，教师1人。

1912年，在老母堂兴办公学，学生50余人，教师3人。

1928年，在村东兴办赵庄女子学校，教师2人。

1929年，赵庄小学移址弥陀寺，学生110余人，教师4人。

1947年，赵庄小学移址没收的地主堂号石德堂，学生100余人，校长丁实安，教师5人。

1949年秋，赵庄小学迁至东西长街路北黄家大院旧址，一至四年级8个班400余名学生，教师12人左右。教师文化程度大多数为高小、初中文化程度，师范毕业老师占比例很小。

1951年建成赵庄完全小学。1~6年级12个班学生500余人，教师15人。

1952年至1955年，赵庄完小12~14个班徘徊，在校学生600人左右，教师15~18人，均为国办教师。

1959年至1965年，教师20~24人，在校学生最多729人。师生比例约为1:30。国办教师占比60%左右，文化素质有明显提高。

1968年，中小学下放到公社、大队办。小学教师全部回本村任教，国办教师回村后，吃农业粮，取消工资，实行工分加补贴。大批有经验的中、老教师被迫离开岗位，民办教师大量增加。1977年统计，赵庄中、小学教师50名，其中，国办教师4人，本村民办教师46人。民办教师大多为高小、初中文化。

1964年成立“赵庄农业中学”，首届招生36人，教师5人。1968年赵庄农中撤销，转为小学附设初中班。1980年成立张家庄乡赵庄初级中学，在校学生300人，教职员工14人左右。2008年撤销张家庄乡赵庄初级中学。

1969年成立赵庄高级中学，教师6人。1980年撤销。

1981年中小学教师实行定编，对民办教师进行考核调整。1984年对中小学教师进行全面考核、整顿，实行招聘制度。1985年底赵庄中小学教职工总数40余人

1985年后，随着教育事业的发展，公办教师人数不断增加。1986—1989年，全县有385名师范类大中专毕业生成为教师，同时有124名民办教师经过考试，转为公办教师，教师队伍素质不断提高，公办教师所占比例由1969年的28%升至83%。在县教育局统一调配下，1989年赵庄小学教师中国办教师的比例不断增加。

赵庄幼儿教育起步较早，1970年办起了学前班，吸收3~6岁幼儿入班，基本不收费用。幼儿教师本村选派的文化青年，挣工分。各片找几间空房办学前班。1993年供销社解体，占用供销社房屋改造6个教室，幼儿园集中开办。2001年在供销社原址新建幼儿园，学校划拨给幼儿园6个教室，幼儿园占地面积2872平米，建筑面积590平方米，入园幼儿300余人，幼儿教师16名。到2019年，幼教老师16名，全部中师以上文化水平。园长李良，2017年任职至今。

90年代，公办教师虽有增加，但随着适龄儿童入学高峰的到来，师范院校毕业生供不应求，代课教师大量涌入，公办教师所占比例下降。1993年，实行教师招聘，吸纳社会知识青年和热心教育的非师范类应届大中专毕业生充实到教师队伍。同时，1992年起，全县陆续将805名民办教师转为市管公办教师，2000年底，符合条件的民办教师全部转为公办教师。

1994年，赵庄中小学民办教师有28名转为公办教师。其中，小学民办教师转为公办教师的有16名，他们是：张书辰、刘银花、陈书军、王荣琴、徐春梅、杜老白、胡振武、郭臭小、鲍书友、黄双福、贾新年、高兰

琴、张兰石、甄福成、韩春发、方金书。中学民办教师转为公办教师的有：刘平安、刘贵荣、韩贵庚、戴换朝、贾进喜、张东申、黄成言、田任娥、黄翠杰、甄书华、辛保堂、贾秀山。

1999 年，赵庄中小学在校生达到高峰，达 1400 多名，教师 54 人。

2003 年，中师毕业生不再分配，专科毕业生开始实行公开招聘考试。2005 年专科毕业生不再分配，本科毕业生实行招聘考试。以后师范类专科、本科毕业生国家不再包分配。教师录用通过考试。

2019 年，赵庄小学在校学生 12 个班 535 名学生，教师 26 名，全部为国办教师，本科以上学历。幼儿教师 16 名，全部专科以上文化程度。

二、师资培训

新中国成立初期，政府教育部门重视教师的培训工作。1953 年建立小学教师业余进修学校，1956 年 5 月，改为河北正定师范学校函授部藁城县辅导站。学员按文化程度分为甲乙班。具有初中文化程度的为甲班，学习政治经济学、教育学、心理学等课程。不到初中文化程度的为乙班，学习初中数学、语文、史地、生物、生理卫生等课程。辅导员分片到站辅导，学员进修学习则采取单科独进，分科结业的方法。1957 年 12 月改为藁城县函授初级师范学校，教师分片辅导，主要进修中师函授汉语课程，兼修教育学和心理学。"文化大革命"中，师资培训工作被迫停止。

1976 年，县教师业务辅导站成立。主要辅导中学教师教材教法和英语教师。

1979 年，教师业务辅导站改名教师进修学校，主要任务是担负中小学教师离职培训和业务进修。是年，全国统编教材下放使用，进修学校利用多种形式帮助教师过"教材关"。赵庄中小学大多数教师经过进修、自学辅导、集中培训，均取得了教材教法合格证书。与此同时，各学校（包括赵庄学校）相继开展"传、帮、带"活动，采取集体备课、听课、上观摩课、请外地教师示范讲课、开研讨会等一系列措施，指导教师探索教学规律，改进教法。针对小学教师知识少、基础差、业务水平低的实际情况，1983 年后教师进修学校重点抓教学达标工作，分期分批对小学教师进行轮训。主要采取：(1)到站集中面授辅导；(2)举办短期培训班，每期学习 1~2 门中师课程；(3)办长班。离职进修 1 年，学习 1~2 门主要学科。离职进修 2 年，学习中师课程；(4)招收 4 年制函授学员；(5)开办中文（专科）函授班。毕业考试合格均发给相应证书。到 1985 年，赵庄学校部分教师获得中师长班、中师函授等结业证书。

1986 年，县教育局出台教师参训奖励政策，把教师的培训学习与奖惩、评定职称紧密结合起来。凡教学成绩优秀、取得专科以上文凭者，记二等功，公办教师可优先晋级，评定职称。民办教师可优先转正。通过培训，与 1980 年相比，中小学胜任和基本胜任教学的由原来的 50%上升至 80%左右，教师队伍整体素质明显提高。90 年代，市教委把教师培训达标作为加强教师队伍建设的重要举措，成立教委师训领导小组，抽调得力教师充实到师训中心，建全市、乡（镇）、校三级培训网，并在政策、经费上给予倾斜。在此基础上，制定了《优秀学员评比条件》和鼓励中小学教师参加培训和学历达标进修的 10 项政策性措施，激发了中小学教师参加培训的积极性。1997 年开展了系统的"三沟通"培训、"三笔、两画（话）、两能力"(即钢笔字、毛笔字、粉笔字、绘画、普通话、教育教学能力、使用和自制教具能力)基本功练兵活动。2001 年，实施"名师工程"和"园丁建设计划"。2004 年实施了"名师、名校长"工程。2005 年，赵庄小学、初中专任教师学历达标率分别达到 100%和 96.6%。

三、教学研究

1982 年，教育局教研室分设中教组、小教组和图书资料室，教研活动逐步走上正轨。1986 年增设体育组、电教组。各小学教研工作由中心校普教校长负责，按年级或学科分设教研组。1998 年为加强教育科研工作，教育局成立教科研领导小组。1999 年，成立市、镇、校三级教科研领导机构，形成了全市上下贯通的教科研组织网络。

1986 年，赵庄小学推广山西永洛县思想品德教学经验，即："启发（重在引趣生情）—开展（重在晓理导情)—结尾(概括提要以利于行)”三阶段教学法，获得成功。1987年，引进美国教育家布卢姆“教育评价和教育目标分类学”理论，在学校开展了单学科“目标教学实验”，提出“明确具体、可控可测”的教学目标。1990年，开展“目标教学”、“小学语文能力整体发展”、“三算(口算、笔算、珠算)结合”、初中数学、“自学—讨论—引导”等试验项目，从制定方案、培训师资、控制过程到总结评价等四环节，都能做到有条不紊地进行。1993年，将单科目标教学实验推广到全校教学管理系统，按照《藁城市学科目标教学管理实验方案》，确立了以教学目标为基础，目标、操作、评价、管理四统一；以目标教学为中心、教、学、管一体化。1997年，构建了单元达标教学的教学模式，即“单元集体备课—逐节新授—单元综合—单元矫正—单元总结”5个阶段、4种课型的教学模式。1998年组建目标教学总课题，教科研工作趋于规范化。1999年教育局印发《关于教科研工作的实施意见》，学校认真贯彻执行，学校积极申报课题，开展了校本教研。2000年，群众性的教科研活动蓬勃开展，赵庄学校老师积极申报教科研课题，积极实验探索。2004年，教育局制定出台《关于创建以校为本教学研究制度的意见》和《关于区域推进校本教研运行机制及行动策略的意见》，赵庄中心校组建教研基地，推动了校本教研的深入开展。2005年，加强现代教育技术应用性研究，开展了探究性实验教学、开放实验室、网络环境下教学、信息技术与其他学科相结合的教学研究活动，教师运用现代教育技术的水平显著提高。电化教学逐渐推广普及。

四、教师待遇

1.政治待遇

当地素有尊师重教的优良传统，把教师视为贤达有识之士。新中国成立后，教师享有同国家干部同等的政治待遇。“文化大革命”中，教师被诬陷为“臭老九”遭受批判，有的中小学老师遭到错误处理。中共十一届三中全会后，落实党的知识分子政策，纠正了历次政治运动中的“冤、假、错”案，为受到错误处理的教师平反。1979年以后，每届人大代表和政协委员，教育界人士均占一定比例。1984年，教育工作者被选为县人大代表的20人，占代表总数的4.5%；被选为政协委员的20人，占委员总数的13.8%。1985年，县教育局为99名30年教龄的老教师颁发了荣誉证书。1986年，县教育工会主席程文鳌获全国“五一”劳动奖章，出席全国教育工会第三次会议，当选为本届全国教育工会委员。受到李鹏、倪志福等党和国家领导人的亲切接见。刘海庄中学教师孙秋月被评为全国教育战线劳动模范。1989年，焦振芳、王庆卫等8人获“全国优秀教育工作者”和“优秀教师”称号。是年，全县教育系统有465人被评为省、县优秀教师。90年代模范教师被纳入劳模管理序列，享受与劳模同等待遇。1993年，市政府重奖拔尖人才，包括特殊贡献的教师。2004年组织评选河北省、石家庄市级优秀教师、优秀教育工作者44名，藁城市优秀教师、优秀教育工作者812名。2005年，推荐市管拔尖人才16人，选拔推荐藁城市级以上骨干教师145人。是年，全市教师队伍中中共党员1496名，占教职员工总数的20%左右。

2.经济待遇

清朝末年，初小教员年薪制钱72吊。民国初，教员薪水改发银圆，高等小学教员月俸最高30元，最低10元，平均20元。初小教员月俸高者6元，低者4元，一般5元。抗日战争时期，抗日小学教师实行供给制，每人每月发小米22.5公斤，干柴45公斤，菜金2元(法币)。抗日胜利后，高小教员月薪小米75~115公斤，初小60~90公斤。中华人民共和国成立初期，教师薪金仍为供给制。1951年，高小教员月均小米90公斤，师范教员月均100公斤，初小教职工月均82.5公斤。

1952年改供给制为工资分制，是按教师成绩评定工分，再以工分折合现金。初小教师低者19万元(旧币)，高者25万元。高小教师低者24万元，高者26万元。

1956年9月进行工资改革，全县1225名教职工评定了工资级别。完小校长月工资高者64.5元，低者38元。小学教师高者57元，低者26.5元。中学校长经济待遇按县团级，月工资91元，高级教师月工资

73元，初级教师54.87元，其他教学人员52.5元。1960年、1963年两次为部分教师调升工资。

1969年，国办教师下放后，教师与社员一样按同等劳力记工分，参加生产队分配，另有少量补贴。1972年春，恢复国办教师工资制，并为部分教师调升工资。粉碎“四人帮”后，1977—1980年，三次分别以40%、2%、40%的升级面为中小学教师增加工资。1981年普调一级。1985年工资改革，教师工资由基础工资、职务工资、工龄工资、教龄补贴、奖励工资组成，较前平均上调一级。藁城中学及县师范学校的校长、书记按县团级月工资119元。乡(镇)中心校长、中学校长按科局级月工资86.50元。中学教员最高110元，最低62.50元。小学教师最高102.50元，最低56.50元。

1987年进行职称改革，公办教师实行职称工资，中小学教师月工资有较大幅度的提高。中学高级教师、师范高级讲师月工资119元，中学一级教师、师范讲师、小学高级教师月工资94.50元，中学二级教师月工资68元，三级教师月工资62.50元，小学三级教师月工资56.50元。1992年，按照“按劳分配，逐步提高，多数人受益”的原则，试行学校内部管理体制配套改革，在工资总额包干的基础上，实行校内结构工资制，并逐步推广到全市各级各类学校。结构工资由基本职务工资、工龄教龄工资、职务课时工资、考核效益工资、物价补贴工资等五部分组成，调动了教师的教学积极性。1993年，根据省政府《关于印发机关事业单位工作人员工资制度改革三个实施办法的通知》等文件精神进行工资改革，先后为教职工办理了养老保险、医疗保险、失业保险等。2002年，监察局、财政局、教育局联合印发《藁城市乡镇教师工资“乡筹市管”办法》，将乡镇中小学教师工资管理权收到市，杜绝了乡镇教师工资拖欠现象。2006年以来，中小学教师工资按事业单位工资，始终和行政事业单位一样，同时调升工资。

五、学制

清光绪年间，初兴新学，推行“癸卯学制”。1912年(民国元年)，教育部颁布“壬子学制”，规定初小4年，高小3年。1922年(民国11年)根据另颁“新学制”(壬戌学制)，规定初等教育为6年，即初小4年、高小2年(俗称“四二制”)。抗日战争时期，小学继续实行“四二制”。

中华人民共和国成立后，小学教育仍沿用“四二制”。1961年秋学习苏联经验，在表灵村学校搞“五年一贯制”试点，规定小学修业5年。但因诸多原因未能推行，于1966年取消试点。1971年底，全县推行五年一贯制，一直持续到1983年。经过两年的过渡，1985年9月，小学又恢复“四二制”。

1919年(民国8年)，县陆续设单级师范班，女子乡村师范学校，师范传习所，学制1年。1933年(明国22年)，县立女子简易师范和男子简易师范实行二二制，初师2年，中师2年。40年代后相继创办县立初级中学和藁城师范学校，学制3年。1956年始有高中班，中学教育实行“三三”分段制，即初中、高中两段修业年限各为3年。1969年中学由“三三制”改为“二二制”，1979年秋，又改为“三二制”，即初中3年，高中2年。1981年秋，恢复“三三制”。至今。

六、教育经费

民国时期，国办学校经费由县财政开支。民办小学经费由村公产担负或由学生均摊，县财政拨付部分津贴，间有开明人士捐资助教。

抗日战争和解放战争时期，教育经费主要由村筹款或民捐，辅以学生学杂费和勤工俭学款。对教师实行供给制。

中华人民共和国成立后，执行“两条腿走路”的方针，多渠道集资办学。教育经费主要由国家财政拨款，另有社队(乡村)集体筹集和学杂费、勤工俭学收入。随着国民经济的发展，国拨教育经费逐年增加。其使用范围是：国办教职工工资、补助工资、职工福利、离退休费、助学金、公务费、修缮费、设备费、业务费、民办补助费、业余教育费等。国办教师的工资、福利费、离退休费从国拨经费中解决。民办教师补助费除国家少量补助外，主要由乡村筹集解决。县办学校的公用费由国拨教育费中开支。乡、村中小学公用费由乡、村筹资解决，国家给予适当补助。学杂费收入和勤工俭学收入由学校自行支配。

小学生上课

1986年后国拨教育经费逐年增加。2002年，根据省政府《关于完善全省农村义务教育管理体制的实施意见》，全面落实"以县为主"的管理体制，明确了政府办学责任，实行了"三个增长"，即财政对教育的拨款、生均教育事业费，生均公用经费逐年增长。2005年公用经费生均达到了171元。2005年后，随着国民经济的发展，教育事业的发展，教育经费随之增加，乡村中小学经费全部由国家负担。

幼儿园孩子们做游戏

表 23-4

新中国成立后赵庄籍大专以上毕业生一览表

姓名	性别	学历	毕业时间	毕业院校名称	工作单位、职务
陈　克	男	大专	1958	石家庄师专	石家庄地区副食品公司
刘瑞敏	女	大专	1959	石家庄师范学院	藁城高级教师退休
郭中学	男	大专	1959	河北师范学院	藁城南董职教校长退休
黄清琪	男	大专	1959	石家庄师专	藁城中学高级教师退休
胡振纲	男	硕士	1959	华北第六工业学院	航天工业部研究院教授
樊明霞	女	大专	1964	沈阳机电学院	石家庄市扶贫办主任退休
郭凤岐	男	博士	1965	天津南开大学	天津市委厅级干部退休
李福田	男	大专	1970	石家庄师专	藁城高级教师中学校长退休
郭文利	男	大专	1970	石家庄师专	藁城中学高级教师退休
李志欣	男	大专	1970	石家庄师专	藁城高级教师退休
胡文田	男	大学	1974	石家庄师大体育系	冀高速公路管理局处长退休
蔡贵新	女	大专	1974	保定华北电力学院	河北电力设计院组织部部长
黄计华	男	大学	1979	河北师范大学	张家庄镇中高级教师
黄伟达	男	大专	1980	唐山矿山地质学院	张家口沙城中国黄金集团
杜金素	女	大专	1980	唐山医学院	藁城医院妇科主任

续表 23-4

姓名	性别	学历	毕业时间	毕业院校名称	工作单位、职务
韩文惠	男	研究生	1980	河北师范大学物理系	正定中学副校长
张新忠	男	大专	1983	天津矿业学院	石家庄市工程技术学院教师
黄艳芬	女	大学	1983	河北化工学院	中国石化出版社
张红栓	男	大学	1983	河北化工学院	藁城区工信局副局长
张新拴	男	大学	1984	甘肃兰州大学	中国航天部
蔡荣海	男	大学	1984	河北医科大学	正定一中校医
冯金水	男	大专	1984	承德医学院	藁城区卫生监督所所长
郭翠萍	女	大专	1984	无极师范	藁城实验中学教师
陈会强	男	大学	1984	河北师范大学	石家庄市政府副秘书长
陈会状	男	大专	1991	承德师专	冀医二院科研办副主任
张振江	男	大学	1985	东北财经大学	沈阳市广播电视大学教授
丁进军	男	博士	1985	兰州大学	雄安新区发改局副局长
张宝魁	男	大学	1985	中央党校党政管理	中石油河北销售公司董事
黄欣志	男	大学	1985	河北教育学院	藁城区住建局安置办副主任
张昆童	男	大学	1985	河北师范大学	藁城一中副教导主任
穆新海	男	大专	1985	承德医学院	藁城区法院法医
甄成刚	男	大专	1985	保定华北电力学院	保定华北电力学院教师
李延禄	男	大专	1985	内蒙古工学院	天津复印机技术科研所
黄彦敏	女	大专	1985	天津教育学院	中石油华北事业部
黄建良	男	大学	1986	天津纺织工学院	石市印染厂研究所
郭立稳	男	博士	1986	重庆大学	华北航天工业学院副院长
刘文进	男	大专	1986	藁城师范	北京金隅集团有限公司
高清震	男	大学	1987	石家庄学院	石市裕翔街道办事处主任
陈会震	男	大学	1987	河北大学	冀经贸大学教授成教科长
蔡新位	男	大专	1987	石家庄教育学院	藁城建设银行营业室主任
鲍建位	男	大专	1988	河北干部管理学院	藁城岗上镇党委副书记退休
胡书堂	男	大学	1988	河北师范大学	藁城南董职中校长
张铜钢	男	大学	1988	四川绵阳科技大学	唐山学院任教系主任

续表 23-4

姓名	性别	学历	毕业时间	毕业院校名称	工作单位、职务
蔡荣琴	女	大学	1988	中国电子科技大学	中国电子科技集团三所
黄双月	男	大专	1988	西安纺织工学院	石家庄市私企
蔡荣彦	女	大学	1989	河北秦皇岛燕山大学	石家庄供热公司工程师
张红霞	女	大学	1989	河北轻化工学院	河北衡水市桃城区工信局
贾京磊	男	研究生	1989	石家庄师专	新疆阿克苏区常委副专员
李　志	男	大学	1990	成都科技大学	石家庄女子干部学院教授
张宏利	男	大学	1990	河北轻化工学院	石家庄市热电厂
高更改	男	大专	1990	湖南工学院	大连经贸公司
陈会敏	女	大专	1990	河北经贸大学	石家庄市商贸局
徐欣颖	女	大专	1990	南昌服装设计学院	藁城自办服装厂
韩晓峰	男	大学	1990	阳泉市煤炭专科学院	阳泉南庄煤集团副总经师
鲍建红	男	大学	1991	西北建筑工程学院	河北天意成贸易公司副总
郭联会	男	大专	1991	唐山工程学院	石家庄阀门二厂厂长
贾文学	男	大专	1991	成都科技大学	石市铁路医学学院副教授
韩志霞	女	大学	1991	沧州水利学院	石市某建筑公司
鲍英杰	男	大学	1991	山东铝业大学	石铁维修
张彦辉	女	大学	1991	河北师范大学	正定一中教师
贾焕强	男	大学	1991	沈阳工业大学	石家庄建设银行
郭翠敏	女	大专	1991	石家庄师专	石家庄市 43 中教师
韩华锋	男	大学	1991	河北建筑工程学院	国电浙能宁东电厂董事长
王素芳	女	大学	1991	河北师范大学	张家庄镇中高级教师
吕申国	男	硕士	1991	哈尔滨工业大学	河北省财政厅
鲍瑞红	女	大学	1992	河北经贸大学	藁城区建设银行
胡瑞丽	女	大学	1992	河北财经学院	创业
韩国杰	男	大学	1992	北方交通大学	石家庄铁路客运段科长
贾秀江	男	大学	1992	西北政法大学	藁城律师事务所律师
张增军	男	大专	1992	吉林长春激光学院	石家庄二机厂工作

续表 23-4

姓名	性别	学历	毕业时间	毕业院校名称	工作单位、职务
张保国	男	大学	1992		河北省扶贫办副处长
赵瑞宏	女	大学	1993	河北师范大学	藁城一中高级教师
刘文亭	男	大学	1993	北京化工学院	北京燕山石化
高立泽	男	大学	1993	河北师范大学	藁城第九中学教师
郭彦欣	女	大学	1994	河北师范大学	藁城一中高级教师
张艳君	女	大专	1994	浙江经济学院	石家庄市财政厅担保公司
胡彦辉	男	大学	1994	河北经贸大学	河北路桥公司
李瑞奇	男	博士	1994	河北农业大学	河北农大农学院院长
胡清水	男	硕士	1994	河北大学	河北交通银行公司处处长
刘文海	男	大学	1995	北京工业学院	北京军用机械厂
韩艳华	女	大学	1995	自学考试	藁城司法局公证处主任
胡书勇	男	大学	1995	无锡轻工业大学	石家庄高速货运
王艳磊	女	大专	1995	山东广播大学	保定满城县法院
郭维国	男	大专	1995	唐山轻工机械学院	创业
郭立华	男	大专	1995	河北交通学校	京津唐高速收费站
鲍军敏	女	大专	1995	河北政法管理学院	石家庄市农业局
张会民	男	大学	1995	内蒙古大学	石家庄市良村电厂工程师
郭军辉	男	大学	1995	北京人民大学	海南省三亚市桥东副区长
张同辉	男	大学	1996	北京政法大学	石家庄市公安局
韩小强	男	大专	1996	石家庄师范专科学校	南董镇幼儿园
徐　树	男	大专	1996	宣威地质学院	沧州勘探七队队长
李志勇	男	大学	1996	唐山理工学院	深圳富士康公司
韩云峰	男	大学	1997	河北科技大学	国家能源集团蓝天节能科技有限公司副总
韩晓然	女	大学	1997	华东冶金学院	河北电子投资公司
胡彦紫	女	大专	1997	邯郸医专	河北京石高速开发公司
郭永强	男	大专	1997	河北科技职业学院	藁城区四中教师

续表 23–4

姓名	性别	学历	毕业时间	毕业院校名称	工作单位、职务
李华丽	女	大专	1998	石家庄大学	藁城区南营中学教师
张玉海	男	大专	1998	石家庄大学	深圳私营企业
贾志芳	女	大专	1998	正定师范	藁城区只都中学教师
穆云杰	男	大学	1998	中国传媒大学	河北经济日报新闻副主任
李振杰	男	大专	1998	石家庄机械学院	石家庄水泵厂主任
贾素玉	女	大学	1998	北京骨伤医学院	河北冀医二院骨科
高丽敏	女	大学	1998	河北大学	石家庄市影视公司
张润彦	女	大学	1998	江苏镇江经贸大学	邢台市工作
韩小刚	男	大专	1998	长沙工业高等专科	涿州公路养护处
辛红波	男	大专	1998	河北经贸干部学院	石家庄水务集团
黄晓珍	女	博士	1998	武汉华中农业大学	上海交大博士在读(2015)
韩艳芳	女	博士	1998	天津科技大学	上海理工大学光电院教授
张彦平	女	大学	1999	河北师范大学	石市师大附中高级教师
黄建军	男	博士	1999	中国政法大学	北京职业高级律师
蔡阿永	男	大学	1999	天津工业大学	
甄　静	女	大学	1999	武汉测绘科技大学	北京中科院卫星地面站
鲍军峰	男	大专	1999	石家庄师范学院	藁城廉州中学
张保江	男	研究生	2000	北京人民大学	石家庄市中级法院副院长
刘志辉	男	研究生	2000	苏州大学	
甄慧敏	女	大专	2000	石家庄铁道学院	北京韩国驻中国企业
韩士起	男	大学	2000	东北林业大学	大庆市社保局
黄翠君	男	大学	2000	北京民族大学	内蒙古城建局
贾丽翠	女	大专	2000	石家庄财经学院	
张彦辉	男	大专	2000	张家口农专	河北高速公路管理处
李红月	女	大专	2000	石家庄机电学院	石市电机总厂车间主任
鲍玉风	女	大学	2001	河北财经大学	石家庄市藁城建设局
甄淑娟	女	大学	2001	南京理工大学	上海优居贸易有限公司

续表 23-4

姓名	性别	学历	毕业时间	毕业院校名称	工作单位、职务
鲍军营	男	大专	2001	北方学院	藁城区社保局
蔡研研	女	大专	2001	衡水师专	石家庄某学校教师
张莉莉	女	大专	2001	邯郸农专	自由职业
鲍忠义	男	大学	2002	长春地质学院	山东地质大队
贾志华	男	大专	2002	河北建筑工程学院	秦皇岛建筑公司
贾晓磊	男	大专	2002	河北经贸大学	
蔡改霞	女	大专	2002	河北师专	
韩永华	男	大学	2003	承德医学院	藁城区国税局
胡书杰	男	大学	2003	河北师范大学	藁城区五界村学校校长
韩晓锋	男	大学	2003	河北燕山大学	北京(美国)外资企业
韩永亮	男	大学	2003	廊坊军工学院	北京军区
甄志辉	男	大学	2003	湖北电子科技大学	石家庄市电子十三所
徐　宁	男	大学	2003	石家庄政法大学	灵寿县水泥厂
韩　笑	女	大学	2003	河北大学	北京某会计事务所
李玉波	男	大专	2003	河北职工医学院	藁城廉州医院医生
鲍立杰	男	大专	2003	石家庄电大	藁城城建局
黄宇清	男	大专	2003	河北联合大学唐山学院	万达天津分部
赵慧娟	女	大专	2003	河北科大会计学院	石市华药销售公司
胡文奇	男	大专	2003	江西南方冶金学院	江西昆山市精雕工业公司
胡洪亮	男	大专	2003	石家庄师专	个体经营
黄会进	女	大学	2004	河北师范大学	藁城区赵庄学校教师
李建宏	男	大学	2004	重庆大学	深圳市工作
赵丽贤	女	大学	2004	西安西北大学	北京网络公司
郭素华	女	大学	2004	河北政法大学	石市中集物流行政总监
郭旭慧	女	大学	2004	河北师范大学	藁城区九中教师
郭　燕	女	大学	2004	河北师范大学	藁城赵庄小学教师
刘旺达	男	大学	2004	山东科技大学	北京影视公司

续表 23-4

姓名	性别	学历	毕业时间	毕业院校名称	工作单位、职务
甄致广	男	大学	2004	保定电力学院	石家庄良村电厂
韩春水	男	大专	2004	北京科技大学肄业	上海电脑网管
贾　良	男	大专	2004	石家庄干部管理学院	北京市某预算公司
韩晓飞	男	大专	2004	安阳师范	自办幼儿园
黄　翠	女	大专	2004	唐山学院	石市建筑设计院
张丽娟	女	大专	2004	河北师专	藁城一中教师
张　燕	女	大专	2004	河北工程学院	
韩华婧	女	大专	2004	石市职业教育中心	石家庄某幼儿园
甄艳华	女	大专	2004	石家庄职业技术学院	广州神州燃气用具公司
胡瑞华	女	大专	2004	河北广播电视大学	平山机动车安检有限公司
黄　琳	男	大学	2005	河北师范大学	长安区公安局
韩华莹	女	大专	2005	石家庄铁路技术学院	秦皇岛工商银行
甄伟钊	男	大专	2005	石家庄职业技术学院	河北宾馆
高　岑	女	大专	2005	沧州师范	石市医药公司
韩振雷	男	大学	2005	武汉雷达学院	孝感军队文职干部
张　燕	女	大学	2005	华北煤炭医学院	山东枣庄市医院
鲍丽影	女	大学	2005	河北师范大学	石家庄军鹏学校校长
贾伟超	男	大学	2005	河北燕山大学	石家庄设计院
李会斌	男	大学	2005	河北医科大学	正定中医院
黄萍萍	女	大学	2005	河北师范大学	藁城一中高级教师
刘泽志	男	大学	2005	承德大学	北京地产
黄　静	女	大学	2005	郑州大学	石家庄市工作
郭壮丽	男	大学	2005	张家口建工学院	石家庄建筑设计院
李晓燕	女	大专	2005	华北煤炭医学院	自由职业
韩松涛	男	大专	2005	长沙民政学院	昆明车辆厂
甄玉川	男	大专	2005	重庆建环工程学院	重庆市工作
甄晓蒙	女	大专	2005	石家庄财会学院	石家庄市房地产公司
甄耀祖	男	大专	2005	开封黄河水利学院	中国水利五局

续表 23–4

姓名	性别	学历	毕业时间	毕业院校名称	工作单位、职务
李晓娜	女	大专	2006	衡水师专	
黄君冉	女	研究生	2006	河北农业大学	北京顺鑫控股公司
郭晓静	女	硕士	2006	河北医科大学	西安航空航天总医院
甄　丽	女	大学	2006	中国矿业大学	成都骊珠集团
韩建辉	男	大学	2006	河南大学	郑州市某学校教师
张兴尖	男	大学	2006	石家庄经济学院	石家庄市桥西区办事处
甄　宁	男	大学	2006	河南洛阳大学	青岛市翻译工作
李　松	男	大专	2006	石家庄建筑学院	深圳市某珠宝商店
刘　娜	女	大专	2006	石家庄学院	自由职业
张　亮	男	大专	2007	河北科技学院	北戴河农业银行
贾蕴哲	女	大学	2007	中北大学	石家庄市工作
李文学	男	硕士	2007	中国农科院	北京外资企业
鲍振轻	男	大学	2007	国防科技大学	宜宾国防卫星观测站长
郭晓然	女	大学	2007	西安理工大学	兰州西北民族大学教师
黄　玲	女	大学	2007	唐山理工大学	湖南省吉首市个体
黄宇婕	女	大学	2007	河北农业大学	
黄素改	女	大学	2007	福州大学	上海东风标致汽车厂
胡彦丽	女	大学	2007	河北师范大学	香河县中学教师
齐云娜	女	大学	2007	中英商贸学院	北京通州幼儿园
鲍永奇	男	大学	2007	河北师范大学	廊坊霸州工作
韩晓燕	女	大专	2007	河北科技学院	
鲍文艳	女	大专	2007	河北党校	南孟镇会计
胡彦敏	女	大专	2007	河北电视大学	北京摄影工作室
鲍立华	男	研究生	2008	浙江大学	山东电力设计院
鲍军强	男	硕士	2008	西安军医大学	石家庄 260 医院
张红梅	女	硕士	2008	西安电子科技大学	石家庄电子十三所
鲍英伟	男	大学	2008	重庆大学	中国建筑青岛分公司

续表 23-4

姓名	性别	学历	毕业时间	毕业院校名称	工作单位、职务
韩永健	男	大学	2008	北京师范大学	河北众筹投资公司
贾晓燕	女	大学	2008	湖南农业大学	湖南生物技术公司
王艳垒	女	大学	2008	山东广播大学	保定市法院
李永刚	男	大学	2008	河北医科大学	
鲍玉静	女	大专	2008	中州大学	北京物业管理
鲍婷婷	女	大专	2008	保定职业技术学院	保定制衣公司
黄晨光	女	大专	2008	石家庄高技学校	石家庄车辆厂
贾　栋	男	大专	2008	河北石油技术学院	北京市西城公司
贾维维	女	大专	2008	湖北政法学院	石家庄市某幼儿园
贾蒙蒙	女	大专	2008	河北财经学院	河南林州二建公司
李　林	男	大专	2008	石家庄建筑学院	石家庄地铁公司
李彦顺	男	大专	2008	石家庄干部学院	
黄坤龙	男	大专	2008	石家庄经济技术学院	石家庄个体司机
陈明月	男	大专	2008	湖南政法学院	藁城高新技术开发区
张　倩	女	大专	2008	秦皇岛建筑学院	石家庄市东阳三建公司
黄迎凯	男	大专	2008	邯郸职业技术学院	石家庄河北永达建筑公司
徐颖哲	女	大专	2008	石家庄邮政金融学院	福建宁德市邮政银行
蔡立彬	男	大专	2009	中央党校函授班	藁城区兴安镇镇长
贾军磊	男	大学	2009	石家庄铁道大学	北京中铁三局四公司
黄云宾	男	大学	2009	河北理工大学	创业
高　京	女	大学	2009	北京化工大学	石家庄白求恩医院
贾　哲	男	大学	2009	东北大学	北京艾瑞电子公司
辛立改	女	大学	2009	湖北中医大学	
郭艳辉	男	大学	2009	唐山理工学院	石家庄市工作
张　龙	男	大学	2009	西北大学	南通市个体企业
黄艳红	女	大学	2009	辽宁科技大学	辽宁大石桥市兴隆商场
张玉涛	男	大学	2009	哈尔滨理工大学	全家徙居广东省

续表 23-4

姓名	性别	学历	毕业时间	毕业院校名称	工作单位、职务
胡晓宇	女	大学	2009	郑州轻工学院	河北青银高速路政支队
张艳楠	女	大学	2009	保定电力大学	任丘中石油
张晓昙	女	大专	2009	承德石油高等学校	北京营销
贾卫兴	女	大专	2009	河北农业大学	邯郸幼儿教师
鲍晓伟	女	大专	2009	江西师大电子系	石家庄市售货员
黄志芳	女	大专	2009	北京经济管理学院	石家庄市某投资公司
张　亮	男	大专	2009	廊坊工业学院	
黄　倩	女	大专	2009	河北经贸大学	北京六建石家庄分公司
黄云巧	女	大专	2009	河北师专	自由职业
贾文静	女	大专	2009	河北警校	藁城高速交警
辛京伟	男	大专	2009	黑龙江大学	徐州市工作
辛惊雷	男	大专	2009	河南机电学院	石家庄市某房地产销售
高冬冬	男	大专	2009	河北工业大学	石家庄铁路工程队
蔡　恩	男	大专	2009	河北农业大学	湖北某医院
贾朝风	女	大专	2009	河北农业大学	河北医科大学药厂
郭晓尚	女	大专	2009	秦皇岛科技师范学院	北京华银工程咨询公司
张铜川	男	大专	2009	石家庄体育学院	石家庄市精英中学教师
冯　扬	男	大专	2009	石家庄信息工程学院	石家庄移动通信公司
黄明薇	女	大专	2009	天津职业技术学院	河北鹏力建安装饰公司
胡敬敬	男	大专	2009	石家庄经济技术学院	正定奥瑞特印务公司
高　攀	男	研究生	2010	北京经济贸易大学	北京京都律师事务所
韩志杰	男	研究生	2010	天津大学	石家庄生物研究院
黄欣伟	女	研究生	2010		
郭　鹏	男	硕士	2010	石家庄铁道大学	
蔡鹏飞	男	大学	2010	河北科技大学	河北省电力公司
贾晓贺	男	大学	2010	成都师范大学	成都京东科技公司科长
鲍　孟	男	大学	2010	昆明理工大学	中建八局
鲍玉鹏	男	大学	2010	河北医科大学	北京 301 医院

续表 23-4

姓名	性别	学历	毕业时间	毕业院校名称	工作单位、职务
贾立龙	男	大学	2010	辽宁中医药大学	香港大学助理研究官
黄国杰	男	大学	2010	石家庄陆军学院	北京军区联勤处
贾远超	男	大学	2010	河北工业大学	秦皇岛邮电管理局
李　恩	男	大学	2010	河北政法大学	石家庄市农业银行信贷部
赵丽慧	女	大学	2010	河北理工大学	北京生物工程公司
甄　诚	男	大学	2010	南京大学	上海市外企工作
郭晓莹	女	大学	2010	河北燕山大学	石家庄市外贸公司
张清杰	男	大学	2010	天津工业大学	石家庄市工作
黄景伟	男	大学	2010	河北工程大学	石家庄市客运公司
黄　岳	男	大学	2010	西南石油大学	
张玉涛	男	大学	2010	哈尔滨理工大学	哈尔滨市工作
胡景景	女	大学	2010	西安工程学院	山东聊城创业
鲍　鹏	男	大专	2010	天津高等专业学院	计算机工程师赴日工作
贾晓娜	女	大专	2010	河北科技大学	中石油
李欣桐	女	大专	2010	河北农业大学	北京软件开发公司
韩志远	男	大专	2010	三门峡水利学院	北京太阳能发电厂
李雅杰	女	大专	2010	保定职业技术学院	石家庄税务室事务所
韩　斌	男	大专	2010	芜湖职业技术学院	藁城交通局路政
韩鹏伟	男	大专	2010	石家庄邮电技术学院	北京某通信公司
鲍丽娟	女	大专	2010	石家庄师专	幼儿教师
贾伟杰	男	大专	2010	秦皇岛建筑工程学院	石家庄某建筑公司
贾　培	女	大专	2010	河北工业大学	重庆某机械制造厂
贾建芯	女	大专	2010	邯郸传媒大学	北京传媒公司
高腾飞	男	大专	2010	石家庄师专	衡水路桥公司
甄影琳	女	大专	2010	石家庄化工医药学院	河北药厂
蔡慧恩	女	大专	2010	河北师范学院	
鲍星研	女	大专	2010	河北企业管理学院	石家庄市某保险公司

续表 23-4

姓名	性别	学历	毕业时间	毕业院校名称	工作单位、职务
张利发	男	大专	2010	河北经济学院	石家庄某珠宝商店
高　云	女	大专	2010	秦皇岛师范学院	北京宏扬佳业财务公司
韩龙川	男	大专	2010	石家庄理工职业学院	石家庄市招商银行
张琼琼	女	大专	2010	石家庄铁路技术学院	石家庄市公交公司
徐　芳	女	大专	2010	山东商学院	石家庄汽车贸易公司
张清杰	男	大专	2010	天津工业大学	天津智导科技有限公司
张玉松	男	大专	2010	重庆机电自动化学院	
黄飞虎	男	大专	2010	福州商学院	福州铁通通讯公司
黄　晓	女	博士	2011	中国地质大学	河北师大汇华学院任教
鲍丽然	女	研究生	2011	北京中科院	川东地球化工研究所
韩振虎	男	大学	2011	河北北方学院	北京中科院
鲍立改	女	大学	2011	南京铁路医学院	北京良乡医院
蔡梦帆	女	大学	2011	河北农业大学	河北移动公司
韩玉卓	女	大学	2011	河北农业大学	石市营销
黄贝贝	女	大学	2011	河北大学	石家庄市交通银行
黄云闪	女	大学	2011	河北师范大学	
黄云雪	女	大学	2011	河北医科大学	河北医大附属二院
甄佳兴	男	大学	2011	郑州工程学院	成都科索电子公司
张　乐	男	大学	2011	张家口建工学院	中国土木建设公司经理
李云飞	男	大学	2011	河北经贸大学	
黄　帅	男	大学	2011	长春理工大学	石家庄市国讯电脑公司
郭学哲	女	大学	2011	北京经贸大学	全家徙居广东
黄惊涛	男	大学	2011	哈尔滨工业大学	北京市电商
胡秀君	女	大学	2011	华北电力大学	山西大同电力局
黄　蒙	男	大学	2011	北京工商管理学院	北京软件公司
齐文君	女	大学	2011	华北电力大学	山西大同电力局
张雅娴	女	大专	2011	河北交通学校	石家庄市中建路桥公司
鲍会龙	男	大专	2011	邢台职业学院	正定纺织基地

续表 23-4

姓名	性别	学历	毕业时间	毕业院校名称	工作单位、职务
高建辉	男	大专	2011	石家庄医疗器械学校	创业
鲍闪闪	男	大专	2011	唐山工程学院	唐山工程预算公司
贾彦超	男	大专	2011	天津工业大学	天津市饮食公司
王　灿	女	大专	2011	青岛财会学院	
赵　洁	男	大专	2011	石家庄化工医药学院	
韩晓嫚	女	大专	2011	石家庄外语学院	
贾安飞	男	大专	2011	湖南工程学院	创业
贾保同	男	大专	2011	河北建筑工程学院	石家庄某建筑公司
鲍星嫚	女	大专	2011	河北企业管理学院	石家庄市某保险公司
李　静	女	大专	2011	廊坊航天学院	保定长城汽车制造厂
王丹丹	女	大专	2011	绥化学院	石家庄锦华旅行社
李世龙	男	大专	2011	石家庄劳动关系学院	北京某建筑公司
甄亚平	女	大专	2011	河北企业管理学院	河北电信公司
韩华溢	女	大专	2011	石家庄职业技术学院	新乐市私企会计
李晓鹏	男	大专	2011	石家庄职业技术学院	
甄晓玲	女	大专	2011	石家庄外国语学院	北方教育学院
张海川	男	大专	2011	江西景德镇陶瓷学院	深圳市工作
穆云景	男	大专	2011	秦皇岛建材技术学院	河北国田建筑有限公司
甄诗瑜	女	大专	2011	石家庄铁道技术学院	石佳集思堂文传有限公司
黄军领	男	大专	2011	保定金融经济学院	成都北京亚根展览公司
贾　冲	男	大专	2012	天津物流学院	汽车配件厂
甄玉山	男	硕士	2012	北京化工大学	北京航天动力研究所
李云梦	女	硕士	2012	河北工业大学	天津大学攻读硕士(2014)
韩月然	女	大学	2012	衡水学院	天津科大在读研究生
黄云悦	女	大学	2012	东北长春大学	
高　闪	女	大学	2012	北京经贸大学	北京市五中教师
卢　璐	男	大学	2012	天津美术大学	2014 年在读研究生

续表 23–4

姓名	性别	学历	毕业时间	毕业院校名称	工作单位、职务
李　骏	女	大学	2012	河北医科大学	石家庄市第四医院
刘孟雄	男	大学	2012	西宁电子商务学院	青海省民族学院教师
张坤坤	男	大学	2012	河北农业大学	石家庄市民政局
赵丽红	女	大学	2012	河北理工大学	北京市工作
蔡　坤	男	大学	2012	河北师范大学	河北电建二公司
黄昌昌	女	大学	2012	河北科技大学	石家庄以岭药业
王晓薇	女	大学	2012	河北农业大学	
戴玉旨	女	大学	2012	河北医科大学	藁城人民医院医生
黄晨阳	女	大学	2012	河北农业大学	天津嘉业保定分公司经理
郭立攀	男	大学	2012	河北农业大学	个体经营
刘　美	女	大学	2012	承德科技大学	石家庄工商驾驶学校
甄伊宁	女	大专	2012	石家庄学院	石家庄执业律师
刘玉华	女	大专	2012	石家庄青年干部学院	石家庄石岗驾校
胡洪水	男	大学	2012	西安理工大学	北京锦鸿信息有限公司
张　松	女	大专	2012	石家庄信息工程学院	中石油
韩　永	男	大专	2012	保定学院	北京冶金公司
鲍晓晓	女	大专	2012	浙江商业学院	
黄志勇	男	大专	2012	唐山学院	石家庄某医药公司
贾晓青	男	大专	2012	邯郸建筑工程学院	
陈　雪	女	大专	2012	武汉商贸学校	
贾圆圆	女	大专	2012	石家庄工业技术学院	石家庄制药厂
田　飞	男	大专	2012	北京化工大学	
田　虎	男	大专	2012	河北能源技术学院	
张　良	男	大专	2012	石家庄交通学院	石家庄市工作
张　杰	男	大专	2012	邢台学院	石家庄市青少年儿童报社
黄　玲	女	大专	2012	石家庄铁道学院	
辛丹丹	女	大专	2012	石家庄学院	石家庄市高铁工务段

续表 23-4

姓名	性别	学历	毕业时间	毕业院校名称	工作单位、职务
张兴兴	女	大专	2012	保定金融学校	石家庄市政府
胡媛媛	女	大专	2012	石家庄科技大学	北京工作
穆云云	女	大专	2012	冀劳动关系职业学院	创业
刘晓坤	男	大专	2012	邢台军需学院	北京光环新网科技公司
高　川	男	大专	2012	河北交通学校	石家庄盛文汽车贸易公司
刘玉龙	男	大专	2012	石家庄师专	个体经营
张　贤	女	硕士	2012	英国纽卡斯尔大学	中国中车人事主管
黄云霄	女	大学	2013	河北燕山大学	
王盼盼	女	硕士	2013	天津科技大学	天津科技大学教师
王显显	女	硕士	2013	江西南昌大学	江西南昌大学教师
鲍玉星	女	硕士	2013	新疆医科大学	河北省儿童医院
张慧鑫	女	研究生	2013	华中理工大学	巴斯夫(中国上海)公司
李文显	男	大学	2013	成都广汉飞行学院	天津航空公司
张玉倩	女	大学	2013	石家庄体育学院	
黄永鹏	男	大学	2013	河北农业大学	藁城张家庄镇政府
鲍小青	男	大学	2013	青岛胶东大学	北京市幼儿智力开发
贾旭旭	男	大学	2013	科技信息学院	石家庄市汽车4S店
鲍江丽	女	大学	2013	山东日照工程大学	正定县室内装饰设计
辛禧瑞	男	大学	2013	吉林延吉大学	在读研究生
张月婷	女	大学	2013	山西农业大学	藁城区移动公司
韩晓阳	男	大学	2013	四川绵阳科技大学	深圳市工作
黄欣伟	女	大学	2013	天津中医药大学	在读研究生
黄　培	男	大学	2013	河北劳动关系学院	石家庄市房地产公司
鲍雪敬	女	大专	2013	河北金融学院	保定市工作
鲍丽媛	女	大专	2013	秦皇岛商专	私营企业会计
鲍泽鹏	男	大专	2013	石家庄师专	经商
韩　星	男	大专	2013	东北石油学院	上海弘奕有限公司

续表 23-4

姓名	性别	学历	毕业时间	毕业院校名称	工作单位、职务
张 倩	女	大专	2013	廊坊职业技术学院	石家庄正博汽贸公司
贾青青	女	大专	2013	石家庄铁路学院	
贾远扬	男	大专	2013	邢台学院	保定长城汽车制造厂
鲍利然	女	大专	2013	石家庄政法学院	私企会计
张 聪	女	大专	2013	沧州师范学院	人事部
韩晓箐	女	大专	2013	石家庄纺织学院	藁城区韩家洼中学教师
甄 坤	女	大专	2013	石家庄工程学院	
甄亚茹	女	大专	2013	河北企业管理学院	
甄 卓	女	大专	2013	厦门大学	
鲍军敏	女	大专	2013	河北交通技术学院	
甄晓燕	女	大专	2013	石家庄城乡建设学院	石家庄育婴院
甄晓丹	女	大专	2013	河北劳动关系学院	
郭伟楠	女	大专	2013	石家庄经济学院	北京绿迪园林绿化公司
黄增强	男	大专	2013	江西新余技校	山西兴旺管业有限公司
黄凯月	女	大专	2013	石家庄学院	石家庄动画公司
黄伟康	男	大专	2013	石家庄铁路工程技术学院	北京铁路局石家庄铁路段
黄 磊	男	大专	2013	承德职业技术学院	石家庄市工作
齐云凯	男	大专	2013	邯郸职业技术学院	石家庄联通公司
吕建民	男	大专	2013	唐山职业技术学院	石家庄市工作
张娜娜	女	硕士	2014	北京科技大学	
韩腾飞	男	大学	2014	河北科技师范大学	北京美团
蔡迢阳	男	博士	2014	东北大学工学博士	河北师大职技学院室主任
韩振龙	男	大学	2014	成都航空学院	成都家电智能公司
韩 星	男	大学	2014	武汉华中科大	在读研究生
黄金芳	女	大学	2014	河北经贸大学	河北省税务室
鲍琛语	女	大学	2014	河北农业大学	石家庄市地铁集团
韩丹丹	女	大学	2014	四川大学	石家庄市网络公司

续表 23-4

姓名	性别	学历	毕业时间	毕业院校名称	工作单位、职务
贾纬纬	女	大学	2014	河北工程大学	石家庄市泰勒公司
贾灵玉	女	大学	2014	吉林大学	
黄丽丽	女	大学	2014	北京交通大学	某军区通讯站
黄云芳	女	大学	2014	西安电子学院	石家庄五十四所
贾建茹	女	大学	2014	黑龙江八一农垦大学	北京网络人才公司
辛鹏浩	男	大学	2014	杭州大学	
辛立业	男	大学	2014	河北理工大学	石家庄市移动公司
张　煜	女	大学	2014	西北大学	西安市外事部门
黄乐乐	男	大学	2014	河北农业大学	石家庄建工集团
黄慧娟	女	大学	2014	河北农业大学	石家庄市肝病医院
穆云娜	女	大学	2014	河北经贸大学	元氏县信用银行
张　跃	男	大学	2014	石家庄铁路大学	中铁十局
甄卿卿	女	大学	2014	廊坊华北航天学院	北京动力源有限公司
胡伟伟	女	大学	2014	河北经贸大学	河北金德科技有限公司
刘幸幸	女	大学	2014	邯郸大学	
甄　舜	男	大学	2014	河北科技大学	保定长城汽车制造厂
甄　曦	女	大专	2014	唐山学院	
徐晓丹	女	大专	2014	廊坊航天工业学院	北京航天二部
鲍会昭	男	大专	2014	承德石油学院	广东湛江天然气公司
李洋洋	男	大专	2014	河北医护学院	
甄希希	女	大专	2014	石家庄信息工程学院	
高良军	男	大专	2014	石油技工学校	北京市自营室内设计
贾玉欣	女	大专	2014	河北建筑工程学院	北京万瑞公司
甄泽强	男	大专	2014	河北工程学院	参军
甄晓哲	女	大专	2014	石家庄学院	
黄恩浩	男	大专	2014	邯郸学院	北京单位进修
黄君茹	女	大专	2014	唐山工程管理学院	藁城区尚西中学教师

续表 23-4

姓名	性别	学历	毕业时间	毕业院校名称	工作单位、职务
黄　然	女	大专	2014	衡水师专	石家庄拓联公司
刘园园	女	大专	2014	石家庄经济学院	天津物流公司
王珊珊	女	大专	2014	石家庄铁路职业技术学院	
黄　慧	男	大专	2014	秦皇岛职业技术学院	石家庄超越健身公司
郭志芳	女	硕士	2015	南昌航空航天大学	留校
郭　佳	男	大专	2015	廊坊职业技术学院	石家庄太平洋保险公司
高　宇	女	硕士	2015	河北农业大学	
胡玉同	男	硕士	2015	天津南开大学	天津市工作
鲍玉辉	男	硕士	2015	广西科技大学	河北长城汽车公司技术院
辛玉丽	女	大学	2015	河北师范大学	
甄影罩	女	大学	2015	河北经贸大学	
李红玉	女	大学	2015	河北科技大学	
贾明月	男	大学	2015	长沙理工大学	
何晓燕	女	大学	2015	河北理工大学	
刘志辉	男	大学	2015	浙江科技大学	
魏凯轩	男	大专	2015	河北经济学院	
鲍晓萌	女	大专	2015	河北工业大学	
张一凡	女	硕士	2015	西南大学	河北师范大学
韩鹏举	男	大学	2016	湖南科技大学	国电浙能宁东发电公司
韩若冰	女	研究生	2018	英国曼彻斯特大学	中国北京机械进出口公司
韩鹏飞	男	研究生	2019	宁夏大学	北京市中建二局
鲍泽涵	男	大学	2020	德国亚琛工业大学	河北天意成贸易公司外办

注:2016 年通过走访调查登记,难免有遗漏或差错。2016—2019 年大专以上毕业生未再统计,只有个别人登录上

第二十四章 医药 卫生 体育

第一节 传统医药

一、中医

中医，是中国的传统医学，是研究人体生理、病理，以及疾病的诊断和防治的一门科学。中医产生于原始社会，春秋战国时期中医理论已经基本形成，出现了解剖和医学分科，已经采用“望、闻、问、切”四诊，治疗有砭石、针刺、汤药、艾灸、导引、布气、祝由等。西汉时期，开始用阴阳五行解释人体生理，出现了“医工”。东汉出现了著名医学家张仲景，他已经对“八纲”（阴阳、表里、虚实、寒热）有所认识，总结了“八法”。华佗则以精通外科手术和麻醉闻名天下。唐代孙思邈总结前人的理论并总结经验，收集5000多个药方，并采取辨证治疗，医德最高，被人尊为“药王”。

中医学以阴阳五行为理论基础，将人体看成是气、形、神的统一体，通过望、闻、问、切四诊合参的方法，探求病因、病性、病位，分析病机及人体内五脏六腑、经络关节、气血津液的变化、判断邪正消长，进而得出病名，归纳出症型，以辨证论治原则，制定“汗、吐、下、和、温、清、补、消”等治法，使用中药、针灸、推拿、按摩、拔罐、气功、食疗等多种治疗手段，使人体达到阴阳调和而康复。

中国古典医籍有《黄帝内经》《难经》《素问》《针经》《金匮要略》《伤寒论》《明堂孔穴针灸治要》《诸病源候论》《千金要方》《千金翼方》等。

早在3400多年前商代中期，藁城人民祖先就已开始用中草药物和砭镰治疗疾病。在漫长的封建社会，医疗卫生事业发展缓慢，农村缺医少药的状况十分突出。加之请医难、药价昂贵，贫苦农民小病多用民间偏方、验方调治，大病扛着等死。清道光、咸丰、光绪年间，县内曾多次发生恶性传染病，势如洪水猛兽，病者多死。危及婴幼儿生命的天花、麻疹、伤寒、白喉、四六风等多种传染病时常发生，婴幼儿死亡率高达35%以上。赵庄地处京畿之地，征战不休，灾祸连绵、传染病时常发生，村民缺医少药，死亡率极高，至明嘉靖十二年（1533），赵庄建村1500余年，村有人口1000余人，疫情多发、缺医少药是遏制人口发展的重要原因之一。

民国时期至20世纪70年代前，赵庄古镇主要是个体行医，以中医中药为主，中西医结合。中医老医生有方岱、郎先生、黄培英、张宝琦、鲍晚成、李秋来，中西医结合医生黄清莲（医学院毕业）、吕兰柱。中药铺有张芳武药铺、张宝琦药铺、戴玉振药铺。那时，村民患头痛脑热等小病，多数人在自己家里利用发汗、拔罐或用偏方自行治疗，很少看医生。患上大病或慢性病，有钱人家请中医通过望、闻、问、切诊断病情，对症下药开药方，然后到药铺抓药、熬药，用中药治病。如果病人卧床不起，需要把医生请到家中看病，需要预约，如果路远，需要马车接送，还得给医生准备好吃喝。黄清涟是医学院毕业，通晓中西医，能做外科手术。他看病既用中药也用西药，遇到小的外伤，他能及时手术治疗。赵庄镇的几位医生，医德高尚，为赵庄村民防病、治病发挥了应有的作用。但是，请医看病买药，价格昂贵，一般农民大病看不起，因得不到及时治疗而早逝的人不少，不幸患上疑难病症或当时认为的绝症，只有等死。

二、中药

《神农本草经》著者不详，可能是东汉医家修订前人著作而成。它收载药物包括动、植、矿三类共365种，每味药项下载有性味、功能与主治。另有用药序列，简要记述了用药的基本理论，如有毒无毒、四气五味、配伍法度、服药方法及丸、散、膏、酒等剂型，可以说是汉代以前我国药物知识的总结。明代的伟大医学家李时珍(1518—1593),在《证类本草》的基础上进行彻底的修订,“岁历三十稔,书考八百余家,稿凡三易”编成了符合时代发展需要的本草巨著——《本草纲目》,1596年首次刊行。此书载药1892种,附方11000多个。赵庄村中医多用传承下来的成熟验方或者根据自己的经验调整中药配伍给村民治病。

赵庄镇及其周围野生中药植物品种繁多,据有关部门普查,所产中药材100多种,属55科。常见的有:小蓟、马齿苋、白茅根、苍耳子、刺蒺藜、枸杞、红花、金银花、菊花、薄荷、车前子、荆芥、板蓝根、蒲公英、瓜蒌、香附、甘菊、益母、防风、芦根、香菇、菟丝、紫苏、艾叶、凤眼草、地骨皮、桑白皮、地肤子、莎草根、二丑、白蒺藜、曼陀罗、党参、生地、地丁、荆三棱、桑叶、葶苈、藁香附等40多种。

第二节 西 医

1925年(民国十四年),系井村白玉清军医学校毕业后,在县城创建“仁合医院”,为藁城西医之始。直到1949年新中国成立漫长的24年间西医在县内毫无发展。

赵庄古镇西医传入始于黄清涟医生。黄清涟,河北医科大学毕业,精通中医、西医和小的外科手术。20世纪30年代末开始在本镇行医,直到60年代病逝。他医德高尚,仁术济世,在村民中口碑很好。

中华人民共和国建立后,西医发展迅速。藁城县先后成立了藁城县人民医院,增村、张家庄、南董等八所地段医院,到1978年,全县有西医653人,治疗疾病主要以西医、西药为主。50年代,赵庄镇内看病主要为中医、中药。镇内老中医张保琦、鲍晚成、李秋来、黄清涟等扛大梁。进入60年代,西医医生吕兰柱、张秋玉、张庚辰等崭露头角,西医、西药看病迅速发展起来,口服西药、输液、针剂注射成为治疗急性病的主要手段。群众生病,看中医、服中药的逐步减少,有少数患长期慢性病的看中医、服中药调理。

第三节 医疗制度

中华人民共和国成立后,各级政府非常重视人民医疗卫生工作、建立医院,购置医疗设施,开展群众性的爱国卫生运动,除“四害”、讲卫生,大搞防疾灭病,使历史上流行的霍乱、伤寒、天花、梅毒等传染病基本根绝。人民群众的医疗保健得到保障,健康水平有了很大提高。

1969年赵庄大队实行合作医疗,成立保健站,所有村医都到保健站工作,挣工分。社员到保健站看病,社员负担40%医药费,大队集体补贴60%,大大减轻了社员的经济负担,生病能得到及时治疗。2008年国家推行新型合作医疗(简称“新农合”),农民人均年缴费10元,国家和地方政府补贴人均不低于10元,农民住院看病,报销一定比例。以后年缴费数额、国家地方政府年人均补贴数额逐年增加,至2016年,农民人均年缴费提高到150元,国家和地方政府人均年补贴560元,住院看病报销比例提高到70%。基本上解决了农民看病难、看病贵的问题,不再有大病致贫返贫的现象发生。

一、合作医疗

在上级政府推动下,1969年赵庄大队组织本村医务人员成立保健站,保健站建在大队部东侧路南一个四合院内。由大队秘书陈克主抓,刘进生、甄小学负责具体组织领导工作。保健站成立后,推行“合作医疗”,需筹措的医药资金按人口计算,大队、生产队集体各负担50%。社员看病,现金给付医药费的40%,60%的医药费由集体补贴,大大减轻了社员的负担。医务人员和社员一样挣工分,有少量的出诊补贴。保健站制订有严密的规章制度,如出诊制度、诊疗制度、值班制度、财务制度等,保健站24小时营业。保健站设有财务科、药房、手术室、中西医诊疗科、外科、妇科、检验科、制药制剂室。

中西医生有吕兰柱、张宝琦、甄小学、刘进生、鲍新平、鲍焕吉、李增恒,负责值班坐诊、出诊和手术。

财务科有财务人员张秋玉、甄银秀、贾双进、黄俊会、鲍风杰,负责值班、开票收费、账目结算。

中西药房司药人员先后有张瑞亭、郭瑞聚、辛白小、甄成敏、郑全、韩俊芝、刘红琴。负责昼夜值班,照方取药。

检验科配备有透视机和血液、大小便化验设备,分别培养甄小学、贾双进为透视师和化验师,根据病症胸透拍片和细菌化验,医生及时对症下药,解除病痛。

外科人员先后有黄瑞芬、张更晨、韩俊芝、刘红琴,配备有外伤处置器具、包扎缝合用品和必备药品,主要功能是对各种轻微外伤清创、消毒、缝合和包扎及换药。

手术室配备有手术床、无影灯和手术器械,能够对于疝气、阑尾炎、体表良性肿瘤、腱鞘炎等病症进行手术治疗。能做外科手术的医生有吕兰柱、刘进生、甄小学。

妇科主要为计划生育服务,发放避孕药具,指导育龄妇女采取避孕措施。接生助产,指导妇幼保健,治疗一般性的妇科病。先后有韩香爱、杜金素、郭玉珍、刘红琴、郑琴风担负此项工作。

牙科由牙医郭殷瑞负责,给患牙病的社员修牙、拔牙、安牙,解除牙病患者的病痛。

制药制剂室,为了节约经费,保障治疗,购置设备,建成了制药制剂室。主要制成中药水丸、蜜丸,主要品种有六味地黄丸、疏肝健胃丸、大山楂丸、梅苏丸、枳柏丸等。还自行生产5%葡萄糖液和5%氯化钠液供输液用。

1959—1970年,河北医科大学附属第二医院在赵庄蹲点,送医下乡,先后有专家教授张国正、姚希贤、侯广昌、刘立钻等多次到赵庄,给村民诊治疑难病症,给保健站的医务人员传授技艺、答疑解惑。1975年,冀医三院专家教授凌彤、刘金星、孙学萍、王书润、刘存等送医到赵庄,给村民诊治病患,帮助保健站医务人员提高技能。通过冀医二院、冀医三院的专家教授的帮助,保健站的医务人员防病治病的水平大大提高,赵庄村民在解除病患方面,受益匪浅。

这个时期,藁城县人民医院规模不断扩大,盖起了病房门诊楼,又在县城西南部建起了一座中西医结合医院,1969年全县建起了乡镇卫生所和地段医院。距离赵庄最近的是张家庄地段医院。赵庄推行合作医疗13年,保健站的医务人员全心全意为全村人民健康服务,防病治病、打针输液服药,真正做到了小病不出村。遇到大队保健站难以治疗的病症,按照病况,村民去地段医院或县人民医院治疗,做到了一般大病不出县,解决了村民看病难、看病贵的问题。

1984年,公社、大队建制撤销,乡镇、村建制恢复,生产队解散。赵庄保健站解体,原保健站的设备、器械作价医务人员购买,不再推行合作医疗,医生吕兰柱、甄小学、鲍新平和鲍焕吉、张宝琦、郑全、刘进生、张秋玉各自开设私人诊所和药铺。除吕兰柱医科学校毕业外,其他医生或在部队当过卫生员或自学,经过培训后从医看病。

二、新农合

20世纪80年代初,随着农村政社体制的解体,农村医生无法通过医疗活动换取工分而获得收益,村集体卫生所正常运行的资金没有来源,村内公共卫生机构无法继续支撑而解体。到90年代初,面对传统合作医疗中遇到的问题,中共中央组织卫生部门专家和卫生机构进行了一系列的专题调查研究,为建立新型农村合作医疗打下了坚实的理论基础。1996年年底,中共中央、国务院在北京召开全国卫生工作会议,中央领导强调现在许多农村发展合作医疗,深得人心,人民群众把它称为“民心工程”和“德政”。随着我国经济和社会的不断发展,越来越多的人开始认识到“三农问题”是关系党和国家全局性的根本性问题,而不解决好农民的医疗保障问题,就无法“实现全面建成小康社会的目标”,也谈不上现代化社会的完全建立。大量的研究和实践表明,在农村建立新型合作医疗制度势在必行。

2002年10月,中共中央、国务院《关于进一步加强农村卫生工作的决定》中明确指出:“要逐步建立以大病统筹为主的新型农村合作医疗制度。”2003年开始在全国部分县市试点。2003年7月发布《新型农村合作医疗管理办法》,至2010年实现了全国全覆盖。2003年,中央和地方政府每人每年补贴10元,农民每人每年缴纳 10 元，逐年增加。

2008 年，赵庄开始新型合作医疗，人均缴费 10 元，地方政府人均补助不低于 10 元。2012 年，个人缴费 50 元/人，国家和地方政府补贴由 2011 年的 200 元/人提高到 240 元。2013 年农民个人缴费 60 元/人，国家和地方政府补贴 280 元/人。至 2014 年，新农合每人每年缴纳 70 元，中央和地方政府补贴每人每年 320 元，合计每人每年医疗费 390 元。看病报销 70%以上，年最高报销限额 12 万元。2015 年新农合农民每人缴费 110 元，中央和地方政府补贴 490 元。2016 年，新农合农民每人每年缴费 150 元，中央和地方政府补贴 560 元，报销比例进一步提高。新农合集资，农民个人拿小头，中央和地方政府财政补贴大头，看病报销比例 70%以上，农民有病不再因为家庭经济困难而不能治疗，不会再出现因病返贫现象，农民健康水平大幅度提高。

2019 年，赵庄参加新农合医保的有 7731 人，参保人数占总人数的 90%以上，个人年缴医保费 250 元/人，中央和地方政府补助 520 元/人，报销比例由 60%提高到 70%。

赵庄 2008 年成立新型合作医疗卫生室由医生韩振雨(负责人)、鲍鹏举、张润强、贾国军、甄景伟、雍慧娜(女)，司药张爱霞负责全村人医疗。卫生室有心电图机、血糖仪等简单医疗设备，加入新农合的村民只交由个人负担的 20%左右医疗费。赵庄村有张庚辰、黄瑞芬、甄小学、甄成敏、张秋玉、郭刚、张润强等私人诊所，张建峰、张飞弟兄二人各开设一间药房，卖处方药和非处方药，方便村民购药。

卫生室

村卫生室医生合影

第四节　爱国卫生

1952 年，“藁城县爱国卫生运动委员会”(简称爱卫会)成立，随后各乡镇成立分会，并建起藁城县卫生防疫站。在各级爱卫会领导下，赵庄 1956 年开展“除四害、讲卫生”运动，大力消灭老鼠、苍蝇、蚊子、臭虫等“四害”，由“四害”传染的疾病大为降低。1958 年，村集体建起了洗澡堂，号召村民常洗澡和换洗衣服，搞好街道和家庭院落、公共场所等环境卫生。1963 年水灾后，赵庄开展以预防肠道疾病为重点的饮用水消毒、饮用水井台加高、加盖的工作。1973 年后，重点开展以“两管五改”(管水、管粪、改水、改厕、改圈、改灶、改环境)为内容的农村卫生基本建设，村民的卫生习惯、村卫生环境大为改观。1982 年，在大队中央副业大院内打了一口饮用深水井，安装无塔高压装置，铺设管道到户，全村人用上了清洁干净的自来水，结束了千百年来吃浅井水的历史。1982 年 3 月，在县统一部署下，以解决“脏、乱、差”为目的，掀起修街、治巷、筑路、植树、栽花、美化环境的热潮，基本达到了解决“脏、乱、差”，美化、净化环境的目的，虱子、臭虫、跳蚤等寄生在人们生活环境中的害虫绝迹。

改革开放后，随着经济的发展，家家走上了发家致富奔小康的康庄大道，绝大多数户盖起了新砖房、楼房，门阔窗大，瓷砖、木地板内外装饰。猪圈、茅坑逐步退出，取而代之的是水冲厕所。家家窗明几净，院落整洁。村民的卫生习惯有很大变化，天天刷牙洗脸,常常洗澡换洗衣被。村主要街道硬化,设立定点垃圾池,定期清运。做饭多数用上了清洁能源电或液化气,少数户做饭取暖用上了环保煤炉。至2019年,村内街道硬化、净化、绿化率达95%以上。2018年起,国家和地方政府补贴,铺设天然气管道到户,90%以上户做饭烧水取暖用上天然气,其他户做饭取暖用电。水冲新型厕所普遍,粪便化解清运及时。畜禽养殖集约化、规范化。秸秆及时还田。街道、公共场所专人打扫,生活垃圾及其他垃圾当天清运。卫生环境有了较大的改善,流行传染病大大减少。

第五节　传染病常见病

一、传染病防治

历史上包括赵庄在内的藁城境内曾发生多次烈性传染病。清“道光元年疫,中者多死”,“咸丰十一年疫,中者多死”,“光绪二十八年夏秋间大疫,死者甚多”,民国时期,天花流行,来势凶猛,难以控制。以上几次有记载的传染病发生,人口死伤惨重。

1949—1985年,藁城境内发生的流行性传染病主要有:麻疹、痢疾、伤寒、白喉、流脑、猩红热、疟疾、流感、百日咳、黑热病、乙脑、炭疽、钩端螺旋体病、肝炎、小儿麻痹、布病和流行性出血热17种。多数波及赵庄。

麻疹每年都有发生,流行的年份有1951年、1953年、1954年、1957年、1960年、1961年、1962年、1963年、1965年和1973年等十个年份。1974年始,年年搞麻疹疫苗注射,控制了麻疹传染。1984年后,很少发生。

伤寒散在性发生或局部流行,发病较多的年份有1953年、1960年、1961年、1962年、1963年、1964年、1973年7个年份。县防疫部门1961年开始,年年有重点地开展伤寒疫苗注射,1985年控制在全县10例以下。

白喉1953年境内白喉流行,全年病患未断。自1961年开展注射白喉疫苗后,1977年消灭

流脑(流行性脑脊髓膜炎)流行有六个年份:1965年、1966年、1967年、1973年、1976年、1977年。自1978年开始对12周岁以下儿童接种“流脑”疫苗,基本控制了流脑的流行。

猩红热形成流行的有2个年份,1953年患病436人,死亡22人;1973年患病587人,死亡1人。

疟疾俗称“发摆子”,在县域内多为散在发生。1953年患病最多,达46人。1979年县防疫部门对患者人群进行休止期治疗,连续八天,基本控制了疟疾的发生和蔓延。

百日咳发病较多的有7个年份,1954年、1960年、1961年、1962年、1963年、1964年、1973年。1957年,县防疫部门就有重点地开展了百日咳疫苗注射,以后逐年加强,到1974年有效地控制了此病流行。

乙脑(流行性乙型脑炎)形成较大流行的有两个年份,即1954年发病波及全县7个区的90个村患病283人,死亡89人,死亡率31.4%;1956年患病372人,死亡100人,死亡率26.9%,涉及全县29个乡的126个村庄。全县组织470余名中、西医生全力防治,控制了疫情。

1985年1至10月全县发生流行性出血热94例,死亡3人,很快被控制。

1981年秋县内肝炎流行,全县共发病7768人,涉及28个公社185个大队。经过防疫部门努力,11月底疫情得到基本控制。

藁城域内发生的传染病波及赵庄情况没有记载,多数传染病流行赵庄不会幸免。

新中国成立后,党和政府对传染病的防治工作非常重视,每年春秋两季儿童普种牛痘,使天花在本县绝迹。1953年开始注射卡介苗,1954年开始注射脑炎疫苗。到1961年疫苗注射增加到5种,1974年达到10种之多。自1973年起,开展全县性的计划免疫,坚持对12岁以下儿童建立预防接种卡,自出生至12岁先后注射乙肝疫苗、卡介苗、脊髓灰质炎糖丸、百白破疫苗、A群流脑疫苗、麻疹疫苗、乙脑疫苗、A+C流脑加强、白破二联疫苗,在易感人群中形成免疫屏障。据1977年统计,天花、霍乱、鼠疫、布病、黑热病、白喉等严重危害人民健康的传染病已经

根绝,并基本控制了疟疾、麻疹、伤寒、猩红热、乙脑、小儿麻痹等传染病的流行。1974 年,赵庄发生小儿麻痹病 9 例,多数病人落下了后遗症,终身残疾。

2002 年暴发人感染高致病性禽流感(HBAI),情况严重。赵庄村医和村民在上级防疫部门的指导下,严密防控禽流感的发生,经过半年多的时间努力,控制了禽流感的发生。

1949—1985 年,赵庄疫病防治情况无记载可循,但是和藁城县的疫病防治工作同步进行,通过全县传染病防治工作情况,也能了解赵庄传染病的防治情况。

2004 年 12 月 1 日执行的《中华人民共和国传染病防治法》指出我国目前发生的有三类 39 种传染病。甲类 2 种:鼠疫、霍乱;乙类 26 种:传染性非典型肺炎、艾滋病、病毒性肝炎、脊髓灰质炎、人感染高致病禽流感、甲型 H1N1 流感、麻疹、流行性出血热、狂犬病、流行性乙型脑炎、登革热、炭疽、细菌性和阿米巴性痢疾、肺结核、伤寒和副伤寒、流行性脑脊髓膜炎、百日咳、白喉、新生儿破伤风、猩红热、布鲁氏菌病、淋病、梅毒、钩端螺旋体病、血吸虫病、疟疾;丙类 11 种:流行性感冒、流行性腮腺炎、风疹、急性出血结膜炎、麻风病、流行性和地方性斑疹、伤寒、黑热病、包虫病、丝虫病、感染性腹泻、手足口病。

对传染病的防治政府加强领导,职能部门各司其职,全民动员,科学防治。县以上政府部门制定传染病防治规划并组织实施,建立健全传染病防治体系。疾病控制机构承担传染病的监测、预测、流行病学调查、疫情报告以及其他预防控制措施。村委会组织村民参与农村的传染病预防和控制活动。开展群众性的卫生活动,进行预防传染病的教育,倡导文明健康的生活方式,提高公众对传染病的防治意识和应对能力。加强环境卫生建设,消除鼠害和蚊、蝇等病媒生物的危害。改善饮用水卫生条件,对污水污物粪便进行无害化处理。改造和建设卫生设施,对生活垃圾及时清运和无害化处理。实行预防接种制度。使传染病人、传染病源携带者和疑似传染病病人得到及时隔离救治。

二、常见病、多发病

赵庄一带农村常见病、多发病主要有感冒、急性气管炎、哮喘、胃炎、胃溃疡、厌食、腹泻、便秘、呕吐、消化不良、小儿感冒、小儿腹泻、小儿肺炎、耳鸣、鼻炎、黄褐斑、痤疮、鼻窦炎、咽炎、尿路感染、偏头痛、高血脂症、高血压、肥胖症、痔疮、前列腺炎、腰腿痛、颈椎病、腰间盘突出、痛经、神经衰弱、失眠症、月经不调、阳痿早泄、遗精、乳腺增生、二氧化碳中毒、冠心病、糖尿病、关节炎、宫颈炎、盆腔炎、脂肪肝、口腔溃疡、口疮、子宫肌瘤、运动损伤、流产。这些农村常见病、多发病是村卫生所防治的重点。

三、民国时期至 2019 年村医

方岱(中医)、郎先生(中医)、黄培英(中医)、鲍晚成(中医)、李秋来(中医)、吕兰朴(西医、外科)、黄清莲(西医、外科)、张宝琦(中医)、鲍新平(中医)、鲍焕吉(中医)、甄小学(西医)、甄成敏(西医)、李增恒(中医)、刘进生(西医)、张秋玉(西医)、张庚辰(中医)、徐小贵(中医)、黄瑞芬(中医)。进入 21 世纪,有新生代医生韩振雨、鲍鹏举、张润强、贾国军、甄景伟、雍慧娜、郭刚等,他们都是经过医学院学习的专业医生。

第六节　体　育

家乡民间体育活动丰富多彩,源远流长。传统的体育项目主要有荡秋千、扭秧歌、架子鼓、抬花轿、象棋、踩高跷等。儿童运动项目有跳绳、踢毽子、扔坑、打枱、打陀螺、跳皮筋、冲拐等。中华人民共和国成立后,荡秋千、象棋、踩高跷等传统体育项目及儿童运动项目继续发展外,学校操场建起了 2 个篮球场和 1 个排球场,发展起了篮球、排球、乒乓球、网球及田径等体育项目。1971 年藁城成立了体育运动委员会,一方面继续抓学校体运动,另一方面广泛开展群众性的体育活动。学校注重体育场地的建设、增加各类体育器材,坚持上好体育课,要求学生普遍参加田径、篮球、排球、乒乓球、网球等一两项体育活动,增强学生体质。政府有关部门支持群众体育活动,免费在农村、社区安装健身器材,开辟群众体育活动场所。现在群众运用体育器材锻炼、慢跑、快走、扭秧歌、走猫步、跳老年舞、打太极拳、舞剑、下象棋等极为普遍。

一、学校体育

民国时期,学校虽然有列队、体操、游戏等体育活动,但没有体育老师设置。

中华人民共和国成立后,学校体育运动蓬勃开展。赵庄完小同全县其他完小一样,配备有体育老师,每周有两节体育课,另有课间操和课外活动。逐步完善了操场,操场内设置了2个篮球场、1个排球场,乒乓球台桌,跳远沙坑、单双杠及其他相关体育器材。小学体育课主要列队、跑步、体操,还有踢毽子、跳绳、跳高、跳远、篮球、乒乓球等活动。高小学生除篮球、排球、乒乓球、羽毛球外,另有低栏、铅球、铁饼、标枪、单双杠等体育项目。

50年代初期,赵庄学校的男女篮球队颇为出名。有高小学生、老师组成的男女篮球队,有由走出校门的青年组成的男子篮球队,夏秋下午学生放学后、周日,打篮球的活动异常活跃,观看的村民也不少。赵庄学校篮球队经常到张家庄、黄庄、只都、蔡家岗村学校进行篮球友谊赛,正定县的南圣板、北圣板、固营等村篮球队常常到赵庄进行篮球友谊赛,赵庄小学篮球队常常拿到好名次。1952年,藁城县组织全县男女篮球赛,赵庄小学男女篮球队均拿到全县第一名,各获锦旗一面。

1954年5月,在中小学推行“准备劳动与卫国体育制度”(简称“劳卫制”),赵庄学校大部分学生取得一、二级“劳卫制”证章。1969年,学校体育课改为军体科,除队列练习外,还增添了刺杀、投弹、射击等军事训练项目。1976年后,学校体育课复趋正常,按照《国家体育锻炼标准》,在中小学开展以田径运动为主,以增强学生体质为目的的“达标”活动。赵庄小学体育达标率在75%以上。进入21世纪20年代,学校更加重视学生的体育锻炼,开展田径运动项目达标活动。体育运动场所、运动器材不断更新。现在,学校操场整洁,设有塑胶跑道、标准篮球场、排球场,完善的体育器材,学生的体育活动时间和所要达到的体育锻炼标准得到了落实。

二、群众体育

新中国成立前后,群众体育活动有武术、踩高跷、单杠、荡秋千等。那时,农忙时节体力劳动繁重,无暇进行体育活动,主要是在农闲时段进行体育活动。每年秋末开始搭秋千架子荡秋千。多时,全村有七八个秋千架子,青壮年轮流荡秋千。还有象棋,较为普遍,多数是老年人围在一起下象棋。50年代,赵庄青年农民有一支篮球队,比较活跃。一有空闲,就进行篮球练习,经常和学生篮球队打比赛,和附近村篮球队进行友谊赛。

儿童体育活动项目较多。踢毽子、跳绳、冲枴、跳皮筋是女孩儿玩的项目。男孩则是玩推铁圈、打陀螺、打柗、扔坑、打瓦等活动。

进入21世纪,机械化、电器化、现代通信化,群众的体力劳动大为减轻,都在加强体育锻炼。国家有关部门无偿在农村、社区大量安装健身器材,群众体育锻炼主要是慢跑、快走、骑自行车或在健身器材上做各种锻炼。

三、老年人体育

近年来,老年人体育活动比较普遍,而且活跃。主要项目是跳老年舞、走猫步,太极拳、太极剑、自行车慢骑等,还有的练瑜伽、气功。现在赵庄村,早晨,中老年人慢跑、快走、骑自行的人很多。晚上,主要是中老年女性集中在大街广场、村委会门口,跳老年舞的、打西洋鼓乐的、走猫步的、跳扇子舞的,六七班,三四百人之多。

第二十五章　民俗　方言

第一节　民俗

赵庄古镇民风淳朴,村民正直忠厚,勤劳而崇礼让,襟怀坦荡而包容,慷慨而尚气节;弟兄邻里之间,互帮互助,惜贫助寡;国事公需,奉献为先;援外赴难,躯前为荣。但也有陈规陋习、封建迷信杂陈其间。新中国成立后几十年的精神文明建设,使良风良俗得到发扬,一些陋习退出历史,但仍有陋习绵延。

一、婚嫁习俗

定亲:男女婚嫁旧俗讲究"门当户对",一般先由媒人撮合,及至双方家长同意后,互换婚书,俗称"拿帖"。帖上写明姓名、年庚(即生辰八字)、三代人名籍贯等,此为定亲。这就是"媒妁之言、父母之命"。定亲、结婚必须有三媒六证。民国时期《续修藁城县志》载:"男女结婚,通媒妁、送婚书,尚合问名之礼。"中华人民共和国成立后,提倡男女平等,婚姻自主。中央政府于1950年颁布了新中国第一部《婚姻法》,逐步改变旧时遵从"父母之命,媒妁之言,包办婚姻"的旧习俗,实行婚姻自主。《婚姻法》规定:男女结婚必须到政府婚姻登记机关领取"结婚证",方为合法婚姻;男女结婚必须达到法定婚龄;患有不宜结婚的疾病的,或者三代直系血亲关系的,不批准结婚。贯彻《婚姻法》,"父母之命,媒妁之言"的旧习俗逐步没有了市场。男女青年有的自由恋爱互为意中人后,委托介绍人找双方家长说合,争得双方家长同意;有的先经介绍人介绍,双方家长认可,再让"本人见面",见面男女愿意继续接触,继续来往,经充分接触,互相了解了工作、生活、性情爱好,双方满意即定亲。现在定亲是男女双方及至亲长辈、媒人聚在一起,男方出钱摆宴,并出一定数额的定亲费给女方,并商定领取结婚证、照婚纱照、结婚日期。

结婚:旧时定亲后,男方选定"黄道吉日",在一个月前用大红纸写明迎娶日期,由媒人送到女家,俗称"请期"。成婚之日由男方组织亲朋到女家迎娶,俗称"娶媳妇"。迎娶安排在黄道吉日凌晨至上午11点之间,婚礼繁简以经济状况而定。一般男方备红蓝花轿各一顶,四人抬一顶轿(富人家用八人抬大轿),吹鼓手若干,由媒人、亲眷组成迎亲队伍,职责有会亲家的,娶挈、抱包袱的。娶挈一般由新郎姐姐担任,叫"大姑子娶,富到底"。于婚日前一天,男方向女方"过礼",俗称"送食箩",即将半片猪肉、99个馍馍、5斤挂面及糕点八大件、芫荽和一对公、母鸡等置于筐箩内,遣人送到女方家里。此俗现在乃有,不过,"食箩"内食品稍有变化。婚日,男方由吹鼓手、炮手在前,新郎的一名长辈作为"会亲家"的乘坐蓝轿、新郎穿长衫、戴宫帽插宫花、十字披红胸前绣球花,乘坐红轿,迎亲车辆随后,一路浩浩荡荡、过村鼓乐、鞭炮齐鸣,以示排场。女方在村口迎亲,至女方家门口,鼓乐、鞭炮喧天,支挈、新郎下轿,乡亲、女方小辈用黑、或红颜料涂新郎脸,谓"闹女婿",会亲家的会见女方父亲和宾公。尔后,三声炮响,新娘被亲属抬至红轿内,新郎坐蓝轿,吹鼓手、炮手在前,红轿、蓝轿随后,继而是迎亲车辆和送嫁妆车辆,女方家宾公、送挈、压轿的、抬柜箱的、送饭的随迎亲队伍到男方家。迎亲讲究的是"出西门、进东门、来回不走重道",这一习俗绵延至今。花轿回到新郎家门口,新郎先下轿,用弓箭射洞房四角,然后四人抬小轿进院门,过院内设置的谷草、火盆,到屋门口新娘下暖轿。新娘家随来的女眷和男家女眷簇拥新娘进入洞房,进洞房时,孩子们把粮食粒撒在新娘身上,男方亲邻小辈和孩童撕破洞房窗户纸,争睹新娘姿容。临近中午,典礼开始,将新郎、新娘引领至院内正房前天地神案前,唱礼人指挥一对新人"三拜"(一拜天地、二拜高堂、三夫妻对拜),礼成。60年代前行跪拜礼,后行鞠躬礼。“三拜”后,续行拜亲礼,一对新人逐一给男方兄嫂、姐姐姐夫以上的亲眷行礼,按大小辈顺序行礼,受拜者解囊赠钱,多寡以家族规矩,但姐姐姐夫、姑姑姑父要拿大头。新人被褥中装上红枣、栗子和花生,寓意枣(早)栗(利)子,男孩、女孩花搭着生。礼后,大摆筵席,一般是盘菜十冷十热和12个蒸碗,鸡、鱼、肘子、四喜丸子不可少,烟酒管够。赴宴者是亲戚朋友及乡邻。单摆数席“宾公”席,招待女方来人,男方派人陪酒,烟酒高一档。宾客坐定,宴席开始,每人先给一小碗面条,称“安席面”,然后10个凉菜上桌,喝酒开始,酒过三巡,开始一个一个上热菜。喝好酒后,上蒸碗馒头吃饭。筵席结束,女方来人回家。有的当日“回门”,有的第二天“回门”。回门时,女方家人当日下午或第二天上午派车把“女婿、闺女”接回娘家,家宴宴请女婿。当天回门的,天黑前把“女婿、媳妇”送回男方家。晚上,新郎家姑嫂、乡邻,特别青少年变着花样“闹洞房”。夜深,新郎新娘共枕就寝后,晚辈蹑手蹑脚到窗前窃听,所听趣语,日后传为笑料。三天后,新娘娘家兄弟把新娘接回娘家。婚日新娘腰间揣一面小圆镜,意为辟邪,一路平安。

中华人民共和国成立后,移风易俗,贯彻《中华人民共和国婚姻法》。男女双方达到法定结婚年龄定亲后,需依照婚姻法的规定,到政府部门办理结婚登记,领取结婚证,自此确定为合法夫妻关系。但“迎娶”婚俗依然流行,只是逐渐从简而已。20世纪60年代,改坐轿为骑马、骑自行车。80年代以后,逐步国强民富,轿车逐步增多,结婚开始用小轿车接新娘。进入21世纪,结婚用轿车迎亲已普遍,少则六辆,多则十几辆,富裕人家用奥迪、奔驰、宝马一类高级轿车。结婚过程的传统礼节依然如故。

村民历来重视儿女婚嫁,视为家庭头等大事,是儿女的“终身大事”,崇尚大操大办。新中国成立前,基本没有男方送彩礼之风,但是女方陪送嫁妆之风甚盛,男方须大摆筵席,双方耗费多年积蓄或借贷,往往给婚后家庭生活带来沉重负担。《藁城乡土地理》载:“惟嫁女之礼,异常奢侈,谓嫁娶乃终身大事。妆奁稍薄,难免社会讥诮,为父为兄者虽欲俭而势有所不能。故每一嫁女,牺牲一岁之赢余,犹恐不足,往往借贷或卖却不动产,以补充之,否则,女儿抱怨,婿家不快……” 新中国成立后,党和政府制定诸多措施,提倡新事新办,大兴节俭之风,一度使“大操大办”之风有所收敛,众人称好。80年代以来,政府虽然力主控制“大操大办”,并做了大量工作,如举行集体婚礼、成立“红白理事会”等,但终因“大操大办”“攀比”之风愈演愈烈而无能为力。女方要彩礼之风又起。20世纪末,彩礼三四万元,进入21世纪,彩礼五六万元,男方家还要置办新房的空调、洗衣机、电视机、床柜、衣被,给新娘“三金”(金戒指、金项链、金耳环)。2019年,彩礼价码10多万元,有的还要求男方城镇有楼房,结婚时买轿车和“三金”。村内有20%左右的22岁至40岁适婚男性,因经济条件差,加上男女比例失调而打“光棍”。

结婚车队

赵庄,除普通婚嫁外,还废除了不少婚嫁陋习。略举一二,以见一斑:

1.娃娃亲

尚在襁褓中的男女婴孩,或儿女数岁,由于父母觉得门当户对,由媒人说和,换“大书”(即用大红纸书写孩子的生辰八字、三代老人名讳等谓大书)举行订婚仪式,即为“娃娃亲”。待孩子长大成人达到婚嫁年龄即婚嫁。正如林翰儒所著《藁城乡土地理》载:“至于订婚之期尤早,大抵儿女数岁,父母即为订婚,但订婚太早,则不知儿女之才德,天性之优劣,及至成年,才貌悬殊,智愚天渊,夫妻反目,实所难免。且通婚之夫妇,女龄多大于男,甚至倍焉。始则妇嫌夫小，继则夫嫌妇老，再婚之情形，则反乎是，往往耄耋老夫，而犹娶亭亭玉立之少女，虽曰夫妇。而年龄实若父女。及丈夫就木，而妻方在盛年，闺房独守，其弊又不亚于童婚也。”把娃娃亲的弊端说得淋漓尽致。新中国成立后，婚姻法的实行，法治的健全，男女青年崇尚自由恋爱、婚姻自主，“订娃娃亲”之俗渐衰，现已绝迹。

2.童婚

历史上便有童婚流行。林翰儒所著《藁城乡土地理》载：“……吾邑结婚年龄太早，有黄口小儿，俨然为人父，年三十而抱孙者，社会视之以为可羡可慕，人亦居然洋洋得意，因是生计困难，种种累害，则佛记也。”有十二三岁男孩结婚，女子十五六岁，男子十五六岁当爹，在解放前常常看到。男十四五岁，女十五六岁，尚是孩童已为人父母，三十多岁，当上了公婆，婆婆和儿媳同时生子并不鲜见。所以有了“有小叔叔、小姑姑，没有小大伯”之说法。新中国成立后，贯彻落实《中华人民共和国婚姻法》，强调男女到法定结婚年龄，并依法登记领取结婚，再行结婚。逐渐杜绝了法定婚龄前结婚的现象，也就没有了叔叔、姑姑岁数小于亲侄子、侄女的现象。

3.换亲

换亲之俗，历史久远。有的两家对换，甲家女嫁乙家男，乙家女嫁甲家男。有三家转亲，甲家女嫁乙家男，乙家女嫁丙家男，丙家女嫁甲家男。

形成此种婚俗的原因，为传宗接代，或因本家男孩有残疾，或因其他原因男孩已过婚龄而找不到结婚对象，老人无奈用自家的女孩换亲。“文化大革命”期间，一些家庭成分为地主、富农的男青年，由于受“唯成分论”的影响，贫下中农家的女青年不愿嫁给地、富家庭出身的男青年，地、富家庭的女青年愿意嫁给贫下中农家庭出身的男青年。因此，地、富家庭出身的男青年难以找到结婚对象，不得不打光棍。有的家长为不绝“香火”，用闺女给儿子换亲。1978年后，逐渐肃清唯成分论的影响，此俗已不多见。

另外还有娶鬼妻的陋习。旧时男女未婚而死亡，女子不能入娘家祖坟，男子未婚死后可以入祖坟，没有妻子相伴，均为“孤魂野鬼”。父母或亲友为不使死去的亲人成为“孤魂野鬼”，极力为之冥配，俗称“娶鬼妻”。若男、女基本同时死去，娶时，男棺在前，女棺在后，棺首盖红布一方，至男方茔地合葬。若男子先死，后寻到亡故女子，则将女棺抬至男方墓地合葬。冥婚，男家花费不菲。此陋习今仍有。

二、生寿习俗

1.生子习俗

20世纪60年代前，女人生孩子由乡邻中有生育经验的、接过生的老年妇女接生。接生较多的老妇人俗称“接生婆”。那时接生婆都是在产妇家中凭经验接生，卫生条件极差，剪脐带的剪子就是家中做针线活的剪子，用火烧一下或用开水烫一下，也没有抗破伤风的注射药物。遇到难产，处置不好，甚至会母子双亡。产后新生儿死于破伤风和其他事故的高达30%以上。60年代后，藁城县政府组织培训了一批年轻的女“赤脚医生”，担负接生护产任务。虽然仍在产妇家中接生，由于严格消毒和严格的接生流程，注射抗破伤风药物，产妇和孩子都会顺利、健康。遇有难产，“赤脚医生”护送产妇到县妇产医院生产，因而新生儿死亡很少。现在，生孩子都到妇产医院，妊娠期间，多次孕检，孕妇生孩子基本是母子平安。旧时风俗，生孩子未满月，忌外人进家，往往在街门或房顶烟囱挂一小红旗作为标记，谢绝外人串门。孩子出生12天过“小满月”，或孩子出生满1个月过“大满月”，届时，亲朋好友带糕点食品、鸡蛋挂面、小孩衣帽鞋袜、玩具挂锁或现金前去祝贺，主人盛情款待，大摆筵席，畅饮言笑，皆大欢喜。满月后，娘家人把闺女、孩子接回娘家住一段日子。禁忌孩子出生第4或第6天外人看孩子，意为防婴儿患“四六风”(破伤风)，另外还忌讳怀孕的妇女看望月子中的产妇，迷信说法怕“座嘴”(产妇闭奶)。妇女生孩子满月才能干活。做满月庆贺之风俗历久不衰。

2.祝寿习俗

过生日、给老人祝寿习俗普遍。未成年的孩子过生日家长为之改善伙食。70年代前，家家粮食紧张，生活不富裕，小孩过生日，无非是吃碗面条或烙张饼。80年代后随着经济的发展，人民生活水平逐步提高，小孩过生日不仅有生日蛋糕、玩具，还要在父母陪同下吃顿好饭。更有甚者，全家人把独生子女奉为“宝贝”，孩子有求必应，过生日大操大办，不仅上高档饭店，挚爱亲朋悉数到场，还要摄影。成年人过生日，“长寿面”或烙饼是少不了的，寓意“长寿”“翻运”。花甲以上老人生日，家人要为老人祝寿，届时，儿孙媳妇及至近亲朋预备蛋糕或寿桃和一餐好饭，围坐一起，祝老人健康长寿，尽享天伦之乐。

三、丧葬习俗

赵庄古镇丧葬之礼仪尤为讲究，大体如下。

停灵：长辈病危，家人为之速备后事，首要做好装裹衣裳，乡亲邻里争相帮忙。人咽气死亡，亲人和乡邻帮忙给死者用湿毛巾净身，穿裹好衣裳。一般男穿白色内衣裤、薄棉裤棉袄、外套薄大袄，长及脚踝，黑色为主。脚穿白袜、黑布鞋，头戴帽壳。一般女穿内衣裤、薄棉衣棉裤，下套百褶裙，上套大襟袄，一般为蓝色，脚穿布袜布鞋，头戴太太帽。并在两脚踝处系一根麻绳，及入殓时，将其解下。在堂屋或灵棚内安放一床，上铺谷草，谷草上铺褥子停放死者尸体，头东脚西，尸体上盖六尺白布一块，叫“蒙头”。灵床前摆放供桌，摆设香炉、放置祭品和打狗棒(用数根6寸长秫秸在其一端粘上锅底灰合成的面团，插在碗内，迷信说法以备阴间打狗之用)、喂狗饼。点油灯或蜡烛。亲人上香下跪祭拜死者。停灵后，嫡系儿孙披麻戴孝，由死者长子带领至五道庙烧纸，谓“烧倒头纸”。一路举家儿孙恸哭，燃放“炮仗”，以示“老人”了，乡亲闻讯便去帮忙。即为“红事叫，白事到”。每遇“老人”了，事主都要请德高望重者主持丧事。烧倒头纸后，孝男在灵前跪坐两旁，孝女在灵床周围跪坐，等待亲戚乡亲朋友吊唁，吊唁者带糕点、白布、鞭炮祭奠，并给“份子钱”。一方面派人给死者亲戚“报丧”，安排棺木到位。每有吊客灵前祭拜，唢呐声起，孝男孝女跪拜举哀恸哭，灵前执事一声“孝子谢”，吊客去，唢呐声停，哭声止。晚上，亲族男丁孝子孝孙和乡亲通宵“守灵”。至深夜，在街中心直向大道烧纸。停灵期间，每至黄昏，孝男孝女到五道庙烧纸，此谓烧“还魂纸”。

入殓：一般停灵三天，富裕人家、有威望人家停灵五天、七天。大地主黄俊明母亲去世，停灵将近49天时，其妻去世，同时停两口灵，至其母100天，同时出两口灵柩进坟茔。出殡前，在主持丧事的指挥下，孝女给死者净面，孝子将“蒙头”布扯下一条缠在腰上，叫“扯幅”。孝子把供桌上的“喂狗饼、打狗棒”连同碗抛至房顶。棺内撒五色粮、铜钱、褥子、白纸，在孝子孝女恸哭声中，乡亲们在屋门口撑起布棚，不让逝者见太阳，把死者抬出屋门时，孝男孝女高喊“过门”。乡亲们把逝者放入棺木中，孝女在乡亲帮助下在死者身体周围放上棉花卷挤好，盖上棺材盖，在孝子“躲钉”声中，钉上棺材盖。棺材一般是柏木、杨木或椿木，分三寸、五寸、七寸和独板棺材，即棺材两厢板厚为三寸、五寸，棺盖五寸、七寸厚。事先准备好的棺材，一般都用油漆漆成红色，棺材前面正中一个大大的“奠”字，两侧厢板写有“金童来引路，玉女架金桥”“驾鹤西游，魂归九天”等字样，也有“人死如灯灭，灯灭一缕烟”字样的。

出殡：入殓后，唢呐声响，炮仗齐鸣，长子或嫡孙手持“引魂幡”，俗称“打幡”，姐夫或妹夫左右搀扶，孝子孝孙手持丧棒，跪迎棺木起身。一声“起丧”，打幡者摔碎瓦片，孝子们伛偻恸哭前行，青壮年用灵柩架抬起棺木前行（后改用大车或机动车拉棺木），后面孝女坐车上恸哭送丧。在村内每过一街口跪哭磕头谢乡亲。至墓穴，棺木入墓穴后，按既定方位孝子看好棺木摆放位置，放好“匣食罐”，孝男围墓穴逆时针转三圈，孝女顺时针转三圈，边转边用手向墓穴撒土，然后孝子先填三锹土，后由乡亲们埋葬，于地面堆起坟头，将引魂幡插在坟顶，摆上祭品，焚烧纸钱，安葬完毕。

祭奠：葬后三天，亲族晚辈披麻戴孝，携带祭品和女儿置办的纸车、纸马、纸楼及纸糊的生活用具到坟上摆供烧纸钱和纸糊车、马、楼等磕头祭奠，给坟头培土。谓之“圆坟”，又叫“服三”。从死者咽气之日起，至第七天烧“一七”纸祭奠，然后烧“三七”“五七”“七七”“100天”纸祭奠逝者。每次烧纸祭奠，都要摆放果品、水饺和酒水，至亲女儿恸哭一番。以后每年逢忌日、清明、寒食和正月初三，后代子孙到坟上烧纸祭奠先人。

厚葬，为传统习俗。《藁城乡土地理》载：“曾子曰：慎终。孟子言：送死为大事。故丧葬为社会所注重。吾邑遇长辈死，勿称家之有无，尽其力而厚葬之，贫者无论已，富者多做佛念经、开吊、点主及鸣彩炮、放花火等举动。其灵柩，则停于室内或灵棚之正中，外挂白幔，内群孝子居焉。如吊客至，则鸣鼓作乐，孝子闻知，则在幔内，同声举哀，俟吊客去，立即止哭，或闲谈焉。及出殡时，须前引灵輀，放声大哭，虽不痛，也必干号，嗡嗡然有声，盖不如是不足于称孝子，而为社会所讥笑焉。……凡亲殁之际，衣食棺椁异常华侈，厚召亲友，大开宴席，繁华奢丽，耗费金钱……富者每一丧亲，乡人以为饮食之福气至矣，令节来矣，而为丧主者，必须破产营丧，以厚饮食之资。否则，乡人不悦，群起而非难之，甚至有沮丧摔柩之举。以有用之金钱，费至无用之地，大有害于经济社会，诚吾邑之恶俗也。”在旧社会，不少穷人死后装薄棺或席卷一埋了之，有的讨饭者死后草席一卷埋在乱葬岗。

已推行火化尸身多年，然埋骨灰盒仍按传统风俗埋葬，厚葬之风仍盛行不衰。生前虽不孝，死后则不惜钱财大操大办，无非是为全其脸面，取孝子之美名。20世纪90年代后，赵庄一直推行丧事从简，禁止多日停灵，原则上凌晨前去世，当日办完丧事。严禁摆席宴客，帮忙乡亲及亲戚朋友吃顿馒头、大锅菜而已。

四、节令习俗

赵庄古镇村民传统节日有春节、元宵节、二月二龙抬头、清明节、端午节、六月六、乞巧节、中元节、中秋节、重阳节、寒衣节、十月庙会、腊八节。

1.春节

春节，俗称“过年”，时正值农闲，为村民最为重视的传统节日。旧社会，穷人怕过年，称“年关”，一怕债主逼债，二怕无钱为家人置办年货。少数穷人家长不得不外出躲债，直到腊月三十晚子时过后方敢返回家中。

新中国成立后，村民生活安定，随着经济的发展，村民越来越富裕。村民为过好年，一进农历腊月，就开始为过年做准备，首先是碾米磨面，碾磨昼夜不停。过了腊月初十，各片安上杀猪锅，70%左右的农户把自家育养的肥猪，陆续送到杀猪锅把猪杀掉。人口少的卖部分猪肉，其余留待过年食用。腊月二十后，全力以赴为过年做准备工作。俗语说：“二十一去赶集，二十二碾米面，二十三糖瓜粘，二十四扫房日、二十五磨豆腐，二十六去割肉，二十七去宰鸡，二十八要宰鸭，二十九去买酒，大年三十包饺子，大年初一吃两顿。”家家户户男女老少为年忙碌，煮肉炸丸子、蒸年糕蒸馍馍、做贡品，妇女还要昼夜给全家人做新衣服鞋袜，还要来一次大扫除，屋内、院内、街道都要彻底清扫，喷洒清水，换新窗纸贴窗花。腊月三十(小月腊月二十九)，俗称“小年”，家家户户贴春联、贴门神，碾子上贴“青龙大吉”、磨子上贴“白虎大吉”。还要贴全神、灶王神、天地神、土地神、胡神和仓神，摆放香炉和油灯盏。一般灶王神对联是“上天言好事，回宫降吉祥”。天地神对联是“天高悬日月，地厚载山河”。三十傍晚前，各神位摆上贡品，重点是全神位和天地神位，各摆放五碗素水饺、五碗彩色粉条、五碗素白菜、五碗素面条、五盘馍馍。大户人家也有在天地神位前摆放猪头三牲大供的，但也有穷困人家无钱上香摆供的。全村24道会，各会管事人在腊月三十组织会民在街上挂彩纸、挂灯笼、搭神棚。全村各会灯笼都是木制六棱宫灯，红纱布围裹，灯架头雕有龙头。三十晚上，街上灯笼点上蜡烛，各家院内、屋内各神位点上油灯盏，处处明亮、鞭炮声声。请有吹唱班的会到神棚开始吹唱。三十(儿)称除夕夜，家家欢聚，有邻里相邀，设场饮酒，上街看唢呐比赛。到零时鞭炮齐鸣，响彻云霄，花炮、彩炮、烟火竞相争辉，好不热闹。家家“守岁”直至黎明。这一夜是“一夜连双岁，五更分二年”。大年初一，全家人早起，日出前吃水饺。煮水饺的柴火是三十夜间仍在院子里的棉柴或芝麻秸秆。饭后,全家人换上整洁的新鲜衣帽鞋袜,孩子们先给爷爷奶奶、父母等长辈磕头,长辈给孩子们“压岁钱”。家族男人集体给本家族长辈、街坊邻居长辈拜年,然后到学校操场看唢呐比赛,过午,全家人聚在一起吃一顿有酒肉菜馍的丰盛午餐。

正月初二至正月十六,是走亲访友的集中时间,一般初二、初四是婚姻夫妻携小孩到岳父母家走亲戚的日子,也有外甥看望舅父母的。初三,是晚生后辈到祖坟上烧纸祭奠逝去的先人祖宗的日子,叫“上坟”。已婚女子父亲或母亲或父母亲已逝去的,初三带丈夫、孩子初三到娘家走亲,为的是和亲人一起上坟祭奠父母先人。初五是“破五”“恨穷日”,除干亲外,一般无人走亲戚,在家劳动一天,妇女可以开始做针线活。三十半夜子时至初四半夜子时,妇女是不能摸针线做活的。正月初一至正月十六,村民相邀成俗,三顿碗菜三顿饺子:初一、初五、初十各吃三顿碗菜馍馍,初一、初十、十六各吃三顿饺子。正月十六晚上“烤柏龄火”,基本家家门口用作物秸秆点一堆火,有柏树枝烧柏树枝,取“百龄”之意。小孩拿馍馍在火上烤,说烤100家然后把馍馍吃掉,不得杂灾乱病。

2.元宵节

农历正月十五日称元宵节,旧时,不少户栽天灯杆点天灯(在家门口栽一根高高的木杆,晚上把点上蜡烛的灯笼挂在杆顶),还有的年份组织敲大鼓、扭秧歌、踩高跷,有时有“走马灯”、“肘布袋猴”(木偶戏)、“拉洋片”等,热闹非凡,晚上吃元宵。元宵节过后,春节气氛逐渐消失,农忙开始。

3.二月二

农历二月初二,“龙抬头”,又名“青龙节”。旧时,男女休工一天,早饭吃“面妥”,即用小麦面和萝卜丝合在一起,在锅上煎成薄饼,俗称“面妥”,粘醋蒜泥吃,中午吃水饺。俗语说:“二月二,煎面妥,吃不完,剩不多。”

4.清明节

每年清明之际祭祖坟,寄托对已故亲人的思念之情。学校师生、机关干部、部队官兵届时列队到陵园为烈士扫墓,进行传统教育和爱国主义教育。赵庄村民上坟烧清明纸,一般在清明日前十天内烧,有后代子孙的不会在清明当日烧纸,只有没有子孙后代的,才会在清明日烧纸。这一天村民兴吃饺子。

5.端午节

农历五月初五为端午节,俗称“五月单五”,传说是为纪念屈原而定。旧时端午节,家家户户门上插艾叶、包粽子,原料是黄米、江米加大枣,用竹叶包成三角形状的粽子。现在,插艾叶已不多见,但包粽子的习俗仍在延续,村民用江米、大枣包粽子的居多。

6.六月六

农历六月初六,旧时是造麦曲之日。这一天,家家吃饺子成习俗。

7.乞巧节

农历七月七日是“牛郎织女相会之日”,是中国的“情人节”。旧时,女子在庭院中摆上瓜果,以祭织女,希望能够得到织女的帮助,使自己心灵手巧。传说“七七”夜深人静之时,在丝瓜架下能听到牛郎织女说话。

8.中元节

农历七月十五为中元节,又名“盂兰会”,俗称“鬼节”,此节村民有祭墓烧纸、放河灯的习惯。

9.中秋节

农历八月十五为中秋节,旧时村民每遇此节,摆设瓜果梨桃、月饼等物,致祭月亮,以申酬报。邀乡邻饮酒,以相娱乐。节日来临之际,亲朋好友之间互送月饼,晚辈携月饼、水果等看望长辈,当日,全家人团聚在一起,改善生活,欢度节日,俗称“团圆节”。

10.重阳节

农历九月九日为“重阳节”,也是村里的老人节、父亲节。节日当天,机关事业单位组织离退休老人开茶话会,设宴招待老人,村民为父亲送礼物,慰藉老人,全家人吃饺子。

11.十月一

农历十月一日为“寒衣节”,是给已故亲人送寒衣的日子。用彩纸剪成衣裤,连同纸钱到坟上去烧,意为为已故亲人送御寒之衣和钱钞,度寒冬专用。赵庄村民讲究在十月一日前10天内烧纸祭奠。十月一日当天烧纸,是无子女家庭。当日,一般家庭吃饺子。

12.十月庙会

农历十月十五是赵庄古镇的“三官庙会”,十月十五起庙,至二十一日结束。庙会期间,唱高台戏、跑马杂技、集贸交易等,家家有亲戚来访,好吃好喝招待,很是热闹。

13.腊八节

农历腊月初八是腊八节,农村习惯吃八宝粥、祭灶神。迷信传说,腊月二十四日灶神(灶王爷)要上天向玉皇大帝汇报,为使其在玉皇大帝面前多说好话,故用八宝粥祭之,甜其嘴,以免灾化恶,喜降吉祥。

除传统节日外,中华人民共和国成立后,人民政府规定了新的节日。以时序述下:

公历1月1日元旦。休假1天,改善生活,以示庆祝;3月8日国际妇女节。妇女休假一天;5月1日国际劳动节。干部职工休假1天,全家人一起出游,或改善生活;5月4日国际青年节。青年人欢度;6月1日国际儿童节。学校、幼儿园组织儿童举行庆祝活动。社会各界为儿童做好事;8月1日建军节。军、地集会联欢,开展国防教育和拥军优属活动,以示庆祝;10月1日是国庆节,是庆祝中华人民共和国成立的盛大节日。干部职工放假2天,改善伙食。各级政府举行庆祝活动。机关、学校、企事业单位、商铺遍插国旗,到处洋溢着节日气氛。

五、冬至数九歌和物候养生习俗

冬至,是中国二十四节气之一,也是赵庄一带重要的传统节日,历来备受人们重视,有“冬至大如年”之说。清代文人徐士宏诗中写道:“相传冬至大如年,贺节纷纷衣帽鲜。毕尽勾吴风俗美,家家幼小拜尊前”。冬至有三候:“一候蚯蚓结;二候麋角解;三候水泉动。”每一种物候现象出现的时期称为物候期,同一物候期的出现因地区不同而异。最初的物候学,是劳动人民经过长期的生产生活实践观察总结出来的,并在这方面积累了丰富的经验,以口头或文字的方式在民间流传。赵庄一带流传的民谣《数九歌》最具有代表性。冬至日始,即进入数九,每九天为一“九”,共九九八十一天。《数九歌》曰:一九二九不出手,三九四九冰上走,五九和六九河边看杨柳,七九河冻开,八九燕子来,九九加一九,耕牛遍地走。古代人们认为,数字里的九是阳数,从冬至开始,阳气上升,阴气下降,有寒尽暖来、冬去春来之意,冬至是一年之始,因此对冬至这个节令很重视。现在还有冬至吃饺子的习俗。

《九九消寒图》是清道光年间王之翰创作而成的,既是物候学,也是农事活动和民俗风情的真实写照,其诗曰:一九冬至一阳生,万物资始渐勾萌,莫道隆冬无好景,山川草木玉妆成。二九七日是小寒,田间休息掩柴关,家家共享盈宁福,预计来年春不闲。三九严寒水结冰,罢钓归来蓑笠翁,虽无双鲤换新酒,且喜床头樽不空。四九雪铺满地平,朔风凛冽起新晴,朱第公子休显冷,山有樵夫赤脚行。五九元旦一岁周,茗香椒酒答神庥,太平天子朝元旦,万国衣冠拜冕旒。六九上苑佳境多,满城灯火映星河,寻常巷陌皆车马,到处笙歌表太和。七九之数六十三,堤边杨柳含翠烟,红梅几点传春讯,不待春风二月天。八九风和日迟迟,名花先发向阳枝,即今河畔冰开日,又是渔翁垂钓时。九九鸣啼上苑东,青青草色含烟蒙,老农教子耕宜早,二月天中起卧龙。

这数九歌来自民间,传于寻常巷陌,历史上老百姓对冬至如此在意,因为那时候是以农业经济为主导的社会,衣食住行都与节令有着密切的关系,更和自己的生活、保健养生息息相关。如旧社会有“九九八十一,穷汉受罪毕”,养生保健有“春捂秋冻,一年不生杂灾乱病”的民谚,还有“连冬起九验天寒,只怕寒消九九难”的传言。

冬至与人们日常生活的关系极为密切,是阴消阳长的转折点,也就特别受到先人的重视,这天皇帝还率百官朝拜祭奠,像过年一样。据汉代的《四民月令》记载,这时还赈济贫民,施舍寒衣。明清时期,还流行“九九消寒图”,画一幅梅花图,共八十一瓣,自数九日起,每过一天染红一瓣,九九八十一天,图尽春来。

这些无一不关系着物候变化,与农业生产、百姓的寒暖饥饱、防病治病、养生保健息息相关,所以人们就更加重视了。

根据传统的中医养生观点,冬季的养生至关重要,因为从冬至开始,阴极阳生,从养生的角度来看,冬季里百虫蛰伏,禽兽潜踪,故名封藏。从天人相应的观点出发,遵循的原则就是"以养为主,以治为辅;以内为主,以外为辅"。目的不外是让精气神回归,调动内在的生命因素,依靠机体的自身功能,适应自然,达到健身长寿的目的。

冬季也需要经常活动身体,有的人畏寒怕冷,长时间卧坐不动,也是不利于健康的。名医陶弘景在他的《养生延命录》中说:"养生之道不欲饱食便卧及终日久坐,皆损寿也。"要走出户外,活动身体。冬季天寒,要做好保暖,但也要注意"冬不宜极温,夏不宜极凉",应懂得"慎起居,忍嗜欲"。冬季养生讲究四不宜:一不宜门窗紧闭,空气污染易引发呼吸道疾病;二不宜恋床贪睡,新陈代谢功能下降,气血郁滞不畅;三不宜憋尿,影响睡眠,导致血压升高,引发泌尿系统疾病;四不宜雾天晨练,以防风寒跌倒,可立于避风向阳处,活动身体。

冬季,人的生理活动由盛转衰,由动进入了静的状态。这个时候科学养生,有助于保持旺盛的生命力。在饮食方面,要以清淡为主,荤素搭配,果蔬兼顾,喜温暖,忌寒冷,养脾胃,还要多吃蛋白质、维生素、纤维素多的食物。保持良好心态,适当锻炼。

冬季坚持体育锻炼,以早餐后为宜,每天步行半小时以上,以消除冬季的烦闷,保持良好的精神状态。晚间睡觉之前要温水泡脚,要早睡迟起。因为冬季里阳气肃杀,夜间尤甚,早睡以养阳,迟起以固阴。饮食以粥饭为宜,这样可以养胃气。

六、迷信陋习

1.吸毒

吸毒始于清代。清末,国势衰败,帝国主义列强为掠夺中国,大量输入鸦片,吸毒之风泛滥成灾,县内烟民多为富户,因吸毒而倾家荡产者比比皆是。新中国成立前,赵庄也有几个烟民,吸食大烟土、烟膏,烟瘾犯时,难受得涕泪横流,个个骨瘦如柴,人们叫作"大烟鬼"。新中国成立后绝迹。

2.赌博

赌博恶习由来甚久,《藁城乡土地理》载:"以物做戏,视胜负以授受财物者,曰赌博,行赌博之地,曰赌场,行赌博之物,曰赌具。如纸牌、骨牌、骰子、宝盒等,皆吾邑普遍之赌具。近年来,又由外埠输入一种新赌具称"麻将"。乡村尚未多见。而城镇已渐渐风行,将来不难普及全邑也。乡村之赌客,仍以旧赌为业,损耗精神,旷废职业,无论己,甚至输去衣服,当面辱其身体,以至冻饿而死者有之,或倾家荡产,借贷无门,而流为盗贼者有之,其祸可为烈矣。"赵庄那时因赌致贫,甚至倾家荡产者有之,因赌而打架伤人者有之。

解放后,人民政府提倡"破旧俗、树新风",各级政府严禁赌博,赌博之风一度销声匿迹。80年代改革开放后,以娱乐为名用麻将、骨牌、牌九小赌小闹者处处皆是。政府一直在严厉打击赌徒赌棍以赌为业者。

3.酗酒

赵庄古有大集,酗酒之陋习比其他村庄尤盛,每逢集日,下午散集后,总有三五个、七八个"酒鬼",或横卧街头,吐出的污物满地。或踉跄骂街,丑态百出。流传一句俗语"喝酒不醉枉花钱"。亲朋聚会,雇乡邻帮忙干活,红白喜事,不计饭菜好赖,都要大饮其酒,猜拳行令,各种方式劝酒,不醉不休。此陋习不仅伤身体,有时会伤感情,当休矣。

4.巫婆神汉

旧时,巫婆神汉,常常以是哪位神仙附体,或是哪位神仙下凡,给众生看病救难。不少迷信群众患病不找医生,而去找巫婆神汉,多数是丢财误病,甚至被巫婆神汉图财害命。解放前,赵庄就有巫婆、神汉,解放后被人民政府取缔、改造,巫婆神汉不复再有。

5.敬神

旧社会敬神,赵庄及县内民众很普遍,特别是老年人、农家妇女,笃信神灵。每到春节、庙会、初一、十五,都要在神像前烧香上供、跪拜磕头,虔诚地祈求神灵保佑,风调雨顺、人丁兴旺、五谷丰登。解放后,在破除迷信、提倡文明的宣传下,此风有所收敛。改革开放后,笃信神灵、烧香上供的迷信之风又盛行起来,不过,年轻一代文化水平较高,一般不再信奉神佛、神灵。

6.缠足

《藁城乡土地理》载:“血肉狼藉,筋骨损伤。以足之极小为美观者。缠足之害如受桎梏,如罹刖刑。考其恶风之由来,则肇端于唐,而盛于明清。清末有志之士,乃设会(天足会)以相劝诫。”民国初年,有识之士组织剃辫子、反缠足运动,设立“天足会”抵制裹足。20世纪30年代后,女孩再无缠足,现在还能看到80岁以上老年妇女中被缠过足的小脚。

七、移风易俗

历史上境内歪风陋习,多而盛行。民国初期,政府提倡移风易俗,兴科学、破迷信。首先在县境内掀起拆寺庙、建学堂热潮,开办女校,大兴国民教育。成立“天足会”,提倡妇女放脚,明令取缔吸毒、赌博。但由于历史条件所限,移风易俗很不彻底。

中华人民共和国成立后,党和人民政府十分重视移风易俗工作。1951年宣传贯彻《中华人民共和国婚姻法》,赵庄提倡妇女解放、男女平等,取缔历史遗留的纳妾、童婚、童养媳和包办婚姻等陋习。妇女在社会政治生活中得到彻底解放。妇女可以同男人一样,从政、从军、从商、从教,涌现了众多的女强人,在各个领域发挥着巨大作用。破除封建迷信,取缔反动会道门,取缔巫婆神汉,取缔和打击吸毒、贩毒,取缔卖淫嫖娼。破旧习、树新风,提倡红、白喜事简办,赵庄成立“红白喜事理事会”,订立“乡规民约”,以约束婚事、丧事大操大办。结合移风易俗工作的开展,各级政府注重用社会主义道德观念教育群众。“学雷锋、树新风”教育使社会风貌大为改观。

中共十一届三中全会以后,各级政府强调精神文明建设和物质文明建设两手抓,两手都要硬,县级设立精神文明建设委员会。赵庄开展“五讲”“四美”“三热爱”(讲文明、讲礼貌、讲卫生、讲秩序、讲道德;心灵美、语言美、行为美、环境美;热爱祖国、热爱社会主义、热爱中国共产党)活动,学雷锋,树新风,精神文明建设健康发展。

中国共产党第十八次全国代表大会提出:富强、民主、文明、和谐,自由、平等、公正、法治,爱国、敬业、诚信、友善24字的社会主义核心价值观,要求全国人民积极培育和践行社会主义核心价值观。富强、民主、文明、和谐是国家层面核心价值观的目标。自由、平等、公正、法治是社会层面的价值取向。爱国、敬业、诚信、友善是个人层面的价值准则。富强、民主、文明、和谐是中国社会主义现代化建设的目标,也是社会主义核心价值观目标层面基本理念的凝练,在社会主义核心价值观中居于最高层次,对其他层次的价值观念具有统领作用;自由、平等、公正、法治是对美好社会的生动表述,也是从社会层面对社会主义核心价值观基本理念的凝练;爱国、敬业、诚信、友善是公民的基本道德规范,是从个人层面对社会主义核心价值观基本理念的凝练。

第二节 民间谚语

赵庄人民在长期的生产、生活实践中,创造、学习和传承了许多富有哲理的治学施教、道德修养、社会交际、农事活动及天气变化等方面的谚语。现辑录部分如下:

治学施教类

玩物丧志,勤学成才。

书中自有黄金屋,书中自有颜如玉。

家有黄金用斗量,莫如儿女上学堂。

补漏趁天晴,读书在年轻。

字要习,马要骑,拳脚要踢打,算盘要拨拉。

有志不在年高,无志空活百岁。

刀不磨要生锈,人不学要落后。

勤学长才干,实践出真知。

名师出高徒,学好靠自身。

学习如逆水行舟,不进则退。

师傅领进门,修行在个人。

生活类

细水长流,吃穿不愁。

吃不穷,穿不穷,盘算不到就受穷。

惜粮有饭吃,惜衣不愁穿。

爹勤儿不懒,人勤地不荒。

一天省一把,三年买匹马。一天省一口,一月省一斗。

耳闻不如眼见,动口不如动手。

真金不怕火炼,好汉不怕逆境。

刀在石上磨,人在世上闯。

天上下雨地上滑,自己跌倒自己爬。

香花招蜜蜂,尸臭招苍蝇。

闲话听不哩,馊饭吃不哩。

当日打柴当日烧,住了镰铲干了畦。

喂乖狗盖高墙,不如街坊邻居强。

有卖早知道的,没卖后悔药的。

猛虎下山被犬欺,凤凰落架不如鸡。

农事、气象类

一九二九不出手,三九四九冰上走,五九六九沿河看柳,七九河冻开,八九燕子来,九九加一九,耕牛遍地走。

栽蒜不出九,出九不出(蒜)苔。

初一(日)阴,初二下,初三初四下个怕。

七阴八下九不晴,初十放光明。

八月十五云遮月,正月十五雪打灯。

燕子低飞蛇过道,大雨不久就来到。

九月九阴,一冬温,九月九晴,一冬凌。

三月三的风,四月四的雨,麦子黄疸谷子禅。

早看东南,早霞烧,晚上浇(下雨)。

晚看西北,日头戴帽,长工睡觉(第二天下雨)。

东北风下雨,坏良心发财。

风是雨头,屁是屎头。春风换秋雨。

一日南风三日暖,三日南风要阴天。

五月旱不算旱,六月连雨吃饱饭。

发不发(洪水),自在六月二十八。

七月十五水盘定,八月十五看收成。

先下毛毛(雨)不下雨,后下毛毛(雨)不晴天。

水缸穿裙,大雨淋淋。

早烧云,不出门,夜间猛晴没好天。

东虹日头,西虹雨,南虹出来卖儿女。

九里有风,伏里有雨。

早雾阴,晚雾晴,半夜起雾不到明(阴天)。

南风不过三(天),过三必阴天。

夜星稠,晒死牛,夜星稀,雨淋鸡。

月亮靠北坡,有雨也不多;月亮定橛儿,旱死老爷儿。

寒食风刮坟头土,一刮刮到四十五(天)。

谷雨前后,种瓜点豆,枣芽发,种棉花。

清明的花,大车拉,立夏的花,不回家。

立夏晒麦蕊,一月就上场。

头伏萝卜,二伏菜,三伏头上种荞麦。

麦浇小,谷浇老,豆子浇花不浇角。

稙谷晚麦,十年九坏。

立冬不倒针,不如土里闷(冬麦晚种,立冬出苗不如春天出苗)。

牛马年,多种田,防止鸡狗那二年。

处暑不露头(玉米、高粱、谷子不出穗),割掉去喂牛。

处暑见三新(高粱、谷子、棉花)

谷怕老来风,麦怕老来雨。

重茬谷,白受苦。豆茬种谷,必定有福。

一年种谷,三年生金。深栽谷子,浅栽蒜。

麦要胎里富。种好苗壮。

麦倒一把草,谷倒熟不好。人误地一时,地误人一年。

麦子不怕草,就怕坷垃咬。好土压沙,抱个金娃。

春锄麦,夏锄谷,立秋棉花锄三锄。

立了秋,大小一起揪(掐棉花尖)。

一年学个庄稼汉,三年学不成买卖人(商人)。

种地不养猪,好比秀才不读书。

过了惊蛰节,犁铧不能歇。

桃三杏四梨五年,枣树当年能卖钱。

家有千棵树,迟早有一富。要想发,买卖搅庄稼。

(对牲口)渴不急饮,饿不急喂。

养猪喂羊,本小利长。

其他类

家有良田千顷,不如薄技在身。艺不压身。

磕头烧香,不如孝敬爹娘;在家不行孝,何必远烧香。

遇事商量,不闹饥荒(闹矛盾);见人不施礼,多走十几里。

丰年要当歉年过,遇到灾荒不挨饿。

穷在大街无人问,富居深山有远亲。

屋漏偏逢连阴雨,船破恰遇顶头风。苦霜单打独根苗。

狼走千里吃肉,狗走千里吃屎。

三年不上门,是亲也不亲。

夏天的日头,后娘的拳头。

好酒不怕巷子深,买卖活络多赚钱。

不见鬼子不挂弦,不见兔子不撒鹰。

和睦乡邻,好处终身。

第三节 方言

藁城方言,属北方官话方言。境内虽有少数民族,但皆使用汉民族通用语这一基础语言。从台西商代遗址发掘的古文化遗存来看,这里祖祖辈辈与中原地区进行着政治、文化和生活的密切交往,这就奠定了藁城方言对于汉民族共同语的归属。

藁城自古为畿辅重地,受北京话陶冶情在可原。故当地方言与北京话有密不可分的亲缘关系,且与北方话有共同点,即无古浊音,辅音韵尾只有 n、-ng。无入声,只有阳平、阴平、上声、去声 4 个声调。

藁城地域较广,其乡土语言亦存在内部差异,廉州(藁城城区)一带为藁城规范方言,廉州以外又各具特点,主要分为:东部兴安、北楼、张村语言区;东南部马邱、张名甫、贾市庄语言;南部梅花、马庄语音区;西部丘头、岗上、大同语言区;滹沱河以北语音区。这些语音区是在藁城乡土话的基础上,受邻县影响而形成的各具特色的混合语。

赵庄属滹沱河以北语音区,但是赵庄古镇一六大集,商贸发达,受外地商客及正定语音的影响,形成了有地域特点的语音:嘹亮高亢、咬字清轻。在声韵配合上基本同于藁城规范语言。在结构助词“的”“地”、“得”都发“dei”音,如白的(dei)、黑的(dei)。在词汇方面,把“拉车”说成“掖车,“太阳”称作“老爷儿”,“麦秸”叫作“滑秸”,“早晨”称作“早起身儿”,“如今”称作“爷到晚儿”等。

中华人民共和国成立后,随着教育的普及,人民文化水平的提高,普通话的推广,和外地人交往的频繁,以及受书报刊物、广播电视的影响,群众语言中引入普通话成分越来越多,乡土语言渐衰,开始向着标准普通话发展。

赵庄地方方言土语

老爷儿(太阳) 天河(银河)

贼星(流星) 冷子(冰雹)

打春(立春) 秋了儿(秋末)

边儿去(到旁边去) 今儿个(今天)

赶明儿(明天) 过了明、后儿个(后天)

夜儿个(昨天) 前儿个(前天)

当间儿(中间) 急么儿里(着什么急)

腻歪(不顺当) 贰佰伍(不懂事)

半瓶醋(知识少) 老乜(mie)、乜乎了(排名最后)

胰子(肥皂) 茅子(厕所)

瓤子(絮棉) 不识及(不知足)

立时(即刻) 捏里(挨着)

骨得(蹲着) 改沟(改畦浇水)

买卖人(商人) 不沾气(不行)

丢盹儿(打瞌睡) 扑塌河(滹沱河)

王莽沟(汪洋沟) 油漆路(柏油路)

晌乎(中午) 前晌(上午)

后晌(下午) 擦黑(傍晚)

早起儿(早晨) 露丝亮(黎明)

中饭了(饭熟了) 使里慌(劳累了)

抄地(扫地) 格气(小孩打架)

窝憋(委屈) 撒癔症(不清醒、装糊涂)

串亲戚(走亲) 尿泡(小便)

打水(挑水) 耍钱(赌博)

粜粮食(卖粮食) 跑茅子(拉肚子)

铺衬(旧布片)　厨子(厨师)

担杖(挑水用的扁担)　筲(木水桶)

布衫(单上衣)　砸衣裳(用缝纫机缝衣服)

唧了儿(蝉)　蛐蛐儿、愫蜘儿(蟋蟀)

蚂螂(蜻蜓)　铡螂(刀螂)

游子(母蝈蝈)　叫么扎(公蝈蝈)

蚂蚱(蝗虫)　马蜂(黄蜂)

蛐蛐善(蚯蚓)　家雀(麻雀)

老鸹(乌鸦)　黄黄鼬(黄鼬)

夜马乎(蝙蝠)　蝎虎连(壁虎)

夜猫子(猫头鹰)　长虫(蛇)

狐子(狐狸)　儿狗(公狗)

大娘(伯母)　小伙子(男青年)

大闺女(女青年)　光棍儿(单身汉)

小小子儿(男孩)　搭把手儿(帮帮忙)

犍牛、牤牛(公牛)　牸(zi)牛(母牛)

儿马蛋子(公马)　骒马(母马)

骟马(骟过的马)　骡骡子(母骡子)

骟骡子(劁过的骡子)叫　驴(公驴)

草驴(母驴)　交猪(公种猪)

老海猪(母种猪)　牙猪(劁过的公猪)

二猫蛋(公猫)　蝇子(苍蝇)

草鸡(母鸡)　狗蚤(跳蚤)

胶皮车(胶轮大车)　取灯儿、洋火(火柴)

玉蜀黍(玉米)　风匣(风箱)

瓢(水舀子)　缸子(水杯)

著子(筷子)　小勺(汤匙)

铁钎(铁锹)　镢头(铁镐)

剪子(剪刀)　电棒子(手电筒)

车子(自行车)　机子(缝纫机)

薅锄、薅勺儿(短柄小锄)　踏泥(踩泥)

小闺妮儿(小女孩)　安生(安稳)

待见(喜爱)　格英(厌恶)

搅家(计较)　腻歪(麻烦)

别加(不用)　紧么着(赶紧)

可得、可实(合适)　搅么(不讲理)

饭菜薄(盐味小)　饿里慌(饥了)

干里鏖(干得欢)　不情理(不讲情理)

缠(不依不饶)　街乡(街坊)

当家子(本族人)　邻家(邻居)

戈巴户(不同姓血亲)　靠着(姘头)

碾子(石碾)　磨子(石磨)

铧子(犁铧)　镜子(犁镜)

耩子(播种耧)　鉌子(耕地犁)

缲子(麻绳)　傲里很(盛气凌人)

上地里(去田间)　打醋(买醋)

一把连(总共)　搞下(放下)

好赖不吃(什么话也不听)　耍轱辘(不认账)

抬杠(互不相让)　刺哒(斥责)

嚼叽(不直爽)　缠磨头(不依不饶)

瓣拣(不认理)　犟驴(认死理)

第四节　歇后语

赵庄村民在日常生活中,创造、积累传承了很多语言精华——歇后语,言简意赅,画龙点睛,很有哲理。

八仙过海——各显神通

泥菩萨过江——自身难保

孔子搬家——净是书(输)

和尚打伞——无法(发)无天

打破砂锅——问(纹)到底

虎落平阳——被犬欺

画蛇添足——多此一举

井底之蛙——目光短浅

竹篮打水—一场空

箭在弦上——不得不发

打开天窗——说亮话

船到桥头——自然直

飞蛾扑火——自取灭亡

百米赛跑——分秒必争

芝麻开花——节节高

仇人见面——分外眼红

新官上任——三把火

瞎子点灯——白费蜡
兔子尾巴——长不了
偷鸡不成——蚀把米
王婆卖瓜——自卖自夸
老虎屁股——摸不得
老鼠过街——人人喊打
墙头上茅草——随风倒
麻雀虽小——五脏俱全
三十六计——走为上计
塞翁失马——焉知非福
韩信点兵——多多益善
丈二和尚——摸不着头
有借有还——再借不难
猫哭耗子——假慈悲
饺子破皮——露了馅
担杖挑水——两头牵挂
剃头挑子——一头热
对牛弹琴——白费劲
八仙聚会——神聊
板上钉钉——跑不了
石头碰碌碌——实(石)打实(石)
狗咬吕洞宾——不识好人心
菜刀切豆腐——两面光
窗口吹喇叭——声鸣在外
铁公鸡——一毛不拔
秃头上的虱子——明摆着
鸡蛋碰石头——自不量力
姜太公钓鱼——愿者上钩
十五个吊桶打水——七上八下
老鼠钻风箱——两头受气
留得青山在——不怕没柴烧
门缝里看人——把人看扁了
骑驴看唱本——走着瞧
千里送鹅毛——礼轻情意重
肉包子打狗——有去无回
山中无老虎——猴子称大王
司马昭之心——路人皆知
小和尚念经——有口无心
和尚训道士——管得宽
过年娶媳妇——双喜临门
钢板上铆钉——一是一二是二
胡同里扛竹竿——直来直去
苦瓜拌黄连——苦上加苦
猪鼻子插大葱——装像
猪八戒照镜子——里外不是人
老太太吃汤圆——囫囵吞
班门弄斧——有眼无珠
提着胡子过河——谦虚过度
推小车上台阶——一步一坎
大姑娘坐轿——头一回
螃蟹过道——横行霸道
擀面杖吹火——一窍不通
上鞋不用锥子——(真)针好
聋子的耳朵——摆设
大水冲了龙王庙——一家人不认一家人
木匠做枷——自作自受
飞机上挂灯笼——高明
冰糖煮黄连——同甘共苦
半夜三更放炮——一鸣惊人
娶媳妇死老娘——哭笑不得
脚底抹油——溜了
做梦娶媳妇——想得美
狗咬尿泡——一场空
光着屁股上房——对不住四
蔡庆的羊——肥透了
圣板的猪胰子——缺砸
小孩放鞭炮——又爱又怕
碗子娶媳妇——眼子急了
瞎子的秤——死砠
五道爷的孙子——鬼小
不怕遭歉年——就怕纺织不赚钱
光着屁股推碾——转着遭丢人
看了“玉匣记”——茅房不敢去
八路军的背包——成(盛)问题

甄老准劾杏核——千熟万惯

杨家庄的找工——传勺

瞎老婆说媒——亲自眼见

茶壶煮饺子——有嘴倒(道)不出

黏糕掉在灰堆里——拍不得打不得

秀才遇到兵——有理说不清

三十不立子——巴结到老死

牛角抹油——又尖又滑

去了咳嗽添了喘——去了一灾又一灾

第二十六章 过年吹打会

所谓“过年吹打会”，就是赵庄古镇各街道村民自发组成的“神会”，春节花钱雇请外地的吹打班，在腊月三十晚上和正月初一白天，吹奏唢呐和演唱一昼夜，作为过年的特殊娱乐活动，是赵庄村周围方圆百里仅有的一种娱乐活动。

第一节 起源

据明代万历二十年（1592）《藁城县赵庄村真武大帝碑记》记载，明正德年间（1506—1521）第二次重修神宫寨后，每年正月初一吹打班在神宫寨上吹奏比赛的史实。赵庄的过年吹打会，祖祖辈辈相传，至少有400多年的历史了。吹打会是由赵庄各街道的“神会”组织实施的。赵庄古镇共有24道神会，基本由居住同一街道的住户组成。居住同一街道的住户大多属于同一姓氏宗族，这种宗族形式和清明会合二为一，而成为“神会”。赵庄各神会名称如下：

东北片有东北门里神会、大王庙神会、流水沟神会（鲍家胡同）、韩家院前街神会、韩家院后街神会；西北片：正西门神会、九道湾神会、楼后街神会、西北门神会、黄家上坡神会、鲍家胡同神会；西南片：关帝庙神会、蔡家胡同神会、贾家胡同神会、甄家场（大寺胡同）神会；东南片：东南门神会、南园神会、正南门神会、黄家旮旯（郭家街）神会、观音堂（张家大门）神会；正东片：东门里神会、大街神会、刘家胡同神会、三义庙（斜街）神会。

每到过年（春节），每道会都会组织搭神棚、街道上挂彩纸和宫灯。搭神棚有的利用大稍门洞，有的另搭苇席棚、帆布篷。搭神棚一为神会敬神拈香，二为吹打班吹唱休息。街上挂的彩纸，村民俗称“吊挂”。吊挂是用红、黄、绿、蓝、紫相间的五彩纸剪成，长方形，下配两边斜开的脚穗，一幅四张，并排粘贴在秫秸棍或麻绳上，套套吊挂用麻绳拴着，相隔20米左右横挂在大街上，每套吊挂两侧挂上一对宫灯，除夕之夜，宫灯里点上蜡烛，每个宫灯一夜要换三次蜡烛，用三支蜡烛，方到天明，村民称为“三遍腊”，照得街道彻夜通明。

自身有财力的神会或会民愿意平均出资的，过年要花钱雇请吹打班。全村雇请的吹打班最多时，24道会有23道会雇请了吹打班，平常年份通常有十五六班。雇请的吹打班大多来自保定各县、平山县等地，吹打班由十几人组成，以吹唢呐为主，唱折子戏为辅。除唢呐外，有鼓板、大锣、铙钹、云锣、鼓等打击乐及胡琴、月琴、笛、笙、海笛子等吹奏乐器等配乐。

在腊月三十晚上，吹打班在神棚、街道上吹唱一夜。大年初一，全村吹打班，20世纪30年代前，集中在神宫寨上比赛，30年代后集中在村内一个宽阔场所，50年代后集中在学校操场。进行吹打大赛胜利者会赢得彩红（钞票、香烟）。以此娱乐活动来敬神祈福，求得来年风调雨顺五谷丰登，家家平安。春节吹打会在全国是独一无二的春节娱乐敬神活动。这一习俗代代相传，经久不衰，直到现在还在延续！

最初的唢呐是流传于波斯、阿拉伯一代的乐器，就连唢呐这个名称，也是古代波斯诺的音译。唢呐大约在公元三世纪在中国出现，新疆拜城克孜尔石窟第38窟中伎乐壁画已有吹奏唢呐的形象。在金、元时代，传到中国中原地区。到了明代，古籍中始有唢呐的记载。明王迄《三才图会》：“锁奈，其制如喇叭，七孔，首尾以铜为之，管则用木。”“当军中之乐也，今民间多用之”。明正德年间（1506—1521），唢呐已在中国普遍应用。

赵庄这一带俗称唢呐为喇叭。明朝王磐《朝天子·咏喇叭》则是描述唢呐最好的文章：“喇叭，唢呐，曲儿小，腔儿大。来往官船乱如麻，全仗你抬身价。军听了军愁，民听了民怕，哪里去辩什么真共假？眼见得吹翻了这家，吹伤了哪家，只吹得水尽鹅飞罢。”明代后期，唢呐已在戏曲音乐中占有重要地位，用以伴奏唱腔、吹奏过场曲牌。唢呐演奏技巧主要有：滑音、颤音、吐音、花舌音、气拱音、三弦音等，常与打击乐和拉弹乐配合使用。唢呐属双簧管乐器，由哨子、气盘、杆、碗等部分构成，杆身有 8 个发音孔。他音量大，音色明亮、粗犷，演奏方便，善于表现热烈奔放的场面及兴奋快乐、哀怨缠绵的情绪，大多用于民间节庆、婚丧嫁娶和祭奠仪式，深受群众的喜爱。赵庄代代村民对唢呐吹奏情有独钟，不仅嫁娶或是丧葬“红”“白”喜事会动用唢呐班吹奏，各神会在过年也会聘请十几、二十几班唢呐吹打班在除夕十晚上、正月初一白天昼夜吹奏比赛。

赵庄镇各街道神会过年聘请吹打班吹唱一昼夜，是这一带独有的。神会主要功能是组织过年请唢呐吹打班和敬神礼佛活动，也为会众排忧解难、维护会众利益。各道会管事的由会内德高望重的三五人组成，无偿管理会内各类事情。为了神会有一定财力，多数神会有会地和红白喜事用的锅碗瓢盆、桌椅板凳及孝衣，供红白喜事租赁用。会地收入、租赁费和会众腊月三十晚上神棚内祈福捐赠的收入，用于过年请吹打班、搭神棚、修购宫灯、买彩纸和神香、蜡烛的开支，不足部分会内住户分摊。会内经费充裕，又是一家一族，清明节男丁聚会，族内长辈给排辈分、续家谱，而后聚餐，名曰“吃清明会”。组织神会始于哪个年代，现在尚无考。过年请唢呐吹打班始于哪个年代，没有文字记载可寻。赵庄过年请吹打班这一习俗兴起于明代正德年间，神会成立应早于过年请吹打班这一习俗。

第二节　活动

每年进入农历腊月，各道神会管事的就开始筹备过年请唢呐吹打班及其敬祀活动。首先核算会内财力状况，计算雇请吹打班的费用，以及修理或购买宫灯、彩纸和香烛等费用，根据会内已有资金情况，为弥补缺口提出各户分摊钱财方案，然后和会内每个户主商量，是否要雇请吹打班。年景好时，农户较为富裕，大多愿意出费用请吹打班。年景不好，多数人家无力承受所分摊费用，会里就决定不再请吹打班。年景好决定请吹打班，很快委派两人、三人到平山、定州、保定、沧州一带聘请吹打班。同时，安排人手修理宫灯，不足的订购。清洗、增置宫灯绸布围裙，购买彩纸、蜡烛和神香，用彩纸制作吊挂。

腊月三十，各道会人家，家家都会主动出人，在会头统一安排下，忙活各项事务：搭神棚、贴神像，挂彩纸吊挂和宫灯。宫灯是木制的六角型，上角雕成龙头形状，红绸围裹。六角丝须垂挂，庄重气派，除夕之夜宫灯里点上蜡烛，更换三次蜡烛，保持彻夜通明。搭建神棚，一般选在街中央农户大门洞，两端用草苫、篷布遮挡，各留一小门进出。也有在街道中段空地上搭建草席神棚。神棚面积 25~30 平方米，生上煤炉取暖，东墙上贴上全神像，下摆供桌，其他空间放方桌、条凳，供吹打班使用。照明过去靠蜡烛，60 年代后开始用电灯，但是也点蜡烛。

腊月三十下午，赵庄大街小巷打扫得干干净净，净水泼街，挂满吊挂宫灯，一排排随着微风荡漾，装点的街道煞是好看。夜幕降临，点亮每盏宫灯，彩纸宫灯一排排，照亮大街小巷。

腊月三十傍晚，邀请了吹打班的神会派员早早到村头迎接吹打班的到来。欢快的人群簇拥着吹打班神棚坐定，先吹唱一番定场，晚饭后，吹唱班接“虫王”。会头提一盏小灯笼领头，四名青年持长杆各挑一盏直径一米以上椭圆形大红灯笼齐头跟进，随后吹打班吹着唢呐到东北门外虫王庙接“虫王”回村接受敬奉，祈求来年不闹虫灾。会内男丁陆续到神棚敬香、上供、磕头，祈求神灵保佑来年风调雨顺、五谷丰登、全家平安，还有的人捐献钱财。年岁较大的男人会在神棚内守岁听戏。没有邀请吹打班的神会，晚饭后成年男丁也陆续到神棚敬香祭祀，坐下来闲话守岁。

大年初一早餐后上午 10 点左右，村民拜年已毕，各吹唱班在领会的带领下，吹着唢呐到各神棚敛蜡卜卜(辞神)，然后各吹打班相继来到表演场地(20世纪30年代前在神宫寨上，新中国成立后在学校操场)，集中吹唢呐比赛，胜者得彩红。直到下午4点左右，吹打班在领会的带领下到来年“摆会”的人家吹唱送会。然后吹打班吃饭、领报酬，各自归里，算全部结束。

所谓“摆会”，就是负责吹打班酒水、饭菜的人家。各道会如若雇请吹打班，都是本年确定来年摆会的人家。届时，由“摆会”的人家负责吹打班的四餐(晚餐、夜餐、早餐、中餐)和茶水。各餐有明确标准：晚餐肉菜馒头，夜餐打卤面，早餐水饺，中餐要八冷、八热下酒菜和蒸碗馒头及酒水。饭菜酒水的费用，摆会人家为主，会里补贴一小部分。“摆会”被村民认为是积德行善、为自家祈福的善举，凡经济条件能够承受的人家都抢着摆会。凡欲摆会的人家，需要头年申请，由会里酌情确定。

在腊月三十晚上、正月初一这一夜一天里，家家户户除老、弱、病及婴幼儿外，都基本不睡觉，守岁看吹唱表演，赵庄周围村庄的民众，也会到赵庄看吹唱表演，除夕夜赵庄镇处处灯火通明、香烟缭绕、人头攒动，唱戏声、唢呐声、高喊的叫好声响成一片，不管穷富，都是在欢声笑语中，度过这一昼夜。

20世纪80年代后，随着收音机、电视机的相继出现，赵庄除夕、元旦吹打会逐渐减少。至今，过去的会不再起作用。每年各片组织，全村雇请六七班、七八班吹打班，一家一户也挂彩纸挂灯笼点蜡烛，但人们的兴趣转向春晚，当年吹打班的规模、人们趋之若鹜的盛况没有了。

散油敬香：在除夕夜吹打班活动的同时，每道会还要委派两名公认的好人，代表本会村民，在子夜之时，提着灯笼、油壶，到各个寺庙、吹打席棚散油敬香。每到一处，对神案上的每一个灯盏都要添点油，点上一炷香，祈求来年风调雨顺，五谷丰登。

第三节 盛况

据村民口口相传，民国初期和20世纪50年代两个时段过年雇请吹打班最多，节庆场面最为盛况空前。

20世纪20年代，人们生活安定。赵庄村民对过年要请吹打班热情较高。每年有十几道、二十几道会过年雇请吹打班，最多的一年有23道会雇请了23个吹打班。除夕傍晚，全镇大街小巷清洁整齐，吊挂飘荡，大红宫灯高高挂起。接“虫王”时刻到，全村点亮了大红宫灯，一个吹打班后接着一个吹打班，从全镇各个地点涌向东北门外的“虫王庙”，只见每道会的吹打班，领会的提着小灯笼在前引路，紧随其后的是四个青年并排用长杆挑着写有会名的大红灯笼齐步前行，吹打班紧随其后，边行进边吹奏唢呐，曲牌欢快喜庆，音调高亢明亮。观看的人流在两旁随进。喇叭声、打击乐声、人们欢笑声不绝于耳。

除夕头遍蜡(戌时左右)，吹打班在神棚吹唢呐唱折子戏。唢呐吹奏的多是欢快喜庆的曲牌，多源自河北梆子、丝弦、乱弹和河南梆子等地方戏曲，有《百鸟朝凤》《大登殿》《抬花轿》《闹五更》等。唱折子戏也大多是豫剧、河北梆子、评剧、丝弦和乱弹。

二遍蜡(亥时左右)，吹打班出棚下街，领会的手提小灯笼在牵引路，四名青年并排用长杆挑着大红灯笼跟进，紧随其后的吹打班吹奏唢呐，两支唢呐交替吹奏，没有间歇。十几班、二十来班吹打班从镇内各个不同方位走向街道，按照一定路线走遍大街小巷、各个寺庙。村民男女老少，基本倾巢出动，走到街上听、看吹打班表演。赵庄周围四邻八乡青壮年男女也涌向赵庄看热闹。一时间全镇处处响起高亢嘹亮的唢呐声、打击乐声、人们喧闹声、鞭炮声，响成一片，热闹非凡。大小街道人群涌动，欢声笑语不断。

三遍蜡(丑、寅时刻)出棚，主要是在东西长街、关爷庙街的十字路、丁字路口，两班或三班吹打班相遇，吹唢呐比拼，这个吹打班吹奏一曲，另一班吹奏一曲，围观的人群用叫好声、掌声评判每一班吹奏的水平，观看的人群青壮年居多，热情高涨。

大年初一九、十点钟，各吹打班敛过蜡钵钵后，便直接到神宫寨上，在神宫寨院落里，各吹打班分别摆好方桌、条凳，各个乐器手按序坐好，准备吹奏比赛。拜过年的男女老少和四周邻村的村民也陆续涌向神宫寨,很快人山人海,围着吹打班或站或坐,等待开场。十点左右,吹奏比赛开始,数十支唢呐同时吹奏,震耳欲聋。随着比赛的深入,唢呐吹奏好的,围拢的人群里三层外三层,叫好声此起彼伏,吹奏手越加兴奋,站在方桌之上吹奏得汗流浃背,有的甚至光着膀子吹奏。领会的、帮会的也高兴异常,给吹奏手备茶水、点心。而相对较差的,逐渐不再吹奏唢呐,而是唱戏应对。直至下午四点钟左右,吹奏比赛才结束。经评判,荣获吹奏前三名的,村公所给予奖励,奖品或烟酒或钱款。观看的人群有数万人之多。有人曾在散场开始站在神宫寨最高处观看,人流分数路分别进入赵庄、贾同、北小屯、东贾村、中圣板村,还有人们没有走下神宫寨。

20世纪50年代,上述吹打盛况,赵庄曾多次出现。

第二十七章　人　物

赵庄历史悠久，知名人物辈出。历史上虽无出名文士将相和名商大贾，但也不乏士农工商教各领域精英和仁人志士。明清以来，有明万历年间乡贡岁进士贾尚德，清光绪年间武举黄文会、黄世承和岁贡甄金鑫，有清光绪年间优贡、曾任工部营缮司主事的黄烈。20世纪30年代以来，赵庄人民同全国各族人民一道，英勇地抗击外来侵略和参与民族解放斗争，有1938年加入中国共产党、赵庄第一名共产党员贾洛风，涌现出张臭货、张小乱等15名革命烈士。新中国成立以来，在本村工作、在本县(市、区)及全国各地各行各业工作的赵庄籍人们中，涌现了一批精英，他们长期投身于社会主义建设及家乡建设中，做出了巨大贡献。赵庄籍人士郭凤岐，天津市南开大学毕业，博士研究生。历任中共天津市委政法领导小组秘书、办公厅政法处副处长、天津电影制片厂厂长、天津市地方志编委会副主任、秘书长兼天津市地方志办公室主任、研究员。退休后主要社会职务为中国地方志学会学术委员。河北省知名人物。

本志收录了古代知名人物11名，民国师以上军职人物2名，20世纪40年代以来本村党、政正副职领导、村内知名人物及赵庄籍在本县(市、区)和全国各地党政事业部门科级以上、大中企业经理、工程师以上、军警连级以上、教育部门高级教师以上人物计127名。还有革命烈士15名、革命残废军人6名。

第一节　人物传记

一、古代人物

贾尚德　男，赵庄村人。据明万历二十年(1592年)《藁城县赵庄村真武大帝碑记》记载，贾尚德为乡贡岁进士、监生。生平不详。

韩尚贤　男，赵庄村人。据《真定府藁城县赵庄村重修北堡改神宫寨小记》碑刻记载，明崇祯十一年(1638)为赵庄堡主。生平不详。

黄文会　男，字聚魁，赵庄村人。据清光绪《藁城县志》载，黄文会为清乾隆五十一年丙午科武举。生平不详。

黄世承　男，赵庄村人。据清光绪《藁城县志》载，黄世承为嘉庆十八年癸酉武举。生平不详。

黄裕堃　男，字厚裔，赵庄村人。据民国《藁城县志》载，黄裕堃为北京高等实业学校毕业生。生平不详。卒于1967年。

黄裕赔　男，字鲁沂，赵庄村人。据民国《藁城县志》载，黄裕赔为天津北洋法政法科毕业生。生平不详。

黄裕塘　男，字鉴亭，赵庄村人。据民国《藁城县志》载，黄裕塘为北京中国大学文科毕业生。民国初期在赵庄镇经商，开设“谦德永商号”。其他不详。

黄　钿　男，字采五，赵庄村人。生于1904年。据民国《藁城县志》载，黄钿为北平陆军军医学校毕业生。先后在正定面粉厂、平山县医院工作，曾任平山县医院副院长。卒于1973年，享年70岁。

甄金鑫　男，赵庄村人。据清光绪《藁城县志》载甄金鑫为同治八年岁贡。

黄　烈　男，字佑仁，赵庄村人。据清光绪《藁城县志》载，黄烈为光绪优贡。光绪二十四年，任工部营缮司主事。

张希爵　男，赵庄村人。赵庄东南门里张氏家族先人。清同治年间，张希爵任赵庄堡主，家道殷实。为防盗贼侵扰，于清同治六年、七年带头捐款捐物，组织号召民捐修筑寨墙、寨门。抵御兵匪。光绪《藁城县志》有记载。

二、近现代人物(以生年为序)

黄清涟　男，赵庄人，生于清光绪末年，河北医科大学毕业，一生在赵庄镇行医，精通中医、西医、外科手术，是难得的全科医生，在乡亲中口碑好。卒年不详。

甄肇麟（1893年至1981年8月）男，赵庄人，某军校毕业后参加国民党军队，解放战争期间任国民党第九十九军少将高参，代第268师参谋长，被中国人民解放军俘虏到东北抚顺战犯管理所学习劳动改造，后转到山东省军官管训处受教。1959年12月4日，国家发布第一批战犯特赦令，甄肇麟等33名战犯被特赦，甄肇麟被安排到藁城县政协工作，“文化大革命”期间被遣送回赵庄原籍。后期落实政策，重回藁城县政协工作，任政协常委。1981年8月15日病逝，县政协、统战部为其召开了追悼会。终年88岁。

黄贵恒（1901年6月至1993年6月）男，赵庄人，自幼在正定七中上学，后在张家口大学读书，郝梦龄将军曾任他的老师。“七七事变”前在县建设局工作，后从事教育工作，曾任大奉化小学校长。一生热爱教育工作，退休后参加夜校教学和一些公益事业，深受村民们敬重。终年92岁。

黄银星（1903年1月至1981年10月）男，赵庄人，中共党员，1953年至1956年任赵庄乡乡长兼副镇长。终年78岁。

黄振湘（1903年4月至1984年7月）男，号子九，赵庄村人，自幼聪慧好学，苦练一手毛笔楷书，曾荣获全县第一。1923年刚满20岁的他就在赵庄弥陀寺兴办的小学教书，从此开始了教学生涯。新中国成立后，积极参与赵庄小学筹办，在新建的赵庄小学大门口门楣手书“赵庄小学”4个楷书大字。他曾担任赵庄小学教导主任，为教育学生呕心沥血。为提高教学能力，在清华附中进修。退休后，他热心公益事业，写黑板报做宣传，春节给村民书写春联，深受学子和村民爱戴。终年81岁。

贾洛凤（1905年8月至1980年5月），男，小名计栓，赵庄人，不识字，1938年初加入中国共产党，是赵庄村第一名共产党员。1945年4月至1947年3月、1956年两度担任村党支部书记，1948年2月至1950年12月担任村长，还曾担任过村治保主任。在抗日和解放战争期间，在党的领导下，积极参加对敌斗争，在土地革命斗争中和解放后恢复建设以及镇反、反特、抗美援朝运动中，发挥了积极的领导作用。终年75岁。

胡冠英（1905—1969）男，赵庄人。自幼读私塾，中华人民共和国成立前在无极解放区教小学，新中国成立后任人民教师，教夜校扫盲班，后教小学，并转为国办教师，直至退休。工作兢兢业业，为赵庄村教育事业做出了贡献。终年64岁。

赵国栋（1906年至1966年9月）男，原籍本县周辛庄村。藁城高校毕业后在藁城大地主马家商铺学徒，后被介绍到赵庄地主黄山子家当账房先生，落户赵庄，是当时赵庄文化人之一。1951—1958年在村委会任秘书、会计，培养出韩良国、赵秋润、蔡福贵、贾青杰等财会秘书人才。毛笔书法造诣高。正定隆兴寺大佛前殿正门“佛光普照”4个大字由赵国栋书写。终年60岁。

田建章（1909年3月至1994年8月）男，原籍河北省曲阳县石海子村，高小文化。1943年迁居赵庄，做小生意、给地主黄家商号做账房先生，是当年赵庄文化人之一。1948—1950年在村委会任秘书。终年85岁。

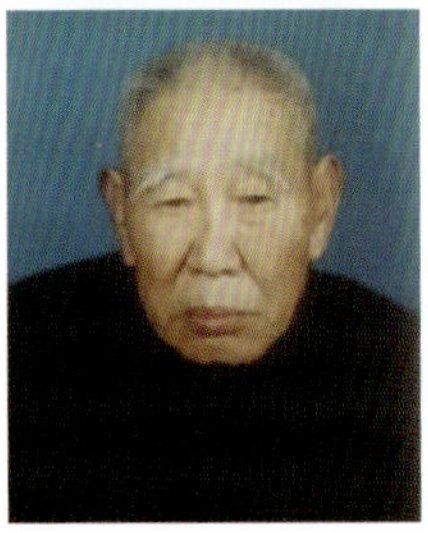

甄肇龙（1910年至2003年3月）男，赵庄人，中学文化，国民党员。1925年参加直隶军，先后任区队长、少尉排长、中尉副连长。1933—1949年在国民党部队服役，先后担任河北保安一团排长、连长，国民党196师1136团迫击炮连任连长、炮兵营少校营长、1138团副团长，国民党36军84师团长。1949年12月在四川绵阳投诚，被送入人民解放军教导团学习，1950

年6月编入西南军政大学学习。1952年回老家，先后在石家庄私营企业当会计、在家务农。2003年3月24日病逝，终年93岁。

鲍晚成 (1911—1981)男，字汉三，赵庄村人，小学文化。自幼跟郎先生学习中医，对针灸、品脉处方用中药有功底，熟记汤头歌。一生务农兼行医，未开铺坐诊行医卖药，但乡邻及邻村村民请其看病，有求必应，不求报酬，不求名分，平易近人，不媚权贵，为解除村民病痛不遗余力，深受村民爱戴。晚年将医术传授给孙子，继续他的事业。终年70岁。

张宝琦 (1912—1991)男，原籍藁城县北龙宫村，自幼学习中医，17岁时到赵庄镇开中药铺兼行医，后定居赵庄，一生行医。他擅长中医内科、妇科和针灸，又学习西医，是一位受人尊敬的全科大夫。他虚心好学，和睦乡里，平易近人，视病人为亲人，不管白天黑夜，有病人需要都到病人家中诊病，高龄后也不改初衷。曾任村保健站站长、南董区卫生协会会长、藁城县卫生协会会员。他医德高尚，深受全村村民和周围各村乡亲们赞颂。终年79岁。

李文采 (1915—1984)中共党员，农民。1953年至1961年任村党支部委员，1956年、1957年任赵庄高级农业合作社主任。他工作踏实认真，深受好评。终年69岁。

郎有瑞 (1917年3月至2002年8月)男，赵庄村人。1937年6月入伍，1942年8月加入中国共产党。入伍后，历任战士、班长、事务长、分队长、排长、指导员、队长、团供给处处长、师部计划科科长、某军后勤处组织计划副主任、某军后勤部营房管理主任、陆军某师后勤部副部长等职，1963年晋升为中校军衔。1984年离休。郎有瑞先后参加过林县战斗、高德林战斗、涉县战斗、百团大战、歼灭敌三师战斗、豫北战役、淮海战役、渡江战役、阳江战役、钦州战役等，荣立特等功2次、大功1次。1957年被授予三级独立自由勋章和三级解放勋章，1988年被授予中国人民解放军二级红星功勋章。终年85岁。

黄振芳 (1919年至1992年5月)男，高小文化，中共党员。长期在本村担任党政主要干部。1945年2月至1945年7月担任村委会指导员，1948年至1953年担任村支部委员，1951年至1953年担任村长。工作主动，善于宣传鼓动工作。终年73岁。

韩书瑞 (1919年至1995年3月)男，赵庄村人，中共党员，长期在村内担任领导干部，1956—1957年、1961年担任村党支部书记，1958—1960年、1966年、1969—1974年担任村长(村委主任、大队长)，尽职尽责，为全村发展和建设作出了应有的贡献。终年76岁。

贾春福 (1921年至1965年10月)男，赵庄村人。1938年初加入中国共产党，高小文化。1938年6月6日赵庄党支部在区委书记李奂主持下在蔡家岗村成立，贾春福为首任党支部书记，组织委员贾老凤，宣传委员甄老巩。贾春福在抗日斗争中，立场坚定，工作积极主动，曾遭受日军的毒打，致双腿残疾，后拄双拐行走，1945年3月改任组织委员。新中国成立后，在村委会、村集体副业担任会计工作。1965年不幸去世，终年44岁。

贾焕坤 (1923年3月至1996年11月)男，赵庄村人。1945年7月参军，1947年5月加入中国共产党。历任冀中军区特务一连战士，独立七旅二十一团一营正、副班长，六总队四十八团四连排长，六十八军某师某团五连指导员，济南军区独立某团二营政治教导员，大尉军衔。先后参加过抗日战争、解放战争、抗美援朝战争和西南大青山剿匪战争，荣立小功1次、三等功一次。1965年5月转业定居藁城县城，任藁城县二、三届政协委员。1980年10月离休，团级待遇。终年73岁。

蔡书云 (1924年6月至2008年8月)男，赵庄村人。1938年2月由中共地下党员黄金星介绍参加八路军，投身抗日战争，历任战士、班长、排长、股长、科长等职务，1940年加入中国共产党。抗日战争胜利后，又投身于解放战争，参加了挺进大别山、淮海战役、渡江战役、解放大西南等重大战役。战斗中三次负伤,两次立功受奖,一次被授予全军工作模范。藁城县人民政府为表彰蔡书云在抗日和解放战争中的突出贡献,在家乡赵庄村奖励其宅基地一块。中华人民共和国成立后，蔡书云由中国人民解放军西南军区政治部调到西南局，担任中共西南局办公厅党支部书记,负责刘、邓等西南局领导同志的专职保卫工作。1952年调到北京工作,进入中国人民大学学习深造,先后担任北京电力学院党总支书记、中央水产部物资处处长、国家水产总局供销处处长、农牧渔业部中国水产供销总公司办公室主任中国水产联合总公司副局级调研员。在中央部委工作期间,坚持原则、廉洁奉公，为国家水产事业的现代化发展做出很大贡献。1985年12月离休。2005年,蔡书云获中共中央、国务院、中央军委联合颁发的“中国人民抗日战争胜利60周年”纪念章。

“文化大革命”期间,蔡书云因保护党和国家领导干部,受到三次冲击,被下放到辽宁省兴城县劳动。

蔡书云热爱家乡、关心家乡的建设和发展。改革开放初期,他帮助购买农用拖拉机,加快家乡农业生产机械化进程;在20世纪80年代,他协调中央有关部门给予政策和资金支持，帮助藁城县建立起纤维板厂、肉食品厂、饲料厂。在建设饲料厂时,缺少建设资金,他四处奔波,为建厂筹资10万元作为启动资金。为了表达对于蔡书云的敬意,1985年他回乡时,受到时任省委书记、省政协副主席的热情接待。终年85岁。

贾桂林 (1925年7月至2008年5月)男,赵庄人,中共党员。1948年在本村参加中国人民解放军,随王震将军进军新疆,在西北第一野战军第六军某部先后任战士、副班长、班长、司务长,曾立大功一次、小功数次。1956年3月加入中国共产党,1957年改编为生产建设兵团,在农六师某单位任指导员,曾荣获军、师、团政治部授予的“优秀政治工作者”称号。1982年离休。终年83岁。

甄进福 (1926年12月至1995年10月)男,小学文化，中共党员，长期在村委会工作。1958年至1960年担任村治保主任,1962年至1964年担任大队长(村长),工作认真负责,为赵庄建设和发展做出了贡献。终年69岁。

吕兰柱 (1927年11月至1987年4月)男,赵庄村人。抗日战争时期参加县大队,后编入野战军,曾参加清风店战役、张家口战役,任卫生员。1955—1957年在石家庄中医学校学医，毕业后到藁城机械厂当厂医,1962年回村行医。医术精湛,热心为村民解除病痛,深受村民好评。终年60岁。

甄小声 (1928年12月至1972年)男,赵庄村人，中共党员,1947年11月至1954年11月担任村党支部书记,在土地改革运动中和互助组、初级社运动中,发挥了积极的领导作用。享年44岁。

高树心 (1928-1983)男,赵庄村人，中共党员。1956—1966年任第8生产队队长、指导员，1965-1966年任村党支部委员，1966-1982年任大队管委会委员、副大队长。工作中尽职尽责,吃苦在前,勇挑重担。1958年荣获县“大车王”称号,1963年荣获县“抗洪抢险、舍己救人”称号。终年55岁。

甄小盆 (1928年3月至1987年10月)男,学名甄学勇,赵庄村人,1938年加入中国共产党，是赵庄村最早的党员之一。1956年7月至1958年9月担任村长(村委主任),1951—1953年担任村民兵中队长,工作认真负责,能够圆满完成工作任务。终年59岁。

张瑞恒 (1930—1982)男,赵庄村人,小学文化,中共党员。1955年1月至1956年7月任赵庄镇党支部书记,1956年7月至1957年11月任赵庄镇管委会秘书。终年52岁。

郭　瑜 (1930年5月至2010年10月)男,赵庄村人,高校文化,中共党员。1961年3月至1961年

9月任大队党支部副书记,1959年1月至1960年12月任大队民兵连指导员。终年80岁。

黄成贤 (1930—1995),男,赵庄村人。1950年参军即参加抗美援朝作战,作战英雄顽强,由战士逐级提拔为团参谋长。1964年转业到贵阳市工作。1995年去世,终年65岁。

蔡清瑞 (1931年5月至2007年11月)男,赵庄村人,中共党员。1953年至1956年担任赵庄乡乡长。后长期在村内担任领导干部,1957-1958年、1961-1964年、1965-1966年,三次担任党支部书记,后担任村治保主任。工作能力强,认真履行职务,发挥了积极的领导作用。终年76岁。

蔡增贵 (1931年至1997年10月)男,赵庄村人,中共党员,贫苦出身,13岁担任儿童团团长。成年后,长期在村内担任领导干部,1953年任互助组组长,1954年任初级社长,1955年任高级社副社长,1958年至1961年担任大队党支部书记,1962年任人队副大队长,还担任过治保主任。为全村发展建设做出过贡献。终年66岁。

甄 萍 (1932年5月至2017年12月)男,赵庄村人,中共党员。1949年6月开始当教师,先在行唐县苇圆村任教。1951-1957年在赵庄小学当教师。1958-1968年先后在南董中心小学、南孟中心小学担任校长。1969-1992年在赵庄小学任校长。他忠诚于党的教育事业,先后被评为县级模范教师,教育先进工作者,1958年出席省劳模会。他任教43年,有30年在本村任教,兢兢业业,呕心沥血育桃李,深受村民敬重和学生的爱戴。1992年离休。终年85岁。

黄清洲 (1932年9月至2008年5月),男,赵庄村人,1960年毕业于河北北京师范学院历史系,中共党员。毕业后从事教育工作,先后在镇头小学、正定三中、石家庄市十八中、十三中、八中、十四中、三十九中、四中任教35年,1990年石家庄市第一批“特级教师”。1992年退休。终年76岁。

黄成山 (1932年6月至1997年10月)男,赵庄村人,中共党员。1953年本县师范学校毕业,1953年7月至1960年2月先后在本村小学、蔡家岗小学、东四公小学、黄庄村小学担任教师。1960年3月至1984年2月先后在本县南洼中心校、后营中心校、赵庄中心校、前西关高中、西四公乡中担任校长。1984年3月调县司法局工作,1984年退休。终年65岁。

贾玉崑 (1934年6月至2008年10月)男,赵庄村人,小学文化,中共党员。1958年曾带领本村民工参加岗南水库建设,1961年担任大队治保主任,后半年担任大队大队长(村长),1962年至1964年担任大队民兵连长。长期担任村干部,为赵庄村建设和发展做出了贡献。终年74岁。

贾志申 (1935年1月至2012年12月)男,赵庄村人,高校文化,中共党员。1955年参军,曾任四四部队一分队排长,1962年转业。1963年3月至1965年2月任大队党支部委员先后兼治保主任、民兵连长,1965年6月至1969年12月任大队党支部副书记。工作认真负责。终年77岁。

郭留申 (1935年11月至2014年12月)男,赵庄村人,初中文化,中共党员。生产队担任过队长。“文化大革命”初期,参加“红卫兵”组织。1969年,成为大队“革委会”成员,1969年3月至1970年12月任大队治保主任,1975年至1976年

12月担任大队长(村长)、大队党支部成员。终年79岁。

黄清普 (1935—2006)男,赵庄村人,中共党员。1948年参加革命,新中国成立后曾任兰州军区参谋长,全家定居兰州。终年71岁。

黄清淇 (1936年8月至2015年11月)男,赵庄村人,毕业于石家庄师范学院化学系,中共党员,国家级优秀教师。1961年任教于藁城南孟中学。教学中注重因材施教,坚持以“爱心、父母之情对待学生”。创造了“抓住闪光点,重视反复点,促进飞跃点”的转化后进生的工作经验,使“后进生”学有成就。

黄执教30多年,从未离开过讲台。有人愿意帮他转行高就,他说:“当教师是我之夙愿,我知道教育在社会发展中的地位和作用,我不能放弃自己选定的职业,教书育人是我的最高追求。”因之被师生誉为教育园地的“老黄牛”。1981年以来,先后获教学成绩一等奖,多次被评为县市模范教师、十佳教师标兵、优秀共产党员、省优秀园丁。1989年被评为国家级优秀教师,荣膺国家教委颁发的优秀教师奖章。1996年退休。终年79岁。

张东来 (1938年10月至2005年11月)男,赵庄村人,中共党员,高小文化。贫苦出身,出校门即担任赵庄共青团第一任支部书记,1969年至1983年、1986年至1998年,长期担任村(大队)党支部书记,还担任过赵庄生产大队大队长。任村(大队)党(总)支书记、村长期间,致力于村集体经济发展,先后筹建造纸厂、楼板厂、纺纱厂、轧钢厂、机制砖厂、饲料厂、地毯厂、面粉厂等集体企业。为尽早实现农业生产机械化,筹建拖拉机站,集体购买大中型拖拉机和联合收割机,进一步解放了劳动生产力。为改善教学、群众生活和办公条件,1983年就完成了无塔供应自来水工程建设,建设一座教学楼和改建村委办公楼。任职期间,多次被评为“先进基层党支部”、先进村。终年67岁。

贾兰贵 (1946—2014)男,赵庄村人,初中文化,中共党员,1966年“文化大革命”开始,在本村组织“红卫兵”组织。1969年3月开始,先后担任赵庄大队革委会主任和党支部书记、张家庄公社革委会委员、藁城县革委会常委。1971年3月起,先后担任藁城县兴安公社党委书记、藁城县廉州镇党委书记、藁城市建设局局长。在任期间,忠于职守,多有建树。为家乡赵庄村硬面公路等基础建设做出了贡献。1998年河北省委组织部编纂的《燕赵之子》一书,贾兰贵因业绩卓著名列其中。终年68岁。

贾清海 (1954年2月至1995年6月),赵庄村人,初中文化,中共党员。1988年7月至1995年12月担任村委主任(村长),突发疾病英年早逝,生前工作兢兢业业,有一定贡献。终年41岁。

第二节 人物简介(以生年为序)

1.党政部门

黄育新 又名小辈,男,1929年生于赵庄。大学文化,1949年9月参加革命,1951年元月加入中国共产党,历任青海省商业厅科员、民和贸易公司经理、青海省贸易公司科长、省重工业厅研究所所长、办公室秘书党支部书记,青海省轻工局工艺美术科长、供销经理部负责人、生产科长,省工业厅有色金属冶炼厂筹备处负责人,省工业厅生产组副组长,黄南州铅锌矿革委会副主任、党委副书记,省体工大队党委副书记,省体委办公室副主任,副厅级。1985年1月离休。

陈 克 男,1938年3月出生,赵庄村人,中共党员,大专文化,经济师。20世纪60年代至70年代初,任赵庄村党支部组织委员、村委会秘书。1973年调藁城县商业局,1975年调石家庄地区供销社任资料员、秘书,1986年任石家庄地区副食品总公司副总经理,2000年退休,2004年被民企汉和公司聘为顾问兼内刊总编。

甄玉珍 女,1939年出生于赵庄,1960年毕业于山东师范大学,同年留校任教。中共党员。1984年调入山东省临沭县任副县长,1988年任临沭县政协副主席。1998年退休。

郭凤岐 男,汉族,1941年农历五月初八出生,河北藁城赵庄人。南开大学本科毕业,中共党员,研究员,天津市局级领导干部。

1965年7月,毕业于南开大学中文系;1965年7月至1969年3月,南开大学中文系负责人、教师;1969年3月至1983年10月,天津市委机关干部、市委政法领导小组秘书、办公厅政法处副处长;1983年10月至1990年2月,天津电影制片厂副厂长、编导;1990年2月至2004年5月,天津市地方志编委会副主任、秘书长兼天津市地方志办公室主任;2004年5月—2007年5月,天津市地方志学会会长。

郭凤岐的社会职务有中国地方志学会学术委员、中国近现代史史料学学会顾问、南开大学客座教授、南开大学地方文献研究室研究员、天津市口述史研究会副会长、天津市艺术学会名誉会长、天津作家协会会员。

郭凤岐是全国地方志专家,天津市著名史志专家和现代文化名人。

出版学术专著20多部,如《银幕上的声画艺术——电影》《天津的城市发展》《方志论评》《志苑杂纂》《近代中国看天津·百项大事》(中英文对照),荣获天津市社会科学二等奖,以及《津沽旧事》"历史篇""文化篇""人物篇"3册。

创作影视著作10多部。如:

郭凤岐与香港金庸先生合作,根据《书剑恩仇录》武侠小说,执笔编剧的上、下集电影剧本,由香港与天津合拍为两部故事影片《江南书剑情》《戈壁恩仇录》,并荣获1987年法国巴黎国际妇女电影节特别奖、香港第七届金像奖"十大优秀国语片奖";

创作的电视文学剧本《不愿披露姓名的人》,1986年由天津电影制片厂和天津电化教育馆联合摄制为电视剧《心律》上、下集;

电影文学剧本《一箭缘》刊载于《瀚海潮》1994年3月4日总第73期;

1984年编导《天津新貌》专题片,为天津庆祝新中国成立35周年而摄制。《天津新貌》脚本,荣获天津市鲁迅文学奖。该片被评为天津市庆祝建国35周年优秀作品,受到表彰、奖励。

《历史不会忘记》脚本(1、2、3集)总纂稿(为纪念抗日战争胜利50周年而作),由天津电视台摄制为3集专题片,受到市委领导好评。

发表散文、随笔、报告文学、论文等200多篇。如:

报告文学《天津歌舞剧院青年演出队坚定不移地顶歪风走正路》;随笔《书剑恩仇录》拍摄花絮;《天津的母亲河——海河》《从古渡扬帆到现代航程》《金编钟传奇》等。

主编、主审志书、地情资料书100多部、2亿多字。如:

《天津通志》系列,如《天津通志·旧志点交卷》(上、中、下册),计500多万字;

天津区县志系列:如《红桥区志》150多万字,获天津社会科学二等奖;

《天津区县年鉴》系列;

乡镇村志、企事业志、地情资料书系列:如《〈益世报〉天津资料点校汇编》(上、中、下3册),计1200万字。并有多部获奖。

国外考察、访问：

先后到美国、加拿大、日本、澳大利亚、法国、德国等访问交流。

组织与海外及香港、台湾地区学术交流：

1997 年 12 月 29 日至 1998 年 1 月 3 日，天津地方志办公室与南开大学地方文献研究室联合主办，由郭凤岐主持召开了“中国(海峡两岸)地方史志比较研究讨论会”，台湾、香港地区全国的专家学者，以及美国、加拿大、日本、新西兰等国的专家 60 多人参加。如此规模的方志与海外交流，在中国是第一次，取得了很大成功。

1998 年 11 月 30 日至 12 月 9 日，由郭凤岐为团长，率领天津、北京等 8 个省市的 32 位专家学者，赴台湾参加“海峡两岸地方史志、地方博物馆学术研讨会”。

1999 年，郭凤岐又组织大陆史志学者，赴美国参加了史志学术研讨会，开启了方志与海外交流的风气之先。

新闻媒体多次采访、报道。如:

《经济消息报》1999 年 5 月 31 日，以《默默耕耘无私奉献——记天津市地方志编修委员会秘书长兼办公室主任郭凤岐》为题，对郭凤岐作了长篇报道；

《经济消息报》2001 年 10 月 29 日，以《提高地方文化品位的人》为题，对郭凤岐作了长篇报道；

《天津广播电视报》2001 年第 20 期，以《为了让天津文化品位长高》为题，对郭凤岐作了长篇报道；

《中国改革报》2002 年 2 月 9 日，以《坚持创新修佳志——访天津市地方志办公室主任郭凤岐》为题，对郭凤岐进行报道；

《太原晚报》2003 年 5 月 25 日，以《方志学专家——郭凤岐》为题，对郭凤岐作了报道；

《记者观察》2003 年第 8 期，以《郭凤岐：十二年苦修天津志》为题，对郭凤岐进行报道；

中国广播电视出版社于 2003 年 8 月出版的《实现三个代表的楷模》，以“新世纪新闻人物访谈”的形式，对郭凤岐作了长篇报道。

中央电视台、香港凤凰卫视、香港阳光卫视、天津电视台、上海电视台、天津电台等，多次对郭凤岐进行专访。

郭凤岐被载入 30 多部典籍。如：

《中国文艺家传集》《中国当代艺术界名人录》《中国当代方志学者辞典》《藁城县志》等。

韩银福 男，1944 年 7 月生于赵庄村，1965 年 9 月加入共产党，南孟初中毕业，在职大专。1965 年 7 月借干参加“四清运动”1967 年回村任副业出纳。1968 年参加藁城县“斗、批、改”运动，1969 年被抽调至藁城县公安局工作，后转正为公务员，先后任县公安局办公室主任、政法委办公室主任、公安局副局长、县检察院副检察长。贾市庄镇村两级班子涣散瘫痪，1988 年 5 月临危受命任贾市庄镇党委书记，健全了各村党政组织，稳定了局势，发展经济。1990 年 7 月调任县农机局局长，新建“新疆—2”小麦联合收割机组装厂，经济效益、社会效益双丰收；首开组织小麦联合收割机“南征北战”跨区收割之先河，受到农业部肯定；利用企业收益建起 3000 余平方米办公楼，筹资建起职工住宅楼。1998 年河北省委组织部编纂的《燕赵之子》一书，韩银福因业绩卓著名列其中。2004 年退休。2007 年至 2013 年被聘请任民企衡水市天鹰科技有限公司总经理。关心和支持家乡经济建设，支持公共设施建设，为赵庄出村公路硬化和农机化发展做出了贡献。2014 年 8 月开始主编《赵庄志》，历时 6 年多，完成《赵庄志》的编纂工作。

刘花册 女，1946 年 7 月出生。大专文化，中共党员，参加工作后历任藁城县九门公社党委副书记，藁城县团委书记，藁城县大丰化公社党委书记，藁城县妇女联合会主席，河北省妇联组织部副部长、行政处长、发展部部长、副厅级巡视员。2006 年 12 月退休。

蔡贵新 女,1947年5月7日出生于赵庄，中共党员,1971年在大队革委会工作时，被保送为“工农兵”大学生,1974年河北(保定)电力学院毕业,被分配到河北省电力设计院工作，历任科员、科长、本院组织部部长。2002年退休。

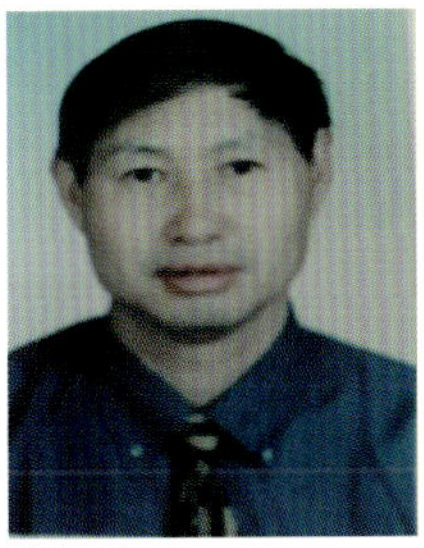

胡文田 男,1950年农历十二月初三出生于赵庄，毕业于河北师范大学体育系,本科、学士学位,中共党员、高级政工师,历任河北省高速公路管理局办公室副主任、冀星高速公路石家庄管理处处长、河北冀星高速公路有限公司工会主席。2010年退休,为家乡赵庄公路等基础建设做出了突出贡献。

黄成汉 男,1954年12月出生于赵庄村,中共党员,大专文化,公务员,历任藁城县轴承厂会计、南孟公社经管员、增村乡副乡长、增村乡党委副书记、乡长、韩家洼乡党委书记,1996年1月担任藁城市农村财务管理局副局长,1996年5月至2014年担任藁城市农村经济管理局局长。2014年12月退休。

鲍建位 男,1955年2月出生于赵庄村，大专文化，中共党员,1977年参加工作，国家公务员，历任藁城市岗上镇党委副书记、镇人大主任,正科级,副处待遇，曾任藁城市第四届(2003—2008)人大常委会委员,工作能力较强,务实肯干。2015年2月退休。

陈会强 男,1961年出生于赵庄。大学本科学历,中共党员。参加工作后历任行唐县人民政府副县长、藁城市人民政府副市长，石家庄市长安区委常委、政法委书记,石家庄市委、市政府省会协调办公室主任,现任石家庄市政府副秘书长,正处级。为家乡赵庄出村公路等基础建设和经济发展做出了贡献。

杨军梅 女,1962年7月1日生。大专文化,中共党员。1979年10月在藁城农业银行参加工作。1985年毕业于河北广播大学金融专业,1992年任藁城农业银行副行长,2002年任藁城农发行副行长,2008年任藁城农发行行长,2015年任农发行高级业务副经理,副处级。

丁进军 男,1964年10月出生于赵庄,博士后,中共党员。曾在东北大学任副教授。2002年7月至2014年4月任河北省发展和改革委员会高技术处副调研员，兼任河北清华发展研究院院长助理,正处实职。2014年4月至2018年1月,任河北省北京新机场建设指挥部办公室临空经济发展处处长。2018年1月至2019年6月任河北省发展和改革委员会地区经济处处长。2019年7月任雄安新区改革发展局副局长至今。

冯金水 男,1964年11月20日出生于赵庄，中共党员,1984年承德医学院毕业,同年就职于藁城县卫生防疫站参加工作,2005年任副站长,2013年任站长,2016年4月任藁城区卫生监督所长,正科级。

高清震 男,1965年农历十二月初四出生于赵庄，毕业于石家庄学院中文系,中共党员,先后在石家庄郊区计划局、检察院、区委办及裕华区民政局、人社局、政法委工作。1998年提拔为领导干部,先后担任区委督查室主任、区民政局副局长、区劳动监察大队长兼区委政法委副书记,2013年担任

裕翔街道办事处主任,2015年任裕兴街道党工委书记。

张保江 男,1968年4月出生,赵庄村人,法律研究生学历,三级高级法官、中共党员。1987年9月至1991年7月在西北政法大学学习,1998年至2000年7月在中国人民大学攻读研究生。2000年12月至2005年6月在石家庄市高新技术产业开发区法院工作,任区人民法院副院长,2005年7月至今任石家庄市中级人民法院副院长。

贾京磊 男,1967年11月出生于赵庄,中共党员,研究生学历、正高职研究员。1989年7月石家庄师专中文系毕业,同年留校在石家庄师专校团委、校党委宣传部工作。1993年2月至1996年4月,石家庄市人事局科员,其间1994年12月中央党校函授学院经济管理专业本科毕业。1996年4月调河北省人事厅工作,历任人事厅办公室副主任科员、宣传科长。2001年1月至2002年3月,任中国人事报刊社河北记者站副站长,副处级。1999年3月至2001年3月带职在天津大学管理科学与工程专业研究生课程进修班学习。2002年3月至2006年2月任河北省自主择业军队转业干部管理中心副主任。2006年2月至2011年2月任河北省军转干部培训中心总支书记(正处级)、挂任中共新河县委常委、其间,2007年7月至2010年5月,带职在河北省委党校研究生班学习毕业,取得研究生学历。2011年2月至2018年8月先后任中共迁西县委副书记、迁西县人民政府代县长、县政府党组书记县长、中共迁西县书记。2018年8月调任新疆维吾尔自治区阿克苏地区地委委员、行署副专员。

胡清水 男,1969年6月出生于赵庄,中共党员,1994年河北大学毕业,2005年清华大学研究生毕业,法律硕士,律师。1994年就职于交通银行河北省分行,历任交通银行河北省分行法律处处长、风险处处长、交通银行石家庄和平东路支行行长、交通银行沧州分行行长,现任省行公司处处长。

张保国 男1970年5月出生于赵庄,大学本科学历,中共党员,2005年部队干部转业到河北省扶贫办公室,曾在平泉县人民政府挂职副县长、滦平县委挂职县委副书记,现任河北省扶贫办公室社会扶贫处副处长。

韩艳华 女,1971年4月5日生人,赵庄籍。赵庄村读完小,藁城一中读初中、高中,石家庄地区中专毕业,自修大学毕业,获学士学位。中共党员。1991年藁城市参加工作,历任丽阳乡共青团书、藁城市司法局公证处主任,现任藁城区委正科级巡察专员。韩艳华工作兢兢业业,多次被评为藁城市优秀共产党员、先进工作者,2016年荣获藁城区委三等功奖励。

蔡立彬 男,1973年出生于赵庄村,1995年毕业于石家庄市委党校,经济管理专业,同年在藁城县南孟镇政府参加工作,1998年加入中国共产党,历任南孟镇党委委员、副镇长,党委副书记,2017年任南孟镇党委委员、镇人大主任,2019年任藁城区兴安镇镇长。

黄志伟 男,1974年5月出生,大学文化,中共党员,赵庄籍人。现任藁城区纪委监委驻藁城经济技术开发区纪检监察组长,正科级。1996年7月毕业于石家庄师范专科学校中文系,1996年6月在学校加入中国共产党,1968年8月到藁城县实验学校任教,2015年12月任藁城区纪委宣传室主任,2017年5月任藁城区纪委宣传部部长,2019年9月至今任藁城区纪委驻藁城经济技术开发区纪检监察组组长。

甄树宁　男，1974 年 2 月出生于原籍河北省藁城区赵庄村，清华大学研究生毕业，中国共产党员，现任河北清华发展研究院院长。1993 年 7 月邢台市第一中学毕业，考上清华大学，在精密仪器系学习。毕业后被保送清华大学经管学院攻读硕士研究生，毕业后留校在科研院工作，担任清华大学科研院副院长兼科研机构管理办公室主任。2022 年 10 月任河北清华发展研究院党支部书记，主持全面工作。2023 年 7 月任河北清华发展研究院院长职务。

甄树宁将带领河北清华发展研究院团队，落实 2023 年 5 月习近平总书记考察石家庄市时指示精神，对接地方政府、重点企业需求，推动科技创新与区域经济发展相结合，为河北经济快速发展和实现高水平科技自立自强贡献力量。

2.文教卫艺领域

赵凤翔　男，1928 年 3 月出生于赵庄，中共党员，高级教师。1948 年北京高中毕业，考入广州黄埔

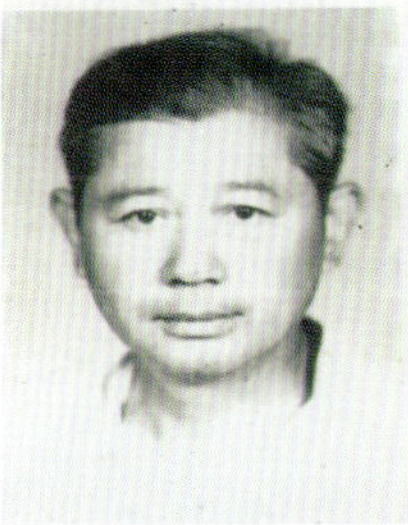

军校，为第二十二期学员，1949 年随学校师生起义。1950 年复员到藁城县北龙宫小学任教，1952 年调藁城一中任教，带职参加河北师范大学数学函授班学习，取得大学数学专科毕业证书。长期担任藁城中学数学教研组长，至 1988 年退休。他在藁城中学耕耘近 40 年，深得广大师生赞誉，德高望重。他的毛笔楷书很有功力，是书法知名人士，二十世纪八九十年代，藁城机关单位、商业门店不少牌匾由其书写。

杨淑贞　女，1928 年 5 月出生于天津，唐山师专

毕业，大专文化，中共党员。与赵凤翔结婚后 1951 年来到藁城。先后在北龙宫小学、木连城完小、南营中学、九门中学、赵庄中学任教，曾任木连城完小校长、南营中学负责人。60 年代调入藁城中学任教，中学高级教师。60 年代起，以民主人士身份先后数届担任藁城县人大常委会常委、藁城政协常委，后加入中国共产党。杨淑贞一生任教，深受学生爱戴。

郭中学　男，1937 年 10 月出生于赵庄，毕业于河北北京师范学院，中共党员，中学高级教师，曾任藁城(南董)职业中学校长、党支部书记，荣获“全国职业技术教育先进工作者”称号。1997 年退休。

黄成言　男，1940 年 10 月 20 日出生于赵庄村，高中文化，热心教育事业。1962 年参与村耕读小学组建，并任民办教师。1965 年 11 月参与组建赵庄农中，任农中民办教师。1976 年至 2000 年 12 月，在赵庄中学任教，1995 年转为国家正式教师，2001 年退休。退休后热心公益事业，为乡亲们操办红白喜事，也调解民事纠纷，深受村民好评。2014 年参加《赵庄志》编修工作，历时 5 年，贡献良多。

李志欣　男，1946 年 6 月出生于赵庄村，大专学历，中学高级教师，长期在赵庄中学任教。2006 年退休。

李福田　男，1948 年 2 月出生于赵庄，中共党员，大专学历，中学高级教师，先后在赵庄小学、初中、高中任教，历任教师，赵庄小学校长、张家庄乡中校长、赵庄中学校长。2008 年退休。2014 年参加《赵庄志》编写工作，尽心竭力，细致周到。

郭文利　男，1949 年 6 月出生于赵庄，大专学历、中共党员，中学高级教师。1975 年参加工作，先后在赵庄高中、藁城中学、南董职中任教，曾担任南董职中教导主任。2009 年退休。

贾新江 男,1954 年 12 月出生于赵庄,高中文化。师从著名书法家,历经苦练,成为知名书法家,楷书很有功力。现任藁城区书法家协会副会长、藁城区群英书法家协会会长。

韩文惠 男,1961 年 1 月 4 日出生于赵庄,1980 年河北师范大学物理系本科毕业, 研究生学历,中共党员。1980 年至今在河北正定中学工作,物理高级教师,历任物理教研组长、教务处副主任、办公室主任、副校长、党委委员。

辛换生 男,1960 年 6 月出生于华北药厂, 祖籍河北省石家庄市藁城区张家庄镇赵庄村,大学文化,农工党党员。现任石家庄工程职业学院董事长, 兼任中国航空学会理事、河北省 AOPA 协会副理事长。1984 年 6 月毕业于河北大学中文系。1984 年 8 月至 1988 年 7 月任石家庄市汽车运输六队大理石厂副厂长,2001 年 3 月至今任石家庄工程职业学院董事长。

黄计霞 男,1962 年 11 月出生于赵庄。高中毕业后进入艺术专门学校进修,1985 年获得中国国画专业学历,2001 年移居北京,现为中国国家美术院会员,中日韩经济发展协会书画专业委员会会员,河北省美术家协会会员,石家庄美术家协会会员。

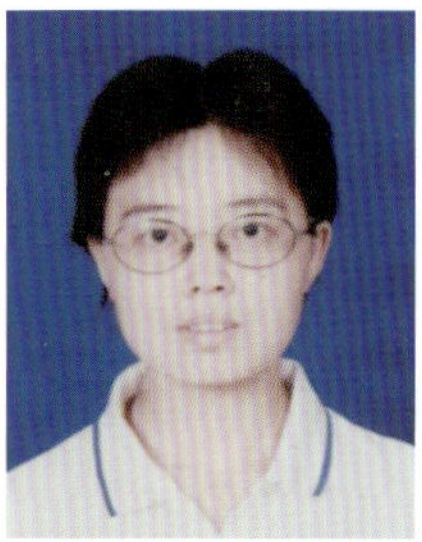

赵瑞宏 女,1971 年 8 月出生于藁城, 系赵凤翔与杨淑贞之女,毕业于河北师范大学,学士学位,在藁城一中任教,中学高级教师。

张昆童 男,1963 年 6 月出生于赵庄, 毕业于河北师范大学, 毕业后就职于藁城一中,中学高级教师,现任藁城一中副教导主任。

郭立稳 男,1964 年 4 月出生于赵庄,1986 年重庆大学毕业,1999 年 6 月中国矿业大学研究生毕业,获博士学位。中共党员。现任华北理工大学党委副书记。1986 年 7 月参加工作,1986 年 7 月至 1998 年 6 月,任河北煤炭建筑工程学院教师;1998 年 6 月至 2001 年 1 月, 任河北理工学院资源与环境系副教授;2001 年 1 月至 2003 年 6 月河北理工学院教授;2003 年 6 月至 2004 年 6 月,澳大利亚卧龙岗大学工程学院访问学者;2004 年 6 月至 2010 年 12 月, 任河北理工大学资源与环境学院院长;2010 年 12 月至 2012 年 12 月, 任河北联合大学科技处处长;2012 年 12 月至 2019 年 5 月,任华北航天工业学院副校长;2019 年 5 月至今,任华北理工大学党委副书记。

刘 达 男,1964 年 11 月出生于赵庄,本科学历,会计师职称。1990 年河北农业大学毕业留校工作,现任河北农业大学财务处副处长。

甄成刚 男,1964 年 11 月 8 日出生于赵庄。大学文化,华北电力大学热能动力博士,华北电力大学教授。2004–2006 年曾在太原理工大学机械电子技术博士后流动工作站工作。

陈会震 男,1965 年出生于赵庄,河北大学本科毕业,中共党员,毕业后在河北经贸大学任教,现为大学教授,任成人教育科长。

张铜钢 男,1965 年出生于赵庄,毕业于四川绵阳西南科技大学,本科学历,正教授,中共党员,现任唐山理工学院装备制造系主任。

李　志　男，1968 年出生，赵庄村人，本科学历，副教授职称，现在石家庄市女子干部学校任教。

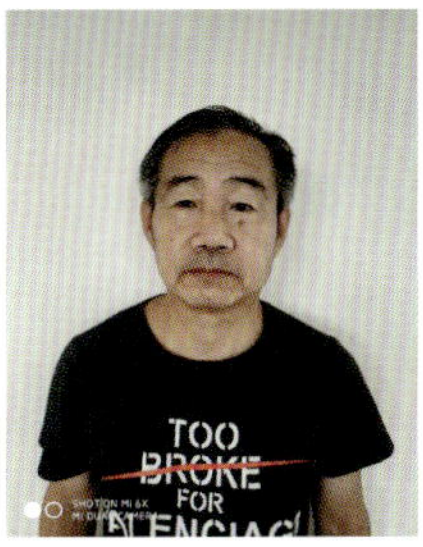

黄计华　男，1969 年 5 月出生于赵庄，本科学历，中学高级教师，参加工作后先后在赵庄小学、赵庄中学任教，现在张家庄镇中学任教。

王素芳　女，1969 年 5 月出生于赵庄村，大学本科学历，中学高级教师，先后在赵庄中学、张家庄镇中学任教。

李瑞奇　男，1969 年 9 月出生于赵庄，中共党员，1994 年毕业于河北农业大学，留校任教。工作期间，先后获得农学硕士、博士学位，河北省优秀教师。曾任河北农业大学教务处办公室主任、农学院业务副院长。现任河北农业大学农学院院长，作物学教授，博士研究生导师，农学院学位分委员会主席。兼任农业农村部小麦专家指导组专家、教育部高等学校种子科学与工程专业据教学指导委员会委员、中国作物学会理事、作物栽培委员会小麦学组副组长、河北省作物学会副理事长、国家小麦产业技术体系保定综合实验站站长。主要从事作物抗逆高产、资源高效栽培生理和分子生物学研究与教学工作。主讲博士研究生“作物生理生态学”、硕士研究生“作物高产理论与实践”、本科生“作物栽培学”等专业(学位)主干课程。先后主持完成国家科技支撑计划、国家现代农业产业发展计划、河北省自然科学基金、河北省农业技术开发转化项目等一批科研课题。在《PLOSONE》《中国农业科学》《植物遗传资源学报》《麦类作物学报》等国内外主流期刊发表学术论文 70 余篇。获得国家科技进步二等奖 1 项、河北省科技进步奖一等奖 3 项、河北省教学成果二等奖 1 项。

郭彦欣　女，1972 年出生于赵庄，毕业于河北师范大学，中学高级教师，现在藁城一中任教。

李咏梅　女，1973 年出生，原籍黄庄村，和蔡立彬结婚。本科学历，学士学位，中小学一级教师，现任石家庄市藁城区北街小学校长 1995 年毕业后在北街小学任教，先后任北街小学少先大队辅导员、教导主任、教学副校长等职务。2017 年起任北街小学校长。曾获全国优质课评比一等奖、石家庄市学科能手、石家庄市三八红旗手、石家庄市优秀德育工作者，藁城区优秀教育工作者、藁城区优秀德育工作者，多次获得藁城区优秀教师等称号。

担任校长以来，始终秉承“以爱育美，成就最美”的办学理念，提出了“培养具有中国情怀的至美少年”的育人目标，用“让世界因我而美丽”的学校文化引领学校特色发展，围绕“建设美的校园、构建美德课程、营造美的课堂、培养美的教师、培育美的学生”五个维度，营造“有人性、有温度、有故事、有美感”的学校生态。

韩艳芳　女，1974 年 7 月出生于赵庄，1998 年天津科技大学毕业，2002 年河北工业大学硕士研究生毕业，2003 年上海交通大学博士研究生毕业，2006 年至今任上海理工大学光电学院讲师。

胡书堂　男，1974 年出生于赵庄，研究生学历，中共党员，先后在藁城市大丰化中学、陈家庄职教中心任教。后担任廉州镇四中校长、南董镇中心校长、南董职业中学校长。

张彦平　女，1975 年 12 月出生于赵庄，1999 年毕业于河北师范大学，本科学历，中学高级教师，现在河北师大附中任教。

蔡迢阳 男，1983年7月出生，赵庄籍人。河北师范大学副教授，硕士生导师。2005年6月加入中国共产党。大学毕业，2014年5月获东北大学工学博士学位，随后入职河北师范大学从事高等教育工作，现任河北师范大学职业技术学院电气工程教研室主任、党支部书记。在控制科学与工程相关领域发表学术论文20余篇。还承担国家自然科学基金青年项目1项、河北教育厅青年基金1项，参与国家/省部级课题多项，并取得成果。

贾立龙 男，1986年6月16日出生，原籍赵庄。2012年7月辽宁中医药大学研究生毕业，中共党员，2010年12月至2012年7月在辽宁省中医院心血管科实习。2012年12月至2013年12月，在香港大学李嘉诚医学院医学微生物系任2级助理研究员。2013年12月至2015年6月，在香港大学李嘉诚医学院医学微生物系任1级助理研究员。2015年7月至今，任香港大学李嘉诚医学院医学微生物系助理研究官。

贾文学 男，1991年6月出生，赵庄村人，毕业于成都科技大学，专科学历，副教授职称，现在石家庄铁路医学院任教。

3.企业事业部门

贾占英 女1937年4月14日出生于赵庄，和本村胡振纲结婚。1964年毕业于河北医科大学，大学毕业后在北京医学院三院工作，医生。后调入北京中央民族大学附属医院，主任医师。

胡振纲 男，1938年8月19日出生于赵庄。1959年毕业于华北第六工业学院，毕业后分配到第一机械工业部任技术员、苏联专家秘书。1964年调航天工业部第一研究院15所工作，工程师。1987年7月1日加入中国共产党。1993年为正处级高级工程师。并长期担任中国运载火箭研究院的高级工程师，业绩颇多，主持本业务口较大项目、课题十多项，通过国家级鉴定、验收、推广的有两项。获院级奖励两项次，获部级二等成果奖一次。个人获部级荣誉证书三次。硬笔书法作品获《中国运载火箭技术研究院建院三十五周年》书法二等奖；《改革前后话沧桑》获航空航天报社《长峰杯宏伟的事业》征文一等奖；被新长征民族文化艺术传播中心聘为客座教授。硬笔书法作品被该中心鉴定为精品。

李金堂 男1947年8月出生于赵庄，中专文化，中共党员，工程师。入伍服役，后提任连职干部。1984年转业到石家庄地区农机公司，任科长，2007年退休。

卢小全 男，1950年9月出生于赵庄，初中文化，中共党员，1971年入伍服役，后提任昆明军区招待所副所长，1986年转业到河北省委接待处，历任科长、白楼宾馆副总经理、常务副总经理，正处级，2010年退休。

张宝魁 男，1962年11月出生于赵庄，大学本科学历，中共党员，高级政工师，历任中国石油二连油田工会副主席、河北石油销售公司总经理办公室主任、河北石家庄销售公司书记、河北销售公司审计监察处处长，现任河北销售公司专职董事。

陈会状 男，1963年出生于赵庄，1985年承德师专毕业，中共党员，就职于河北省医科大学附属第二医院，现任院科研办公室副主任。

甄玉山 男，1965年出生，赵庄籍人。1987年10月北京化工大学毕业，硕士研究生，中共党员。就职于北京航天研究所，工程师。

韩晓峰 男,1969 年 2 月 1 日出生于赵庄,1978 年 9 月随父母迁居山西省阳泉市。1990 年毕业于山西省阳泉市煤炭专科学校,大学文化,中共党员,会计师职称。1990 年在山西省阳泉市南庄煤矿参加工作,历任矿财务科会计、副科长,南庄煤炭集团有限公司审计处副处长、南煤龙川发电有限公司财务负责人、副总经济师,南煤集团财务处处长、经营管理处处长,现任阳泉市南庄煤炭集团副总会计师。

韩华锋 男,1969 年 4 月 5 日出生于赵庄。1991 年 7 月毕业于河北省（张家口）建筑工程学院,本科、工学学士学位。1994 年 12 月加入中国共产党,2003 年 7 月华北电力大学毕业，获管理学学士学位。2013 年 9 月至 2014 年 12 月香港科技大学工商管理硕士研究生毕业。正高级工程师,现读东北大学结构工程博士。1991 年 7 月毕业后进入河北省电力建设第二工程公司工作,历任技术员、专责工程师、工地主任、项目副经理等职。2003 年被聘入国电电力总公司大同发电公司工作,任工程部副主任、督导办主任。2005 年调入国电电力公司工程建设部工作,任业务副经理、经理。2006 年 12 月调国电电力兴城风电公司,任执行董事兼总经理,组建国电第一个风电公司。2009 年 8 月调至张家口市国电电力河北新能源公司,任执行董事、总经理、党委副书记。获得全国第一个风电企业安全标准化企业，组织建设的崇礼风电场荣获国家优质工程奖。2014 年 12 月，调任国电宁夏方家庄发电厂筹建处主任，同年 9 月成立国电浙能宁东发电有限公司，任公司董事兼总经理、党委副书记,建成为世界单机容量最大的间接空冷燃煤发电机组。任国电浙能宁东发电有限公司党委书记兼董事长(正处级)。现任国家能源集团湖南电力有限公司党委委员、副总经理、总法律顾问,副厅级。

韩国杰 男,1971 年 11 月 4 日出生于赵庄,1992 年 7 月毕业于北方交通大学，专科,1998 年 5 月加入中国共产党,1993 年 8 月在北京铁路局十佳专科语段参加工作,经济师,历任见习生、劳资科经济员、助理经济师、经济师、石广车队副队长、劳人科副科长、劳人科长等职。

韩云峰 男,1974 年 6 月 24 日出生于赵庄,先后就读于赵庄小学、藁城县实验小学、藁城市工业路子弟学校初中、藁城一中。1997 年 7 月从河北科技大学自动化专业毕业，本科学历，获学士学位。河北科技大学控制工程硕士。中共党员、高级工程师、注册监理工程师、注册造价师、注册建造师。1997 年 7 月毕业后分配到河北电建二公司工作,任技术员。后调到河北兴源监理公司,任项目副总监、总监理工程师等职。2007 年 5 月应聘到中国国电北京龙源冷却技术有限公司,先后担任项目经理、设备部经理、计划部经理、总经理助理、项目中心副总经理等职。2017 年 9 月,调至国家能源集团国电龙源节能技术有限公司,2018 年 3 月，调入国家能源集团北京国电蓝天节能科技开发有限公司,任副总经理。

穆云杰 男，汉族,1976 年 1 月出生,赵庄籍。中国传媒大学毕业,中共党员。1998 年 7 月在河北经济日报社参加工作,先后在总编室、石家庄记者站、河北经济日报《市场周刊》、新闻编务中心、新闻出版部门从事采编工作,获得国家新闻出版广电总局颁发的新闻记者证，采编的稿件中,6 篇作品荣获河北新闻奖。多次获报社先进工作者称号。现任河北经济日报社新闻出版部副主任(副处级)、河北省委宣传部“e 观沧海”微信公众号编委。

石家庄记者站工作期间,采写了《农改超:吹皱一池春水》《配送：架起蔬菜产销桥梁》等一批反映驻地经济社会发展的稿件，受到有关部门的肯定。2004年作为省委驻张家口市推进农村小康建设宣讲团成员，成绩显著，获得张家口市“优秀宣讲干部”称号；2012年被聘为河北新闻学院新闻讲师；2015年参与了河北省“十二五”规划中期评估、河北省“十二五”规划中期重大课题研究、河北省“十三五”规划等文件的政治把关和文字整理工作。

李佳臻 女，1977年5月18日出生于江苏省丰县，1999年7月毕业于中国青年政治学院，2003年7月法学硕士，毕业于中国政法大学。曾在江苏省徐州市中级人民法院工作。现就职于中关村数字文化产业联盟，任副理事长兼秘书长。任中国民盟北京市委委员。

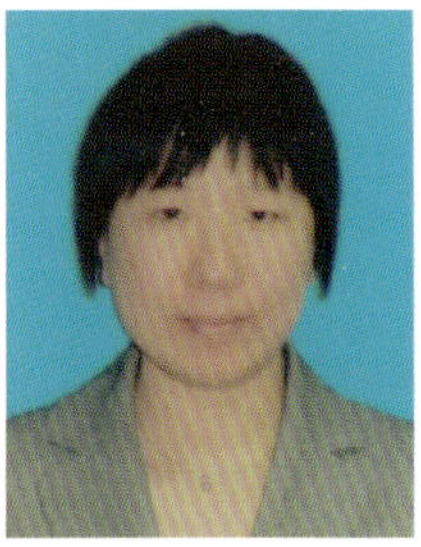

黄君冉 女，1978年9月24日出生于赵庄村，2002年毕业于河北农业大学，1999年12月加入中国共产党。2006年河北农业大学研究生毕业，2006年7月在浙江大学攻读博士学位，2010年3月获得博士学位。在《亚洲化学》《分析化学》等国内外专业期刊上发表学术论文十余篇。2011年进入中国科学院生态环境研究中心博士后流动站开展科学研究工作，于2011年获得中科院生态环境研究中心博士后考核优秀奖。现就职于北京顺鑫控股集团有限公司。

4.军警干部

黄成换 男，1933年出生于原籍赵庄，1950年从西北干部培训班参军，即出国参加抗美援朝战争，立有战功，升任营长。转业后任唐山地质大队大队长。1993年退休。

李凤喜 男，1934年2月14日出生于原籍赵庄，中共党员。1950年16岁的李凤喜参军，参军后参加了抗美援朝战争，作战勇敢，屡立战功，先后担任志愿军某团排长、连长、营长、独立团团长。抗美援朝回国后转业到湖北省武汉市，任某服务公司党委书记。1995年退休，现在家颐养天年。

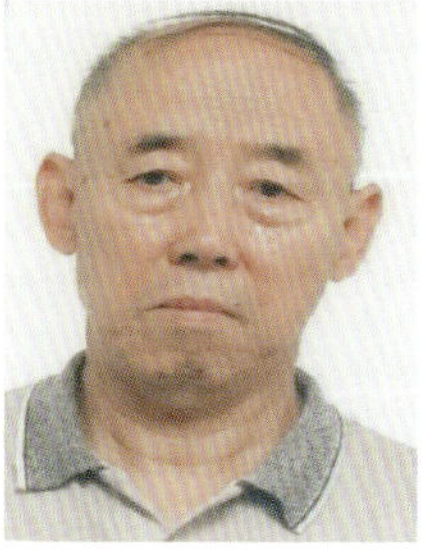

张庆元 男，1939年10月26日出生于赵庄，高小文化。曾担任第22生产队副队长。1962年7月加入中国共产党。1958年11月28日入伍参军，入伍后成为某团部战士，先后担任某团二营通讯班长、排长。1964年4月石家庄步兵学校学习，1964年5月至1966年11月，先后任某团五连三排排长、五连副指导员、五连连长。1969年10月晋升为某团二营副教导员，1971年2月担任某团政治处副主任，1979年12月担任某团副团长，至1982年转业。1982年3月至1983年11月任商业部储备库6770管理处处长，兼任党支部书记。1983年11月至1993年6月担任河北省百货公司办公室主任，1993年6月至1999年9月担任华联商厦后勤处书记。1999年9月退休后颐养天年。张庆元一生忠于党和人民。1961年6月参加西藏平叛作战，负责电台通讯工作，不畏艰险，圆满完成任务。

韩　银 男，1942年10月出生于赵庄村，高小文化，1960年1月1日参军，1966年7月加入共产党，1967年出国抗美援越，历时14个月。援越回国编入二炮部队(现火箭部队)。在部队历任排长、连副指导员、指导员、营副教导员。1978年9月转业到山西省阳泉市南庄煤矿，先后任组织部部长、工会主席。定居于阳泉市，2003年退休，颐养天年。

李东元 男，1942年10月出生于原籍赵庄，初中文化，1962年6月参军，1964年5月加入中国共产党，在沈阳军区某军某师某团3营炮连先后任战士、文书、班长、排长、副连长、连长之职，1976年转业地方，先后在藁城县南营公社任公安员、化肥厂及葡萄糖厂工作，2000年12月退休。

黄计保　男，1954 年出生于赵庄，初中毕业，1972 年 12 月 24 日入伍，1975 年入党。入伍后，先在某炮团四营 11 连、团部工作。后到总后运输工程学院学习，取得中专文凭，提升为副营级教官。1990 年转业至藁城市医药公司总务、市人大司机，1995 年调藁城市公安局交警大队工作，2014 年退休。

李建芬　女，1969 年出生于赵庄，1987 年 12 月入伍，中共党员，现任河北省消防总队培训基地主管技师，技师 8 级，副团级别。

甄　震　男，1978 年 1 月 5 日出生于赵庄，1998 年毕业于山东济南空军工程学院，1996 年在校加入中国共产党，毕业后入伍空军，属山东军区，后调入北京军区，现任广州军区空军某装备部大校处长。

5.村党政干部

高连升　男，1936 年 8 月 14 日出生于赵庄，高小文化，1966 年加入中共党员。1958 年参加工作，是新疆铁路工人。1969 年以来，长期在村委会、党支部担任领导工作。1969 年、1983 年 1 月至 1993 年 12 月，两度担任村委副主任(副大队长、副村长)，1971 年、1973 年至 1982 年担任村委委员，1986 年、1988 年至 1993 年两度兼任村党支部副书记。二十多年的村干部生涯中，恪尽职守，廉洁奉公，尽心尽力为村民办事。2014 年 8 月，参加《赵庄志》编修工作，历时五年，兢兢业业、认真负责。

戴庚寅　男，1937 年 11 月 7 日出生于赵庄，中共党员、高中文化。1958 年参军、1968 年转业回村，1971 年 1 月至 1984 年 12 月，担任村民兵连长 14 年，对工作认真负责，为培养村内青年、民兵建设和村内治安，做出了贡献。2014 年参加《赵庄志》编辑工作，认真负责，不辞辛劳。

张振义　男，1940 年农历八月初五出生于赵庄，1954 年赵庄完小，1965 年 9 月加入中国共产党。曾在大队担任电工、电工队长。1965 年“四清”运动任大队贫协会主席。1965 年担任大队党支部委员，1966 年 6 月至 1971 年担任村大队党支部书记。其间，带领村民填平了数条道沟，重新均衡了各生产队耕地数量，因平整道沟，增加耕地 110 余亩，在村东北建立了村集体农场。1971 年至 1977 年担任村农场主任。为集体事业尽职尽责。

李福庆　男，1944 年 9 月 1 日出生于赵庄，1962 年藁城中学初中毕业，中共党员，一生主要在村内担任领导干部，1984 年至 1985 年、1999 年至 2005 年两度担任村(大队)党总支部书记，1977 年至 1983 年担任大队长。李福庆任支部书记期间，新打吃水井 5 眼，保证边远村民全部用上自来水。完成东、西、北三面围村路和村内主干路修整硬化，总面积约 3.5 万平方米，还组织修建文化中心、安装路灯，上变压器等公共设施建设。李福庆任职支书记期间，多次被评为“先进基层党支部”“双文明建设先进村”。

郭素珍　女，1952 年 10 月 27 出生于北贾同村，结婚到赵庄，初中文化，中共党员。自 1987 年 1 月至 2018 年 7 月担任村党总支部委员、妇女主任 31 年，工作踏实肯干，认真负责，深受村民好评。

贾占山　男，1959 年 12 月 20 日生于赵庄，初中文化，中共党员。1988 年 1 月至 1988 年 6 月担任村委主任(村长)，村党支部成员。

甄院生 男，1959年2月16日出生于赵庄，高中文化，中共党员。1991年至1998年，担任村民兵连长兼秘书；2000年至2008年，担任村委主任（村长），在村委会任党支部副书记、村委成员至今。

黄建会 男，1966年8月12日出生于赵庄，大专文化，1986年8月加入共产党。出校门即到村委会工作，1985年3月至1990年6月，先后担任村委秘书、民调主任、团书、民兵连长、党总支组织宣传委员、第二分支书记。1997年4月至2006年4月，任村委秘书、团书、民兵连长、党总支组、宣检委员，兼第二分支书记。2006年3月当选为藁城市第五届党代会代表。2006年4月当选赵庄村党总支书记，至2019年连续五届担任村党总支部书记。为藁城市第五届、第六届人大代表。为村内主要道路硬化，修建出村三条公路、自来水打井改造、东西大街拓宽硬化、村内广场建设等重大民生工程、公用设施建设和经济发展，为两个文明建设做出了突出贡献。2007年2月，赵庄党总支被藁城市委授予2006年度“突出进步基层党组织”奖；2007年6月，被市委授予“优秀党务工作者”荣誉称号；2008年3月、2010年3月，被市委授予2007年度、2009年度“一好双强党支部书记”称号；2009年2月，村党支部被市委授予2008年度“红旗党支部”；2009年2月，赵庄村被藁城市委市政府授予2008年度“生态文明创建先进村”；2009年2月、2010年3月、2013年3月，先后被市人大授予“优秀人大代表建议奖”“优秀人大代表”称号；2010年至2014年，连续被市委授予“优秀党务工作者”“优秀党支部、优秀党员干部”“红旗农村党支部”称号；2013年4月被市委市政府授予“党风廉政建设先进单位”。

韩书贵 男，1971年9月4日出生于赵庄，高中文化，中共党员，藁城区政协委员。2009年至2019年担任村委会主任。任职期间，除日常工作外，为村内主要道路硬化、自来水打井改造、村西南公路大修等民生工程做出了努力。

5.名人简介

石　勇 现任国务院参事，民建中央委员，发展中国家科学院院士、国际欧亚科学院院士，中国科学院虚拟经济与数据科学研究中心主任、中国科学院大学经济与管理学院副院长、中关村数字文化产业联盟理事长。

刘　坚 一九四四年九月生于江苏省南通市，现任全国农业科技创业创新联盟、全国乡村文化产业创新联盟主席、中央国家机关美术家协会艺术顾问，中国书法家协会会员，曾任国务院参事、国务院扶贫办主任、农业部副部长、江苏省副省长、文化部中国艺术研究院特约研究员等职务。

书法追求水墨气、金石味、天趣意、韵律感、多变化、不逾矩，绘画作品飘逸自如，恬淡幽远，继承和弘扬了中国传统文人画的风格，并积极探索焦墨写意画，力求在坚持传统的基础上，融入现代生活，有所创新。作品多次参加国家级书画展，在北京、湖南、山东、江苏、上海、贵州、深圳、甘肃、新疆等多地举办书画展览，并被国内外使馆和博物馆收藏。

第三节　赵庄籍烈士、残疾军人名录

一、烈士名录

抗日战争时期、解放战争时期、社会主义建设时期，赵庄涌现出许多为国牺牲的烈士、为国负伤的人员（以牺牲、负伤时间为序）。

抗日战争、解放战争、社会主义建设时期赵庄籍为国牺牲烈士一览表

表 27-1

姓名	出生年	参军年	牺牲年月	生前职务	籍贯
张三珠	1912	1937	1941	副连长	赵庄
黄黑仁	1919	1938	1941	战士	赵庄
张书忠	1921	1939	1942	战士	赵庄
张臭货	1918	1939	1948	战士	赵庄
胡凤德	1915	1936	1943	战士	赵庄
甄元喜	1926	1943	1944	战士	赵庄
甄造保	1923	1938	1945.04	民兵	赵庄
张小乱	1926	1944	1945.03	战士	赵庄
甄文山	1922	1946	1947	战士	赵庄
甄老笨	1917	1946	1947	战士	赵庄
张春祥	1926	1942	1948.03	班长	赵庄
贾文学	1912	1946	1948	排长	赵庄
张贵成		1942	1949	副连长	赵庄
张二福	1921	1947	1948	战士	赵庄
刘兵海	1940	1958	1960	班长	赵庄

二、英烈传略

张臭货 男,1918年出生于赵庄，贫苦人家出身。他身材魁梧,人品端正,和睦乡里,好打抱不平,反抗国民党反动政府统治,视日军为仇敌。1939年就参加革命,在共产党领导的当地游击小组打击敌人。日伪统治时期，多次参加破坏日伪把持的铁路、公路。1942年随部队转移到邢台地区与日伪作战,一次执行任务途中被日军发觉,敌人用机枪扫射,张臭货不幸中弹牺牲,年仅24岁,遗有贤妻甄丑姐、幼女张俊兰。1950年,烈士遗骸运回安葬入祖茔。

张小乱 又名张焕德，男,1926年出生于赵庄村。自幼家境贫寒,靠父辈给地主做长工维持生计,本人十几岁就开始给地主扛活。为改变命运,想方设法学识字,思想进步。日军侵占家乡后,积极参加抗日活动,后加入村抗日游击小组,多次参加破坏日伪铁路、公路,搜集情报,配合县大队寻机打击敌人,1946年4月不幸被敌人抓住，威武不屈，当年4月14日晚被敌人杀害,年仅21岁。

甄造保 男,1923年生于赵庄村人，中共党员，抗日战争时期民兵骨干，在党支部领导贾洛凤的领导下做地下工作,开展对敌斗争。1945年抗日战争胜利后，国民党进驻赵庄,1946年被敌人密探报告,暴露身份被敌人逮捕。,1946年4月,牺牲于赵庄东南门袼褙厂附近。

甄老笨 男,1917年出生于赵庄。自幼随父亲甄小多务农,冬闲时纺线织布。日军侵占赵庄后社会动乱,父亲怕甄老笨遇到危险,限制其晚上出门。他偷偷跑出去参加了国民党部队,1946年被解放军收编,成为一名解放军战士,作战勇敢。1947年清风店战役牺牲于望都,时年30岁。

张春祥 男,1926年生于赵庄村，抗日战争时期,在中共赵庄党支部领导下,积极参加抗日活动。1942年参加八路军,作战勇敢,任八路军班长。抗日战争结束后,转为解放军,1948年3月1日在解放徐水战斗中牺牲,年仅22岁。

三、残疾军人

赵庄残疾军人一览表

表 27-2

姓名	参军年月	伤残时间地点	残废等级	退伍时间	部队职务
甄成保	1945	1947年霸县	三等乙级	1948	战士
张凤山	1948	1949年陕西	三等甲级	1949	战士
韩志国	1948	1949年兰州	三等乙级	1950	战士
黄存礼	1947	1950年海洋	三等乙级	1963	副连长
甄梦壁	1949	1953年援朝	三等甲级	1953	战士

《赵庄志》编纂委员会、编辑成员

《赵庄志》编纂委员会成员一览表

表 27–3

编委职务	姓　名	性别	政治面目	党 政职务	籍　贯
名誉主任	刘栋侠	男	中共党员	张家庄镇党委书记	藁城韩家洼村
名誉副主任	张书清	男	中共党员	张家庄镇镇长	藁城区桥板村
编委主任	黄建会	男	中共党员	赵庄村党总支书记	藁城区赵庄村
编委副主任	韩银福	男	中共党员	藁城农机局长退休	藁城区赵庄村
编委副主任	韩书贵	男	中共党员	赵庄村委会主任	藁城区赵庄村
编委委员	李福田	男	中共党员	国办中学校长退休	藁城区赵庄村
编委委员	甄院生	男	中共党员	村党总支副书记	藁城区赵庄村
编委委员	黄成言	男	群众	国办中学教师退休	藁城区赵庄村
编委委员	高连升	男	中共党员	村卸任老干部	藁城区赵庄村
编委委员	戴庚寅	男	中共党员	村卸任老干部	藁城区赵庄村
编委委员	张永强	男	中共党员	村党总支部委员	藁城区赵庄村
编委委员	辛冬至	男	中共党员	村委委员	藁城区赵庄村
编委委员	李永强	男	中共党员	村民	藁城区赵庄村

《赵庄志》编辑人员一览表

表 27–4

编委职务	姓　名	性别	政治面目	党 政职务	籍　贯
主编	韩银福	男	中共党员	退休藁城农机局长	藁城区赵庄村
副主编	李福田	男	中共党员	国办中学校长退休	藁城区赵庄村
副主编	鲍建位	男	中共党员	岗上镇副书记退休	藁城区赵庄村
编辑	黄成言	男	群众	国办中学教员退休	藁城区赵庄村
编辑	高连升	男	中共党员	村卸任老干部	藁城区赵庄村
编辑	戴庚寅	男	中共党员	村卸任老干部	藁城区赵庄村
特约编辑	郭凤岐	男	中共党员	天津市委退休干部	藁城区赵庄村
编辑顾问	米志科	男	中共党员	藁城区志办主任	藁城区西里村
封面插图	李永强	男	中共党员	村民	藁城区赵庄村

附录之一

为《赵庄志》捐款企业简介

河北天晖建筑工程有限公司

河北天晖房地产开发有限公司企业法人：甄文平

公司法定代表人：甄文平，男，现年50岁，赵庄籍人。注册资本：人民币5000万元，工民建筑工程二级资质，公司地址：石家庄市井陉矿区。

公司前身是《藁城县赵庄村井陉建筑队》，成立于1968年，由甄文平父亲甄凤鸣经营管理。1995年甄文平和其兄甄文江接手经营管理。二人同心协力，科学管理，安全质量第一，客户至上，诚信守法，企业不断发展壮大。2001年与其他两个法人单位合资成立《河北省石家庄市三联建筑工程有限公司》，2019年1月弟兄二人自行成立《河北天晖建筑工程有限公司》。经过50余年的艰苦奋斗，克艰前进，发展成为建筑工程行业信誉卓著的大型企业。目前公司拥有固定资产近亿元，高、中、初级工程技术及管理人员160余人，各种建筑工程机械、挖掘运输机械齐全，能够独立承揽大型综合商场、大学、社区、综合办公楼、医院、厂房等的建筑施工。目前，年能够完成30000平方米建筑工程，实现8000余万产值，上缴国家税金1000余万元。

五十余年来，公司秉持“用户至上，质量第一，绩效一致，诚信守法”的经营理念，承揽建筑了矿区诸如新王舍佳城花园、清凉山住宅小区、汇景家苑、水木清华、区政府办公大楼、矿区医院、矿区中学、矿区商场等绝大部分重大建筑工程，每项工程都是优良工程，被矿区政府授予“优质工程奖”。连年被省、市工商税务部门评定为“重合同守信用先进单位”。该公司还承揽了石家庄市其他各区及清河县、井陉县不少建筑工程。法人代表甄文平被选举为矿区人大代表。

成功案例——建设井陉矿区政府办公楼

该公司热心公益事业。2008年主动支援四川汶川地震后重建工作，圆满地完成了一座500余平方米的办公楼建设。甄文平、甄文江热爱家乡，热心公益，捐款支持编纂《赵庄志》，支持家乡文化建设。甄文平、甄文江弟兄二人文化不高，刻苦学习，不畏艰险，勇于攀登，从一个名不见经传的村级建筑队，发展成为建筑行业的知名企业，爱国爱家，诚信大义，其精神值得乡亲们赞赏，值得年青一代学习。

河北天晖房地产开发有限公司——荣获河北省企业AAA级单位

河北正盛房地产开发有限责任公司

培英中学董事长:张破胡

公司法定代表人张破胡,现年59岁,中共党员,初中文化,赵庄籍人。公司注册资本2000万元,工民建筑工程二级资质,公司住址:正定县城内。

培英中学大门

张破胡16岁到藁城赵庄井陉建筑队打工,工作中学习钻研建筑工程技术。1987年到正定县二建公司当技术员。1989年开始独立经营建筑工程队,2014年成立“河北正盛房地产开发有限责任公司”,任董事长兼总经理。公司经营理念是:服务用户,质量第一,诚信守法,绩效发展。在正定县先后承揽建筑水文所大楼、电力局大楼、正定中学图书馆、正定师范图书馆、石油三处办公楼等十几处重要建筑物,均被省有关部门评定为优质。公司发展成为大型建筑企业,张破胡也成为正定建筑行业的领军人物。

张破胡经营建筑行业有了原始积累后, 并不满足只搞建筑行业,2005年投资发展教育事业,在正定城内成立民办“正定培英中学”,自任董事长。学校占地50余亩,教学办公楼7500余平方米,教职员工60余人,初中一、二、三年级共18个班,在校学生近千人。办学十五年来,注重学生德智体美全面发展,每年初中毕业生升入重点高中的人数达30%以上,升学率在石家庄市范围内名列前茅, 多次受到上级教育部门的表彰和奖励。

培英中学校内一角

张破胡热爱家乡,支持家乡的经济建设。捐款支持编纂《赵庄志》,支持家县文化建设。勤劳致富,不忘家乡,记住乡愁,值得赞赏。

石家庄市贝安特机械制造有限公司

贝安特机械制造有限公司法定代表人:鲍建山

公司董事长保鲍建山,男,现年46岁,高中文化,赵庄籍人。

该公司是一家以优质产品、高效服务著称的高科技企业。公司成立于2003年,厂址位于藁城区张家庄镇三邱村西南。厂房面积16000余平米,工程技术人员、职工近百人。公司主要从事电厂吊挂装置和精密铸件的生产安装工作。2010年承揽石家庄鹿华热电厂吊挂装置,有吊架、吊杆,有35#钢,12cr1mov,产量400吨;2015年3月承揽廊坊热电厂吊挂装置,有吊架、吊杆,有35#钢,12cr1mov、ocr18ni9,产量400吨,7月1日完工交付安装;803吊挂装置,托克托吊挂装置,10月15日交付安装,年产量3000吨。2010年至今一直生产锅炉人孔门及附件。

该公司现有石油配件、汽车悬挂系流配件、矿山配件、辅助运输配件,卡规车、猴车、紧固系列、锅炉配件等50余种产品,拥有较完备的固井工具产品系列。

该公司坚持开拓创新精神,研究开发新技术,开发石油机械配件、扶正器等新产品,获得了跨越式的发展,在国内有较高的知名度,深受广大用户的好评。

董事长鲍建山热爱家乡,支持家乡经济建设,热心公益事业,主动捐款支持《赵庄志》编修印制工作,值得赞赏。

贝安特机械制造有限公司

藁城区恒爱养老院

恒爱养老院总经理：戴永华

法定代表人戴永华，男，中共党员，高中文化，赵庄籍人。

养老院位于赵庄村青南路东侧，距村 1000 米。2009 年筹建，2010 年正式投入运营。养老院占地 20 亩，建筑面积 4500 余平方米，绿化面积 4300 平方米，老人活动场所 4600 平方米，新中式平房建筑，无障碍通行。老人住室宽敞明亮，窗明几净，床铺整洁柔软饭菜营养卫生。食堂、餐厅、棋牌室、书画室、阅览室、理发室、医务室、康复训练室、健身广场一应俱全。工作服务人员经过专业培训，持证上岗，服务热情周到。在院老人保持在 200 人以上。建院十年来多次受到上级有关部门的表扬和褒奖。

恒爱养老院常年收养救助流浪乞讨人员，并帮助流浪乞讨返乡。累计收养救助流浪乞讨人员 30 余人，对维护社会治安秩序做出了贡献。

恒爱养老院园区

恒爱养老院热心公益事业，积极组织村民文化娱乐活动，组织春节联欢晚会，组织“七一”和国庆节文化娱乐活动，支持村内文化建设。主动捐款支持《赵庄志》编纂印制，这种义举值得赞赏。

恒爱养老院——老人休闲乘凉

恒爱养老院园区内部一角

石家庄市恒祥纸制品有限公司

石家庄市恒祥纸制品有限公司法定代表人:鲍士龙

创办人、公司董事长鲍士龙,男,现年33岁,初中文化,中共党员,赵庄籍人。

石家庄市恒祥纸制品有限公司成立于2014年,厂址位于藁城区赵庄村南蔡家岗村域内,是一家以生产各种纸箱包装为主的民营企业。公司拥有石家庄区域内最大门幅水墨印刷机,多台双色、三色、四色高速水墨印刷机,固定资产达2000余万元,现有技术人员、熟练员工60余人,主要生产的产品为三层、五层水墨彩印瓦楞纸箱和各种礼品包装盒,年产值5000万元以上,上缴国家税金40余万元。

公司坚持“用户至上、质量上乘”经营理念,2014年建厂以来,不断通过技术改进,更新先进设备来打造一流产品品质,赢得了用户的普遍赞誉。公司产品用户涵盖多个行业,藁城区周边70%的家具企业使用该公司的产品,还远销内蒙古、山东、山西等省市;与全国30强木门企业中的多家企业紧密合作,并与石家庄市卓达产业园及生产床上用品的多家企业有长期合作关系。公司还与多个生产出口产品的企业合作。公司以高质量、全程服务为宗旨,和用户精诚合作,共同发展。

石家庄市恒祥纸制品有限公司门口

董事长鲍士龙热爱事业,热爱家乡,积极支持家乡经济建设和公益事业,主动捐款支持《赵庄志》编印工作,受到乡亲们赞誉。

石家庄市恒祥纸制品有限公司仓储一角

石家庄飧汇餐饮管理有限公司

飧汇餐饮法定代表人：韩军峰

创办人、公司董事长韩军峰，男，现年47岁，高中文化，赵庄籍人。

飧汇美食品牌创立于2000年，是藁城老牌的餐饮名店。历经20年的风雨历程，继承传统美食风味，采百家之长，潜心钻研，推陈出新，创新美食，韩军峰一直致力于餐饮店的经营与发展，从当初一家百平方米餐饮小店白手起家，如今已发展成为拥有“城南一味烤鸭”“西府人家鱼头泡饼”“小西望春饼烤鸭”三大品牌，“汇特美食酒店”“城南一味酒店”“通安街西府人家酒店”“昌盛街西府人家酒店”“秦味餐厅”“城味烤鸭店”等六家直营店的连锁餐饮企业，在藁城区政府所在地独树一帜。到目前为止，营业面积超过5000平方米，职工队伍200余人，年营业额在2000万元以上，形成了独具特色的“飧汇”餐饮品牌，实现了经济效益和社会效益的双赢。为了加快企业发展，选址扩张正在紧锣密鼓地展开，在抓抢机遇中实现跨越式发展，在三至五年内把“飧汇美食”打造成石家庄市乃至河北省餐饮行业的标杆企业。

城南一味是飧汇美食的主力品牌之一，以经营本地精品家常菜为主，主打特色是“酥不腻烤鸭”，鸭皮酥脆，入口即化。鸭肉鲜嫩，香而不腻，油脂含量低。烤鸭上桌，油润饱满，香气四溢；西府人家鱼头泡饼，选材精良，名厨烹饪。精工细作，道道精品。鱼头泡饼、羊肉泡馍成为藁城人待客的招牌菜。

飧汇餐饮公司各店一直恪守“诚信守法、菜真价实、食材新鲜、干净卫生、童叟无欺”经营理念，实行标准化管理，注重企业文化建设，装修时尚现代，环境优美温馨，服务周到体贴，赢得良好的社会信誉。

2015年9月被金钥匙国际饭店管理学院、中成伟业酒店管理教育集团共同授予城南一味“国际酒店4D管理示范企业”和“黄埔卓越团队”称号。

2015年12月，被藁城区“五绿”创建活动指导委员会授予城南一味“绿色饭店”。

2018年1月，由石家庄市食药监局创办的首届食品安全“亮绝活”竞赛活动中，城南一味的《室外LED名厨亮灶显示屏》，被石家庄市食品药品监督管理局授予“新时代石家庄安全绝活”。

2019年7月在藁城区全民健康生活方式活动中，被藁城区综合防控示范区工作领导小组办公室授予城南一味“健康餐厅”。

飧汇餐饮一角

韩军峰艰苦创业20年，成为藁城区餐饮行业的佼佼者，令人钦佩。韩军峰热爱家乡，支持家乡经济文化建设。主动捐款支持《赵庄志》的编纂印制。

正定“鲍氏大盘鸡”饭店总店

鲍氏大盘鸡董事长:鲍玉申

创办人、总店老板鲍玉申,现年59岁,赵庄籍人。1984年开始创业,后进入餐饮行业。深入钻研,研制出具有独特地方风味的“大盘鸡”。大盘鸡主材鸡的品种要求严格,配料考究,制作程序复杂,成品淡红鲜亮,皮脆肉软,口感颇佳,色香味俱全,价格合理,和新疆大盘鸡相比,风味独特,有过之而无不及。很快得到广大食众的青睐,顾客盈门。注册为《鲍氏大盘鸡》。在正定城内开设“鲍氏大盘鸡”总店,营业面积600多平方米,同时容纳500余人进餐,月营业额在200万元以上。1999年在云南省昆明市美食博览会上,“鲍氏大盘鸡”得到评委和各界食众的赞誉,荣获“创意地方独特风味”奖;2013年10月参加正定县委、县政府组织的“正定首届金秋美食节大会”,“鲍氏大盘鸡”被组委会评定为“正定名吃”“老字号”,并颁发铜质奖牌一块;2014年9月13日又获得正定县餐饮行业协会颁发的“消夏旅游美食节”优秀奖。现在湖北、湖南、吉林、河南等全国各地有38家加盟店,享誉全国。

鲍玉申致富不忘家乡,积极参加家乡经济文化建设。主动捐款支持家乡编纂《村志》,值得赞赏。

鲍氏大盘鸡总店

附录之二

为《赵庄志》捐款人
姓名、照片、捐款金额

著名企业经理人
赵曦
捐款：50000 元

著名企业经理人
韩金贵
捐款：20000 元

河北天晖建筑工程有限公司
董事长　甄文平
捐款：20000 元

河北正盛房地产开发有限公司
董事长　张破胡
捐款：10000 元

藁城区恒爱养老院
院长　戴永华
捐款：10000 元

石家庄市恒祥纸制品有限公司
董事长　鲍世龙
捐款：10000 元

石家庄市贝安特机械制造有限公司
董事长　鲍建山
捐款：10000 元

石家庄飨汇餐饮管理有限公司
董事长　韩军峰
捐款：6000 元

正定鲍氏大盘鸡总店
店长　鲍玉申
捐款：5000 元

甄氏运输
董事长　甄永刚
捐款：5000 元

附录之三

《赵庄志》评

一部传承后世的经典文库

作者:赵庄原党支部委员、秘书　陈　克

人们期盼已久的《赵庄志》以韩银福为首的写作班子历经六年多的夜以继日的辛勤耕耘，今终得以面世,这是赵庄全体村民的一件大喜事！故权作此文以志庆贺！

翻开《赵庄志》,我们仿佛走进了一条色彩斑斓的时光隧道,寻古探幽,追踪赵庄古镇的历史发展轨迹，捕捉和记录两千多年来发生在这个古老村庄上的陈年往事及沧桑巨变!《赵庄志》像一部电影纪录片,在我们面前展现出了一幅五光十色、气象万千的漫长的历史画卷。

《赵庄志》可称为大手笔,鸿篇巨著,浩浩长卷。从建村两千多年以来在这个古老的村庄上演绎出了多少历史事件和人文趣事,沧海桑田多巨变,物是人非几轮回。《赵庄志》广收博采,本着博古详今、择其要者囊括其中,用字80余万个,将赵庄的前世今生、兴衰荣辱交代得清楚有序,联结得丝丝入扣。司马迁著《史记》也用了五十二万字。《史记》无论史学价值,还是文学成就都非常高。鲁迅先生誉之为“史家之绝唱,无韵之离骚”。《离骚》是诗人屈原的代表作。《赵庄志》虽不能与《史记》比肩,但其意义与作用是一致的,都是为了“以史为鉴,知兴替、明是非、正思想”。《赵庄志》信息量之丰富,知识量之厚重,堪称是一部“历史文化宝库”，是留给赵庄全体村民和后代子孙的一笔巨大的精神财富!

《赵庄志》用大量篇幅总结了赵庄村民吃苦耐劳、克勤克俭的优良传统,诚信守礼、崇文重教的治村理念。两千多年来，赵庄村风民俗一直是风清气正、包容谦恭,赵庄村民明事理、尚正义,不欺弱小、不排外戚，襟怀坦荡。本人在村担任秘书一职近十年,处理民事纠纷数百起,纠纷双方大都能做到互相谅解,化干戈为玉帛,很少遇到无理取闹、不依不饶之辈。这是赵庄发展壮大，成为古村名镇的灵魂所系。

《赵庄志》尊重历史事实,写作态度严谨负责。曾召开大小座谈会数十次,走访调查数百人。以姓氏演变为例,全村40多个姓氏无一遗漏,每个姓氏家族的繁衍变化历经数代脉络清晰,迁徙进出有根有据;在记录生产关系和生产方式的变化中，从生产方式到生活方式,从文化卫生到宗教信仰,从村风乡俗到社会陋习,涵盖了各个领域各个方面,变化之巨细,令人拍案叫绝，彰显了作者对社会对人民了解之透彻,对人文历史积累之深厚,可见调查研究工作的深入。这些都将成为村史中最具历史价值和现实价值的珍贵史料!

两千多年来,赵庄村民与全国人民一道,饱受封建统治阶级的残酷压迫,经历数不尽的战乱、天灾和人祸,常年无温饱,日夜有惊恐。为了寻求真理,拯救中国人民于水火,多少仁人志士献出了宝贵的生命。雄鸡一唱天下白,中国自从有了共产党、毛主席,人民翻身得解放。赵庄于1947年11月日在距村东北约一公里的小疙瘩上,解放军的炮声轰响,掀翻了国民党在村东口修建的两座炮楼，彻底埋葬了蒋家王朝在赵庄的统治，共产党领导的中国人民和解放军彻底解放了赵庄村,赵庄村民从此获得了新生,大地主黄山子、黄俊明等榨取赵庄人民的田产房屋又回到人民手里,贫农、佃户又有了自己的土地房屋。《赵庄古镇志》紧紧抓住这一历史性巨变,浓墨重彩书写了赵庄人民在共产党毛主席领导下翻身做主人,一步步走向富裕的新生活。村史以无可辩驳的事实证明了“只有共产党能够救中国”,“没有共产党便没有我们今天的幸福生活”。全村人民都应该时刻不忘共产党,不忘毛主席,永远坚持中国共产党的领导,坚持马列主义毛泽东思想,坚持“三个代表”和科学发展观,坚持“四个全面建设”,坚定不移地走中国特色社会主义道路!

《赵庄志》在写作技巧上结构严谨有序,谋篇布局详略得当,语言朴实无华,文通字顺,六七十万字巨著似一气呵成,可见写作技巧之娴熟,文字功底之深厚。

综上所述,《赵庄志》是一部思想性、艺术性完美结合的产物,其内容之丰富史料之翔实,是经得起历史检验的一部成功典籍,其现实和历史价值不可低估,全体村民都应该认真研读,从中汲取经验教训,群策群力,在村党总支、村民委员会领导下,紧紧围绕党中央的战略部署,发愤图强,开拓创新,努力把赵庄古镇建设成为富强、民主、和谐的社会主义新农村,再造赵庄古镇辉煌!

二〇一九年十月

附录之四

精选历代先贤修身治家家训

中华民族注重良好家风建设，附录《历代先贤修身治家家训》，要求村民学习先贤修身治家之道，但要注意剔除其封建糟粕，吸收其精华，结合现在精神文明建设的要求，建设具有时代特色的新型家风。

一、朱子家训

《朱子家训》又名《朱子治家格言》《朱伯庐治家格言》，是以家庭道德为主的启蒙教材。《朱子家训》仅624字，精辟地阐明了修身治家之道，是一篇家教名著。

作者朱伯庐(1627—1698)，原名朱用纯，字致一，自号柏庐，明末清初江苏昆山县人。著名理学家、教育家。潜心研究程朱理学，主张知行并进躬行实践。

《朱子家训》内容：

黎明即起，洒扫庭除，要内外整洁。

既昏便息，关锁门户，必亲自检点。

一粥一饭。当思来之不易；半丝半缕，恒念物力维艰。

宜未雨而绸缪，毋临渴而掘井。

自奉必须节俭，宴客切勿流连。

器具质而洁，瓦缶(fou)胜金玉；饮食约而精，园蔬愈珍馐。

勿营华屋，勿谋良田。

三姑六婆，实淫盗之媒；婢美妾娇，非闺房之福。

童仆勿用俊美，妻妾切忌艳妆。

宗祖虽远，祭祀不可不诚；子孙虽愚，经书不可不读。

居身务其质朴，教子要有义方。

勿贪意外之财，勿饮过量之酒。

与肩挑贸易，毋占便宜；见穷苦亲邻，需加温恤。

刻薄成家，理无久享；伦常乖舛(chuan)，立见消亡。

兄弟子侄，须分多润寡；长幼内外，宜法肃辞严。

听妇言，乖骨肉，岂是丈夫；重资财，薄父母，不成人子。

嫁女择佳婿，毋索重聘；娶媳求淑女，勿计厚奁。

见富贵者而生谄容者，最可耻；见贫穷而作骄态者，贱莫甚。

居家戒争讼，讼者终凶；处世戒多言，言多必失。

勿恃势力而凌逼孤寡；勿贪口腹而恣杀牲禽。

乖僻自是，悔误必多；颓惰自甘，家道难成。

狎昵恶少，久必受其累；屈志老成，急则可相依。

轻听发言，安知非人之谮所，当忍耐三思。

因事相争，焉知非我之不是，须平心暗想。

施惠无念，受恩莫忘。

凡事当留余地，得意不宜再往。

人有喜庆，不可生妒忌心；人有祸患，不可生喜幸心。

善欲人见，不是真善；恶恐人知，便是大恶。

见色而起淫心，报在妻女；匿怨而用暗箭，祸延子孙。

家门和顺，虽饔(yong)飧(sun)不济，亦有余欢。

国课早完，即囊中无馀，自得其乐。

读书志在圣贤，非徒科第；为官心存君国，岂计身家。

守分安命，顺时听天。为人若此，庶乎近焉。

二、周公《诫伯禽书》

公姓姬名旦(约公元前1100年)，亦称叔旦，周文王姬昌第四子。因封地在周(今陕西岐山北)，故称周公或周公旦。是西周初期杰出的政治家、军事家和思想家，被尊为儒学奠基人。孔子一生最崇敬的古代圣人之一。

《诫伯禽书》原文：

君子不施其亲，不使大臣怨乎不以。故旧无大故则不弃也，无求备于一人。

君子力如牛，不与牛争力；走如马，不与马争走；智如士，不与士争智。

德行广大而守以恭者，荣；土地博裕而守以险者，安；禄位尊盛而守以卑者，贵；人众兵强而守以畏者，胜；聪明睿智而守以愚者，益；博文而多记而守以浅者，广。去矣，其毋以鲁国骄士矣！

周公诫子原文：

成王封百禽于鲁。周公诫之曰："往矣，子其勿以鲁国骄士。吾文王之子，武王之弟，成王之叔也，又相天子，吾于天下亦不轻矣。然，一沐三握发，一饭三吐哺，犹恐失天下之士。吾闻德行宽裕，守之以恭者，荣。土地广大，守以险者，安。禄位尊盛，守以卑者，贵。人众兵强，守以畏者，胜。聪明睿智，守以愚者，哲。博闻强记，守之以浅者，智。夫此六者，皆谦德也。夫贵为天子，富有四海，由此德也。不谦而失天下，亡其身者，桀、纣是也。可不慎欤？"

三、李世民《诫皇属》

朕即位十三年矣，外绝游览之乐，内却声色之娱。汝等生于富贵，长自深宫，夫帝子亲王，先须克己。每著一衣，则悯蚕妇；每餐一食，则念耕夫。至于听断之间，勿先恣其喜怒。朕每亲监庶政，岂敢惮于焦劳。汝等勿鄙人短，勿恃己长，乃可永久高贵，以保终吉。先贤有言："逆吾者是吾师，顺吾者是吾贼。"不可不察也。

四、孔丘"训子鲤"

不学"诗"无以言；不学"礼"无以立。

五、司马谈"命子迁"

且夫孝，始于事亲，中于事君，终于立身；扬名于后世，以显父母，此孝之大者。

六、诸葛亮"诫子书"

夫君子之行，静以修身，俭以养德。非淡泊无以明志，非宁静无以致远，夫学须静也；才须学也，非学无以广才，非志无以成学。淫慢则不能励精，险躁则不能治性。

七、韩愈"符读书城南"

木之就规矩，在梓匠轮舆。人之能为人，由腹有诗书。诗书勤乃有，不勤腹空虚。欲知学之力，贤愚同一初。由其不能学，所人遂异间。

八、司马光"训俭示康"

吾本寒家，世以清白相承。……御孙（春秋时鲁国大夫）曰："俭，德之共也；侈，恶之大也。"……夫俭则寡欲。君子寡欲，则不役于物，可以直道而行；小人寡欲，则能谨身节用，远罪丰家。故曰："俭，德之共也。"侈则多欲。君子多欲则贪慕富贵，枉道速祸；小人多欲则多求妄用，丧身败家。是以居官必贿，居乡必盗。故曰："侈，恶之大也！"

九、朱熹"与长子受之"

早晚受业请益，随众例不得怠慢。日间思索有疑，用册子随手札记，候见质问，不得放过。所闻诲语，归安下处，思省切要之言，逐日札记，归日要看。见好文字，录取归来。……不得擅自出入。……不得饮酒荒思废业。……交游之间，尤当审择。……见人嘉言善行，则敬慕而记录之。

十、纪昀"训大儿"

尔初入仕途，择交宜慎，友直友谅友多闻益矣。误交真小人，其害犹浅；误交伪君子，其祸为烈矣。

十一、蒋士铨"再示知让"

莫贫于无学，莫孤于无友，莫苦于无识，莫贱于无守。

无学如病瘵(zhai)，枯竭岂能久；无友如堕井，陷溺孰援手？

无识如盲人，举趾辄有咎；无守如市倡，舆皂皆可诱。

学以腴(yu)其身，友以益其寿，识以坦其心，守以慎其耦。

时命不可知，四者我宜有。

十二、曾国藩"谕纪鸿"

凡富贵功名，皆有命定，半由人力，半由天事。惟学作圣贤，全由自己做主，不与天命相干涉。……读书之法，看、读、写、作，四者每日不可缺一。……至于做人之道，圣贤千言万语，大抵不外“敬恕”二字。

十三、左宗棠“与陶少云书”

学业才识，不日进，则日退。须随时随事，留心著力为要。事无大小，均有一当然之理，即事穷理，何处非学？昔人云“此心如水，不流即腐。”……果能日日留心，则一日有一日之长进；事事留心，则一事有一事之长进。由此积累，何患学业才识不能及人邪！

十四、《弟子规》

《弟子规》原名《训蒙文》，清朝康熙年间秀才李毓秀所作。后来清朝贾存仁修订改编《蒙训文》，并改名《弟子规》。

李毓秀，字子潜，号采三，清康熙时山西绛州人，清初著名学者、教育家。

《弟子规》辗转翻印，流传甚广，为清代至民国年间通用儿童启蒙读物。此书的浅近通俗的文字、三字韵的形式，阐述了学习的重要，做人道理以及待人接物的礼貌常识，也具有重要的现实意义。

《弟子规》原文：

弟子规 圣人训 首孝悌 次谨言 泛爱众 而亲仁 有余力 则学文
父母呼 应勿缓 父母命 行勿懒 父母教 须敬听 父母责 须顺承
冬则温 夏则凊 晨则省 昏则定 出必告 反必面 居有常 业无变
事虽小 勿擅为 苟擅为 子道亏 物虽小 勿私藏 苟私藏 亲心伤
亲所好 力为具 亲所恶 谨为去 身有伤 贻亲忧 德有伤 贻亲羞
亲爱我 孝何难 亲憎我 孝方贤 亲有过 谏使更 怡吾色 柔吾声
谏不入 悦复谏 号泣随 挞无怨 亲有疾 药先尝 昼夜侍 不离床
丧三年 常悲咽 居处变 酒肉绝 丧尽礼 祭尽诚 事死者 如事生
兄道友 弟道恭 兄弟睦 孝在中 财物轻 怨何生 言语忍 忿自泯
或饮食 或坐走 长者先 幼者后 长呼人 即代叫 人不在 己即到
称尊长 勿呼名 对尊长 勿见能 路遇长 疾趋揖 长无言 退恭立
骑下马 乘下车 过犹待 百步余 长者立 幼勿坐 长者坐 命乃坐
尊长前 声要低 低不闻 却非宜 進必趋 退必迟 问起对 视勿移
事诸父 如事父 事诸兄 如事兄 朝起早 夜眠迟 老易至 惜此时
晨必盥 兼漱口 便溺回 辄净手 冠必正 纽必结 袜与履 具紧切
置冠服 有定位 勿乱顿 致污秽 衣贵洁 不贵华 上循分 下称家
对饮食 勿拣择 食适可 勿过则 年方少 勿饮酒 饮酒醉 最为丑
步从容 立端正 揖深圆 拜恭敬 勿践阈 勿跛倚 勿箕踞 勿摇髀
缓揭帘 勿有声 宽转弯 勿触棱 执虚器 如执盈 入虚室 如有人
事勿忙 忙多错 勿畏难 勿轻略 斗闹场 绝勿近 邪僻事 绝勿问
将入门 问孰存 将上堂 声必扬 人问谁 对以名 吾与我 不分明
用人物 须明求 倘不问 即为偷 借人物 及时还 人借物 有勿悭
凡出言 信为先 诈与妄 奚可焉 话说多 不如少 惟其是 勿佞巧
奸巧语 秽污词 市井气 切戒之 见未真 勿轻言 知未的 勿轻传
事非宜 勿轻诺 苟轻诺 进退错 凡道字 重且舒 勿急疾 勿模糊
彼说长 此说短 不关己 莫闲管 见人善 即思齐 纵去远 以渐跻
见人恶 即内省 有则改 无加警 唯德学 唯才艺 不如人 当自砺

若衣服　若饮食　不如人　勿生戚　闻过怒　闻誉乐　损友来　益友却
闻誉恐　闻过欣　直谅士　渐相亲　无心非　名为错　有心非　名为恶
过能改　归于无　倘掩饰　增一辜　凡是人　皆须爱　天同覆　地同载
行高者　名自高　人所重　非貌高　才大者　望自大　人所服　非言大
己有能　勿自私　人所能　勿轻訾　勿谄富　勿骄贫　勿厌故　勿喜新
人不闲　勿事搅　人不安　勿话扰　人有短　切莫揭　人有私　切莫说
道人善　即是善　人知之　愈思勉　扬人恶　即是恶　疾之甚　祸且作
善相劝　德皆建　过不规　道两亏　凡取与　贵分晓　与宜多　取宜少
将加人　先问己　己不欲　即速已　恩欲报　怨欲望　报怨短　报恩长
待婢仆　身贵端　虽贵端　慈而宽　势服人　心不然　理服人　方无言
同是人　类不齐　流俗众　仁者希　果仁者　人多畏　言不讳　色不媚
能亲仁　无限好　德日进　过日少　不亲仁　无限害　小人进　百事坏
不力行　但学文　长浮华　成何人　但力行　不学文　任己见　昧理真
读书法　有三到　心眼口　信皆要　方读此　勿慕彼　此未终　彼勿起
宽为限　紧用功　工夫到　滞塞通　心有疑　随札记　就人问　求确义
房室清　墙壁净　几案洁　笔砚正　墨磨偏　心不端　字不敬　心先病
列典籍　有定处　读看毕　还原处　虽有急　卷束齐　有缺坏　就补之
非圣书　屏勿视　蔽聪明　坏心志　勿自暴　勿自弃　圣与贤　可驯致

附录之五

中国历史简表

社会名称			期间	时长
奴隶社会	夏		约公元前21世纪—前16世纪	约500年
	商		约公元前16世纪—前11世纪	约500年
	西周		约公元前11世纪—前771年	约250年
	春秋		公元前770年—476年	共295年
封建社会	战国		公元前475年—前221年	共254年
	秦		公元前221年—前206年	共15年
	西汉		公元前206年—公元8年	共214年
	新更始帝		公元9年—24年	共16年
	东汉		公元25年—220年	共195年
	三国	魏	公元220年—265年	共46年
		蜀	公元221年—263年	共43年
		吴	公元222年—280年	共58年
	西晋		公元265年—317年	共51年
	东晋列国	东晋	公元317年—420年	共103年
		汉(前赵)	公元304年—329年	共25年
		成(汉)	公元304年—347年	共43年
		前凉	公元301年—376年	共76年
		代	公元338年—376年	共38年
		后赵	公元312年—350年	共38年
		冉魏	公元350年—352年	共2年
		前燕	公元337年—370年	共33年
		前秦	公元350年—394年	共41年
		后秦	公元394年—417年	共33年

社会名称				期间	时长
封建社会	东晋	后燕		公元384年—407年	共23年
		西燕		公元385年—394年	共9年
		西秦		公元385年—431年	共46年
		后凉		公元386年—403年	共17年
		南凉		公元398年—410年	共17年
		南燕		公元337年—370年	共12年
		西凉		公元400年—421年	共21年
		后蜀		公元405年—413年	共8年
		夏		公元407年—431年	共24年
		北燕		公元409年—436年	共27年
		北凉		公元397年—439年	共42年
	南北朝	南朝	宋	公元420年—479年	共59年
			齐	公元479年—502年	共23年
			梁	公元502年—557年	共55年
			陈	公元557年—589年	共32年
		北朝	北魏	公元386年—534年	共148年
			东魏	公元534年—550年	共16年
			西魏	公元535年—556年	共21年
			北齐	公元550年—577年	共27年
			北周	公元557年—581年	共24年
	隋			公元581年—618年	共37年
	唐			公元618年—907年	共289年
	五代	后梁		公元907年—923年	共17年
		后唐		公元923年—936年	共14年
		后晋		公元936年—947年	共11年
		后汉		公元947年—950年	共4年
		后周		公元951年—960年	共10年

注：摘录于《南董古镇志》。

附录之六

中国历代户口、田地统计简表

年度	公元	户数(户)	人口数(口)	田地(亩)	人均(亩)
西汉元始二年	2	12233062	59594978	827053600	13.88
东汉光武二年	57		21007820		
东汉元兴元年	105	9237113	53256229	732017080	13.74
隋开皇九年	589			10940426700	
隋大业五年	609	8907546	48019956	5585404000	21.37
唐天宝十四年	755	8914709	52919309	1430386213	27.03
宋景德三年	1006	7417570	16280254	186000000	11.42
元至元二十八年	1291	13430322	59848964		
明万历六年	1578	10621436	60692856	701397628	11.56
清顺治十八年	1661		19137652	526502829	27.51
清康熙六十年	1721		25616209	735645059	28.72
清雍正二年	1724		26111953	890647524	34.11
清乾隆十八年	1753		102750000	708114288	6.89
清嘉庆十七年	1812		361693379	791525196	2.19
清道光十五年	1835		401767053		
清光绪十三年	1887		377636000	911976606	2.41
中华民国七年	1918		438373680	1217279298	2.77
中华人民共和国	1949		450000000	1468220000	3.2
中华人民共和国	1953		694581759		
中华人民共和国	1990		1160017381		
中华人民共和国	2000		1295330000		
中华人民共和国	2010		1339724852	1825740000	1.4
中华人民共和国	2018		1390080000		

注：资料摘自《南董古镇志》及国家人口统计年鉴等。

本志参考文献

作者	书名	出版社(印刷厂)	出版时间
司马迁	史记(西汉)	作家出版社	2017 年 4 月
班固	汉书(东汉)	中华书局	2012 年 4 月
范晔	后汉书(南朝)	中华书局	1965 年
县志办整理	藁城县志(明嘉靖、清康熙、清光绪、民国志)	河北星海印刷有限公司	2007 年 6 月
县志编委会	藁城县志集注	新华出版社	1989 年 12 月
县志编委会	藁城县志	中国大百科全书出版社	1992 年 2 月
县志编委会	藁城市志	新华出版社	2014 年 8 月
县志编委会	正定县志	中国城市出版社	1992 年 3 月
市民政局编	藁城市民政志	藁城市新华印刷厂	2010 年 11 月
市军事志编委	藁城市军事志	石市明伦印刷公司	2011 年 4 月
县委组织部编	中共藁城县组织史资料	河北人民出版社	1992 年 11 月
市委组织部编	中共藁城市组织史资料	河北省邮政印刷厂	2005 年 2 月
市党史研究室	中共藁城历史大事记	藁城新华印刷厂	2007 年 12 月
市党史研究室	中共藁城史	藁城光明印刷厂	2006 年 12 月
市人口普查办公室	2010 年全国第六次人口普查藁城普查资料	藁城市政府印刷	2011 年 6 月
市教育局编	藁城市教育志	藁城新华印刷厂	2010 年 8 月
林翰儒	藁城乡土地理	藁城方志办公室校印	1923 年春
藁区地名办编	藁城地名志	河北厚德印刷公司	2016 年 10 月
市地方志编委	藁城地名文化	中州古籍出版社	2012 年 3 月
市地方志编委	藁城市情三百问	远方出版社	2004 年 8 月
市地方志编委	藁城之最	中国国际图书出版社	2005 年 4 月
区地方志编委	村镇志编写资料汇编	保定中画美凯印刷厂	2015 年 8 月
陈建魁	关于中国姓氏渊源研究	中原农民出版社	2008 年 1 月
李浩然	中华姓氏大探源	中华长安出版社	2006 年 2 月
大队办公室	赵庄土改资料	大队办公室刻印	1948 年
大队办公室	赵庄村史、"四清"资料	大队办公室刻印	1967 年
村公益联合会	南董古镇志	河北人民出版社	2015 年 1 月

编后记

《赵庄志》编修工作，始于2014年8月，首先成立了以村党总支书记黄建会为主任，村委主任韩书贵、主编韩银福为副主任的《赵庄志》编纂委员会，并组成了韩银福、李福田、黄成言、高连升、戴庚寅、鲍建位、李永强7人编辑小组。在村党总支部、村委会领导和支持下，经过编辑小组征集查阅资料，调查座谈走访，培训编辑人员，撰稿和总纂，专家评审修改，终审定稿，历经近7个寒暑，恰逢庆祝新中国成立72周年、建党百年之际，付梓印制，是赵庄发展史上一件可喜可赞的大事。

编修赵庄志，工程浩大，十分困难。面对赵庄历史悠久，而资料匮乏的困境，经过编修人员的刳精耕耘；专家学者精心指导、评审和修订；县、镇和村领导的大力支持和老党员、老干部和群众的积极参与，终使《赵庄志》大功告成。

赵庄志收集查阅资料、撰稿编辑经过了一个非常艰难的过程。村委会仅保留了1966年“文化大革命”期间编写的简单的“村史”资料和其他少量的资料，大量资料主要靠编辑小组成员走访座谈和搜集整理及发掘清理古寺庙碑刻逐字辨析。编辑组主要成员，年龄最小的退休中学校长李福田已年过花甲，主编韩银福和退休中学教师黄成言已年过古稀，本村老党员、老干部高连升、戴庚寅年届八旬，不管酷暑严寒，不顾年高体衰，不计报酬，不怕辛劳，在老伴和孩子们的大力支持下，本着为历史和子孙负责的精神，走家串户座谈搜集整理历史人文资料。往往为了甄别一件史实，反复调研查核，一丝不苟。搜集回来的资料还要做初步整理。摄影师李永强为封面设计、插图摄影做了大量的工作。老党员、老干部、老教师田德焕、赵凤翔、郭中学、胡文田和赵庄老支书李福庆、老干部陈克、韩长水等以各自的方式支持修志工作。郭慧颖也为修志做了一些工作。他们为编修好赵庄志做出了很大贡献。

主编韩银福对家乡赵庄村有着非常深厚的感情，生于斯、长于斯，对新中国成立以来赵庄的发展比较了解。他在本县工作40余年，先后任藁城县(市)公安局副局长、检察院副检察长、贾市庄镇党委书记、农机局局长。他常常念及赵庄父老乡亲，虽曾对家乡发展建设有些许贡献，但仍有歉疚之心。为报答家乡养育之恩，罔顾年事已高，主动请缨为主修志，数十次跑藁城地方志办公室、县档案局和民政局、统计局等相关部门搜集资料，在家每天伏案工作七八个小时，用电脑查找资料、编辑文稿，笔耕不辍。老伴李荣香和孩子们非常支持他的工作，努力做好后勤工作。女儿韩艳华百忙中，在电脑操作和打印、存储配件上提供帮助。历经6个寒暑、2000多个日日夜夜，五易其稿，终于完成了90余万字的《赵庄志》的编修工作。

编修村志工作得到了各级领导的指导、帮助和支持。村党总支、村民委员会在物质财力方面全力支持，村党总支书记黄建会多次召开专门会议，研究村志编修工作，提出了很好的指导意见。修志初期，时任张家庄镇党委书记的刘栋侠非常支持赵庄修志工作，百忙之中为《赵庄志》写序。现任镇党委书记张书清对赵庄志的编修工作也很支持。藁城地方志办主任米志科帮助修订村志目录内容，为修志提出了中肯有益的指导意见，牺牲休息时间，历时两个多月逐句逐字认真审阅修改《赵庄志》稿。在此，表示由衷的感谢。

2016年底在基本完成初稿后，主动征求赵庄籍国内著名史志专家、曾任天津市委部门领导、现任中国地方志学会学术委员的郭凤岐的意见。郭凤岐不顾年事已高，百忙之中审阅稿件，提出了修改、增添内容的意见，重新拟定了志名，编列了《赵庄志》目录，撰写了凡例，修改了大部分志稿的内容。按照郭凤岐意见，重新进行编辑，增添了志稿20余万字，达到了80余万字，内容更加丰富翔实，志书特色更加鲜明突出。

修志工作同样得到了广大村民的赞许和大力支持。很多村民，特别是老党员、老干部、老村民，积极为修志建言献策，提供历史资料。老干部陈克特别关心赵庄志的编写工作，阅读全稿，并撰文高度评价《赵庄志》。从赵庄走出去的才俊胡清水、陈会强、贾京雷、韩华锋，热情支持修志，赵庄走出去的才俊和工商企业的成功人士，赞许修志是一件“利在当代，功耀千秋”的大好事。曾任藁城市副市长的本村人士陈会强作序，曾任职河北省高速公路领导干部的本村人士胡文田赋诗赞颂修志，支持编志工作。本村老干部李福庆、韩长水也在编志工作中做出贡献。老一代学人赵凤翔、郭中学、田德焕、鲍建位等都在资料、文字修改方面，给予了支持。他们的义举赵庄代代乡民都会铭记。本村工商企业成功人士表示在《赵庄志》的财力上，给予捐赠支持。石家庄市雅新印刷有限公司承揽《赵庄志》印制工作，该公司董事长黄欣志是赵庄老乡，收费低廉，服务周到，为《赵庄志》出版发行做出了贡献。从赵庄走出去成为企业家的人士和赵庄村民中经商办企业的成功人士慷慨解囊，为印制《赵庄志》捐款，基本上解决了费用问题。

唐皇李世民云：夫以铜为镜，可以正衣冠；以史为镜，可以知兴替；以人为镜，可以明得失(《旧唐书魏徵传》)。盛世修志，《赵庄志》编纂完成付梓，正值中国共产党成立100周年、中华人民共和国成立72周年大庆。70年多来，在中国共产党的领导下，坚持社会主义道路，使中国发生了翻天覆地的变化，经济发展、社会安定，民富国强，修志正当其时。我们编修《赵庄志》，目的是使赵庄的村民及其子孙后代，通过丰富的志书资料，了解家乡历史渊源、建置沿革、发展变革和厚重的文化积淀；通过各种不同社会制度的比较中，了解社会主义制度的优越性；通过赵庄悠久的历史发展长河，了解村中历代优秀人物、乡贤精英对家乡、对国家的贡献；通过大量典型资料的记述，了解赵庄籍众多烈士及革命残废军人无私奉献的高尚人格。以史为镜、以人为镜，使村民更加热爱中国共产党、热爱伟大祖国、热爱我们的家乡，更加珍视社会主义制度。从而激发我们的精神，激励我们的壮志。在进一步改革开放中，创新发展，全力以赴奔小康，尽快实现中华民族伟大复兴梦。赵庄人民和子孙后代，要继续弘扬我们先辈们艰苦奋斗、开拓进取、求知若渴、诚信守义、律己宽仁、胸襟宽仁、敢于担当、先人后己的优良传统，借鉴历史上的经验教训，坚持党的领导，坚持社会主义道路，奋发有为，共同致富，尽快把我们村建成文明昌盛的新型社会主义村庄。

编者

2021年5月